1682 J.B.METZLER

CHINESISCHE LITERATURGESCHICHTE

unter Mitarbeit von
Hans van Ess, Raoul David Findeisen, Martin Kern
und Clemens Treter

herausgegeben von Reinhard Emmerich

Verlag J.B. Metzler
Stuttgart · Weimar

Die Beiträger dieses Bandes:

Reinhard Emmerich, Professor am Institut für Sinologie und Ostasienkunde der Westfälischen Wilhelms-Universität Münster
Hans van Ess, Professor am Institut für Sinologie der Ludwig-Maximilians-Universität München
Raoul David Findeisen, Professor für Sprache und Kultur Chinas an der Fakultät für Ostasienwissenschaft der Ruhr-Universität Bochum
Martin Kern, Associate Professor of Chinese Literature am East Asian Studies Department der Princeton University
Clemens Treter, Dr. phil., Assistent am Institut für Sinologie der Ludwig-Maximilians-Universität München, seit 2004 am Goethe-Institut, München

Bibliografische Information Der Deutschen Bibliothek
Die Deutsche Bibliothek verzeichnet diese Publikation in der Deutschen Nationalbibliografie; detaillierte bibliografische Daten sind im Internet über <http://dnb.ddb.de> abrufbar.

Gedruckt auf chlorfrei gebleichtem, säurefreiem und alterungsbeständigem Papier

ISBN 3-476-01607-2

www.metzlerverlag.de
info@metzlerverlag.de

Einbandgestaltung: Willy Löffelhardt
Satz: Typomedia GmbH, Ostfildern
Druck und Bindung: Kösel, Krugzell www.koeselbuch.de
Printed in Germany
November / 2004

Verlag J. B. Metzler Stuttgart · Weimar

INHALTSVERZEICHNIS

VORWORT

Dieses Werk steht in einer Reihe mit weiteren Literaturgeschichten des Verlags. Es wendet sich an Leser, die mit der politischen Geschichte Chinas und dessen wirtschaftlichen und sozialen Entwicklungen, auch mit Chinas Kulturgeschichte wenig vertraut sind, und die lediglich über allgemeine literaturgeschichtliche Kenntnisse verfügen. Erfahrungsgemäß gehören selbst Studierende der Sinologie, eingezwängt zwischen Kursen in der modernen und der klassischen chinesischen Sprache, Seminaren zur Landeskunde und zur Geschichte, um von den Nebenfächern gar nicht zu reden, lange zu dieser Gruppe.

Die Verpflichtung, für den Laien eher als für den Spezialisten zu schreiben, zog einige Beschränkungen und ebenso einige Ausweitungen nach sich: Manches literarische Werk muß ungenannt bleiben, der eine oder andere Autor kann nur oberflächlich abgehandelt werden, Übersetzungen müssen ohne das Original auskommen, und chinesische Zeichen finden nur im Register Platz. Die Ausweitungen, die für notwendig erachtet wurden, betreffen vorwiegend Bemerkungen zum allgemeinen historischen Hintergrund.

Mit der Intention, ein Buch einführenden Charakters zu schreiben, verband sich die Beobachtung, daß derzeit nur eine weitere deutschsprachige Geschichte der chinesischen Literatur auf dem Markt ist, die die Grenzen eines einzigen Bandes nicht überschreitet. Das legte Herausgeber und Beiträgern die Pflicht auf, unterschiedliche Leserinteressen zu bedenken.

Welchen Literaturbegriff hat eine einbändige Geschichte der chinesischen Literatur anzulegen? An eine Literatur, die mit dem beginnenden ersten vorchristlichen Jahrtausend faßbar wird und in ihrer Quantität einzigartig dasteht? An eine Literatur, die über die meiste Zeit der chinesischen Geschichte nicht nur die intellektuelle, sondern auch die soziale Elite geprägt hat und dank der Besonderheiten ihrer Sprache und ihrer Schrift über die Distanz von Jahrhunderten hinweg dem Gebildeten verstehbar war, über Generationen hinweg einen ungebrochen frischen Eindruck auf ihn machen konnte? An eine Literatur, die nach dem geflügelten chinesischen Wort *wen shi bu fen*, »schöne Literatur und Geschichte gehören untrennbar zusammen«, von sich aus nicht zwischen Historiographie und Literatur trennen wollte? Es schien am geeignetsten, Probleme des chinesischen Literaturbegriffs nicht zu verschweigen, aber im allgemeinen doch mit einem dem deutschsprachigen Leser heute vertrauten Begriff von Literatur – Gesamtheit aller literarischen Texte – zu arbeiten. Selbstverständlich muß in den Ausführungen über die Anfänge der chinesischen Literatur eingehend von philosophischen und historiographischen Werken die Rede sein, die schließlich die Prosa der nachfolgenden Epochen maßgeblich geprägt haben. Allerdings kann in der Darstellung der späteren Literaturgeschichte darauf verzichtet werden, denn erstens war keines der jüngeren historiographischen Werke so stilbildend wie etwa ein *Zuo zhuan* (4. Jh. v.Chr.), kein philosophisches Werk in literarischer Hinsicht so tonangebend wie ein *Zhuangzi* (4.–2. Jh. v.Chr.), und zweitens verbietet es schon die Masse des später Geschriebenen allein, philosophische und historiographische Werke durchgehend im Auge zu behalten. Weitere Gattungen, die nach chinesischer

Konvention zur Literatur gehören und für unsere Vorstellungen eher der Historiographie zuzuschlagen sind, mußten weitgehend unbeachtet bleiben: private Nachrufe, Grabinschriften, Biographien und anderes. Neben der philosophischen und historiographischen Literatur wurde auch die religiöse Literatur nachrangig behandelt, es wurde ferner die reiche Briefliteratur nicht weiter verfolgt, und schließlich wurde darauf verzichtet, auf Genres einzugehen, die man als Bürokratenschrifttum mit ästhetischen Ansprüchen bezeichnen könnte: Denkschriften, Eingaben mit Reformvorschlägen und Prüfungsaufsätze, auch kaiserliche Verlautbarungen an einen mehr oder weniger großen Kreis von Empfängern.

Ein wichtiger Grundsatz war es, die Epochen der chinesischen Literatur von ihrem Beginn bis in die Gegenwart gleichermaßen zu ihrem Recht kommen zu lassen: Der erste Abschnitt hat mit den Anfängen den Zeitraum eines ganzen Jahrtausends darzulegen – eine Epoche, an deren Beginn die Literatur Teil der politischen Legitimation und der religiösen Praxis war, an deren Ende in der Westlichen Han-Zeit der traditionelle Kanon kaiserlich monopolisiert war und kontrolliert wurde und der Begriff *wenzhang* seine fortan übliche Bedeutung »literarisch geformter Text« annahm; eine Epoche, in welche die eigentlich klassische Zeit der chinesischen Kultur fällt (5.–3. Jh. v.Chr.), als die später immer und immer wieder kommentierten und ausgedeuteten Werke der »hundert Schulen« (*bai jia*) entstanden, deren Sprache als das klassische Chinesisch schlechthin gilt. Die so weit gefaßten Anfänge der chinesischen Literatur stehen heute in beträchtlich anderem Licht da, als es vor kurzem noch der Fall war, wofür wenigstens zwei glückliche Umstände namhaft zu machen sind: Einerseits bewegt sich dank neuerer Textfunde und sonstiger archäologischer Materialien die heutige Forschung auf einer wesentlich gefestigteren Grundlage als je zuvor; andererseits haben sich einige herausragende, den Mut zur Spekulation aufbringende, Vertreter des weiten Feldes Sinologie just den Anfängen Chinas gewidmet.

Der zweite Abschnitt (Östliche Han bis Tang) hat gleichfalls eine Epoche von annähernd tausend Jahren abzuhandeln – eine Zeit mannigfaltiger Zerrissenheit, in der sich das kulturelle Schwergewicht von seinem angestammten Ort in Nordchina in die Umgebung des heutigen Nanjing verlagerte, bevor es wieder nach Nordchina zurückkehrte; eine Phase, in der die Literaten den Wert und den Sinn ihres Tuns zu reflektieren begannen; eine Zeit großer Bestandsaufnahmen und Sammlungen; eine Periode, die Bekenntnisse zu *l'art pour l'art* ebenso hervorbrachte wie die wiederholte Beteuerung, Literatur müsse didaktisch wertvoll sein und der Veredelung des Menschen dienen; eine Epoche, an deren Anfang die Verbreitung des Papiers, an deren Ende die Erfindung des Buchdrucks steht; eine Zeit, in der China stark von der Ausbreitung des Buddhismus geprägt war und die – in der Konfrontation mit anderen Sprachen und Übersetzungen ins Chinesische – das Nachdenken über die eigene Sprache schärfte; eine Zeit schließlich, aus deren überlieferter Literatur noch eine große Menge unbearbeitet ist, wenngleich die Lyrik der Tang-Dynastie, die ebenfalls in diese Phase fällt, im Westen nicht ganz unbekannt ist.

Der dritte Abschnitt (Song und Yuan) nimmt – mit dem 10. Jahrhundert n.Chr. – eine Zäsur auf, die durch die sozialgeschichtliche Forschung empfohlen wird, die im Übergang zwischen den Dynastien Tang und Song einen entscheidenden Einschnitt in der Geschichte des chinesischen Kaiserreiches sieht. Diese Epoche stand im Zeichen rascher Verbreitung des Buchdrucks, der eine gewisse Popularisierung der gehobenen Kultur ermöglichte und das

Memorieren in den Hintergrund drängte. Wurde die Elite der frühen Kaiserzeit alles in allem von relativ wenigen Familien gestellt, so begann die Gesellschaft nun offener und durchlässiger zu werden, und es war leichter als zuvor möglich, sich durch eine gute Bildung emporzuarbeiten. Die wichtigsten Beiträge dieser Epoche zur Literaturgeschichte liegen in der Fortentwicklung des schon in der vorausgegangenen Tang-Zeit faßbaren Lieds und der Dichtungstheorie, auch im Theater, das vorwiegend die Zeit prägte, als die Mongolen das Sagen in China hatten.

Der vierte Abschnitt (Ming- und Qing-Zeit) wiederum, beginnend mit dem späten 14. Jahrhundert, zeichnet fünfhundert Jahre literaturgeschichtlicher Entwicklung nach, die ungeachtet aller Vielfalt eine gewisse Kohärenz aufweisen. Dank der wirtschaftlichen und sozialen Veränderungen und eines wachsenden Wohlstands erhielt die Literatur eine neue gesellschaftliche Basis: Öffentliche Schulen trugen dazu bei, den Anteil der Lesekundigen zu erhöhen, die Zahl der privaten Verlagshäuser und der Bücher wuchs stark an, neben reich illustrierten Luxusausgaben entstanden preiswerte Schnelldrucke, und es bildete sich ein Markt für Unterhaltungsliteratur, für die relativ geringe Schriftkenntnisse ausreichten. Die Lyrik, die viele Jahrhunderte lang den ersten Rang eingenommen hatte, verlor nun an Bedeutung, um der Dichtungstheorie, vor allem aber der Erzählliteratur, Platz zu machen, die einige große Romane und ungezählte kleinere Werke hervorbrachte. Gleichzeitig entwickelte diese Epoche das in der Mongolenzeit schon prominente Theater weiter, und es entstanden vom Hof- bis zum Straßentheater verschiedene Formen der Aufführung. Auch diese Periode weist noch etliche Desiderate der Forschung auf, im besonderen harren noch viele der sehr zahlreich überlieferten Texte einer Bearbeitung.

Der fünfte Abschnitt gilt vorwiegend der Literatur des 20. Jahrhunderts, die mit der Verbreitung moderner Drucktechniken und dem damit verbundenen Aufblühen des Zeitschriftenwesens gänzlich geänderte materielle Rahmenbedingungen hatte. Die Literatur dieser Epoche, die mit der Wende vom 20. zum 21. Jahrhundert natürlich nicht beendet ist, sah und sieht sich enormen Ansprüchen ausgesetzt, die nur zum Teil chinesischer Provenienz sind und kaleidoskopisch einige bekannte Herausforderungen spiegeln, mit denen die chinesische Literatur konfrontiert wurde: Das 20. Jahrhundert begann mit weitreichenden kulturellen Forderungen gedemütigter junger Intellektueller, die nicht selten europäisch gebildet waren, und es endete mit der Vergabe des Nobelpreises für Literatur an einen in Frankreich arbeitenden chinesischen Schriftsteller; das Jahrhundert sah sich mit kommunistischen Ansprüchen nach politischer Instrumentalisierung der Literatur, ja der gesamten Kultur ebenso konfrontiert, wie es radikale politische Abstinenz erlebte; es sah Phasen der weitgehenden politischen und kulturellen Abgeschiedenheit der Volksrepublik China und deren wirtschaftliche und politische Öffnung, es sah besondere Ausprägungen der chinesischen Kultur auf Taiwan, in Hong Kong, Malaysia und Singapore, um von den chinesischen Gemeinden in den USA und Europa zu schweigen, mit denen das Konglomerat abgerundet wird, das die künftige Entwicklung der chinesischen Literatur ebenso unvorhersehbar wie spannend macht.

Es gilt Dank zu sagen: Oliver Schütze, der das Buch initiierte und seine Entstehung von Anfang an begleitete, hat in den unterschiedlichen Phasen seiner Erarbeitung stets die passenden Worte und den richtigen Ton gefunden. Frau Soon-Chim Jung erstellte das Register, Sven Volkinsfeld half bei technischen Problemen, der Fachbereich 9 »Philologie« der Westfälischen Wilhelms-Universität Münster unterstützte die Arbeit finanziell. Mehr als jedem anderen ist der Herausgeber – wie schon des öfteren – seinem geschätzten Kollegen Dr. Yu Hong verpflichtet, der sicherlich jede Zeile mehrfach gelesen hat und jederzeit unermüdlich mit seinem enormen Wissen zur Seite stand.

Münster, im September 2004 Reinhard Emmerich

Beachte

Das in der Betrachtung der europäischen Geschichte geläufige Periodisierungsmodell Altertum – Mittelalter – Neuzeit findet weder in der politischen Geschichte Chinas noch in dessen Kulturgeschichte verbreitete Anwendung. Die Fachliteratur orientiert sich vielmehr meist an Dynastien, also einzelnen Herrscherhäusern, ohne freilich damit suggerieren zu wollen, mit dem Wechsel eines Herrscherhauses seien stets oder doch wenigstens in der Regel tiefgreifende Änderungen des politischen, gesellschaftlichen oder kulturellen Lebens einhergegangen. Auch vorliegendes Buch folgt dieser Gepflogenheit. Im Interesse des Laien ist eine Zeittafel mit den bedeutendsten chinesischen Dynastien beigegeben, die ihrerseits einiger erklärender Worte bedarf, durch die gleichzeitig einige Konventionen deutlich werden sollen: (1) Für eine Reihe von Dynastien lassen sich Jahresangaben finden, die von den in der Zeittafel angegebenen Daten abweichen; es war unmöglich, dies in jedem einzelnen Fall zu thematisieren. (2) Um die Tafel nicht zu unübersichtlich zu gestalten, wurde darauf verzichtet, die Hauptstädte der Dynastien zu benennen; in der Regel ist eine Dynastie mit je einer Hauptstadt verbunden, doch sind auch die Fälle nicht selten, in denen im Verlauf einer Dynastie der Sitz des Herrscherhauses verlegt wurde oder (wie in der Tang-Zeit) zwei Hauptstädte unterhalten wurden. (3) Die Namen der Dynastien werden in der Regel nicht nach den Herrscherfamilien bezeichnet. Gleichwohl ist es Konvention, von den Dynastien so zu sprechen, als wären sie nach Familiennamen benannt: Man spricht also von »den Han« oder »den Tang« und meint damit »die Han-Dynastie« oder »die Tang-Dynastie« beziehungsweise »die Herren der Han-Dynastie« (eine Familie Liu) oder »die Herren der Tang-Dynastie« (eine Familie Li). Die Zeittafel verzichtet ebenfalls darauf, die Herrscherfamilien der einzelnen Dynastien anzuführen. (4) Schon bald nach der Etablierung des Kaiserreiches machten es sich die chinesischen Kaiser zur Gewohnheit, ihrer Herrschaft ein Motto zu geben, das sie gegebenenfalls während ihrer Zeit auf dem Thron ein oder mehrere Male änderten, um anderen Devisen den Vorzug zu geben; erst seit dem ausgehenden 14. Jahrhundert blieben die Kaiser in der Regel der bei Thronbesteigung ausgegebenen Devise treu. Das hat Folgen für unsere Nennung der Kaiser: Die früheren Kaiser Chinas werden meist mit ihren posthumen Namen angeführt, während auf die Herrscher der ausgehenden Kaiserzeit gerne mit ihren Motti, also Regierungsdevisen, verwiesen wird: wir sprechen also beispielsweise von Kaiser Wu der Han-Zeit (reg. 141–87 v.Chr.), aber vom Yongle-Kaiser der Ming-Zeit (reg. 1403–1424).

Zum Register

Das Register verzeichnet Literaten und ihre Werke sowie die Namen von Personen, die Einfluß auf die Literatur Chinas ausübten, ohne selbst Literaten gewesen zu sein. Der Haupteintrag der Werke erfolgt unter den Autoren, selbst dann, wenn die Zuschreibungen in Einzelfällen nicht ganz gesichert sind. Das Register ist ferner um chinesische Zeichen für Autoren, Werke und die im Text auftauchenden Fachbegriffe erweitert.

Zu Umschrift und Aussprache

Die Namen, Buchtitel und Termini sind, von ganz wenigen Ausnahmen (Peking statt Beijing) abgesehen, nach dem System *Hanyu pinyin* umschrieben. Die Aussprache dieses Systems, das mehr und mehr an die Stelle der Transkription von Wade/Giles tritt, weicht mitunter erheblich vom Deutschen ab.

Für die Anlautkonsonanten ist zu beachten:

c	[cao]	wie in *z*eigen
h	[hao]	Na*ch*t
j	[jian]	*J*ob (engl.)
q	[qian]	*Ch*ili
x	[xi]	i*ch*
z	[zao]	Ka*tz*e
ch	[chao]	deu*tsch*
sh	[shan]	*sch*auen
y	[yao]	*J*och
zh	[zhao]	*Dsch*unke

Bei offenen und geschlossenen Vokalen ist zu beachten:

ao	[cao]	wie in B*au*er
ei	[hei]	w*ay* (engl.)
ian	[tian]	*jen*seits
iao	[tiao]	*jau*len
iang	[jiang]	*young* (engl.)
iong	[xiong]	*jung*
ong	[hong]	Bild*ung*
ua	[hua]	Q*ua*lität

ZEITTAFEL ZUR GESCHICHTE CHINAS

Shang / Yin	16. Jh. – ca 1045
Zhou	ca. 1045–256
Westliche Zhou	ca. 1045–771
Östliche Zhou	770–256
(Epoche) Chunqiu	770–476
(Epoche) Zhanguo	475–221
Qin	221–206
Han	206 v.Chr. – 220 n.Chr.
Westliche oder Frühere Han	206 v.Chr. – 25 n.Chr.
Xin	9–23
Östliche oder Spätere Han	25–220
Drei Reiche / Drei Staaten	220–265 (oder: 220–280)
Wei	220–265
Shu / Shu Han	221–263
Wu	222–280
Jin	265–420
Westliche Jin	265–316
Östliche Jin	317–420
Sechzehn Staaten	304–439
Staaten im Norden	
Frühere Zhao / Han	304–329
Spätere Zhao	319–351
Frühere Yan	337–370
Frühere Qin	350–394
Spätere Qin	384–417
Spätere Yan	384–407
Südliche Yan	398–410
Xia	407–431
Nördliche Yan	407–436
Staaten im Nordwesten	
Frühere Liang	317–376
Westliche Qin	385–431
Spätere Liang	386–403
Südliche Liang	397–414
Westliche Liang	400–421
Nördliche Liang	401–439
Staat im Südwesten	
Cheng-Han	304–347
Nördliche und Südliche Dynastien	420–589
Südliche Dynastien	420–589
Song / Liu-Song	420–479
(Südliche) Qi	479–502
Liang	502–557
Chen	557–589

Nördliche Dynastien	386–581
(Nördliche oder Spätere) Wei	386–534
Östliche Wei	534–550
Westliche Wei	535–556
Nördliche Qi	550–577
Nördliche Zhou	557–581
Sechs Dynastien	222–589*
Sui	581–618
Tang	618–907
Zhou	690–705
Fünf Dynastien	907–960
(Spätere) Liang	907–923
(Spätere) Tang	923–936
(Spätere) Jin	936–946
(Spätere) Han	947–950
(Spätere) Zhou	951–960
Zehn Staaten	902–979
Wu	902–937
(Südliche) Tang	937–975
Min	909–945
(Frühere) Shu	903–937
(Spätere) Shu	933–965
Wu Yue	907–978
(Südliche) Han	917–971
Chu	907–951
Südliche Ping / Jingnan	924–963
(Nördliche) Han	951–979
Song	960–1279
Nördliche Song	960–1127
Südliche Song	1127–1279
Liao (Khitan / Qidan)	916–1125
(Westliche) Liao	1124–1211
(Westliche) Xia / Xixia	1032–1227
Jin (Dschurdschen)	1115–1234
Yuan (Mongolen)	1260–1368
Ming	1368–1644
Qing (Mandschu)	1644–1911
Republik	1912 gegründet (seit 1949 auf Taiwan)
Volksrepublik	1949 gegründet

* Die zwischen 222 und 589 in Jiankang nahe des heutigen Nanjing residierenden Dynastien Wu (222–280), Östliche Jin (317–420), Song bzw. Liu-Song-Dynastie (420–479), (Südliche) Qi (479–502), Liang (502–557) und Chen (557–589) werden zusammenfassend gelegentlich als *Liu chao*, Sechs Dynastien (des Südens), bezeichnet. Dieser Begriff wird allerdings gelegentlich auch zur Bezeichnung der gesamten Periode zwischen dem Ende der Han- und dem Beginn der Sui-Dynastie verwendet.

DIE ANFÄNGE DER CHINESISCHEN LITERATUR

Die Ursprünge und das erste Jahrtausend der Literatur

Die chinesische Schrift und ihre Mythologie

Orakelinschriften

Die Ursprünge der chinesischen Literatur liegen im Schnittpunkt politischer und religiöser Praxis an der Wende vom zweiten zum ersten Jahrtausend v.Chr. Die frühesten Zeugnisse geschriebener chinesischer Texte sind die Orakelinschriften (*jiagu wen*) der ausgehenden Shang (auch Yin)-Dynastie (16. Jh. – etwa 1045 v.Chr.), eingeritzt auf Bauchpanzern von Schildkröten und Schulterknochen von Rindern, worin die Shang-Könige ihre Befragungen der Ahnengeister und kosmischen Mächte dokumentierten. Mehr als 150.000 Fragmente solcher Inschriften, datierend vom 14. bis zum 11. Jh. v.Chr., sind an der Stätte der letzten Shang-Hauptstadt nahe des heutigen Anyang (Provinz Henan) ans Licht gekommen – kurze Texte von einigen wenigen bis zu einigen Dutzend Schriftzeichen. Sie belegen die Existenz eines komplexen, funktionalen, und daher über einen vermutlich beträchtlichen Zeitraum gewachsenen Schriftsystems. Dieses erscheint auch in einer – bei weitem geringeren – Anzahl inskribierter Ritualbronzen derselben Periode. Den Orakel- und Bronzetexten dürften andere schriftliche Versionen auf vergänglichen Materialien wie Holz oder Bambus zugrunde gelegen haben, und es gibt keinen Grund auszuschließen, daß solche Materialien auch für Texte nichtreligiöser Natur verwendet wurden. Unsere enge Perspektive auf die Frühphase der chinesischen Schrift, worin Ritualtexte in dauerhaften Materialien als das ausschließliche Schrifttum ihrer Zeit erscheinen, mag daher lediglich auf dem materialbedingten Verfall aller übrigen Texte beruhen. Es bleibt jedoch festzuhalten, daß die chinesische Schrift seit sehr früher Zeit zumindest *auch* in breitem Umfang religiöspolitischen Zwecken diente. Derselbe Kontext erscheint in unverminderter Deutlichkeit in den Ritualbronzen der Westlichen Zhou-Zeit (etwa 1045–771 v.Chr.), deren Inschriften nun zunehmend literarische Formung aufweisen und in Sprache und Diktion den frühen Schichten dreier tradierter Werke verwandt sind, dem inneren Kern des späteren Kanons der *Fünf Klassiker* (*wu jing*): der politischen Rhetorik der *Dokumente* (*Shu*), den Orakelinterpretationen der *Wandlungen* (*Yi*) und den Ritualhymnen der *Oden* (*Shi*).

Ritualbronzen

Die chinesische Schrift verfügt über einen historisch gewachsenen Bestand von mehr als 50.000 nachweisbaren Zeichen (nicht eingerechnet die in der Volksrepublik China gebrauchten Kurzformen). Entgegen dem Irrglauben, die chinesische Schrift bestehe aus Piktogrammen und Ideogrammen und bilde mit diesen Gegenstände und Vorstellungen unmittelbar ab, schreiben chinesische Zeichen die gesprochenen Worte der lebendigen Sprache und sind daher primär nicht graphisch, sondern phonologisch organisiert. Zwar sind eine sehr geringe Anzahl der etwa 4000 in den shangzeitlichen Orakelinschriften nachweisbaren Zeichenformen augenscheinlich piktographischen Ursprungs, doch sind diese vollständig in das phonologische Schriftsystem integriert. Operiert die chinesische Schrift daher grundsätzlich wie die phonetischen Schriften anderer Kulturen, so zeichnet sie sich zugleich durch bedeutsame Eigenheiten aus, die von beträchtlicher Bedeutung für die Entwicklung und Kontinuität der Schrift, der Literatur und schließlich der chinesischen Kultur allgemein geworden sind:

Eigenheiten der chinesischen Schrift

- Die Schriftzeichen repräsentieren Silben der Sprache. Da die weitaus meisten Wörter des frühen Chinesisch monosyllabisch sind, steht ein Zeichen zugleich für ein Wort.
- Einem enormen Fundus an Wörtern und Schriftzeichen steht eine sehr begrenzte Anzahl von Silben gegenüber. Dies resultiert in einer großen Zahl homophoner Wörter, die jedoch mit unterschiedlichen Zeichen geschrieben werden.
- Chinesische Zeichen sind an sich unveränderbar, drücken also keine morphologischen Veränderungen des jeweiligen Wortes aus. (Zwar ist Chinesisch eine isolierende Sprache, doch lassen sich für das frühe Stadium gewisse Phänomene morphologischen Wandels nachweisen.)
- Wörter fremder Sprachen werden entweder auf der Grundlage semantischer Übersetzung oder in phonetischer Transkription mit bereits existierenden chinesischen Zeichen geschrieben. Lehn- und Fremdwörter sowie fremdsprachliche Namen sind daher oft nicht unmittelbar als solche erkennbar.
- Während die unter der Qin-Dynastie (221–206 v.Chr.) initiierte Orthographie bis heute verbindlich geblieben ist, wurde das Schriftsystem bis in die Spätphase der Sechs Dynastien (222–589) verfeinert und um zahllose neue Zeichen auf der Grundlage bestehender Zeichen ergänzt. Stabilität und Kontinuität der *Schrift* suggerieren fälschlicherweise eine diachrone und synchrone Kontinuität der *Sprache*, ohne deren tatsächliche Vielfalt (z. B. von Dialekten) adäquat abzubilden.
- Die Bildung neuer Schriftzeichen erfolgte nach Regeln. In ihrer großen Mehrzahl bestehen chinesische Zeichen aus zwei oder mehr Teilen, von denen eines das lauttragende und ein anderes das semantisch klassifizierende Element darstellt. Während die lauttragenden Elemente den phonetischen (und damit, entgegen verbreiteter Vorstellung, eben auch semantischen) Kern des bezeichneten Wortes repräsentieren, erlaubt der Zusatz unterschiedlicher Klassenzeichen, homophone Wörter graphisch zu differenzieren. Die allmähliche Standardisierung der Schrift – ein Prozeß, der Jahrhunderte über das von Xu Shen (etwa 55 – etwa 149) kompilierte, mehr als zehntausend Zeichen umfassende *Shuowen jiezi* (Erklärung der eingliedrigen und Analyse der mehrgliedrigen Schriftzeichen) hinausging – sorgte für die regelmäßige Verteilung der semantischen Klassenzeichen.

Folgen für die Literatur

In der Entwicklung der Schrift zeitigten diese Eigenheiten zu verschiedenen Epochen jeweils andere Folgen für den Ausdruck und die Entwicklung der Literatur:

- In den zunächst vielfach mündlich tradierten und orthographisch uneinheitlichen Texten der frühen Zeit – erkennbar insbesondere in den seit Mitte des 20. Jh.s ausgegrabenen Handschriften auf Bambus, Holz und Seide – resultiert das Phänomen der Homophonie im mannigfachen

Gebrauch von sogenannten Lehnzeichen (*jiajie zi*): Zeichen, die ein anderes als das normalerweise von ihnen repräsentierte Wort schreiben. Ein großer Teil der frühen Kommentarliteratur, und mit dieser des Verständnisses der alten Texte, besteht daher in der Identifizierung solcher Lehnzeichen.

- Die Literatur seit der Zeit der Sechs Dynastien ist durchsetzt mit Schriftzeichen, die phonetische Transkriptionen oder inhaltliche Übersetzungen buddhistischer Namen oder Fachwörter aus dem Sanskrit darstellen. Der buddhistische Sprachschatz des chinesischen Mittelalters umfaßt ungezählte Wörter, die nur vor dem Hintergrund ihrer Entsprechung im Sanskrit verständlich sind.
- Die kompakten, im Fall des fünfsilbigen Vierzeilers (*wuyan jueju*) nicht mehr als 20 Zeichen/Silben/Wörter umfassenden Formen des klassischen chinesischen Gedichts gewinnen ihre kunstvolle ästhetische Ökonomie und oft gewollte Unbestimmtheit aus der Abwesenheit morphologischer Merkmale in Verbindung mit der weitgehenden Auslassung grammatischer Partikel. Zugleich genügte die Kombination weniger Zeichen, um auf historische Situationen oder literarische Modelle anzuspielen: jenseits aller tatsächlichen historischen Sprachentwicklung konnte die geschriebene literarische Referenz mühelos jeden neuen Text mit jedem alten verbinden.
- Ungeachtet geographisch-dialektaler Grenzen und historischer Brüche erlaubt die Kontinuität der Schrift und des nur schwerfällig sich ändernden schriftsprachlichen Idioms die Bildung einer großen, Jahrtausende umspannenden literarischen Tradition, in der die kanonisierte Vergangenheit stets gegenwärtig blieb. Der Versuch der Vierten-Mai-Bewegung von 1919, mit dem literarischen Erbe zu brechen, implizierte daher den Bruch mit dem klassischen Idiom. Mit dieser politischen und literarischen Bewegung wurde auch die Abschaffung der chinesischen Zeichen diskutiert; doch hat die historische, politische und kulturelle Bindungskraft des Schriftsystems ein solches Unterfangen bis heute als insgesamt wenig attraktiv erscheinen lassen.

Shuowen jiezi

Parallel zur Entwicklung und Standardisierung der Schrift entwickelte sich allmählich deren Mythologie, wie sie in Xu Shens Nachwort zum *Shuowen jiezi* ihre fortan kanonische Formulierung fand:

> Als in alter Zeit Pao Xi [das ist Fu Xi] als König die Welt regierte, schaute er auf und betrachtete die Bilder am Himmel, schaute nieder und betrachtete das regelmäßige Modell der Erde. Er bemerkte, wie die Muster der Vögel und wilden Tiere der Erde angepasst waren. Im Nahen zog er [seine Einsichten] aus sich selbst, in der Entfernung zog er sie aus den Dingen der Welt. Daraufhin schuf er zunächst die acht Trigramme der *Wandlungen*, um die Modelle und Bilder zu übermitteln. Im Anschluß schuf der Göttliche Landmann Knotenschnüre, um Ordnung in den Angelegenheiten zu stiften. [...] Als Cang Jie, der Schreiber des Gelben Kaisers, die Krallen- und Hufspuren von Vögeln und wilden Tieren sah, erkannte er, daß diese in ihren Ausformungen voneinander unterscheidbar waren, und er begann, eingeritzte Aufzeichnungen zu schaffen. [...] [Das Vorbild hierzu] bezog er offenbar aus dem Hexagramm *guai* (»Entschlossenheit«): »Entschlossenheit [bedeutet], eine Sache am Königshof emporzuheben.« Dies besagt, daß die [Schrift-]Muster am Königshof Erziehung verbreiten und den kulturellen Wandel zum Leuchten bringen. [...] Als Cang Jie begann, die Aufzeichnungen zu schaffen, bildete er die äußeren Formen [der Dinge] gemäß ihrer Kategorien ab; daher heißen [die einfachen Schriftzeichen] »Muster«. Später wurden diese durch wechselseitige Kombination abbildender und lauttragender Zeichen vermehrt; [die so geformten Zeichen] heißen »komplexe Zeichen«.

Mythologie der Schrift

Xus Bericht zur Schöpfung der chinesischen Schrift, wonach die Zeichen aus unmittelbarer Naturanschauung gewonnen wurden, hat nicht allein die fortan eminent einflußreiche – und falsche – Vorstellung vom Abbildcharakter der Schrift begründet, sondern zugleich deren Schöpfung mit den Symbolen der *Wandlungen* und den mythischen Kulturheroen der Urzeit verbunden. In Xu Shens Lexikon wird die Schrift zu einem Kosmos und Geschichte umfassenden Zeichensystem und Ordnungsmodell. Die mythologische Bindung der Schriftzeichen an natürliche Erscheinungen und Kosmologie wurde auch für die spätere Literaturtheorie sowie die hiermit eng verwandte Ästhetik von Kalligraphie und Malerei höchst bedeutsam. Der Gedanke einer naturhaften Ordnung blieb den wesentlichen Grundlegungen der Literatur, von Lu Jis (261–303) *Wen fu* (Fu auf die Literatur) über Liu Xies (etwa 467 – etwa 522) *Wenxin diaolong* (Der literarische Geist und das Schnitzen von Drachen) bis hin zum *guwen*-Programm der Dynastien Tang (618–907) und Song (960–1279) erhalten und wurde von dort in die Frühzeit der chinesischen Literatur zurückprojiziert.

Das Nachwort zum *Shuowen jiezi* gründet auf dem Zivilisationsmythos der *Angefügten Worte* (*Xici*), einem vermutlich dem 3. Jh. v.Chr. entstammenden Kommentar zu den *Wandlungen*, dessen früheste, von der überlieferten Version vielfach abweichende Textfassung in einer Handschrift aus der Grabanlage von Mawangdui (Changsha, Hunan; 168 v.Chr.) vorliegt. Doch während die ersten Sätze des Nachwortes nahezu wörtlich dem älteren Text entnommen sind, geht er in der Folge entschieden über diesen hinaus. Die *Angefügten Worte* erwähnen die Frühformen der Schrift – »Knotenschnüre« (*jiesheng*) und »eingeritzte Aufzeichnungen« (*shuqi*) – lediglich im Kontext zahlreicher anderer zivilisatorischer Errungenschaften (landwirtschaftliche Geräte und Techniken, Verkehrsmittel, Handel, Waffen, Hausbau, Grabanlagen usw.) und ohne die Schrift durch Verweis auf die Gründungsheroen zu privilegieren. Auch findet sich die Verbindung der Schrift mit den Trigrammen der *Wandlungen* erst bei Xu Shen, dessen Gedanken ein typisches Produkt der Textkultur der Östlichen Han-Zeit (25–220) darstellen, eng verbunden mit der Entwicklung schriftlicher Exegese aus der bis dahin vorherrschenden Kultur performativer Literatur und mündlicher Unterweisung in den Klassikern. Dagegen zeigt sich das Phänomen einer sich nur allmählich ausformenden und verfestigenden Kultur des vornehmlich zur Lektüre (versus Rezitation und anderer Aufführungsformen) geschriebenen Wortes nicht allein an der relativen graphischen Instabilität früher Manuskripte, unklaren Grenzen zwischen mutmaßlich eigenständigen Texten sowie der offenbar sehr freien internen Ordnung eines gegebenen Textes. Details aus anderen Texten sowie Zehntausende neuer archäologischer Funde legen nahe, die Gleichsetzung von Schrift und Zivilisation, wie sie in dem beide bezeichnenden Begriff *wen* (ursprünglich »Muster« oder »Markierung«, dann aber auch »Schriftzeichen«) zum Ausdruck kommt, als allgemein verbreitete Anschauung nicht vor der Östlichen Han-Zeit anzusetzen. Zwar ist *wen* als Bezeichnung zivilisatorischer Vollendung in frühen Texten vielfach belegt, doch nicht primär im Sinne von »Schrift« oder »Text«, sondern auf den Bereich des religiösen, politischen und sozialen Zeremonialwesens bezogen. Erst indem der rituelle Ausdruck der Kultur – Musik, Tanz, Gesang, materielles Ornament – seit der späten Westlichen Han-Zeit phasenweise einer zunehmend schriftorientierten Repräsentation weicht, verschiebt sich die Semantik des Begriffs *wen* von der rituellen zur textlichen Praxis. Die später hochbedeutsame Grundlegung der Schrift und Literatur in Kosmologie und Mythologie gilt noch nicht für das erste Jahrtausend der chinesischen Literatur.

wen

Orakelknochen und Bronzeinschriften

Die shangzeitlichen Orakelinschriften sind Dokumente religiöser Praxis ohne erkennbare literarische Formung. Sie wurden im Anschluß an die vermutlich mündlich vorgetragene Divination in die als Orakelmedien verwendeten Rinderknochen und Schildkrötenpanzer geritzt, nachdem diese, punktuell stark erhitzt, Sprünge gebildet hatten. Die mit einem lauten Knacken sich öffnenden Sprünge galten als die Antwort der Ahnengeister auf die königlichen Fragen und waren daher zunächst zu hören und dann zu »lesen«. Die neben den Sprüngen eingeritzten Orakelinschriften repräsentierten nicht nur deren »Übersetzungen«, sondern boten zugleich auch den situativen Kontext des Rituals: die zyklischen Zeichen des Divinationstages, den Namen des Orakelpriesters, das häufig in einer positiv/negativ-Alternative gestellte Orakelthema. Zusätzlich konnte die daraus gewonnene Prognose und bisweilen sogar deren nachträgliche Bestätigung durch tatsächlich eingetretene Ereignisse notiert werden. Nahezu alle *post factum* hinzugeschriebenen Notizen bestätigen die vorherige Prognose und dienten offenkundig der herrscherlichen Legitimation. Die Orakelfragen betrafen den gesamten Bereich des öffentlichen Handelns (Opfer, militärische Unternehmungen, Landwirtschaft, Meteorologie und Astrologie, Naturkatastrophen, Bauarbeiten, Tribute, Jagden usw.), wozu im weiteren Sinne auch die persönlichen Angelegenheiten des Königs und seiner Familie (Geburten, Krankheiten, Träume usw.) gehörten. Die Shang-Könige bedienten sich des Orakels in alltäglicher Routine, um den Kontakt mit ausgewählten Ahnengeistern zu pflegen. Die Antworten der Geister waren auf ein schlichtes ja oder nein beschränkt. Diesem kontrollierten Verfahren zur Gewinnung eindeutiger Voraussagen entsprach eine grundsätzlich optimistische Weltsicht (David N. Keightley), worin dem König die Aufgabe und die Fähigkeit zufielen, jede wichtige Entscheidung mit den Ahnengeistern und kosmischen Mächten abzustimmen und so das Wohlergehen der Gemeinschaft mit rituellen Mitteln zu sichern. Eine typische Inschrift, bestehend aus der zweiteiligen Alternativaussage auf der Vorderseite eines Schildkrötenpanzers und der königlichen Prognose auf der Rückseite, lautet: »Am Tage [*bing*]*chen* (53. Tag) brachte man [den Panzer] zum Springen. [Wahrsager] Que prüfte [die Aussage]: ›Wir erhalten die Hirseernte.‹ / Am Tage *bingchen* brachte man [den Panzer] zum Springen. [Wahrsager] Que prüfte [die Aussage]: ›Wir mögen nicht die Hirseernte erhalten.‹ Vierter Mond. / Der König las die Sprünge und sagte: ›Glück verheißend! [Wir] werden diese Ernte erhalten.‹«

Orakelfragen

So eindeutig die politische Funktion des Orakels erscheint, so unklar bleibt, warum seine alltäglichen Ergebnisse in solch großer Zahl und unter erheblichem Arbeitsaufwand nachträglich in die Medien der eigentlichen Wahrsagung eingeritzt wurden. Die bisweilen erhebliche zeitliche Distanz zwischen Orakelnahme und Inschrift und die Existenz zahlreicher unbeschrifteter Orakelknochen und -panzer scheint auszuschließen, daß die Inschrift das Orakel notwendigerweise zu besiegeln hatte. Ebenso fragwürdig ist die Annahme, die Orakelinschriften seien vornehmlich zu historisch-dokumentarischen Zwecken textintern datiert, in zeitresistente Materialien eingeritzt und schließlich archiviert worden, um späteren Generationen die politisch-religiösen Aktivitäten der Shang-Könige zu überliefern. Zum einen verweisen die Datierungen lediglich auf Tage innerhalb des stetig wiederkehrenden Zyklus von sechzig Tagen, nennen aber weder das Jahr noch den regierenden König. Ohne zusätzliche Archivinformation

Natur und Funktion der Orakelinschriften

wäre solch historisches Wissen spätestens nach einer Generation verfallen. Ungeachtet der Dauerhaftigkeit ihres Materials konnten die Orakeltexte daher allenfalls kurzfristig als historische Dokumente verständlich und nutzbar sein, und ihr unhandliches Format widerspricht ebenfalls einer archivarischen Bestimmung. Überdies würde ein solcher Zweck weder die mühsame Anfertigung ganzer Serien identischer Texte zu einem einzigen Orakel noch die Existenz bestimmter ästhetischer Formen (Symmetrie, Einfärbung, übergroße Kalligraphie) der Inschriften erklären. Übrig bleibt als Erklärung der Orakelinschriften die kaum weiter zu spezifizierende Annahme, daß die Inschriften der politisch-religiösen Repräsentation der Shang-Könige gedient haben dürften, indem sie – jenseits ihrer konkreten, in kurzer Zeit an Dokumentationswert verfallenden Inhalte – die grundsätzliche Fähigkeit des Königs ausdrückten, erfolgreich mit den Ahnengeistern zu kommunizieren, die Antworten der Geister korrekt zu verstehen und damit das Wohlergehen der politischen Gemeinschaft zu gewährleisten.

Rituelle Repräsentation

Der ostentative Aufwand an Ressourcen, die Produktion ganzer Serien desselben Texts, die Betonung ästhetischer Elemente, die Datierung im Sechzig-Tage-Zyklus, die selbstreferentielle Erwähnung des rituellen Geschehens in der Inschrift (»Der König las die Sprünge und sagte«), die strikt regulierte Kommunikation mit den Ahnengeistern, die Beschriftung des dieser Kommunikation dienenden Mediums selbst sowie eine umfassend optimistische Weltsicht waren nicht auf die Orakelinschriften beschränkt, sondern insgesamt charakteristisch für die rituelle Repräsentation der Shang- und Zhou-Könige. Dieselben Merkmale erscheinen daher auch in der zweiten großen Gruppe archäologisch erschlossenen Schrifttums, den Inschriften der im Ahnenkult verwendeten Ritualbronzen. Die Produktion solcher Texte begann parallel zu den Orakelinschriften in der späten Shang-Zeit und erlebte ihre Blütezeit unter der Westlichen Zhou-Dynastie, die dem traditionellen China als eigentlicher Ursprung der politischen Ordnung und als Orientierungsrahmen ihrer kulturellen Ideale galt. Bronzeinschriften (*jinwen*) wurden in aller Regel mit ihren materiellen Trägern – oft reich ornamentierten Speise- und Trunkgefäßen, Glocken und Waffen – gegossen. Während die Zhou-Herrscher mit der Panzer- und Knochendivination auch das Einritzen von Orakeltexten schon bald nach ihrer Eroberung des Shang-Reiches (etwa 1045 v.Chr.) durch neue Wahrsagetechniken ersetzten, erhöhten sie um ein Vielfaches die Herstellung der in ihrer kostspieligen Materialität, ihrer komplexen Technologie und ihrem kunstvollen Formenvorrat äußerst prestigereichen Ritualbronzen. Die zum Zeitpunkt ihrer Eroberung des Shang-Reiches in der Ebene des Wei-Flusses um das heutige Xi'an (Shaanxi) siedelnden Zhou übernahmen erst allmählich die entwickelte Formensprache der Shang-Bronzen und wandelten sie zu neuen Ausdrucksmustern. Die in Zhou-Texten forcierte politische Rhetorik ursprünglicher kultureller Überlegenheit ist daher fragwürdig; umso eindrucksvoller erscheint die nach der Eroberung ausgreifende Fortentwicklung der Bronze- und literarischen Kultur.

Himmlisches Mandat

In der Westlichen Zhou-Zeit war das Gießen von Ritualbronzen nicht auf das Königshaus beschränkt, sondern wurde von diesem als politisches Privileg einzelnen Würdenträgern sowie den Herrschern der umgebenden Lehnsstaaten gewährt, in deren Inschriften der mit »himmlischem Mandat« (*tianming*) versehene und als »Himmelssohn« (*tianzi*) titulierte Zhou-König Referenzpunkt aller politischen Autorität blieb. Die Ausgrabungsorte der Ritualbronzen bezeugen deren dezentrale Herstellung und Aufbewahrung sowie eine enge Bindung an die politische Autorität des Königs. Die Mehrzahl der aus der West-Zhou-Zeit stammenden Bronzen wurde in Shaanxi und hier insbesondere in der Ebene des Wei-Flusses geborgen, also im näheren oder weiteren Umkreis der königlichen Hauptstadt; weiter östlich wurden Bronzen dieser Epoche fast ausnahmslos an Orten nördlich des Gelben Flusses gefunden, woraus sich – entgegen der prahlerischen Rhetorik mancher traditioneller Texte – die Grenzen des erweiterten Einflußgebietes der Zhou ermessen lassen. Die Ritualbronzen erscheinen vornehmlich in zwei archäologischen Zusammenhängen: als Grabbeigaben und in sorgfältig angelegten, bisweilen dicht gepackten Lagergruben. Letztere wurden offenbar vor allem in der Spätphase der Dynastie zur sicheren Aufbewahrung der Bronzen angelegt und dürften die wachsende Bedrohung und schließliche Vertreibung der Zhou-Könige aus der Wei-Ebene durch nichtchinesische nördliche Volksgruppen reflektieren.

Mit der Verlegung der Hauptstadt in die östlichere Gegend des heutigen Luoyang (Henan) und damit dem Ende der Westlichen Zhou-Zeit 771 v.Chr. wandelte sich auch die Rhetorik der Bronzeinschriften. War die politische Legitimation regionaler Herrscher ursprünglich von der Autorität des Königs als alleinigem »Himmelssohn« abgeleitet und daher nicht autonom, so folgte dem Zusammenbruch der Dynastie ein schon während der Frühlings- und Herbst-Periode (*Chunqiu*, 722–481 v.Chr.) rasch fortschreitender politischer Zerfall des Reiches in zahlreiche mehr oder weniger eigenständige Staaten, deren notorische Kriegslust dem späteren Teil der Östlichen Zhou-Zeit (770–221 v.Chr.) die traditionelle Bezeichung »[Epoche der] Streitenden Reiche« (*Zhanguo*, 476–221 v.Chr.) eintrug. Entsprechend ihrer neuen politischen Autonomie bezogen sich die Lehnsfürsten der Östlichen Zhou-Zeit zunehmend selbst auf den Himmel, usurpierten allmählich den Königstitel und eliminierten den »Himmelssohn« als höchste politische Autorität aus ihren Inschriften. In der künstlerischen Herstellung ihrer Ritualbronzen entwickelten die Werkstätten der einzelnen Staaten neue und regional distinkte Ausdrucksformen.

Kontinuität der Ritualsprache

Bezeugen die Ritualgeräte der Östlichen Zhou-Zeit den Zerfall staatlicher Einheit und die Formierung und Ausbreitung regionaler politischer und kultureller Zentren, so demonstrieren die Inschriften eine bemerkenswerte Kontinuität der etablierten Ritualsprache und ihrer literarischen Mittel. Jenseits des rhetorischen Bruchs mit der Autorität des »Himmelssohnes« zeigt sich die Sprache durchgängig geprägt von den politischen Formeln der Westlichen Zhou-Zeit, uniform und stereotyp über alle geographischen, politischen und kulturellen Grenzen hinweg. Untersuchungen zum Reimverhalten der Texte haben bislang keine verbreiteten Merkmale lokaler oder regionaler Dialekte zutage gefördert; wie die rituelle Rhetorik zeigt auch deren Sprache in Grammatik, Wortwahl und Regelmäßigkeit von Reim und Metrum gewisse Linien diachroner Entwicklung, nicht aber die Grenzverläufe der synchronen linguistischen Geographie. Die in Bronze gegossene Sprache der Östlichen Zhou-Zeit war grundsätzlich am Ausdrucksstandard der Westlichen Zhou-Zeit orientiert – einem Ritualidiom, das in zunehmender Formelhaftigkeit des literarischen Ausdrucks erstarrte. Entsprechend ist nach 770 v.Chr. der Anteil kurzer, gleichsam vorgestanzter Texte an der Gesamtzahl der Inschriften deutlich höher als während der Westlichen Zhou-Zeit, als sich das noch junge »Genre« der Bronzeinschriften von zunächst kurzen, inhaltlich wie kalligraphisch unregelmäßigen Sentenzen zu weit ausholenden Schriftstücken entwickelt hatte, deren längstes, die Inschrift des Mao Gong-Dreifußes (Mao gong *ding*), nicht weniger als 498 Zeichen umfaßt. Zwar erscheinen Texte erheblicher Länge auch in späteren Jahrhunderten, insbesondere zur Bekräftigung des Anspruchs auf politische Legitimation und Autonomie, doch sind diese, gemessen an der nunmehr enormen Produktion inskribierter und nicht-inskribierter Ritualbronzen, eine geringe Minderheit.

Insgesamt geht die Zahl zhouzeitlicher Inschriften in die Tausende und womöglich Zehntausende, rechnet man auch die kurzen, oft nur aus einigen wenigen Schriftzeichen bestehenden Inschriften mit ein. Wie schon angedeutet, wurden bereits in der Westlichen Zhou-Zeit zahlreiche Bronzen (und ihre Texte) nicht vom Zhou-König selbst, sondern von einem seiner Untertanen gestiftet. Häufig, wenn auch nicht immer aus den Bronzeinschriften ablesbar, war der Anlaß hierzu eine besondere Würdigung ziviler oder militärischer Verdienste, welche der Zhou-König mit Ämtern, Landbelehnungen, Bodenübereignungen sowie anderen kostbaren Geschenken vergalt. Während einer entsprechenden Zeremonie am Königshof wurde ein Dokument verlesen, das die Leistungen des Untertanen zusammen mit den im Gegenzug erwiesenen Zeichen königlicher Anerkennung auflistete. Das fortan vermutlich im Hofarchiv aufbewahrte Schriftstück trug gleichsam rechtsverbindlichen Charakter und wurde dem darin Begünstigten in Kopie auf Holz- oder Bambustäfelchen überreicht, welche durch Schnüre verbunden waren und ihrem Empfänger als sichtbares Zeichen königlicher Anerkennung am Gürtel befestigt wurden. Zugleich gewährte der König auch das Privileg, eine inskribierte Ritualbronze zu gießen, deren Text auf der Grundlage der königlichen Urkunde formuliert wurde. Während der so Ausgezeichnete seine auf vergänglichem Material geschriebene Textkopie mutmaßlich für spätere Zwecke archivierte, widmete er das auf ihrer Grundlage beschriftete neu gegossene Ritualgerät ausdrücklich seinen Vorfahren: die Bronze (und ihr nun eigener Text) wurde im dunklen Inneren des Familientempels verwahrt und während der periodischen Opferrituale den Ahnen präsentiert. Dieses vornehmlich aus den Inhalten und formalen Aspekten der Bronzeinschriften selbst rekonstruierte Szenario verankert die Ursprünge der chinesischen Literatur in einem komplexen Zusammenspiel politischer Legitimation und religiöser Kommunikation, gesichert in den Ritualen der herrscherlichen Investitur- und Schenkungszeremonien auf der einen und des Ahnenopfers auf der anderen Seite. Der Modus der Bronzeinschriften ist daher nur vordergründig dokumentarisch: Mit den Ahnen als den eigentlichen Adressaten, denen ihr Nachfahr seine Verdienste in Verbindung mit einem Gebet um fortwährende Unterstützung antrug, wurde ein Bruchstück der allgemeinen politischen Geschichte zum Baustein einer Idealgeschichte der einzelnen Familie. Obwohl die Inschriften insgesamt die wesentlichen Linien der aus der tradierten Literatur bekannten Geschichte der Zhou-Zeit bestätigen und überdies die Könige und andere bedeutende politische Persönlichkeiten mit ihren tradierten Namen erwähnen, war ihr Verwendungszweck ritueller, nicht historiographischer Natur.

Anlässe der Bronzeinschriften

Inhalte der Bronzeinschriften

Die Bronzetexte der Westlichen Zhou-Zeit waren zu keiner Phase auf einzelne inhaltliche Typen reduziert. Unter den direkt oder indirekt auf die politische Autorität des Königs bezogenen Texten waren Investiturinschriften üblich; daneben wurden Landübertragungen, juristische Abmachungen, Besuche und Beschenkungen durch höherrangige Persönlichkeiten, gerichtliche Streitfälle (mit dem Stifter der Bronze als Gewinner), persönliche Auszeichnungen aufgrund militärischer Verdienste und andere, bisweilen nahezu idiosynkratisch erscheinende Ereignisse berichtet. Die in großer Zahl verfaßten kürzeren Inschriften verzichteten in der Regel überdies ganz darauf, einen spezifischen Grund für das Gießen der jeweiligen Ritualbronze zu nennen; hier standen allein die Erwähnung des Stifters, der Sachverhalt der Bronzestiftung selbst und die Bitte um Segnungen – insbesondere Langlebigkeit – im Mittelpunkt. Seit der Mitte der Westlichen Zhou-Zeit gewannen die Ritualbronzen in ihrer künstlerischen Gestaltung wie auch in der Kalligraphie ihrer Inschriften allmählich an Gleichmaß. Parallel zu dieser ästhetischen Standardisierung festigte sich auch, ablesbar an den Strukturen von Reim und Metrum, der sprachliche Ausdruck der Bronzetexte. Die parallele Konsolidierung künstlerischer und literarischer Formen belegt die zu diesem Zeitpunkt erreichte Reife der Zhou-Kultur; das vielleicht eindrucksvollste Beispiel hierfür ist die kurz vor 900 v.Chr. datierende Schale des Zeremonialschreibers Qiang (Shi Qiang *pan*), die im Dezember 1975 zusammen mit 103 anderen Ritualbronzen (74 davon inskribiert) in einer Grube bei Zhuangbai (Fufeng, Shaanxi) gefunden wurde. Die Qiang-Schale trägt die ausführlichste Inschrift des Zhuangbai-Hortes; der 275 Zeichen umfassende Text ist überwiegend im tetrasyllabischen, in vielen Versen durch Endreim betonten Metrum gehalten und in zwei nahezu perfekte symmetrische Spalten von jeweils neun senkrechten Zeilen gegossen. Anders als in den meisten Bronzegeräten wird hier das visuelle Format des Textes selbst betont und definiert die Erscheinung einer ansonsten verhältnismäßig schmucklosen Schale. Der ästhetischen Balance der Shi Qiang *pan*-Inschrift entspricht die inhaltliche – der Schreiber Qiang präsentiert die Geschichte seiner Familie parallel zu der des Königshauses:

Shi Qiang pan-*Inschrift*

Im Einklang mit dem Altertum war König Wen! / Er brachte zuerst Harmonie ins Regieren. / Gott in der Höhe sandte vortreffliche Tugendkraft und großes Gleichgewicht herab. / Weithin nahm [König Wen] das Obere und Untere in Besitz, / vereinigte und empfing die zehntausend Lehnsstaaten. / Zwingend und martialisch war König Wu! / Er inspizierte und zog zu Felde gegen die Regionen der vier Richtungen, / erreichte die [Macht der] Yin und regierte deren Volk. / Ewig furchtlos gegenüber den Di[-Barbaren], / o, er attackierte das Gefolge der Yi [-Barbaren]! / Mustergültig und weise war König Cheng! / Zur Linken und zur Rechten ergriff und richtete er die Starrsinnigen und Wirrköpfe; / somit erschloß er und führte zusammen den Staat Zhou. / Tiefgründig und gedankenreich war König Kang! / Er behandelte die Aufrechten als Gäste und befriedete die Grenzen. / Großzügig und freigebig war König Zhao! / Weithin zähmte er [die südlichen Regionen] Chu und Jing; / er war es, der den Weg nach Süden bahnte. / Ehrwürdig und illuster war König Mu! / Er formte sich nach den großen Belehrungen und folgte ihnen. / Fortführend und friedfertig ist der Himmelssohn! / Der Himmelssohn festigt und setzt fort der Könige Wen und Wu langwährende Leuchtkraft. / Der Himmelssohn ist kräftig und ohne Fehl, / ehrfürchtig präsentiert er sich den Oberen und Unteren [Geistern?] / und läßt die umfassenden Pläne bis zum Äußersten erstrahlen. / Strahlend und leuchtend, ohne Überdruß: / Gott in der Höhe, [Ahnherr] Hou Ji und die verkrüppelten Schutz[schamanen] / übergeben dem Himmelssohn das umfangreiche Mandat, / üppige Segnungen und reiche Ernten. / Unter den Man[-Barbaren] der Grenzregionen ist niemand, der nicht zur [königlichen] Audienz eilte. / Ruhig und einsam war der Hohe Ahn! / Er residierte am numinosen Ort von Wei. / Nachdem König Wu Unheil über die Yin gebracht hatte, / kamen die Zeremonialschreiber aus Wei, leuchtende Ahnen, / zur Audienz bei König Wu zu erscheinen. / König Wu ließ daraufhin den Herzog von Zhou ein Domizil abtreten; / [die Ahnen] nahmen Wohnsitz in der Ebene der Zhou. / Durchdringend und umsichtig war Ahn Yi! / Er wurde kommen gelassen, seinem Herrscher zu entsprechen; / fern in die Zukunft plante er mit Bauch und Herz. / Sein Sohn übernahm das klarsichtige Leuchten. / Der Nächste in der Ahnenlinie war Ahn Xin! / Er zeugte und zog groß seine Kinder und Enkel; / reichlich war sein Glück, mannigfach seine Gaben. / Ebenmäßig gehörnt und glutrot glänzend [waren seine Opfertiere], / angemessen waren seine Opfer. / Dauerhaft und langlebig war mein vollendeter Vater selig, Herzog Yi! / Kraftvoll und strahlend erlangte er Reinheit. / Ohne Tadel waren Ackerbau und Ernte, / die sich ausbreitenden Sprossen eröffneten [neue Felder]. / Pietätvoll [im Ahnenopfer] und freundlich ist Zeremonialschreiber Qiang! / Von früh bis spät läßt er [seine Pflichten] nicht fallen – / mögen seine Verdienste täglich anerkannt werden! / Qiang wagt nicht aufzuhören; / um in Erwiderung [herrscherlicher Gunst] das hochillustre und segensreiche Mandat des Himmelssohns zu preisen, / macht er [dieses] kostbare und ehrwürdige Opfergefäß. / Mögen die leuchtenden Ahnen und der vollendete Vater selig ihm ihre Gunst gewähren, Qiang reichlich Glück, gesegneten Frieden, sprießenden Reichtum, gelbliche Langlebigkeit und vollendete Jahre geben, so daß er imstande ist, seinem Herrscher zu dienen! Mögen [die Qiang] für zehntausend Jahre ewiglich [dieses Gefäß] in Ehren halten und verwenden!

Form der Shi Qiang pan-*Inschrift*

Die aufgrund ihrer archaischen Zeichenformen in zahlreichen Passagen unterschiedlich interpretierbare Inschrift in der Schale des Zeremonialschreibers Qiang ist inhaltlich wie ästhetisch bemerkenswert. Als eine der längsten Inschriften ist sie von seltener Regelmäßigkeit in ihren Reimsequenzen und weitgehend tetrasyllabischen Versen, bislang das einzige Beispiel einer deutlich markierten strophischen Organisation und zugleich von ungewöhnlicher äußerer Gestalt. Die Plazierung der Schriftzeichen in zwei Parallelspalten von jeweils neun senkrechten Zeilen (zu lesen von oben nach unten und von rechts nach links) im Boden der Bronzeschale verrät eine bemerkenswerte Sorgfalt, den Text als ein Werk nicht nur klanglicher, sondern auch sichtbarer Ästhetik zu betonen. Um diese formale Parallelität zu erreichen, war es notwendig, die Schlußzeile eng mit zwanzig Zeichen zu füllen, während alle übrigen Zeilen in perfekter Gleichmäßigkeit jeweils fünfzehn Zeichen enthalten. Anders als in den meisten Bronzegeräten steht daher in der Schale des Zeremonialschreibers Qiang, der sich im vorletzten Textabschnitt als Stifter der Bronze zu erkennen gibt, ganz offensichtlich das visuelle Format des Textes selbst im Mittelpunkt des Interesses: Die parallele Textgestalt dominiert und definiert die Erscheinung einer ansonsten verhältnismäßig schmucklosen Schale.

Anspruch des Zeremonialschreibers

Diese zum Ende des 10. Jh.s v.Chr. geschaffene Verbindung einer spektakulären Betonung des geschriebenen Wortes mit einer sorgfältig durchkomponierten literarischen Struktur war, wenn nicht tatsächlich einmalig, in jedem Falle eine exquisite Ausnahme. Sie dürfte im Zusammenhang mit dem Beruf des Stifters gelesen werden, der sich ausdrücklich als »Zeremonialschreiber« (*shi*) – zuständig für die historischen Aufzeichnungen und deren rituelle Repräsentation – erwähnt und in kunstvoller Weise die Genealogie der eigenen Familie der politischen Geschichte der Zhou-Dynastie gegenüberstellt, beginnend mit dem prädynastischen König Wen (reg. 1099/56–1050 v.Chr.) und endend mit dem zu Qiangs Zeit als »Himmelssohn« regierenden König Gong (reg. 917/915–900 v.Chr.). Keine andere bislang bekannte Bronzeinschrift der Westlichen Zhou-Zeit demonstriert einen vergleichbaren Anspruch, königliche und Familiengeschichte inhaltlich und formal als gleichwertig zu parallelisieren; die Genealogie des Wei-Geschlechts beginnt fast exakt in der Mitte des Gesamttextes, nämlich mit dem drittletzten Zeichen der rechten Spalte. Die hochformalisierte inhaltliche Gegenüberstellung, ihre Ausführung in nahezu perfekter graphischer Parallelität und schließlich die Selbstbezeichnung des Stifters als Zeremonialschreiber bezeugen weniger, wie bisweilen gemutmaßt, einen frühen Versuch, »Geschichte« zu schreiben, als vielmehr die ostentative Bemühung des Stifters, sich selbst in seiner Berufung als höfischer Zeremonialschreiber und damit zugleich als verdienstvoller Nachkomme seiner Ahnen zu repräsentieren. Unterscheidet sich seine Inschrift in dieser Hinsicht von anderen bislang bekannten Bronzetexten, so teilt sie andererseits doch deren vornehmliche Funktion, den jeweiligen Stifter und seine Verdienste in Opferritualen den Vorfahren zu präsentieren, wozu ein zunächst an der Ästhetik mündlicher Rezitation ausgerichteter Text zur Kommunikation mit den Ahnengeistern in schriftliche Form übertragen wurde.

Elemente der Mündlichkeit in Bronzeinschriften

Bronzeinschriften waren keine Originaldokumente, sondern sekundäre oder tertiäre, zu religiösen Zwecken umgeformte Versionen historischer Urkunden, die wiederum selbst einem früheren rituellen Kontext entstammten und außerhalb der Ritualbronzen noch anderweitig, schriftlich wie mündlich, aufbewahrt und tradiert wurden. So zeigen zwei Serien ausführlicher Inschriften des westlichen Staates Qin von etwa 700 und etwa 600 v.Chr., daß im Abstand eines ganzen Jahrhunderts ein Text von mehr als einhundert Zeichen noch weitgehend in neuen Inschriften reproduzierbar blieb, obwohl die Qin in der Zwischenzeit ihre Hauptstadt verlegt und die ursprünglichen Träger der ersten Textversion, eine Gruppe von Bronzeglocken, am alten Ort zurückgelassen hatten. Die ursprünglich zum mündlichen Vortrag geschaffene Form und das nur lose Verhältnis zwischen Text und materiellem Träger ist auch an der Tatsache nachweisbar, daß im kontinuierlichen visuellen Fluß der Inschrift weder Reim noch Metrum zum Ausdruck kamen. Daher sind die innere Struktur des Textes und seine physische Erscheinung zwei voneinander unabhängige ästhetische Phänomene; der Text mußte rezitiert oder gesungen werden, um in seiner oft regelmäßigen poetischen Gliederung erkennbar zu sein. Aufschlußreich ist ferner die Plazierung der Inschriften. In den zum Ahnenopfer verwendeten Speise- und Trunkgefäßen befindet sich die Inschrift in aller Regel in der Innenseite des Bodens oder einer Seitenwand, während Glocken auf ihrer Außenseite beschriftet wurden, wobei der Text allerdings – je nach verfügbarer, d.h. nicht anderweitig gestalteter Oberfläche – in verschiedene Richtungen verlaufen und sich insbesondere auch auf der unteren Rückseite der in Glockenspielen aufgehängten Bronzen befinden konnte. Weder die Glockeninschriften noch die von Speisen und Getränken bedeckten Gefäßinschriften waren während des Ahnenopfers für das menschliche Auge lesbar. Dies legt nahe, daß sie nicht an die lebenden Teilnehmer des Rituals gerichtet, sondern – mit den Klängen der Glocken und dem aufsteigenden Duft des Speise- und Trankopfers – den Ahnengeistern in einer multimedialen Darbietung übermittelt wurden, begleitet von rituellen Deklamationen, Hymnen und Tänzen. Daß in der Spätphase der Östlichen Zhou-Zeit Inschriften auch auf den Außenseiten von Ritualgefäßen angebracht wurden – etwa im Falle der 462 Zeichen langen Inschrift auf einem Dreifuß des Königs Cuo (reg. 323–313 v.Chr.) von Zhongshan –, dürfte daher nicht allein eine ästhetische Entwicklung dokumentieren, sondern einen Wandel in Natur und prinzipieller Funktion der Ritualbronzen und ihrer Texte: von Medien religiöser Kommunikation mit den Ahnengeistern zu Artefakten sozialer Repräsentation gegenüber den Lebenden. Diesen Schluß legen auch die Bronzetexte selbst nahe, deren inhaltlicher Schwerpunkt sich während der Östlichen Zhou-Zeit zunehmend von den Ahnengeistern als Garanten der Segnungen zu den Lebenden als selbstbewußten Urhebern ihrer eigenen Errungenschaften verlagerte.

Struktur der Bronzeinschriften

In der inneren Struktur der Bronzetexte der Westlichen Zhou-Zeit hat Lothar von Falkenhausen ein dreiteiliges Organisationsprinzip von Vergangenheit, Gegenwart und Zukunft identifiziert: Im ersten und häufig ausführlichsten Teil rühmt der Stifter die angesammelten Verdienste seiner

Vorfahren und der eigenen Person, denen die Familie insgesamt ihren sozialen Rang, der Stifter seine persönliche Legitimation verdankt (Vergangenheit). Diese Textpartie kann entweder im Dokumentarstil eines Investitur- oder Auszeichnungsrituals gehalten sein oder aber die über Generationen angehäuften Verdienste der Familie aus der subjektiven Perspektive des Stifters präsentieren. Auf die Erklärung der Verdienste folgt die Widmungsadresse, worin der Stifter das von ihm in Auftrag gegebene (»geschaffene«) Ritualgerät benennt, eventuell dessen Eigenschaften preist und bisweilen einzelne Ahnen als Adressaten seiner Opfer erwähnt (Gegenwart). Den Abschluß bildet eine Gebetsformel, worin die Ahnen um Segnungen ersucht werden (Zukunft). Nicht jede Inschrift enthält notwendigerweise alle drei Elemente; doch wo immer sie in ihrer Gesamtheit erscheinen, bewahren sie ihre konventionelle Reihenfolge. In relativ langen Inschriften ist vor allem die Darstellung der Verdienste erheblich ausgedehnt, während die Widmungs- und Gebetsformeln kaum an Umfang gewinnen. Dieses Phänomen läßt die langen Inschriften als historisch besonders interessant erscheinen; doch konnten gerade diese konkreten und individuellen Passagen am ehesten entfallen und sind daher nicht der eigentliche Kern der Inschrift. Dieser ist vielmehr in den hochgradig formalisierten und stereotypen Widmungs- und Gebetsformeln zu suchen, wobei die kürzesten Bronzetexte wiederum allein auf die selbstreferentielle Widmung reduziert werden konnten, mit welcher der Stifter sich seinen Ahnen gegenüber zu erkennen gab. Daraus ist zu schließen, daß die primäre Funktion der Inschriften nicht historischer, sondern religiöser Natur war, und daß die historischen Details nicht als eigenständige Dokumente, sondern im Rahmen ihrer rituellen Verwendung zu verstehen sind.

Gebets- und Segensformeln

Bronzeinschriften sind auf verschiedenen Ebenen den frühen Texten der *Oden* und *Dokumente* verwandt. Die Gebets- und Segensformeln verbinden die Bronzetexte mit den Ritualhymnen der *Oden*, wo sie gleichfalls das Ende des Textes oder auch einzelner Strophen markieren. Diese in dem frühen Ritualklassiker *Liji* (Aufzeichnungen zum Ritual) als *guci* (»glückverheißende Worte«) bezeichneten Formeln sind an die Ahnen gerichtet, können aber auch deren im Opferritual gewonnenen Antworten enthalten. Deutliche Merkmale ritueller Mehrstimmigkeit in Hymnen wie in Inschriften verweisen auf eine dramatische Aufführung der Texte innerhalb der multimedialen Ahnenopfer. Bronzeinschriften waren nicht stumm. Die der Gebets- und Segensformel vorangehende Widmungsadresse, womit der Stifter auf sich selbst und das in seinem Auftrag geschaffene Bronzegerät Bezug nahm, unterscheidet andererseits die Bronzetexte von den Hymnen der *Oden*, die nicht auf materiellen Trägern verewigt wurden und statt dessen in der literarischen Überlieferung aufbewahrt worden sind. Die Stiftungsformel, der Kern jeder Bronzeinschrift, erklärt sich aus der Idee, daß der korrekte Vollzug der Rituale selbst die höchste Form an Tugendkraft und Verdienst darstellte, wie der vielzitierte Satz des *Xiaojing* (Klassiker der Kindespietät) verdeutlicht: »Um die Sitten zu ändern und die Gebräuche zu wandeln, ist nichts bedeutender als die Musik; um die oberen Mächte zu beruhigen und das Volk zu regieren, ist nichts bedeutender als das Ritual.« Entsprechend bietet bereits das *Liji* eine längere Erklärung zur Natur der Bronzeinschriften, worin die Schaffung einer »Inschrift« (*ming*) paronomastisch mit der Schaffung des eigenen »Namens« (*ming*) identifiziert wird: »Derjenige, der eine Inschrift herstellt, schafft sich selbst einen Namen. Er schafft sich den eigenen Namen, indem er die Vortrefflichkeit seiner Vorfahren preist und sie den folgenden Generationen klar bekannt macht. [...]

Wenn also ein Vornehmer eine Inschrift betrachtet, preist er den darin Gelobten, und er preist auch deren Verfasser.« Diese selbstreferentielle Funktion der Bronzeinschriften galt selbst für die kürzesten Texte, welche lediglich aus der subjektlosen Formel »machte dieses kostbare und verehrungswürdige Ritualgefäß« bestehen. Wo technische Perfektion, Ressourcenaufwand und Schmuckreichtum das jeweilige Gerät als ein Objekt besonderer Bedeutung auswiesen, markierte die Stiftungsformel die sakrale Bestimmung ihres materiellen Trägers, die Tugendkraft des Stifters und die ihm damit von seinen eigenen Nachfahren künftig zustehende Verehrung. Selbstreferentielle Formeln finden sich entsprechend auch in den Hymnen der *Oden*, so etwa in *Zheng Min* (Das vielzählige Volk; *Ode* # 260): »Ich, Jifu, habe diese Rezitation geschaffen – / möge sie sanft sein wie der klare Wind!«

Selbstreferenz

Daß Inschriften grundsätzlich eulogischen Zwecken dienten und statt einem objektiven historischen Wahrheitsanspruch der Idealgeschichte der Stifterfamilie verpflichtet waren, ist ebenso offensichtlich wie signifikant für das Verständnis der Bronzetexte in ihrem religiösen Zusammenhang. Wenn Zeremonialschreiber Qiang in seiner Inschrift über König Zhao (reg. 977/975–957 v.Chr.) berichtet, dieser habe die südlichen Regionen »gezähmt«, so bliebe zu ergänzen, daß die königliche Armee auf ihrem Feldzug nach Süden vernichtet und der König selbst getötet wurde. Wenn, wie von Edward L. Shaughnessy vermerkt, keine der mehr als fünfzig Inschriften militärischen Inhalts der Westlichen Zhou-Zeit von einer Niederlage berichtet, ist die Frage nach der historischen Objektivität der Bronzetexte bereits beantwortet. Dennoch ist der ausholende historische Gestus insbesondere der längeren Inschriften ernst zu nehmen: Ihre Datierungen, die im günstigsten Falle nicht nur Tag und Monat, sondern auch ein bestimmtes Regierungsjahr nennen (freilich ohne zu erwähnen, unter welchem König), die häufig namentliche Selbstidentifikation des Stifters und der zeremonielle Anlaß, in dessen Entsprechung die Bronze gegossen wurde, sind sämtlich Elemente, die den Text in einem konkreten historischen Zusammenhang zu verankern scheinen. Doch was die Inschriften idealisierend erinnern, in Bronze verfestigen und Ahnen wie Nachfahren in häufig poetischer Form übermitteln, sind keine sich selbst erklärende Tatsachen, sondern deren normativ und endgültig definierte, mythisch überhöhte und zu rituellen Zwecken sakralisierte Repräsentation: Nicht: »Was ist geschehen?«, sondern: »Was wollen wir erinnern?« und: »Was wollen wir vergessen?« sind die im Ahnenkult beantworteten Fragen, wo Geschichte als Gedächtnis entworfen wurde.

Die Ursprünge und frühe Entwicklung der Poesie

Oden (Shi) *und* Dokumente (Shu)

Den Bronzeinschriften in Teilen zeitgenössisch sind zwei tradierte und in der Östlichen Zhou-Zeit kanonisierte Textsammlungen, die *Oden* (*Shi*, später als *Klassiker der Oden*, *Shijing*, bezeichnet) und die *Dokumente* (*Shu*, später als *Klassiker der Dokumente*, *Shujing*, oder auch *Ehrwürdige Dokumente*, *Shangshu*, bezeichnet). In ihren frühen Schichten vermutlich auf die Westliche Zhou-Zeit zurückgehend, konstituieren sie das Grundgerüst historischen Wissens, mythischen Erinnerns, politischer Paradigmen, ritueller Praxis und literarischer Ausdrucksform des frühen China. Die jüngst gefundenen, augenscheinlich auf das späte 4. Jh. v.Chr. datierenden Manuskripte von Guodian (Jingmen, Hubei) bestätigen den in der tradierten Literatur der Östlichen Zhou-Zeit erkennbaren Status der *Shi* und *Shu* als kanonische Sammlungen paradigmatischer Texte, deren Zitat insbesondere den Werken der Ru, also der konfuzianischen Tradition seit dem 5. Jh. v.Chr. routinemäßig als Nachweis autoritativer Wahrheit diente.

Poesie in den Wandlungen (Yi)

Der dritte in seinen frühen Teilen vermutlich aus der späten Westlichen Zhou-Zeit datierende Kanon, die *Wandlungen* (*Yi*, später als *Klassiker der Wandlungen*, *Yijing*, oder *Wandlungen der Zhou*, *Zhou Yi*, bezeichnet), ist ein Orakelhandbuch, um das sich von der Östlichen Zhou- bis zur Östlichen Han-Zeit eine Serie von Kommentaren – die sogenannten *Zehn Flügel* (*shi yi*) – legte und damit das ursprünglich zur Divination verwendete Werk in ein so vielschichtiges wie autoritatives Weisheitsbuch kosmologisch-moralistischer Philosophie verwandelte. Es ist auf der Basis dieser in Teilen traditionell (und wohl fälschlich) Konfuzius (551–479 v.Chr.) zugeschriebenen Kommentare, und hier vor allem der *Angefügten Worte*, daß die *Wandlungen* seit der Han-Zeit als der grundlegendste der *Fünf Klassiker* galten. Seine Auslegung erzeugte ungeheure Textmengen und erreichte ihren scholastischen Höhepunkt in der songzeitlichen *daoxue*-Gelehrsamkeit (»Studien des Weges«, »Neokonfuzianismus«). Fundamental wie die *Wandlungen* als Weisheitsbuch für die Geschichte des chinesischen Denkens sind, gelten weder die frühen, der Orakeltradition angehörenden Schichten noch die späteren philosophischen Kommentare als im engeren Sinne literarische Werke. Tatsächlich aber haben Hellmut Wilhelm und andere nach ihm in der ältesten Schicht der *Wandlungen* poetische Passagen nachgewiesen, deren Naturbilder Parallelen zu Gesängen der *Oden* aufweisen und auf ursprüngliche (Volks-?)Lieder zurückgehen dürften. In den kurzen »Liniensprüchen« (*yaoci*) zu den jeweils sechs Linien der 64 Hexagramme dominiert das klassische Metrum des Viersilblers, und nicht wenige dieser Verse sind mehr oder weniger regelmäßig gereimt. Mit der ursprünglichen Schicht der *Wandlungen* rückte jedoch auch ihre ästhetische Formung gegenüber den späteren philosophischen Kommentaren in den Hintergrund. Erscheinen die »Liniensprüche« aus literaturhistorischer Sicht daher kaum relevant, so haben neuere Bemühungen, die *Wandlungen* als ein Werk religiöser Praxis zu verstehen, eine neue Perspektive auch auf die poetische Formung des einstigen Orakelbuches eröffnet. Daß dieses dieselben sprachlichen Merkmale ästhetischer Formung wie die zeitgenössischen Inschriften und Hymnen aufweist, bezeugt den inneren Zusammenhalt der frühen Text- und Ritualkultur. Die Sprache der Poesie war auch die Sprache eines zunächst religiös motivierten – historischen oder kosmologischen – Wahrheitsanspruchs.

Oden *als Gründungstext der chinesischen Literatur*

Während auch die in rhythmischer Prosa gehaltenen rituellen Deklamationen der *Dokumente* bisweilen als dramatische Libretti (Henri Maspero) und literarische Beschreibungen der rituellen Tänze der Westlichen Zhou-Zeit aufgefaßt worden sind, liegt die wahre Quelle der chinesischen poetischen Tradition in der Anthologie der *Oden*. In dieser frühesten Sammlung poetischer, durch Reim, Metrum und Strophenform strukturierter Gesänge finden sich die Stimmen der Könige ebenso wie die des einfachen Volkes, rituelle und mythologische Hymnen ebenso wie Verse von Liebe und Hoffnung, Einsamkeit und Unterdrückung. Es ist diese umfassende Schau der menschlichen Existenz, ausgedrückt in archetypischen Wendungen schlichter und ernster Direktheit, welche die *Oden* zum Gründungstext aller chinesischen Literatur erhoben hat. Zwar war die Poesie damit das erste und dauerhaft vornehmste literarische Medium des klassischen China, doch greift die im Vergleich zur griechischen Antike geäußerte Vorstellung zu kurz, die frühe chinesische Tradition sei ausschließlich lyrisch. Neben lyrischen Gesängen umfassen die *Oden* durchaus Texte epischen und dramatischen Charakters, wenn auch in kompaktem Format und bestimmt für eine eng begrenzte Öffentlichkeit.

Die insgesamt 305 Gesänge unterschiedlicher Länge werden traditionell, wenn auch ohne spezifische Evidenz, auf den Zeitraum zwischen etwa 1000 und etwa 600 v.Chr. datiert. Die Kompositionsumstände nahezu aller Lieder liegen im Dunkeln; in einigen Ausnahmenfällen der Ritualhymnen scheinen textliche Verbindungen zu den *Dokumenten* erkennbar, doch etabliert auch dieser fragile Zusammenhang keine sichere Datierung oder Autorschaft. Auch die insbesondere in der Westlichen Han-Zeit unternommenen Versuche, die meisten der *Oden* konkreten historischen Situationen zuzuweisen, sind Jahrhunderte von jenen vermeintlichen Entstehungsmomenten entfernt und basieren auf fragwürdigen Interpretationen der vieldeutigen Gesänge. Die Geschichte der *Oden* ist daher nur als eine nach wie vor unabgeschlossene Geschichte ihrer Rezeption zu greifen. Kein zweiter Text der chinesischen Literatur hat sich wandelnden Interpretationen so offen erwiesen und so kontinuierlich, für die Rezitatoren der Östlichen Zhou-Zeit wie für die Leser der Moderne, immer neue Bedeutung und Schönheit entfaltet. Die *Oden* aus dieser Geschichte wandelnden Sinns zu lösen und auf eine spezifische, der Gegenwart plausiblere Interpretationen zu reduzieren, wäre daher zu einfach. Keine spezifische Evidenz erhebt das moderne über das traditionelle Verständnis. Seit 2500 Jahren haben die *Oden* die Geschichtlichkeit ihrer Interpretationen immer neu transzendiert.

Verbindung der Oden *mit Konfuzius*

Die erstmals in Sima Qians (etwa 145 v.Chr. – etwa 86 v.Chr.) *Shiji* (Aufzeichnungen des Historikers) formulierte Idee, Konfuzius habe die Sammlung der *Oden* aus ursprünglich mehr als dreitausend Gesängen kompiliert und vertont, steht im Einklang mit der hanzeitlichen Popularisierung des Konfuzius als Autor, Kompilator oder Kommentator aller *Fünf Klassiker.* Diese wohl nur nachträgliche Verbindung des autoritativen Textes der *Oden* mit dem exemplarischen Lehrer Konfuzius bezieht sich auf den hohen pädagogischen und enzyklopädischen Nutzen, der den alten Gesängen in der Ru-Tradition beigemessen wurde. So waren die *Oden* laut einer Passage (17/9) der mit Konfuzius verbundenen *Analekten* (*Lunyu*) geeignet, »zu inspirieren, zu beobachten, zusammenzuführen und Zorn auszudrücken«; mit ihnen diene man im Nahen dem Vater, aus der Ferne dem Herrscher und lerne überdies »in großer Zahl die Namen der Fische, Vögel, wilden Tiere, Pflanzen und Bäume«. Umgekehrt gilt, daß, wer die *Oden* nicht lerne, »nichts hat, um sich auszudrücken« (16/13) und wie jemand sei, der »geradewegs mit dem Gesicht zur Wand steht« (17/10). In jedem Falle waren die *Oden* für Konfuzius performative Texte; sie waren nicht nur zu lernen, sondern im sozialen und politischen Leben zur Anwendung zu bringen (13/5). Entsprechend notiert *Mozi* (Kap. 48) in einer Polemik gegen die Ritualisten der Ru-Tradition, daß sie die *Oden* rezitieren, musikalisch begleiten, singen und tanzen. In den *Analekten* erscheinen sie vor allem als rituelle, vermutlich mit Tänzen verbundene Musikstücke.

Anordnung, Form und Inhalt der Oden

Die überlieferte Anthologie der *Oden* besteht aus vier Abteilungen: Die ersten 160 Gesänge sind die *Landesweisen* (*guofeng*); es folgen 74 *Kleinere Hofgesänge* (*xiaoya*), 31 *Größere Hofgesänge* (*daya*) und schließlich 40 *Hymnen* (*song*). Die *Landesweisen* sind noch einmal in fünfzehn, der politischen Geographie der Östlichen Zhou-Zeit entsprechende Abschnitte unterteilt. Diese beginnen mit zwei »südlichen« (*nan*) Sektionen (*Zhou nan* und *Shao nan*; die Bedeutung dieser Bezeichnungen ist nicht eindeutig geklärt), gefolgt von den *Weisen* (*feng*) der verschiedenen Staaten. In dieser Anordnung erstreckt sich der geographische Rahmen der *Oden* über einen relativ schmalen Korridor vom heutigen Shandong im Osten bis Shaanxi im Westen und entspricht damit im wesentlichen dem in den Fundorten der frühen Ritualbronzen erkennbaren Kulturraum der Westlichen und frühen Östlichen Zhou-Zeit. Dieser nördlichen Orientierung der *Oden* entspricht, daß die südlichste der in den *Landesweisen* benannten Regionen, Chen, in der hanzeitlichen Rückschau als semibarbarisch betrachtet wurde. Formal sind die meisten Gesänge der Anthologie durch regelmäßige Reime sowie das mehr als neunzig Prozent aller Verse bestimmende viersilbige Metrum geeint. Evokative, häufig onomatopoetische Silbenverdopplungen sowie zahlreiche zweisilbige Wortpaare fallen entweder auf die beiden ersten oder die beiden letzten – niemals auf die beiden mittleren – Taktschläge, so daß die meisten Verse durch eine leichte Zäsur in zwei symmetrische Hälften (dum-dum : dum-dum) geteilt sind. Inhaltlich ist andererseits eine weitgehend klare Trennlinie zwischen den *Landesweisen* auf der einen und den *Hofgesängen* und *Hymnen* auf der anderen Seite zu ziehen: Thematisieren erstere zumeist die alltäglichen Bedürfnisse (Landwirtschaft), Freuden (Feste, Liebe, Freundschaft) und Nöte (Militärdienst, Ausbeutung, Trennung) des Volkes, umfassen letztere vornehmlich Preislieder, mythologische Hymnen und Opfergesänge an die Ahnengeister, die in den vielfältigen Ritualen des Königshauses und der Aristokratie aufgeführt wurden. Wie die *Analekten* erwähnen auch andere Texte der ausgehenden Östlichen Zhou-Zeit die *Hymnen* und *Hofgesänge* als repräsentativ für die altehrwürdige Ritualmusik, und frühe Zitate der *Oden* bezeugen eine klare Bevorzugung, und damit den höheren kulturellen Status, dieser Abteilungen gegenüber den *Landesweisen*. Die Grabtexte von Guodian bestätigen auch hier das aus der tradierten Literatur vertraute Bild, und sie zitieren Verse der Anthologie nicht nur als *Oden*, sondern mehrfach ausdrücklich als *Kleinere* oder *Größere Hofgesänge*. Diese Zitierweise belegt die relativ frühe Existenz solcher poetisch-musikalischer Kategorien wie *Hymnen* und *Hofgesänge*; daß überdies die meisten der in den Guodian-Handschriften enthaltenen *Oden*-Zitate Versen der überlieferten Anthologie entsprechen, deutet ferner auf eine zum Ende des 4. Jh.s v.Chr. weitgehende – allerdings noch nicht vollständige – Stabilisierung der anonymen *Oden* als einer klar umgrenzten Textsammlung hin. Dieser Eindruck hat sich weiter verfestigt mit der Entdeckung einer weiteren Bambushandschrift, wohl ebenfalls von etwa 300 v.Chr., worin die *Oden* sowohl nach Abteilungen als auch individuell erörtert werden. Herkunft und ursprüngliche Form dieser Handschrift sind allerdings unklar; zusammen mit einer großen Zahl weiterer Bambustexte wurde sie aus einem südlichen Grab – möglicherweise im Umfeld von Guodian – geraubt, Mitte der 1990er Jahre auf dem Antiquitätenmarkt Hong Kongs angeboten und dort vom Shanghai Museum erworben.

Die Oden *in der Han-Zeit*

Die tradierte Version der Anthologie wird dem ansonsten obskuren Gelehrten Mao Heng (3./2. Jh. v.Chr.) zugeschrieben. Das als *Mao shi* (Die Oden [in der Überlieferung] des Mao) bekannte Werk war eine von vier Überlieferungen der *Oden*, die während der Westlichen Han-Dynastie am Kaiserhof bekannt waren. Während die Interpretationen und Lehren der drei anderen Lehr- und Kommentartraditionen – die *Lu shi* (Die Oden [in der Überlieferung] aus Lu), *Qi shi* (Die Oden [in der Überlieferung] aus Qi) und *Han shi* (Die Oden [in der Überlieferung] des Han [Ying, etwa 150 v.Chr.]), kollektiv als *San jia shi* (Die Oden der drei Textschulen) bezeichnet – am Kaiserhof der Westlichen Han mit offiziellen Lehrstühlen institutionalisiert waren, gewann die Mao-Überlieferung erst unter Kaiser Ping (reg. 1 v.Chr. – 6 n.Chr.) entsprechende Anerkennung. Im Zuge der in der Östlichen Han-Zeit geführten Diskussion über die in antiker (*guwen*) und moderner (*jinwen*) Schrift gehaltenen Versionen der *Fünf Klassiker* verloren die drei zuvor dominanten Überlieferungen jedoch ihren Einfluß, während die Mao-Tradition fortan als vermeintlich originalgetreueste, auf die erste Schülergeneration des Konfuzius zurückgehende Version und Interpretation der *Oden* kanonischen Status gewann, wenngleich auch sie nicht in einer Fassung »antiker Schrift« vorlag. Entscheidend für die Kanonisierung der Mao-Rezension war der Kommentar Zheng Xuans (127–200), welcher die Mao-Wortglossen und die interpretatorische »Überlieferung« (*zhuan*) weiter ausbaute, in Teilen korrigierte oder um Lesarten der *San jia shi* ergänzte und als *Mao shi zhuan jian* (Kommentar zur Mao-Überlieferung der Oden) tradierte. Von nahezu dreißig namentlich erwähnten exegetischen Werken der Han-Zeit, die mit jeweils einer der vier Überlieferungen verbunden waren, hat neben den *Mao-Oden* nur das Han Ying zugeschriebene *Han shi waizhuan* (Exoterische Überlieferung der Oden des Han) überlebt. Spuren der übrigen Lehrtraditionen der *Oden* lassen sich in der literarischen Überlieferung nur noch vereinzelt nachweisen.

Mündlichkeit und Schriftlichkeit

Laut der traditionellen, in der hanzeitlichen Historiographie geformten Sicht existierten die *Oden* in schriftlicher Form seit alter Zeit, wurden aber auch memoriert und überlebten somit die vermeintliche Proskription während der Qin-Dynastie in mündlicher Form, bevor sie zu Beginn der Westlichen Han-Zeit erneut niedergeschrieben wurden. Die zahlenmäßig relativ geringen, aus den *Oden*-Zitaten anderer Werke rekonstruierbaren Textvarianten zwischen den vier Lehrtraditionen werden der Interimsphase mündlicher Überlieferung zugeschrieben. Neuere Forschungen zur Qin-Geschichte und die in jüngster Zeit aus Grabhandschriften des 4. bis 2. Jh.s v.Chr. gewonnenen Einsichten wecken erhebliche Zweifel an dieser frühen, der politischen und kulturellen Legitimationsstrategie der Han-Dynastie verpflichteten Darstellung. Zum einen wurden die *Oden* unter den Qin nicht allgemein vernichtet, sondern am Hof von kaiserlich bestallten Gelehrten studiert und vermutlich auch ediert und unterrichtet. Zum anderen verweisen die imperialen Steleninschriften der Qin wie auch die kaiserlichen Opferhymnen der frühen Westlichen Han auf die Präsenz der *Oden* als Repertoire politischer Rhetorik. Überdies zeigen Zitate der *Oden* in den Grabtexten von Guodian und Mawangdui, in den Handschriften des Shanghai Museums sowie in den Fragmenten eines *Oden*-Manuskripts aus der Grabanlage von Shuanggudui (Fuyang, Anhui; 165 v.Chr.) zwar eine nahezu vollkommene wörtliche Übereinstimmung, doch zugleich auch den extensiven Gebrauch graphischer Varianten (Lehnzeichen). Die große Zahl graphischer Varianten in diesen – sämtlich im Gebiet des alten südlichen Staates Chu gefundenen – Bambus- und Seidenhandschriften läßt die Annahme einer stabilen *schriftlichen* Fixierung der *Oden* sowohl für das 4. als auch für das 2. Jh. v.Chr. fragwürdig erscheinen; zugleich deutet nichts in diesen Fragmenten auf einen radikalen Bruch in der mündlichen Überlieferung der Gesänge.

Frühe Rezeption der Oden

In der Tat kann keine der nunmehr bekannten Fassungen als authentische Repräsentation der *Oden* angesehen werden; auch die Mao-Rezension ist nur eine – wenngleich durch die Tradition stabilisierte – von vielen unterschiedlichen Versionen. Zugleich fällt auf, daß die Zahl der Textvarianten in den archäologisch geborgenen Versionen etwa zehnfach höher ist als in den entsprechenden Fragmenten der *San jia shi*, vergleicht man beide

Textkorpora mit den *Mao shi*, und daß die Handschriften in ihren Varianten vom *textus recensus*, von den *San jia shi* und auch voneinander abweichen. Diese Situation mag auf eine grundsätzlich mündliche Überlieferungspraxis verweisen, worin die *Oden* zu jeweils konkreten Anlässen – als Grabbeigaben, vielleicht auch als *aide-mémoire* im Lehrer-Schüler-Dialog – in lokaler Kalligraphie und unabhängig von anderen, parallel existierenden schriftlichen Versionen niedergelegt wurden. Die graphische Instabilität der Handschriften suggeriert ferner, daß die zahlreichen *Oden*-Zitate in Texten der frühen überlieferten Literatur nachträglich normalisiert worden sein dürften. Zugleich aber ist zu betonen, daß nahezu sämtliche Textvarianten lediglich graphischer und nicht lexikalischer Natur sind. Die frühen südlichen Handschriften wie auch die *Oden*-Rezitationen bei diplomatischen Treffen zwischen Vertretern verschiedener Staaten, berichtet in *Zuo zhuan* (Überlieferung des Zuo, 4. Jh. v.Chr.) und *Guoyu* (Gespräche der Staaten, 4. Jh. v.Chr.), belegen nicht nur eine weite und kohärente Verbreitung der Gesänge, sondern auch eine von den einzelnen Dialekten unabhängige *koiné*, in der die *Oden* universal verbreitet waren und die in der Überlieferung der archaischen *Oden* und *Dokumente* sowie in der – den kanonischen Werken eng verwandten – Diktion der Bronzeinschriften fortbestand. Dies erinnert an das in den *Analekten* 7/18 zitierte Konfuzius-Wort, wonach der Meister für die *Oden*, die *Dokumente* sowie allgemein in rituellen Angelegenheiten die »elegante Standardsprache« (*yayan*) verwendete – ein altes, als klassisch empfundenes, über die Alltagssprache erhobenes Idiom. Wer in *yayan* die *Oden* zitierte, verkörperte kulturelle Verfeinerung und brachte die Sprache des Altertums zur Aufführung. Mit der Zitier- und Rezitationspraxis der *Oden* entäußerte sich das moralische und historische Gedächtnis der Östlichen Zhou-Zeit als kulturelle Form. Es war das Gedächtnis einer Epoche, die sich selbst als vom Altertum abgefallen begriff und umso entschiedener versuchte, ihre eigene humane Ordnung durch rituelle, rhythmisch wiederkehrende – und in rhythmischer Sprache vollzogene – Akte formalen Erinnerns zu sichern.

Ferner dürfte im Zeitalter von Holz und Bambus als den prinzipiellen Medien schriftlicher Texte die weite Verbreitung der *Oden* nicht auf eine einheitliche, durch systematisches Kopieren erzeugte und fortgesetzte schriftliche Tradition verweisen; Wagenladungen beschriebener Holztäfelchen und Bambusstreifen, transportiert durch die Weiten Chinas, sind literarisch wie archäologisch unbelegt. Auch erwähnt kein vorimperialer Text die Existenz einer einheitlichen schriftlichen Überlieferung der *Oden*, während die *Analekten* Konfuzius mit der Frage zitieren, was die »dreihundert Oden« wert seien, wenn ein Gesandter auf diplomatischer Mission sie nicht im Gespräch anwenden könne. Schließlich dürfte die in den Handschriften erkennbare große Zahl graphischer Textvarianten ein individuelles Lesen der *Oden* ohne weitere Anleitung unmöglich gemacht haben – man mußte den Text bereits kennen, um ihn lesen zu können. Die Verbreitung der *Oden* wie auch anderer Texte des frühen Kanons in vorimperialer Zeit bedurfte daher des mündlichen Wortes und jener Lehrer-Schüler-Beziehungen, die sich allmählich zu Lehrtraditionen mit jeweils eigener Textautorität und -exegese ausdifferenzierten. Noch in der Westlichen Han-Zeit, und insbesondere außerhalb der am Kaiserhof betriebenen Verschriftlichung der frühen Textkultur, galt in der Überlieferung traditionellen Wissens poetischer, philosophischer, historischer oder auch technischer (astrologischer, medizinischer etc.) Natur der Primat der mündlichen Unterweisung und dem Auswendiglernen.

Ursprünge der Oden-*Hermeneutik*

Die Ursprünge der *Oden*-Hermeneutik sind nicht exakt greifbar. Die *Analekten*, eine allmählich gewachsene Sammlung lose verbundener Sprüche und Gespräche, erwähnen die *Oden* lediglich in allgemeiner und anekdotischer Weise. Wie Steven Van Zoeren und andere beobachtet haben, verschiebt sich die Diskussion der *Oden* dabei nur langsam von Musik und Rezitation zu textlicher Interpretation. Demgegenüber konzentrieren sich die folgenden, zunehmend systematischer angelegten Werke der frühen Ru-Tradition – *Menzius*, *Xunzi*, *Liji* usw. – vor allem auf letzteren Aspekt, indem sie einzelne Verse der *Oden* zur Stützung spezifischer Argumente heranziehen. Im mündlichen Vortrag, dokumentiert in *Zuo zhuan* und *Guoyu*, war das Zitat zugleich ästhetisch motivierte Rezitation; der moralischen und historischen Autorität des Altertums entsprach die Kraft archaischer und formalisierter Diktion, welche das in diskursiver Prosa vorgetragene Argument zur rituellen Formel verdichtete. Säkularer und religiöser Gebrauch der *Oden* waren in diesem Sinne nicht grundsätzlich verschieden. Der Bedeutung der *Oden* als formalisierter Sprache entspricht ihre Offenheit für eine prinzipiell unbegrenzte Vielfalt situationsbedingter Interpretationen. Die frühe Zitierweise der Gesänge zeigt diese nicht in einem einzigen und isolierten Textsinn. Die Bedeutung eines Gesanges oder kurzen Abschnittes konstituierte sich vielmehr im jeweils neuen Zusammenhang seines Gebrauchs. Die als *duanzhang quyi* (»eine Strophe [aus ihrem ursprünglichen Textzusammenhang] herausbrechen, um Bedeutung zu erzeugen«) bezeichnete frühe Zitier- und Rezitationspraxis der *Oden* spiegelt nicht die mißbräuchliche Zerstückelung organischer Texte, sondern einen verbreiteten Modus früher Textkomposition, -rezeption und -interpretation, worin sich komplexe Grundannahmen zur Natur und Funktion poetischer Texte spiegeln. Die erste und einflußreichste, im Kapitel *Yao dian* (Die Statuten des Yao; 4./3. Jh. v.Chr.) der *Dokumente* aufbewahrte Definition der *Oden* betont den Ursprung poetischen Ausdrucks ebenso wie die performative Wiederholung dieses Ursprungs: »Die *Oden* sind Ausdruck der Ambitionen; der Gesang verleiht den Worten Dauer.« In der späteren literarischen Tradition wurden die »Ambitionen« zumeist auf die ursprüngliche Textkomposition – Ausdruck individueller Reaktion auf konkrete historische Umstände – bezogen. Doch weist das *Yao dian*-Zitat über diesen Gedanken hinaus: Durch fortgesetzte mündliche Aufführung gewinnen die *Oden* historische Dauer, und die »Ambitionen« des unbekannten ersten Autors finden ihre Entsprechung in jenen aller späteren Sänger und Rezitatoren. Nicht zufällig ist die früheste Bestimmung der *Oden* dabei mit ihrer musikalischen Darbietung verbunden.

Das Große Vorwort *zu den* Oden

Der konstitutive Text der chinesischen Poetik, das Wei Hong (1. Jh.) zugeschriebene und in den *Mao shi* überlieferte, zweifellos aber aus früheren Quellen gespeiste *Große Vorwort* (*Daxu*) der *Oden*, entwickelte die Erörterung der Poesie aus den älteren, in die Östliche Zhou-Zeit zurückreichenden Betrachtungen zur Musik, der vornehmsten kulturellen Ausdrucksform des antiken China. Diese hatten ihre systematische Formulierung in den *Aufzeichungen zur Musik* (*Yueji*) gefunden, einem im *Liji* wie auch im *Shiji* aufbewahrten, vermutlich in der Westlichen Han-Zeit kompilierten Traktat mit tiefen Wurzeln in der philosophischen Literatur des 4. und 3. Jh.s v.Chr. Der weit ausgreifende, auch in den Guodian-Handschriften gegenwärtige Diskurs zur Musik verschmolz historische, soziale und kosmische Ordnung zu einer umfassenden Struktur; zugleich galt die Musik als authentisches, unmittelbar aus den Bewegungen des individuellen Gemüts entstehendes und auf dieses zurückwirkendes Medium menschlichen Ausdrucksvermögens:

> Die *Oden* sind das, wohin die Ambitionen gehen. Im Herzen/Geist befindlich sind es Ambitionen, in Worten ausgedrückt sind es die *Oden*. Die Affekte werden im Innern bewegt und nehmen Form an in Worten. Wenn ihr Aussprechen nicht genügt, bringt man sie in Seufzern hervor. Wenn ihr Seufzen nicht genügt, singt man sie dehnend. Wenn dehnendes Singen nicht genügt, tanzen die Hände und stampfen die Füße sie unwillkürlich. Die Affekte äußern sich in Klängen. Wenn die Klänge Muster bilden, werden sie Töne genannt. Die Töne eines wohlregierten Zeitalters sind ruhig und erfreuen; seine Regierung ist harmonisierend. Die Töne eines Zeitalters in Aufruhr sind zornig und verbittern; seine Regierung ist verderbt. Die Töne eines untergehenden Staates sind klagend und erzeugen wehmütiges Gedenken; sein Volk ist in Not.

Die Rolle der Musik als Ordnungskraft

Komplementär zum Ritual, das die Gesellschaft in sozialen Hierarchien organisierte, war die Musik als Mittel des Regierens geeignet, die Menschen innerlich zu harmonisieren, wie *Xunzi* (3. Jh. v.Chr.) vermerkt: »Die Musik vereint und verbindet, die Riten trennen und sondern.« Laut dem *Yueji* war die Musik keine isolierte Schöpfung individuellen Willens, sondern entsprang »natürlich« aus der Bewegtheit des menschlichen Herzens/Geistes (*xin*) durch die Zeitumstände. Die derart objektivierte Musik war so authentisch wie allgemeingültig: authentisch, weil die Antwort eines Individuums auf seine eigene, konkrete Situation, allgemeingültig, weil Situationen wie individuelle Reaktionen als unwillkürliche, kosmologisch-regelhafte und daher wiederkehrende Prozesse verstanden wurden. Diese Vision einer originalen und zugleich überindividuellen Schöpfung der Musik ist im *Großen Vorwort* auf die (ursprünglich selbst musikalisch definierte) Poesie der *Oden* übertragen. Daß dabei der erste Schöpfer eines Gesanges und die Umstände seiner Komposition in der Anonymität des historischen Dunkels versanken, bezeugt das fundamentale Desinteresse an der Person des »Autors« – er war kein Schöpfer im Sinne aristotelischer Poetik, sondern, als authentisches Individuum und Repräsentant allgemein-menschlicher Kapazität, das Medium eines objektivierbaren Prozesses. In der Rezitation einer *Ode* wiederholte sich ihr einstiger Kompositionsimpuls, und der so erzeugte neue Textsinn war nicht weniger wahr und authentisch als die ursprüngliche, aber mit ihrer eigenen Situationsgebundenheit vergessene und verfallene Bedeutung. So überlieferte die Rezitationspraxis der Östlichen Zhou-Zeit die paradigmatische Form der *Oden* und füllte diese zugleich mit immer neuer textlicher Bedeutung. Absolut war nicht eine – in der Tat gar nicht vorhandene – essentielle Bedeutung eines Textes, sondern seine historisch sanktionierte Form, deren Inhalt sich im Zitat stetig neu erzeugte. Wie das *Große Vorwort* im Rückgriff auf die *Aufzeichnungen zur Musik* Betrachtungen zur Komposition der *Oden* und ihrer Wiederholbarkeit als Rezitationen entwickelte, übersetzte es auch die kosmologische und soziale Ordnungsfunktion der Musik in eine solche der Poesie und hob sie zugleich – in einer für alle spätere chinesische Literatur folgenreichen Wende – auf ein fundamental neues Niveau: Als Sprache waren die *Oden* nicht mehr nur »zornige« oder »klagende« musikalische »Töne« und damit eine unwillkürliche Reflexion desolater Verhältnisse, sondern ausdrückliche Worte der Herrscherkritik.

Poesie als Herrscherkritik

Über ihre Verbindung zur Musik als naturhaft und allgemeingültig legitimiert, entstanden poetische Texte in unmittelbarer Reaktion auf ihre politischen und sozialen Zeitumstände und gaben daher unverfälscht Auskunft über den Zustand des Landes und die Qualität seiner Regierung. Wie in *Menzius* (V.A.5) aus dem *Großen Schwur* (*Taishi*; eines der nicht authentisch überlieferten Kapitel der *Dokumente*, siehe unten) zitiert, beurteilte der Himmel den König durch die Augen und Ohren seines

Volkes und gewährte oder entzog dementsprechend das »himmlische Mandat« zur Regierung. Die wie das *Große Vorwort* im 1. Jh. kompilierte *Geschichte der Han* (*Hanshu*) definierte folgerichtig den Souverän als den eigentlichen Adressaten aller Literatur, der sich der textlichen Stimmen seines Volkes zu bedienen – oder genauer: zu unterwerfen – hatte. Der (ideale) Zhou-König, so die Beschreibung des *Hanshu*, ließ seine Beamten die Lieder der einfachen Bevölkerung sammeln und am Hof vertonen, um aus ihnen Aufschluß über die Situation und Zukunft des Gemeinwesens zu gewinnen. Die Vorstellung einer königlichen Sammlung von Volksliedern ist wohl eine nachträgliche Fiktion; allerdings wurde schon in der Östlichen Zhou-Zeit den *Oden* wie auch anderen anonymen Volks- und Kinderreimen historische Wahrheit und prophetische Kraft beigemessen, ein Sachverhalt, der vielleicht schon die poetische Form der »Liniensprüche« der *Wandlungen* erklären mag.

Hermeneutische Offenheit

Insgesamt ist der frühe exegetische Umgang mit den *Oden* in jeder Hinsicht rezeptionsorientiert. Keiner der frühen Kommentatoren verwendet seine Aufmerksamkeit auf die artistische Anstrengung des Dichters oder die ästhetische Qualität seines Werkes; was zählte, war die Wirkung oder Wirkungsabsicht einer *Ode*. Erst aus dieser Perspektive gewinnt Konfuzius' Lob von *Guan ju*, der in der Anthologie an erster Stelle plazierten *Ode*, seine volle Bedeutung (*Analekten* 3/20): »*Guan ju* erfreut, doch führt nicht zur Lüsternheit; macht traurig, doch verletzt nicht.« Auch in ihrer sekundären Rezeption – Zitat und Rezitation – tritt die ursprüngliche performative Natur der *Oden* deutlich hervor. Als hermeneutisch offene, situationsbedingt verwend- und interpretierbare Texte waren sie nicht auf vergangene Bedeutung, sondern auf den zeitgenössischen Rezipienten gerichtet. In der mündlichen Rezitation wurde die Sprache der Vergangenheit lebendig und relevant für die Gegenwart und von dieser aus immer neu interpretierbar. Wie an zahllosen Beispielen paralleler *Oden*-Zitate in der frühen Literatur erkennbar, wechselte deren Textsinn mit unterschiedlichen Interpreten in unterschiedlichen Zusammenhängen. Dieses pragmatische und rezeptionsorientierte Verständnis der *Oden* wurde zum Ende der Westlichen Han-Zeit abgelöst durch die hinfort für mehr als ein Jahrtausend maßgebliche Mao-»Überlieferung«. Waren Teile der *Oden* bereits zuvor als Dokumente historischer Situationen verstanden worden, so wurden die Gesänge nunmehr systematisch aus der Perspektive historischer Texte interpretiert, und hier vor allem durch die konkreten Anekdoten des zur selben Zeit wie die *Mao shi* am Kaiserhof kanonisierten *Zuo zhuan*. Die Mao-Exegese repräsentiert damit den ersten erkennbaren Versuch, die hermeneutische Unbestimmtheit der *Oden* zu eliminieren, indem sie die rezeptions- durch eine produktionsästhetische Perspektive ersetzte, um hieraus die Ursprungssituation jedes einzelnen Gesanges zu gewinnen und mit dieser eine singuläre, historisierte Textbedeutung. Neben ihrem Kommentar sind die einzelnen *Oden* in der Mao-Überlieferung durch kurze »Vorworte« begleitet, worin die Texte historisiert und zugleich politisch und didaktisch interpretiert wurden. Damit lagen die *Oden* erstmals als schriftlicher, in sich geschlossener und situativ unabhängiger Text vor, begleitet von Glossen, die den Text sowohl in seiner geschriebenen Form als auch in seiner Interpretation fixierten. Die *Oden* der Mao-Exegese sprachen nicht länger *in* die Gegenwart, sondern *über* die Vergangenheit. Dieser fundamentale Wandel war Teil einer größeren kulturellen Transformation, in der verschiedene Elemente zum Tragen kamen: die alte Ritualkultur und zwischenstaatliche Diplomatie war obsolet geworden; der bürokratische Kaiserstaat bedurfte

Die Fixierung der Oden

definitiver Versionen und Interpretationen der Klassiker, welche – gelehrt an der kaiserlichen Akademie – feste und einheitliche Paradigmen historischer und moralischer Wahrheit verkörperten; die Bürokratie rekrutierte ihre Anwärter zunehmend nach deren Kenntnis des traditionellen Kanons; und die an sich geschichtslose Han-Dynastie legitimierte sich in ihrer offiziellen Klassikergelehrsamkeit als Überwinder der kurzlebigen Qin-Dynastie, unter deren vermeintlich traditionsfeindlichem Terror das Erbe der Zhou nahezu zerstört worden sei. Jedes dieser Bedürfnisse wurde von den imperialen *Oden*-Interpretationen bedient, und nirgendwo so eindeutig wie in den *Mao shi*.

Die Mao-Exegese

In der Mao-Exegese erscheinen die *Landesweisen* und *Kleineren Hofgesänge* durchgängig als authentische Kritik konkreter politischer und sozialer Umstände und dienen zugleich als Paradigmen historischer und moralischer Wahrheit. Das »Vorwort« zur ersten *Ode*, zusammen mit dem später hierin eingefaßten *Großen Vorwort* zur allgemeinen Bedeutung der *Oden*, nutzt die Möglichkeiten der Paronomasie, um die didaktische Funktion der *Landesweisen* zu etablieren: Danach entsprechen die *Weisen* (*feng*) der Staaten den Sitten und Gebräuchen (*feng*) des Volkes, dienen der indirekten Kritik (*feng*) des Herrschers und sind umgekehrt dessen Mittel, das Volk moralisch zu wandeln (*feng*). Dieser Definition der *Landesweisen* entspricht eine Exegese, welche die Naturbildlichkeit der Gesänge in moralisch-politischen Kategorien auflöst. Die analogische Interpretationstechnik ist besonders effektiv in jenen Liedern, die mit einem evokativen, in der traditionellen *Oden*-Hermeneutik als *xing* (»Stimulus«) bezeichneten Naturbild öffnen, um von diesem unvermittelt in eine menschliche Situation zu wechseln. Zusammen mit *fu* (»Darlegung«) und *bi* (»Vergleich«) ist *xing* einer der drei im *Großen Vorwort* wie auch im *Zhou li* (Das Ritual der Zhou) erwähnten poetischen Modi der *Oden*. Laut der Mao-Exegese evoziert etwa in *Tao yao* (Der Pfirsichbaum üppig; *Mao shi* # 6) das Bild des in voller Frucht stehenden Pfirsichbaumes nicht nur die Vitalität der Jugend, sondern vor allem die angemessene Zeitlichkeit natürlichen Reifens, was dann auf die folgende Beschreibung einer Braut übertragen wird: Wie die Früchte des Baumes zu ihrer ganzen Fülle heranreifen, ist für die Braut die angemessene Zeit der Hochzeit gekommen. Zugleich, so der Mao-Kommentar, komme in *Tao yao* die Fähigkeit der Zhou-Königin zum Ausdruck, die Jugend des Landes zum Rechten zu leiten, so daß diese die angemessene Zeit der Hochzeit finde und nicht unverheiratet altere. In *Tao yao* manifestiert sich somit *feng* als herrscherliche Transformation des Volkes.

Weder die frühen Handschriften noch die *San jia shi* unterstützen die in *Tao yao* und ähnlichen Texten typische Mao-Exegese, doch wurde ihr kanonischer Status zunächst durch Xu Shens *Shuowen jiezi*-Glossen und Zheng Xuans Kommentar gefestigt und schließlich im 7. Jh. mittels der kaiserlichen Neuausgabe der *Fünf Klassiker* besiegelt. In dem unter Leitung von Kong Yingda (574–648) erarbeiteten *Wu jing zhengyi* (Die Korrekte Bedeutung der Fünf Klassiker) erscheinen die *Oden* unter dem Titel *Mao shi zhengyi* (Die Korrekte Bedeutung der Mao-Oden) und enthalten neben den Liedtexten die Mao-»Vorworte«, den Mao-Kommentar, den Zheng Xuan-Kommentar, die phonetischen Glossen Lu Demings (556–627) sowie den ausführlichen, aus zahlreichen Quellen synthetisch erarbeiteten Subkommentar der Kong Yingda-Kommission. Maos und Zhengs Glossen sind bis heute einflußreich, weil sie die zahllosen unklaren Wörter des archaischen Chinesisch mehr oder weniger eindeutig definieren. Dagegen wurde die hiermit verbundene politisch-didaktische Historisierung der *Oden* in der

Kritik der frühen Exegese in der Song- und Qing-Zeit

Song-Zeit von Gelehrten wie Ouyang Xiu (1007–1072), Su Zhe (1039–1112), Zheng Qiao (1104–1162) und Zhu Xi (1130–1200) kritisiert und teilweise verworfen. Ziel war es nunmehr, die *Landesweisen* aus den als künstlich und überfrachtet empfundenen han- und tangzeitlichen Interpretationen zu befreien, die in den Augen ihrer Song-Kritiker den Zugang zur »ursprünglichen Bedeutung« – *Benyi*, so der programmatische Titel von Ouyang Xius Kommentar – der Texte mehr verstellten als erleichterten. In einer entschiedenen Wende lenkte Zhu Xis eminentes *Shi ji zhuan* (Gesammelte Überlieferungen der Oden) den Blick zurück auf die Texte der *Oden* selbst. Zhu Xis Neuorientierung basierte auf knappen und klaren Glossen, welche den antiken Text einem unmittelbaren Verständnis eröffnen sollten. In diesem bis in die Qing-Zeit (1644–1911) kanonisch gültigen und auch im 20. Jh. weitgehend akzeptierten Zugang erscheinen die auf das einfache Volk – seine Sorgen und Nöte, Gebräuche und saisonalen Feste – zurückgeführten *Landesweisen* als ursprünglich orale Kompositionen des Altertums. In Antwort auf diese Interpretation entwickelten in der Qing-Zeit Yao Jiheng (geb. 1647), Ma Ruichen (1782–1835), Chen Huan (1786–1863), Wang Xianqian (1842–1918) und andere die philologische Analyse der alten Gesänge zu einem Monument spätimperialer chinesischer Gelehrsamkeit, eingebettet in eine von wissenschaftlicher Strenge geleitete Rückbesinnung auf die Han-Exegese der *Fünf Klassiker*.

Jenseits der zum Verständnis der *Oden* unabdingbaren philologischen Analyse behauptet die in mancher Hinsicht naiv erscheinende songzeitliche und moderne Betonung eines mutmaßlich wörtlichen Sinns der *Landesweisen* eine wichtige Position im Verständnis der alten Gesänge. Erst das philosophisch-pädagogische Projekt der Song-Kommentatoren ermöglichte es, die unverstellte Poesie und Humanität der *Landesweisen* zurückzugewinnen – und damit die *Oden* in der Tat ein weiteres Mal als jenen Klassiker des menschlichen Herzens und des menschlichen Geistes (Stephen Owen) erkennbar werden zu lassen, der wie kein anderer Text der chinesischen Literatur die *condition humaine* repräsentiert. Im Falle einiger offen erotischer Lieder führte diese Lesart jedoch in ein moralisches Dilemma: Hatten die Mao-Zheng-Kommentare die skandalöse Natur der Gedichte entschärft, indem sie diese in moralisch-politische Geschichten umschrieben (Joseph R. Allen), so erhielten die problematischen Texte in Zhu Xis Interpretation eine neue didaktische Dimension, nämlich als Negativbeispiele von Liedern, die – nach dem Untergang der Westlichen Zhou – eine Epoche politischen und moralischen Verfalls repräsentierten. Wo die Song-Gelehrten spezifische Interpretationen der Mao-Zheng-Exegese zu revidieren suchten, teilten sie zugleich deren Grundüberzeugung, daß Poesie ein moralisch verantwortliches, historisch konkretes und daher niemals fiktionales System von Primärtext und Kommentar darstellt. Wie Mao und Zheng, dachte auch Zhu Xi nicht in werkästhetischen Kategorien, sondern näherte sich den *Oden* als historischen Dokumenten ihrer Zeit. Insgesamt erklärt die dauerhafte Funktion der *Oden* als literarisches Gedächtnis der chinesischen Kultur die Notwendigkeit immer neuer *Oden*-Interpretationen zu unterschiedlichen Zeiten: Die radikale Historisierung der Gesänge, mit dem »goldenen Zeitalter« der Westlichen Zhou und der Folgezeit kulturellen, moralischen und politischen Verfalls, entspricht den Identitätsbedürfnissen des frühen Kaiserreiches; die songzeitliche Betonung des »ursprünglichen Sinns« spiegelt die philosophische Programmatik des »Neokonfuzianismus«; und die Betonung der Stimme des Volkes und seines rituellen Brauchtums im frühen 20. Jh. ist modernen politischen und wissenschaftlichen Ideologien verpflichtet.

Guan ju

Das in der Textfolge der *Mao shi* erstplazierte *Guan ju*, eine in ihrer formelhaften Einfachheit durchaus typische *Landesweise*, ist das meistzitierte der 305 Lieder und zugleich ein prägnantes Beispiel für solch fundamental unterschiedliche Deutungen:

Kwran-kwran rufen die Fischadler
auf der Insel im Fluß.
Das zurückgezogene und tugendhafte Mädchen
ist die rechte Gefährtin für den Herrn.

Lang und kurz wächst die Wassermalve,
zur Linken und Rechten nimmt man sie.
Das zurückgezogene und tugendhafte Mädchen –
im Wachen und Schlafen suchte er sie.

Er suchte sie, doch ohne sie zu erreichen,
im Wachen und Schlafen gedachte er ihrer.
Sehnend, sehnend,
wälzte er sich von Seite zu Seite.

Lang und kurz wächst die Wassermalve,
zur Linken und Rechten sammelt man sie.
Das zurückgezogene und tugendhafte Mädchen –
kleine und große Zithern grüßen es freundlich.

Lang und kurz wächst die Wassermalve,
zur Linken und Rechten pflücken wir sie.
Das zurückgezogene und tugendhafte Mädchen –
Glocken und Trommeln erfreuen es.

Mao präsentiert *Guan ju* als einen Lobgesang: Die im ersten Doppelvers erwähnten Fischadler, ein poetischer »Stimulus« wie der Pfirsichbaum in *Tao yao*, seien »harmonisch« einander rufende und zugleich nach Geschlecht getrennt lebende Vögel; ihre Natur sei damit analog der idealen moralischen Ordnung zwischen Mann und Frau; die königliche Gemahlin verbleibe in der Zurückgezogenheit ihres Gemachs; sie sei schön, ohne den Herrscher zur Lust zu verleiten, und erzeuge so die vollkommene Harmonie zwischen Mann und Frau; die tugendhafte Trennung der Geschlechter verbinde Vater und Sohn, führe Herrscher und Minister zur Korrektheit, ordne so den königlichen Hof und »transformiere« die Gesellschaft. Zheng Xuan und Zhu Xi modifizieren und ergänzen diese Interpretation in verschiedenen Punkten, ohne aber den eulogischen Charakter des Liedes in Frage zu stellen. Weder diese Interpretation noch alle späteren Lesarten – moderne Kommentatoren sehen in dem Lied einen Hochzeitsgesang in aristokratischem Milieu – entsprechen dem zu Beginn der Westlichen Han-Zeit offenbar allgemein verbreiteten Verständnis von *Guan ju*. Die in verschiedenen Texten, darunter Sima Qians *Shiji*, fragmentarisch aufbewahrte Lesart der *San jia shi* sieht in *Guan ju* die Kritik an dem Zhou-König Kang (reg. 1005/3–978) und seiner Frau, indem es deren sexuell exzessives Verhalten mit dem Ideal tugendhafter Liebe kontrastiere. *Guan ju* sei daher die Komposition eines Ministers, mit welcher dieser seinen König satirisch ermahnte. Bereits in *Xunzi* (Kap. 27) heißt es, die *Landesweisen* handelten von dem Verlangen nach Sex – eine Bemerkung, die spätere Kommentatoren direkt mit *Guan ju* verbinden. *Xunzi* fährt fort mit dem Zitat einer anonymen Lehrtradition, wonach die Landesweisen die Bedürfnisse erfüllen, ohne das rechte Maß zu überschreiten. Ähnlich äußert sich Liu An (175–122 v.Chr.) in seiner *Überlieferung zum Li sao* (*Li sao zhuan*): »Die *Landesweisen* drücken das Verlangen nach Sex aus, aber sie führen nicht zur Lüsternheit« – ein Echo des Konfuzius-Wortes in den *Analekten* (3/20): »*Guan ju* erfreut, doch führt nicht zur Lüsternheit; macht traurig, doch verletzt nicht.« Diese Interpretation ist nunmehr gleich zweifach archäologisch als die vermutlich früheste nachgewiesen. Die Mawangdui-Handschrift (frühes 2. Jh. v.Chr.) zu den *Fünf tugendhaften Verhaltensweisen* (*Wu xing*) kommentiert *Guan ju* mit den Worten, der Text drücke einerseits das »dringende Verlangen« eines Mannes aus, doch »illustriere« (*yu*, ein technischer Begriff der frühen Literaturkritik) er zugleich, wie ein »kleineres Verlangen« nach Sex kontrolliert und überwunden werde durch ein »größeres Verlangen« nach ritueller Angemessenheit. Auch die im Besitz des Shanghai Museums befindliche, von den chinesischen Bearbeitern als *Konfuzius' Diskussion der Oden* (*Kongzi shilun*) bezeichnete Handschrift (etwa 300 v.Chr.?) enthält den Gedanken, daß der poetische Ausdruck sexuellen Verlangens dazu diene, rituelle Angemessenheit zu illustrieren, und eine auf *Guan ju* bezogene Bemerkung spricht gar von der im Text dargestellten »Gier nach sexuellem Genuß«. Wird in dieser frühen Hermeneutik daher der Text zunächst auf seiner wörtlichen Ebene gewürdigt, so liegt seine eigentliche Bedeutung in der moralischen Transformation des Rezipienten – ein Gedanke, welcher der songzeitlichen Interpretation gewisser *Oden* als moralische Warnung nicht fremd ist. Zu bedenken ist in diesem Zusammenhang, daß sich die frühe Rezeption der *Oden* nicht im poetischen Text erschöpfte. Die erhabene Ästhetik ihrer rituellen Aufführung in »eleganter Musik« (*yayue*) und »eleganter Sprache« (*yayan*) dürfte den Textinhalt mühelos unter Kontrolle gehalten und die Gesänge als wirkmächtige Paradigmen ritueller Angemessenheit präsentiert haben.

Die Guan ju-*Exegese der frühen Handschriften*

Neben hermeneutisch offenen Texten wie *Guan ju* enthalten die *Landesweisen* auch unmißverständlich kritische Texte wie *Shi shu* (Große Ratte; *Mao shi* # 113), das nach dem Mao-»Vorwort« die Ausbeutung des einfachen Volkes durch eine »gierige und feige« Regierung schildert. So lautet die erste Strophe (in den folgenden beiden Strophen nur geringfügig variiert):

Große Ratte, große Ratte,
friß nicht unsere Hirse!
Drei Jahre haben wir dir gedient,
doch du bist unwillig, uns Beachtung zu schenken.
So sind wir nun bereit, dich zu verlassen
und zu jenem glücklichen Land zu ziehen.
Glückliches Land, glückliches Land –
dort werden wir unseren rechten Platz finden.

Eine der wenigen *Landesweisen*, deren Komposition schlüssig mit einem in *Zuo zhuan* (Herzog Wen, 6. Jahr, das ist 621 v.Chr.) berichteten historischen Ereignis verbunden werden kann, ist *Huang niao* (Goldamsel; *Mao shi* # 131), welches die Exekution dreier Brüder schildert, die zusammen mit 174 anderen ihrem Herrscher, Herzog Mu von Qin, als posthume Diener ins Grab folgen mußten. Es sind Texte wie dieser, welche die bewegende Humanität der *Oden* über all ihre spätere Exegese und Instrumentalisierung erheben: »Es ist dieser Yanxi / der Beste von hundert / der sich dem Grab nähert / zitternd, zitternd in seiner Angst. Jener azurne Himmel / mordet unsere guten Männer.«

Huang niao

Beginnend mit der Mao-Exegese und ihrer historisch-politischen Deutung rückte das hermeneutisch offene Korpus der *Landesweisen* in den Mittelpunkt des Interesses. Die Konzentration auf die *Oden* als Repertoire authentischer Herrscherkritik brachte die Texte in eine programmatische Oppositionsstellung zur Regierung und verlieh ihnen einen fundamentalen Anspruch auf Wahrheit, Moral und soziale Verantwortung. Für das kulturelle Gedächtnis der mittleren und späteren Östlichen Zhou-Zeit – etwa seit Konfuzius' Tagen – bleibt dagegen festzuhalten, daß es vor allem die hermeneutisch weniger problematischen *Hymnen* und *Hofgesänge* waren, welche den Glanz und Verlust einer einstigen Hochkultur repräsentierten, deren politische Stabilität, moralische Integrität und ritueller Zusammenhalt bei Ahnenopfern und Banketten nurmehr erinnert, nicht aber wiedergewonnen werden konnten. Die Abteilung der *Hymnen* ist in der Mao-Rezension in drei Gruppen gegliedert: Die einundreißig *Hymnen der Zhou* (*Zhou song*) gelten als die ältesten, noch aus der Westlichen Zhou-Zeit stammenden Verse der *Oden* und mögen in Einzelfällen bis in das 11. Jh. v.Chr. zurückreichen. Diese an die dynastischen Ahnen gerichteten Opfergesänge unterscheiden sich von den anderen Textgruppen der *Oden* formal durch ihre archaische und schlichte Diktion: Sie sind ohne erkennbare Strophenstrukturen, nur in Ansätzen gereimt, von unregelmäßiger Verszahl, und sie weichen vergleichsweise häufig von dem ansonsten dominanten tetrasyllabischen Metrum ab. Überdies zeichnen sich die *Hymnen der Zhou* durch ihre Kürze aus: zwanzig der einundreißig Gesänge umfassen weniger als fünfzig Zeichen. Als Inbegriff dieser Hymnen gilt deren erste, *Qing miao* (Reiner Tempel; *Mao shi* # 266), womit der Herzog von Zhou (reg. 1042–1036 v.Chr.) König Wen geopfert haben soll:

Die Ritualhymnen der Oden

O! Erhaben ist der reine Tempel,
ernst und folgsam die ruhmreichen Helfer.
Würdevoll, würdevoll die zahlreichen Offiziere:
Sie bewahren fest die Tugendkraft König Wens,
preisen in Erwiderung die im Himmel Residierenden,
bewegen sich eilig und geschwind im Ahnentempel.
Prachtvoll strahlend, prachtvoll vortrefflich –
mögen [die Ahnen] niemals der Menschen überdrüssig sein!

Demgegenüber dürften die vier *Hymnen von Lu* (*Lu song*) und die fünf *Hymnen der Shang* (*Shang song*) – letztere geschaffen im Staat Song, in der Östlichen Zhou-Zeit Heimat der Nachfahren der einstigen Shang-Dynastie, – entsprechend ihrer textinternen Referenzen nicht vor etwa 650 v.Chr. datieren. Als Preisgesänge für Bankette und andere festliche Anlässe stehen sie den *Hofgesängen* näher als den Opferhymnen und zeichnen sich durch erhebliche Länge (124, 98, 256, 492, 88, 89, 95, 217 und 154 Zeichen), regelmäßige Stropheneinteilung und sorgsame poetische Formung in Reim und Metrum aus.

Dramatische Mehrstimmigkeit der Ritualhymnen

Wie zu den Bronzeinschriften erwähnt, galt das Ritual nicht als bloße Repräsentation, sondern, selbstreferentiell, zugleich als ideale Verwirklichung tugendhafter Herrschaft. Die langen eulogischen Beschreibungen der Ahnenopfer in den *Hofgesängen* zeigen dieselbe Struktur: Sie duplizieren auf sprachlicher Ebene jenes rituelle Geschehen, zu dessen Ästhetik und Bedeutung sie als performative Ritualgesänge selbst beitragen. Den Toten wie den Lebenden präsentieren diese Gesänge damit den zeremoniellen Akt – und sich selbst als dessen Teil – als perfekte Verwirklichung ritueller und damit sozialer Ordnung. Der sechsstrophige Opferhymnus *Chu ci* (Stachliger Burzeldorn; *Mao shi* # 209) beschreibt nicht nur die einzelnen Stufen des Opfers, sondern wechselt dabei zwischen den Stimmen der zeremoniellen Akteure und verkörpert das Ahnenritual als dramatische Inszenierung.

In den Strophen vier bis sechs sind die Stimmenwechsel durch Reimwechsel markiert:

»Wir sind überaus ehrerbietig,
Form und Ritual sind ohne Überschreitung.«
Der diensthabende Priester empfängt die Ankündigung [der Geister],
er geht und übergibt sie dem opfernden Nachkommen:
»Du hast die Opfergaben duftend und aromatisch gemacht,
die Geister genießen Getränke und Speisen;
sie versprechen dir hundert Segnungen.
Der rechten Menge entsprechend, der Regel entsprechend,
hast du Opfergetreide gebracht, Klebehirse gebracht;
du hast sie in Körbe gelegt, du hast sie angeordnet.
Auf ewig verleihen [die Geister] dir das Äußerste,
dies zehntausendfach, dies hunderttausendfach!«

»Ritual und Zeremonie sind vollendet,
Glocken und Trommeln haben ihre Warnung gegeben.«
Der opfernde Nachkomme geht zu seinem Platz,
der diensthabende Priester entbietet die Ankündigung:
»Die Geister sind alle betrunken –
der erhabene Verkörperer möge sich nun erheben!«
Trommeln und Glocken begleiten die Verkörperer hinaus,
und somit kehren die göttlichen Beschützer heim [in den Himmel].
Die zahlreichen Aufwarter und die herrscherlichen Frauen
räumen auf und entfernen [die Reste] ohne Verzug.
Die vielen Väter und Brüder,
sie alle gemeinsam feiern untereinander.

Die Musikanten kommen herein zum Spiel,
das künftige Glück zu sichern.
»Deine Speisen sind ausgelegt worden,
niemand grollt, alle sind glücklich.«
»Wir sind betrunken, wir sind gesättigt,
jung und alt, so beugen wir unsere Häupter.
Die Geister haben Getränke und Speisen genossen,
sie lassen dich lange leben!«
»Großartig gehorsam, großartig zeitgerecht
ist, wie du [das Ritual] vollendest!
Söhne und Söhne, Enkel und Enkel –
laß sie nicht versäumen, dieses [Ritual] fortzusetzen!«

Formalisierte Sprache der Ritualhymnen

Derartige Hymnen, wie auch die ihnen zeitgenössischen Bronzeinschriften, sind aus einem begrenzten Fundus altehrwürdiger Sprache geschaffen und repräsentieren bereits hierin die eigentliche Ideologie des Ahnenopfers, nämlich die nahtlose Kontinuität der Lebenden mit den Vorfahren. Hymnen wie Inschriften sind inhaltlich wie formal eng begrenzt und reflektieren damit die standardisierten Ausdrucksformen eines Rituals, das vor allem dem Gedächtnis der Vorfahren und der historischen Dauer ihres Erbes verpflichtet ist. Neben Opfer- und Bankettstücken bezeugen die *Hymnen* und *Hofgesänge* denselben Gestus des Erinnerns auch in Gestalt mythologischer Erzählungen. So wird eine Sequenz von insgesamt sechs *Hymnen der Zhou* (*Mao shi* # 271, 285, 293, 294, 295, 296) als erzählerisches Epos und Abfolge mimetischer Tänze rekonstruiert, worin die Zhou das Gedächtnis an die kriegerische Eroberung der Shang durch König Wu (reg. 1049/45–1043 v.Chr.) repräsentierten. C.H. Wang hat ferner eine Serie von fünf *Großen Hofgesängen* (*Mao shi* # 236, 237, 241, 245, 250) identifiziert, welche die Verdienste König Wens (Wus Vater) episch ausbreiten.

Zeigt die frühe chinesische Tradition daher auch keine geschlossenen Werke im ausgreifenden Format der griechischen Dramen und Epen, so sind ihre Hymnen ohne Zweifel denselben Impulsen der Erinnerung und rituellen Aufführung verpflichtet, in denen sich das kulturelle Gedächtnis der europäischen Antike ausbildete und in textlicher Form über Jahrtausende erhalten hat. In ihrer Bedeutung als zivilisatorischer Gründungstext, Repertoire kulturellen Wissens und formalisierter Ausdruck ethischer Normen lassen sich die *Oden* den homerischen Epen und frühen Dramen Griechenlands zur Seite stellen. Anders als die griechischen Texte aber minimalisieren die *Oden* die Darstellung kriegerischer Details; im Mittelpunkt steht stets das moralische, vom Himmel verliehene »Mandat«, ausführlich beschrieben in der insignienreichen Erscheinung des Königs und seiner Streitkräfte, dem »majestätischen Terror« (*weiyi*) tugendhafter Herrschaft. Der eigentliche Gründungsmythos der chinesischen Kultur ist nicht militärisch, sondern agrarisch, aufbewahrt in dem langen Hymnus *Sheng min* (Sie gebar das Volk; *Mao shi* # 245). *Sheng min* erzählt die Geschichte des heroischen Ahnherrn der Zhou, Fürst Hirse (Hou Ji): seine wunderbare Empfängnis, seine vom Himmel unterstützte Geburt, sein Überleben als ausgesetzter Säugling, sein Aufwachsen, seine Kunst des Ackerbaus, seine Opferrituale. Von letzteren mündet der Gesang schließlich, im selbstreferentiellen, zeitüberspannenden Gestus mythischen Erinnerns, in die Gegenwart: dem immer neuen Opferritual, worin *Sheng min* gesungen und die Opfer des Ahnherrn in immer neuer Wiederholung vergegenwärtigt wurden:

Der Gründungsmythos der Zhou: Sheng min

Sie, die zuerst das Volk gebar,
dies war Jiang Yuan.
Wie gebar sie das Volk?
Sie vollzog das *yin*-Opfer, vollzog das *si*-Opfer,
um nicht länger kindlos zu sein.
Sie trat in den großen Zeh der Fußpur des Gottes
und war freudig erregt.
Dann zog sie sich zurück, dann ruhte sie;
sie war schwanger, sie war ernst,
sie gebar, sie nährte –
und dies war Fürst Hirse.

Wahrlich! Sie erfüllte ihre Monate,
und ihr Erstgeborener kam hervor:
kein Reißen, kein Platzen,
ohne Verletzung, ohne Schaden –
so zeigte er seine numinose Natur.
Gott in der Höhe gab ihr große Linderung,
war hocherfreut durch ihre *yin*- und *si*-Opfer –
und leicht gebar sie ihren Sohn.

Wahrlich! Sie legte ihn in eine enge Gasse,
und Ochsen und Schafe schützten und nährten ihn.
Wahrlich! Sie legte ihn in eine bewaldete Ebene,
und ihn fanden jene, die in der bewaldeten Ebene Holz schlugen.
Wahrlich! Sie legte ihn auf kaltes Eis,
und Vögel bedeckten ihn mit ihren Flügeln.
Dann verließen die Vögel ihn,
und Fürst Hirse jammerte:
Es klang weithin, es war laut,
und seine Stimme wurde stark.

[...]
Wahrlich! Fürst Hirses Landwirtschaft

hatte einen Weg, dem Wachstum zu helfen.
Er entfernte die üppig wachsenden Gräser,
säte den gelben Reichtum.
Dieser sproß aufrecht, dieser war stämmig,
dieser wuchs auf, dieser war lang,
dieser breitete sich aus, dieser trug Frucht,
dieser war stark, dieser war gut,
dieser bildete Ähren, dieser bildete Kerne.
Und dann hatte er Haus und Zimmer in Tai.

Wahrlich! Er sandte uns vortreffliches Getreide herab:
es war die schwarze Hirse, es war die doppelkernige Hirse,
es war die rotsprossige Hirse, es war die weißsprossige Hirse.
Rundum säte er die schwarze und doppelkernige Hirse –
diese erntete er, diese gewann er ackerweise.
Rundum säte er die rotsprossige und weißsprossige Hirse –
diese schulterte er, diese trug er auf dem Rücken,
um heimzugehen und das Opfer zu beginnen.

Wahrlich! Wie geht unser Opfer?
Manche stoßen das Getreide, manche schöpfen es,
manche sieben es, manche stampfen es.
Wir waschen es, tränkend, tränkend,
wir dünsten es, dampfend, dampfend.
So planen wir, so sinnen wir nach:
nehmen Beifuß, opfern Fett,
nehmen einen Widder für das Opfer an die Geister der Wege.
So rösten wir, so grillen wir,
um das folgende Jahr zu beginnen.

Wir füllen [die Speisen] in die hölzernen *dou*-Schalen,
in die hölzernen *dou*-Schalen und in die irdenen *deng*-Schalen.
Der Duft beginnt emporzusteigen,
Gott in der Höhe genießt ihn in Ruhe:
Wie ist das Aroma wahrlich angemessen!
Fürst Hirse hat das Opfer begonnen,
und wohl ohne Makel und Fehler
hat es den heutigen Tag erreicht.

Außerhalb der Anthologie der *Oden* ist nur ein einziger weiterer Textzyklus der Östlichen Zhou-Zeit bekannt, der eine Serie *Oden*-ähnlicher Dichtungen enthält. Dieser findet sich eingraviert in eine Gruppe von zehn traditionell als Steintrommeln (*shigu*) bezeichneten massiven Steinblöcken, die heute im Pekinger Palastmuseum aufbewahrt sind. Sie stammen aus dem alten Staat Qin und wurden vermutlich im 5. Jh. v.Chr. graviert; ihre Entdeckung mag auf das 7. Jh. n.Chr. datieren, als sie erstmals in der literarischen Tradition Erwähnung fanden. Die aufgrund von Verwitterung nicht mehr vollständig rekonstruierbaren zehn verschiedenen Gesänge von insgesamt mehr als 460 noch lesbaren Zeichen überlappen nicht mit Textpartien der *Oden*, beschreiben aber ein herrscherliches Jagdritual und entsprechen in dieser Hinsicht, wie auch in ihrer tetrasyllabischen Form, poetischen Diktion und lebhaften literarischen Bildlichkeit, durchaus den *Hofgesängen*, wenngleich ohne das Element direkter politischer Panegyrik.

Rituelle Deklamationen und Anfänge der Geschichtsschreibung

Die Reden der Dokumente

Der neben den *Oden* bedeutendste Text im kulturellen Gedächtnis des frühen China sind die häufig als Beginn der chinesischen politischen Philosophie wie auch der Geschichtsschreibung bezeichneten *Dokumente*, eine heterogene Sammlung formalisierter – teilweise auch gereimter – Reden und rhetorischer Prosa. Sämtlich den berühmten Herrschern oder Ministern der hohen und teilweise mythologischen Antike zugeschrieben, geben die Reden paradigmatische und normative Muster politischen Handelns und Sprechens in historisch punktuellen, aber bedeutsamen Situationen. Auch die erzählende Prosa der *Dokumente* bietet keine kontinuierliche Geschichte, sondern individuelle und isolierte Modelle perfekten Regierens. Wie die *Oden* und Bronzeinschriften sind die zentralen Kapitel der *Dokumente* der politischen Legitimation der Zhou-Dynastie gewidmet, und hier insbesondere dem von den Zhou beanspruchten »himmlischen Mandat« und der darin impliziten Vorstellung des idealen Herrschers. Daneben sind die frühen Kapitel der *Dokumente* den *Hymnen* und *Hofgesängen* sowie den Bronzeinschriften auch sprachlich verbunden.

Die Erwähnung der *Dokumente* in den *Analekten* sowie in zahlreichen anderen vorimperialen Texten einschließlich der Guodian-Manuskripte bezeugt, daß eine der überlieferten Sammlung zumindest verwandte oder ähnliche Gruppe von Texten quasi-kanonischen Rang genoß, der nur von der Bedeutung der *Oden* übertroffen wurde. Anders als im Falle der *Oden* jedoch, deren frühe Zitate zu über neunzig Prozent Versen der überlieferten Anthologie entsprechen, stimmen nur etwa ein Drittel der *Dokumenten*-Zitate mit der uns bekannten Textsammlung überein; das aus der Mitte des 3. Jh.s v.Chr. datierende und zum Ende des 1. Jh.s v.Chr. edierte *Xunzi* ist der einzige vorimperiale Text, dessen *Dokumenten*-Zitate sich ausnahmslos im *textus receptus* wiederfinden. Es ist mithin auf eine ursprünglich erheblich größere Anzahl von Texten zu schließen, die als zitierwürdige, auf das Altertum verweisende *Dokumente* in den politischen und moralischen Diskursen der Östlichen Zhou-Zeit Verbreitung genossen. Selbst für die Westliche Han-Zeit sind verschiedene Textgruppen bezeugt, die unter dem kanonischen Begriff *Dokumente* zirkulierten.

Textgeschichte der Dokumente

Die frühe Textgeschichte der *Dokumente* ist äußerst komplex. Zunächst sind frühe und spätere Materialschichten zu unterscheiden, die vermutlich von der Westlichen Zhou-Zeit bis in die Qin-Dynastie reichen. Zweitens wartet die Überlieferung des Textes von der Qin- in die Han-Zeit ebenso auf genauere Klärung wie die Lehr- und Editionsgeschichte während der Westlichen und Östlichen Han. Schließlich bleibt zu berücksichtigen, daß die im tangzeitlichen *Korrekte Bedeutung der Fünf Klassiker* kanonisierte Version der *Dokumente* eine Fälschung ist. Vorwort und Kommentar dieser Version tragen den Namen des für seine Kenntnis der *Dokumente* berühmten Han-Gelehrten Kong Anguo (gest. etwa 100 v.Chr.), einem direkten Nachfahren des Konfuzius. Aufgrund einer wohl nicht vor der späten Westlichen Han-Zeit entworfenen, in der Folge zunehmend ausgeschmückten und mit zahlreichen Widersprüchen behafteten Legende stammte Kongs Version aus den Mauern von Konfuzius' einstiger Residenz, wo sie die angebliche Text- und Traditionsvernichtung durch die Qin-Dynastie überlebt hatte und in der Regierungszeit des Prinzen Gong von Lu (reg. 154–128 v.Chr.) entdeckt worden war. Diese Version sei in »antiker«, also vor der Qin-Zeit gebrauchter Schrift (*guwen*) auf Bambustäfelchen geschrieben gewesen und habe neben den seinerzeit bekannten 29 Kapiteln der *Dokumente* Material weiterer 16 Kapitel enthalten. Das Verhältnis zwischen den 29 Kapiteln der frühen Westlichen Han-Zeit und Kong Anguos zusätzlichen Textabschnitten ist allerdings keineswegs klar. Michael Nylans These, daß letztere keine zusätzlichen Kapitel, sondern ergänzendes Kommentarmaterial zu den bereits vorhandenen dargestellt haben mögen, ist durchaus schlüssig.

Die Fälschung der Dokumente *in antiker Schrift*

Kong Anguos Version wurde offenbar bald nach Ende der Östlichen Han-Zeit kanonisch, ging aber im Jahre 311, im Untergang der Westlichen Jin-Dynastie, mit der kaiserlichen Palastbibliothek verloren. Nach der Konsolidierung der Östlichen Jin im Jahre 317 präsentierte ein gewisser Mei Ze der kaiserlichen Bibliothek ein *Kong Anguo Shangshu* (Die Ehrwürdigen Dokumente in der Fassung des Kong Anguo), welches die Vorlage für Kong Yingdas *Shangshu zhengyi* (Die Korrekte Bedeutung der Ehrwürdigen Dokumente) bildete. Diese Ausgabe der *Dokumente* umfaßte 58 Kapitel, von denen 34 dem in der Westlichen Han-Zeit kursierenden Text entsprachen. Zweifel an der Echtheit dieser Ausgabe wurden seit der Song-Zeit laut, doch enthüllte erst eine detaillierte Studie Yan Ruoqus (1636–1704) deren Charakter als eine vielerorts anachronistische Fälschung, worin die alten Passagen um neu fabrizierte Abschnitte sowie Materialien aus anderen Quellen ergänzt worden waren. Yan Ruoqus Werk wurde schon bald durch Untersuchungen anderer Gelehrter wie Hui Dong (1697–1758) ergänzt und untermauert; seither gelten lediglich die seit dem 5. Jh. n.Chr. anachronistisch als *Jinwen Shangshu* (Die Ehrwürdigen Dokumente in Moderner Schrift) bezeichneten 29 Kapitel der Westlichen Han-Zeit als verläßlich, wobei deren Kapitel *Taishi* (Der große Schwur) wiederum eine aus der Westlichen Han-Zeit datierende Rekonstruktion eines früheren Textes sein dürfte.

Daneben bleibt das ebenso wichtige Problem, in welcher Form die *Dokumente* in die Hände der Han-Gelehrten gekommen sind. Laut hanzeitlichen und späteren Quellen hatte der schon am Kaiserhof der Qin wirkende Gelehrte Fu Sheng (geb. 260 v.Chr.) seine Kopie der *Dokumente* nach dem Bücherverbot von 213 v.Chr. in einer Mauer versteckt, doch diese im Übergang von der Qin- zur Han-Dynastie verloren. Erst unter Kaiser Wen (reg. 180–157 v.Chr.) schrieb Chao Cuo (gest. 154 v.Chr.), ein »Aufzeichner vergangener Ereignisse« im Ritenministerium, Fu Shengs mündliche Unterweisung in den *Dokumenten* nieder und brachte sie zurück an den Kaiserhof. Diese über Jahrhunderte ausformulierte Episode ist historisch fragwürdig – als kaiserlicher Gelehrter der Qin hätte Fu Sheng seine Kopie behalten dürfen – und dürfte sich vor allem aus dem hanzeitlichen Bedürfnis nach Dämonisierung der Qin-Dynastie erklären. Zugleich reduziert sie die Bedeutung des Fu Sheng-Textes gegenüber der Kong Anguo-Version, welche zum Ende der späten Westlichen Han-Zeit aufgrund ihrer antiken Schrift an Autorität gewann. Die tatsächliche Überlieferung der *Dokumente* von der Qin- in die Han-Zeit ist unklar; anzunehmen ist, wie im Falle der *Oden*, daß der Text in den mündlichen Lehrtraditionen der kulturellen Elite bewahrt wurde und in verschiedenen schriftlichen Fassungen existierte. Nahezu auszuschließen ist das zentrale ideologische Element der traditionellen Berichte, wonach die *Dokumente* unter den Qin vernichtet und erst in der Han-Zeit wiederentdeckt worden seien. Fu Shengs *Dokumente* wurden am Kaiserhof der Qin studiert und womöglich ediert; daneben bieten Textzitate der Qin- und frühen Han-Zeit hinreichend Evidenz für die Kontinuität und Verfügbarkeit des Kanons.

Die Dokumente *als heterogene Sammlung*

Die überlieferten *Dokumente* sind kein einheitliches Werk, sondern eine heterogene Sammlung unterschiedlich langer (in den authentischen Kapiteln von 86 bis zu 1285 Zeichen reichender) und in historischer Chronologie arrangierter Texte. Chronologisch ist das Werk in die übergreifenden dynastischen Abschnitte *Yu Xia shu* (Dokumente der Yu und Xia), *Shang shu* (Dokumente der Shang) und *Zhou shu* (Dokumente der Zhou) gegliedert. Unter den als authentisch geltenden Kapiteln sind vier *Dokumente der Yu und Xia*, die von den vorzeitlichen Kulturheroen Yao, Shun, Gao Yao und Yu berichten oder als deren Ansprachen präsentiert sind. Fünf weitere Kapitel – die *Dokumente der Shang* – sind den Herrschern der Shang-Dynastie gewidmet und zeigen den Aufstieg und Niedergang der Shang, von der Eroberung der Xia durch den ersten Shang-König Tang bis zu einer Unheil verkündenden Rede des Shang-Prinzen von Wei, worin dieser den Fall seines Herrscherhauses voraussagt. Hierauf folgen schließlich in neunzehn Kapiteln die *Dokumente der Zhou*, beginnend mit dem *Schwur von Mu* (*Mu shi*) vor der entscheidenden Eroberungsschlacht gegen die Shang-Dynastie und endend mit dem *Schwur von Qin* (*Qin shi*), einer wiederum ominösen, vermutlich in das Jahr 632 v.Chr. (also nach dem Ende der Westlichen Zhou) gelegten Ansprache, welche in der Aussage kulminiert, Wohl und Unheil des Staates seien in der Person des »Einen Menschen«, also eines autokratischen Herrschers, begründet. Eine Reihe dieser Kapitel sind »Schwüre« (*shi*) oder »Proklamationen« (*gao*) betitelt; tatsächlich handelt es sich durchgängig um ermahnende und warnende Ansprachen eines Herrschers an seine Minister und Offiziere, nicht selten in einer Todesdrohung an die Adressaten kulminierend. Eine besonders martialische, in ihrer rhythmischen und formelhaften Diktion hochgradig ritualisierte Adresse ist der *Schwur von Mu*, die Ansprache König Wus an seine Gefolgschaft im Morgengrauen vor der Schlacht gegen die Shang, worin sich der Zhou-König nicht als Eroberer, sondern als Retter der Welt und Werkzeug des Himmels darstellt. Ob authentische Wiedergabe der königlichen Worte oder ein im Abstand von Jahrzehnten, vielleicht Jahrhunderten aus der Vorstellungskraft geschaffener Mythos – der Schwur verkörpert im historischen Gedächtnis Chinas die mächtige »Tugendkraft« (*de*) der Westlichen Zhou und ist, wie auch die übrigen königlichen Reden, von der Tradition als authentisches Dokument eines dramatischen und bedeutsamen historischen Augenblicks gelesen worden:

Der Schwur von Mu

> Die Zeit war der Anbruch des *jiazi*-Tages. Der König erreichte am Morgen das Feld von Mu im Außenbezirk der Shang und legte einen Schwur ab. In der linken Hand führte der König die gelbe, goldverzierte Streitaxt; in der rechten hielt er den weißen Rinderquastenstab und schwenkte ihn hoch. Er sprach: Von weither seid ihr, Leute der Westlande! Der König sprach: O, ihr großen Fürsten meiner befreundeten Staaten, Handhaber der Angelegenheiten, Aufseher der Gefolgschaften, Aufseher der Pferde, Aufseher der Arbeiten, nächstfolgende Offiziere, Lehrer, Anführer der Tausend und Anführer der Hundert. Und ihr, Männer von Yong, Shu, Qiang, Mou, Wei, Lu, Peng und Bu: Hebt eure Hellebarden! Verbindet eure Schilde! Stellt eure Lanzen auf! Ich werde einen Schwur ablegen. Der König sprach: Die Menschen des Altertums hatten ein Sprichwort, das lautete: »Die Henne soll nicht den Morgen ankündigen. Wenn die Henne den Morgen ankündigt, ist das Haus am Ende.« Heute nun: der Shang-König Shou richtet sich nur nach den Worten einer Frau; er verwirft blindlings die ihm aufgetragenen Opfer und erwidert nicht [die Segnungen seiner Ahnen]; er verwirft blindlings die noch lebenden Großonkel väterlicherseits und mütterlicherseits und gibt ihnen keine Verwendung. Daher nun: Die Schwerverbrecher und Flüchtigen der vier Himmelsrichtungen, sie verehrt er, sie respektiert er, ihnen vertraut er, sie verwendet er, sie macht er zu hohen Offizieren und Würdenträgern, sie läßt er Brutalität und Mordlust an den hundert Familien verüben und so Betrug und Abscheulichkeit über die Hauptstadt der Shang bringen. Heute nun: Ich, Fa, führe nur ehrfürchtig die Strafe des Himmels aus. Im Dienst des heutigen Tages geht nicht hinaus über sechs Schritte, sieben Schritte, bis ihr innehaltet und euch ordnet. Strengt euch an, Offiziere! Geht nicht hinaus über vier Attacken, fünf Attacken, sechs Attacken, sieben Attacken, bis ihr innehaltet und euch ordnet. Strengt euch an, Offiziere! Seid stark, stark! Seid wie Tiger, wie Leoparden, wie schwarze Bären, wie braun-weiße

> Bären! Im Außenbezirk der Shang attackiert und zwingt nicht die Fliehenden; so werden sie in den Westlanden Dienst tun. Strengt euch an, Offiziere! Wer von euch sich nicht anstrengt, wird Vernichtung auf sich ziehen!

Datierung der Dokumente

Ungeachtet aller traditioneller Vorstellungen ist kein Kapitel der *Dokumente* vor die Westliche Zhou-Zeit zu datieren. Eindeutige stilistische und grammatische Merkmale belegen, daß gerade die vorgeblich ältesten, aus der mythischen Vorzeit der Kulturheroen berichtenden Abschnitte tatsächlich die jüngste, wohl erst aus der Spätphase der Östlichen Zhou oder gar der frühen imperialen Zeit stammende Textschicht darstellen. Unter den bisweilen der Qin-Dynastie zugerechneten Kapiteln sind sowohl das erste (*Die Statuten des Yao*) wie auch das letzte (*Der Schwur von Qin*), doch mögen diesen durchaus ältere Quellen zugrunde liegen. Die einzigen allgemein als Werke der frühen Westlichen Zhou-Zeit akzeptierten Teile der *Dokumente* umfassen etwa zehn Kapitel des *Zhou shu*. Diese sprachlich archaischen Texte sind ausnahmslos in wörtlicher Rede gehaltene, bisweilen durch eine kurze Einleitung historisch kontextualisierte Ansprachen, als deren Kern die berühmten fünf langen »Proklamationen« des Herzogs von Zhou (Zhou gong) gelten – *Da gao* (Die große Proklamation), *Kang gao* (Die Proklamation an Kang), *Jiu gao* (Die Proklamation über den Alkohol), *Shao gao* (Die Proklamation an Shao) und *Luo gao* (Die Proklamation in Luo) –, in denen der Herzog anläßlich wichtiger Ereignisse in feierlicher Rede die Prinzipien seiner dem Wohl des Volkes verpflichteten Regierung darlegt. Die Ansprachen sind durchgängig religiös geprägt: Sie beziehen sich auf die Vorfahren und die korrekte Ausführung der Ahnenopfer, begründen politische Aktionen mit sorgfältigen Orakelkonsultationen, zitieren ominöse Naturerscheinungen als Ausdruck himmlischen Willens und zeigen die Herrscher der Westlichen Zhou geradezu ängstlich auf die Bewahrung des unsteten »himmlischen Mandats« bedacht. Die »Schwüre« und »Proklamationen« erscheinen damit als perfekte Ergänzung der Bronzeinschriften und Tempelhymnen: Richtete sich der Herrscher mit letzteren an seine Vorfahren, um über die eigenen Verdienste zu berichten und Segnungen zu erbitten, so adressierte er mit den Ansprachen seine Untergebenen, die vom Himmel und den Ahnen gewährte Unterstützung nicht zu verspielen. Hymnen, Inschriften und Ansprachen sind denselben politischen und religiösen Grundgedanken verpflichtet und von derselben liturgischen Formelhaftigkeit – doch wo die Hymnen und Inschriften rühmen und bitten, ermahnen und warnen die Ansprachen. Wo die Hymnen und Inschriften idealisierte Berichte der Verdienste darstellen, zeigen die »Schwüre« und »Proklamationen« den Herrscher in seinen idealen Anstrengungen.

Trotz zahlreicher Zitate der *Dokumente* in Texten der Östlichen Zhou-Zeit sind Verweise auf die etwa zehn mutmaßlich der Westlichen Zhou-Zeit entstammenden Kapitel äußerst rar. Lediglich das *Kang gao* ist häufiger zitiert, doch unterscheiden sich seine Zitate in den Guodian-Handschriften signifikant von den entsprechenden Passagen des *textus receptus*. Wenn dessen ältesten Teile in relativ authentischer Form überliefert sind, dann ereignete sich ihre Überlieferung in merkwürdiger Stille und Isolation, nämlich abseits all jener textlichen Manifestationen, aus denen wir üblicherweise die intellektuellen Positionen der Östlichen Zhou-Zeit rekonstruieren. Im Gegensatz hierzu erscheinen Zitate der mutmaßlich jüngsten Schichten der *Dokumente* in ungewöhnlicher Zahl. Diese Kapitel – *Hong fan* (Der große Plan), *Yu gong* (Die Verdienste des Yu), *Yao dian* und *Gao Yao mo* (Die Pläne des Gao Yao) – zeichnen sich durch eine Tendenz zu

Die kosmologischen Kapitel der Dokumente

kosmologischen, bürokratischen und numerologischen Schemata eines zentralisierten Reiches aus, worin sich die intellektuellen Überzeugungen und Hoffnungen der späten Östlichen Zhou-Zeit spiegeln. Nicht zufällig entstanden solche Ordnungsideale in einer Epoche politischer Instabilität und nicht enden wollender Kriege: In der mythologischen Erinnerung an die Vorzeit und ihre idealen Herrscher Yao, Shun und Yu formulierte sich die Sehnsucht nach der Wiederkehr einer stabilen sozialen Ordnung. Die in vielfacher Hinsicht kosmologisch ausgemalte Konstruktion des imperialen Staates in der Folge der Reichseinigung von 221 v.Chr. entsprach und bediente sich dieser Sehnsucht. Ein typisches Beispiel ist die Passage des *Yao dian*, worin der Kulturheros Shun nach seiner Ernennung zum universalen Herrscher eine kosmische Reise durch sein Reich unternimmt. Die rituelle Monotonie des Textes ist programmatisch: Kalender, Maßeinheiten, Zahlenverhältnisse, Rituale und administrative Ränge sind standardisiert; die imperialen Reisen, jeweils im mittleren Monat der vier Jahreszeiten, sind nach der Kosmologie der Fünf Phasen (*wu xing*) ausgerichtet, worin Frühling/Osten, Sommer/Süden, Herbst/Westen und Winter/Norden einander korrelativ entsprechen. Der Herrscher wendet sich nicht in furchtsamer Erwartung an Himmel und Ahnen, sondern vollendet in mechanischer und selbstgewisser Prozedur die kosmische Ordnung. In ähnlicher Weise zeigt das *Yu gong* den Kulturheros Yu als Ordner des natürlichen wie des politischen Universums: Yu durchmißt die bekannte Welt, reguliert die Wasserläufe, kultiviert die Berge, legt die Ebenen an, ordnet die unterschiedlichen regionalen landwirtschaftlichen Gegebenheiten, etabliert die neun Zonen der Welt mit dem chinesischen Kernland in ihrer Mitte und verteilt Landbesitz und Familiennamen. Ein weiterer kosmologischer Traktat ist das in neun Abschnitten organisierte *Hong fan* (Großer Plan) mit dem idealen Herrscher im Zentrum eines numerologischen, Kosmos und Staat umfassenden Schemas. Vergleichbar ausgreifende Ordnungsmodelle finden sich auch in anderen Texten der späten Östlichen Zhou- und frühen imperialen Zeit, etwa im *Zhou li* (4. Jh.v.Chr.?), worin die in numerologischen Hierarchien entworfenen Institutionen des Staates in die Amtsbereiche von Himmel, Erde und den vier Jahreszeiten organisiert sind, dem in seinen zwölf kalendarischen Kernkapiteln auf 239 v.Chr. datierten *Lü shi chunqiu* (Frühling- und Herbstannalen des Herrn Lü), dem in der Han-Zeit aus neuen und älteren Materialien kompilierten *Liji* sowie dem 139 v.Chr. dem Thron eingereichten *Huainanzi* (Meister Huainan). Gemeinsam ist diesen Werken, daß sie perfekte Schemata autokratischen Regierens entwerfen, in denen der Herrscher jedoch mechanischen und häufig minutiösen Vorschriften zu folgen hat.

wu xing (*Fünf Phasen*)

Frühlings- und Herbstannalen (Chunqiu)

Der zweite in den *Fünf Klassikern* kanonisierte Text der chinesischen Geschichtsschreibung ist das *Chunqiu* (Die Frühling- und Herbstannalen), eine Sammlung extrem kurzer annalistischer Einträge der Jahre 722–481 v.Chr. für die Abfolge von zwölf Herrschern des Staates Lu. Ähnlich wie die Bronzeinschriften dürften auch die Annalen der einzelnen Staaten – der Begriff *chunqiu* bezeichnete eine gewisse Anzahl solcher Werke, die jedoch sämtlich verloren sind – durchaus konkurrierende Darstellungen zu wichtigen Ereignissen enthalten haben. Existierte auch keine gemeinsame und einheitliche Geschichte der Östlichen Zhou-Zeit, so war die Geschichte jedes einzelnen Staates durch intensive und komplexe diplomatische und militärische Aktivitäten eng mit der seiner näheren und ferneren Nachbarn verflochten. Die Annalen von Lu bezeugen den parteiischen Charakter der einzelstaatlichen Aufzeichnungen: In keinem Falle nennt der Text das Fehlverhalten oder die Schmach eines Herrschers von Lu beim Namen; negative Ereignisse sind durchgängig neutralisiert. Die Annalen scheinen in diesem Punkt den frühen Bronzeinschriften verwandt und mögen wie diese vor allem an die Ahnengeister gerichtet gewesen sein. Die radikal begrenzte Auswahl berichtenswerter Ereignisse, extreme Kürze der einzelnen Einträge, Formelhaftigkeit des Ausdrucks und tendenziöse Natur der Inhalte zeigen die Annalen, wie zuvor die Bronzen, als so fragwürdige wie unzureichende historische Dokumente. Entsprechend formierten sich verschiedene Lehrtraditionen um den hochgradig erklärungsbedürftigen Text: das vermutlich im 4. Jh. v.Chr. kompilierte und zum Ende der Westlichen Han-Zeit kanonisierte *Zuo zhuan*, die im 2. und 1. Jh. v.Chr. offiziell am Kaiserhof gepflegten *Gongyang zhuan* (Überlieferung des Gongyang) und *Guliang zhuan* (Überlieferung des Guliang) sowie zumindest zwei weitere, bereits im Verlaufe der Westlichen Han-Zeit ausgestorbene Traditionen.

Konfuzius und die Annalen*: Die* Gongyang-*Tradition*

Laut *Menzius* (III.B.9) hatte Konfuzius das *Chunqiu* in Reaktion auf eine moralisch korrupte Welt verfaßt: »Als die Welt im Niedergang war und der moralische Weg schwach wurde, entstanden perverse Reden und gewalttätiges Verhalten. Es gab Fälle, in denen Minister ihre Herrscher und Söhne ihre Väter ermordeten. Konfuzius war von Angst erfüllt und schuf die *Frühlings- und Herbstannalen. Frühlings- und Herbstannalen* sind die Sache des Himmelssohnes, und daher sprach Konfuzius: ›Daß man mich versteht, wird aufgrund der *Frühlings- und Herbstannalen* sein! Daß man mich verurteilt, wird aufgrund der *Frühlings- und Herbstannalen* sein!‹ [...] Konfuzius vollendete die *Frühlings- und Herbstannalen*, und rebellische Untertanen wie aufbegehrende Söhne erschraken in Furcht.« Hier und in Sima Qians Konfuzius-Biographie ist die moralische Autorität vom Herrscher auf den Historiker übertragen, der die geschichtlichen Ereignisse beurteilt, Lob und Tadel (*baobian*) ausdrückt und der Gegenwart Orientierung stiftet. Die Herrscher, Handlungssubjekte der Geschichte, werden in *Menzius* zu Objekten einer moralischen und letztgültigen Historiographie. Als erster Historiker wird Konfuzius entsprechend in der *Gongyang*-Tradition als »ungekrönter König« (*suwang*) verehrt und sein *Chunqiu* als Werk königlicher Autorität legitimiert, welches das Chaos der Welt in der Ordnung des Textes aufhebt. Für die längste Zeit der Westlichen Han-Dynastie war das *Gongyang zhuan* die am Kaiserhof offiziell gepflegte Lehrtradition zum *Chunqiu* und wurde als solche erst im Zuge der kaiserlichen Konferenz im Steinkanal-Pavillon (*Shiqu ge*; 51 v.Chr.) durch das *Guliang zhuan* abgelöst. Traditionell wird die *Gongyang*-Überlieferung auf den Konfuzius-Schüler Zi Xia zurückgeführt, von wo aus sie kontinuierlich in mündlicher Form gelehrt worden sein soll, bevor ein Gelehrter namens Gongyang unter Kaiser Jing (reg. 157–141 v.Chr.) sie erstmals auf Bambus und Seide geschrieben habe; tatsächlich mögen schriftliche Fassungen aber bereits in der späten vorimperialen Zeit existiert haben. Demgegenüber gilt das dem *Gongyang* in vielen Passagen verpflichtete *Guliang zhuan* als ein Produkt der Westlichen Han-Zeit selbst. Beide Lehrtraditionen erklären in katechistischer Frage- und Antwortform die Sätze und einzelnen Worte des *Chunqiu* und sind diesem daher auf das engste verbunden. Ihr Ziel ist es, in den kargen Sätzen der Annalen jene moralische und historisch spezifische Bedeutung ans Licht zu fördern, die sich in Konfuzius' »subtilen Worten« (*weiyan*) moralischen Urteils verbirgt. In einer dreifachen Konstruktion betonen die *Gongyang*- und *Guliang*-Überlieferungen den Wert jedes einzelnen Wortes: Erstens wird eine normative Ausdrucksweise historischen Sprechens etabliert; zweitens lassen sich Abweichungen von dieser Norm identifizieren; drittens gehorchen diese Abweichungen selbst spezifischen Regeln und sind daher in ihrer jeweiligen Bedeutung präzise bestimmbar. In diesem Sinne werden die einzelnen Einträge des *Chunqiu* als paradigmatische Beurteilungen herrscherlichen Verhaltens gelesen, welche, wenn nur korrekt gedeutet, den jeweiligen historischen Moment erklären und zugleich als Modelle politischen Denkens auch auf vergleichbare Situationen der Gegenwart anwendbar sind. Nicht zufällig genossen berühmte Gelehrte wie der *Gongyang*-Interpret Dong Zhongshu (etwa 179 – etwa 104 v.Chr.) und der *Guliang*-Experte Liu Xiang (79–8 v.Chr.) Ansehen in den beiden logisch zusammengeschlossenen Domänen von Historik und Omeninterpretation. Die Bedeutung ihrer Lehrtraditionen für die Westliche Han-Zeit ist daher vor allem in der Kunst historischer Exegese und deren zeitgenössischer Anwendung zu suchen.

Die Entwicklung der erzählerischen und rhetorischen Tradition

Die Überlieferung des Zuo (Zuo zhuan)

Anders als die didaktischen *Gongyang*- und *Guliang*-Interpretationen ist das *Zuo zhuan* ein eigenständiges Geschichtswerk, dessen ausführliche Schilderungen nur lose – bisweilen auch gar nicht – den einzelnen Einträgen des *Chunqiu* verbunden sind und auf einer Vielzahl nicht mehr bekannter Quellen beruhen. In der Tat ist sehr fraglich, ob das Werk ursprünglich als Kommentar zum *Chunqiu* verfaßt wurde. Traditionell einem gewissen Zuo Qiuming (5. Jh. v.Chr.) zugeschrieben und in der Westlichen Han-Zeit Sima Qian und anderen verfügbar, wurde das *Zuo zhuan* erst von Liu Xiangs Sohn Liu Xin (gest. 23) zu kaiserlicher Anerkennung geführt, maßgeblich mit dem Argument, der in antiker Schrift (*guwen*) verfaßte Text sei glaubwürdiger und authentischer als die ursprünglich oralen und erst spät in moderner Schrift (*jinwen*) fixierten *Gongyang*- und *Guliang*-Überlieferungen. Die von Kang Youwei (1858–1927) und anderen aufgestellte Behauptung, das *Zuo zhuan* sei eine Fälschung Liu Xins, ist widerlegt; das Werk wird allgemein in das 4. Jh. v.Chr. datiert. Unklar ist, in welchem Umfang es auf ältere schriftliche Texte zurückgreift und wie authentisch die in ihm enthaltenen Reden und Dialoge sind. Scheinen gewisse grammatische und inhaltliche Merkmale die früheren von den späteren Reden zu unterscheiden und damit deren getreue Überlieferung zu indizieren, so ist gerade für die besonders dramatischen Situationen kaum vorstellbar, wie das gesprochene Wort authentisch bewahrt worden sein soll. Daß die den Reden eigenen Prophezeiungen nahezu ausnahmslos durch den folgenden Verlauf der Geschichte bestätigt werden, indiziert zudem eine aus der Rückschau geleistete Edition und womöglich Komposition solcher Voraussagen.

Das *Zuo zhuan* genießt in dreifacher Hinsicht höchste Wertschätzung: Erstens gilt es als die überragende geschichtliche Quelle der Jahre 722 bis 468 (der Text geht um 13 Jahre über den Zeitrahmen des *Chunqiu* hinaus) und zählt zu den wichtigsten Quellen für Sima Qians Behandlung dieser Periode im *Shiji*; zweitens wird das Werk für seine erzählerischen Details und die dramatische Komposition seiner Episoden als Modell historischer Prosa gerühmt; drittens bezeugt seine didaktische Ausrichtung einen besonderen Anspruch auf Wahrheit und Autorität – die Episoden des *Zuo zhuan* schärfen unsere Wahrnehmung historischer Details ebenso wie unser Urteilsvermögen zu deren moralischer Bedeutung.

Wahrheitsanspruch und literarische Form

Dieses Prestige als historisches, literarisches und didaktisches Meisterwerk ist jedoch in sich problematisch und widersprüchlich, sind es doch gerade die machtvollen literarischen Qualitäten und moralischen Impulse der Darstellung, welche die historische Glaubwürdigkeit unterminieren. Die dramatischen Inhalte des *Zuo zhuan* lassen wenig zu wünschen übrig: Schlachten und Scharmützel, Königs- und Konkubinen-, Vater- und Kindesmorde, Feigheit und Heldenmut, Intrigen und Täuschungen, Ausschweifung und Inzucht, Despotie und Aufruhr, Taktik und Strategie, Hinrichtungen und Verstümmelungen, Exzesse barbarischer Gewalt und Erscheinungen von Geistern sind gepaart mit den Ausdrucksformen literarischer und musikalischer Eleganz, der Pracht höfischer Repräsentation, Inbildern ethischen Handelns und Musterbeispielen weisen Urteils. All diese Details illustrieren das didaktische Grundanliegen des *Zuo zhuan*, die rituelle Ordnung der Gesellschaft und das moralische Verhalten ihrer Mitglieder als sinnvoll und notwendig darzustellen. Dennoch ist das *Zuo zhuan* kein schlichter und jederzeit eindeutiger Moraltraktat. Erzählerische Ausnahmen zur Regel, daß die Geschichte auf der Seite von Moral und Ritual steht, bezeugen Rücksicht wenn nicht auf die historischen Fakten, so zumindest auf ein heterogenes Korpus anekdotischer Überlieferung.

Die narrative Struktur des Zuo zhuan

Dominierende narrative Technik des *Zuo zhuan* ist es, die historischen Personen selbst sprechen und die nicht selten Jahre erzählter Zeit überspannenden Entwicklungen sich selbst bestätigen zu lassen. Der anonyme, scheinbar objektive Erzählstil erzeugt den Eindruck unmittelbarer Dramatik und Authentizität. Wird der Ausgang einer Schlacht nur kurz erwähnt, nehmen die Gedanken, Dialoge und Verhaltensweisen der Handlungsträger breitesten Raum ein, um die moralischen Paradigmen des Geschehens erkennbar und das historische Ergebnis vorhersehbar werden zu lassen. Eine für ihre erzählerische Kraft besonders gerühmte Episode ist der Bericht über die Schlacht zwischen Qin und Jin, berichtet in den Einträgen der Jahre 628–627 v.Chr. Zu dem Satz des *Chunqiu*: »Im Winter, im 12. Monat, am Tage *jimao* (16. Tag), starb der Marquis von Jin, Chong'er« entwirft das *Zuo zhuan* eine dramatische Erzählung, die gleich zu Beginn von einer Rückschau unterbrochen wird, um den Leser über die Ignoranz des Qin-Herrschers und die entscheidende, von ihm in den Wind geschlagene Prophezeiung eines alten Mannes zu unterrichten:

> Im Winter starb Herzog Wen von Jin [d.h. Chong'er]. Am Tage *gengzhen* (17. Tag) brachten sie seinen Sarg [in den Ahnentempel] nach Quwo. Als sie Jiang verließen, ertönte von der Leiche im Sarg eine Stimme wie von einem Ochsen. Der Wahrsager Yan ließ die Offiziere sich [vor dem Sarg] verbeugen und sagen: »Ihr, Fürst, befehlt uns eine große [militärische] Angelegenheit. Es wird eine Armee westlich an uns vorbeiziehen und voranpreschen; wir werden sie attackieren und mit Gewißheit einen großen Sieg erringen.« [Nun hatte] Ji Zi [ein Mann aus Zheng, dort von Qin als lokaler Wachtposten eingesetzt] von Zheng aus einen Bericht an Qin geschickt, der lautete: »Die Leute von Zheng haben mich mit dem Schlüssel für ihr Nordtor betraut. Wenn [ihr eure] Armee heimlich herannahen laßt, kann die Hauptstadt eingenommen werden.« Herzog Mu [von Qin] befragte Jian Shu hierzu, und Jian Shu sprach: »Man hat noch nie davon gehört, daß ein entfernter Ort von einer erschöpften Armee schlagartig überrascht werden könnte. Die Armee wird erschöpft sein und ihre Kräfte ausgelaugt; der entfernte Herrscher [von Zheng] wird sich auf sie vorbereitet haben. Ist dieses Vorhaben nicht unmöglich? Zheng wird mit Sicherheit wissen, was unsere Armee unternimmt. [Unsere Soldaten] werden sich erschöpfen, doch nichts erreichen – dies muß ihre Herzen aufwühlen. Mehr noch, wer würde nicht von einem Marsch über tausend Meilen erfahren!« Der Herzog mißachtete den Rat, rief Mengming, Xiqi und Baiyi herbei und beauftragte sie, eine Armee außerhalb des Osttores aufmarschieren zu lassen. Jian Shu weinte darüber und sprach: »Meister Meng! Ich sehe die Armee hinausmarschieren, doch ich werde sie nicht heimkehren sehen.« Der Herzog ließ ihn fragen: »Was weißt du

alter Mann! Der Baum auf deinem Grab sollte schon mit beiden Händen zu umfangen sein!« Jian Shus Sohn marschierte in der Armee, und [der Vater] verabschiedete ihn weinend und sprach: »Es wird in Yao sein, wo die Leute von Jin der Armee widerstehen. In Yao gibt es zwei Berge. Am südlichen Berg ist das Grab des Xia-Herrschers Gao; der nördliche Berg ist, wo König Wen dem Wind und Regen ausgewichen ist. Du wirst zwischen diesen sterben, und ich werde deine Knochen sammeln.« Unmittelbar darauf zog die Qin-Armee ostwärts.

Die Rhetorik des Zuo zhuan

Mit diesem lakonischen Satz (aus ganzen vier Schriftzeichen) endet der erste Teil des Berichtes – das Schicksal der Qin-Armee ist im Augenblick ihres Abmarsches besiegelt. Es folgt eine Serie erzählerischer Passagen, dominiert von immer neuen Reden; beide Elemente zeigen die Ignoranz des Qin-Herrschers und seiner Armee gegenüber den Prinzipien des Rituals, während Herzog Xiang, der Sohn des Chong'er, als Inbild ritueller Umsicht erscheint: Noch in der Pflicht, seinen Vater zu bestatten, zieht er zwar zunächst in den Krieg, jedoch in Trauerkleidung. Die Schlacht selbst, das eigentliche historische Ereignis, wird in fünf Schriftzeichen geschildert (»er schlug die Qin-Armee in Yao«); ihr Ausgang ist zwangsläufiges Ergebnis all dessen, was der Leser bereits über das gegensätzliche Benehmen der Qin und Jin erfahren hat: Der Qin-Herrscher ignoriert den prophetischen Rat eines alten Mannes und verletzt die Regeln des Rituals sowohl gegenüber dem Königshof als auch gegenüber dem in Trauer befindlichen Herzog von Jin; und er verspielt die Unterstützung des Himmels, indem er sinnlos Erschöpfung über seine Leute bringt. Herzog Xiang hingegen folgt seinen Beratern, ist ganz auf die rituelle Ordnung konzentriert und mobilisiert das westliche Volk der Qiangrong, um seine eigenen Leute zu unterstützen. Auf seiner Seite stehen (a) das historische (»gehörte«) Wissen seiner Berater, (b) der Qin strafende Himmel und (c) der militärische Auftrag des verstorbenen Chong'er, verifiziert mit Hilfe eines Wahrsagers. Keine dieser Schlußfolgerungen ist in direkter Form präsentiert; doch der geschulte Leser weiß das historische Ereignis zu interpretieren und mit moralischer Bedeutung zu versehen. Diesem Grundmuster folgen weite Teile des *Zuo zhuan*.

Das moralische Urteil der frühen Geschichtsschreibung

Nur sehr sporadisch erscheint eine auktoriale Stimme von außerhalb des historischen Geschehens, um ein moralisches Urteil zu sprechen; dieses ist entweder mit »Konfuzius erklärt« (*Kongzi yue*) oder »Der Edle erklärt« (*junzi yue*) eingeleitet. Die ausführlichen Reden und Dialoge erfüllen neben ihrer erzähltechnischen Aufgabe noch eine weitere, über den Text hinausreichende Funktion, welche das Werk mit Konfuzius' moralischem Programm in der Komposition des *Chunqiu* verbindet. Wie Konfuzius als Historiker die Mächtigen der Vergangenheit einem endgültigen sittlichen Urteil unterwirft, sind die im *Zuo zhuan* agierenden Herrscher die Adressaten ausführlicher Ratschläge, Ermahnungen und Proteste. Ihre moralische und rituelle Kompetenz beruht weitgehend auf der Bereitschaft, den Einsichten und Worten ihrer untergebenen Berater – häufig marginale oder gar anonyme Figuren wie der prototypische »alte Mann« – zu folgen. Die eigentliche Autorität ist damit vom Herrscher auf den weisen Untertanen verschoben, dessen ethische Grundsätze als historische Gesetzmäßigkeiten erscheinen: Diese oder jene Handlung wird *unausweichlich* diese oder jene Folgen haben. Es sind daher, wie von David Schaberg gezeigt, die Stimmen der nachrangigen Ratgeber, in denen sich die Autoren des *Zuo zhuan* als moralisch geleitete Historiker letztlich selbst zu erkennen geben.

Die komplexe literarische Struktur des *Zuo zhuan* läßt die scheinbar abwesenden, in der Tat jedoch dominanten Autoren als Meister des historischen Materials erkennen, und entsprechend haben moderne Leser gerade in der vermeintlichen Objektivität der Darstellung deren tiefgreifende Manipuliertheit erkannt. Andererseits aber bezeugen zahlreiche Einschübe unabhängiger didaktischer Episoden, daß die Autoren des *Zuo zhuan* vor allem auch Kompilatoren vielfältiger Quellen waren. Solche Szenen sind häufig exemplarische Anekdoten oder fassen in wenigen Sätzen eine ganze Situation zusammen. Sie repräsentieren daher einen grundsätzlich anderen und vermutlich älteren Erzählstil, wie er besonders das mehr anekdotische als narrative, aber im *Shiji* gleichfalls Zuo Qiuming zugeschriebene *Guoyu* prägt: Ist das *Zuo zhuan* eine moralistische und rhetorische Geschichte, so erscheint das *Guoyu* als Philosophie und Rhetorik in einem historischen Rahmen (Ronald C. Egan). Dabei verweist die Existenz paralleler Passagen in *Guoyu* und *Zuo zhuan* auf einen weit verbreiteten Vorrat mündlich und schriftlich kursierenden und in einer Vielzahl eigenständiger Episoden abrufbaren Traditionswissens. Ausführliche Übereinstimmungen mit dem *Zuo zhuan* finden sich auch in einem weiteren zwischen Philosophie, Rhetorik und Geschichtsschreibung changierenden Werk, dem *Yanzi chunqiu* (Frühlings- und Herbstannalen des Meister Yan), das vornehmlich die an Herzog Jing von Qi (reg. 547–489 v.Chr.) gerichteten Ermahnungen des 500 v.Chr. gestorbenen Yan Ying enthält; allerdings dürfte der überlieferte Text, dessen 215 Episoden von Liu Xiang in acht Kapiteln arrangiert wurden, erst der Spätphase der Zeit der Streitenden Reiche entstammen. Noch deutlicher als in *Zuo zhuan* und *Guoyu* erscheint das *Yanzi chunqiu* als eine Repräsentation der rhetorischen Figur des guten Ministers, worin sich die soziale Schicht der in der Östlichen Zhou-Zeit aktiven politischen Ratgeber abbildete.

Die Gespräche der Staaten (Guoyu)

Das *Guoyu* umfaßt in 21 Kapiteln Reden und Dialoge, ergänzt um eine Anzahl narrativer und diskursiver Passagen, aus acht Staaten der Westlichen und Östlichen Zhou-Zeit, nämlich (in dieser Reihenfolge) Zhou, Lu, Qi, Jin, Zheng, Chu, Wu und Yue. Die einzelnen Kapitel sind nach diesen Staaten arrangiert, die Einträge innerhalb jedes einzelnen Staates voneinander unabhängig und chronologisch geordnet. Der früheste Eintrag spielt in der Regierungszeit des Zhou-Königs Mu (reg. 956–918 v.Chr.); der späteste datiert auf 453 v.Chr. Mit nur zwei Einträgen am geringsten ist der Staat Zheng repräsentiert, hingegen sind dem Staat Jin nicht weniger als neun Kapitel mit 127 der insgesamt 245 Einträge des *Guoyu* gewidmet. Der Kleinstaat Lu, Heimat des Konfuzius, ist mit 37 Einträgen vertreten und damit ausführlicher als das Königshaus der Zhou (33) oder der machtvolle Staat im Nordosten, Qi (8). Wie das *Zuo zhuan* läßt sich auch das *Guoyu* nicht präzise datieren und mag Materialien unterschiedlicher Epochen enthalten, die aus dem 5. bis ins späte 4. Jh. v.Chr. zu reichen scheinen. Die vermutlich von dem Kommentator Wei Zhao (gest. 273) eingeführte Klassifizierung des *Guoyu* als »äußerer«, d.h. nur lose verbundener, Kommentar zum *Chunqiu* dürfte den Versuch darstellen, das *Guoyu* nachträglich aufzuwerten; tatsächlich ist keine direkte Beziehung zu den Annalen von Lu erkennbar.

Die Wu Zixu-Legende und die frühe anekdotische Tradition

Guoyu und *Zuo zhuan* haben Anteil an derselben, beide Werke übersteigenden erzählerischen Tradition. Ein prominentes Beispiel einer im Laufe der Zeit stetig anwachsenden Legende ist die Erzählung des Wu Zixu, welche das *Zuo zhuan* im wesentlichen in acht Einträgen (beginnend 522 v.Chr., endend 484) wiedergibt. Zunächst aus Chu geflohen, steigt Wu Zixu in dem südöstlichen Staat Wu zum politischen Berater und General auf, der über Jahre militärische Angriffe gegen Chu organisiert. Doch seine eigentliche Legende entwickelt sich erst im folgenden Konflikt zwischen Wu und seinem Nachbarn Yue. Auch hier ist Wu Zixu der Fürsprecher einer aggressiven Militärpolitik, bleibt jedoch ungehört. Als er seinen Sohn zum Schutz in Qi unterbringt, erhält er von seinem Herrscher, der ihn der Illoyalität verdächtigt, ein Schwert zum Selbstmord und tötet sich, nicht ohne in dramatischer Rede den (später eintretenden) Untergang Wus vorauszusagen. Die Wu Zixu-Legende im Abschnitt *Wu yu* (Gespräche aus Wu) des *Guoyu* ist auf nur 22 Jahre konzentriert und unterscheidet sich in wichtigen Punkten von der dramatischen Darstellung des *Zuo zhuan*. Bedeutsam sind die teils erheblichen Ausschmückungen des *Guoyu*: Bittet der Wu Zixu des *Zuo zhuan* in seiner letzten Prophezeiung darum, daß Trompetenbäume auf seinem Grab gepflanzt werden, da Wu deren Holz für zahllose Särge benötigen wird, so verlangt er im *Guoyu*: »Hängt meine Augen vom Osttor herab, damit ich sehen kann, wie Yue hereintritt und der Staat Wu fällt!« Mit der Antwort: »Ich werde den Minister nichts sehen lassen!« läßt der König Wu Zixus Leiche in einen Ledersack stecken und im Fluß versenken. Mit wieder neuen Zusätzen erscheint die Legende in dem unter der Patronage des Qin-Kanzlers Lü Buwei (gest. 235 v.Chr.) kompilierten *Lü shi chunqiu*: Hier traktiert Wu Zixu das Grab des Chu-Königs mit dreihundert Peitschenhieben; und als er sich vor seinem Selbstmord wünscht, wenigstens ein Auge zu haben, um den Einmarsch der Yue-Truppen in die Hauptstadt von Wu zu sehen, ist es nunmehr der König, welcher Wus Augen aus ihren Höhlen reißt, sie vom Osttor herabhängen und den Leichnam im Fluß versenken läßt! Die Wu Zixu-Legende findet darüber hinaus in zahlreichen anderen Werken Erwähnung – in aller Ausführlichkeit im Kapitel 66 von Sima Qians *Shiji* – und gewinnt reichste Ausschmückung im *Wu Yue chunqiu* (Die Frühlings- und Herbstannalen von Wu und Yue), einer romanhaften, einem gewissen Zhao Ye (Östliche Han-Zeit) zugeschriebenen Darstellung des Kampfes zwischen Wu und Yue, sowie im *Yue jue shu* (Das Buch der Unvergleichlichkeit von Yue; Östliche Han-Zeit?), einer anonymen Essaysammlung zu Begebenheiten des Staates Yue. Spätere Versionen erscheinen in einer tangzeitlichen, bisweilen etwas ungenau als Transformationstext klassifizierten Handschrift aus Dunhuang und anderen Werken der erzählerischen und dramatischen Literatur.

Die reiche erzählerische Tradition des frühen China ist überwiegend historisch und didaktisch orientiert und behandelt insbesondere das Verhältnis zwischen Herrschern und ihren Ratgebern. Sie entwirft keine *andere* Welt, sondern präsentiert beispielhafte Episoden sittlichen Handelns innerhalb der bestehenden sozialen Ordnung. Nicht chronologische Schilderungen, sondern wörtliche Rede und dramatischer Dialog treiben die Ereignisse voran. Dürften die literarisch geformten Reden auch kaum original, vielfach sogar vollkommen fiktional sein, so reflektieren sie dennoch die große Bedeutung des gesprochenen Wortes als bedeutende Kraft im historischen Prozeß. Überdies formt die Struktur von Rede und Gegenrede neben der erzählerischen auch die philosophische Tradition; die bedeutendsten Werke der frühen chinesischen Philosophie – die *Analekten*, *Mozi*, *Menzius*, *Zhuangzi*, *Han Feizi* – sind in weiten Teilen episodenhaft und dialogisch angelegt.

Die Rhetorik der Intrigen der Streitenden Reiche (Zhanguo ce)

Das Prinzip mündlicher Rhetorik kulminiert in den pseudohistorischen Anekdoten des *Zhanguo ce* (Intrigen der Streitenden Reiche), einer von Liu Xiang zwischen 26 und 8 v.Chr. aus mindestens sechs verschiedenen, mutmaßlich vorimperialen Quellen kompilierten Sammlung. Dieses Werk enthält 497 eigenständige Einträge zur Zeit der Streitenden Reiche und darin Episoden aus den sieben bedeutendsten Staaten der Östlichen Zhou-Zeit

(Qin, Qi, Chu, Zhao, Wei, Han und Yan) sowie aus dem Königshaus Zhou und den drei kleineren Staaten Song, Wei und Zhongshan. Der früheste Kommentar zum *Zhanguo ce* trägt Gao Yous (etwa 168–212) Namen, doch repräsentiert die überlieferte Edition nicht das hanzeitliche Original Liu Xiangs, sondern geht auf eine von Zeng Gong (1019–1083) geschaffene Rekonstruktion zurück. Auf der Basis von Zengs Werk enstanden zwei unterschiedlich arrangierte und kommentierte Editionen: Während Yao Hong (etwa 1100–1146) die vermutlich von Liu Xiang geschaffene Gliederung nach Staaten beibehielt, erscheinen die einzelnen Einträge in Bao Biaos (1106–1149) Ausgabe – erneut revidiert und kommentiert durch Wu Shidao (1283–1344) – jenseits ihres Bezugs auf die politische Geographie in rein chronologischer Folge. Unter den Mawangdui-Seidenmanuskripten der frühen Westlichen Han-Zeit hat sich zudem ein Text mit insgesamt 27 Einträgen gefunden, welcher derselben rhetorischen Tradition wie das *Zhanguo ce* angehört und diesem in einigen Abschnitten entspricht. Direkte Übereinstimmungen mit anderen Werken – der Mawangdui-Handschrift, dem *Shiji*, den Kapiteln *Shui lin* (Wald der Überredungen) des *Han Feizi* (spätes 3. Jh. v.Chr.) – deuten darauf hin, daß Liu Xiangs Episoden eine Auswahl frei verfügbaren Materials darstellten. Sie spiegeln die rhetorische Tradition der historisch und argumentativ geschulten *youshui* (»reisende Überreder«) oder *zongheng jia* (sinngemäß: »politische Strategen«), die zur Zeit der Streitenden Reiche zwischen den einzelnen Staaten umherzogen. Diskussionen dieser Rhetorik finden sich in verschiedenen Quellen. Das Kapitel *Shun shui* (Geschmeidige Überredungen) des *Lü shi chunqiu* zeigt, daß der Rhetoriker »wie ein geschickter Ringer der Kraft des anderen folgt, um selbst an Kraft zu gewinnen«; *Han Feizi* enthält ein Kapitel über die *Schwierigkeiten der Überredung* (*Shui nan*) und identifiziert als deren wichtigste, die Gedanken des Gegenübers zu ergründen. Eine weitere Diskussion der »Überredungen« (*shui*) findet sich im *Shiji*-Kapitel *Aufgereihte Überlieferungen der Wahrsager* (*Rizhe liezhuan*), wo der Orakelspezialist Sima Jizhu die Rhetoriker als »in Weitschweifigkeit und Großmäuligkeit unübertrefflich« beschreibt, ohne deren Mitwirkung aber politisch nichts zu erreichen sei. Die typische *Zhanguo ce*-Episode zeigt den *youshui* in Aktion, wie er in einer konkreten historischen Situation versucht, den Herrscher eines Staates zu einer bestimmten Handlung zu bewegen. Das im *Zhanguo ce* literarisch fixierte Genre der »Überredung« ist daher den politischen Bedürfnissen und Möglichkeiten des 4. und 3. Jh.s v.Chr. verpflichtet: Seine Protagonisten – etwa die berühmten Gegenspieler des 4. Jh.s v.Chr., Su Qin von der Anti-Qin-Allianz und Zhang Yi von der Qin-Allianz – agieren als Berater konkurrierender Regenten und damit in einem Status, der mit der Reichseinigung von 221 v.Chr. und der Gründung des zentralisierten Einheitsstaates seine Grundlage verlor. Die Überredungen der Streitenden Reiche sind nicht moralischen Prinzipien, sondern unmittelbarem Nutzen verpflichtet und wurden als Verkörperung des Zynismus (Burton Watson) betrachtet. Das *Zhanguo ce* demonstriert das ganze Täuschungs- und Manipulationspotential und damit die ganze Macht der Sprache. Diese Ambivalenz sicherte dem *Zhanguo ce* seine eigenartige Position in der chinesischen Literaturgeschichte: bewundert für die sprachliche Eloquenz seiner Argumentationen, aber zurückgewiesen für deren skrupel- und prinzipienlose Täuschungen, Intrigen und tückischen Listen, in denen der Zweck jedes Mittel heiligt. Wenn sowohl Konfuzius (*Analekten* 15/11, 17/18) als auch Menzius (V.A.4) ihre grundlegende Skepsis gegenüber einer als trügerisch und manipulierbar verstandenen Rhetorik ausdrücken, benennen sie ein

shui *(Überredungen)*

Das moralische Problem der Rhetorik

offenbar sehr reales Problem ihrer Zeit. Die literarisch grandioseste Kritik der Überredungen ist selbst Teil des Genres. Gegenüber König Hui von Qin (reg. 337–311 v.Chr.) erklärt Su Qin, daß der seinerzeitige politische und militärische Niedergang vor allem auf die verwirrenden Reden der Rhetoriker zurückgehe. Su Qin präsentiert sein Argument in einem sprachlichen Feuerwerk ersten Ranges, welches die Konfusion des Herrschers nicht nur beschreibt, sondern weiter vorantreibt – und somit erst wirklich erfahrbar macht. Der folgende Abschnitt ist zunächst durchgängig viersilbig, zum Ende hin auch mit Wechseln in dreisilbige Verse; der Reim wechselt rapide nach jedem Doppelvers:

> Als [die Staaten] sich nord-südlich verbündeten und ost-westliche Allianzen schlossen,
> wurden Waffen und Schilde nicht mehr eingelagert;
> die Männer des Wortes präsentierten ihre schmuckvolle Kunst,
> die Herrscher waren verwirrt und konfus.
> Zehntausend Vorfälle erhoben sich zugleich
> und waren nicht zu ordnen.
> Sobald Regeln und Statuten vollständig waren,
> erging sich das Volk in vielfältiger Täuschung.
> Schriften und Dokumente wurden zahlreich und verwirrt,
> doch die hundert Familien lebten in Mangel.
> Obere und Untere grollten einander,
> das Volk hatte nichts, worauf es sich stützen konnte.
> Je leuchtender die Worte und brillanter die Vernunft,
> desto mehr erhoben sich Waffen und Rüstung.
> Trotz geschliffener Worte und gewählten Gebahrens
> kamen Kämpfe und Attacken nicht zur Ruhe.
> Im Übermaß deklamierte man schmuckvolle Wendungen,
> doch die Welt unter dem Himmel blieb ungeordnet.
> Zungen verdorrten, Ohren wurden taub,
> doch man sah kein Ergebnis oder Verdienst.
> [...]
> Will man heute die Welt unter dem Himmel vereinen –
> [die Staaten von] zehntausend Kriegswagen überrennen,
> feindliche Staaten unterwerfen,
> das Land zwischen den Meeren kontrollieren,
> die einfachen Leute zu seinen Kindern,
> die Feudalfürsten zu Untertanen machen:
> es geht nicht ohne Waffengewalt.
> Die Erbherrscher der Gegenwart
> mißachten den höchsten Weg,
> sind sämtlich im Dunkeln über die Lehren –
> chaotisch im Regieren,
> verwirrt durch Reden,
> konfus durch Sprache,
> überflutet von Debatten,
> ertränkt in Worten.

Rhetorische Techniken

Die rhetorischen Mittel der Überredungen sind vielfältig. Nahezu unverzichtbar ist, wie von Sima Jizhu vermerkt, der Bezug auf historische Beispiele und Analogien. Doch wird die Antike hier nicht länger als Ort von Weisheit und Wahrheit verehrt, sondern in kühler Berechnung manipuliert. Ein anderes rhetorisches Element hat James I. Crump als doppelte Überredung bezeichnet: Dem Herrscher werden zwei Handlungsweisen vorgestellt, die aber beide in dieselbe Richtung leiten: Lösung A hätte diese und jene Vorteile, Lösung B diese und jene Nachteile. Ein gutes Beispiel dieser

Strategie ist eine Anekdote über die Witwe des Königs Hui von Qin, die, dem Tode nahe, einen Befehl ausgibt, ihren Geliebten Wei Chou zu exekutieren und mit ihr zu begraben. Ein gewisser Yong Rui wendet sich daraufhin an die Königswitwe: »›Glaubt ihr, daß die Toten ein Bewußtsein haben?‹ Die Königswitwe antwortete: ›Sie haben kein Bewußtsein.‹ Yong Rui sagte: ›Wenn ihr in eurer numinosen Intelligenz so klar versteht, daß die Toten ohne Bewußtsein sind, warum soll man dann ganz umsonst einen im Leben Geliebten nehmen und ihn mit einer Toten ohne Bewußtsein begraben? Doch wenn die Toten ein Bewußtsein haben, dann hat sich der Zorn des verstorbenen Königs schon lange aufgehäuft, und ihr werdet kaum in der Lage sein, für eure Übertretungen Abbitte zu leisten – wie hättet ihr dann noch Zeit, euch Wei Chou zuzuwenden?‹« Neben der doppelten Überredung gibt es auch die Strategie bewußter Ambivalenz, welche den Herrscher mit zwei Alternativen konfrontiert, die scheinbar gleichermaßen ins Unglück führen, deren eine jedoch tatsächlich die Lösung des Problems bringt. Statt diese direkt zu formulieren, überläßt er es dem Herrscher, selbst aus dem Dilemma zu finden.

Ebenbürtig neben dem Prinzip der wörtlichen Rede steht als zweites Charakteristikum der frühen Erzähltradition das Format der Anekdote. Die Reihung voneinander unabhängiger und weitverbreiteter Geschichten dominiert die historischen ebenso wie die politischen und philosophischen Werke der vorimperialen Zeit. Fragmente wie auch unterschiedliche Versionen solcher Geschichten erscheinen in diversen Texten oder auch parallel innerhalb eines einzelnen Werkes. Während historische Texte wie *Zuo zhuan* und *Guoyu* diese Anekdoten mehr oder weniger bruchlos in eine übergreifende historische Darstellung einbinden, kehren sie in loser und chronologisch ungebundener Folge in philosophischen und politischen Trakten wie *Menzius*, *Han Feizi* oder *Zhuangzi* wieder. Das literarisch brillanteste Werk der frühen anekdotischen Erzähl- und Argumentationstradition ist *Zhuangzi*, und hier insbesondere die sieben »inneren« Kapitel, welche zugleich die wesentlichen daoistischen Ideen und Themen des *Zhuangzi* darlegen. Neben dem nunmehr auch in frühen Manuskripten bezeugten *Laozi* ist *Zhuangzi* der bedeutendste Text des philosophischen Daoismus. Im Gegensatz zu dem dritten daoistischen Klassiker *Liezi*, dessen überlieferter Text, wie von A.C. Graham demonstriert, womöglich erst dem 4. Jh. n.Chr. entstammt (und deshalb hier nicht weiter zu behandeln ist), gelten alle Kapitel des uns in der Rezension Guo Xiangs (gest. 312) vorliegenden *Zhuangzi* als Schöpfungen des 4. bis 2. Jh.s v.Chr. Wie die meisten Werke der frühen chinesischen Literatur ist auch *Zhuangzi* nicht das Werk eines einzelnen Autors, sondern eine Sammlung zahlreicher Einzeltexte unbekannten Ursprungs. Lediglich die sieben »inneren« Kapitel werden traditionell dem (laut Sima Qians *Shiji*) im 4. Jh. lebenden Zhuang Zhou zugeschrieben, während die folgenden fünfzehn »äußeren« und elf »vermischten« Kapitel heterogenes Material späterer Generationen und unterschiedlicher Gedankenströmungen enthalten, darunter Texte der mit dem Namen Yang Zhu verbundenen hedonistischen Philosophie. Wie in all solchen Annahmen zur Schichtung früher chinesischer Texte bleibt zu berücksichtigen, daß auch die »frühen« Kapitel spätere Materialien enthalten dürften, und die »späten« frühe.

Zhuangzi

Zhuangzi unterscheidet sich von anderen Werken des frühen China philosophisch wie literarisch. Geistesgeschichtlich entwickelt der Text die zentralen Themen des philosophischen Daoismus: ursprüngliche Spontaneität und Natürlichkeit, Einheit des inneren Selbst mit dem kosmischen

Prinzip (*dao*), Freiheit und Privatheit des Individuums fernab von Staatsdienst und politischem Engagement, Verachtung des Todes zugunsten einer Philosophie natürlicher, Leben und Tod umgreifender Transformation, Wertschätzung von Ziel- und Nutzlosigkeit, Ablehnung rationaler Argumentation und analytischer Denkkategorien, radikale Zivilisationskritik sowie die Schmähung sozialer Werte, Hierarchien und ritueller Konventionen. In für seine Zeit einmaliger Weise widersetzt sich *Zhuangzi* radikal jenem Diskurs politischer Ideale, der die philosophischen Texte der Zeit der Streitenden Reiche dominiert.

Der Traum in Zhuangzi

Literarisch vereint *Zhuangzi* philosophische Betrachtungen mit einem beispiellosen Reichtum origineller Anekdoten und imaginativer Fabeln und Parabeln (*yuyan*), deren poetische, oft gereimte Diktion jederzeit in Humor und beißenden Sarkasmus ausbrechen kann. Neben historisch gewandeten Anekdoten finden sich phantastische und häufig bizarre Geschichten, in denen Tiere ebenso wie Totenköpfe zur Sprache erweckt werden. Demonstrativ Erfindungen ihres Autors (oder ihrer Autoren), bieten die Fabeln und Parabeln des *Zhuangzi* die frühesten Beispiele eines ausdrücklich fiktionalen Erzählens, das später als *xiaoshuo* bezeichnet wurde. Dieser Begriff erscheint erstmals in *Zhuangzi* und ist für die frühe Zeit am besten als »belangloses Gerede«, »triviale Erzählungen« oder – in der Lesung *xiaoshui* – »triviale Überredungen« zu übersetzen; er verbindet sich überdies mit Geschichten aus dem Volk. Ein Stilmittel der Fiktionalisierung ist die Verschiebung der Situation auf die Ebene des Traumes: Als Zhuangzi einen Totenschädel am Wegesrand findet und diesen zunächst zur Ursache seines Todes befragt, um ihn sodann in drastischer Pietätlosigkeit als Kopfkissen zu verwenden, erscheint der Schädel in Zhuangzis Traum und belehrt ihn über die glückliche Freiheit und Souveränität der Toten gegenüber den endlosen Sorgen und Nöten der Lebenden (Kapitel 18). Bringt das erzähltechnische Format des Traumes hier die Toten zum Sprechen, erscheint das Träumen häufig auch selbst als Inbild der menschlichen Existenz, so etwa im berühmten Schmetterlingstraum (Kapitel 2):

> Einmal träumte Zhuang Zhou, ein Schmetterling zu sein, ein fröhlich flatternder Schmetterling, selbstzufrieden und glücklich. Er wußte nicht, daß er Zhou war. Plötzlich erwachte er, und ganz eindeutig war er Zhou! Er wußte nicht, ob er Zhou war, der geträumt hatte, ein Schmetterling zu sein, oder ein Schmetterling, der träumte, Zhou zu sein.

Andernorts treibt der Text die Logik sprachlichen Ausdrucks in absurde Schlüsse und unauflösliche Paradoxa und zeigt sich als Werk radikaler Sprach- und Vernunftkritik. In *Zhuangzi* wird die rhetorische Beherrschung der Sprache zum wirksamsten Mittel, den auf Unterscheidungen und Alternativen angelegten sprachlichen Diskurs als vordergründiges Spiel zu entlarven, dessen Vernunft nur den Blick auf die tieferen Wahrheiten der menschlichen und kosmischen Natur verstellt. Gerade auch aufgrund seiner sprachlichen Rätsel, die bisweilen die philosophischen Paradoxa der buddhistischen *gong'an* (jap. *kôan*) vorwegzunehmen scheinen, wurde *Zhuangzi* im chinesischen Mittelalter zur wichtigsten nicht-buddhistischen Inspirationsquelle in der Entwicklung des Zen (chin. *chan*).

Literarische Rezeption des Zhuangzi

Die literaturhistorische Bedeutung des seit einem kaiserlichen Edikt von 742 auch als *Der wahre Klassiker vom südlichen Blütenland* (*Nanhua zhenjing*) kursierenden *Zhuangzi* ist nicht zu überschätzen. Seit der Westlichen Han-Zeit ließen sich ungezählte Dichter und Philosophen von seiner intensiven Bildhaftigkeit, seiner Sprachphantasie und seiner daoistischen

Philosophie und Mythologie inspirieren, um poetische Visionen ungebundener Existenz, kosmischer Transformationen und übernatürlicher Souveränität zu entwerfen oder auch nur den Rückzug vom Staatsdienst und die Hingabe an ein meditatives Leben zu preisen. Der früheste namentlich bekannte, allerdings lange verlorene Kommentar zum *Zhuangzi* wurde von Xiang Xiu (3. Jh.) verfaßt, der zu den Sieben Weisen vom Bambushain (*zhulin qi xian*) gehörte, einer Dichtergruppe um Xi Kang (223–262), deren dichtende, musizierende, trinkende und philosophierende Mitglieder ein Leben in individueller Freiheit und »natürlicher Spontaneität« (*ziran*) zelebrierten. Sprachlich wie gedanklich ist *Zhuangzi* aber auch die früheste – und eminent einflußreiche – Quelle der mittelalterlichen phantastischen Erzählkunst, wie sie sich nach der Östlichen Han-Zeit in Form der *zhiguai*- (Sechs Dynastien) und *chuanqi*-Literatur (Tang) entwickelte.

Philosophische und politische Diskurse

Die unstete Periode politischer Zersplitterung und Neuordnung vom 5. bis zum 3. Jh. v.Chr. ist die klassische Epoche der chinesischen Geistesgeschichte. In historiographischen, philosophischen, religiösen und politischen Diskursen formten die Hundert Philosophen (*bai jia*) der späten Östlichen Zhou-Zeit das Erbe des Altertums zu neuen Visionen idealer sozialer Ordnung und individueller Lebensformen. Die Sprache dieser in der Han-Zeit in Sechs Denkrichtungen (*liu jia*) kategorisierten Schriften gilt als das eigentlich klassische Chinesisch. Die gegenüber den *Oden*, *Dokumenten*, *Wandlungen* und Bronzeinschriften flüssigere und komplexere Diktion entsprach den neuen Formen historischen Erzählens und rhetorischen Argumentierens.

Die »sechs Denkrichtungen«

Die Ordnung in sechs Denkrichtungen – *yinyang*-Kosmologen (*yinyang jia*), Ru (*ru jia*), Mohisten (*mo jia*), Terminologen (*ming jia*), Legalisten (*fa jia*) und Daoisten (*dao jia*) – stammt von Sima Tan (gest. etwa 110 v.Chr.), dem ersten Autor des später von seinem Sohn Sima Qian vollendeten *Shiji*. Während Sima Tan die sechs Denkrichtungen nicht mit einzelnen Autoren oder Texten identifiziert, findet sich eine solche Zuordnung in Kapitel 30 des *Hanshu*, der *Monographie über die Künste und Literatur* (*Yiwen zhi*), der ältesten überlieferten Bibliographie chinesischen Schrifttums. Ban Gus (32–92) Ordnung der Texttradition stellt eine verkürzte und teilweise kommentierte Fassung von Liu Xins *Sieben Abrissen* (*Qi lüe*) dar, welche wiederum den von Liu Xiang nach 26 v.Chr. auf kaiserliche Anordnung erstellten Katalog der Palastbibliothek, *Sachlich gegliederter Katalog* (*Bie lu*), zusammengefaßt hatte. Weit genauer und umfassender als die knappe Skizze Sima Tans gibt uns die *Monographie über die Künste und Literatur* einen Einblick in den enormen literarischen Reichtum der frühen Zeit, wie er noch zum Ende der Westlichen Han-Zeit bekannt war. Insgesamt bezeugt der imperiale Katalog das in den Klassikern und philosophischen Texten gründende Selbstverständnis der frühen imperialen Elite. Religion, Magie und Naturkunde wurden praktiziert und auch schriftlich verfaßt, doch zu weiten Teilen außerhalb des Überlieferungsstroms gestellt. Mehr als die philosophischen Debatten des 4. und 3. Jh.s v.Chr. selbst hat daher der kaiserliche Katalog die Kanonisierung der frühen Texte und ihrer doktrinären Unterschiede geprägt. In deutlicher Abkehr von Sima Tans höchster Wertschätzung der Daoisten reflektiert die Ordnung der *Hanshu*-Monographie den Klassizismus der späten Westlichen Han-Zeit: Der Kanon der *Fünf Klassiker* erscheint als Grundlage und vornehmster Ausdruck chinesischer Kultur schlechthin, gefolgt von den Werken seiner Ausleger, der Ru-Gelehrten (oft unscharf als Konfuzianer bezeichnet), die sich in einem jahrhundertelangen Prozeß von Ritualexperten zu Meistern des Kanons gewandelt hatten. Alle weitere Literatur (*wen*), so die Botschaft des *Yiwen zhi*, verweist auf die perfekten und allumfassenden »Künste« (*yi*) der Klassiker – ein ideologisches Ordnungsmodell der frühen Kulturgeschichte, das eng den intellektuellen und administrativen Entwicklungen der ausgehenden Westlichen Han-Zeit verbunden ist.

Liu Xins einleitender »summarischer Abriß« (*ji lüe*) der literarischen Tradition ist nicht überliefert. Statt dessen gibt Ban Gu eine kurze historische Einleitung, die in knappen Strichen das Selbstverständnis der hanzeitlichen Schriftkultur skizziert. Ban Gu beginnt mit einer Referenz gegenüber Konfuzius und seinen Schülern, nach deren Ableben die »subtilen Worte« (*weiyan*) und das »große Prinzip« (*dayi*) verloren gegangen seien; folglich seien die diversen Lehrtraditionen für die einzelnen Klassiker entstanden. In der Westlichen Han-Zeit seien die alten, von den Qin weitgehend zerstörten Schriften zunächst in Fragmenten am Hof eingereicht worden, bevor Kaiser Cheng (reg. 32–7 v.Chr.) Liu Xiang und andere beauftragte, die Texte zu sammeln und zu ordnen. Als Resultat entstand eine Textordnung in sechs Abteilungen, deren drei erste die philosophisch-literarische Überlieferung repräsentieren, während die folgenden drei das technische Schrifttum enthalten: (1) Texte und Lehrtraditionen der Sechs Künste (*liu yi*), d.h. der Sechs Klassiker (mit einem vielleicht einst vorhandenen, aber bereits in der Han-Zeit verlorenen *Klassiker der Musik*), welche neben den Werken der *Wandlungen*, *Dokumente*, *Oden*, *Riten*, *Musik* und *Frühlings- und Herbstannalen* auch die *Analekten*, den *Klassiker der Kindespietät* sowie die dem Verständnis der Klassiker dienenden Wörterbücher der Elementarstudien (*xiaoxue*) umfaßten; (2) Schriften der Philosophen (*zhuzi*), geordnet nach Ru, Daoisten, *yinyang*-Kosmologen, Legalisten, Terminologen, Mohisten, Strategen (*zongheng jia*), Vermischten (*za jia*), Landwirtschaftlern (*nong jia*) und Folkloristen (*xiaoshuo jia*); (3) Gesänge und Rhapsodien (*shi fu*); (4) militärische Schriften (*bingshu*); (5) Texte der kosmologischen und prognostischen Techniken (*shushu*); (6) Werke der pharmazeutischen und medizinischen Praxis (*fangji*). Liu Xiang, der verantwortliche Kollationator für die Klassiker, die philosophischen und die poetischen Texte – also die Werke der »hohen« Literatur – leitete zugleich das Gesamtprojekt und legte die kollationierten Schriften aus allen sechs Abteilungen einzeln dem Kaiser vor. Jeder Text war begleitet von einem offiziellen Memorial, das ein Inhaltsverzeichnis, eine Beschreibung der unterschiedlichen Quellen, Informationen zum Autor, Einzelheiten zur Kollationierung und eine Diskussion des Werkes enthielt. Nach Liu Xiangs Tod vollendete sein Sohn Liu Xin dieses ausgreifende Unternehmen und faßte – wohl im Jahre 6 v.Chr. – das Projekt als Sieben Abrisse zusammen. Die kaiserliche Bibliothek der ausgehenden Westlichen Han-Zeit ist daher der Filter, durch den uns alle erhaltenen Werke der frühen Überlieferung erreicht haben. Erstens entschieden die Kollationatoren der Palastbibliothek, welche Dokumente in welcher Form zusammengehörten; ihnen oblag die Zuordnung von Texten an einen bestimmten Autor und damit zugleich deren Auswahl, Kombination oder Ausschluß. Zweitens schufen sie aus heterogenen Materialien eine Standardversion; dies mag weitgehend erklären, warum alle Handschriften, die ein Gegenstück in der Überlieferung haben, eine andere textinterne Ordnung aufweisen. Drittens verkörperte der Bibliothekskatalog eine umfassende Ordnung und ideologisch motivierte Hierarchie des vorhandenen

Liu Xiangs Ordnung der Literatur und die Bedeutung des kaiserlichen Katalogs

Schrifttums. Erst die neu gefundenen Handschriften versetzen uns allmählich in die Lage, hinter die Systematik der Han-Gelehrten zurückzugehen. Die klaren Abgrenzungen in Ban Gus *Hanshu*-Monographie, Grundlage der gesamten literarischen und philosophischen Tradition Chinas, werden dabei eher in Frage gestellt als bestätigt. Über die hanzeitliche selektive Bestandsaufnahme hinaus haben spätere Verluste, teilweise auch bewußte Zensur, das Korpus überlieferter Texte noch einmal dramatisch verringert. So sind lediglich zwei der 278 in Ban Gus Bibliographie erwähnten technischen Werke überliefert – ein Befund, der sowohl die ursprüngliche Bedeutung solcher Texte im frühen China als auch deren weitgehenden Ausschluß aus dem Traditionsstrom aufzeigt.

Konfuzius und die Analekten (Lunyu)

Ausgangspunkt der philosophischen Literatur sind die frühen, wohl bis in das 5. Jh. v.Chr. zurückreichenden Abschnitte der *Analekten*, in deren knappen Dialogen sich die Praxis mündlicher Unterweisung spiegelt. Auch die Werke des späten 5. und dann 4. Jh.s v.Chr. – die Kernkapitel des *Mozi*, die »inneren« Kapitel des *Zhuangzi* sowie *Menzius* – sind weitgehend dialogisch organisiert. Erst Texte des ausgehenden 4. und dann 3. Jh.s v.Chr. – *Xunzi*, *Han Feizi*, jüngere Schichten von *Mozi* und *Zhuangzi*, die Guodian-Handschriften – lassen eine systematische Anlage und Argumentation erkennen. Für keinen der frühen Texte ist ein einzelner Autor oder Kompositionszeitpunkt anzunehmen; Werke unter dem Namen eines bestimmten Denkers reflektieren die (letztlich hanzeitliche) Kompilation von Lehrtraditionen, nicht spezifische Autorschaft. Alle bislang bekannten Grabhandschriften sind anonym. In den *Analekten* werden die Grundelemente der Lehre des Konfuzius in der Zusammenschau zahlreicher kurzer, bisweilen kryptischer Anekdoten erkennbar: Die Moralprinzipien von Mitmenschlichkeit (*ren*) und Richtigkeit (*yi*); das Vorbild der von Ritual und Tugend geleiteten Sozialordnung der Westlichen Zhou; die Hinwendung zur Vergangenheit, etwa in der Formel: »Ich überliefere, aber ich schaffe nicht; vertrauend erfreue ich mich am Altertum« (7/1); die Überlieferung der *Oden* als Kanon kulturellen Wissens; und, vor allem, das Ideal der Selbstkultivierung, verkörpert in der Person des »Edlen« (*junzi*). Dessen verantwortliches, moralisches und autonomes Handeln ist nicht durch Herkunft oder gesellschaftlichen Erfolg bestimmt: »Der Edle ist kein Gebrauchsgegenstand« (2/12); »Ich gräme mich nicht darüber, von anderen nicht erkannt zu werden; ich gräme mich darüber, andere nicht zu erkennen« (1/16); »Mit fünfzehn hatte ich mein Ziel auf das Lernen gerichtet; mit dreißig stand ich fest; mit vierzig hatte ich keine Zweifel mehr; mit fünfzig verstand ich das Mandat des Himmels; mit sechzig war mein Ohr geschult; mit siebzig folgte ich meinen Herzensbedürfnissen, ohne das rechte Maß zu überschreiten« (2/4). Als Konfuzius seine Schüler nach ihren Ambitionen fragt, lächelt er über ihre teils ehrgeizigen, teils bescheidenen Ziele in Politik und Hofzeremoniell; erst Zeng Xi, nachdem er sein Zitherspiel beendet hat, antwortet zur Zufriedenheit des Meisters: »Zum Ende des Frühlings, wenn die Frühlingskleider fertig geschneidert sind, würde ich mit fünf oder sechs jungen Erwachsenen und sechs oder sieben Knaben im Yi-Fluß baden, den Wind genießen, wo für das Regenopfer getanzt wird, und dann singend heimgehen« (11/25). Sind die *Analekten* auch kein in sich geschlossener Text, so bieten sie doch ein Bild des Konfuzius, das im 4. Jh. jene paradigmatische Bedeutung des moralisch vollendeten »Edlen« angenommen hatte, dem nachfolgende Schülergenerationen einen stetig wachsenden Zitatenschatz zuschreiben konnten, der teils in die *Analekten*, teils in andere Texte einging. Von zentraler Bedeutung für dieses Bild war der Gedanke, daß Konfuzius selbst nicht regierte, sondern von einer sozial niedrigeren, aber moralisch höheren Warte die Herrscher seiner Zeit wie auch der Vergangenheit mit »subtilen Worten« mahnte, zensierte und letztlich mit seiner eigenen, exemplarischen Existenz konfrontierte. Sein betonter Mangel an politischem Einfluß war seine Stärke, kulminierend in seiner Charakterisierung als »ungekrönter König«.

Konfuzius als Ideal

Literaturgeschichtlich ist Konfuzius in mehrfacher Hinsicht bedeutsam: Die von ihm in Ritualfragen eingeforderte Balance zwischen äußerer Form und innerer Wahrhaftigkeit ließ sich direkt auf die Literatur übertragen, als diese sich allmählich aus ihrem ursprünglich rituellen Kontext emanzipierte. Die Betonung der *Oden* als vornehmstes und wirksamstes Ausdrucksmittel von Wahrheit und Kritik, Lobpreis und kultureller Vollendung sicherte dem poetischen Ausdruck seinen bis heute erhabenen Status. Die Rückwendung zur frühen Zhou-Zeit entwarf eine Erinnerungskultur, die in der späteren Literatur kontinuierlich fortgeschrieben und mit neuen Inhalten gefüllt wurde. Und die Figur des moralischen, aber mißachteten Weisen verkörperte fortan das Selbstverständnis ungezählter Historiker, Philosophen und Dichter. Direkt oder indirekt prägte diese Idealfigur schon früh ganze Genres der klassischen poetischen Literatur, etwa die »Frustrations«-*fu* der Westlichen Han-Dynastie, die »Inszenierten Diskurse« (*shelun*) der Han-, Wei- und Jin-Zeit, die Gedichte und Gedichtzyklen des »Besingens der Sorgen« und die ungezählten poetischen Darstellungen individuellen Rückzugs aus einer moralisch korrupten Welt. Konfuzius ist der Ausgangspunkt der klassischen chinesischen Philosophie ebenso wie das Idealporträt des Geschichtsschreibers und des Poeten, durch dessen Persönlichkeit und Lehre die Texte der *Oden*, *Dokumente*, *Wandlungen* und *Frühlings- und Herbstannalen* interpretiert, kanonisiert und als Ursprung aller späteren Literatur definiert wurden. In *Menzius* als Autor der *Frühlings- und Herbstannalen* und von Sima Qian als Kompilator der *Oden* und *Dokumente* sowie Kommentator der *Wandlungen* identifiziert, wird Konfuzius, der ideale Mensch, zum Autor der idealen Texte und damit zum idealen Autor. Die Frage, ob Konfuzius auch nur eine einzige selbstgeschriebene Zeile hinterlassen hat, ist so unbeantwortbar wie bedeutungslos.

Mit ihrer Kanonisierung in der Westlichen Han-Zeit wurden die *Analekten* zum Gründungsdokument der am Altertum orientierten, auf rituelle Ordnung und Selbstvervollkommnung konzentrierten Ru-Tradition. Die Grabhandschriften bezeugen, daß diese Tradition bereits im späten 4. Jh. v.Chr. eine bemerkenswerte Verbreitung unter der kulturellen Elite des östlichen China genoß und eine Fülle philosophischer Texte umfaßte. Allein unter den Guodian-Funden finden sich zehn kürzere Schriften, die eine enge Verwandtschaft zu der in *Menzius*, *Xunzi* oder *Liji* formulierten Ethik und ihrem spezifischen Vokabular erkennen lassen. Versuche, einzelne Texte bestimmten Autoren zuzuweisen – insbesondere dem Konfuzius-Enkel Zi Si (5. Jh. v.Chr.), dessen (verlorenes) Werk im *Hanshu* mit 23 Bambusbündeln angegeben wird – bleiben spekulativ, auch wenn die Tradition Zi Si für den Verfasser des *Liji*-Kapitels *Schwarzes Ritualgewand* (*Ziyi*) hält, das jetzt in zwei frühen Bambushandschriften (Guodian und Shanghai Museum) vorliegt.

Menzius

Das dem späten 4. Jh. v.Chr. zuzurechnende *Menzius* bewundert und rühmt in zahlreichen Passagen Konfuzius und gründet in den zentralen Positionen der *Analekten*. Meng Ke (Mengzi; latinisiert Menzius), der aus dem Kleinstaat Zou (Konfuzius' Heimatstaat Lu benachbart) stammte und laut Sima Qian von einem Schüler des Zi Si unterwiesen wurde, gilt als der zweite große Denker der konfuzianischen Tradition, dessen Werk die Philosophie des Konfuzius erweiterte und popularisierte.

Das stilistisch elegante *Menzius* besteht aus sieben, jeweils in zwei Hälften unterteilten Kapiteln. Kürzere Sprüche wechseln mit langen Dialogen, in denen ein einzelnes Argument ausführlich erörtert wird. Die einzelnen Kapitel sind jeweils dem Dialog mit einer oder mehreren Personen gewidmet: Herrschern, denen Menzius als Ratgeber diente, Philosophen und Schülern. Lediglich das letzte Kapitel enthält zumeist kurze, teilweise dunkle Sentenzen, die in ihrer Diktion am deutlichsten an die *Analekten* erinnern. Verglichen mit jenen sind die Anekdoten und Dialoge des *Menzius* in aller Regel ausführlicher und historischer. Anders als in den *Analekten* werden die *Oden* nicht allgemein charakterisiert, sondern zur Unterstützung wichtiger Argumente selektiv aus dem bereits etablierten Kanon herangezogen. Eine weitere Neuerung – wohl in Reaktion auf die Mohisten – ist der häufige Bezug auf die Kulturheroen Yao und Shun als höchste Vorbilder moralischen Regierens. Insgesamt reflektiert die Gedankenführung in *Menzius* ein neues Klima philosophischer Auseinandersetzung im Wettstreit verschiedener Doktrinen. Grundlegende Diskurse wie jene zur Güte der menschlichen Natur (Kapitel VI.A) finden sich im Gespräch mit Schülern oder anderen Denkern der Zeit, während sich die Ratschläge an diverse Herrscher eher auf konkrete Fragen moralischer Regierung beziehen. Als politischer Ratgeber erscheint Menzius erfolgreich in der Rolle, in welcher Konfuzius glücklos geblieben war. In seinen brisantesten Passagen diskutiert und rechtfertigt *Menzius* Tyrannenmord und Revolution: Das Mandat des Himmels sei jenen Herrschern gegeben, die ihr Volk mit Güte und Umsicht regierten; wer sein Volk leiden lasse, verliere die Unterstützung des Himmels. Tyrannenmord ist danach kein Vergehen eines Untertanen an seinem Herrscher, sondern die vom Himmel sanktionierte »Bestrafung« eines zuvor schon von seinem Volk Geächteten und damit gemeinen Kriminellen (I. B.8).

Andere Texte der frühen philosophischen Tradition

Mit Han Yus (768–824) Programm einer »Literatur im antiken Stil« (*guwen*) wurde *Menzius* als literarisches Stilvorbild kanonisiert, wobei ästhetisches und moralisches Urteil Hand in Hand gingen. Andere Werke der frühen Philosophie wurden im Laufe der Geschichte marginalisiert. Die Lehre des *Mozi*, neben der Ru-Tradition die ursprünglich einzige Doktrin mit einer organisierten Lehrer-Schüler-Überlieferungslinie, war bereits mit der Westlichen Han-Zeit ausgestorben. Das stilistisch und rhetorisch brillante *Han Feizi* galt als die Summa jenes amoralischen Legalismus, durch den sich Aufstieg und Fall der als despotisch erinnerten Qin-Dynastie erklärten; noch gründlicher verworfen wurde das dem früheren Qin-Minister Shang Yang (gest. 338 v.Chr.) zugeschriebene, in seiner überlieferten Form aber wohl nicht authentische *Shangjun shu*. Während *Xunzi* durch Systematik und Rationalität bestticht, die bedeutendste Darstellung von Musik und Ritual formulierte und die ästhetischen und politischen Diskurse des frühen Kaiserreiches prägte, steht seine Annahme einer schlechten und daher steuerungsbedürftigen Natur des Menschen in zentralem Widerspruch zu *Menzius*. Mit der songzeitlichen Kanonisierung des *Mengzi* wurde *Xunzi* aus der orthodoxen konfuzianischen Überlieferungslinie (*daotong*) ausgeschlossen, zumal sein maßgeblicher Autor Xun Kuang (auch Xun Qing, etwa 335 – etwa 238 v.Chr.) als Lehrer des politischen Pragmatikers Han Fei (etwa 280 – etwa 233 v.Chr.) und des berüchtigten Qin-Kanzlers Li Si (etwa 280–208 v.Chr.) eine geteilte Reputation genoß. Die scharfe Rationalität der »Terminologen« (*mingjia*, auch »Sophisten«: Hui Shi, Gongsun Long) wie auch der späten Mohisten versandete schon früh als in politisch-sozialen Fragen irrelevant.

In der Geschichte literarischer Rezeption sind unter den philosophischen Werken des 3. bis 5. Jh.s v.Chr. lediglich *Zhuangzi* und *Menzius* von einiger Bedeutung. Eine Sonderrolle nimmt das traditionell einem vermeintlich im 6. Jh. v.Chr. lebenden Lao Dan oder Li Er zugeschriebene *Laozi* (auch *Daode jing*, Klassiker des Weges und der Tugendkraft, oder *Wuqian wen*, Text der fünftausend Worte) ein. Die 81 kurzen, rhythmischen und vielfach gereimten Abschnitte sind in zwei Abteilungen gegliedert, das *Dao jing* (Klassiker des Weges, Abschnitte 1–37) und das *De jing* (Klassiker der Tugendkraft, 38–81). Zwei vollständige Seidenhandschriften des Textes sind in Mawangdui gefunden worden, wobei jeweils das *De jing* dem *Dao jing* voransteht. Drei weitere Fragmente von 39, 18 und 14 Bambusstreifen fanden sich in Guodian; diese Versionen enthalten lediglich Teile der ersten 66 Abschnitte, wobei die gegenüber dem überlieferten Text andere Reihenfolge die relative Unabhängigkeit der einzelnen Abschnitte bezeugt. Der Guodian-Fund zeigt ferner, daß sich das spätere Buch *Laozi* zum Ende des 4. Jh.s noch in einem allmählichen Wachstumsprozeß befand. Die überlieferte Standardrezension ist die als Heshang Gong-Version bekannte und dürfte zwischen 300 und 500 n.Chr. ihre endgültige (allerdings immer noch mit Varianten tradierte) Form gefunden haben. Wie die Philosophie des *Zhuangzi* kreist jene des *Laozi* um den spontanen und natürlichen »Weg« (*dao*). Doch anders als *Zhuangzi* erscheint *Laozi* als ein Traktat in der Kunst des Regierens, gerichtet an einen Herrscher, der durch Sanftheit und quietistisches »Nicht-Eingreifen« (*wuwei*) in den natürlichen Fluß kontinuierlichen Wandels regiert (Abschnitt 37). Wie *Zhuangzi* zeigt auch *Laozi* Verbindungen zu dem mystischen Traktat *Neiye* (Innere Ausbildung) des *Guanzi*, daneben aber auch zu medizinischen, kosmologischen und legalistischen Texten des 3. und 2. Jh.s v.Chr., die teils ebenfalls in Mawangdui gefunden worden, teils aus der tradierten Literatur (vor allem *Han Feizi*) bekannt sind. Daneben ist *Laozi* mit der im *Shiji* erwähnten *Huang-Lao*-Philosophie der frühen Han-Zeit verbunden, einem Amalgam legalistischer Staatskunde, mystischer Kosmologie und Selbstkultivierung. Während sich diese politische Philosophie im 2. Jh. v.Chr. verlor, gewannen die meditativen, mystischen und natürlich-spontanen Aspekte des *Laozi* und *Zhuangzi* mit Ende der Östlichen Han-Zeit zunehmend an Bedeutung, vor allem im sogenannten Dunklen Lernen (*xuanxue*) und den poetischen Dunklen Worten (*xuanyan*) hochgebildeter Dichter und Philosophen des 3. und 4. Jh.s. n.Chr.

Der Klassiker des Weges und der Tugendkraft (Laozi / Daodejing)

Probleme der traditionellen Textordnung

Die Textfunde der jüngsten Zeit und neuere Forschungen zur Östlichen Zhou-, Qin- und Han-Zeit haben die Einteilung der frühen Philosophen in vermeintlich klar unterschiedene Schulen durch differenziertere und weniger leicht überschaubare Konzepte ersetzt. Zentrale Fragen wie jene zur menschlichen Natur, zum Verhältnis von Tradition und Neuerung, zur Ästhetik oder zum Verhältnis zwischen ritueller und legalistischer Ordnung lassen sich nicht bruchlos entlang vermeintlich kompakter Ideologien rekonstruieren. Die bedeutenden Funde von Grabhandschriften sind ausnahmslos eklektischer Natur, und sie folgen keineswegs der kulturellen Geographie der frühen Geschichtsschreibung. Die kanonischen Texte haben sich vor allem in den vermeintlich semibarbarischen Randgebieten des Südens gefunden, während Grabfunde in den traditionellen Regionen klassischer Gelehrsamkeit im Nordosten vornehmlich militärische und administrative Texte hervorgebracht haben. Zugleich stehen traditionelle Annahmen zur ursprünglichen Integrität der alten Texte, und damit deren Verhältnis zu den Biographien ihrer vermeintlichen Autoren, in Zweifel. Werke wie die *Analekten*, *Guanzi*, *Mozi*, *Zhuangzi* und *Laozi* sind fraglos Kompendia heterogenen Ursprungs, die erst mit dem hanzeitlichen Bedürfnis nach textlicher Ordnung und Kategorisierung zu »Büchern« zusammengefaßt wurden; *Han Feizi* dürfte verschiedene aus der Han-Zeit datierende Kapitel enthalten; die 32 Kapitel (»Bambusbündel«) des *Xunzi* sind das Ergebnis von Liu Xiangs Kompilation aus insgesamt 322 Bündeln; und *Mengzi* ist kein geschlossenener Traktat des Meng Ke, sondern ein späteres Produkt seiner Lehrtradition. Die frühen Kompilatoren der philosophischen Literatur zögerten nicht, in Ursprung und Inhalt heterogene Passagen unter einem gemeinsamen Namen zu vereinen. Noch deutlicher tritt dieser Synkretismus in den enzyklopädischen, kosmologisch inspirierten Werken hervor – dem *Lü shi chunqiu*, dem *Liji*, dem *Huainanzi* und selbst den *Dokumenten*. Diese sind entweder aus bestehenden Texten montiert (*Liji*, *Shangshu*) oder vereinen die Einsichten einer größeren Gelehrtengruppe (*Lü shi chunqiu*, *Huainanzi*).

Die neuen Texte der Grabhandschriften

Mit den neu gefundenen Manuskripten auf Seide und Bambus sind neben abweichenden Versionen überlieferter Werke auch zahlreiche bislang unbekannte Texte ans Licht gekommen. Diese sind teilweise der philosophischen Tradition verbunden und belegen deren ursprünglich weit umfangreichere Textkultur, doch findet sich auch ein massives Korpus technischer Literatur, worin sich naturwissenschaftliches Forschen und religiöser Glauben überschneiden und das Donald Harper unter den komplementären Begriffen Naturphilosophie und okkultes Denken zusammengefaßt hat. Ausführliche Texte zu Militärstrategie, Weissagung, Astrologie, Kalendarik, Exorzismus, Pharmazeutik und Medizin berühren sich nur punktuell mit der überlieferten Literatur. Die Rekonstruktion des nun in Ansätzen sichtbar werdenden weiten Spektrums der frühen Textkultur, und damit die grundsätzliche Neuinterpretation der frühen chinesischen Geistesgeschichte, bedarf nicht allein philosophischer, sondern vor allem auch archäologischer und historischer Analyse. Erklärungsbedürftig sind die verschiedenen rituellen und administrativen Kontexte der neuen Textfunde ebenso wie deren materielle Erscheinung. Wie verhalten sich Handschriften einzelner Texte zu deren überlieferten Fassungen? Was ist die Funktion von Grabtexten? Wurden die Manuskripte eigens für das jeweilige Grab geschrieben, und aufgrund welcher mündlicher oder schriftlicher Vorlagen? Welche Rolle spielten ihre Texte im Leben des Verstorbenen? In welcher Beziehung stehen philosophische und technische Manuskripte, die oft im selben Grab beieinander liegen? Wie haben wir uns die frühe Textkultur insgesamt vorzustellen – die Produktion, Verbreitung, Aufführung und Rezeption von Texten? Was ist die Öffentlichkeit dieser Textkultur, was sind die Formen und Foren philosophischer Diskussion? Keine dieser Fragen ist bislang beantwortet. Sicher ist heute lediglich, daß die literarische Überlieferung – ihre Verengung auf bestimmte Werke wie auch deren nachträgliche Kategorisierung – der tatsächlichen Vielfalt der frühen chinesischen Textkultur nicht gerecht wird.

Die Gesänge aus Chu

Die nach den *Oden* zweite große Gedichtanthologie des frühen China sind die *Gesänge aus Chu* (*Chu ci*), eine heterogene Sammlung poetischer Texte, die mit der südlichen Kultur des Staates Chu verbunden sind. Jenseits einer Reihe kürzerer, in der Geschichtsschreibung zumeist anonym zitierter Verse sowie einiger epigraphischer Texte (darunter die »Steintrommeln«) umfassen die beiden großen Anthologien des Nordens und des Südens – die *Oden* und die *Gesänge aus Chu* – die Gesamtheit der aus vorimperialer Zeit überlieferten poetischen Literatur. Anders als die *Oden* wurden die *Chu ci* nicht offiziell kanonisiert, doch ist ihr Einfluß auf die spätere Poesie kaum geringer. Ungeachtet ihrer literarisch wie archäologisch faßbaren Charakteristika war die südliche Chu-Kultur eng mit jener des Nordens verbunden. Mythologische Referenzen in den *Chu ci* bezeugen Vertrautheit mit der nordchinesischen literarischen Kultur, und das Reimsystem der frühen Schichten der Anthologie entspricht dem der *Oden*. Überdies belegen verschiedene frühe Handschriften nunmehr auch archäologisch die Präsenz der *Oden* in den südlichen Regionen. Waren die Dichter des Südens mit den Gesängen des Nordens daher wohlvertraut, so deutet die hochentwickelte Ausdruckskraft der *Chu ci* auf eine uns zwar unzugängliche, ursprünglich aber fraglos vorhandene größere literarische Tradition eines ausgeprägt südlichen poetischen Stils. Die frühen Texte der *Chu ci* (4.–3. Jh. v.Chr.) dokumentieren somit den Höhepunkt dieser Überlieferung; die späteren, bis ins 2. Jh. n.Chr. reichenden Teile der Anthologie zeigen deren Verfall. Außerhalb der Anthologie selbst wird die Wirkungsgeschichte der südlichen Gesänge erst mit den Rhapsodien (*fu*) und kurzen Liedern (*ge*) der Westlichen Han-Zeit greifbar.

Die südliche Literatur im kulturgeographischen Kontext

Chu ci und die literarische Kultur der Westlichen Han-Zeit

Die Bedeutung der Poesie, Musik und materiellen Kultur aus Chu für die Ästhetik der Westlichen Han-Zeit gründet in der südlichen Herkuft des Kaiserhauses. So wurden die Ritualhymnen des ersten Han-Kaisers Liu Bang (Han Gaozu, reg. 202–195 v.Chr.) zu »Melodien aus Chu« (*Chu sheng*) geschaffen, wenngleich weitgehend im klassischen viersilbigen Versmaß der *Oden*. Auch der in Form und Bildlichkeit distinkte Stil der *Chu ci* findet sich in den Dichtungen der folgenden Kaiser und Prinzen; und die frühe Geschichtsschreibung notiert die Aufführung poetischer Texte aus Chu am Kaiserhof. Wang Yi (2. Jh.), dessen *Chu ci zhangju* (Abschnitt- und Zeilenkommentar zu den Gesängen aus Chu) die Grundlage des überlieferten Textes der *Chu ci* bildet, schreibt etwa die Hälfte der Gesänge Qu Yuan (etwa 340–278 v.Chr.) zu und einige weitere seinen direkten Schülern Song Yu und Jing Cuo (beide 3. Jh. v.Chr.). Tatsächlich sind manche der Qu Yuan zugeschriebenen Werke offensichtlich späteren Datums, und sie kopieren, wie auch die folgenden hanzeitlichen Schichten der Anthologie, den Stil der frühen Werke. Die überlieferte Ordnung der Anthologie ist Hong Xingzus (1070–1135) Reorganisation der Wang Yi-Vorlage, kompiliert unter dem Titel *Chu ci buzhu* (Ergänzender Kommentar zu den Gesängen aus Chu). Die früheste – verlorene – Anthologie der *Chu ci* dürfte jene Liu Ans sein. Liu An selbst ist im *Wenxuan* das in den *Chu ci* enthaltene *Zhao yinshi* (Das Herbeirufen des Einsiedlers) zugeschrieben, und er gilt als Autor einer als *Li sao zhuan* (Überlieferung zum Li sao) betitelten Abhandlung zum zentralen Text der Anthologie, dem *Li sao* (Begegnung mit dem Kummer). Zwischen den Anthologien Liu Ans und Wang Yis liegt nach Aussage des letzteren noch eine dritte, nämlich Liu Xiangs, welche Wang Yi lediglich kommentiert und um seinen eigenen Textzyklus erweitert haben will.

Die südliche Ästhetik

Die in den *Chu ci* anthologisierten Texte unterscheiden sich thematisch, metrisch sowie in Vokabular und Bildlichkeit deutlich von den wesentlich älteren *Oden*. Zum einen findet sich ein teilweise neues Sachvokabular, welches die Geographie von Chu, die reiche Pflanzenwelt des Südens sowie neue mythologische Welten und ihre Bewohner umfaßt. Die reiche Ästhetik der *Chu ci* scheint direkt den Seiden- und Lackmalereien aus Mawangdui oder dem etwa 433 v.Chr. verschlossenen Grab des Marquis Yi von Zeng verbunden. Wie die sprachlichen Formen der *Oden* ihr ästhetisches Gegenüber in den monumentalen Ritualbronzen mit ihren sich wiederholenden Rhythmen abstrakt-symmetrischer Muster finden, scheint die dichte und farbenprächtige, bisweilen ins Bizarre gesteigerte Malerei der südlichen Gräber unmittelbar den Ausdrucksformen der *Chu ci* verwandt: Die Fülle und Vielfalt der Malereien, und hier insbesondere der dynamische Bewegungsfluß von Wolkenbändern und zwischen diesen emporschwebenden Genien, erscheint wie ein visuelles Echo der komplexen sprachlichen Muster, welche das *Li sao* und die anderen frühen Texte der Anthologie so nachhaltig von der vergleichsweise ruhigen und blockhaften Diktion der *Oden* unterscheiden. Die neue Intensität und Bewegtheit des sprachlichen Ausdrucks findet sich auf verschiedenen Ebenen: in schnellen Reimwechseln und lebhaften Metren (vermutlich im Einklang mit einer neuen Musik) ebenso wie in dicht gedrängten Katalogen der botanischen und kosmologischen Welt. Die in den *Oden* häufig gebrauchten Reduplikative, in denen eine Silbe statisch wiederholt wird, haben alliterativen und reimenden Binomen Platz gemacht, die ein wesentlich dynamischeres und abwechslungsreicheres Ideal euphonischen Sprechens verkörpern.

Die Formen der Chu ci

Die Werke der *Chu ci* sind in ihren Metren nur bedingt homogen. Texte wie *Bu ju* (Weissagung über den Standort) und *Yu fu* (Der Fischer) können zwischen Prosa und Poesie wechseln, während *Tian wen* (Himmelsfragen) weitgehend dem tetrasyllabischen Muster der *Oden* folgt. *Zhao hun* (Das Herbeirufen der Seele) und *Da zhao* (Das große Herbeirufen) variieren den viersilbigen Vers, indem sie als achtes Zeichen eines Doppelverses eine stets wiederkehrende Partikel einsetzen (dum-dum dum-dum / dum dum dum *Partikel*) oder aber den Doppelvers um eine solche ergänzen (dum-dum dum-dum / dum-dum dum-dum *Partikel*). Die von den *Oden* distinkten und zugleich dominanten Metren der *Chu ci* finden sich prototypisch in den *Jiu ge* (Neun Gesänge) und im *Li sao*. Die *Jiu ge* sind weitgehend in zwei Metren gehalten, worin jeweils nach der dritten Silbe eine rhythmische Partikel *xi* eingefügt ist. Dieser Partikel folgen dann zwei oder drei weitere Silben, so daß der einzelne Vers insgesamt sechs oder sieben Silben umfaßt:

(a) dum dum-dum *xi* dum-dum	(b) dum dum-dum *xi* dum dum-dum
dum dum-dum *xi* dum-dum	dum dum-dum *xi* dum dum-dum

Wenngleich auch gelegentlich zu »dum-dum *xi* dum-dum« verkürzt, sind diese Metren ungleich lebhafter als das statische »dum-dum : dum-dum« der *Oden*. Die in der Mitte positionierte Partikel unterbricht den sprachlichen und musikalischen Fluß, und die dreisilbigen Vershälften folgen in ihrer großen Mehrheit einem dynamischen »dum : dum-dum«-Rhythmus, welcher der Auftaktsilbe besonderes Gewicht verleiht. Das Metrum des *Li sao* erscheint als Fortentwicklung von Typ (a) der *Jiu ge*: Innerhalb des Verses ist die Silbe *xi* durch eine Partikel ersetzt, doch zusätzlich ist nun ein *xi* an das Ende des ersten Verses angefügt, welche die beiden in den *Jiu ge* nur lose verbundenen Hälften des Doppelverses zu einer Folge von sieben und sechs Silben verbindet:

dum dum-dum *Partikel* dum-dum *xi* /
dum dum-dum *Partikel* dum-dum

Moral und sensualistische Allegorie im Li sao

Bereits innerhalb der *Chu ci*-Anthologie, seit der Han-Zeit auch außerhalb dieser, ist dieses als *sao*-Stil bezeichnete Versmuster in zahllosen Werken imitiert worden, insbesondere in elegischen Klagen über das eigene Unglück und die Ungerechtigkeit der Welt. An dieser Rezeption wird deutlich, daß die 187 Doppelverse des *Li sao* – die längste poetische Dichtung des vorimperialen China – wohl schon im 3. Jh. v.Chr. als *master text* (David Hawkes) einer literarischen Tradition etabliert waren. Das *Li sao* ist ein Gesang von Sehnsucht und Frustration, worin der Protagonist eine kosmische Reise durch die Sphären der Geister und Göttinnen unternimmt, um das Objekt seiner Sehnsucht zu erreichen. Seit Jia Yis (200–168 v.Chr.) im Stil des *Li sao* verfaßten *Diao Qu Yuan* (Trauer um Qu Yuan) gilt der Text als das Lamento eines verstoßenen Würdenträgers. Liu An, Sima Qian, Liu Xiang, Yang Xiong (53 v.Chr.–18 n.Chr.), Liang Song (gest. 83), Ban Gu und schließlich Wang Yi haben diese politische Lesart fortgeführt und mit Sima Qians Biographie des ansonsten unbekannten Qu Yuan verflochten: eines aufrechten, doch mißachteten und verleumdeten hohen Würdenträgers (und Verwandten des Herrscherhauses) von Chu, der umsonst seinen Herrscher vor politischem Verhängnis warnte und daraufhin nach Süden verbannt wurde, wo er verbittert und ziellos umherzog und sich schließlich im Miluo-Fluß ertränkte. In dieser biographischen Exegese des *Li sao* tritt uns der erste namentlich identifizierte Autor der chinesischen Dichtung entgegen – jener als Qu Ping oder Qu Yuan bezeichnete Protagonist des *Li sao*, makellos in seinem Innern, äußerlich reich verziert mit der Pracht duftender und pharmazeutisch wirkkräftiger Pflanzen. Die sensualistische Bildlichkeit des *Li sao* entfaltet sich in transzendenten Reisen, Phantasien kosmischer Allmacht und Katalogen erlesener, Unsterblichkeit verheißender Pflanzen und Mineralien, den Allegorien erhabener Würde und Tugend:

> Im Morgengrauen trinke ich den von Magnolien tropfenden Tau,
> in der Abenddämmerung esse ich die fallenden Blüten der Herbstchrysanthemen.
> Ist nur meine innere Verfassung wahrhaft schön, das Wesentliche erwählend,
> wie könnte selbst häufige Auszehrung mir Schaden zufügen!
> Ich ziehe hölzerne Wurzeln heraus, um Angelika zu binden,
> und reihe die fallenden Blütenherzen der Feigen daran;
> halte Zimt[zweige] empor, um Honigklee aufzufädeln,
> und flechte ein dicht gewundenes Muster aus Hu-Ranken dazu.

Daß der mystische Ausdruck im Dienst politischer Klage steht, zeigt die durchgängige Kontrastierung mit Beschreibungen einer Welt, welche das Edle verachtet und das Niedere preist – die moralische Ordnung ist auf den Kopf gestellt: »Die Welt ist schmutzig trüb und neidisch auf die Tugendhaften, / liebt es, die Vortrefflichen zu verschatten und die Abscheulichen zu erheben. / Im Innern der Palasthallen, tief und entfernt, / findet selbst der weise König kein Erwachen. / Ich halte meine innere Verfassung in mir und gebe ihr keinen Ausdruck – / doch wie könnte ich ertragen, hiermit bis zum Ende zu verharren! / [...] / Die Zeiten sind in wirrer Veränderung – / wie kann ich noch länger verweilen! / Wasserdost und Angelika ändern sich und duften nicht mehr, / Kalmus und Honigklee wandeln sich zu Binsengras. / Wie konnten die duftenden Pflanzen von einst / nun direkt zu gewöhnlichem Beifuß werden!« Die allegorische Interpretation religiöser und erotischer Sehnsucht war den Han-Literaten schon in der Deutung der *Oden* selbstverständlich. Gerade Wang Yis *Chu ci zhangju* steht mit seiner historisch-moralischen Interpretation im selben Horizont wie die zeitgenössische Mao-Exegese. Während die Lesart des *Li sao* als politische Klage aus dem Text selbst hervorgeht, ist deren Übertragung auf andere Werke der *Chu ci* problematischer. Wie die Mao-Exegese der *Oden* wurde aber auch Wang Yis Verständnis der *Chu ci* erst in der Song-Zeit in Frage gestellt.

Die Qu Yuan-Legende

Fragwürdig bleibt, ob Qu Yuan eine historische Person ist, ob diese Person der Autor des *Li sao* ist und ob das *Li sao* seine Biographie reflektiert. Die frühe literarische Tradition hat jede dieser Fragen entschieden positiv beantwortet. Auf Konfuzius als idealen Autor, Kompilator und Kommentator der Klassiker folgte Qu Yuan als ideale poetische Stimme menschlicher Vision und Verzweiflung – und wie Konfuzius litt auch Qu Yuan an den Zeitumständen. Sima Qian sah in beiden die heroischen Ahnherren seines eigenen Schreibens und Lebens; zahllose spätere Dichter und Staatsdiener sahen beim Blick in den Spiegel das legendäre Antlitz des noblen Dichters aus Chu. Andere schränkten die Idealisierung Qu Yuans ein: Jia Yi im *Diao Qu Yuan* und Yang Xiong im *Fan Li sao* (Widerspruch gegen das Li sao) halten Qu Yuans Flucht in den Selbstmord für moralisch fragwürdig; wahrer Ausdruck von Tugend wäre es gewesen, weiter nach einem guten Herrscher zu suchen. Dennoch wurde Sima Qians Sicht langfristig kanonisch. In den Qu Yuan-Würdigungen durch Wen Yiduo und Guo Moruo während des Sino-Japanischen Krieges 1937–1945 trat ein weiteres Element hinzu: vor allem in der Volksrepublik China ist Qu Yuan der erste Dichter des Volkes und Patriot der chinesischen Literatur.

Texte in der Nachfolge des Li sao

In seiner *Shiji*-Biographie sind zwei weitere Stücke der *Chu ci* mit Qu Yuans Leben verbunden: das dialogische *Der Fischer* und das fünfte der *Jiu zhang* (Neun Stücke), *Huai sha* (Den Sand umarmen). Qu Yuans Dialog mit dem Fischer erscheint hier nicht als poetischer Text, sondern als biographisches Ereignis; tatsächlich dürfte die Episode zu dem zunächst existierenden Gedicht entwickelt worden sein und der in der Han-Zeit kursierenden Qu Yuan-Folklore angehören. Dieselbe Erklärung mag für das im *Shiji* als *fu* (Rhapsodie) bezeichnete *Den Sand umarmen* gelten, welches Qu Yuan nach der Begegnung mit dem Fischer verfaßt habe, um sich unmittelbar darauf zu ertränken. Insgesamt scheinen die Gesänge der *Neun Stücke* aus unterschiedlichen Quellen zu stammen; gemeinsam ist den meisten, daß sie in Thema, Metrum und Reimordnung dem *Li sao* folgen, dieses bisweilen zu zitieren scheinen und sich auf Qu Yuan beziehen. Wie *Bu ju*, *Yu fu* und der traditionell Song Yu zugeschriebene Zyklus *Jiu bian* (Neun Umstimmungen) sind die *Jiu zhang* daher am besten als frühe, vielleicht noch aus dem 3. Jh. v.Chr. stammende Fortschreibungen und Imitationen des *Li sao* aufzufassen. Unklar bleibt, ob eine legendenhafte Qu Yuan-Biographie diesen Werken bereits zugrunde liegt oder erst mit ihnen erwächst. Nahezu alle Texte der *Jiu zhang* und *Jiu bian* verkörpern im *sao*-Stil vorgetragene monologische Klagen über die Ungerechtigkeit der Welt, häufig verbunden mit den Topoi der botanischen Allegorik und der erfolglosen Reise. So verschmilzt der erste Gesang der *Jiu bian* in zuvor unbekannter Intensität ausgiebige Naturbeschreibung mit dem Ausdruck menschlichen Empfindens:

Wie trostlos der Atem des Herbstes!
Ausgestorben und desolat – Blüten und Blätter schaukeln und fallen, welken dahin.
Frostig und trostlos – wie auf einer Reise in die Ferne, wenn man einen Berg besteigt, auf die Flüsse hinabblickt und Abschied nimmt von einem, der nun heimkehren wird.
[...]
Kummervoll und traurig, mit wachsendem Seufzen – wie die treibende Kälte die Menschen durchfährt!
Verzweifelt und verbittert, gebrochen und gedrückt – so verläßt man das Alte und kehrt zum Neuen.
[...]

Schwalben flattern, flattern und nehmen Abschied zur Heimkehr,
die Zikade, still und allein, macht kein Geräusch.
Wildgänse kreischen, kreischen und ziehen nach Süden,
das Riesenhuhn, gackernd und schnarrend, schreit klagend.
Allein warte ich bis zum Morgen und schlafe nicht ein,
lamentiere mit den Grillen, wie sie nächtens umherziehen.
Die Stunden vergehen, vergehen, schon jenseits der Hälfte,
ach! ich verweile, nichts vollbracht.

Der Katalog der Trostlosigkeit, geformt aus reimenden und alliterativen Synonymen, ist nach wie vor Teil des poetischen Lexikons. Neben der melancholischen hat auch die triumphale Himmelsreise ihren Platz in den *Chu ci*. Die 178 Verse des *Yuan you* (*Reise in die Ferne*; 2. Jh. v.Chr.) leiten ihren Protagonisten zunächst in die vier Himmelsrichtungen und von dort in die mystische Utopie des im Zentrum liegenden »Großen Ursprungs« (*taichu*). Die ekstatische, mit Sinneseindrücken und philosophischen Gedanken erfüllte Exkursion führt durch die Sphären der Unsterblichen ebenso wie durch daoistische Übungen der Selbstvervollkommnung: »Ich zog zu den Gefiederten am Zinnoberhügel, / verweilte im alten Land des Nicht-Sterbens. / Im Morgengrauen wusch ich mein Haar im Tal des Sonnenscheins, / in der Abenddämmerung trocknete ich meinen Körper in der Sphäre des neunfachen Sonnenlichts. / Ich sog die feine Flüssigkeit der fliegenden Quellen ein, / umfaßte den Blütenflor erlesener Edelsteine. / Die Pracht des Jadeglanzes färbte mein Antlitz, / mein Wesen, fest und rein, begann, sich zu kräftigen. / Der Körper, schmelzend und zergehend, wurde weich und schwach, / der Geist, elementar und fein, wurde frei und ungehemmt.« Entsprechend ist das *Yuan you* mit zahlreichen Texten der frühen südlichen Literatur verbunden – *Li sao* und *Jiu ge*, *Laozi* und *Zhuangzi*, *Huainanzi* und Sima Xiangrus (179–117 v.Chr.) *Daren fu* (Fu auf den Großen Mann) – und markiert den Beginn jener daoistischen Lyrik, die vom Ende der Östlichen Han- bis in die Tang-Zeit florierte. Im Lichte seines religiösen Hintergrundes erhellt sich auch der gedankliche Reichtum des *Yuan you*. Anders als im *Li sao* sind die erlesenen Pflanzen und natürlichen Flüssigkeiten nicht lediglich Allegorien von Tugend und Reinheit, sondern die Diät auf dem Weg in die Transzendenz.

Die kosmische Reise in die Ferne (Yuan you)

Die Neun Gesänge (Jiu ge)

Das neben dem *Li sao* prominenteste Korpus der *Chu ci* sind die *Jiu ge*. Wang Yi erklärt die *Jiu ge* als Schöpfungen Qu Yuans: Während seiner Reise durch den Süden, einer aus hanzeitlicher Sicht für ihre unorthodoxen religiösen Praktiken verrufenen Region, habe der aristokratische Dichter die Opferhymnen des einfachen Volkes zum Ausdruck persönlicher Frustration und politischer Kritik verarbeitet. Wo sich der Protagonist des *Li sao* auf eine kosmische Reise begibt, um einen wahren Herrscher zu finden, durchziehen in den *Jiu ge* Schamanen die wasserreichen, halb realen, halb mythologischen Gefilde des Südens auf der Suche nach der Vereinigung mit weiblichen Gottheiten. Wie im *Li sao* endet die sehnsuchtsvolle Reise in Enttäuschung. Aufgrund enger Parallelen zu den späteren kosmischen *Gesängen für die Opfer an den Vorstadtaltären* (*Jiaosi ge*) der Westlichen Han-Zeit ist klar, daß die *Jiu ge* am Kaiserhof der Han-Zeit bekannt und vermutlich auch in Liu Ans erster Anthologie enthalten waren. Allerdings spricht nichts in diesen Texten selbst, welche religiöse mit sexueller Sehnsucht und Erfahrung verschmelzen, für Wang Yis moralisierende Integration der *Jiu ge* in die durch das *Li sao* definierte Qu Yuan-Biographie. Wie in ihrer Rezeption in den kaiserlichen Hymnen Han Wudis (reg. 141–87 v.Chr.) belegt, mögen die Hymnen ein in höfischen religiösen Zeremonien saisonal verwendetes Repertoire von Gesängen und Tänzen darstellen, worin der Kontakt mit den Geistern nicht lediglich besungen, sondern in einem vielstimmigen Drama aufgeführt und damit erst *vollzogen* wurde. In Wang Yis Interpretation hingegen – eine in der Han-Zeit sicherlich verbreitete Rezeption – sind die Gesänge vollständig von der religiösen in die literarische Sphäre überführt: die ursprüngliche Sprachmagie ist nunmehr ein rhetorischer Topos. Die elf Stücke der *Neun Gesänge* sind sukzessive neun verschiedenen Gottheiten gewidmet, woran sich ein Gesang an die Geister der *Für das Land Gefallenen* (*Guo shang*) sowie eine kurze Koda der *Ehrung der Totengeister* (*Li hun*) anschließen. Verschiedene Theorien existieren zur Erklärung des Titels *Neun Gesänge*: »Neun« mag hier wie andernorts in den *Chu ci* nicht konkret gemeint sein, sondern auf die kosmologisch höchste *yang*-Zahl verweisen; sie mag den neun besungenen Geistern gelten oder ein Repertoire von neun musikalischen Aufführungen bezeichnen, welches zwei Textpaare enthält – *Xiang jun* (Die Fürstin des Xiang-Flusses) und *Xiang furen* (Die Dame des Xiang-Flusses) sowie *Da siming* (Der Größere Herr des Schicksals) und *Shao siming* (Der Kleinere Herr des Schicksal) –, von denen zu bestimmten Opferritualen jeweils nur ein Text verwendet wurde. Jenseits dieser Theorien mögen musikalische Titel mit der Zahl neun auch auf weit ältere rituelle Aufführungen zurückgehen und von dort übernommen worden sein.

Opferrituale und Schamanismus

Möglicherweise verweisen die *Jiu ge* auf einen zu Opferritualen komplett aufgeführten Zyklus, wobei *Donghuang Taiyi* (Ehrwürdiger Herrscher des Ostens, Große Einheit) zur Einladung und *Li hun* zum Abschied an die Geister präsentiert wurde. So beginnt *Donghuang Taiyi* mit der Feststellung des glückverheißenden Tages, beschreibt selbstreferentiell Opfergaben und Musik der Zeremonie und schließt mit der – aus den alten Ritualhymnen und Bronzeinschriften wohlbekannten – Feststellung des rituellen Erfolges, daß nun der Himmelsgeist seinen Platz in der rituellen Gemeinschaft eingenommen habe. Die literarisch interessantesten Stücke der *Jiu ge* sind die beiden Gesänge an die Göttinnen des Xiang-Flusses. In der Stimme des Schamanen gehalten, besingen sie das religiöse Werben um die Göttin in der Sprache männlichen Ringens um die Geliebte. Dieses Drama spielt in der realen Geographie des südlichen Chu, angefüllt mit den Pflanzen und Wesen einer magischen Landschaft; es endet in Enttäuschung über eine nur allzu flüchtige oder gänzlich ausbleibende Befriedigung. *Xiang furen* beschreibt in halluzinatorischer Intensität den ephemeren Raum zwischen menschlicher und göttlicher Existenz in Gestalt eines lotusbedeckten Hauses, das der Schamane »inmitten des Wassers« – Gefilden der Flußgöttin – baut; das bestimmende Stilmittel ist, wie andernorts in den *Chu ci* und später dann in den hanzeitlichen *fu*, der beschreibende Katalog:

Aus Kalmus die Wände, purpurnen Kauri der Hof,
bedeckt mit duftendem Pfeffer formt sich die Halle,
aus Zimt[holz] der First, aus Wasserdost die Sparren,
aus Magnolie der Türsturz, aus weißer Angelika die Kammer,
gewobene Feigen[blätter] bilden den Vorhang,
beschirmt mit der Traufe aus gespaltenem Honigklee.
Weiße Jade gibt die [Sitzmatten-]Gewichte,
verstreuter Bergwasserdost gibt den Duft,
überdacht mit Angelika das Lotuszimmer,
gebunden ist es mit Haselwurz.

Spätere Rezeption der Jiu ge

Die Gesänge an die Flußgöttinnen schufen eine neue Sprache erotischen Begehrens, die in späteren *fu* wie Cao Zhis (191–232) *Fu auf die Göttin des Luo-Flusses* (*Luo shen fu*) oder den Song Yu zugeschriebenen, aber vermutlich aus der Zeit der Sechs Dynastien datierenden *Fu auf Gaotang* (*Gaotang fu*) und *Fu auf die Göttin* (*Shennü fu*) ebenso gegenwärtig geblieben ist wie in der sogenannten Palaststildichtung (*gongti shi*) der Dynastien Qi und Liang, in den *yuefu*-Gedichten der Sechs Dynastien und der Tang-Zeit – insbesondere unter dem Titel *Wushan gao* (Der Schamanenberg ist hoch) – ebenso wie in Bo Juyis (772–846) *Gesang des immerwährenden Bedauerns* (*Chang hen ge*). Der Dichtung des Begehrens steht in den *Jiu ge* jene des Majestätischen zur Seite: Texte wie *Der Fürst in den Wolken* (*Yun zhong jun*) und die Gesänge an die *Meister des Schicksals* und den *Fürst des Ostens* (*Dong jun*) zeigen die männlichen Gottheiten auf grandiosen kosmischen Reisen, deren herrscherliche und spirituelle Souveränität veranschaulichende Beschreibungen fortan auf die Darstellung kaiserlicher Opferhandlungen und Prozessionen übertragen wurden. Andererseits kam der Hymnus an die jugendlich für den Staat Gefallenen für den Tod patriotischer Märtyrer zu stehen, so etwa noch im Jahre 1899, als Kang Youwei den am 28. September des Vorjahres hingerichteten Vertreter der Reformbewegung der Hundert Tage, Tan Sitong (1865–1898), als *guo shang* erinnerte und in der Metaphorik der *Jiu ge* besang.

Die Mythologie der Himmelsfragen (Tian wen)

Auch weitere Texte der *Chu ci* scheinen von religiösen Ritualen inspiriert. Das älteste Werk der gesamten Anthologie mag das in archaischer Sprache formulierte *Tian wen* (Himmelsfragen) sein, ein Katalog von 172 gereimten, zumeist tetrasyllabischen Fragen. Dieser beginnt mit dem Ursprung des Kosmos, richtet sich dann auf die natürlichen und mythologischen Phänomene des Himmels und der Erde und führt von hier in weitgehend chronologischer Ordnung durch die alte chinesische Mythologie und Geschichte bis hin zu Ereignissen des Staates Chu. Die mythologischen und historischen Fragen nehmen mehr als achtzig Prozent des Raumes ein, wobei das letzte erwähnte historische Ereignis auf 506 v.Chr. datiert. Das *Tian wen* ist möglicherweise nur unvollständig überliefert; insbesondere zum Ende hin scheint die ursprüngliche Textordnung verloren gegangen. Manche der Fragen klingen absichtlich rätselhaft; andere sind unverständlich, weil der angesprochene Mythos verloren ist; wieder andere haben ihr Gegenüber in bekannten Erzählungen der frühen Literatur:

> Den Beginn des hohen Altertums, wer hat ihn überliefert?
> Als Oben und Unten noch formlos waren, woher bestimmte man sie?
> Als Dunkel und Licht noch obskur und unklar waren, wer konnte sie durchdringen?
> Als das Chaos seine Formen bildete, wie konnte man sie kennen?
> [...]
> Was die Sonne nicht erreicht, wie beleuchtet es der Fackeldrache?
> Bevor Xihe [das Licht] aufsteigen läßt, warum sind die Ruo-Blüten erhellt?
> Wo ist es warm im Winter? Wo ist es kalt im Sommer?
> Wo ist der Steinwald? Welche wilden Tiere können sprechen?
> [...]
> [Fürst] Hirse war der Erstgeborene – warum haßte ihn der Gott?
> Als er auf dem Eis ausgesetzt wurde, wie wärmten ihn die Vögel?

Die ursprüngliche Funktion dieses in der Überlieferung einzigartigen Werkes ist unbekannt. Wang Yi schreibt das *Tian wen* Qu Yuan zu: Dieser habe während seiner südlichen Wanderungen in den Ahnentempeln einstiger Würdenträger von Chu gerastet, dort die kosmologischen und mythologischen Wandmalereien betrachtet und daraufhin seine Fragen hinzugeschrieben; diese seien später in Form des *Tian wen* von dort kopiert worden. Wang Yis Bericht ist vielleicht aus der Perspektive der Östlichen Han-Zeit zu verstehen, als erstmals in größerem Umfang historische und mythologische Steinreliefs an Grabanlagen und Tempeln geschaffen wurden. Tatsächlich mag das *Tian wen* als eine Art Katechismus gedient haben, möglicherweise in einem religiösen Kontext. Zweifellos war der Autor mit einer enzyklopädischen Mythologie und Kosmologie vertraut, die sich aus nördlichen wie südlichen Quellen speiste und uns nur noch in Teilen erhalten ist; ebenso finden sich ausführliche Hinweise auf die dem Dunstkreis dieser Mythologie erst mit der Zhou-Zeit allmählich entwachsene politische Geschichte. Die Orientierung auf kosmologische Spekulation und mythologische Systematisierung ist selbst ein historisches Phänomen, das eine Reihe bedeutender Werke des 4. und 3. Jh.s v.Chr. bestimmt, darunter das *Zhou li*, das *Lü shi chunqiu* und die kosmologischen Kapitel der *Dokumente*. Gemeinsam ist diesen Werken die Verschmelzung einer auf das hohe Altertum bezogenen – selbst aber weit jüngeren – Mythologie der Sagenherrscher mit zeitgenössischen philosophischen und politischen Idealen eines zentralistisch geordneten Kosmos. Ein bedeutsames Element dieser frühen Mythologie ist eine schematische Raumvorstellung des Kosmos, welcher von seiner chinesischen Mitte her regiert wird. Diese Ideologie der Mitte findet sich auch in zwei phantastischen Werken des 4. oder 3. Jh.s v.Chr., deren Bildlichkeit eng mit der südlichen Literatur von Chu korreliert, *Shanhai jing* (*Klassiker der Berge und Meere*) und *Mu tianzi zhuan* (Überlieferung des Königs Mu). Das kosmographische *Shanhai jing* ist erstmals im *Shiji* erwähnt, dürfte aber in seinen ältesten Kapiteln (1–5) in das 4. oder 3. Jh. v.Chr. zurückreichen. Wie für das *Tian wen* ist auch zum *Shanhai jing* gemutmaßt worden, der Text sei zur Begleitung bildlicher Darstellungen entstanden. Derartige Theorien, die ein frühes Miteinander von Bild und Text – und hierin den Primat des Bildes – suggerieren, haben durch den Fund des kosmologischen Chu-Seidenmanuskripts (4. Jh. v.Chr.) an Attraktivität gewonnen, dessen Text mandala-gleich zu einem raum-zeitlichen Modell der Welt arrangiert und mit phantastischen Illustrationen der kosmischen Gottheiten geschmückt ist. Ganz anders als solche unpersönlichen Schemata, die sich in den »apokryphen Texten« (*weishu*) der Han-Zeit noch weiter entfalteten, beschreibt das 281 n.Chr. in einem Grab entdeckte, aber in seinen vier Kernkapiteln vermutlich auf etwa 350 v.Chr. datierende *Mu tianzi zhuan* die fabelhaften Erlebnisse des Zhou-Königs Mu (reg. 956–918 v.Chr.) auf einer kosmischen Reise in den Westen. In einer literarisch eher monotonen, mythologisch aber reichen Darstellung erscheint König Mu hier als Weltenherrscher, dessen Souveränität sich im Motiv der Reise und in huldvollen Geschenken, herrscherlichen Opferritualen und – bisweilen romantischen – Begegnungen mit Geistern und Göttinnen, darunter der Königlichen Mutter des Westens (*Xiwangmu*), ausdrückt.

Mythologie und Kosmologie in Klassiker der Berge und Meere (Shanhai jing) *und* Überlieferung des Königs Mu (Mu tianzi zhuan)

Eine grundlegend räumliche Orientierung formt auch das Gerüst der beiden letzten Texte der *Chu ci*, welche in rhetorischer Form die Aufführung eines religiösen Rituals darstellen, *Zhao hun* und *Da zhao*. In diesen versucht ein Priester, die Seele eines Sterbenden oder gerade Verstorbenen aus dem Jenseits zurückzurufen. Die beiden einzigen erhaltenen literarischen Repräsentationen solcher Beschwörungen sind weitgehend parallel konstruiert: Zunächst wird die Seele mit all den Schrecken bedroht, die ihrer in den vier Himmelsrichtungen (im *Zhao hun* überdies noch oben und unten) harren; ein Auszug aus dem *Zhao hun*:

Das »Herbeirufen der Seele«

O Seele, komm zurück – im Süden kannst du nicht bleiben!
[Dort sind Menschen] mit tätowierten Körpern und schwarzen Zähnen;
sie gewinnen das Fleisch von Menschen für ihre Opfer,
kochen deren Knochen zu Brühe!
Gigantische Schlangen dicht an dicht,
monströse Füchse, die über tausend *li* [hinweg nach Beute suchen];
gewaltige Reptilien mit neun Köpfen
streifen flink und geschwind hin und her,
schlucken Menschen, um ihre Lebenskraft zu vermehren.
Komm zurück! Dort kannst du nicht auf Dauer bleiben!

Dem Katalog des Horrors folgt die grandiose Aufzählung der irdischen Freuden, welche die Seele im Hier und Jetzt erwarten; die Darstellung der Genüsse übertrifft jene der Schrecken nochmals deutlich – im Falle des *Da zhao* um ein Mehrfaches – an Länge und Intensität. Allein fünf solcher Abschnitte sind den graziösen Palastdamen gewidmet, wie in dem folgenden Auszug aus dem *Da zhao*: »Schwarz gefärbt die ebenen Brauen, / die lieblichen Augen betörend; / Grübchenwangen, selten feine Zähne, / in anmutigem Lächeln strahlend; / fülliges Fleisch, zarte Knochen, / die Glieder geschmeidig und grazil! / O Seele, komm zurück – genieße, was dir Behagen spendet!« Das *Da zhao* mündet abschließend in eine sublime Eulogie auf die tugendhafte Herrschaft des Königs, verbunden mit der Aufforderung, in die Welt zurückzukehren. Die Rhetorik der »Herbeirufungen« ist eng den »Überredungen« des *Zhanguo ce* verwandt, mit denen sie das Vertrauen in die Wirkkraft kunstvoller, literarisch intensivierter Sprache teilt. Die ausgedehnten Kataloge des Schreckens und der Freuden erschöpfen die Phänomene der Welt und mit ihnen das Lexikon des Rhetorikers, um ihre Adressaten in einem rhythmischen Schwall euphonischer Sprachgewalt zu überwältigen. Das Bedürfnis, die poetische Sprache in ungebremster Hyperbolik und epideiktischer Ausdrucksfülle an ihre Grenzen zu treiben, mündet von den »Herbeirufungen« und »Überredungen« direkt in die *fu* der Westlichen Han-Zeit. In dieser Rhetorik ästhetischer Überwältigung treten die Konturen der performativen Dimension der frühen poetischen Literatur deutlich hervor.

Herbeirufen des Einsiedlers (Zhao yinshi) *und der Topos des Eremiten*

Ein den »Herbeirufungen« folgendes Gedicht der *Chu ci* ist das wohl am Hofe Liu Ans entstandene *Zhao yinshi*, dessen Thema – der Rückzug eines noblen Charakters in unwegsame Natur – seit den entsprechenden Passagen in *Lunyu* und *Zhuangzi* ein fester Topos der chinesischen Geistesgeschichte und Poesie geblieben ist. Spätere Kritiker haben Liu An selbst als Autor des *Zhao yinshi* gesehen, der damit seinen versuchten Rückzug aus den unheilvollen politischen Verwicklungen beschrieben habe, die ihn 122 v.Chr. in den Selbstmord trieben. Der Text ist aber auch ohne diese eng historisierende Lesart verständlich. Aus der Westlichen Han-Zeit selbst finden sich glaubhafte Berichte über in den Bergen lebende Eremiten, und eine unter der kulturellen Elite fortan populäre Version war die des als Eremit am Hofe (*chaoyin*) bezeichneten Beamten, der sich in Zeiten moralisch fragwürdiger Herrschaft in niederer und unauffälliger Stellung hielt. Was das *Zhao yinshi* über die zeitgenössischen Berichte von Einsiedlern wie auch über die in der Westlichen Han-Zeit aufkommenden *fu* persönlicher Frustration hinaushebt, ist der Fokus auf die Natur, konzipiert als Gegenraum zu höfischer Kultur und offiziellen Pflichten, zugleich aber auch als Raum der Wildnis und des Schreckens. Die zahllosen späteren Verarbeitungen dieses Topos konstitutieren eine der zentralen, die Jahrhunderte durchziehenden Linien in der Entwicklung chinesischer Naturlyrik:

Die Zimtbäume wachsen dicht in der Verborgenheit der Berge,
gewunden und gekrümmt, sich schlingend und kringelnd, verflechten sich die Zweige.
Bergdunst wabert in Schwaden, Felsen ragen steil empor.
Schluchten fallen schroff und jäh, Wasser schwillt zu Wellen.
[...]
Ein Prinz zog wandernd hinaus und kehrte nicht heim –
Frühlingsgras sproß in saftigem Grün.
[Nun,] in den Abendstunden des Jahres weiß er sich nicht zu trösten –
Zikaden rufen, zirpend, zirpend.
Eng und gedrängt,
die Berge mäandern und winden sich hin,
das Herz bleibt lange still – schmerzhaft erschrocken, beunruhigt.
Verstört und bedrückt,
angstvoll schaudernd –
Tiger und Leoparden harren in Höhlen!
Dichtes Gebüsch, tiefer Wald – ein Mensch steigt dem Bangen entgegen.
[..]
O Prinz, komm zurück – in den Bergen kannst du nicht lange bleiben!

Die Literatur der Qin und Westlichen Han

Rhapsodien und Gesänge

Die imperialen Steleninschriften der Qin

Die ältesten erhaltenen poetischen Texte des chinesischen Kaiserreiches sind die sieben Steleninschriften, die der Erste Kaiser der Qin (Qin Shihuangdi) im Rahmen ritueller Inspektionsreisen zwischen 219 und 210 v.Chr. auf Bergen oder Erhöhungen in den gerade erst eroberten östlichen Regionen seines neu vereinten Reiches errichten ließ. Die Texte von sechs der sieben Inschriften sind in Kapitel 6 des *Shiji* überliefert; der Text der siebten (dabei chronologisch ersten) war in der Tang-Zeit bekannt und ist in Inschriftensammlungen seit dem frühen 14. Jh. überliefert. Linguistische Evidenz deutet auf die Authentizität auch dieser Inschrift, wenngleich ihre überlieferte interne Ordnung teilweise verkehrt scheint. Lediglich ein Fragment der Stele von Langya (Shandong), welches nicht den Text des Ersten Kaisers, sondern eine spätere Zuschrift seines Sohnes, des Zweiten Qin-Kaisers, enthält, ist noch erhalten; die ganze zehn Zeichen umfassenden Fragmente der Taishan-Inschrift (Shandong) sind von zweifelhafter Authentizität. Die tetrasyllabischen, zumeist auf jedem dritten Vers gereimten Inschriften umfassen entweder 36 oder 72 Verse, wobei die ersten neun Verse der Jieshi-Inschrift (Liaoning) nicht überliefert sind. Texte und Kalligraphie der Inschriften sind – vermutlich zu Unrecht – in der späteren Tradition dem Qin-Kanzler Li Si zugeschrieben worden. Die sieben Inschriften rühmen die Verdienste des Reichseinigers als Pazifizierung einer von Krieg und unmoralischer Herrschaft zerrissenen Welt. Sprachlich und thematisch eng an den zhouzeitlichen Bronzeinschriften und Ritualhymnen der *Oden* orientiert, folgen die Texte der traditionellen – stets aus der Perspektive des Siegers formulierten – politischen Rhetorik, wonach die Welt nicht durch militärische Gewalt, sondern mit der Kraft tugendhafter Herrschaft unterworfen wurde. Errichtet auf den religiös bedeutsamen Bergen der einstigen östlichen Staaten der Zhou-Ökumene und formuliert in den religiösen Wendungen der *Oden* und Bronzetexte, repräsentieren die Stelen die Unterwerfung aller übrigen

Staaten unter die Herrschaft der Qin und verkünden eine neue Ära, in der die Reichseinigung die Kulmination der Qin-Geschichte – und Auslöschung der Geschichte der östlichen Staaten – darstellt. (Dem entspricht Sima Qians Klage über die Zerstörung der östlichen Archive durch die Qin.) In der Tradition der Bronzeinschriften zelebrieren die zunächst rezitierten und dann in Stein geschnittenen Texte ihre eigenen Kompositionsumstände sowie den eigentlichen Akt des Inskribierens als integralen Abschluß der in den Inschriften gerühmten Geschichte. Die Textkomposition ist modular in dem Sinne, daß die verschiedenen Inschriften in einer weitgehend identischen semantischen Abfolge kürzerer Abschnitte zusammengesetzt sind – auch dies ein Erbe der früheren Bronzeinschriften.

Die Ahnengesänge der frühen Han-Zeit

Der zweite Zyklus poetischer Gesänge sind die siebzehn unter Kaiser Gaozu geschaffenen Ritualhymnen der *Anshi fangzhong ge* (Gesänge eines befriedeten Zeitalters aus der Inneren Halle), die zwischen 202 und 195 v.Chr. für den Ahnentempel der Han-Dynastie geschaffen wurden. Die Texte sind anonymer Herkunft und dürften, wie schon die qinzeitlichen Steleninschriften, auf eine Gruppe höfischer Ritualspezialisten zurückgehen; die Musik der *Anshi fangzhong ge* wird im *Hanshu* mit »Melodien aus Chu« (*Chu sheng*) identifiziert und einer ansonsten unbekannten kaiserlichen Nebenfrau Tangshan zugeschrieben. Wie die Steleninschriften sind auch die – allerdings wesentlich kürzeren – Han-Hymnen zumeist tetrasyllabisch und weitgehend dem klassischen politischen Idiom der *Oden*, *Dokumente* und Bronzeinschriften verpflichtet, wenngleich in einzelnen Texten um eine an die *Chu ci* erinnernde Bildlichkeit bereichert, was, wie auch die »Melodien aus Chu«, auf die südliche Herkunft des Dynastiegründers Liu Bang (Gaozu) verweisen mag:

> Die große Kindespietät ist wahrlich vollendet,
> die vortreffliche Tugendkraft strahlend und klar.
> Hoch empor gespannt die vier[seitig] aufgehängten [Instrumente] –
> Musik erfüllt die Palasthallen.
> Verschwenderisch aufgepflanzt ein Wald von Federn –
> ein Wolkenleuchten dunkel und unergründlich.
> Bronzene Zweige, zierreiche Blüten,
> vielfältige Quastenstäbe und Eisvogel-Standarten.

Bedeutung des Begriffs fu *(Rhapsodie)*

Außerhalb der Ritualtexte im engsten Sinne war das dominierende poetische Genre der Han-Zeit das *fu* (als »Rhapsodie«, »Reimprosa« oder »poetische Darlegung« übersetzt), welches bis in die Tang-Zeit von herausragender Bedeutung blieb. Das Wort *fu* findet sich als technischer Begriff der frühen literarischen Diskussion in drei verschiedenen Bedeutungen: Als Verb erscheint *fu* z.B. in zahlreichen Passagen des *Zuo zhuan*, wo es die Rezitation einer *Ode* in formellem Rahmen bezeichnet. Zweitens ist *fu* einer der drei poetischen Modi (*fu, bi, xing*) der *Oden*, die im *Zhou li* und im *Großen Vorwort* zu den *Oden* erwähnt sind. Drittens bezeichnet *fu* das hanzeitliche poetische Genre. Seit der Östlichen Han-Zeit wird *fu* als poetischer Modus der *Oden* paronomastisch erklärt, nämlich in Entsprechung einer Serie mehr oder weniger gleichlautender Wörter, die »darlegen« oder »ausbreiten« bedeuten; dieses Verständnis liegt zugleich auch der Genrebezeichnung zugrunde und ist inzwischen durch archäologisch erschlossene Texte bestätigt, so etwa in der von etwa 10 v.Chr. datierenden Grabhandschrift *Fu auf die Geisterkrähe* (*Shenwu fu*) aus Yinwan (Lianyungang, Jiangsu). Es bezieht sich auf die ausführliche Darlegung eines bestimmten Themas ebenso wie auf den performativen Charakter dieser Darlegung oder

»Präsentation«: »Zu rezitieren, ohne zu singen, wird *fu* genannt«, heißt es in der *Monographie über die Künste und Literatur* des *Hanshu*.

Die fu *der Westlichen Han-Zeit*

In seiner Auflistung poetischer Texte notiert der *Hanshu*-Katalog die Zahl von 1004 *fu*, welche nahezu sämtlich der Westlichen Han-Zeit entstammen. Die tatsächliche Anzahl an *fu* aus dieser Epoche war zweifellos höher. Manche Texte sind in anderen Abschnitten des *Hanshu*-Kataloges gelistet, andere wurden nicht aufgenommen. Ganz oder in Fragmenten bis heute erhalten sind nur wenige Dutzend *fu* der Westlichen Han-Zeit; diese sowie die bekannten Titel ansonsten verlorener Werke spiegeln die breite Vielfalt der in der Han-Zeit als *fu* bezeichneten Dichtungen. Praktisch galt jede längere poetische Darstellung als *fu*, einschließlich solcher Texte, die ganz im klassischen Viersilbler gehalten waren: Der Ausdruck persönlicher Frustration – etwa in Dong Zhongshus *Shi bu yu fu*, Sima Qians *Bei shi bu yu fu*, Zhuang Jis (etwa 188–105 v.Chr.) *Ai shi ming* oder im *Zidao fu* der Ban Jieyu (Bevorzugte Schönheit Ban, gest. etwa 6 v.Chr.) – ebenso wie der Hymnus auf den kaiserlichen Jagdpark, die zu vielfältigen Anlässen *impromptu* geschaffenen Unterhaltungsstücke ebenso wie kontemplativ-philosophische Betrachtungen (etwa in Jia Yis *Funiao fu*), Ermahnungen des Herrschers ebenso wie ausführliche Beschreibungen einzelner Gegenstände (Musikinstrumente, Bäume, Tiere, Wandschirme usw.). Unter den Autoren des *fu* fanden sich hochrangige kaiserliche Würdenträger Seite an Seite mit wenig geachteten Unterhaltungskünstlern. So berichtet Ban Gu über Mei Gao (um 130–110 v.Chr.), dieser habe als Begleiter Kaiser Wus zu zahllosen Anlässen – kaiserliche Inspektionsreisen und Opferhandlungen, Ausflüge, Jagden, Hunde- und Pferderennen, Ballspiele usw. – *fu* aus dem Stegreif verfaßt, doch habe es ihm an Bildung in den Klassikern gemangelt und er sei sich in obszönen Witzen ergangen. Daher umfasse die in der *Monographie über die Künste und Literatur* angegebene Zahl von 120 seiner *fu* nicht jene »einige Dutzend« moralisch fragwürdigen Stücke. Mei Gao selbst wie auch Dongfang Shuo (154–93 v.Chr.) beklagen den niederen Status des *fu*-Autors als Unterhaltungskünstler am Kaiserhof – eine Kritik, die später von Yang Xiong erneut aufgenommen wurde.

Quellen des fu

Die beiden Hauptquellen für die Entwicklung des *fu* sind die frühen *Chu ci* (insbesondere *Li sao*, *Jiu ge*, *Da zhao* und *Zhao hun*) und die »Überredungen« (*shui*) des 4. und 3. Jh.s v.Chr. Mit beiden Quellen teilt das *fu* den Begriff der Rhetorik als sprachliches Ornament und zugleich Argumentationstechnik. Allgemein darf das *fu* als eine südliche Literaturform gelten. Zu poetischer Gestalt entwickelte es sich während der ersten sechs Jahrzehnte der frühen Westlichen Han-Zeit nicht am Kaiserhof, sondern an den südlichen Prinzenhöfen von Wu (Prinz Liu Pi, reg. 195–154 v.Chr.), Huainan (Prinz Liu An, reg. 164–122 v.Chr.) und Liang (Prinz Liu Wu, reg. 168–144 v.Chr.) – eigenständigen Zentren literarischer Kultur und klassischer Bildung, deren Herrscher zahllose philosophische und literarische Talente aus dem ganzen Land anzogen. Ein Ergebnis dieser südlichen Kultur ist das große philosophische Kompendium *Huainanzi*, geschaffen unter Liu Ans Patronage; ein anderes ist die Entwicklung des *fu* besonders am Hofe Liu Wus, wo sich Mitte des 2. Jh.s v.Chr. die wichtigsten Vertreter poetischer Rhetorik versammelten, unter ihnen Mei Sheng und Sima Xiangru. Neue Handschriftenfunde bezeugen die reiche literarische, philosophische und materielle Kultur im Gebiet des alten Staates Chu während des 3. und 2. Jh.s v.Chr., wo sich die klassische Tradition und Gelehrsamkeit der *Fünf Klassiker* mit der reichen visuellen und sprachlichen Ästhetik des Südens verband.

Zu Beginn der Han-Zeit hatte bereits Jia Yi seine uns überlieferten Werke im Exil in Changsha (Hunan) geschrieben. Während Mei Sheng aus Huaiyin (Jiangsu) im Südosten stammte, kamen die drei bedeutendsten *fu*-Autoren der mittleren und späten Westlichen Han-Zeit – Sima Xiangru, Wang Bao (gest. etwa 61 v.Chr.) und Yang Xiong – sämtlich aus Shu im Südwesten. Wang Yi führt sowohl Jia Yi als auch Wang Bao unter seinen Autoren der *Chu ci*-Anthologie, wenn auch die Zuschreibung des *Xi shi* (Bedauern über die gebrochene Treue) an Jia Yi heute als fragwürdig gilt.

Die Förderung des fu *am Hofe des Kaisers Wu (Han Wudi)*

Erst Kaiser Wu, der 141 v.Chr. siebzehnjährig den Thron bestieg, entwickelte den Kaiserhof in Chang'an (Xi'an, Shaanxi) zum kulturellen Zentrum der Dynastie, rief die bedeutenden *fu*-Autoren von den Domänen der südlichen Prinzen an seinen Hof und förderte wie kein anderer Herrscher der Westlichen Han-Zeit die Komposition neuer Literatur und Musik. Während der betagte Mei Sheng noch auf der Reise nach Chang'an starb, traf Sima Xiangru um 136 v.Chr. ein; neben ihm wirkten in der Hauptstadt viele mehr – Possenreißer wie Mei Gao, aber auch politische Rhetoriker wie Zhuang Zhu (gest. 122 v.Chr.) oder Zhufu Yan (gest. 126 v.Chr.), deren umfangreiches (verlorenes) Werk Kontinuität und Wandel der alten Rhetorik im neuen literarischen Genre repräsentierte. Die produktivste Phase der *fu*-Komposition fällt in die Regierungszeit Kaiser Wus, seit welcher das *fu* die literarische Kultur der Westlichen Han bestimmte. Unter den *fu*-Autoren des 2. Jh.s v.Chr. notiert das *Hanshu* neben Mei Sheng (9 Texte), Mei Gao (120 Texte), Sima Xiangru (29) und Jia Yi (7) unter anderem auch Zhuang Ji (etwa 188–105 v.Chr.; 24 Texte), Liu An (82), Kong Zang (etwa 201–123 v.Chr.; 20), Liu Yan (Mitte 2. Jh. v.Chr.; 19), Yuqiu Shouwang (etwa 156–110 v.Chr.; 15), Zhuang Zhu (gest. 122 v.Chr.; 35), Sima Qian (etwa 145 – etwa 86 v.Chr.; 8), kollektiv die an Liu Ans Hof wirkenden Literaten (44 Texte) und zahlreiche andere. Dongfang Shuo wird mit zwanzig Werken nicht unter den *fu*-Autoren, sondern unter jenen »vermischter« Texte (*za jia*) gelistet.

Die epideiktische Großform des fu

Die epideiktische Großform *fu*, in der Westlichen Han-Zeit repräsentiert in den Werken Sima Xiangrus und Yang Xiongs, ist formal gekennzeichnet durch außergewöhnliche Länge (bei Sima Xiangru bis zu fünfhundert Verse), Dialogstruktur, kurze Prosaeinleitung, unregelmäßigen Wechsel von Metrum sowie gereimter und nicht gereimter Passagen, erschöpfende Beschreibung des jeweiligen Gegenstandes, extreme Übertreibung, häufigen Gebrauch von Parallelismus und Antithese, Reihung reimender, alliterativer und reduplikativer Binome, kaskadenartige Beschreibungen und Kataloge sowie einen ungeheuer reichen und schwierigen Wortschatz. Ein frühes Beispiel ist Mei Shengs (gest. 140 v.Chr.) *Sieben Stimuli* (*Qi fa*). Hier präsentiert ein »Gast aus Wu« einem von den Exzessen luxuriösen Lebens geschwächten Prinzen zunächst sechs Rezitationen überschäumender Sprachgewalt. Rhetorischer Höhepunkt ist der sechste Abschnitt, die Beschreibung einer Flutwelle, worin die Ansprache des Gastes nichts weniger als die sprachliche Verkörperung des Wütens und Tosens der Welle darstellt. Über achtzig Verse hinweg überschlägt sich die Sprache in turbulenten Rhythmen:

> Anschwellend und strömend, vorwärts brausend,
> so steigt die Brandung, und die Welle erhebt sich.
> Sie richtet sich erstmals auf,
> mit Spritzern sprühend, sprühend,
> wie weiße Reiher, die niederflattern.
> Sie bewegt sich leicht voran,

weithin, weithin, glitzernd, glitzernd,
gleich aufgespanntem Umhang und Baldachin eines seidenblassen Wagens mit weißen Rössern.
Die Welle steigt, läßt Wolken taumeln,
wütend, wütend, wie drei Armeen, die zur Bereitschaft stürzen.
Seitwärts stellt sie sich auf und eilt empor,
gleitend, gleitend, wie ein leichter Wagen, der die Truppen kommandiert.
Ein Gespann von sechs geschuppten Drachen
folgt der Führung des Großen Weiß[-Geistes].
Sich drehend und kreisend, ein schimmernder Nimbus,
Vorder- und Rückteil verbunden und verknüpft.
Hoch, hoch, ragend, ragend,
rasend, rasend, tobend, tobend,
drängend, drängend, drückend, drückend:
eine gestaffelte Festung gestufter Kraft,
vielfach und vielfältig wie formierte Truppen,
wühlend und brüllend, donnernd und dröhnend –
wahrhaftig, nichts hält ihr stand!

Die mündliche Darbietung des fu *in der Westlichen Han-Zeit*

Ein besonderes Merkmal des *fu* ist seine häufig dialogische Struktur. Zwar dürften sämtliche Dialoge des literarischen *fu* Repräsentationen fiktionaler Situationen sein, doch bezeugt die auf aurale Effekte ausgelegte Sprache den grundsätzlich performativen Charakter des Genres. In diesen Repräsentationen dialogischen Wettstreits dominiert das Bedürfnis, das jeweilige Gegenüber durch die schiere Übermacht sprachlicher Fülle und Vielfalt zu überzeugen, zu betäuben oder zumindest zum Schweigen zu bringen. Die tatsächliche Darbietungspraxis des *fu* in der Westlichen Han-Zeit ist nicht geklärt, doch spricht nichts gegen die Annahme mehrstimmiger Aufführungen. In jedem Falle war die Fähigkeit, poetische Texte – insbesondere solche südlicher Herkunft – am Kaiserhof aufzuführen, nicht allgemein verbreitet, sondern Sache einzelner Spezialisten. Neben dem Großen *fu* (*da fu*) umfaßt das Genre auch eine Reihe anderer Formate und trägt bisweilen auch andere Bezeichnungen wie *ci* (»Worte«, auch *cifu*) oder *song* (»Hymne«). Manche Stücke werden hier als *fu*, dort als *song* erwähnt; andere tragen keine Genrebezeichnung im Titel, gelten aber dennoch als *fu*, so etwa die Qu Yuan und seinen Nachfolgern zugeschriebenen Kompositionen. Eine dritte Gruppe von Werken wird separaten Genres zugerechnet – insbesondere die Siebener (*qi*) und die als Inszenierte Diskurse (*shelun*) oder Antworten auf Fragen (*duiwen*) bezeichneten Dialoge, in denen sich die Person des Autors erfolgreich des Vorwurfs mangelnder politischer und moralischer Ambition erwehrt. Formal unterscheidet diese Stücke nichts von den als *fu* bezeichneten; eine eigene Identität gewannen Genres wie Siebener oder Inszenierter Diskurs erst während der Sechs Dynastien (etwa im *Wenxuan*), nachdem frühe Kompositionen wie Mei Shengs *Sieben Stimuli* oder Dongfang Shuos *Da ke nan* (Antwort auf die Vorhaltungen eines Gegenübers) eine Serie an Nachahmungen inspiriert hatten.

Die Spannung zwischen Moral und Rhetorik

Die Ästhetik des *fu* der Westlichen Han-Zeit ist definiert durch die innere Spannung zwischen moralischer Aussage und extremer sprachlicher Ornamentik. Werke wie Mei Shengs *Qi fa* oder Sima Xiangrus *Tianzi youlie fu* (Fu über den Jagdausflug des Himmelssohnes) behandeln nicht lediglich ein bestimmtes Thema, sondern präsentieren vor allem ihre eigene Sprachgewalt. In seiner rhetorischen Struktur als ausdrücklich fiktiver Diaolog – so war das Element ostentativ phantastischer Namen der Diskutanten bereits aus den Fabeln des *Zhuangzi* vertraut –, den erschöpfenden Katalogen von Namen und Gegenständen, der dramatischen Aufhäufung euphonischer

Binome und ins Bizarre übertriebener Beschreibung, war das Große *fu* der Westlichen Han-Zeit zuallererst ein Medium, in dem sich die höfische Kultur literarischer Aufführung selbst zur Schau stellte. Sima Xiangrus Darstellung des kaiserlichen Jagdparks – im *Wenxuan* in *Zixu fu* (Fu auf Meister Leere) und *Shanglin fu* (Fu auf den Shanglin-Park) geteilt – ist nicht im eigentlichen Sinne beschreibend, sondern ein Kunstwerk hochgradig ritualisierter Sprache, dessen ästhetisches Schauspiel das Ideal des Parks als *imago mundi* und des Kaisers als Weltenherrscher erst erzeugt. Der imperiale Text beschreibt nicht das Zentrum und den Gipfelpunkt menschlicher Zivilisation, sondern repräsentiert in seiner unvergleichbaren sprachlichen Grandiosität selbst dieses Zentrum und diesen Gipfelpunkt. Wie im Falle des *Qi fa* ist das beschriebene Spektakel der kaiserlichen Jagd verwandelt in ein sensualistisches Spektakel poetischer Beschreibung, die Wunder der Welt manifestieren sich als Wunder der Sprache und der Genuß des Jagdparkes, in Fülle und Vielfalt ein vollständiges Abbild des Kosmos, wird zum Genuß seiner klanglichen Repräsentation.

Nicht selten fällt ein *fu*, nachdem es in einem sprachlichen Feuerwerk seinen Gegenstand erschöpfend behandelt hat, abrupt in eine ruhige Diktion, um mit einer moralischen Botschaft zu schließen. In diesem Wechsel offenbart sich das ästhetische Programm des *fu*: seine Sprachgewalt ist letztlich nicht Selbstzweck, sondern ein rhetorisches Mittel, um die Zuhörerschaft zunächst zu begeistern und dann innerlich zu verwandeln. So kuriert im *Qi fa* erst die Nüchternheit des siebten Stimulus – die »wichtigen Worte und wunderbaren Lehren« (*yaoyan miaodao*) – die Malaise des Prinzen. Ähnlich das *Shanglin fu*: Hat der Universalherrscher zunächst ein Massaker kosmischen Ausmaßes an den versammelten Kreaturen der bekannten – einschließlich der mythologischen – Welt verübt und sich anschließend einer nicht weniger ritualisierten musikalisch-erotischen Orgie überlassen, versinkt er urplötzlich in tiefe Meditation. Zugleich wechselt auch die Sprache von extremer Sensualistik und lebhaften Rhythmen in die getragene, klassische Schlichtheit des Viersilblers:

> Daraufhin, inmitten des Trinkgelages und musikalischer Verzückung, wird der Himmelssohn benommen und nachdenklich, als habe er etwas verloren. Er sprach: »Ach! Dies ist zu verschwenderisch! Ich verbringe freie Zeit mit [den sinnlichen Vergnügungen von] Zuschauen und Lauschen, verschwende meine Tage mit Müßiggang! In Entsprechung mit dem [zyklischen] Weg des Himmels töte und vollstrecke ich, und raste gelegentlich an diesem Ort. Ich fürchte, daß spätere Generationen ausschweifend und zügellos werden; sie folgen auf meinem Weg und kehren nicht um. Dies ist nicht, wie man einen [dynastischen] Ursprung erschafft und eine Tradition an die Reihen der Nachfolger weiterreicht.«

Mit diesen Worten beendet der Kaiser das Fest und rühmt in feierlicher Rede die Tugenden guten Regierens, der Zurückhaltung und der selbstlosen Sorge um das Volk. Die weitere Darstellung zeigt den Herrscher ganz im Sinne des klassischen Ideals: er durchstreift die Welt der kanonischen Texte, unterwirft sich den Prinzipien von Moral und Bescheidenheit und übt sich selbst bei der – rituell vorgeschriebenen – Jagd in Zurückhaltung gegenüber seinem Volk und der natürlichen Welt. In einer grandiosen Transformation ersteht der Kaiser des *Tianzi youlie fu* als Sagenherrscher des Altertums, umringt von seinem Hofstaat ehrwürdiger Minister und Männer des poetischen Ausdrucks – und mit ihm erhebt sich der hanzeitliche Kaiser als Adressat der Aufführung, verwandelt durch sein literarisches Ebenbild.

Panegyrik und Herrscherkritik

In der komplexen und performativen Konstruktion von Literatur als Objekt ästhetischen Genusses und Vehikel moralischer Verwandlung verschmelzen die beiden zentralen Funktionen des hanzeitlichen *fu*, Panegyrik und indirekte Herrscherkritik. Die aus dem Gegensatz dieser Funktionen resultierende moralische Ambivalenz des Genres wurde schon zum Ende der Westlichen Han-Zeit kritisch thematisiert und hat dem *fu* eine bis heute höchst zweifelhafte Reputation eingetragen. Die frühe Gattungskritik des *fu* verbindet sich mit den Namen Yang Xiong, Liu Xin und Ban Gu. Yang Xiong, der maßgebliche *fu*-Autor der ausgehenden Westlichen Han-Zeit, verfaßte zunächst *fu* im »großen« Stile Sima Xiangrus, bevor er das Genre einer Generalkritik unterzog: Zwar diene es der indirekten Ermahnung des Herrschers, doch verliere sich seine moralische Botschaft in der ungezügelten Rhetorik opulenter Sprachgewalt und extremer Übertreibung. Anstatt zu ermahnen, bestärke das *fu* den Herrscher nur in seinen Exzessen; die Ausdrucksweise des *fu* gleiche der von Komödianten und Hofnarren, und anders als die alten *Oden*, deren Schönheit Maßstäbe angemessenen Verhaltens biete, verleite das *fu* seit dem 3. Jh. v.Chr. zur Ausschweifung. Im Kern ist diese Kritik in Liu Xins kurzen historischen Abriß des *fu* übernommen, aufbewahrt in der *Monographie über die Künste und Literatur.* Danach sei die Rezitation (*fu*) der *Oden* das vornehmste Mittel gewesen, sich als Würdenträger zu erweisen, in diplomatischer Mission zu sprechen, andere subtil zu beeinflussen und seine Absichten durch »Illustration« (*yu*) auszudrücken. Doch mit dem politischen und moralischen Verfall der Zhou-Dynastie sei die *Oden*-Rezitation ausgestorben; statt dessen seien mit Xun Qing (dem Autor des *Xunzi*) und Qu Yuan die Frustrations-Rhapsodien (*shi zhi zhi fu*) entstanden, in denen die Autoren ihren Kummer ausdrückten und zugleich politische Ermahnungen schufen. In der Tat werden Qu Yuans Werke in der Han-Zeit als *fu* bezeichnet, und das *Xunzi*-Kapitel 26 wurde von Liu Xiang (in seiner Funktion als kaiserlicher Kollationator) mit *fu* betitelt. Das Kapitel enthält fünf poetische Rätsel, die neben wesentlichen formalen Merkmalen des *fu* (Reim, *sao*-Metrum, Ansätze einer dialogischen Struktur) auch den literarischen Topos der moralisch kopfstehenden Welt aufweisen.

Das fu *als Ausdruck persönlicher Frustration*

Liu Xins Argumentation ist in zweifacher Hinsicht bemerkenswert: Erstens wird die Rezitation alter durch die Schöpfung neuer Texte ersetzt – und mit diesen der namentlich bekannte literarische Autor im eigentlichen Sinne geboren. Zweitens wird der Ursprung literarischer Schöpfung, und damit Autorschaft an sich, im Ausdruck persönlicher Frustration lokalisiert – ein hanzeitlicher Gedanke, der auch weitgehend die *Oden*- und *Chu ci*-Exegese bestimmt. Laut *Hanshu* beginnt und endet mit Xun Qing und Qu Yuan die noble Ausdrucksform des *fu* als authentische Selbstaussage und kritische Ermahnung des Herrschers; alle folgenden Autoren, einschließlich jener der Westlichen Han-Zeit, »wetteiferten in übertriebener Pracht und verschlungener Diktion und ließen die Bedeutung von Kritik (*feng*) und Illustration (*yu*) untergehen«. Auch Ban Gu leitet im Vorwort zu seiner *Rhapsodie auf die beiden Hauptstädte* (*Liang du fu*) das *fu* von den *Oden* ab. Doch wo Yang Xiong und Liu Xin das Genre auf Herrscherkritik und Ausdruck persönlicher Enttäuschung verengen, betont Ban Gu die aus den *Hymnen* und *Hofgesängen* der *Oden* hervorgegangene und nunmehr mit dem kaiserlichen Ritualsystem verbundene Panegyrik. Die in den hanzeitlichen Diskussionen erkennbare Ambivalenz von Kritik und Lobpreis bezieht sich nicht allein auf das Genre als Ganzes, sondern zeigt sich auch in einzelnen Texten insbesondere des Großen *fu*, beginnend mit Sima

Xiangrus *Fu auf den Jagdausflug des Himmelssohnes* und *Fu auf den Großen Mann.*

Die Entwicklung des *fu* als höfisches Genre ist eng mit der allgemeinen Entwicklung des Kaiserstaates unter Kaiser Wu verbunden. Insbesondere zwischen 130 und 100 v.Chr. erlebte das Han-Reich neben enormer militärischer Expansion und innerer Festigung auch die entschiedene Ausweitung und Umformung des kaiserlichen Rituals und der höfischen Musik. Musik, Literatur und Ritual waren dabei in einer gemeinsamen Ästhetik zeitgenössischer und teilweise auch ausländischer Ausdrucksformen verbunden, die den offiziellen Staatskult ebenso wie die höfische Unterhaltung prägte. So wurde etwa 114–111 v.Chr. das bereits unter der Qin-Dynastie existierende Musikamt (*yuefu*) wesentlich erweitert, wobei neben höfischer Unterhaltung – teilweise auch mit Stücken regionaler und vielleicht auch ausländischer Herkunft – die Vertonung und Aufführung der kaiserlichen Ritualhymnen, insbesondere der für die kosmologischen Staatsopfer neu geschaffenen *Gesänge für die Opfer an den Vorstadtaltären* (*Jiaosi ge*) im Vordergrund standen. Als Direktor des Musikamtes wurde Li Yannian (etwa 140–87 v.Chr.) eingesetzt, der Bruder von Kaiser Wus bevorzugter Nebenfrau, der im *Hanshu* als Vertreter neuer und – gegenüber der orthodoxen Ritualmusik – abwechslungsreicher Unterhaltungsmusik erwähnt wird. (Li Yannians Autorschaft eines kurzen pentasyllabischen Liedes, worin er seine Schwester preist, ist fragwürdig, doch ist der Text bereits im *Hanshu* überliefert, stammt also spätestens aus dem ersten Jh. der Östlichen Han.) Institutionell war das Musikamt nicht – wie die Ritualmusik aller folgenden Epochen – dem Ritenministerium unterstellt, sondern befand sich im kaiserlichen Haushaltsamt und damit unter persönlicher Kontrolle des Kaisers. Die insgesamt zwanzig *Jiaosi ge* (darunter zwei Gesänge auf das »Himmelspferd«), verfaßt vermutlich zwischen 113 und 94 v.Chr., enthalten kosmologische Gesänge an die Geister der Himmelsrichtungen, festliche Opferhymnen mit ausführlichen Beschreibungen des eigentlichen Rituals sowie eine Serie von Liedern, die im Verlaufe mehrerer Jahre zu Erscheinungen glückverheißender Omina (wunderliche Tiere und Pflanzen, atmosphärische Phänomene, ein Dreifuß) geschaffen wurden. So zelebriert Text 18 der *Jiaosi ge* den Fang roter Wildgänse als Zeichen kosmischer Harmonie:

yuefu *(Musikamt)*

Die kosmologischen Hymnen des Kaisers Wu (Jiaosi ge)

> Die Himmelsbilder sind wohlgeordnet und schimmernd,
> weißes [Pneuma] sammelt sich im Westen.
> Wir verzehren süßen Tau,
> trinken von gehaltvollen Quellen.
> Die roten Wildgänse sammeln sich
> zu sechst in reichlicher Fülle!
> Ungewöhnliches Halsgefieder, vielfältig,
> im Muster der fünf Farben!
> Was die Geister zur Erscheinung bringen
> verbreitet Glück und Segen!
> Wir besteigen [den mythischen Berg] Penglai,
> verbinden uns der Grenzenlosigkeit.

Aufgeführt unter anderem an dem reich geschmückten Altar der obersten Himmelsgottheit Taiyi (»Große Einheit«) in Ganquan, bezeugen diese Hymnen ebenso wie die 105/104 v.Chr. unter der Regierungsdevise Großer Beginn (*taichu*) vollzogene Kalenderreform einen programmatischen und selbstbewußten politischen wie kulturellen Aufbruch: In schnellen und lebhaften Rhythmen gehalten, bedienen sich die Opferhymnen vielfach des zeitgenössischen Idioms südlicher Dichtung, das einerseits auf die *Neun Gesänge* der *Chu ci*, andererseits auf Sima Xiangrus *fu* verweist. Implizit durch ihre metrische Struktur und explizit durch ihre in Teilen äußerst sensualistische Beschreibung verweisen die Hymnen zugleich auf die ihnen unterliegende Musik »neuer Melodien« und ihrer Tänze. So erinnert schon der Eingangshymnus der *Jiaosi ge*, worin die Geister herbeigelockt werden, an die im *Da zhao* gerühmte Sinnlichkeit der Tänzerinnen:

Die Scharen der Grazien bilden ihre Reihen,
entspannen sich in seltenen und aufreizenden Formen.
Ihre Antlitze gleichen Binsenblüten –
zahllos [die Gestalten] begehrter Anmut.
Gewandet in prächtige Muster,
verwoben in dunsthafte Gaze,
ziehen sie nach sich Satin und Batist,
mit Perlen und Jade als Taillenschmuck.
Umfangen von segensreicher Nacht
senden Angelika und Wasserdost ihre Düfte aus. Sorglos und unbekümmert
entbieten wir segensreiche Pokale.

Die orthodoxe Kritik zum Ende der Westlichen Han-Zeit

In deutlicher Abkehr vom tetrasyllabischen Standard der orthodoxen Ritualmusik und -poesie waren die neuen kaiserlichen Staatsopfer daher von zeitgenössischen Unterhaltungsformen geprägt, in denen südliche wie zentralasiatische Elemente zum Tragen kamen. Die unter Kaiser Wu vollzogene und von seinen Nachfolgern zunächst beibehaltene Öffnung der höfischen Kultur und des Staatsrituals für die neue literarische und musikalische Ästhetik wurde erst zum Ende der Westlichen Han-Zeit als unmoralisch und nicht im Einklang mit dem Altertum befindlich angegriffen und schließlich rückgängig gemacht. Während Yang Xiong die literarische Form des *fu* verwarf, setzten hochrangige Beamte wie Kuang Heng (Kanzler 36–30 v.Chr.) und Zhang Tan (Chefzensor 33–30 v.Chr.) die Abschaffung des reich verzierten Taiyi-Altares sowie Textänderungen an den offenbar nach wie vor verwendeten Hymnen Kaiser Wus durch. Zugleich wurde mit den auf glückverheißende Omina und sensualistische Beschreibungen konzentrierten Hymnen auch die »neue Musik« des Kaiserhofes verworfen, welche – unter Bezug auf kulturelle Schemata aus der Zeit der Streitenden Reiche nunmehr mit den vermeintlich lasziven »Melodien von Zheng und Wei« (*Zheng Wei zhi sheng*) identifiziert – als moralisch und letztlich politisch verwerflich galten. Das Jahr 7 v.Chr. markiert schließlich die Abschaffung des Musikamtes under Kaiser Ai; 441 seiner 829 Musiker wurden entlassen; die mit der eigentlichen Ritualmusik beauftragten 338 Musiker wurden dem Ritenministerium unterstellt. Yang Xiongs radikale Kritik des *fu* steht daher im Zusammenhang einer umfassenden kulturellen Neuorientierung, deren moralische und ästhetische Maßstäbe nun vor allem im Kanon der *Fünf Klassiker* und seiner begleitenden Texttraditionen gesucht und gefunden wurden.

Andere Gesänge der Westlichen Han-Zeit

Außer den *Jiaosi ge* und den *Anshi fangzhong ge* sind nur wenige überlieferte poetische Texte zweifelsfrei in die Westliche Han-Zeit datierbar. Die Vorstellung, daß dem Musikamt Kaiser Wus die Sammlung von Volksliedern oblag, ist erst in Texten der Östlichen Han-Zeit eindeutig belegt; noch fragwürdiger ist die Datierung zahlreicher pentasyllabischer Lieder in die West-Han-Zeit, die erst in Quellen des 6. Jh.s (darunter die Anthologien *Wenxuan* und *Yutai xinyong* sowie die Musikmonographie des *Songshu*) und später vor allem in Guo Maoqians *Yuefu shiji* (12. Jh.) überliefert sind. Die bekanntesten und literaturhistorisch einflußreichsten dieser entweder als »Gedichte im antiken Stil« (*gushi*) oder als »Musikamtslieder« (*yuefu*) kategorisierten Texte sind die *Neunzehn alten Gedichte* (*Gushi shijiu shou*), die Serie der *Gesangsstücke zur kurzen Panpfeife und zur Nao-Glocke* (*Duanxiao naoge*), die Li Ling (gest. 74 v.Chr.) und Su Wu (140–60 v.Chr.) zugeschriebenen Lieder sowie zahlreiche andere, in späteren Quellen als »Wechselgesänge« (*xianghe geci*) klassifizierte Gesänge und Balladen – etwa die Ballade *Maulbeerbäume am Weg* (*Mo shang sang*). Auch datiert die Unterscheidung der Musikamtslieder in verschiedene musikalisch definierte Genres nicht vor die Zeit der Sechs Dynastien und war selbst im 6. Jh., wie der Vergleich von *Wenxin diaolong* und *Wenxuan* zeigt, noch keineswegs fixiert; ihre im *Yuefu shiji* ausformulierte Systematik ist als eine retrospektive Konstruktion zu verstehen. Die früheste, von Cai Yong (133–192) gegebene Klassifizierung hanzeitlicher Gesänge ist ausschließlich rituell verwendeten Musikstücken gewidmet; ebenso dürften die insgesamt 314 in der *Monographie über die Künste und Literatur* aufgelisteten Lieder (*ge*) ihren Titeln nach größtenteils Ritualgesänge gewesen sein. Allerdings sind eine Anzahl zumeist kürzerer und recht einfach strukturierter Lieder im *Hanshu* (in geringerer Zahl auch im *Shiji*) überliefert und dort verschiedenen Kaisern und anderen historischen Persönlichkeiten zugeordnet; daneben finden sich ominöse Kinderreime, kurze, sprichwortartige gereimte Sentenzen und einzelne Gesänge politischer Kritik wie die in die Regierungszeit von Kaiser Cheng datierten Verse, welche das Ende der Han und die Machtübernahme durch Wang Mang voraussagen:

Unregelmäßige Wege zerstören das gute Feld,
verleumderische Münder stürzen treffliche Männer ins Unheil.
Der Zimtbaum blüht, doch trägt er keine Frucht;
ein gelber Spatz nistet in seiner Spitze.
Einst von den Menschen beneidet,
heute von den Menschen bedauert.

Das *Hanshu* selbst erklärt hierzu, daß die roten Blüten des Zimtbaumes kosmologisch für das Herrscherhaus der Han stehen, während Wang Mang gelb als emblematische Farbe seiner Herrschaft wählte. Wie schon in der früheren Historiographie von *Zuo zhuan* und *Guoyu* sind derartige Voraussagen in aller Regel zu treffsicher, um wahr zu sein; vielmehr entblößen sie die Strategie des Historikers – oder schon seiner Quellen –, die Erzählung rückblickend mit prophetischen Versen anzureichern und damit jene Herrscher zu kritisieren, die das Land ins Verderben führten und so das Volk – ganz im Sinne des *Großen Vorworts* der *Oden* – in Klagen ausbrechen ließen.

Die südlichen literarischen Formen in der Poesie der Westlichen Han-Zeit

Nicht wenige der Mitgliedern des Kaiserhauses zugeschriebenen Texte weisen metrische Verwandtschaft mit Liedern der *Chu ci* auf, insbesondere im Gebrauch der Partikel *xi*, welche wie in den *Neun Gesängen* häufig zwei dreisilbige Vershälften trennt (dum dum-dum *xi* dum dum-dum) oder einen Viersilbler von einem Dreisilbler (dum-dum dum-dum *xi* dum dum-dum). Es ist daher anzunehmen, daß sie den »Melodien aus Chu« angepaßt waren. Allerdings umfassen die erstmals im *Hanshu* verwendeten Begriffe *Chu sheng* und *Chu ge* (»Chu-Lieder«) auch rein trisyllabische und tetrasyllabische Verse, so etwa in einem »Chu-Lied« Kaiser Gaozus, den Versen seines Enkels Liu Zhang (gest. 178 v.Chr.) und vor allem in den Ritualhymnen der *Anshi fangzhong ge* und *Jiaosi ge*. Die konkrete Bedeutung der literarisch-musikalischen Begriffe *Chu sheng* und *Chu ge* ist nach wie vor unklar, zumal die Musik der Han-Zeit vollständig verloren ist. Festzuhalten bleibt dennoch, daß die poetische Diktion und Bildlichkeit der südlichen Literatur nicht nur das *fu*, sondern auch viele der kürzeren Lieder der Westlichen Han-Zeit prägt. Auch in ihren Reimen entfernten sich die Texte dieser Periode zunehmend von der Praxis der *Oden*, welche noch die Steleninschriften des ersten Qin-Kaisers sowie die *Anshi fangzhong ge* aus dem ersten Jahrzehnt der Westlichen Han vollständig bestimmt hatte. Ebenso wie die gereimten Passagen des *Huainanzi* zeigen die *fu* und Gesänge aus der Regierungszeit Kaiser Wus deutliche Verschiebungen einzelner Reimkategorien, was die Präsenz und auch einen gewissen Status der südlichen Dialekte (neben Chu vermutlich auch Shu) am Kaiserhof im (nördlichen) Chang'an belegen dürfte. Die offenbar seltene Kunst, poetische Texte aus Chu (oder in südlicher Form) vorzutragen, wird im *Hanshu* ausdrücklich erwähnt – was neben der Bedeutung dieser Literatur auch ihre eigenständige, vom traditionellen poetischen Idiom abweichende sprachliche Natur unterstreicht.

Krise und Katharsis: Die rhetorische Funktion der Poesie in der Historiographie der Han

Die zumeist melancholischen Lieder sind üblicherweise in die historische Erzählung eingegliedert, wo sie dem narrativen Text Drama, Unmittelbarkeit und – als vermeintlich originale Stimmen historischer Augenblicke – Authentizität verleihen. Als Liu Bang seiner Nebenfrau Qi eröffnet, daß ihr Sohn nicht Kronprinz werden kann, drückt er sich in Versen aus; als dieselbe Nebenfrau nach Liu Bangs Tod von der Kaiserinwitwe Lü eingekerkert wird, besingt sie ihr Schicksal in bitteren Worten: »Der Sohn ist ein Prinz, / die Mutter eine Sklavin. / Tagein, tagaus stampfe ich Getreide, / immer wieder in Begleitung der Toten. / Wir sind voneinander durch dreitausend *li* getrennt – / wen kann ich bitten, dir zu berichten?« Unmittelbar bevor Liu You, posthum Prinz You von Zhao (gest. 181 v.Chr.), unter der Kaiserinwitwe Lü im Gefängnis verhungert, singt er seine Klage in achtzehn Versen; und am Abend bevor Liu Dan, Prinz von Yan (gest. 80 v.Chr.) aufgrund politischer Verwicklungen Selbstmord begeht, stimmt er bei einem Abschiedsbankett ein Lied an, worin er sich selbst schon als Toten sieht: »Ich kehre zurück in die leere Stadt, / keine Hunde bellen, keine Hühner schreien. / Die sich kreuzenden Straßen einsam und verlassen – nun weiß man sicher, die Hauptstadt ist menschenleer.« Seine Gefährtin antwortete sogleich mit ihrem eigenen Lied: »[...] / Eine Mutter sucht ihren toten Sohn, / eine Frau sucht ihren toten Mann. / Ich laufe hin und her zwischen den beiden Kanälen [des Palastes], / und du, mein Herr, allein ruhst friedlich.« Li Ling, der General, der sich 99 v.Chr. den Xiongnu ergeben hatte und seither mit diesen lebt, singt zum Abschied für seinen Freund Su Wu: »Ich habe zehntausend *li* durchquert, die Wüste durchmessen, / ich gab dir Hilfe und kämpfte mit den Xiongnu. / Der Weg war am Ende, Pfeile und Klingen zerbrochen; / Offiziere und Truppen vernichtet, mein Name schon ausgelöscht. / Meine alte Mutter ist bereits tot – / möchte ich auch ihre Güte vergelten, wohin könnte ich heimkehren?« Im Angesicht des drohenden Untergangs richtet sich Xiang Yu (232–202 v.Chr.) in Gaixia an seine Geliebte: »Meine Kraft entwurzelte Berge, mein Geist überzog die Welt; / doch die Zeiten waren mir nicht günstig, und mein Schecke rennt nicht mehr. / Mein Schecke rennt nicht mehr – was kann ich tun? / Ah Yu, ah Yu – was wird aus dir werden?« *Shiji* und *Hanshu* enthalten eine Reihe weiterer solcher Lieder, denen in ihrer Gesamtheit eine klare historiographische Funktion eignet: in Momenten emotionalen Zusammenbruchs oder physischer Zerstörung brechen die historischen Akteure spontan in tränenreichen Gesang aus.

Die Kanonisierung von Poesie und Geschichte

Gerade dieser mechanische Gebrauch poetischer Texte innerhalb der Erzählung läßt jedoch fragen, ob die Lieder tatsächlich den ursprünglichen Momenten von Krise und Katharsis entstammen; unklar ist auch, wie manche Gesänge den Weg in die Nachwelt finden konnten. Solche Zweifel haben der Wirkungsgeschichte der historiographisch kanonisierten Lieder keinen Abbruch getan: als Höhepunkte dramatischer Situationen der Vergangenheit wurden sie mit diesen erinnert und – in Zweigen mündlicher Tradition – sicherlich auch aufgeführt. Insgesamt sind sie als Teil einer romantisierenden Folklore anzusehen, die sich häufig wohl erst im nachhinein um einen Kern historischer Ereignisse oder bedeutende Persönlichkeiten bildete. Die Tragik Xiang Yus, die Leiden der Nebenfrau Qi und anderer unter dem Schreckensregime der Kaiserinwitwe Lü, der Abschied Liu Bangs, als er kurz vor seinem Tod noch einmal sein Heimatdorf besucht, die Romanze zwischen Kaiser Wu und seiner Nebenfrau Li, die Verzweiflung Li Lings, die Sehnsucht der nach Zentralasien verheirateten Prinzessin Liu Xijun, das Scheitern von Verschwörern am Kaiserhof – in solchen Episoden und ihren Versen wird die Geschichte der Westlichen Han bis heute erinnert. Dabei zeigen die Lieder der frühen Geschichtsschreibung Literatur als Ausdruck unmittelbarer, den Sprecher überwältigender Emotionen insbesondere von Trauer und Verzweiflung. Mit ihnen ist die im *Großen Vorwort* formulierte Grundannahme poetischer Schöpfung in die narrative Historiographie integriert. Klagegesänge wie Kaiser Wus Verse über den Tod seiner Nebenfrau Li (*Li furen fu*) oder sein erst im *Wenxuan* überliefertes *Qiufeng ci* (Gesang des Herbstwindes), beide verfaßt in der Tradition von *Li sao* und *Jiu ge*, zeigen, wie selbst der Kaiser als Universalherrscher die Kürze und Vergänglichkeit menschlicher Existenz erfährt – ein in der Folge machtvoller Topos der chinesischen Literatur. Zugleich aber ist es erst der Gesang, nun eingebettet in Erinnerungskultur und Geschichtsschreibung, worin das Schicksal der frühen Heroen – ganz im Sinne des *Yao dian*-Kapitels der *Dokumente* – überliefert ist: »Die *Oden* sind Ausdruck der Ambitionen; der Gesang verleiht den Worten Dauer.«

Geschichtsschreibung und erzählerische Literatur

Sima Qians Aufzeichnungen des Historikers (Shiji)

Das größte erzählerische Werk der frühen Kaiserzeit ist das *Shiji* (Aufzeichnungen des Historikers), die von Sima Tan (gest. 110 v.Chr.) in privater Initiative begonnene und von seinem Sohn Sima Qian abgeschlossene Universalgeschichte Chinas und seiner Nachbarn. Insbesondere seit der tang- und songzeitlichen *guwen* (»Literatur im antiken Stil«)-Ideologie gilt das *Shiji* als Meisterwerk des klassischen Erzählstils und Vorbild literarischer Prosa. Ausgangspunkt des *Shiji* ist die mythische Zeit des Gelben Kaisers, Endpunkt (und vermutlich Abschlußdatum der Arbeit Sima Qians) sind die geschichtlichen Ereignisse um etwa 100 v.Chr. Die 130 Kapitel des *Shiji* sind in fünf Abteilungen gegliedert: »Grundlegende Annalen« (*benji*; 12 Kapitel) der vorimperialen Dynastien und einzelnen Herrscher der Qin und der Westlichen Han (sowie des nicht zu tatsächlicher Herrschaft gelangten Xiang Yu); geographisch-chronologisch gegliederte »Tabellen« (*biao*; 10 Kapitel), in denen die wichtigsten Entwicklungen der vorimperialen Zeit seit 841 v.Chr. sowie die Namen und Funktionen der Fürsten und Amtsträger der Westlichen Han zusammengefaßt sind; »Monographien« (*shu*; 8 Kapitel) zu wesentlichen Elementen der Staatsordnung (Ritual, Musik, Kalenderwesen, Astrologie, Staatsopfer, Wasserwege, Ökonomie und vermutlich ursprünglich auch Militärwesen); »Erbhäuser« (*shijia*; 30 Kapitel), welche die Annalen der bedeutenden vorimperialen Fürstenhäuser und anderer Familien mit Erbrechten seit der frühen Zhou-Zeit enthalten; »Aufgereihte Überlieferungen« (*liezhuan*; 69 Kapitel), welche Einzelbiographien, Gruppenbiographien (von milden oder harschen Beamten, Ru-Gelehrten, Attentätern, Unterhaltungskünstlern, Wahrsagern usw.) sowie Darstellungen nichtchinesischer Regionen umfassen. Diese mit dem *Shiji* originale historiographische Struktur prägte fortan die offizielle Geschichtsschreibung (*zhengshi*) des imperialen China, wobei sich die folgenden Historiographien – mit Ausnahme einiger Werke zu Phasen kurzlebiger und paralleler Staatswesen – auf jeweils eine einzelne Dynastie beschränkten. Insbesondere mit Gründung des Historiographieamtes (*shiguan*) im Jahre 629 wurde die offizielle Geschichtsschreibung der jeweils vorangegangenen Ära Aufgabe der kaiserlichen Bürokratie. Hingegen unterlag das *Shiji*, der Ausgangspunkt dieser erst mit dem *Qing shi gao* (Entwurf zur Geschichte der Qing) im frühen 20. Jh. endenden Tradition, keiner staatlichen Kontrolle.

Das Abschlußkapitel des *Shiji* bietet eine kurze Genealogie der Sima-Familie, Sima Tans enorm einflußreiche Diskussion der sechs philosophischen Denkschulen der Östlichen Zhou-Zeit, einen autobiographischen Abriß Sima Qians sowie einen inhaltlichen Überblick über das *Shiji*. Im abschließenden Satz erklärt der Autor, er habe sein Werk in einem »berühmten Berg« (*mingshan*) und in Kopie in der Hauptstadt deponiert, wo es auf die »Heiligen und Edlen künftiger Epochen« warte. Nicht alle 130 Kapitel des ursprünglich als *Taishigong shu* (Schriften des Großastrologen) bezeichneten Werkes stammen vollständig von Sima Tan und Sima Qian: Verschiedene Kapitel enthalten ausführliche und als solche gekennzeichnete Zusätze durch Chu Shaosun (etwa 105 – etwa 30 v.Chr.), manche sind eindeutig um spätere Passagen ergänzt, wieder andere sind von mehr oder weniger fragwürdiger Authentizität. Laut Sima Qians Biographie im *Hanshu* waren bereits bald nach seinem Tod zehn Kapitel verloren und nur noch ihrem Titel nach bekannt. Der *Hanshu*-Kommentator Zhang Yan (3. Jh.) identifiziert die betreffenden Kapitel und schreibt deren ihm vorliegende Fassungen (die im wesentlichen der überlieferten Version entsprechen) entweder Chu Shaosun oder aber späteren Kopien anderer Quellen zu. Eine Reihe von Kapiteln, welche die Westliche Han-Zeit betreffen, sind parallel auch im *Hanshu* enthalten, wobei die *Hanshu*-Versionen eine in vielen Formulierungen knappere, bisweilen auch weniger eindeutige Diktion aufweisen. In der neueren Forschung ist diese Differenz bisweilen als Hinweis darauf gewertet worden, daß der im *Hanshu* enthaltene Text die ältere Fassung des Materials darstellen könnte. Ohne Zweifel wurden sowohl *Shiji* und *Hanshu* – wie im übrigen wohl mehr oder weniger alle überlieferten frühen Texte – im Verlaufe der Sechs Dynastien zumindest orthographisch weitgehend normalisiert. Yan Shigu (581–645), der wichtigste *Hanshu*-Kommentator, notiert diesen Sachverhalt ausdrücklich und betont, er habe in seiner Ausgabe des *Hanshu* versucht, eine dem Original nähere Fassung wiederherzustellen. Jenseits dieser editorischen Eingriffe und der Authentizitätsprobleme einzelner Kapitel spricht jedoch grundsätzlich nichts gegen Sima Qian als prinzipiellen Autor des Gesamtwerkes. Die frühe Überlieferung des *Shiji* liegt allerdings weitgehend im Dunkeln, zumal die ältesten bekannten *Shiji*-Kommentare erst aus dem 5. Jh. stammen.

Textprobleme des Shiji

Der Gedanke der knappen annalistischen Geschichtsschreibung ist lediglich in den Grundlegenden Annalen und den Erbhäusern beibehalten. Ansonsten zeichnet sich das Werk durch eine komplexe Struktur aus, in der bestimmte Ereignisse und Akteure zuweilen parallel in verschiedenen Kapi-

Die komplexe narrative Struktur des Shiji

teln erscheinen, jedoch aus jeweils anderer Perspektive. So kann die Begegnung bestimmter historischer Personen in jeder ihrer Biographien behandelt und überdies in den Monographien erwähnt sein. Neben der Entwicklung perspektivischer Vielfalt erlaubt diese Makrostruktur des *Shiji* auch, die einzelne narrative Einheit von Nebeninformationen und Seitensträngen der Erzählung zu entlasten; diese sind jeweils andernorts verfügbar. Zu der dem *Shiji* inhärenten Vielstimmigkeit bleibt auch zu bedenken, daß seinen Autoren Hunderte mündlicher und schriftlicher Quellen zugrunde lagen, die zumeist nicht als solche erwähnt und in ihrer Mehrzahl nicht mehr identifizierbar sind; die moderne Forschung hat allerdings mehr als siebzig Quellen namentlich ausgemacht, darunter auch Werke der frühen Westlichen Han-Zeit wie Lu Jias (etwa 228 – etwa 140 v.Chr.) *Chu Han chunqiu* (Frühlings- und Herbstannalen von Chu und Han), das die Errichtung der Han-Dynastie beschreibt. Wie die vorimperiale Historiographie in *Zuo zhuan* und *Guoyu* ist auch die des *Shiji* anekdotisch, und verschiedene Versionen derselben Anekdote, innerhalb des *Shiji* in weit voneinander entfernten Kapiteln, mögen nicht immer eine bewußte Konstruktion des Historikers als vielmehr den Rückgriff auf unterschiedliche Quellen bezeugen. Manche Kapitel (z.B. die Qu Yuan-Biographie) erscheinen selbst als wenig überzeugende Zusammenfügungen einander teilweise widersprechender Quellen, und es ist unklar, inwieweit der Begriff historiographischer Autorschaft hier überhaupt angemessen ist. Die Bezeichnung Aufgereihte Überlieferungen (*liezhuan*) für einerseits Individual- und Gruppenbiographien, andererseits aber auch Abhandlungen über geographische Regionen (etwa im berühmten Kapitel 123 über Ferghana und andere zentralasiatische Gegenden) mag sich daher weniger auf die Reihung der Kapitel als auf die Kompilation unterschiedlicher Erzähltraditionen innerhalb der einzelnen Kapitel beziehen.

Die Stimme des Erzählers im Shiji

Die vor allem die Überlieferungen – das narrative Herzstück des *Shiji* – prägende anekdotenhafte Erzählweise entspricht in vielem ihren vorimperialen Vorbildern, vor allem dem *Zuo zhuan*, das zu den Hauptquellen der frühen *Shiji*-Kapitel gehört. Wie im *Zuo zhuan* hält sich auch im *Shiji* die Stimme des Historikers aus dem eigentlichen Bericht zurück, so daß sich die Ereignisse und ihre historische Moral gleichsam aus sich selbst heraus zu entfalten und erklären scheinen. Dabei folgt die Ordnung der einzelnen Textabschnitte innerhalb einer Biographie mehr rhetorischen als sachlichen Interessen: nicht die logische Ordnung der Ereignisse oder möglichst genaue Darstellung der jeweiligen Person sind das Ziel, sondern deren im Erzählfluß hervortretende paradigmatische Eigenschaften und Handlungsweisen. Trotz des narrativen Prinzips des abwesenden Erzählers bleibt Sima Qians Stimme im Text des *Shiji* allgegenwärtig. In den die einzelnen Kapitel abschließenden Urteilen, jeweils eingeleitet mit der Formel »Der vornehme Großastrologe erklärt« (*taishigong yue*), äußert sich Sima häufig in einem intensiv persönlichen Ton, durchsetzt mit Seufzern und Ausrufen. Diese emotionale Anteilnahme des Historikers unterscheidet die *taishigong yue*-Kommentare grundsätzlich von den »Konfuzius erklärt / Der Edle erklärt«-Urteilen des *Zuo zhuan* und unterwirft das *Shiji* als Ganzes der Persönlichkeit seines Autors. Ferner scheint sich, wie von Stephen Durrant notiert, Sima Qians Begeisterung für – oder Abneigung gegen – einen Protagonisten in einem jeweils lebhafteren oder trocken-distanzierteren Erzählstil zu manifestieren. Die bedeutsamste Ausnahme vom Erzählprinzip des abwesenden Erzählers ist das erste Kapitel der Aufgereihten Überlieferungen (Kap. 61), gewidmet den legendären Brüdern Bo Yi und Shu Qi vom Beginn der Westlichen Zhou-Zeit, zu deren freiwilligem Hungertod nach dem gewaltsamen Shang/Zhou-Dynastiewechsel der Historiker die Grundfragen seiner Geschichtsschreibung erörtert: die Abfolge politischer Dynastien und die Natur ihrer Übergänge, das Problem der im historischen Prozeß oft nicht nachvollziehbaren Gerechtigkeit des Himmels, das Verhältnis der Untertanen zur Regierung sowie schließlich die Pflicht des Historikers, der Nachwelt die Namen und das Gedächtnis jener moralisch Aufrechten zu bewahren, die andernfalls blindem und endgültigem Vergessen anheimfielen.

Die Spannung zwischen Tatsachenbericht und moralischer Wertung

Sima Qians Werk steht in der Spannung zwischen Tatsachentreue, moralischer Wertung und dem Ausdruck persönlicher Leidenserfahrung. Ohne Frage war Sima ein den historischen Fakten verpflichteter Historiker, der sich in breitestem Umfang auf schriftliche wie mündliche Traditionen stützte und ausgedehnte Reisen unternahm, um genauere Erkenntnisse zu sammeln. Er beklagt, daß die Qin die Archive der übrigen alten Staaten zerstörten, erörtert die fließenden Grenzen zwischen verläßlichem Wissen und zweifelhaften Legenden und notiert mehrfach, daß seine Darstellung sich mangels sicherer Belege den Fakten nur annähern könne. Daneben aber versteht sich Sima Qian als neuer Konfuzius in der Tradition der *Frühlings- und Herbstannalen*, die er mit Dong Zhongshu, dem führenden *Gongyang*-Exegeten der Westlichen Han, studiert hatte. Danach war es die Pflicht des Historikers, nicht allein die Tatsachen zu berichten, sondern wie der Konfuzius der *Gongyang*-Tradition mit dem Mittel subtiler Worte (*weiyan*) indirekt Lob und Tadel (*baobian*), d.h. Herrscherkritik, zu formulieren. Historiographie, so Sima Qians Credo in der Tradition des *Chunqiu*, fungiert als nachträgliches Korrektiv der Historie. Das letzte Wort gehört nicht dem Herrscher, sondern dem Historiker, der Recht und Unrecht – nach Konfuzius' Wort vom Richtigstellen der Bezeichnungen (*zheng ming*) – als solches identifiziert, in paradigmatischen Episoden darstellt und mittels der historiographischen Autorität letztgültig korrigiert. In diesem Sinne steht das *Shiji* als historiographisches Monument gegen die Geschichte der Qin ebenso wie gegen jene der Ära Kaiser Wus.

Sima Qians Leidensgeschichte und persönliches Interesse am Shiji

Hier kommt drittens die persönliche Leidensgeschichte Sima Qians ins Spiel, die 110 v.Chr. am Sterbebett des Vaters beginnt: Sima Tan, der Hofastrologe, stirbt an seinem Kummer darüber, durch Kaiser Wu von den erhabenen *feng-* und *shan*-Opfern am Taishan ausgeschlossen worden zu sein. Mit seinen letzten, tränenreichen Worten verpflichtet er den Sohn, das unvollendete historiographische Werk zu Ende zu führen und durch dieses den Familiennamen der Nachwelt zu überliefern. Der zweite Moment, welcher das *Shiji* über das persönliche Leid seines Schöpfers definiert, ist Sima Qians Kastration 99 v.Chr., die er – alternativ zu einem angeordneten Selbstmord – als Strafe für seine Parteinahme zugunsten des Generals Li Ling wählt, der sich auf einer Militärexpedition den übermächtigen Xiongnu ergeben hatte und damit in kaiserliche Ungnade gefallen war. Der Möglichkeit leiblicher Nachfahren beraubt, präsentiert Sima Qian das *Shiji* als letztgültigen Ausweis der Kindespietät und Surrogat des Ahnenopfers und seiner Inschriften: Im selbstreferentiellen Schlußkapitel erscheint Sima Tan als Ursprung des Werkes, bevor Sima Qian die tragischen Motive seines Schreibens darlegt und mit der quasi-religiösen Formel endet, der Text sei für die »Heiligen und Edlen künftiger Epochen« bestimmt. Doch Sima Qians geistige Vorfahren sind zahlreich, und ihnen ist das *Shiji* wie ein Ahnenopfer gewidmet: Neben dem eigenen Vater vor allem Konfuzius sowie der Serie der im Schlußkapitel und weitgehend parallel in Simas erst im *Hanshu* überlieferten *Brief in Antwort an Ren An* (*Bao Ren An shu*) erwähnten Genealogie von Autoren früherer Epochen, die sämtlich erst unter tragischen Umständen ihre bedeutendsten Werke geschaffen hätten:

> Zahllos sind die Reichen und Noblen aus alter Zeit, deren Namen dennoch ausgelöscht sind; allein die höchst eminenten, außergewöhnlichen Männer werden noch genannt. Der Graf des Westens (der Zhou-König Wen) wurde verhaftet und entwickelte die *Wandlungen der Zhou*; Konfuzius war in Bedrängnis und schuf die *Frühlings- und Herbstannalen*; nachdem Qu Yuan verbannt wurde, präsentierte er *Begegnung mit dem Kummer*; [Zuo] Qiuming verlor sein Augenlicht, und somit enstanden die *Gespräche der Staaten*; Meister Sun wurden die Füße abgehackt, und die *Methoden des Krieges* wurden vervollkommnet und dargelegt; [Lü] Buwei wurde nach Shu verstoßen, doch Generationen haben die *Überschau des Lü* (der Kern des *Lü shi chunqiu*) überliefert; Han Fei wurde in Qin eingekerkert, [und wir haben seine] *Schwierigkeiten der Überredung* und *Verbitterung über das Alleinsein*. Die dreihundert Stücke der *Oden* entanden zumeist, weil die Weisen und Heiligen ihrer Verbitterung freien Lauf ließen. Sie alle hegten Gedanken, die erstickt wurden; sie konnten ihre Prinzipien nicht vermitteln und berichteten daher über vergangene Dinge, hoffend auf [Verständnis durch] jene, die später kämen.

Sima Qians Selbstdarstellung als Autor

Spätestens hier wird Sima Qians hochgradig stilisierte Selbstdarstellung zu einem literaturhistorischen Dokument ersten Ranges. Es bietet die früheste überlieferte Selbstaussage und -interpretation eines chinesischen Autors, wobei seine Vorstellung vom Ursprung der Literatur und vom Antrieb des eigenen literarischen Schaffens perfekt mit Liu Xins Sicht des *fu* zusammenfällt. Falls authentisch, datiert Simas Autobiographie nahezu hundert Jahre vor Liu Xin und ist der erste Text, worin das Phänomen literarischer Autorschaft in einer doppelten Motivation begründet wird: persönlichem Unglück und dem Wunsch, dem eigenen Werk und Namen Dauer zu verleihen. Wie zuvor schon Konfuzius erklärt zwar auch Sima, er überliefere nur und schöpfe nicht selbst (*shu er bu zuo*), doch dokumentiert die im Schlußkapitel enthaltene Autobiographie – die erste der chinesischen Literatur – wie kein anderer Text der frühen Tradition den unbedingten Willen ihres Verfassers, der Nachwelt *als Autor* überliefert zu werden. Dieser Gedanke ist in das *Shiji* selbst integriert: Sima Qian definiert seine Autorschaft, indem er Personen wie Qu Yuan, Konfuzius und andere als literarische, philosophische und historische Autoren und zugleich als seine eigenen geistigen Ahnherren darstellt. Die Selbstidentifikation des *Shiji* als Ausdruck persönlicher Verbitterung (*fa fen*) verschärft die Problematik der Herrscherkritik auf das äußerste, da Sima Tans Tod wie auch Sima Qians unerträgliche Scham der Kastration auf denselben Herrscher, Kaiser Wu, zurückgeführt werden – dessen Regierungszeit wiederum ein nicht unwesentlicher Teil des *Shiji* gewidmet ist. Entsprechend hat die Tradition das *Shiji* daher immer wieder als monumentale Kritik an Kaiser Wu verstanden, zumal dieser dort wiederholt wie eine Kopie des vermeintlich megalomanischen, grausamen und von Unsterblichkeitsphantasien besessenen Ersten Kaisers der Qin erscheint. Aus dieser Perspektive wird Sima Qians geradezu satirische Charakterisierung des Qin-Tyrannen zum indirekten Porträt seines eigenen Herrschers.

Das anekdotische Prinzip der erzählenden Literatur

Das *Shiji* ist das bei weitem umfang- und einflußreichste erzählerische Werk der Westlichen Han. Seine Struktur oft nur lose verknüpfter kleinerer narrativer Einheiten verweist auf einen enormen Fundus historischer Berichte, Legenden und Anekdoten, die nicht allein Sima Tan und Sima Qian verfügbar gewesen sein dürften. Tatsächlich teilt das *Shiji* mit den Werken der vorimperialen und frühen imperialen historiographischen und philosophischen Literatur zahlreiche individuelle Erzählungen. Während Sima

Qian solche Überlieferungen jeweils in den konkreten Rahmen spezifischer »Aufgereihter Überlieferungen« (in der Regel Biographien) einordnet sowie als paradigmatische Anekdoten in einen größeren narrativen Sinnzusammenhang stellt, erscheinen sie auch in anderen Kompilationen unvergleichlich geringeren Umfangs und engerer Perspektive. Die früheste Anekdotensammlung der Westlichen Han-Zeit ist Han Yings *Han shi waizhuan* vermutlich aus der Mitte des 2. Jh.s v.Chr., welches in 306 Abschnitten praktische philosophische Erörterungen und Illustrationen moralischen Verhaltens bietet; jeder dieser Abschnitte schließt mit einem Zitat der *Oden*. Mehr als ein Drittel des Textes hat Parallelen in überlieferten Werken der vorimperialen Zeit; weitere Passagen finden sich in anderen Anekdotensammlungen der Westlichen Han-Zeit. Han Ying ist damit eher als Kompilator denn als Autor des *Hanshi waizhuan* anzusehen – und sein Material als im wesentlichen anonymen Ursprungs.

Dieser Schluß gilt für die erzählende Literatur des frühen China insgesamt, für sämtliche überlieferte Texte der Westlichen Han-Zeit im besonderen. Der vorimperialen und frühen Kaiserzeit ist nicht lediglich das große, entlang eines kontinuierlichen Ereignisstranges entwickelte erzählerische Epos unbekannt; die vorhandene erzählerische Literatur von nachweislich Tausenden kleinerer Anekdoten ist auch grundsätzlich anonym. Sima Qians machtvoller Anspruch auf individuelle Autorschaft, gemeinsam mit seiner Identifizierung früherer Persönlichkeiten als literarische, historische oder philosophische Autoren, ist noch in seiner eigenen Ära die extreme Ausnahme und wirft die grundsätzliche Frage auf, in welchem Ausmaße der zum Ende der Westlichen Han-Dynastie kompilierte Bibliothekskatalog in seiner Zuschreibung umfangreicher Werke an individuelle Autoren früherer Jahrhunderte eine literaturhistorische Fiktion darstellen mag. Hierbei ist zu bedenken, daß die vier übrigen überlieferten Anekdotensammlungen der Westlichen Han-Zeit ausnahmslos als Kompilationen Liu Xiangs ausgewiesen sind: das *Zhanguo ce*, das *Xinxu* (Neu arrangierte [Anekdoten]), das *Shui yuan* (Garten der Überredungen; zumeist als *Shuo yuan* transkribiert) sowie das *Lienü zhuan* (Überlieferungen von Frauen, auch als *Gu lienü zhuan* bekannt). (Das traditionell gleichfalls Liu Xiang zugeschriebene *Liexian zhuan* [Überlieferungen von Unsterblichen] ist späteren Datums.) Hinter keiner dieser Sammlungen steht Liu Xiang als Autor; seine Rolle als Kompilator ergibt sich aus seiner offiziellen Bestallung als kaiserlicher Bibliothekar und Kollationator der alten Texte, d.h. als Leiter einer Kommission, der die Sammlung und Ordnung der bis dahin chaotischen schriftlichen Tradition historischer, philosophischer, literarischer und technischer Literatur oblag.

Anekdotensammlungen der Westlichen Han-Zeit

Die nach dem *Zhanguo ce* umfangreichste Anekdotensammlung ist das *Shui yuan* mit 639 von ursprünglich wohl 784 Abschnitten; mit diesem eng verwandt ist das *Xinxu* (166 Abschnitte, wozu 59 weitere Fragmente bekannt sind). Der Eintrag *xin xu shui yuan* in der Literaturmonographie des *Hanshu* ist nicht eindeutig: er mag auf zwei separate Werke verweisen, oder aber auf ein einziges »neu arrangiertes *Shui yuan*«. Wie dem auch sei, kennt die Tradition zwei separate Werke, die sich nur in einer gewissen Anzahl von Einträgen überlappen. Insbesondere das *Xinxu* ist jedoch weitgehend aus Anekdoten kompiliert, die sich auch in anderen vorimperialen oder Texten der frühen Westlichen Han-Zeit finden. Beide Sammlungen stehen im gemeinsamen Horizont der traditionellen Moral und sind thematisch organisiert. Ihre historischen Anekdoten illustrieren das korrekte Verhalten insbesondere von Herrschern und ihren Ministern (gerade auch im

Umgang miteinander) und betonen die Bedeutung von Tugendhaftigkeit und Beachtung des Rituals. Ebenso didaktisch geprägt und thematisch arrangiert sind die 130 in den ersten sieben Kapiteln des *Lienü zhuan* (Kapitel 8 ist eine spätere Hinzufügung) enthaltenen Biographien historischer Frauen, welche jeweils bestimmte Tugenden exemplarisch verkörpern, darunter mütterliches Benehmen, Weisheit, Güte, Gehorsam und Keuschheit, aber auch Intelligenz und Kunst der Argumentation; daneben finden sich auch sechzehn Beispiele unmoralischen Verhaltens. Die einzelnen Biographien werden jeweils von kurzen, gereimten Eulogien beschlossen. Das *Lienü zhuan* genoß weite Verbreitung und diente fortan als didaktisches Handbuch vorbildlichen weiblichen Verhaltens. Seit der Östlichen Han-Zeit zierten überdies bildliche Repräsentationen der erwähnten Frauen die Wände aristokratischer Wohnhäuser und repräsentativer Grabtempel, und illustrierte Versionen des Buches kursierten seit der Frühphase der Sechs Dynastien.

Wie schon in Werken wie *Zuo zhuan* und *Guoyu* steht auch in der Westlichen Han-Zeit die anonyme, häufig dialogisch strukturierte Anekdote im Zentrum der erzählerischen Literatur. Wo die historischen Werke zur Darstellung geschichtlicher Abläufe ganze Serien einzelner Erzähleinheiten knüpfen, finden sich die einzelnen Anekdoten in Werken wie *Shui yuan*, *Xinxu* und *Lienü zhuan* historisch isoliert und stattdessen nach Kategorien geordnet. In diesem Sinne repräsentieren Liu Xiangs Kompilationen nicht lediglich Anthologien bereits existierender Texte, sondern zugleich deren systematische Organisation nach den politischen und moralischen Wertmaßstäben der späten Westlichen Han-Zeit. Die repräsentative Bedeutung solcher kategorialen Sammlungen moralischer und politischer Paradigmen dürfte wesentlich zu ihrer Verbreitung beigetragen und ihre Überlieferung in besonderem Maße stabilisiert haben. Demgegenüber sind die in der Literaturmonographie des *Hanshu* unter der Kategorie *xiaoshuo* (»belangloses Gerede«; vielleicht auch als *xiaoshui*, »triviale Überredungen«, zu lesen) aufgeführten 15 Titel sämtlich verloren. Manche Titel dieser von Liu Xin abschätzig als »Gassengeschwätz« bezeichneten, teilweise Hunderte von Kapiteln umfassenden Werke verweisen auf legendäre Kulturheroen wie Yi Yin oder den Gelben Kaiser, auf die Geschichte früherer Dynastien oder auf Themen wie die *feng-* und *shan*-Opfer; andere scheinen den heterodoxen Lehren der *fangshi* – Spezialisten okkulter Künste – verbunden. Diese Texte dürften sich von den strikt didaktischen Kompilationen Liu Xiangs vor allem inhaltlich unterschieden haben, weniger in ihrem erzählerischen Gestus. Zweifellos haben beide, die didaktische wie die triviale Anekdotenliteratur, zur Entwicklung der erzählerischen Prosa in den folgenden Jahrhunderten beigetragen.

xiaoshuo *(»belangloses Gerede«)*

Politische und philosophische Diskurse

Eng mit der frühen Literatur und Rhetorik verbunden sind die politischen und philosophischen Schriften der Westlichen Han-Zeit sowie die mit dem imperialen Staat institutionalisierte Gelehrsamkeit in den *Fünf Klassikern*. Dies erklärt sich aus einem extrem weit gefaßten Literaturbegriff, der ausreichend Raum auch für die pragmatischen Genres bot – Throneingaben, Inschriften, kaiserliche Edikte und Befehle, Briefe sowie sachlich argumentierende politische und philosophische Prosa. Entsprechend sind diese und weitere Genres in den Diskussionen des *Wenxin diaolong* repräsentiert und ausführlich im *Wenxuan* anthologisiert. Die früheste erhaltene

Literaturbegriff und Textgenres der Han-Zeit

Genrediskussion der chinesischen Literatur, Cao Pis (187–226) *Lun wen* (Diskussion der Literatur; Teil seines ansonsten verlorenen *Dian lun*, Kanonische Diskussionen), ist den folgenden acht Textformen gewidmet: *zou yi* (Memoriale und Erörterungen), *shu lun* (Briefe und Diskussionen), *ming lei* (Inschriften und Totenklagen), *shi fu* (Lieder und Rhapsodien). Auch Lu Jis *Wen fu* zeigt weitgehend dieselbe Genreordnung, wenngleich nun mit den poetischen Texten *shi* und *fu* als Ausgangspunkt. Nicht alle seit dem frühen 3. Jh. katalogisierten Textformen waren in der Westlichen Han-Zeit präsent oder sind erhalten.

Briefliteratur

Beispiele für Inschriften auf Grabstelen ebenso wie Totenklagen sind erst aus der Östlichen Han-Zeit überliefert, und auch Briefe der Westlichen Han-Zeit sind ausgesprochen selten und bisweilen – so im Falle des Briefwechsels zwischen Li Ling und Su Wu – von zweifelhafter Authentizität. Als frühester Briefwechsel zwischen zwei literarischen Persönlichkeiten gilt der Austausch zwischen Liu Xin und Yang Xiong zu Yangs Dialektwörterbuch *Fangyan* (Regionale Ausdrucksweisen) von etwa 7 n.Chr. Die Genreunterscheidungen – allein für die diversen Formen der Throneingabe existieren rund ein halbes Dutzend Bezeichnungen – sind grundsätzlich pragmatisch motiviert; nicht die Form, sondern die spezifischen Umstände, verbunden mit der Identität von Autor und Adressat, bestimmen die Wahl und Definition des Genres. Dabei bringt die zunehmende Einrichtung und Verfeinerung der kaiserlichen Bürokratie und ihrer kommunikativen Bedürfnisse eine Fülle neuer Formen administrativer und politischer Gebrauchstexte hervor.

Die politischen und philosophischen Diskurse der Westlichen Han-Zeit sind in drei verschiedenen Formen überliefert: als Reden oder Schriften ihrer Autoren eingebettet in die narrative Historiographie von *Shiji* und *Hanshu*; in mehr oder weniger umfangreichen, als zusammenhängende Bücher überlieferten Kompilationen; schließlich anthologisiert im *Wenxuan* und zahllosen späteren Prosasammlungen. Bücher im engeren Sinne des Wortes sind auch während der frühen Kaiserzeit noch extrem selten.

Huainanzi

Das nach dem *Shiji* umfangreichste Werk des 2. Jh.s v.Chr. ist das häufig als daoistisch klassifizierte, 139 v.Chr. dem Thron eingereichte *Huainanzi*, eine unter dem Patronat Liu Ans von zahlreichen Gelehrten verfaßte und zusammengestellte Sammlung von Essays in 21 Kapiteln. In sprachlicher Bildlichkeit und Mythologie eng der südlichen Literatur des 3. und 2. Jh.s v.Chr. (*Zhuangzi*, *Chu ci*, Sima Xiangrus *fu*) verbunden und in zahlreichen Passagen gereimt, entfaltet das *Huainanzi* eine utopische Naturordnung, worin der Herrscher als Wahrer Mensch (*zhenren*, ein den gesamten *Dreizehn Klassikern* der konfuzianischen Tradition unbekannter, aber in *Zhuangzi* vielfach gebrauchter Begriff) im Einklang mit der kosmischen Ordnung und nach den Prinzipien der *wu xing* (»Fünf Phasen«)-Kosmologie und des wechselseitigen Einflusses (*ganying*) aller Phänomene regiert. Die frühe Bedeutung und Popularität des *Huainanzi*, welches Gedanken verschiedener philosophischer Strömungen aufnimmt und Hunderte von Zitaten früherer Texte enthält, ist an der Tatsache erkennbar, daß seine beiden ältesten Kommentare von Xu Shen und Gao You, mit denen das Werk noch heute überliefert ist, bereits aus der Östlichen Han-Zeit stammen.

Die Kosmologie der Qin- und Han-Zeit

Die enzyklopädische, kosmologische und auf die Figur des idealen Herrschers bezogene Darstellung ist ihrer Natur nach mit dem einhundert Jahre älteren *Lü shi chunqiu* verwandt, weist aber zugleich auch Parallelen zum *Liji* auf, einem Kompendium sehr unterschiedlicher Texte, die teilweise auf das 4./3. Jh. v.Chr. zurückgehen, teilweise auch erst der Westlichen Han-Zeit entstammen. So finden sich parallele Versionen des für das kaiserliche

Staatsritual eminent bedeutsamen Ritualkalenders *Yueling* (Monatliche Anweisungen) in allen drei Textsammlungen. Entsprechend führt die Literaturmonographie des *Hanshu* das *Huainanzi*, ebenso wie das *Lü shi chunqiu*, nicht unter den daoistischen (*dao jia*) Traktaten, sondern unter jenen der »vermischten« (*za jia*).

Was *Lü shi chunqiu* und *Huainanzi* allerdings vom *Liji* und den meisten anderen tradierten philosophischen und politischen Texten unterscheidet, ist die vollständige Einbettung des Herrscherideals in eine allumfassende, weitgehend mechanistische Kosmologie, worin der Herrscher nicht aufgrund der von seinen Vorfahren angesammelten und von ihm selbst weiter vermehrten Tugendkraft (*de*) regiert, sondern durch die Verbindung politischen Handelns mit kosmologischen Prinzipien. *Lü shi chunqiu* und *Huainanzi* sind keineswegs ahistorisch, und in der Tat voller mythologischer Referenzen, doch definieren sie politische Legitimation nicht vorrangig historisch. Diese philosophische Differerenz zu den Werken des traditionellen Kanons und seiner zeitgenössischen Auslegung bringt ihr eigenes Vokabular mit sich, das – insbesondere im Falle des *Huainanzi* – dem *Zhuangzi* oder auch der poetischen Sprache des *Yuan you* näher steht als den im Horizont des traditionellen politischen Diskurses verfaßten Werken wie *Xunzi* oder *Han Feizi*.

In der erhaltenen philosophischen Literatur der Westlichen Han-Zeit ist das *Huainanzi* sowohl inhaltlich als auch nach bloßem Umfang einmalig. Dies mag jedoch im wesentlichen als ein Problem der literarischen Überlieferung interpretiert werden. Die Literaturmonographie des *Hanshu* führt insbesondere unter den Werken der Ru-Tradition, der daoistischen Tradition und der »vermischten« Autoren Dutzende von Titeln mit Hunderten von Kapiteln auf, die Liu Xiang zum Ende der Westlichen Han offenbar vorlagen, in der Folge aber verloren gegangen sind. Viele dieser philosophischen Texte sind Verfassern der vorimperialen Jahrhunderte oder gar der mythologischen Vorzeit zugeschrieben, mögen aber tatsächlich Schriften der Qin- und Westlichen Han-Zeit repräsentieren. Auch sind mit den Handschriftenfunden der letzten Jahrzehnte (insbesondere aus Shuihudi, Baoshan, Mawangdui, Yinqueshan, Fangmatan, Zhangjiashan, Shuanggudui, Yinwan, Bajiaolang, Mozuizi, Juyan, Dunhuang, Xi'an und anderen Orten) zahlreiche neue Texte der philosophischen und technischen Literatur ans Licht gekommen, die eine umfangreiche Kultur verschriftlichten Wissens und Denkens belegen. Überliefert sind hingegen weniger als eine Handvoll von Werken, die in ihrer erhaltenen Form zudem Rekonstruktionen aus weit späteren Epochen darstellen. Mit Blick auf die historische Entwicklung des politischen Diskurses der Westlichen Han-Zeit sind vor allem zwei Texte zu nennen: das Lu Jia zugeschriebene *Xinyu* (Neue Reden), welches in zwölf Abschnitten die Prinzipien des in den traditionellen Tugenden gründenden Regierens darlegt und laut der historischen Quellen auf Bitte des Dynastiegründers Gaozu hin verfaßt worden ist, und Jia Yis *Xinshu* (Neue Schriften), das neben dem *Guo Qin lun* (Die Übertretungen der Qin) auch Jias Throneingaben an Kaiser Wen (reg. 180–157 v.Chr.), Diskussionen zum Ritual sowie historische Anekdoten (mit Parallelen in anderen Werken) enthält. Lu Jia und Jia Yi konfrontieren beide die Frage der politischen Legitimation der – im Gegensatz zu den Qin – geschichtslosen Han-Dynastie und erklären den Fall der Qin über deren moralisches und politisches Versagen. Die vorgebrachten Argumente, angereichert durch Zitate aus den Klassikern, gründen in der traditierten Ru-Ethik, wie sie in Texten wie *Mengzi*, *Zuo zhuan*, *Xunzi* und einigen der im *Liji*

Lu Jia und Jia Yi

enthaltenen Kapitel formuliert ist: Der Herrscher muß sich um das einfache Volk sorgen, sich in seinen Bedürfnissen und Ausgaben mäßigen, den Vorbildern der frühen Zhou-Könige folgen, die rituellen Vorschriften beachten, die Tüchtigen und Tugendhaften zu seinen Ministern und Ratgebern erheben (ein offensichtliches *pro domo*-Argument der politischen Ratgeber selbst) und sich in Selbstkultivierung nach dem Vorbild der Sagenherrscher vervollkommnen. Doch führen Jia Yi und Lu Jia beide ein Argument ins Feld, das – ursprünglich mit einer legalistischen Staatsdoktrin verbunden – nun zum Kernbestand der imperialen Ideologie gehört: Der Herrscher hat sich nicht allein an der Vergangenheit und dem erhabenen moralischen Weg des Altertums zu orientieren, sondern muß sich in seinen Handlungen den wechselnden Bedürfnissen der jeweils neuen Zeit anpassen. Der Gebrauch des Wortes *xin* (»neu«) in Titeln wie *Xinshu*, *Xinyu*, oder *Xinxu* ist in diesem Sinne durchaus programmatisch zu verstehen.

Edikte und Throneingaben

Dieselben Topoi politischer Argumentation finden sich auch in zahlreichen Edikten und Throneingaben aus den zwei Jahrhunderten der Westlichen Han-Zeit. Zwar ist der Stil dieser Texte nicht ornamental im Sinne des zeitgenössischen *fu*, doch sind sie ausnahmslos den Regeln stilistischer Eleganz verpflichtet. Die Sprache politischer Argumentation ist rhythmisch und in parallelen Strukturen gebaut, bisweilen tetrasyllabisch und kann überdies gereimte Passagen enthalten. Zitate der klassischen Texte gehören ebenso zur rhetorischen Grundausstattung wie der Gebrauch von Analogien, Parabeln und historischen Präzedenzfällen. Gerade auch aufgrund der zunehmend kosmologischen Legitimation des Staates und der Rolle des Kaisers sind die im politischen Argument gebrauchten Metaphern und Vergleiche häufig der Welt der Natur oder auch den Funktionsweisen des menschlichen Körpers entnommen. Um den Herrscher über ihm vertraute Analogien zur Einsicht in die jeweilige Situation und die Konsequenzen entsprechenden Handelns zu leiten, werden häufig lange logische Ketten konstruiert, um die jeweiligen Handlungsalternativen bis zu ihrer letzten Konsequenz – vollkommenes Desaster oder vollkommene Harmonie – vorzuführen; auch finden sich die aus der früheren Rhetorik und dem zeitgenössischen *fu* bekannten Aufzählungen und Kataloge. Die Struktur dieser Argumentationen zeigt die Welt als ein rational erklärbares Geflecht unmittelbarer Korrelationen und voraussagbarer Konsequenzen; folgt der Herrscher den moralischen Imperativen der kanonischen Texte und dem Rat seiner Minister, sind das Wohlergehen aller und der Bestand des Reiches gesichert. Die enge Verbindung zwischen politischer Philosophie und hanzeitlicher *yinyang* und *wuxing*-Kosmologie ist hierbei kein Phänomen einer spezifischen Ideologie (etwa in den traditionellen Kategorien von Konfuzianismus *versus* Legalismus), sondern dem Staatsgedanken des vereinten Imperiums selbst inhärent. Dong Zhongshus berühmte, in Kapitel 56 des *Hanshu* aufbewahrte Darlegungen des Jahres 136 v.Chr. zur direkten Verbindung zwischen herrscherlicher Tugend und uneingeschränkter Macht erheben den Herrscher zum direkten Gegenüber des Himmels und damit zum Garanten nicht nur staatlicher, sondern kosmischer Ordnung. Versäumt der Herrscher seine moralischen Pflichten, sendet der Himmel Warnungen in Form ominöser Erscheinungen; mißachtet der Herrscher auch diese, provoziert er Naturkatastrophen und den Untergang seines Reiches.

Dong Zhongshu

In ihren stark formalisierten Äußerungen bewegen sich Herrscher und Untergebene im Rahmen ihrer jeweiligen Positionen. Nicht jede Anweisung ist ein imperiales Edikt; letzteres ist durch einen spezifischen Genrebegriff als solches markiert. Umgekehrt kann nicht jeder Untergebene den Kaiser in einer Throneingabe adressieren; sein Status bestimmt Medium und Genre seines Ausdrucks. Zugleich dokumentiert die rituell angemessene, ästhetisch verfeinerte Form einer Throneingabe die Kultiviertheit ihres Verfassers und den gebotenen Respekt vor der Institution des Kaisers – und sie bestätigt das Wertesystem der traditionellen, in den *Fünf Klassikern* verankerten Kultur. Wie an ihren allgegenwärtigen Referenzen auf die kanonischen Texte erkennbar, sind Throneingaben ebenso wie ihr rhetorisches Gegenüber, die kaiserlichen Edikte, unmittelbare Ableitungen und Fortschreibungen der nunmehr unter imperialer Kontrolle gelehrten und studierten Klassiker. Im selben Sinne manifestiert sich in einer hochgradig stilisierten Kriegserklärung (*xi*) bereits die Tugend, kulturelle Überlegenheit und daher letztlich auch der militärisch unüberwindbare »majestätische Terror« (*weiyi*) ihres Sprechers, des Kaisers.

Klassikergelehrsamkeit und die Institutionalisierung der Schriftkultur

liu yi *(Sechs Künste)*

Der ursprüngliche Begriff zur Bezeichnung der klassischen Texte der frühen Ru-Tradition, *liu yi* (Sechs Künste), hat zwei frühe Bedeutungen. Im *Zhou li* bezeichnet *liu yi* die Künste von Ritual, Musik, Bogenschießen, Wagenlenken, Schreiben und Arithmetik. Die zweite Bedeutung bezeichnet die Künste der *Sechs Klassiker* (*liu jing*, einschließlich eines in der Tradition nicht näher identifizierbaren *Klassikers der Musik*). Bereits das *Liu de* (Sechs Tugenden)-Manuskript aus Guodian erwähnt – in dieser Reihenfolge – die *Oden*, *Dokumente*, *Riten*, *Musik*, *Wandlungen* sowie *Frühlings- und Herbstannalen* gemeinsam. Um 300 v.Chr. mögen diese Bezeichnungen weniger auf tatsächliche Bücher als vielmehr auf die mit den einzelnen Textkategorien jeweils verbundene Ritualpraxis bezogen gewesen sein. Zum Ende der Westlichen Han-Zeit aber beginnt Liu Xins im *Hanshu* aufbewahrte kaiserliche Bibliographie mit dem Abriß der Sechs Künste (*liu yi lüe*), welcher nun eindeutig die entsprechenden Werke des Ru-Kanons umfaßt. Der zweite hanzeitliche Sammelbegriff dieses Kanons, erstmals belegt in der philosophischen Debatte im Steinkanal-Pavillon 51 v.Chr., ist *wu jing* (Fünf Klassiker, nun ohne die *Musik*), welcher die *Wandlungen*, *Oden*, *Dokumente*, *Frühlings- und Herbstannalen* und *Riten* bezeichnet (als Werktitel bezieht sich *Riten* in der Westlichen Han-Zeit auf das auch als *Shi li* [Riten der Edelleute] betitelte *Yi li* [Zeremonielles Ritual]).

Fünf Klassiker

Zur Zeit der Qin- und Han-Dynastien war die Sprache der *Fünf Klassiker* – insbesondere die frühen Schichten der *Oden* und *Dokumente*, innerer Kern der klassischen Ru-Gelehrsamkeit und Fundament der chinesischen Geistesgeschichte – ein hochgradig archaisches Idiom. Die Evidenz der Grabhandschriften belegt ferner, daß diese Texte nicht in einer einheitlichen Orthographie zirkulierten, sondern, um verständlich und reproduzierbar zu sein, des Auswendiglernens und direkter mündlicher Unterweisung in individuellen Überlieferungs- und Auslegungslinien bedurften. Mit der Errichtung des imperialen Staates und seinem Bedürfnis nach Vereinheitlichung der kulturellen Tradition wurde die Vielfalt dieser gelehrten Traditionen problematisch, zumal, wie der *Xunzi*-Schüler und Qin-Kanzler Li Si vermerkte, die klassischen Texte verwendet wurden, um »auf Antikes zuzugreifen, um die Gegenwart zu kritisieren« (*yi gu fei jin*). Die Antwort des Qin-Staates war das Verbot privaten Bücherbesitzes – insbesondere der *Oden* und *Dokumente*, während die technische Literatur ausgenommen blieb – von 213 v.Chr. (aufgehoben erst unter dem zweiten Han-Kaiser 191

Bücherverbrennung und Exekution der Gelehrten: Geschichte und Legende v.Chr.), um die »Reden der hundert Denkrichtungen« (*bai jia yu*) zu unterdrücken; für das Jahr 212 v.Chr. ist ferner die Exekution von mehr als 460 Gelehrten in der Qin-Hauptstadt berichtet. Hanzeitliche Quellen, die früher als Sima Qians *Shiji* datieren, schweigen über die Exekution, und Jia Yi erwähnt als die der Qin-Proskription zum Opfer gefallenen Texte solche der allgemeinen Weisheitskunde, nicht aber die Schriften des traditionellen Kanons. Keine Quelle vor Wei Hongs (1. Jh. n.Chr.) Vorwort zu einer heute verlorenen Version der *Dokumente*, zitiert im tangzeitlichen Kommentar zum *Hou Hanshu*, identifiziert die Ru-Gelehrten als die Opfer der Hinrichtungen von 212 v.Chr., und die früheste erhaltene Quelle, welche die Ereignisse der Jahre 213–212 v.Chr. in die berühmte Formel *fenshu kengru* (»die Bücher verbrennen und die Ru-Gelehrten hinrichten«) gießt, ist das Vorwort des pseudo-Kong Anguo *Shangshu* (etwa 317 n.Chr.), welches das angeblich antike – tatsächlich gefälschte – Werk über die aus der frühen Westlichen Han-Zeit datierende Überlieferung der *Dokumente* in »moderner Schrift« erhebt. Verschiedene Fakten legen nahe, daß die Opfer der qinzeitlichen Repression nicht unter den bekannten Ru-Gelehrten und ihrer kanonischen Texte zu suchen sind, sondern, ironischerweise, in deren Konkurrenten außerhalb des Kaiserhofes: Der Qin-Hof beschäftigte offizielle Gelehrte (*boshi*) als Spezialisten der einzelnen kanonischen Bücher, zuständig vermutlich für die Edition, Auslegung und Lehre der kaiserlich sanktionierten Version der Klassiker; diese Versionen waren ausdrücklich von der Proskription des Jahres 213 v.Chr. ausgenommen; die Steleninschriften der Qin, die frühen Ritualhymnen des Han-Kaisers Gaozu und eine Reihe aus den frühen Jahren der Westlichen Han datierender Edikte, Throneingaben und anderer Texte greifen ausführlich auf die – somit nachweislich zugänglichen – *Oden* und *Dokumente* zurück; und schließlich setzten namentlich bekannte Ru-Gelehrte des Qin-Hofes, darunter führende Spezialisten der Klassiker, ihre Arbeit am neu errichteten Hof der Westlichen Han fort, während kein Name eines von den Qin verfolgten Ru-Meisters überliefert ist.

Staatliche Monopolisierung und Konsolidierung der Klassikergelehrsamkeit

Insgesamt dürfte das Bücherverbot der Qin daher gerade nicht der Zerstörung, sondern der imperialen Monopolisierung, Konsolidierung und Kontrolle des traditionellen Kanons gegolten haben. In einigen Aspekten nahezu identisch hierzu erscheint ein bisweilen als Sieg des Han-Konfuzianismus mißdeutetes Ereignis: Im Jahre 136 v.Chr. – mutmaßlich in Reaktion auf Dong Zhongshus Memoriale – erklärte Kaiser Wu die *Fünf Klassiker* zum ausschließlichen Inhalt der offiziellen Gelehrsamkeit (*guanxue*) und verbannte die »Reden der einhundert Denkrichtungen« vom Hofe. Für jeden der *Fünf Klassiker* wurde nun ein Lehrstuhl eingerichtet. Diese Position der als *boshi* bezeichneten Exegeten ist bereits für die Qin und die Zeit der Han-Kaiser Hui (reg. 195–188 v.Chr.), Wen (reg. 180–157 v.Chr.) und Jing (reg. 157–141 v.Chr.) dokumentiert, doch war sie nicht ausschließlich auf die spezifische Textgruppe der *Fünf Klassiker* bezogen; andere in den ersten Jahrzehnten der Westlichen Han-Zeit prominente und bisweilen von *boshi* studierte Texte umfassen das *Xiaojing*, die *Analekten* und *Menzius*. Im Jahre 124 v.Chr. erfolgte die Gründung der kaiserlichen Akademie (*taixue*), deren Absolventen in jeweils mindestens einem der *Fünf Klassiker* geschult und anschließend für die imperiale Beamtenschaft rekrutiert wurden, wenngleich das System der persönlichen Empfehlung nach wie vor der primäre Zugang zu einer Beamtenkarriere blieb.

Ein nicht zu unterschätzendes Motiv für Kaiser Wus Unterstützung der *Fünf Klassiker* dürfte die starke kulturelle und ideologische Konkurrenz einiger wichtiger Prinzenhöfe gewesen sein, welche sich über die Domänen Literatur, Musik, Philosophie und klassische Gelehrsamkeit erstreckte. Dong Zhongshus philosophische Verschmelzung von traditioneller Moral und zeitgenössischer Kosmologie erhob den Kaiser in eine bis dahin unbekannte Ausnahmestellung, aus welcher er als einziger Vertreter der Menschheit direkt mit dem Himmel kommunizierte – doch war diese Position unauflöslich mit den Lehren der kanonischen Texte, insbesondere der *Gongyang*-Interpretation des *Chunqiu*, verbunden. Tatsächlich aber war bis 136 v.Chr. die Klassikergelehrsamkeit vornehmlich von Prinzen wie Liu An (in Huainan) und Liu De (in Hejian, reg. 155–129 v.Chr.) gefördert worden. Vor allem Liu De galt als Sammler und Advokat antiker Texte und orthodoxer Musik und hatte überdies eigene *boshi* zum Studium verschiedener Klassiker ernannt. Kaiser Wus Entscheidung von 136 v.Chr. erscheint daher parallel zu der gleichzeitig betriebenen Berufung der *fu*-Autoren von den südlichen Prinzenhöfen nach Chang'an. Der Kaiserhof beanspruchte die moralische politische Autorität über die kanonischen Texte des Altertums ebenso wie die kulturelle Autorität über die zeitgenössischen Ausdrucksformen von Musik und Literatur.

Klassikerdebatten am Kaiserhof

Die kaiserlichen Maßnahmen zur Fixierung, Exegese und kontrollierten Unterweisung der kanonischen Texte, mittels derer sich die zentrale Bürokratie allmählich der kulturellen Tradition und ihrer gelehrten Vertreter bemächtigte, waren jedoch nicht darauf angelegt, eine singuläre Klassikerinterpretation zu produzieren. Tatsächlich standen wiederholt konkurrierende Lehrtraditionen unter gleichzeitiger kaiserlicher Förderung oder wurden miteinander in Wettstreit gebracht. Ein Beispiel ist die unter Kaiser Xuan (reg. 74–49 v.Chr.) abgehaltene Klassikerdebatte im Steinkanal-Pavillon – insbesondere zur Priorität der *Gongyang*- und *Guliang*-Traditionen zum *Chunqiu* –, um die Exegese der *Fünf Klassiker* den sich wandelnden politischen und intellektuellen Zeitumständen anzupassen. Die vermutlich mehrere Monate dauernde Diskussion zwischen dreiundzwanzig Gelehrten, angeführt von dem Lehrer des Kronprinzen, Xiao Wangzhi (etwa 110–47 v.Chr.), war hochgradig formalisiert: Ein Gelehrter wurde ernannt, die zu diskutierenden Fragen zu stellen, ein anderer protokollierte die folgende Diskussion, und der Kaiser selbst – im Gestus letztgültiger Autorität der Klassikerexegese – verkündete die Entscheidung. Auf diese Weise wurden mehr als dreißig Fragen erörtert und in Memorialen schriftlich fixiert. Während die Memoriale selbst verloren sind, deutet die fragmentarisch überlieferte Zusammenfassung der Konferenz vor allem auf eine Debatte zu Fragen der rituellen Praxis. Ein Ergebnis war die offizielle Erhebung der *Guliang*-Überlieferung über die bis dahin dominante *Gongyang*-Tradition; ein weiteres die Erhöhung der Zahl der kaiserlichen Lehrstühle für die verschiedenen Auslegungen der *Fünf Klassiker* auf zwölf. Unter Kaiser Ping (reg. 1 v.Chr. – 6 n.Chr.) lehrten dreißig *boshi* entsprechend viele verschiedene Interpretation; die Zahl der *taixue*-Studenten soll zum Ende der Westlichen Han dreitausend betragen haben.

Entwicklung der Kommentarliteratur

Die Historiographie identifiziert für jeden einzelnen der *Fünf Klassiker* die seit der Qin- und frühen Westlichen Han-Zeit eingesetzten Gelehrten als Ausgangspunkte exegetischer Überlieferungslinien, die sich fortan mit jeder Schülergeneration weiter verzweigten. Ein Ergebnis dieser Vervielfältigung war eine wachsende Anzahl zunehmend ausgreifender Kommentare, insbesondere in Form der »Abschnitt- und Zeilenkommentare« (*zhangju*), die nicht selten Hunderttausende von Worten umfaßten und, im Vergleich zu den »Überlieferungen« (*zhuan*), eng den einzelnen Worten der Klassiker folgten. Die Klassikergelehrsamkeit der Westlichen Han-Zeit war eine Auslegungskultur, in der die antiken Texte nicht lediglich erklärt, sondern als Zeichen und Kodes entziffert und interpretiert wurden. Der in dieser Hinsicht eklatanteste Text der offiziell sanktionierten Tradition ist der *Gongyang*-Katechismus des *Chunqiu*; doch entstand im 1. Jh. v.Chr. ein umfangreiches Korpus exegetischer Literatur, die den Text der Klassiker lediglich als Ausgangspunkt ausführlicher kosmologischer und prognostischer Spekulation nahm. Diese als *chenwei* bezeichneten Texte wurden jedoch früh aus der Überlieferung ausgeschlossen und sind zumeist nur ihren – in der Regel schwer verständlichen – Titeln nach bekannt oder in Fragmenten erhalten. Tatsächlich aber markiert das *chenwei*-Phänomen nur den Extrempunkt einer Auslegungskultur, die ganz im Sinne von Dong Zhongshus Memorialen Kosmos und Geschichte umgriff. Die Spezialisten in der Exegese der kanonischen Texte, und damit der historischen Paradigmen, waren zugleich Spezialisten von Wahrsagung und Omeninterpretation. Dies wird besonders deutlich in der ausführlichen *Monographie über die Fünf Phasen* (*Wu xing zhi*) des *Hanshu*, welche im Rahmen der Fünf Phasen-Kosmologie die Unglück verheißenden Omina seit der Zeit der *Frühlings- und Herbstannalen* auflistet und interpretiert. Wie der *Gongyang*-Exeget Dong Zhongshu im 2. Jh. v.Chr. waren alle bedeutenden Omenausleger des 1. Jh.s v.Chr. – Jing Fang (77–37 v.Chr.), Xiahou Sheng (um 70 v.Chr.), Liu Xiang, Liu Xin, Gu Yong (gest. 8 v.Chr.), Li Xun (um 5 v.Chr.), Sui Meng (eigentlich Sui Hong, um 78 v.Chr.) – nicht nur kosmologisch geschult, sondern in erster Linie Spezialisten der kanonischen Schriften, insbesondere der *Frühlings- und Herbstannalen*, der *Wandlungen* und der *Dokumente*. Die Welt war ein Zeichensystem, und der Schlüssel zu seiner Entzifferung waren die Klassiker. Die unscharf als Han-Konfuzianismus bezeichnete Staatsideologie war daher nicht allein über den verbindlichen Kanon und seine Exegese, die Ritualordnung, sowie die aus der Ru-Tradition gewonnenen moralischen Prinzipien definiert, sondern ebenso von der Doktrin eines quasi-religiösen imperialen Zentralismus, kosmologischer Spekulation und Wahrsagung geprägt.

Klassikerinterpretation und politische Omendeutung

Insbesondere die Klassikergelehrsamkeit und das Ritualsystem waren unmittelbar mit der ästhetischen Repräsentation des Kaiserstaates sowie mit der Literatur im engeren Sinne verbunden. Durch den historischen Wandel im Verhältnis von Kanon und Ritual zum Ende der Westlichen Han-Zeit verschoben sich, wie an Yang Xiongs Kritik des *fu* deutlich erkennbar, insbesondere die ästhetischen Wertmaßstäbe der poetischen Literatur. Als übergreifende historische Entwicklung läßt sich der allmähliche Übergang von einer ritual- zu einer textzentrierten imperialen Kultur identifizieren. In diesem Übergang wandelte sich die Repräsentation des Kaiserstaates mit dem Selbstverständnis der Ru-Gelehrten. Letztere galten in der vorimperialen und frühen Westlichen Han-Zeit vornehmlich als Ritualexperten, deren Kenntnisse sich aus einem begrenzten Fundus klassischer Texte sowie der zeitgenössischen Ritualpraxis nährten, ohne daß den Texten eine unantastbare Autorität jenseits der aktuellen Praxis eignete. Das beste Beispiel dieser pragmatischen, häufig *ad hoc* formulierten Verbindung alten und neuen Wissens ist Shusun Tong (um 209–195 v.Chr.), ursprünglich ein kaiserlicher Gelehrter am Qin-Hof, der nach der Errichtung der Han-Dynastie das Staatsritual für deren Gründer, Kaiser Gaozu, in ausdrücklicher Anlehnung an die Qin-Praktiken entwarf und noch unter dessen Sohn, Kaiser Hui, das höchste Ritualamt (Großmeister des Rituals, *fengchang*) bekleidete. Als andererseits Kuang Heng und Zhang Tan im Jahre

Der Übergang von der Ritual- zur Textkultur

32 v.Chr. die Reform der von Kaiser Wu eingerichteten Staatsrituale verlangten, argumentierten sie auf der Grundlage der *Dokumente* und Ritualklassiker, daß die zeitgenössischen Gepflogenheiten nicht den kanonischen Vorschriften entsprächen – mit anderen Worten, sie unterwarfen die Ritualpraxis dem nunmehr verfestigten Textkanon. Zwei weitere Anekdoten, wie von Michael Nylan vermerkt, illustrieren denselben Punkt: als im Jahre 208 v.Chr. die Ru-Gelehrten sich dem Rebellen Chen She (gest. 208 v.Chr.) zuwandten, machten sie sich in ihren »langen Roben« auf und trugen die »Ritualgefäße der Familie des Konfuzius« auf ihren Rücken; als die Ru-Gelehrten des frühen 1. Jh.s n.Chr. sich gegen Wang Mang (reg. 9–23 n.Chr.) stellten, trugen sie in ihren Armen und auf ihren Rücken stapelweise »Karten und Schriften«. Innerhalb zweier Jahrhunderte hatten sich die Ru-Gelehrten von Meistern des Rituals zu Spezialisten in der Auslegung der kanonischen Texte gewandelt. Ein drittes Beispiel, das den kulturellen Wandel von der Ritual- zur Textkultur verdeutlicht, ist die Bedeutungsverschiebung des Begriffs *wenzhang*. In der vorimperialen Tradition und noch im 2. Jh. v.Chr. verwies *wenzhang* ausschließlich auf rituelle Insignien und Ornamente (insbesondere in Textilien), normative Standards rituell angemessenen Verhaltens und die vornehme äußere Erscheinung eines Gelehrten oder Herrschers. Erst in den letzten Jahrzehnten der Westlichen Han-Zeit erschien der Begriff allmählich in seiner später üblichen Bedeutung des literarisch geformten Textes. Hatte *wenzhang* zuvor die angemessene Ästhetik von klassischer Bildung und moralischer Exzellenz über die exemplarischen Formen ritueller Praxis definiert, so wurde kulturelle Vervollkommnung nunmehr in den angemessenen Genres textlicher Produktion gesucht. Dieselbe inhaltliche Verschiebung zeigt sich auch in der allmählichen Ersetzung des Begriffs der Sechs Künste (*liu yi*) durch den der Fünf Klassiker (*wu jing*) sowie die im Verlaufe der Westlichen Han-Zeit sich wandelnde Bezeichnung der Ru-Gelehrsamkeit von »Methoden der Ru« (*ru shu*) zu »Methoden [im Studium] der Klassiker« (*jingshu*).

wenzhang *als Ideal der Kultur*

Mit der Fixierung der kanonischen Texte, ihrer Unterweisung an der kaiserlichen Akademie, der Abfassung zahlreicher und ausgedehnter Kommentare und der Entwicklung einer in den Klassikern geschulten Beamtenschaft entwickelte sich insbesondere im 1. Jh. v.Chr. eine immer stärker am autoritativen, kontrollierten und verschriftlichten Text orientierte imperiale Kultur und Repräsentation. Ein Phänomen dieser Repräsentation ist die kaiserliche Bibliothek, worin nach 26 v.Chr. die Texte des Kaiserreiches gesammelt und unter Leitung Liu Xiangs in definitive Formen gebracht und katalogisiert wurden. Nicht allein die Bibliothek und ihr Katalog, sondern auch die Etablierung einer Gruppe von Spezialisten zur Ordnung und Kollationierung des literarischen Erbes war dabei eine institutionell neue Erscheinung. Ein weiterer Ausdruck der neuen Textkultur war die zunehmende Kompilation lexikographischer Werke. Während das *Hanshu* für die Qin-Zeit lediglich das *Cang Jie*-Lexikon des Kanzlers Li Si und für die ersten 150 Jahre der Westlichen Han nur das *Fanjiang*-Lexikon Sima Xiangrus erwähnt – beide Werke sind verloren –, finden sich für die Jahrzehnte seit Kaiser Yuans (reg. 49–33 v.Chr.) Regierungszeit nicht weniger als acht Lexika verzeichnet, von denen zwei – Shi Yous (Daten unbekannt) *Jijiu* und Yang Xiongs Dialektwörterbuch *Fangyan* – überliefert sind. Wie das Mitte der Östlichen Han-Zeit kompilierte *Shuowen jiezi* dürften die meisten dieser Lexika zum Zwecke und im Austausch mit der Klassikergelehrsamkeit geschaffen worden sein, zugleich aber auch allgemein der Erklärung und Vereinheitlichung des verfügbaren Zeichen- und

Frühe Lexikographie

Wortbestandes gedient haben. Die Wörterbücher sind daher in enger Verbindung mit den seit der Westlichen Han-Zeit nachweisbaren philologischen Glossen zu den einzelnen Wörtern der kanonischen Texte zu verstehen. Glossen wie Zeichenlexika waren hilfreich, das archaische Idiom der Klassiker in zeitgenössischer Sprache verständlich zu machen und überdies die extensive Homophonie der Sprache und den damit verbundenen paronomastischen Zeichengebrauch zumindest teilweise unter Kontrolle zu bringen. In denselben Zusammenhang gehört ferner das Argument Liu Xins, das in antiker Schrift (*guwen*) verfaßte *Zuo zhuan* sei den zunächst nur mündlich tradierten und dann in moderner Schrift (*jinwen*) fixierten *Gongyang-* und *Guliang*-Überlieferungen gegenüber allein schon durch seine ältere schriftliche Fixierung authentischer und damit zuverlässiger.

Die enge Verbindung zwischen kanonischen Studien und dem literarischen Ausdruck im allgemeinen zeigt sich deutlich in den zum Ende der Westlichen Han-Zeit immer intensiver auf die Klassiker Bezug nehmenden Edikten, Throneingaben und anderen pragmatischen Genres des politischen und administrativen Diskurses. Das Studium der kanonischen Texte (*wenxue*) bildete die Grundlage des literarisch angemessenen Ausdrucks (*wenzhang*). Entsprechend sind die literarische Ideologie wie auch die tatsächlichen Werke eines Yang Xiong nur im Zusammenhang seines an den kanonischen Texten orientierten Klassizismus verständlich. Dies betrifft den Vorwurf an das zeitgenössische *fu*, sich von der moralischen Integrität der *Oden* entfernt zu haben, ebenso wie die Abfassung der beiden philosophischen Schriften *Fayan* (Exemplarische Aussprüche) und *Taixuan* (Das höchste Dunkel), die eng nach den Vorbildern der *Analekten* und der *Wandlungen* geschaffen sind.

wenxue *und* wenzhang

Es blieb jedoch der dem Wang Mang-Interregnum folgenden Restauration der Han-Dynastie vorbehalten, die Textkultur des Kaiserreiches endgültig zu konsolidieren: Die selbstreflexive Panegyrik in den *fu* des gelehrten Ban Gu, dessen Vater Ban Biao (3–54) noch in einer Throneingabe von etwa 50 n.Chr. einen Mangel an alten kanonischen Schriften (*jiu dian*) und entsprechender Ausbildung des Kronprinzen beklagte; die um etwa 100 n.Chr. einsetzende weite Verbreitung von Papier als neuem, vergleichsweise preiswertem und potentiell unbegrenzt verfügbarem Medium der Schrift; die Anfänge eines kommerziellen Buchmarktes; der zunehmende Austausch privater Korrespondenz; die Kulmination der frühen Lexikographie im *Shuowen jiezi*; die Diskussion des in antiker oder moderner Schrift verfaßten Kanons; die systematische Ordnung und Kommentierung der kanonischen Texte durch Gelehrte wie Wei Hong, Jia Kui (30–101) Ma Rong (79–166), He Xiu (129–182), Zheng Xuan, Kong Rong (153–208) und zahlreiche andere; die im Jahre 172 von Kaiser Ling (reg. 168–189) befohlene und zwischen 175 und 183 von Cai Yong ausgeführte Eingravierung einer Serie von sechs Klassikern (*Wandlungen*, *Dokumente*, *Oden*, *Zeremonielles Ritual*, *Gongyang-Überlieferung der Frühlings- und Herbstannalen* sowie *Analekten*) auf 46 Tafeln, die außerhalb der kaiserlichen Akademie aufgestellt wurden; die Entdeckung der Kalligraphie als Ausdruck kultureller Bildung und Verfeinerung; die Entwicklung der literarischen Genretheorie mit Cai Yong und Cao Pi; und die teilweise Emanzipierung der poetischen Literatur von im engen Sinne rituellen Zwecken sind sämtlich Phänomene der Östlichen, nicht der Westlichen Han-Zeit, jedoch ohne die kulturelle Umwälzung der imperialen Kultur in der zweiten Hälfte des 1. Jh.s v.Chr. kaum vorstellbar.

ÖSTLICHE HAN BIS TANG

Die Literatur der Späteren oder Östlichen Han (25–220)

Fu *der Östlichen Han*

Wie bereits in der Früheren oder Westlichen Han-Dynastie war auch in der Späteren oder Östlichen Han das *fu* (»Prosagedicht«, »Rhapsodie«, »Reimprosa«, »poetische Darlegung« o.ä.) das dominierende literarische Genre. Und ebenso wie in der früheren Epoche sind auch in der Späteren Han-Zeit innerhalb dieses Genres Entwicklungen festzustellen, welche die folgende Vorstellung einzelner *fu*-Autoren verdeutlichen will.

Ban Gu: Historiograph und fu-*Dichter*

Mit dem nur wenige Jahre nach Gründung der Dynastie geborenen Ban Gu (32–92) trat ein Gelehrter auf, dessen Wirken nicht auf Literatur im engeren Sinne beschränkt blieb. Tatsächlich wird mit seinem Namen weniger der Dichter als der Historiograph assoziiert, der erste große Nachfolger des Sima Qian (etwa 145 v.Chr. – etwa 86 v.Chr.). Es scheint, daß der Verlust seines Vaters den in seinen frühen Zwanzigern stehenden Ban Gu in eine tiefe Sinnkrise stürzte, der er in seinem Prosagedicht *You tong (zhi) fu* (Begegnung mit Verborgenen) Ausdruck gab. In prosodischer Hinsicht ist das Gedicht ganz im klagenden *sao*-Stil gehalten, auch in seiner Sprache, seinen Bildern und Motiven ist es stark vom *Li sao* beeinflußt. Wie der Autor des *Li sao* beginnt auch Ban Gu mit einer knappen Darlegung der Geschichte seiner Familie, die in eine Klage des Waisen über den Tod des Vaters mündet. Diese Klage geht sodann über in die Beschreibung einer im Traum unternommenen Reise auf einen nicht näher bezeichneten Berg, wo der Dichter in Kontakt zu den im Titel des *fu* angesprochenen »Verborgenen« tritt, die ihm eine verschlüsselte Botschaft anvertrauen. Vom Traum erwacht, deutet der Dichter mit Hilfe eines Orakelbuchs die veschlüsselten Worte als Ankündigung einer für ihn großen Zukunft; er schöpft Zuversicht und Kraft und eine dem aktiven Wirken zugewandte optimistische Lebenshaltung, die sich im besonderen gegen den seiner Meinung nach in Jia Yis *Prosagedicht über eine Eule* (*Funiao fu*) faßbaren Fatalismus und eine im daoistischen Klassiker *Zhuangzi* ausfindig gemachte grundsätzliche Lebensangst richtet und es entschieden ablehnt, mit Gram und Selbstmitleid einen vorzeitigen Tod zu provozieren. Somit gerät das Gedicht, das wie ein Frustrationsgedicht anhebt, nachgerade zu einem Anti-Frustrationsgedicht, und damit stellte sich Ban Gu in die Tradition des Yang Xiong (53 v.Chr. – 18 n.Chr.), dessen *Fan Li sao* (Widerspruch gegen das Li sao) ja auch eine Kritik der Resignation war und im besonderen den Selbstmord aus Verzweiflung verwarf.

Prosagedichte über Hauptstädte

Auch in seinen reiferen Jahren, die vorwiegend der Arbeit an dem von seinem Vater Ban Biao (3–54) begonnenen und später als *Hanshu* berühmt gewordenen Geschichtswerk gewidmet waren, schrieb Ban Gu weiterhin *fu*, darunter das sehr lange *Liang du fu* (Prosagedicht über die beiden Hauptstädte), das fünfhundert Jahre später die Anthologie *Wenxuan* eröffnen sollte. Die beiden Städte, auf die der Titel verweist und denen je eine Hälfte des zweiteiligen Werkes gewidmet ist, waren natürlich Chang'an und das weiter östlich gelegene Luoyang, also die neu eingerichtete Hauptstadt der Östlichen Han sowie die Metropole der vergangenen Dynastie. Dem Prosagedicht im eigentlichen Sinn, das in Form einer Rede für Chang'an und einer Gegenrede für Luoyang gestaltet ist, geht ein Vorwort voran, in dem Ban Gu die Geschichte der Gattung *fu* Revue passieren läßt und den *fu* einen doppelten Zweck zuerkennt: sie sollten einerseits ihre Gegenstände umfassend besingen, andererseits zu einer bestimmten Einstellung überreden beziehungsweise von deren Vorzügen überzeugen. Ban Gus *Prosagedicht über die beiden Hauptstädte* selbst ist klar diesen beiden Aufgaben verpflichtet, indem es in detailreichen Beschreibungen die Vorteile Luoyangs gegenüber Chang'an herausstellt und gleichzeitig ein Lob auf die moralische und kulturelle Überlegenheit der in Luoyang ansässigen noch jungen Dynastie und ihres regierenden Kaisers Ming (reg. 58–75) vorträgt. Dieses Lob hat so schmeichelnde Untertöne, daß das *Liang du fu* gelegentlich als liebedienerisch verworfen wird; doch darf nicht vergessen werden, daß Ban Gu schließlich das Brot des Kaisers aß und es zu seinen Dienstaufgaben zählte, Eulogien auf seinen Herrscher zu verfassen.

Davon abgesehen berührt das *Liang du fu* mit der Frage, ob die restaurierte Dynastie in die Hauptstadt der Westlichen Han zurückkehren oder sich doch ein neues Zentrum geben sollte, eine heikle politische Frage, die auch von anderen Dichtern behandelt wurde. Schon wenige Jahrzehnte vor Ban Gu hatte Du Du (gest. nach 78 n.Chr.) in seinem Prosagedicht *Lun du fu* (Abhandlung über die Hauptstädte) dafür plädiert, wieder nach Chang'an zurückzukehren, während Ban Gus jüngerer Zeitgenosse Fu Yi (etwa 47–92) sich in einem *fu* ebenso wie Ban Gu selbst für Luoyang einsetzte und insbesondere lobte, diese Stadt sei moderat und stehe allen Extravaganzen fern. Weitaus bekannter aber ist Fu Yi für sein *Prosagedicht über den Tanz* (*Wu fu*): Ohne Rücksicht auf historische Genauigkeit läßt Fu Yi hier seinen fernen Kollegen Song Yu (3. Jh. v.Chr.), der ja zu den Vätern des *fu* gezählt wird, zu Wort kommen. Song Yus Sprache und Stil nachahmend, beschreibt das *Wu fu* wortreich und sinnenfreudig einen zur notorisch bekannten Musik der Staaten Zheng und Wei aufgeführten Tanz und dessen becircende Wirkung. Es bricht damit eine Lanze für das leichte Vergnügen, es bekennt sich zum unterhaltenden Wert der Literatur und zu einer Musik, die den Sittenstrengen seit je gleichbedeutend mit verderblichen Klängen war. Die viel kritisierte heitere Musik von Zheng und Wei wolle lediglich die Mußestunden der Menschen verschönern und habe keinerlei pädagogische Absichten, läßt Fu Yi den Song Yu sagen.

Chinas erste Gelehrte: Ban Zhao

Doch zurück zu Ban Gu. Dessen Bereitschaft, sein literarisches Talent in den Dienst seines Kaisers zu stellen, hinderte ihn nicht, sich im Alter einer mächtigen und dem Kaiserhaus sehr gefährlichen Familie anzuschließen und deren Gönnerschaft mit Panegyriken zu entgelten. Diese Liaison brachte ihn in den Verdacht, Verrat am Kaiserhaus zu begehen, und er hatte mit dem Tod im Gefängnis zu bezahlen. Dessen ungeachtet wurden weder das literarische noch das historiographische Vermächtnis Ban Gus Proskription und Vergessen anheimgegeben. Dafür bedurfte es freilich neben einer keineswegs selbstverständlichen Toleranz auf Seiten des Kaiserhauses auch eines geeigneten Erbverwalters, und dieser fand sich in Ban Zhao (etwa 49 – etwa 120), der jüngeren Schwester des Ban Gu. Diese herausragende Frau, die schon als Chinas erste Gelehrte bezeichnet wurde, brachte das *Hanshu* zum Abschluß und erteilte sogar gebildeten Männern Anweisungen zu seiner Lektüre; sie verfaßte mit ihren *Ermahnungen für Frauen* (*Nü jie*) ein mächtiges adhortatives Werk; und sie schrieb, wie Bruder und Vater vor ihr, auch *fu*. Darunter sind etliche Werke, die seltene Gegenstände besingen und dann mitunter in Allegorien übergehen oder in Herrscherlob münden. So etwa das *Da que fu* (Prosagedicht über einen großen Vogel), das eine Tributgabe aus Zentralasien besingt und über die Beschreibung des seltenen Tieres den Kaiserhof preist, dem solch edle Geschenke aus fernen Ländern unterbreitet werden. Ganz anders zeigte sich Ban Zhao in ihrem *Prosagedicht über eine Reise in den Osten* (*Dong zheng fu*), einer literarischen Bearbeitung jener Reise, in der die noch nicht Vierzigjährige ihren Sohn zu seinem ersten Amtsposten begleitete: Hier knüpft die Autorin zwar bewußt und explizit am *Prosagedicht über eine Reise in den Norden* (*Bei zheng fu*) an, das ihr Vater einst verfaßte; gleichzeitig geht sie weit darüber hinaus, indem sie viel direkter, als das in den *fu* ihres Vaters, ihres Bruders oder anderer bislang der Fall war, Persönliches ausdrückt – so die Mahnung an den Sohn, stets sorgsam und mäßig in seiner Lebensführung zu sein, oder ihr mütterliches Eingeständnis, der bevorstehenden Trennung bangen Herzens entgegenzusehen.

Zhang Heng

Der nach Ban Gu nächste bedeutende *fu*-Dichter war Zhang Heng (78–139), der als Astronom, Mathematiker und Literat gleichermaßen namhaft war und vielen als bedeutendster Gelehrter seiner Zeit gilt. Wie zuvor Yang Xiong und Ban Gu, wie später Cai Yong und andere, hatte sich Zhang Heng in einem »inszenierten Diskurs« (*shelun*) mit dem Vorwurf eines anonymen Kritikers auseinanderzusetzen, sich allzu sehr seinen privaten Studien zu widmen, anstatt einer politischen Karriere nachzugehen. Auch in seinen Prosagedichten orientierte er sich an Ban Gu; das bei weitem umfangreichste und gleichzeitig berühmteste unter seinen ein Dutzend bekannten *fu*, das *Prosagedicht über zwei Hauptstädte* (*Er jing fu*), an dem er zehn Jahre lang gefeilt haben soll, entstand sogar in bewußter Imitation (*ni*) von Ban Gus *Liang du fu*. Allerdings auch aus Unzufriedenheit damit, und diese könnte sich auf Ban Gus politisches Urteil bezogen haben. Denn während Ban Gu sich in seiner Kritik an den Westlichen Han noch moderat gehalten hatte und für seine eigene Dynastie voll des Lobes war, fand Zhang Heng keine freundlichen Worte für seine Zeit, und für die untergegangene Frühere Han-Dynastie blieb ihm nur beißender Spott: für Kaiser Wu (reg. 141–87 v.Chr.), der sich der Kunst windiger Magiere anvertraute, für die Händler in der Hauptstadt, die arglose Kunden betrogen, für verkommene Herrscher, die inkognito ihren Palast verließen, um die billigen Vergnügen einfacher Leute zu teilen.

Ein weiteres Werk Zhang Hengs, das mit über 400 Versen ebenfalls sehr lange *Si xuan fu* (Sehnsucht nach dem Dunklen), bewegt sich gleichfalls in der Nähe Ban Gus: Wie dessen *You tong* (*zhi*) *fu* ist es eine Auseinandersetzung mit der Frage, ob in schwieriger Zeit die Weltflucht oder das aktive Leben vorzuziehen sei. Und wie Ban Gu ergeht sich auch Zhang Heng nicht in eine wortreiche Klage darüber, von allen verlassen und von keinem verstanden zu sein, sondern plädiert dafür, sich dem Leben zuzuwenden: Die *Sehnsucht nach dem Dunklen* beschreibt eine imaginäre Himmelsreise, die dem Dichter die Erkenntnis bringt, die gemeinhin konfuzianisch genannten Werte verdienten den Vorzug vor der daoistischen Weltflucht und der Suche nach Unsterblichkeit. Gleichwohl mag man Zhang Heng nicht einen von allen Zweifeln freien Konfuzianer nennen. Denn unter seinen *fu* findet sich auch ein *Prosagedicht über einen Totenschädel* (*Dulou fu*), wo er unter Aufnahme eines bekannten Motivs die bleichen Knochen des Zhuangzi in einer langen Rede darlegen läßt, weshalb der Tod der Plackerei des uns bekannten Daseins vorzuziehen sei: »Der Tod ist Rast und Ruhe, / Leben ist Arbeit und Mühe«, beginnt die Rede des Totenschädels, die in ein Lob des jenseitigen Lebens mündet: »Sonne und Mond leuchten mir, / die Milchstraße bildet Flüsse und Teiche, / die Sterne sind meine Edelsteine und meine Perlen, / ich vereine mein Wesen mit der Natur, / habe keine Gefühle mehr und auch keine Wünsche.«

Lyrisierung des fu *durch Zhao Yi*

Wurde man durch Ban Gu, Zhang Heng und andere daran gewöhnt, daß Prosagedichte mehr oder weniger deutlich Kritik an zeitgenössischen Zuständen üben konnten, kann man mit Zhao Yi (etwa 130 – etwa 185) einen neuen Typus kennenlernen: Den *fu*-Dichter, der die bisher gültigen formalen Konventionen des Genres und dessen Anspruch auf schwer verständliche, Bildung demonstrierende Sprache in den Wind schlug, den Dichter auch, der seine literarischen Talente für gleichermaßen kurze wie schnörkellose und harsche Anklagen gegen öffentliche Mißstände oder private Widrigkeiten nutzte – seien diese die Vertreibung Zhao Yis aus seiner Heimat durch einige ihm übel gesonnene Zeitgenossen oder die Haft im Kerker, aus der Zhao Yi nur mit Mühe entfloh. Indem er auf die bei früheren *fu*-Autoren so typischen prunkenden Ausschmückungen und rhetorischen Übertreibungen verzichtete und sich kurz hielt, indem er ferner das *fu* als Medium benutzte, persönliche Anliegen zur Sprache zu bringen, wies Zhao Yi dem Prosagedicht einen Weg, der gerne als Lyrisierung des *fu* bezeichnet wird. Zhao Yis bekanntestes *fu* gibt sich bereits durch seinen Titel *[Ich] verklage meine Zeit und hasse das Böse* (*Ci shi ji xie fu*) als Frustrationsgedicht aus. Doch im Gegensatz zu den tief gestimmten Werken eines Qu Yuan, eines Jia Yi oder Sima Qian spricht hier keiner, der sich mit eloquenten Klagen für eine Anstellung empfehlen will; keiner, der sich wie Ban Gu (im *You tong [zhi] fu*) oder Zhang Heng (im *Si xuan fu*) im Verlaufe eines Gedichts aus gedrückter Stimmung zum Optimisten läutert. Zhao Yi scheint vielmehr weder auf das privilegierte Leben des Staatsbediensteten gehofft zu haben, noch glaubte er an die Reformfähigkeit seiner Zeit, die er anklagte. Im Gegensatz zu mancher Panegyrik vergangener Generationen war das *Ci shi ji xie fu* überzeugt, daß die Geschichte Chinas sich seit langem zum Schlechteren entwickle, daß sich im besonderen die eigene Epoche ganz in den Spuren der verworfenen Dynastie Qin halte, das Wohlergehen der gewöhnlichen Menschen aus den Augen verloren habe und nur auf persönliche Vorteile der Herrschenden bedacht sei. Ohne einen einzigen Zeitgenossen beim Namen zu nennen, macht Zhao Yi keinen Hehl daraus, das Grundübel seiner Zeit darin zu sehen, daß Eunuchen einerseits, Angehörige von Kaiserinnen andererseits zu viel Macht ausübten und sich gegenseitig bekämpften, während die reguläre Bürokratie an Einfluß verliere: Verabscheuenswert sei dies, und zwar so sehr, daß sich Zhao Yi sogar in den Ausruf verstieg, er wolle lieber unter einem sittlich hochstehenden Herrscher des Altertums Hungers gestorben sein als in der Verderbnis der Gegenwart Wohlstand genießen.

Cai Yong

Mit Cai Yong (133–192), dem letzten großen *fu*-Dichter der Han, trat erneut ein vielseitiger Gelehrter auf. Er hinterließ eine Beschreibung wichtiger staatlicher Institutionen seiner Zeit, er wirkte daran mit, daß im Jahre 175 die konfuzianischen Klassiker in Stein gemeißelt wurden und damit als verbürgtermaßen sehr begehrte fälschungssichere Vorlagen für Kopien in Steinabreibungen vorlagen; Cai Yong war ferner an einem großen historiographischen Projekt beteiligt, war gebildet in Kalligraphie und Musik,

Mathematik und Astronomie, war Lehrer und Förderer einiger der talentiertesten jungen Literaten seiner Zeit. Allein in seinem politischen Handeln war Cai Yong ohne Augenmaß: Nicht genug, daß er über ein Jahrzehnt im Exil verbrachte, schloß er sich in seinen reifen Jahren auch noch dem Dong Zhuo (gest. 192) an, jenem ambitionierten General, der im Jahre 190 die Zerstörung Luoyangs samt seiner Bibliotheken und Archive und die Verlegung der Hauptstadt nach Chang'an veranlaßte. Dafür verlor Cai Yong sein Leben im Gefängnis.

Das umfangreiche literarische Werk Cai Yongs fand vorwiegend in sogenannter Parallelprosa (*pianwen*) Ausdruck, besonders namhaft war er als Autor von Nekrologen, die er – teils sicherlich gegen gutes Entgelt – als Auftragswerke abfaßte. Daneben benutzte er wie Zhao Yi und andere vor ihm das *fu* als Mittel für politische Kritik, etwa im *Prosagedicht über eine Reise* (*Shu xing fu*), das eine Reise beschreibt, die der zurückgezogen lebende Dichter antrat, weil ihn einige einflußreiche Eunuchen in die Hauptstadt einbestellt hatten, wo er ihnen auf der Zither vorspielen sollte. Dieses Ansinnen und die Aussicht, als Parteigänger von Eunuchen zu gelten, waren Cai Yong offenbar so zuwider, daß er unterwegs Krankheit vorschützte und die Reise abbrach. Das *Prosagedicht über eine Reise* geriet denn auch zu einer Klage über eine Zeit, die nach Auffassung des Cai Yong von einem extremen Egoismus und Hedonismus der Herrschenden geprägt ist und den Dichter resignieren läßt: »Sie bieten alles Geschick für ihre Terrassen und Lauben auf, / während das Volk im Freien wohnt und an feuchten Plätzen schlafen muß«, formulierte er verbittert über die Herrschenden, oder: »Sie sortieren das beste Getreide für ihre Vögel und wilden Tiere aus / und lassen nur Spreu und Abfall ohne Korn übrig.«

Gewiß würde Cai Yong keinen herausragenden Platz in der Geschichte des Prosagedichts einnehmen, hätten sich seine Werke in solchen stets etwas selbstgerechten und von den Mächtigen zuletzt ja geduldeten Klagen erschöpft. Nein, die mit Cai Yong zu verbindende Erneuerung des *fu* lag auf einem ganz anderen Gebiet, nämlich darin, daß er den Mut und die Phantasie fand, in Prosagedichten das Sinnliche, das Erotische zu thematisieren. Er tat dies in wenigstens drei seiner beinahe zwanzig bekannten *fu*, am gewagtesten im kurzen *Prosagedicht über eine harmonische Vermählung* (*Xie he hun fu*), das eine Eheschließung von der Hochzeitszeremonie bis zur Hochzeitsnacht beschreibt oder andeutet. Ein Werk, das bereits einen Zeitgenossen zu einer moralisierenden Widerrede veranlaßte und noch einen modernen Kritiker (Qian Zhongshu) seinen Autor zum Pornographen erklären ließ, wenngleich die Anstößigkeit des Gedichts allenfalls darin besteht, in zarten Andeutungen, zerwühltes Haar und verwischte Schminke des Mädchens erwähnend, auf das Lager der Brautleute zu verweisen.

Yuefu *der Han*

Was ist ein yuefu?

Ist bereits eine Definition des *fu*, die sich nicht ganz allgemein halten will, kaum möglich, trifft das erst recht für eine weitere literarische Gattung zu, die in der Han-Zeit aufkam, um dann über Jahrhunderte hinweg in Gebrauch zu bleiben: *yuefu*. Das zeigt sich schon deutlich in den offenkundigen Schwierigkeiten, die dieser Begriff den Übersetzern bereitet. Während *fu* immerhin treffend als »Prosagedicht«, »Reimprosa« o. ä. übersetzt werden kann, ist für den (trotz seiner lautlichen Ähnlichkeit keineswegs verwandten) Terminus *yuefu* kein eindeutiges und allgemein akzeptiertes

Übersetzungswort verfügbar. Die Schwierigkeit des Begriffs liegt indes nicht nur darin, daß mit *yuefu* literarische Werke bezeichnet werden, die unter inhaltlichen oder prosodischen Gesichtspunkten kaum als eigenes Genre greif- und definierbar sind; sie ist auch darin begründet, daß *yuefu* erst sekundär zur Benennung bestimmter Literatur gebraucht wurde und zunächst eine behördliche Einrichtung bezeichnet hatte.

Das Musikamt und seine Aufgaben

Leider ist weder genau gesichert, wann dieses sogenannte Musikarchiv oder Musikamt etabliert wurde, noch sind dessen Aufgaben klar beschrieben. Wahrscheinlich war das Amt bereits zur Qin-Zeit und auch zu Beginn der Han-Dynastie eingerichtet gewesen, doch erst eine Reform des Kaisers Wu (um 115 v.Chr.) führte es zu jener kurzen, nur einhundert Jahre anhaltenden Blüte, die ihm eine nachhaltige kulturgeschichtliche Bedeutung gab. Wahrscheinlich ist ferner, daß die damalige Reorganisation und die Ausweitung des Musikamts darauf zurückzuführen ist, daß Kaiser Wu neben einer Vorliebe für chinesische Volksmusik und Volkstänze auch Gefallen an der fremdländischen Musik fand, die im Gefolge seiner ausgedehnten Kriegszüge sowie der wachsenden Handelsbeziehungen von Zentralasien nach China gelangte. Wahrscheinlich ist schließlich, daß die ein Jahrhundert später (7 v.Chr.) erfolgte vorübergehende Schließung, von der sich das Musikamt nie wieder ganz erholen sollte, darauf zurückgeführt werden darf, daß damals ein Kaiser auf dem Thron war, der weder Musik noch Frauen geliebt haben soll.

Die Aufgaben des Musikamts, das sich bei seiner Schließung zu einer Behörde mit über 800 Mitarbeitern ausgewachsen hatte, lassen sich trotz Unkenntnis mancher Details im wesentlichen bestimmen: Die Mitarbeiter des Musikamts hatten populäre Lieder aus den verschiedenen Regionen des Han-Reiches und aus fremden Ländern zu sammeln und diese gegebenenfalls zu adaptieren oder zu orchestrieren; sie hatten neue Hymnen zu komponieren und zu vertonen, die bei offiziellen Gelegenheiten zur Aufführung kamen und große rituelle Bedeutung hatten; sie vertonten vorhandene Texte unter Verwendung neuer und moderner Melodien; sie vertonten Werke, die sie bei Dichtern in Auftrag gegeben hatten.

Erweiterung des Begriffs yuefu

Im Laufe der Zeit wurde der Begriff *yuefu* ausgeweitet und bezeichnete neben dem Musikamt auch die Gegenstände, mit denen das Amt befaßt war: »Musikamtslieder«. Im späten 5. Jh. wurde *yuefu* dann erstmals als Gattungsbegriff benutzt, ein Jahrhundert später bezeichnete *yuefu* in Anthologien ein nicht eindeutig definiertes Genre, noch später wurde der Name so sehr ausgeweitet, daß nahezu jedes Lied aus der Zeit vor dem 11. Jh. als *yuefu* galt.

Eine konkrete Vorstellung davon, wie umfassend der Gattungsbegriff *yuefu* seither ist, vermittelt die Einteilung des zu Beginn des 12. Jh.s von Guo Maoqian zusammengestellten *Yuefu shiji*, das mit seinen 5290 Werken die Texte, nicht aber die Melodien nahezu aller *yuefu* genannten Stücke enthält, die bis dahin geschrieben worden waren. Guo Maoqian teilte sein umfangreiches Material in ein Dutzend Kategorien, die er in der Regel nach der Verwendung oder Herkunft der Texte oder nach der Art ihrer musikalischen Inszenierung benannte; darüber hinaus ordnete er innerhalb jeder Rubrik seinen Stoff chronologisch an und machte dadurch, vielleicht unwillentlich, auf die Besonderheit aufmerksam, daß *yuefu* oftmals in (bewußter) Abhängigkeit voneinander geschaffen wurden.

In der modernen westlichen Sekundärliteratur wird indes nicht mit der von Guo Maoqian vorgeschlagenen Einteilung der *yuefu* gearbeitet. Vielmehr ist hier ein von Hans H. Frankel favorisiertes Modell verbreitet, das die *yuefu* unter literarischen und literaturgeschichtlichen Gesichtspunkten in fünf Gruppen teilt: rituelle Hymnen der Han; rituelle Hymnen der Südlichen Dynastien; anonyme *yuefu* der Han; anonyme *yuefu* der Südlichen und Nördlichen Dynastien; namentlich zuschreibbare *yuefu* von Dichtern ab der Han- bis zur Tang-Zeit.

Herkunft anonymer yuefu

Diese Einteilung deutet unter anderem an, daß die meisten frühen *yuefu* anonyme Werke sind. Natürlich fehlen auch verbürgte Nachrichten über die näheren Umstände ihrer Entstehung, ihrer Verbreitung und ähnliches. Immerhin lassen Episoden wie die folgende einiges erahnen: Auf dem Höhepunkt seiner Macht habe, so wird berichtet, der erste Kaiser der Han-Dynastie einst seine alte Heimat besucht und ein Gelage ausgerichtet; vom Wein angeregt habe er, sich selbst auf einem Saiteninstrument begleitend, ein Lied improvisiert; zuletzt habe der Kaiser die beim Gelage anwesenden 120 jungen Leute sein Lied im Chor singen lassen, während er selbst dazu tanzte, von Tränen der Rührung übermannt. Selbst wenn diese Episode späterer Legendenbildung zu verdanken sein sollte oder das einfache Lied, das bei dieser Gelegenheit angeblich entstand und bis heute überliefert ist, zu Unrecht dem Kaiser zugeschrieben wird, impliziert die Episode doch einige interessante Behauptungen allgemeinerer Art, die über die Person des Dynastiegründers hinausgehen: Die Episode behauptet, daß nach Bildung und Herkunft gewöhnliche Leute wie der erste Kaiser der Han-Dynastie Musikinstrumente spielen konnten; sie behauptet ferner, daß Lieder improvisiert wurden, dann mehr oder weniger schnell Verbreitung finden und schließlich niedergeschrieben werden konnten; die Episode will drittens, daß gewöhnliche Leute tanzen beziehungsweise Tänze improvisieren konnten, die zu einem bestimmten Lied paßten, und sie zeigt viertens, daß Lied, Tanz und Musik Ausdruck spontaner Emotionen sein konnten. Gibt mithin schon diese Erzählung einen deutlichen Hinweis darauf, daß hanzeitliche Gedichte und Lieder nicht unbedingt als Kunstgebilde komponiert wurden, sondern oralen Ursprungs und spontan formuliert sein können, bieten die überlieferten Texte selbst weitere Indizien für den oralen Ursprung der *yuefu*. Dazu zählen häufige Kolloquialismen und direkte Reden sowie standardisierte Floskeln und formelhafte Wendungen in manchen *yuefu*; auch die Tatsache, daß einige *yuefu* in mehreren geringfügig voneinander abweichenden Varianten oder verschieden langen Versionen überliefert sind.

Text – Tanz – Musik

Wenn Guo Maoqian die in seiner Sammlung enthaltenen *yuefu* nicht nach inhaltlichen oder prosodischen Gesichtspunkten, sondern vorwiegend nach musikalischen Aspekten ordnete, erinnert er dadurch eindrücklich daran, daß mit dem Verlust der Musik ein ursprünglich sehr wichtiges Element der *yuefu* für immer verloren ist. Lediglich formale Besonderheiten des einen oder anderen *yuefu*-Textes mögen noch Anzeichen für den musikalischen Ursprung des Genres sein, im besonderen mag man im irregulären Metrum vieler *yuefu* einen Hinweis darauf erkennen, wie Text und Musik aufeinander abgestimmt waren. Gleichwohl wissen wir nicht, wie der Text eines *yuefu* im Vortrag musikalisch unterstützt wurde, welches Instrument, welches Tempo der Musik, welche Stimmhöhe im Vortrag zu welchem Inhalt gewählt wurden etc.; auch wissen wir nichts darüber, ob ein bestimmtes Lied an eine bestimmte Aufführungspraxis gebunden war oder ob im Gegenteil ein und dasselbe Lied gleichermaßen von einem Solisten zur Musikbegleitung wie von einem Chor und einem Tänzer vorgetragen werden konnte, wie es die Episode um das Lied des Dynastiegründers andeutet. Ebenso ist nicht klar, ob der Vortragende improvisieren durfte oder gar sollte, ob er sich mit einer Erzählerrolle zu begnügen hatte oder ob er die Rolle der jeweils sprechenden oder handelnden Person annahm und sie verkörperte. Auch über den Tanz als das neben Text und Musik dritte konstituierende Element der *yuefu*-Kultur fehlen detaillierte Kenntnisse. Immerhin ist es beachtenswert, wenn es über Li Yannian (etwa 140–87 v.Chr.), den zeitweiligen Leiter des Musikamts, heißt, daß er »ein Kenner der Musik war, zu singen und zu tanzen verstand« und ein eigenes Gedicht vortrug, indem er »sich erhob, tanzte und sang«.

Inhaltliche Charakteristika des yuefu

Da die meisten *yuefu* aus der Han-Zeit entweder anonym oder in ihrer Zuschreibung sehr unsicher und in der Folge auch nicht datierbar sind, lassen sich natürlich keine zuverlässigen Aussagen über die Entwicklung des Genres in der Han-Zeit machen. Stattdessen müssen wir uns mit einigen zusammenfassenden Anmerkungen begnügen: Im Mittelpunkt der anonymen *yuefu* der Han steht meist das alltägliche Leben einfacher Menschen, das eher in seinen harten als in seinen angenehmen Seiten und eher in konkreten Details als abstrakt dargestellt wird. Im Gegensatz zu westlichen Balladen, mit denen sie mitunter verglichen werden, sind in den anonymen *yuefu* der Han weder feine Erotik noch Sexualität, weder Gewalt noch Heldentum prominent, ja es ist geradezu typisch, daß *yuefu* einen antiheroischen Charakter haben. Wenn Anne Birrell eine Auswahl von beinahe 80 *yuefu* aus dem anerkannten Korpus hanzeitlicher Werke unter thematischen Gesichtspunkten in elf Kategorien einteilen konnte, gibt das eine gute Vorstellung von der inhaltlichen Breite des Genres: Hymnen zählen ebenso dazu wie in Verse gesetzte Fabeln und Aufforderungen, des Lebens kurze Tage auszukosten; Bestattungslieder finden sich unter den *yuefu* ebenso wie Liebeslieder und solche, die vom Heimweh des Reisenden oder des Soldaten klagen; andere beschreiben das ideale Heim und die perfekte Ehe, wieder andere schildern familiäre Dramen, abermals andere treten als politische Anklagen oder als Lieder gegen den Krieg auf. Hierzu zählt das folgende Gedicht. Die Sammlung *Yuefu shiji* führt es unter dem Titel an, der dem Eingangsvers entspricht, also *Zhan cheng nan* (Kampf im Süden der Stadtmauer); der Übersetzer Peter Olbricht hat stattdessen den Titel *Soldatenlied* gewählt, und er hat sich die Freiheit genommen, in seiner Übersetzung weder die Anzahl der Zeilen des Originals verbindlich zu machen, noch dessen ganz irreguläres Metrum abzubilden:

Wir kämpften südlich der Stadt,
Wir fielen nördlich der Wälle.
Wir fielen im Moor, ohne Grab
Und den Krähen zum Fraße.

Saget den Krähen von uns:
»Hier liegen tapfre Vasallen,
Auf dem Schlachtfeld gefallen und ohne ein Grab –
Wie können euch Krähn sie entkommen?«

Die Wasser gurgeln und gurgeln,
Und Dunkel zieht über das Schilf.
Kühn ritten die Reiter – sie kämpften und fielen.
Müde die Rosse nun irren und wiehern.

Ihr, Stützen des Hauses!
Ihr, Pfeiler des Staates!
Wozu im Süden,
Wozu im Norden
Hieß man euch kämpfen,
Ließ man euch fallen?

Wer jetzt soll ernten?
Wer hilft nun dem Kaiser?

Die treu ihm waren,
Sie alle – sie fielen.

Wir denken an euch, Getreue!
Es sei eurer Treue gedacht!

Der Tag brach an, da zogt ihr zum Kampfe,
Der Abend kam und nicht kehrtet ihr heim zur Nacht.

Dieses Gedicht wurde später unter Verwendung seines Titels häufiger imitiert, und das gleiche trifft auf das folgende *yuefu* zu, das von Sargträgern gesungen worden sein soll und an die Vergänglichkeit des Lebens gemahnt. Auch hier hat sich der Übersetzer Olbricht erlaubt, den originalen Titel *Xie lu* (Tau auf der Schalotte) durch eine eigene Überschrift *Lied der Sargträger* zu ersetzen sowie das Metrum der Vorlage zu verlassen: »Tau auf der Blüte des Knoblauchs, wie leicht schwindet er hin! / Schwindet er auch, der Tau, fällt er doch morgen erneut. / Schwindet dahin der Mensch, ist es für immer und ohne Zurück.«

Kongque dongnan fei (Pfauen fliegen nach Südosten)

Wahrscheinlich aus dem 3. Jh., dem Ende der Han-Zeit, stammt das mit weit über dreihundert Zeilen weitaus längste *yuefu*. Es trägt den Titel *Kongque dongnan fei* (Pfauen fliegen nach Südosten) und erzählt die Geschichte eines unglücklichen Ehepaares, das in den Selbstmord geht, nachdem die Mutter des jungen Mannes ihre Schwiegertochter verstoßen hat und die junge Frau dem wachsenden Druck ihrer eigenen Familie, eine neue Ehe einzugehen, nicht mehr standhalten kann. Dieses von sehr vielen wörtlichen Reden geprägte *yuefu* ist mehrfach übersetzt worden, und Hans H. Frankel hat zu zeigen versucht, daß es von formelhaften Wendungen lebt. Darüber hinaus gibt es kulturhistorisch interessante Informationen über das hanzeitliche Leben gehobener Kreise, die sicher nicht allesamt als literarische Fiktionen abgetan werden dürfen. Man beachte nur die ersten Sätze der Rede der jungen Gattin, mit der das Gedicht anhebt: Mit dreizehn lernte sie weben, mit vierzehn nähte sie Kleider, mit fünfzehn schlug sie die Laute, mit sechzehn rezitierte sie die *Oden* und die *Dokumente* – mit siebzehn ging sie in die Ehe, und fortan wurden ihr die Tage vergällt.

Neben den anonymen *yuefu* sind aber auch, gerade aus dem Ende der Han-Dynastie, einige *yuefu* überliefert, die namentlich bekannten Autoren zugeschrieben werden können. Ein Beispiel hierfür ist Cao Caos (155–220) Imitation von *Tau auf der Schalotte*, die sich freilich große Freiheiten gönnte: Nicht nur ist sie viermal so lang wie das gleich betitelte ältere Werk, die beiden Stücke sind auch thematisch völlig verschieden. Während das Lied der Sargträger aus trüber Grundstimmung heraus dazu angehalten hatte, das Leben zu genießen, ist das Werk des Generals Cao Cao, der die Han-Dynastie retten sollte und doch zu einem ihrer Totengräber wurde, eine laute Anklage gegen die kränkelnde Dynastie und ihre unfähigen Herrscher. Als *Grabgesang für das Haus Han* wurde es denn auch in einer deutschen Übersetzung betitelt.

Unterschiede der yuefu *aus Nord- und Südchina*

In der Zeit nach der Han-Dynastie nahmen die *yuefu* im Norden Chinas und in dessen Süden getrennte Entwicklungen. Die inhaltlichen Unterschiede mögen auf die jeweiligen Lebensumstände hier und dort zurückzuführen sein, darüber hinaus wurden in den beiden Teilen des Reiches anscheinend auch unterschiedliche Formen des in prosodischer Hinsicht ja ganz offenen Genres bevorzugt: Im Norden überlebte das lange, erzählende, balladenhafte *yuefu*, im Süden wurden meist kurze Vierzeiler verfaßt, die dem später noch ausführlich zu würdigenden *jueju*, einem vierzeiligen Gedicht mit strengen prosodischen Vorschriften, den Weg bahnten. Die unter Aristokraten der Südlichen Dynastien beliebten vierzeiligen *yuefu* waren meist Liebeslieder, die teils von Frauen, teils von Männern gesungen wurden. Am bekanntesten sind jene 42 Vierzeiler anonymer Herkunft, die den Titel *Ziye*-Lieder (*Ziye ge*) tragen und die schon dadurch Hinweise auf ihren Inhalt geben, daß *Ziye* nicht nur der Name einer Sängerin aus dem 3./4. Jh. gewesen sein soll, sondern wörtlich übersetzt »Mitternacht« bedeutet. Einige dieser Mitternachtslieder sind von feiner Sinnlichkeit geprägt:

War nicht gekämmt in der vergangnen Nacht;
Das Seidenhaar fiel auf die Schulter dicht.
Ich lag auf deinen Knien hingestreckt –
Gäb's einen Platz, um sich zu lieben nicht?
(Übers. G. Debon)

Um wieviel maskuliner, derber und gewaltsamer waren dagegen die *yuefu*, die im Norden erklangen! Furchtlos müsse ein Mann sein und brauche nicht viele Freunde, heißt es da in einem *yuefu*, in einem anderen lobt ein Haudegen sein neues Schwert: dreimal am Tag nehme er es in die Hand, was bräuchte einer wie er denn noch eine Freundin? Selbst Mädchen konnten in den mit dem Norden verbundenen *yuefu* als martialische Heroinnen auftreten, allen voran Mulan, die Heldin des nach ihr benannten, mit rund 60 Zeilen sehr langen, anonymen und in das 5./6. Jh. zu datierenden *Mulan shi*: Das Werk schildert die unerhörte Geschichte eines Mädchens, das heimlich an seines Vaters Statt in den Militärdienst zieht, zwölf Jahre lang inkognito und mit großem Erfolg kämpft, dann wieder nach Hause zurückkehrt, das Hemd des Kriegers ablegt, sich etwas Schminke aufträgt und erneut den artigen Backfisch von ehedem gibt.

Shi-*Dichtung der Han*

Die ersten pentasyllabischen Verse

Betrachtet man die bislang vorgestellte chinesische Dichtung unter dem prosodischen Merkmal Zeilenlänge, fällt folgendes auf: Die *Oden* hatten den tetrasyllabischen Vers bevorzugt, die aus Südchina stammenden *Gesänge aus Chu* haben meist Zeilen zu drei oder vier Wörtern, die *fu* und auch die *yuefu* sind grundsätzlich durch Zeilen ungleicher Länge gekennzeichnet. Wenngleich bereits in den *Oden* einzelne pentasyllabische Verse zu finden sind, scheint es doch vor der Han-Zeit keine Gedichte gegeben zu haben, die unabhängig von der Anzahl ihrer Zeilen ganz in pentasyllabischen Versen gehalten sind. Das Fünf-Wort-Gedicht (*wuyan shi*) ist mit anderen Worten eine Neuerung der Han-Zeit, und sie war von sehr weitreichender Bedeutung für die spätere literaturgeschichtliche Entwicklung.

Die Ehre, das Fünf-Wort-Gedicht geschaffen zu haben, wird gerne dem bereits erwähnten Li Yannian zugesprochen, konkret einem Gedicht, mit dem er seine Schwester dem Kaiser Wu der Han anpries. Ob Li Yannians Erfindung das Ergebnis bewußten Suchens des Dichters nach neuen künstlerischen Ausdrucksmöglichkeiten war, bleibe dahingestellt. Zu erwähnen ist jedoch, daß viele Kritiker Li Yannians Loblied für ein schwaches Gedicht halten und erst ein Werk des wesentlich jüngeren Ban Gu als das früheste kunstvolle *wuyan shi* gelten lassen. Überdies hält das Li Yannian zugeschriebene Gedicht den strengen Kriterien des *wuyan shi* gar nicht stand, weil nämlich (in der überlieferten Version) nur fünf seiner sechs Verse pentasyllabisch sind, ein weiterer Vers achtsilbig ist. Unabhängig von der Datierung der Entstehung des Fünf-Wort-Gedichts aber ist festzuhalten, daß sich dieses Genre in späteren Jahrhunderten größter Beliebtheit erfreute und gegen Ende der Han, erst recht bei den Dichtern der Jian'an-Periode, einen großen Aufschwung nahm.

Der Begriff gushi

Die frühen Fünf-Wort-Gedichte wurden später unter der Bezeichnung Alte Gedichte (*gushi*) zusammengefaßt. Leider ist das eine unglückliche Benennung, weil *gushi* darüber hinaus auch ein »altes Gedicht« allgemein, unabhängig von seinen prosodischen Besonderheiten, bezeichnen kann. Überdies ist innerhalb der Gattung *gushi* im engeren Sinn zwischen zwei Gruppen zu unterscheiden – einerseits den unter den Namen Li Ling (gest. 74 v.Chr.) und Su Wu (140–60 v.Chr.) gehenden Fünf-Wort-Gedichten, andererseits und vor allem den sogenannten *Neunzehn Alten Gedichten.*

Li Ling und Su Wu waren Heerführer zur Zeit des Kaisers Wu, also Zeitgenossen des Li Yannian. Frühe Anthologien enthalten etwa ein Dutzend Gedichte, die von Li Ling beziehungsweise Su Wu verfaßt sein sollen und die mit Trennung und Abschied, Einsamkeit und Heimweh just solche Erfahrungen und Gefühle behandeln, wie sie die beiden Männer während ihrer Kriegsdienste und der Zeit ihrer Gefangenschaft gemacht haben könnten. Indes gelten diese Gedichte wegen großer sprachlicher und inhaltlicher Ähnlichkeiten mit beträchtlich jüngeren Werken seit langem nicht mehr als authentisch; vielmehr ist anzunehmen, daß sie von Späteren verfaßt und dann Li Ling und Su Wu zugeschrieben wurden. Solche Zuschreibungen sind grundsätzlich nichts Besonderes, in der klassischen philosophischen Literatur Chinas sind sie zahlreich zu finden. Doch während dort vorwiegend anonyme Werke einer weithin geachteten historischen oder sogar fiktiven Person zugeschrieben wurden, um dem Werk Autorität zu verleihen, liegt im Falle der häufig Li-Su-Gedichte genannten Werke eine andere Erklärung nahe: Denkbar ist, daß die Generäle Li Ling und Su Wu tatsächlich Gedichte verfaßt hatten, daß diese aber schon früh verloren gingen und ein wohlmeinender, keineswegs auf bewußte Fälschung bedachter späterer Dichter den Verlust wettmachen wollte, indem er einige Gedichte schrieb und diese nach Inhalt und Form so gestaltete, wie seines Erachtens Li Ling und Su Wu geschrieben haben müßten. Denkbar ist auch, daß anonyme und somit gewissermaßen frei verfügbare Gedichte Li Ling und Su Wu zugeschrieben wurden, um deren verlorene Werke zu ersetzen.

Zuschreibungen von Gedichten

Ähnlich verhielt es sich auch in anderen Fällen, und der Zufall will es, daß mit Ban Jieyu (gest. etwa 6 v.Chr.) und Cai Yan (geb. 177 n.Chr.) zwei der wenigen bekannten Dichterinnen der Han-Zeit davon betroffen sind: Ban Jieyu, »Bevorzugte Schönheit Ban«, war eine der Nebenfrauen des Kaisers Cheng (reg. 33–7) und hatte es durch ihre Kultiviertheit sowie dadurch, daß sie ihm zwei Söhne gebar, zu Ansehen und Beliebtheit beim Kaiser gebracht, bevor sie in feminine Intrigen verstrickt wurde und darüber die Gunst des Kaisers verlor. Ein ihr zugeschriebenes *fu* zeugt von der Verlassenheit der Konkubine und bringt neben Details ihres Lebens starke persönliche Gefühle zum Ausdruck. Ein ihr zugeschriebenes zehnzeiliges Fünf-Wort-Gedicht über einen Fächer, das als Ausdruck der Angst vor dem Verlust der kaiserlichen Gunst gedeutet wurde, wird hingegen in der neueren Forschung nicht mehr als authentisch betrachtet; vielmehr wird angenommen, daß es sich hierbei um ein später zu datierendes Gedicht unbekannter Herkunft handelt, das ihr erst lange nach ihrem Tod zugeschrieben wurde, weil man in ihm Lebenserfahrungen der Ban Jieyu beschrieben sah. Im Falle der Cai Yan oder Cai Wenji, einer Tochter des oben vorgestellten

Cai Yong, deren abenteuerliches Leben als Geisel und dann als Gattin eines Barbaren bis in die jüngste Zeit hinein ein beliebtes Motiv in Dichtung und Musik, Theater und Malerei war, ist sogar wahrscheinlich, daß das gesamte der Autorin zugeschriebene Œuvre erst nach ihrem Tod verfaßt wurde. Nicht weniger als drei unterschiedliche Dichter, von denen der letzte möglicherweise erst ein halbes Jahrtausend nach ihrem Tod arbeitete, dürften die Cai Yan zugeschriebenen Gedichte verfaßt haben. Über ihre Motive läßt sich nur spekulieren.

Die Neunzehn Alten Gedichte (Gushi shijiu shou)

Damit zur zweiten Gruppe innerhalb der Alten Gedichte, den *Neunzehn Alten Gedichten* (*Gushi shijiu shou*): Die lokale Herkunft dieser Fünf-Wort-Gedichte ist ebenso ungeklärt wie ihre Datierung und ihre Autorschaft. Die früheste Quelle führt sie als anonyme Werke; eine spätere Zuschreibung einzelner Gedichte an Mei Sheng (gest. 140 v.Chr.) wird allgemein nicht akzeptiert, vielmehr wird angenommen, daß die *Neunzehn Alten Gedichte* unterschiedlichen Autoren gehören und gegen Ende der Han-Zeit verfaßt wurden; nicht auszuschließen ist, daß es sich bei den *Neunzehn* um den Rest eines ehemals größeren Œuvres handelt. Bereits im späten 3. Jh., als Lu Ji Imitationen von zwölf der neunzehn Gedichte schrieb, müssen die *Gushi shijiu shou* sehr geschätzt gewesen sein, und diese Wertschätzung blieb ihnen erhalten. In inhaltlicher Hinsicht haben die *Neunzehn Alten Gedichte* starke Ähnlichkeiten mit einigen der anonymen *yuefu* der Han, aber auch mit namentlich zuschreibbaren Gedichten aus der Jian'an Zeit: Diesen wie jenen unterliegt eine melancholische Grundstimmung, hier wie dort werden oft Abschiede und die Flüchtigkeit des Daseins beklagt, findet sich wieder und wieder die Aufforderung, den flüchtigen Augenblick zu genießen. Hinsichtlich ihres künstlerischen Gehalts aber gelten die *Neunzehn Alten Gedichte* für anspruchsvoller als die anonymen *yuefu*. Bereits früh wurden sie als politische Gedichte interpretiert, doch ist dies weder die einzig zulässige noch gar die einzig anerkannte Interpretation und zeigt nur, daß beliebte und gute Literatur jederzeit unterschiedlich gedeutet werden kann.

Die inhaltliche Nähe der *Neunzehn Alten Gedichte* zu den *yuefu* und ihr höherer künstlerischer Anspruch sind etwa dadurch zu demonstrieren, daß Gedicht 15 der *Neunzehn Alten Gedichte* sich nahezu wörtlich in einem *yuefu* findet, das *yuefu* allerdings länger ist und sowohl vor als auch nach dem gemeinsamen Text Sondergut aufweist. Selbstverständlich hat dadurch das *yuefu* die Möglichkeit zu einer lebendigeren Darstellung als das *Alte Gedicht*, andererseits erreicht es nicht dessen Dichte. Peter Olbricht hat in seiner Übersetzung das titellose Gedicht 15 der *Neunzehn Alten Gedichte* unter die Überschrift *Im Gram* gestellt:

Ein Menschenleben füllt nicht hundert Jahre,
Doch immer ist es voll von tausend Jahren Sorge.
Der Mittag kurz, und bitter lang die Nächte!

Warum nicht greifst du nach der Lampe, gehst,
Die kurzen Freuden dir zu suchen, wenn nicht heute?
Was willst du warten, Jahr um Jahr?

Ein Narr, der lieber spart als zu verschwenden!
Die nach ihm kommen, werden sein nur lachen.
Nicht jeder steigt wie jener Heilige der Berge
Auf weißem Kranich auf in die Unsterblichkeit!

Dichtung und Dichtungskritik in Nordchina: Die Zeit zwischen dem Ende der Han und der Verlagerung des politischen und kulturellen Zentrums in den Südosten, 317 n.Chr.

Literatur und Literaturkritik der Jian'an-Periode (196–220)

Politische Zäsuren und kulturgeschichtliche Einteilungen

Die Überschriften der folgenden Kapitel spielen primär auf Politisches an. Das ist kein Bekenntnis dazu, daß die chinesische Kultur- und Literaturgeschichte lediglich ein Spiegel der Politik ist; vielmehr folgen wir damit einer in China selbst seit alters verbreiteten Konvention, die nur um den Preis weiterer Verwirrung aufzugeben wäre. Die Sache wird allerdings dadurch zusätzlich kompliziert, daß die Begriffe der politischen Geschichte, die sekundär auf die Kulturgeschichte Anwendung fanden, im Bereich des Politischen meist eindeutig datierbar sind, während doch kulturelle Entwicklungen oft nicht exakt einzuschränken sind. Das zeigt sich bereits im Falle der sogenannten Jian'an-Periode: Streng genommen werden hiermit nur die Jahre 196 bis 220 n.Chr., die Jahre der letzten Regierungsdevise des letzten Han-Kaisers, bezeichnet. Das war die Zeit nach der Unterdrückung des großen Aufstands der Gelben Turbane und des Zurückdrängens der Eunuchen; die Zeit, in der Cao Cao die nordchinesischen Kernlande beherrschte, bevor sein Sohn Cao Pi eben dort die Wei-Dynastie (220–265) gründete; die Zeit auch, als Cao Caos Expansionsstreben bei der in der späteren Kunst und Literatur häufig thematisierten Schlacht an der Roten Wand am Yangzi (im Jahre 208) gestoppt wurde, so daß der Südwesten des ehemaligen Han-Reiches an den neu gegründeten Staat Shu (221–263), der Süden und Südosten an die neue Dynastie Wu (222–280) fiel. In der Literaturgeschichte verweist der Terminus Jian'an-Periode jedoch auf eine längere Epoche, nämlich grob die Zeit vom Aufstand der Gelben Turbane bis zum Ende der Herrschaft des Cao Rui (204–239), des Kaisers Ming der Wei-Dynastie (reg. 227–239). Obwohl insgesamt nur relativ wenig Material überliefert ist, sind die Jahrzehnte der Jian'an-Zeit eine sehr wichtige Epoche der Literaturgeschichte. Das literarische Leben dieser Zeit stand ganz im Zeichen des Cao Cao und seiner Söhne, die sowohl selbst bedeutende Dichter waren als auch eine Reihe anderer Literaten förderten.

Die Literatenfamilie Cao: Cao Cao

Wie angedeutet gehörte Cao Cao zu den bedeutendsten Heerführern, bei denen die gleichermaßen von den aufständischen Gelben Turbanen wie von der wachsenden Macht der Eunuchen bedrängte Dynastie Han am Ende des 3. Jh.s ihr Heil suchte. Nach dem Tod Dong Zhuos, der den letzten Han-Kaiser auf den Thron gesetzt und die Zerstörung Luoyangs veranlaßt hatte, wuchs Cao Cao zum wichtigsten Mann Nordchinas heran; und wenn er auch darauf verzichtete, sich selbst auf den Thron zu bringen, legte er doch die Basis dafür, daß sein Sohn eine eigene Dynastie gründen konnte, sobald der Vater verstorben war. Das überlieferte Œuvre des Cao Cao umfaßt sowohl Prosa wie auch Gedichte. Herausragende Prosa sind einige Edikte, seine zirka 20 überlieferten Gedichte sind allesamt *yuefu*, wurden also zu bereits vorhandener Musik geschrieben und nach der Melodie benannt. Bereits früh wurde eine enge Verbindung zwischen Werk und Leben des Cao Cao gesehen, die unter anderem darin Ausdruck fand, daß er in seinen Gedichten zeitgenössische Ereignisse und auch seine private Geschichte thematisieren konnte, weswegen ihn manche Kritiker als Erneuerer des *yuefu* betrachten. Während all seiner drei Jahrzehnte andauernden militärischen Kampagnen habe Cao Cao niemals das Bücherstudium vergessen, wann immer sich Gelegenheit bot, dichtete er und setzte die Worte zu Musik, so daß Text und Musik eine harmonische Einheit bildeten, heißt es in einer frühen Lebensbeschreibung Cao Caos. Zu seinen bekannten *yuefu*, die Zeitgenössisches thematisieren, gehört das oben schon zitierte *Tau auf der Schalotte*, das die schwachen Herrscher der untergehenden Dynastie verspottet, sowie ein nachgerade autobiographisches Gedicht, worin der Dichter unter anderem den Mord an seinem Vater beklagt. Auch das folgende Gedicht scheint stark von der persönlichen Erfahrung des dichtenden Heerführers geprägt zu sein. Der Übersetzer Olbricht hat den originalen Titel *Que dong xi men xing* durch die inhaltsbezogene Überschrift *Feldzug ohne Rückkehr* ersetzt:

Wildgänse ziehen über die Grenze nach Norden,
Dorthin wo leer ist von Menschen das Land.
Sie schlagen die Schwingen zehntausend Meilen und mehr,
Und immer geordnet in fliegender Kette.

Zum Winter fraßen im Süden sie Korn,
In des Frühlings Sonne fliegen sie wieder nach Norden.
Mitten im Felde schwanken die Kolben vom Rohr,
Bis vom Winde der Samen stiebt wirbelnd davon.

Getrennt von der heimischen Wurzel für lange –
Für ewige Zeiten davon und nie wieder zusammen.
Weh euch! auf dem Marsche – Soldaten!
Wozu euer Marsch an das Ende der Welt?

Nie wird vom Pferde der Sattel gehoben,
Nie der Panzer gelockert, die Helme gelöst.
Um Schritt und Schritt kommt näher das Alter, –
Wann je zur alten Heimat die Heimkehr?

Feucht sind die Schluchten – der Drachen Versteck;
Steil sind die Höhen – der Bestien Pfad.
Der Fuchs dreht im Sterben den Kopf hin zum Bau,
Die alte Heimat: wer kann sie vergessen?

Urteile über Cao Cao

Der Versuch, eine enge Verbindung zwischen Leben und Werk des Cao Cao zu sehen, paarte sich bei manchen Kritikern mit dem Vorwurf, Cao Cao sei der illoyale Totengräber der Han-Dynastie gewesen. Es kann daher nicht wundern, daß die Urteile über Cao Cao zu Extremen neigen: Bereits zeitgenössisch wurde das Wort geprägt, er sei »in Friedenszeiten ein Bandit, in Zeiten des Aufruhrs aber ein Held«, der Kulturwächter Zhu Xi konnte sich viele Jahrhunderte später dazu versteifen, die Gedichte des Cao Cao zeigten seine Anlagen zum Banditen, in der Kulturrevolution hingegen wurden Person und Werk des Generals hoch geachtet. Doch auch dann, wenn die Kritiker mehr auf den Dichter als auf den Politiker Cao Cao schauten, gingen ihre Urteile auseinander, so daß man je nach Standpunkt die Direktheit seines Ausdrucks und die Geradlinigkeit seiner Sätze kritisierte oder lobte und statt dessen bedauerte, daß bereits in der Generation von Cao Caos Söhnen diese Direktheit verloren ging.

Die Literatenfamilie Cao: Cao Pi

Wie Cao Cao den machtbewußten Politiker und skrupellosen Soldaten mit dem gebildeten Dichter und feinsinnigen Mäzen verbinden konnte, war auch sein Sohn Cao Pi (187–226) vielseitig: Er drängte sich auf den Thron des Kaisers einer neuen Dynastie und war doch zur selben Zeit ein Dichter von Rang und ein Förderer zeitgenössischer Poeten. Verglichen mit dem im wesentlichen auf einige *yuefu* beschränkten Werk seines Vaters war das Œuvre des Cao Pi weit umfangreicher und vielfältiger: Durch die Wirren der Zeiten haben sich ungefähr 40 meist pentasyllabische Gedichte sowie Fragmente von etwa 30 *fu* erhalten, darüber hinaus war Cao Pi der erste chinesische Literaturkritiker, der die Dichotomie zwischen dem tätigen Leben und dem Leben des Literaten thematisierte. Die Sprache seiner Gedichte wurde bereits früh als schnörkellos und geradeaus empfunden, was ihn jedoch nicht hinderte, privates Erleben und persönliche Gefühle zu verarbeiten. Zu seinen bekanntesten Gedichten gehört ein in lauter Sieben-Wort-Versen gehaltenes *yuefu* mit dem Titel *Yan ge xing* (Eine Weise über Yan), das eine einsame junge Frau ihren im Krieg stehenden Gatten herbeisehnen läßt. Seine bewegende Eindringlichkeit prägt schon die vier ersten Verse:

> Düster pfeift der Wind im Herbst, kalt der Odem des Himmels,
> Blumen und Bäume verwehn, Tau erstarrt zu Frost.
> Die Schwalben kehren heim, Wildgänse ziehn gen Süden.
> Ich denke daran, wie du getrieben bist, und Sehnsucht zerreißt mein Herz.

Die Literatenfamilie Cao: Cao Zhi

Damit zu Cao Zhi (192–232), dem dritten herausragenden Dichter der großen Literatenfamilie, auch er ein Sohn des Cao Cao, ein jüngerer Bruder des Cao Pi. Er hinterließ das umfangreichste Œuvre seiner Zeit, selbst wenn einige der ihm zugeschriebenen über 300 Werke gewiß nicht von ihm stammen. Doch zu der Quantität kommt die Qualität: Als es der Kritiker Zhong Hong im frühen 6. Jh. unternahm, mehr als 120 Dichter der jüngeren und älteren Vergangenheit nach drei Rangklassen zu qualifizieren, ordnete er den Vater des Cao Zhi in die niedrigste, den älteren Bruder Cao Pi in die mittlere Klasse ein, während er Cao Zhi den selten vergebenen ersten Rang zuerkannte. Die Dichtung des Cao Zhi, so befand er, verbinde in einzigartiger Weise die beiden schon von Konfuzius eingeforderten Kriterien »Schmuck« (*wen*) und »Substanz« (*zhi*), er verstand sich sogar zu dem Urteil, Cao Zhis Beitrag für die Entwicklung des pentasyllabischen Gedichts sei dem Beitrag des Konfuzius für die Entwicklung der Moral vergleichbar. Das poetische Werk enthält deutliche Hinweise darauf, daß Cao Zhi ein aufmerksamer Beobachter der politischen Verwerfungen seiner Zeit war – etwa im *Song Ying shi* (Gedicht zum Abschied von Herrn Ying), wo das durch Dong Zhuos Truppen zerstörte Luoyang beschrieben wird: »Wie trüb und trauervoll ringsum die Öde! / Auf tausend Meilen steigt kein Rauch empor. / Denk ich daran, daß einmal hier wir wohnten, / Stockt mir der Atem, bringt kein Wort hervor«, lauten die Schlußverse in der Übersetzung von G. Debon. Man kann versucht sein, solche Zeilen in einen biographischen Zusammenhang zu bringen, und tatsächlich wurde das gesamte Schaffen des Cao Zhi einem biographistischen Deutungsversuch unterworfen, zu dem freilich sein Leben nachgerade einlud: Cao Zhi hatte viele Jahre lang unter seinem eifersüchtigen Bruder Cao Pi zu leiden, der ihn in Isolation hielt, nie in ein Amt kommen ließ, ihn der Reihe nach an zehn unterschiedlichen Orten belehnte, um ihn abseits der Hauptstadt zu halten, der sogar Cao Zhis Freunde verfolgen ließ; und als schließlich der ältere Bruder Cao Pi verstarb, wurde nicht etwa Cao Zhi als der überlebende Sohn des Cao Cao zum Kaiser ernannt, sondern sein Neffe Cao Rui – übrigens auch er ein Dichter, wenngleich von minderem Rang.

Biographistische Deutungen Cao Zhis

Biographistische Deutungen von Gedichten, die natürlich nicht auf Cao Zhi beschränkt blieben, beanspruchten oftmals Datierungen von Werken auf der Grundlage vermeintlicher Lebensgefühle eines Autors. Im Falle des

Cao Zhi arbeiteten sie darüber hinaus mit der Annahme, daß der Dichter seinen Wunsch, das gespannte Verhältnis zu seinem Bruder möge sich lockern, in Metaphern ausdrückte, wie sie zuvor allenfalls in den erotischen Bildern der *Gesänge aus Chu* zu finden waren. Von dieser Deutung blieb weder das *Luo shen fu* (Fu auf die Göttin des Luo-Flusses) verschont noch Cao Zhis pentasyllabisches, 16 Verse langes *Qi ai shi* (Gedicht über den siebenfachen Kummer), das zu einem guten Teil aus der Rede einer Frau besteht, die über die lange Abwesenheit ihres Mannes klagt: »Mein Herr ist schon mehr als zehn Jahre weg, / ich einsame Frau bin stets allein. / Er gleicht dem Staubkorn auf heller Straße, / ich dem Sumpf im trüben Wasser. / Jeder von uns ist getrieben von seinen eigenen Umständen, / wann werden wir je wieder zusammenkommen? / Wäre ich doch der Wind aus Südwesten / und könnte weit in die Ferne an deine Brust. / Doch wenn du mir deine Brust nicht mehr öffnest, / wo könnte ich geringe Magd dann Halt finden?« heißt es darin, und jeder unvoreingenommene moderne Leser wird diese Rede als mehr oder weniger konventionelle Seufzer der Sehnsucht betrachten, wie sie in älteren und zeitgenössischen *yuefu* zahlreich begegneten. Die älteren chinesischen Kritiker jedoch waren sich in ihren Urteilen über diese und andere Verse keinesweg einig, und neben denen, die sie als Ausdruck profaner Liebe sahen, standen jene, die einer allegorischen Deutung den Vorzug gaben: Die sich in Einsamkeit und Sehnsucht verzehrende Frau wäre demnach niemand anders als Cao Zhi selbst, der abwesende Gatte wäre Cao Pi, die ersehnte Vereinigung wäre als Wunsch des Dichters zu verstehen, am Hof seines Bruders Cao Pi, des ersten Kaisers der Wei-Dynastie, zu Einfluß zu kommen.

Ausdeutungen möglicher Metaphern

Bereits mehrfach wurde erwähnt, daß sowohl Cao Cao als auch dessen Sohn Cao Pi als Förderer von Dichtern auftraten. Dieses Mäzenatentum, zu dem sich auch andere wohlhabende Zeitgenossen bekannten, fand darin Ausdruck, daß die Förderer den Literaten Verpflegung und Unterkunft zur Verfügung stellten und mit ihren Gästen zu Banketten oder Ausflügen zusammentrafen. Die solchermaßen protegierten Literaten um Cao Cao und Cao Pi wurden schon zeitgenössisch als Gruppe der Sieben Meister der Periode Jian'an (*Jian'an qi zi*) bezeichnet. Leider ist nur relativ wenig von den sieben Autoren überliefert, am meisten noch von Wang Can (177–217), dem bedeutendsten unter ihnen, der sowohl *shi*-Gedichte als auch *fu* verfaßte, die oft vom persönlichen Erleben geprägt sind: In seinem *Deng lou fu* (Fu über die Besteigung eines Turmes) verband Wang Can die Beschreibung der von einem Turm aus zu sehenden schönen Landschaft mit einer Beschreibung seiner Sehnsucht, dorthin zurückkehren zu können, von wo ihn die politischen Unruhen der Zeit seit über zehn Jahren fern hielten. In seinen fünf pentasyllabischen Gedichten unter dem Titel *Cong jun shi* (Dem Heer folgen) andererseits konnte er affektlos und realistisch den Krieg mit seinen Folgen Vertreibung, Landstreicherei und Plünderung schildern und gleichzeitig seinen kriegführenden Mäzen Cao Cao umschmeicheln; Wang Cans drei ebenfalls pentasyllabische *Gedichte über den siebenfachen Kummer* (*Qi ai shi*) schließlich zeichnen ein Bild der Zustände, unter denen der Fünfzehnjährige einst die Hauptstadt Chang'an verließ:

Mäzenatentum im dritten Jahrhundert: Die Sieben Meister der Periode Jian'an

Vor den Toren der Stadt war nichts zu sehen
als bleiche Knochen, weithin über der ganzen Flur.
Am Wegrand eine verhungernde Frau,
die ihr Kind im Gebüsch aussetzte.
Sie drehte sich um und hörte sein Wimmern,
wischte sich ihre Tränen ab – und machte nicht kehrt.

Individualisierung der poetischen Stimme und Dichterfreundschaften, literaturkritische Dokumente

Das literarische Schaffen der Jian'an-Jahre kann auf die griffige Formulierung Individualisierung der poetischen Stimme gebracht werden; auffällig ist die Bereitschaft der Dichter, das eigene Erfahren und Erleben zu verarbeiten und sich nicht länger in konventionellen Bildern zu ergehen. Auch in einer anderen Beziehung ragen die Dichter der Jian'an-Zeit weit über ihre Vorgänger hinaus: Niemals zuvor hatten chinesische Literaten so intensiv und so grundsätzlich über ihr eigenes Schaffen diskutiert, wie sie es damals taten. Das zeigt neben einer Handvoll Briefe literaturkritischen Inhalts vor allem die kurze *Diskussion der Literatur* (*Lun wen*), die Cao Pi verfaßte und die bereits zeitgenössisch in Stein gemeißelt wurde, um sie für alle Zeiten zu sichern. Wenngleich keines dieser literaturkritischen Dokumente wirklich systematisch und umfassend vorging, liefern sie zusammen doch wichtige Einsichten in das zeitgenössische literarische Leben und Denken. Klar ist zunächst, daß das literarische Schaffen eine in hohem Maße gesellige Angelegenheit war – bei jedem Ausflug und bei jeder Gesellschaft seien sie unzertrennlich gewesen, gemeinsam betranken sie sich, gemeinsam lauschten sie der Musik, gemeinsam dichteten sie, erinnert sich Cao Pi in einem Brief, in dem er früh verstorbener Dichterfreunde gedenkt. Diese Intimität garantierte indes nicht nur literarische und persönliche Gemeinsamkeiten der befreundeten Dichter, sondern barg auch den Keim für Rivalitäten: Das Gemeinschafts- und Zusammengehörigkeitsgefühl der Dichter fand beispielsweise darin seinen Ausdruck, daß Cao Pi eine Sammlung mit Schriften seiner verstorbenen Literatenfreunde herausgab, oder Cao Zhi gebeten wurde, ein Werk eines befreundeten Dichters zu verbessern, während er selbst zur Kritik an seinen Arbeiten einlud und auch ein Cao Pi seine Werke zur Diskussion stellte. Die Rivalität unter den Dichtern hinterließ ebenfalls deutliche Spuren: Darin etwa, daß sich sowohl Cao Zhi als auch Cao Pi als Richter in Sachen Literatur antrugen; auch darin, daß Teile des *Lun wen* der praktischen Kritik an Literaten der Gegenwart und der jüngeren Vergangenheit gewidmet sind; schließlich darin, daß das *Lun wen* die gegenseitige Konkurrenz der Sieben Meister der Jian'an-Periode mit einem Pferderennen vergleicht oder mit diesen berühmt gewordenen Eingangsworten anhebt: »Seit dem Altertum schätzen sich Literaten gegenseitig gering!«

Rivalität und Verbundenheit

Die Rivalität unter den Dichtern einerseits, ihr Zusammengehörigkeitsgefühl andererseits dürften unter anderem dafür verantwortlich sein, daß des öfteren Gedichte ganz unterschiedlichen Inhalts unter identischen Überschriften verfaßt wurden und auch bei den *fu* der Zeit häufig wiederkehrende Titel zu finden sind; auch dafür, daß ein und derselbe Anlaß zur Abfassung von Werken verschiedener Autoren führte und dafür, daß viele Briefe und Antwortbriefe hin- und hergingen. Unter eher dichtungstheoretischem Aspekt andererseits trafen Rivalität und Zusammengehörigkeitsgefühl in den komplementären Ansichten zusammen, literarische Werke seien grundsätzlich unvollkommen und ein Dichter habe letztlich seiner eigenen Individualität Ausdruck zu geben: »Jeder Mensch hat seine eigenen Vorlieben«, bekennt Cao Zhi, und das *Lun wen* seines Bruders betrachtet einen Dichter dann als originell, wenn er umfassend gebildet sei und »in seinen Ausdrücken keine Anleihen bei anderen macht«, ja die ganze *Diskussion der Literatur* ruht auf dem Grundsatz, Literatur sei in hohem Maße individuell und letztlich von der persönlichen Kraft (*qi*) eines Menschen bestimmt, die weder völlig erlernbar ist noch ganz unverändert weitergegeben werden kann.

Ein weiteres Problem, das die Literaten der Jian'an-Zeit beschäftigte, war die Frage, welchen Sinn und Nutzen das literarische Schaffen überhaupt habe, das auf die Frage zulief, ob dem tätigen Leben des Politikers und Beamten oder dem Leben des Dichters der Vorzug zu geben sei. Die Antworten hierauf waren erstaunlich differenziert: Der 24jährige Cao Zhi erklärt in einem Brief seinen Entschluß, sich künftig nicht mehr dem Schreiben, sondern dem aktiven politischen Leben widmen zu wollen. Denn schöne Literatur, so sagt er gleichsam als fernes Echo auf die *fu*-Kritik des Yang Xiong, sei doch nur eine Beschäftigung für die Jugend, der reife Mann müsse sich dem tätigen Leben zuwenden und allenfalls im Alter dürfe er nochmals zur Literatur zurückkehren, habe dann allerdings höheren moralischen Ansprüchen zu genügen als in den Werken seiner Jugend. Cao Zhis nahezu zwanzig Jahre älterer Briefpartner hingegen lehnt diese Radikalität ab und rät dem Jüngeren, eine Art »Unabhängigkeitserklärung der Literatur« (Holzman) fordernd, sich auch dann nicht von der Literatur abzuwenden, wenn sich seine politischen Ambitionen erfüllen sollten, was ja bekanntlich nie geschah. Beachtenswert ehrlich erscheint auch Cao Pi, der Dichter auf dem Kaiserthron, wenn er offen gesteht, sein Trachten als Dichter und Politiker in den Dienst seines posthumen Ansehens zu stellen: »Sieben Fuß mißt ein Mensch zu Lebzeiten, doch tot ist er nur ein Sarg voll Erde. Nur wenn man Verdienste erwirbt und sich einen Namen macht, wird es einem gelingen, nicht zu vergehen – das zweitbeste aber ist es, Literatur zu verfassen«, schrieb er vor dem Hintergrund der Erfahrungen einer großen Epidemie, die viele seiner Freunde hinweggerafft hatte; im *Lun wen* aber stand er zu der Auffassung, Literatur sei das Wichtigste für die Ordnung eines Staates und das einzig Unvergängliche:

Welchen Nutzen hat das literarische Schaffen?

> Literatur ist das wichtigste Unternehmen bei der Ordnung des Staates und die wichtigste Angelegenheit, die nie vergeht. Das längste Leben wird einmal ein Ende haben, Ehre und Glück werden damit vorbei sein. Um aber Ehre und Glück auf lange Zeit zu verlängern, ist nichts besser als die Unvergänglichkeit der Literatur.

Literaten der Zhengshi-Zeit (240–248)

Wie der Begriff *jian'an* bezeichnete *zhengshi* zunächst einen Abschnitt der politischen Geschichte, bevor er in die Geistesgeschichte übernommen wurde. In politischer Hinsicht waren die acht Jahre der Zhengshi-Zeit (240–248) dadurch geprägt, daß innerhalb der Wei-Dynastie die Macht der Herrscherfamilie Cao schwand und in die Hände des Generals Sima Yi (179–251) überging, dessen Familie bald eine eigene Herrschaft begründete und durch ihre Dynastie Westliche Jin (265–316) das zerrissene Reich für einige Jahrzehnte wieder einigen sollte. Es läßt sich leicht vorstellen, daß die Entmachtung der Herrscherfamilie Cao auch Auswirkungen auf die Gebildeten der Zeit hatte, tatsächlich verloren etliche Literaten in jenen turbulenten Jahren ihr Leben auf gewaltsame Weise. So steht denn der Begriff Zhengshi-Zeit in der Kulturgeschichte Chinas, wo er grob die Mitte des 3. Jh.s n.Chr. bezeichnet, für den Versuch vieler Gebildeter, sich aus dem öffentlichen und politischen Leben zurückzuziehen. Ein häufig zitiertes Wort von Étienne Balazs nennt diese Epoche die Zeit der nihilistischen Revolte und des mystischen Eskapismus, die ihren charakteristischen Ausdruck im sogenannten Dunklen Lernen und im Reinen Gespräch fand.

Eskapismus und Dunkles Lernen (xuanxue)

Dunkles Lernen (*xuanxue*) bezeichnet eine philosophische Richtung, die um die Drei Dunklen Texte (*san xuan*) konzentriert war, nämlich die daoistischen Klassiker *Laozi* und *Zhuangzi* sowie die von den Konfuzianern beanspruchten *Wandlungen der Zhou* (*Zhou yi*). *Xuanxue* war also eine synkretistische Philosophie mit einem daoistischen Schwerpunkt, weshalb sie denn auch als Neodaoismus bezeichnet wird. Ihre herausragenden frühen Vertreter waren He Yan (etwa 190–249), Wang Bi (226–249) und Guo Xiang (gest. 312), die ihre Vorstellungen überwiegend in Kommentaren zu den dunklen Schriften darlegten. Es war ihre Grundüberzeugung, daß Nicht-Sein oder Passivität (*wu*) die Wurzel allen Seins beziehungsweise aller Aktivität (*you*) sei, daß alles Geschehen spontan (*ziran*) sei und eben so sein sollte. Natürlich konnten solche Überzeugungen leicht in das Politische gewendet und als Rechtfertigung für eine Politik beansprucht werden, wonach die beste Herrschaft darin bestehe, den Dingen und Geschehnissen ihren Lauf zu lassen. Die Maximen konnten aber auch den Bereich des Politischen überschreiten und bargen grundsätzlich die Gefahr, daß ihre Anhänger sich einem nonkonformistischen Leben zuwandten. Daß sich viele Gebildete der späten Wei-Zeit und der anschließenden Jahrzehnte tatsächlich zu einem nonkonformistischen Leben bekannten, bestätigen eben die Reinen Gespräche (*qingtan*), auch Dunkle Worte (*xuanyan*) genannt. Man sieht die Anfänge des Phänomens bereits in der Han-Zeit greifbar, im besonderen in kurzen und oft kryptischen Charakterisierungen von Personen, die ihren Lebensweg noch vor sich haben, etwa in dem oben zitierten Wort, Cao Cao sei im Frieden ein Bandit, in Kriegszeiten werde er ein Held. Im engeren Sinn bezeichnet *qingtan* jedoch die Form des Gesprächs über Politik und Philosophie, Gelehrsamkeit und Ästhetik, die in der Wei- und Jin-Zeit gepflegt wurde und also mit dem Dunklen Lernen Hand in Hand ging. Die wichtigste Quelle hierfür ist das *Shi shuo xin yu*, eine unter Schirmherrschaft von Liu Yiqing (403–444) zu Beginn des 5. Jh.s zusammengestellte Anthologie von Anekdoten, Gesprächen und kurzen Charakterisierungen historischer Persönlichkeiten. Seine 36 Kapitel mit etwa 1000 kurzen Abschnitten über mehr als 600 Personen der Zeit zwischen dem 2. und dem 5. Jh. n.Chr. sind nach inhaltlichen Gesichtspunkten geordnet: So werden etwa Einträge über Einsiedler zusammengefaßt oder solche über herausragende Frauen, über Artisten, über Exzentriker jeder Couleur, über menschliche Narreteien und Torheiten. Das *Shi shuo xin yu* ist eine wichtige Quelle für den Sozialhistoriker und den Kulturgeschichtler, es gibt aufschlußreiche Einblicke in Lebens- und Denkweisen der Elite einer hochgradig stratifizierten Gesellschaft; wichtig ist es aber auch als Glied in der Kette der Erzählliteratur (*xiaoshuo*), worunter das Werk herkömmlicherweise bibliographiert wird.

Reine Gespräche (qingtan)

Die Sieben Weisen vom Bambushain

Wie die Literaturgeschichtsschreibung die wichtigsten Dichter am Hofe des Cao Cao und des Cao Pi in die Pleiade Sieben Meister der Periode Jian'an gefaßt hat, so faßte sie die wichtigsten Dichter der ausgehenden Wei-Zeit als die Sieben Weisen vom Bambushain (*Zhulin qi xian*). Diese sieben waren allesamt exzentrische Dichter und Philosophen, die sich regelmäßig in einem zum Landsitz des Xi Kang (223–262) gehörenden Bambushain getroffen haben sollen, wo sie zusammen tranken sowie philosophische und literarische Fragen erörterten. Wenngleich es Anlaß gibt, an der Historizität der Gruppe und ihrer Treffen zu zweifeln, und wenngleich die sieben sowohl in biographischer Hinsicht als auch in ihren intellektuellen Auffassungen mitunter stark divergierten, sind die Sieben Weisen vom Bambushain doch in der Kunst und der Literatur Chinas äußerst populär geworden und wurden schon Ende des 4. Jh.s auf einem Basrelief dargestellt. Aus der Gruppe der Sieben Weisen verdienen wenigstens Xi Kang selbst sowie Ruan Ji (210–263) eine nähere Betrachtung, denn immerhin gelten die Philosophie des ersteren und die Poesie des letzteren als die größten Leistungen ihrer Zeit, während beide eine seltene und unorthodoxe Freiheit der Lebensführung propagierten. Bei allen Gemeinsamkeiten dürfen indes die Unterschiede zwischen beiden Männern nicht übersehen werden, ja es muß grundsätzlich davor gewarnt werden, tatsächliche oder fiktive Gruppen chinesischer Literaten ohne weiteres als monolithische Einheit zu betrachten, die schon dann in ihren Besonderheiten erfaßt wäre, wenn ein einziges Mitglied der Gruppe vorgestellt ist.

Die Sieben Weisen: Xi Kang

Xi Kang hatte in die Herrscherfamilie Cao der Dynastie Wei eingeheiratet, verweigerte aber nach der Machtübernahme durch die Familie Sima den neuen Herren den Dienst und zog sich auf sein Landgut mit dem ihm angeschlossenen, später sprichwörtlich gewordenen Bambushain zurück, wo er sich gleichwohl den politischen Händeln nicht entziehen konnte und zuletzt hingerichtet wurde. Wie stark der Wunsch des noch nicht Vierzigjährigen war, dem Joch von Politik und Verwaltung zu entgehen, mag man daran ablesen, daß er einem Mitglied aus seiner angeblichen Gruppe die Freundschaft kündigte, weil der vorgebliche Freund ihn als Beamten empfohlen hatte. Der Brief, in dem er das tat, ist ein beredtes Zeugnis eines Mannes, dessen Freiheitsdrang sich nicht den Restriktionen beugen kann, die ihn im Amt erwarten: Die Beziehungen unter den Menschen seien durch bestimmte Rituale geprägt und auch der Hof habe seine Rechte, konzediert er; wenn er aber das bedenke und sich daraufhin selbst prüfe, dann finde er nicht weniger als neun Punkte, die ihn für eine Beamtentätigkeit ungeeignet machten.

Wer so denkt und schreibt, wer ein Angebot nicht einfach nur ablehnt, sondern seine Ablehnung schriftlich formuliert und sie im Detail begründet, der neigt zur Ausführlichkeit, vielleicht auch zum Rechthaben; und er fordert den Widerspruch. All das finden wir in einer Reihe philosophischer Abhandlungen bestätigt, die schon früh als literarisch anspruchsvolle Werke galten. Die berühmteste unter ihnen verrät bereits durch ihren Titel *Abhandlung über die Nährung des Lebens* (*Yang sheng lun*), daß sie die unter Daoisten seit alters erörterte Frage aufnimmt, was der Mensch beachten solle, damit er möglichst lang und gesund lebe; ein weiterer viel zitierter Aufsatz Xi Kangs ist musikologischer Art und nennt im Titel seine Grundüberzeugung: *Sheng wu ai le lun – Abhandlung darüber, daß Musik weder Trauer noch Freude zueigen ist.* Beide Aufsätze sind Teil einer umfassenden Diskussion Xi Kangs mit Freunden aus dem Bambushain, deren Ansichten ebenfalls überliefert sind, und auch zu anderen der insgesamt neun Abhandlungen des Xi Kang sind Widerreden bekannt, die gute Einblicke in die Streitkultur einer bewegten Zeit liefern.

Das musikologische Interesse, das Xi Kang im *Sheng wu ai le lun* demonstrierte, fand auch einen Niederschlag in seinem *Prosagedicht über die Zither* (*Qin fu*), das als bedeutendstes Prosagedicht seiner Zeit und das herausragendste *fu* über ein Musikinstrument betrachtet wird. Das überlieferte poetische Werk Xi Kangs im engeren Sinn besteht aus ungefähr 60 Gedichten, als seine besten Verse gilt ein 18 Gedichte umfassender Zyklus, den er anläßlich des Eintritts seines Bruders in den Kriegsdienst verfaßte. Neben der Sorge um das Wohlergehen des älteren Bruders kommen auch in diesen Gedichten, die allesamt im konservativen Vier-Wort-Vers gehalten sind und öfters Bilder der *Gesänge aus Chu* aufnehmen, Xi Kangs Sehnsucht nach einem ungebundenen Leben und seine Kompromißlosigkeit zum Ausdruck.

Die Sieben Weisen: Ruan Ji

Ruan Ji, der dreizehn Jahre ältere Zeitgenosse Xi Kangs, Sohn eines der Sieben Meister der Jian'an-Epoche, muß schon in seiner eigenen Zeit oder nur wenig später als der Bedeutendste unter den Sieben vom Bambushain gegolten haben. Im Gegensatz zu Xi Kang und anderen konnte er sich zuerst bei der Herrscherfamilie Cao, danach bei der Familie Sima verdingen, wenn er auch absichtlich in nachgeordneter Stellung blieb und es vorzog, den schockierenden Clown und Anti-Ritualisten, den unbändigen Trinker zu spielen, um gleichzeitig in der Welt bleiben zu können und sich nicht in ihr engagieren zu müssen, wie es Donald Holzman formulierte. Einzelne illustre Begebenheiten aus dem Leben des Ruan Ji sind in Anekdoten überliefert, wie sie das *Shi shuo xin yu* liebte, auch zeitgenössische Zeugnisse zeichnen ihn als die personifizierte Provokation schlechthin. Selbst bei einem Nonkonformisten wie Xi Kang mischte sich in die Achtung vor der Integrität des Ruan Ji der Schauder vor seinem unkonventionellen Lebensstil, seiner Ungebundenheit, seiner Liebe zum Wein.

Wie Xi Kang und andere Zeitgenossen war auch Ruan Ji in unterschiedlichen literarischen Gattungen geübt. Neben Briefen, die in China ja schon früh als literarische Gattung anerkannt waren, hinterließ er eine Handvoll Prosagedichte und einige philosophische Abhandlungen, während er in seinem längsten und einflußreichsten Prosastück, der bissigen *Lebensbeschreibung des Herrn ›Großer Mann‹* (*Daren xiansheng zhuan*), die konfuzianischen Gelehrten seiner Zeit mit einer Laus in einer Hose gleichsetzen konnte. Doch weit mehr als für diese Werke ist Ruan Ji für seine Gedichte bekannt. Erinnert man sich daran, wie wenige Werke von einzelnen Dichtern der Jian'an-Zeit bekannt sind, so ist mit 82 pentasyllabischen Gedichten bereits der Umfang des überlieferten poetischen Korpus Ruan Jis erstaunlich. Ein gänzliches Novum in der Literaturgeschichte aber ist die Tatsache, daß alle seine Gedichte unter einen gemeinsamen Titel gestellt wurden, der überdies einen sehr deutlichen Hinweis auf die Intentionen des Dichters gibt: *Yong huai shi* heißen die Verse Ruan Jis – *Gedichte, die besingen, was mich bewegt*. Bereits ihr frühester Kommentator, der kaum zwei Jahrhunderte nach dem Dichter selbst lebte und seinerseits ein herausragender Autor war, fand Ruan Jis Verse zum Teil ganz unverständlich, und er sah einen Widerspruch zwischen der von ihm vermuteten Absicht des Dichters, Kritik üben zu wollen, und der Dunkelheit seiner Sprache. Später wurden solche Urteile vielfach wiederholt und mit dem Hinweis verstärkt, Ruan Ji habe aus Angst vor möglichen Sanktionen durch die Mächtigen sich nur verschlüsselt auszudrücken gewagt. Doch so plausibel dieses Argument, das ganz von dem Grundgedanken lebt, chinesische Lyrik sei vorwiegend politische Lyrik, auf Anhieb scheinen mag, so einfältig zeigt es sich doch dem zweiten Blick: Sollten wir wirklich annehmen, daß Literatur populär werden konnte, die nur dem Autor selbst und einigen verschwiegenen Eingeweihten verständlich war und deren Geheimnisse mit ihrem Tod dahingingen? Sollten wir wirklich glauben, ein Zensor ließe den Autor einer klar formulierten und offenen Kritik bestrafen, den Autor von hermetischen und schon durch ihre Unverständlichkeit provokanten Versen aber ungeschoren? Das ist unwahrscheinlich.

Ist Ruan Jis Lyrik absichtsvoll dunkel?

Ausdruck menschlicher Grundgestimmtheiten

Unabhängig von möglichen politischen Anspielungen einzelner *Yong huai shi* sieht Donald Holzman Ruan Jis große Leistung darin, als erster Dichter Chinas Grundgestimmtheiten des Menschen, etwa Verlassenheit und Traurigkeit, in Verse zu bringen, ohne sich in Topoi über die Kürze des Lebens und in klischeehaften Aufforderungen zum Genuß zu ergehen. Ein schönes Beispiel dafür liefert das erste, natürlich nicht unbedingt älteste von

Ruan Jis *Gedichten, die besingen, was mich bewegt*, in Übersetzung von P. Olbricht:

Ringsum die Nacht, und es kommt mir kein Schlaf.
Setze mich auf, greife die klingenden Saiten.

Seidener Vorhang leuchtet im Monde.
Kühlender Wind umweht mir den Hals.

Einsame Wildgans schreit draußen im Felde.
Flatternder Vogel ruft nördlich im Wald.

Auf treibt mich die Unrast, – doch nichts findet der Blick.
Allein mit der Sorge, – sie zerreißt mir das Herz!

Literatur der Westlichen Jin (265–316)

Aus Vorstehendem ist bereits deutlich geworden, daß unter den drei Nachfolgestaaten der Han-Dynastie das am weitesten nördlich gelegene Reich Wei in kultureller Hinsicht am bedeutendsten war. Daß es auch politisch und militärisch stärker als seine Rivalen war, bewies Wei, als es (im Jahre 263) das im Südwesten Chinas gelegene Shu eroberte und damit die Wiedervereinigung Chinas einleitete. Wenig später fiel Wei freilich selbst just jener Familie zum Opfer, die ihm bei der Einverleibung von Shu unentbehrlich gewesen war: Im Jahre 266 drängte Sima Yan den Herrscher von Wei zum Thronverzicht und rief seine eigene Dynastie aus. Diese erhielt den Namen Jin, aufgrund der relativen Lage ihrer Hauptstadt Luoyang wurde sie im nachhinein als Westliche Jin (265–315) bezeichnet. Mit der Eroberung des im Südosten zentrierten Reiches Wu vollendete die Westliche Jin-Dynastie im Jahre 280 die Reichseinigung, die allerdings nur eine kurze Episode bleiben sollte. Denn Streitigkeiten innerhalb der herrschenden Familie Sima sowie Konflikte mit anderen mächtigen Clans ließen die Dynastie keinen inneren Zusammenhalt finden; hinzu kamen gewaltige Naturkatastrophen und Hungersnöte, die unter anderem regionale Aufstände und einen gewaltigen Exodus aus dem Norden Chinas verursachten; zu alldem wuchs im Norden der außenpolitische Druck nichtchinesischer Völker, allen voran der Xiongnu. Diesem Druck oblag die Hauptstadt der Westlichen Jin, und schon ein halbes Jahrhundert nach Etablierung der Dynastie, nur eine Generation nach der Reichseinigung, mußte die Jin-Dynastie Teile ihres Territoriums verloren geben und sich nach Südosten zurückziehen. Die damit erneut markierte Teilung des Reiches sollte für die kommenden beinahe drei Jahrhunderte kennzeichnend für China bleiben.

Ursachen des Zerfalls Chinas im vierten Jahrhundert

Die großen Unruhen während der Zeit der Westlichen Jin ließen zwar weder das kulturelle Leben im allgemeinen noch die Literatur zusammenbrechen, doch verschonten die Turbulenzen auch die Literaten der Zeit nicht, und einige mußten sogar im Gefolge der Kämpfe zwischen den mächtigen Familien ihr Leben lassen. Die Literatur der Epoche war nach wie vor vom Primat der Poesie geprägt, noch immer spielte das *fu* eine wichtige Rolle, doch gewann das *shi*, besonders das Fünf-Wort-Gedicht, mehr und mehr Bedeutung; im übrigen ist die Dichtung der Westlichen Jin wesentlich reicher belegt als die Literatur der vorausgegangenen Jahrzehnte.

Seit einer etwas herablassenden Würdigung durch die Poetik *Wenxin diaolong* um 500 n.Chr. fanden Kritiker und Literaturhistoriker in der Dichtung der Westlichen Jin-Dynastie Tendenzen zur Leichtigkeit (*qing*) und zu Ausschmückungen (*qi*): Die Dichtung dieser Epoche sei stilistisch insgesamt überladener als jene der Zhengshi-Periode und schwächer als die

Dichtung der Jian'an-Zeit, sie lasse es an Ernsthaftigkeit mangeln, man habe Verse gerne um ihrer selbst willen verfaßt, lauten verallgemeinernde Urteile. Möglicherweise hängen diese mit dem in der Jin-Zeit verstärkt zu beobachtenden und später populär gewordenen Phänomen zusammen, bewußt und absichtlich ältere Dichtung nachzuahmen (*ni*, *moni*, *xiao*). In thematischer Hinsicht andererseits ist die *shi*-Dichtung der Epoche besonders durch die beiden Genres *Zhao yin shi* (Gedichte über das Herbeirufen von Einsiedlern; oder: Aufforderung zur Zurückgezogenheit) und *Yong shi shi* (Gedichte über Historisches) geprägt.

Fu Xuan – ein Meister der Nachahmungsdichtung

Der erste bedeutende Autor, der ältere Gedichte nachahmte, war Fu Xuan (217–278). Seine Nachahmungen konnten ebenso anonyme *yuefu* zum Vorbild nehmen wie das *Si chou shi* (Gedicht über vierfachen Kummer) des Zhang Heng. Ein sehr produktiver Nachahmungsdichter war ferner Lu Ji (261–303), der unter anderem zwölf der *Neunzehn Alten Gedichte* imitierte. Mit der Frage, was das Wesen der Nachahmungsdichtung ausmache, betritt man unsicheren Boden. Denn es ist zwar leicht festzustellen, daß sich ein Fu Xuan in seiner Imitation des *Si chou shi* hinsichtlich Aufbau und Wortwahl nahe am Original des Zhang Heng hielt, oder daß Lu Jis Imitationen die Themen und Bilder der *Neunzehn Alten Gedichte* aufnahmen, doch sind das nur oberflächliche Beobachtungen, während wichtigere und interessantere Fragen noch nicht beantwortet sind, ja gar nicht pauschal beantwortet werden können, sondern im Einzelfall geprüft werden müssen. Bereits auf die Frage, welche Motive den Ausschlag gegeben haben mögen, einen Dichter zu imitieren, läßt sich ein breites Spektrum an Antworten denken: Der Wunsch, Bildung zu demonstrieren, ist ebenso in Betracht zu ziehen wie das Bestreben, mit Gedichten populär zu werden, mit denen sich bereits andere einen Namen gemacht hatten; die Verehrung eines Vorbildes könnte ein Motiv gewesen sein, aber auch der Wille, einen Älteren geschliffener zu machen, oder das Bestreben, sich Autorität zu borgen. Auch die Frage, ob wir nur explizite Imitationen als Nachahmungen bezeichnen und interpretieren sollten oder ob wir auch nicht ausdrücklich so genannte, aber offensichtlich aufeinander bezogene Werke als Nachahmungen betrachten dürfen, muß noch erforscht werden, nicht anders als die Frage, warum manche Gedichte eher auf den Geist eines älteren Werkes abzielen, andere sich eher auf die Form, den Inhalt oder die Bilder beziehen. Zu diesen offenen Fragen muß sich überdies noch eine zweifache Warnung gesellen – davor, nur in der *shi*-Dichtung und bei *yuefu* Imitationen zu vermuten, und davor, nur in solcher Dichtung Chinas, die nach der Zeit der Prägung des Begriffs Nachahmung entstand, das Phänomen selbst zu suchen: Man erinnere sich nur daran, daß einst Fu Yi im ersten Jahrhundert n.Chr. in seinem *Prosagedicht über den Tanz* (*Wu fu*) den schon lange verstorbenen Song Yu auftreten ließ und dessen Sprache und Stil nachahmte; man denke daran, daß Guo Pu (276–324) Prosagedichte im Stile des Sima Xiangru schreiben konnte; auch daran, daß das Prosagedicht *Qi fa* von Mei Sheng mehr als 50 Mal die Grundlage für neue Werke anderer Autoren bildete, um zu sehen, daß das Phänomen Nachahmung viel älter als der dafür gefundene Begriff ist und es sich nicht auf eine einzige literarische Gattung beschränkte.

Gedichte über Historisches

Auch das zweite Charakteristikum der Poesie der Westlichen Jin, ihre Vorliebe für Gedichte über Historisches, ist keine eigentliche Erfindung ihrer Zeit: Bereits Ban Gu wird die Autorschaft an einem *Yong shi shi* zugeschrieben, auch Cao Zhi, Ruan Yu (etwa 165–212) und Wang Can werden als entsprechende Autoren genannt. Häufig aber wird Zuo Si (etwa

250 – etwa 305) als der erste bedeutende Autor angeführt, der Gedichte über Historisches verfaßte; die Anthologie *Wenxuan* hat acht Gedichte dieses Autors unter dem Titel *Yong shi shi* überliefert. Da China seit alters der historischen Bildung und dem historischen Denken grundsätzlich hohen Wert einräumte und die Intellektuellen sich häufig nicht abstrakter Begriffe bedienten, sondern auf Personen rekurrierten, die bestimmte Positionen oder Einstellungen verkörperten, ist es folgerichtig, daß sich auch die Dichtung historische Stoffe erschloß. Unausweichlich haben typische *Yong shi shi* wenigstens für den heutigen Leser eine gewisse Schwere, wie der Beginn eines Gedichts von Zuo Si zeigt: »Ich bewundere es, wie Duangan Mu / in aller Ruhe den Fürsten von Wei beschützte. / Ich verehre Lu Zhonglian, / der mit Scherzen das Heer der Qin zum Rückzug bewegen konnte.« Zeilen wie diese werfen von selbst die Frage auf, was der Autor sagen wollte: Wollte er lediglich ein Urteil über historische Personen abgeben (»ich bewundere A, verehre B«)? Wollte er weniger auf die erwähnten Personen als auf deren Handlungen abzielen? Sind die im Gedicht erwähnten Personen oder Handlungen Chiffren für zeitgenössische Positionen oder Einstellungen? Werden die historischen Personen mit Personen der Gegenwart gleichgesetzt? Werden die historischen Personen stets nur wegen *einer* herausragenden Handlung oder Tat erwähnt oder würdigte der Autor sie wegen ihrer Lebensleistung insgesamt? Immerhin läßt schon eines der *Yong shi shi* des Zuo Si keinen Zweifel daran, daß Gedichte über Historisches sehr zeitkritisch sein konnten. Denn der Autor dachte sicherlich an seine eigene Zeit, wenn er in einem Gedicht zuerst vier Personen aus der Han-Zeit Revue passieren läßt und dann die Bemerkung anschließt: »Diese vier Würdigen waren doch alle großartig, / ihre Taten glänzen in den historischen Aufzeichnungen. / Bevor jedoch ihre Zeit gekommen war, / mußten sie bangen, im Elend zu vergehen. / Auch Helden können also in Not und Bedrängnis kommen, / so ist das schon seit alters. / Jede Zeit hat ihre großen Talente, / die sie zwischen Dornen und Sümpfen verkommen läßt.«

Solche Erinnerungen mögen gemeinschaftsstiftend gewirkt, Trost gespendet und Autoren wie Lesern die Kraft gegeben haben, sich selbst in unzuverlässigen Zeiten im Staatsdienst zu verdingen. Sie mögen ihnen andererseits den Wunsch verstärkt haben, sich nicht allzu weit in die Geschäfte der Welt zu involvieren. Tatsächlich findet sich in der Dichtung der Westlichen Jin, und zwar auch in der Dichtung sehr aktiver Männer, immer wieder das Motiv Zurückgezogenheit. Gedichte zu diesem Motiv tragen in der Regel den festen, wenngleich vagen Titel *Zhao yin*: Während *zhao yin* in den *Gesängen aus Chu* als »Aufforderung an einen Zurückgezogenen« verstanden worden war, sind die *zhao yin*-Gedichte der Westlichen Wei eher »Aufforderungen zur Zurückgezogenheit«. Herausragende Beispiele sind zwei pentasyllabische Gedichte des Zuo Si, die überdies häufig als frühe Beispiele chinesischer Naturlyrik gelten. Das erste Gedicht beginnt damit, daß der Dichter sich aufmacht, einen in der Bergeinsamkeit lebenden Eremiten aufzusuchen; doch die Begegnung mit dem Einsiedler, die tatsächlich nicht zustande kommt, scheint gar nicht der Sinn der Wanderung zu sein. Vielmehr nimmt der Dichter schon in der zweiten Zeile sein eigentliches Thema auf – den Überdruß an der Zivilisation und den Genuß unberührter Landschaft, die auf natürliche Weise all das zu bieten hat, was die Menschen als hohe Kultur betrachten:

Das Motiv Zurückgezogenheit

Du brauchst hier Saiten nicht noch Bambusrohr:
Gebirg und Wasser geben reinren Klang.

Was warten noch, daß einer pfeift und singt?
Die dichten Bäume summen selbst ihr Lied.

Die Chrysantheme dient mir auch als Speise;
Den Mantelkragen schmückt die Orchidee.
Mein Fuß verhält, es schwinden ihm die Kräfte.
Des Amtes Nadel – gern würf ich sie fort.
(Übers. G. Debon)

Man ist geneigt, solche Worte als typisch für eine unruhige Zeit zu nehmen und den Wunsch nach Weltflucht als Phrase abzutun. Aber damit griffe man sicherlich zu kurz. Tatsächlich zeigt sich nämlich, daß gerade über den Wunsch nach Weltflucht kontrovers diskutiert wurde, und zwar auch mit Hilfe von Gedichten, wie die Verse unter dem Titel *Wider das Zurückrufen von Einsiedlern* (*Fan zhao yin*) eines nicht weiter bekannten Wang Kangju beweisen: Der kleine Einsiedler ziehe sich zurück in die Berge und Sümpfe, der große Einsiedler hingegen lebe sein Eremitentum am Hof und auf dem Markt, behauptet dieses Gedicht und bringt mit schönen Worten die Überzeugung zum Ausdruck, man könne in der Welt leben, ohne sich von ihr einnehmen zu lassen.

Die Entwicklung des fu *in der Westlichen Jin*

Stärker noch als in ihrer *shi*-Dichtung läßt sich in ihren *fu* sehen, daß die Autoren der Westlichen Jin in bewußter Kenntnis älterer Werke schrieben. Das drückte sich unter anderem darin aus, daß die Autoren gerne Vorworte nutzten, um frühere Prosagedichte zum gleichen Thema kritisch Revue passieren zu lassen. Gleichzeitig waren die Dichter um Originalität der Themen und Gegenstände ihrer *fu* bemüht, wobei sie im übrigen eine Neigung zu eher philosophischen Themen zeigten, ohne die prunkhaften *fu* der Han und die eher meditativen *fu* der Jian'an-Periode aufzugeben. Ein herausragendes Werk in der Tradition der Han-Prosagedichte ist Zuo Sis *San du fu* (Fu über die drei Hauptstädte), das den Autor angeblich zehn Jahre Arbeit kostete, weil er möglichst realistische und erschöpfende, nur auf ausgiebigen Recherchen beruhende Beschreibungen gelten lassen wollte, wie sie in den Hauptstadt-*fu* von Ban Gu und Zhang Heng vorgegeben worden waren; ein Werk, dem gleichwohl erst Anerkennung zuteil wurde, nachdem Huangfu Mi (215–282) es mit einem Begleitwort ehrte, woraufhin es allerdings so häufig abgeschrieben – und dadurch verbreitet – worden sein soll, daß selbst der Preis für Papier anstieg.

Bemühen um Originalität in der Gattung fu

Der bewußte Anspruch auf Originalität in *fu* der Westlichen Jin-Zeit andererseits zeigt sich etwa darin, daß Chenggong Sui (231–273) im Vorwort zu seinem *Tiandi fu* (Fu über Himmel und Erde) sich ausdrücklich dazu bekannte, einen *neuen* Gegenstand für ein *fu* nehmen zu wollen, während er sein *Xiao fu* (Fu über das Pfeifen) bewußt gegen andere Prosagedichte über Musik abgrenzte. Die mit dem Wunsch nach Neuem gekoppelte Neigung zu philosophischen Themen schließlich läßt sich am besten bei Zhang Hua (232–300) sehen: Sein *Jiaoliao fu* (Fu über den Zaunkönig) ist ein ganz von daoistischer Weltsicht getragenes Lob des Unscheinbaren, Unnützen, Ambitionslosen, dem ein langes Leben in Sicherheit gewährt ist; ein Stück, das der Autor selbst eine Parabel und eine Lehre für das Verhalten der Menschen nennt. Manch einfaches Wort gründe tief, manch Unscheinbares könne Großes versinnbildlichen, und in diesem Bewußtsein habe er sein *Fu über den Zaunkönig* verfaßt, bekannte er in seinem Vorwort.

Der produktivste *fu*-Autor seiner Zeit war Pan Yue (247–300), der allein im *Wenxuan* mit acht Werken vertreten ist, darunter das *Xi zheng fu* (Fu über eine Reise nach Westen) und das *Qiu xing fu* (Fu über eine Herbststimmung), die beide stark autobiographisch geprägt sind. Das *Xi zheng fu* beschreibt eine Reise von Luoyang nach Chang'an und Ausflüge dortselbst, die dem Autor Anlaß zu sehr kritischen Urteilen über die Geschichte, vorwiegend über die Westliche Han-Dynastie, geben, in die aber auch Betrachtungen über die eigene Lebensgeschichte (etwa den Tod seines Kindes) und Beobachtungen der Landschaft gemischt werden. Im *Fu über eine Herbststimmung* dagegen läßt Pan Yue Motive der *Zhao yin shi* anklingen: Der erst 32jährige kleine Beamte war amtsmüde, besann sich auf daoistische Prinzipien und dachte an Rückzug ins Private, in die Natur, wo er frei und unbeschwert seine Tage beenden wolle.

Lu Jis Prosagedicht auf die Literatur (Wen fu)

Der Fähigkeit der Dichter, die alte Gattung *fu* mit neuen Themen zu bereichern, ist auch ein herausragendes poetologisches Werk zu verdanken: das *Wen fu* (Prosagedicht auf die Literatur) des Lu Ji (261–303), einem der mit über 100 überlieferten Werken produktivsten Autoren seiner Zeit. Unbesehen seiner enormen Reputation ist jedoch das *Wen fu* bis heute stellenweise unverständlich geblieben. Die Gründe dafür liegen ebenso darin, daß das Werk keinen klaren Literaturbegriff hat, wie darin, daß es nicht immer deutlich gegliedert ist, vor allem aber sind sie in seiner metaphernreichen, oft dunklen Sprache zu suchen. Immerhin läßt sich das *Wen fu* unter formalen Aspekten in ein kurzes Prosa-Vorwort und einen versifizierten langen Hauptteil gliedern, der seinerseits in sechzehn Abschnitte teilbar ist. Ohne Namen zu nennen, nimmt das Vorwort grundsätzliche Probleme der Literaturkritik auf, die bereits in der Jian'an-Periode thematisiert worden waren: Lu Ji konzediert, die schöne Literatur sei von großer Vielfalt, er beansprucht dennoch, gute Literatur von schlechter Literatur unterschieden zu können; er beansprucht des weiteren, beim Studium großer Werke »das Herz« eines Autors erfassen zu können; und er fordert, wie ehedem Cao Zhi, ein Kritiker müsse gleichzeitig Autor sein.

Der Hauptteil des *Wen fu* hebt mit zwei Forderungen an, die das Werk leitmotivisch durchziehen: Ein guter Autor müsse gleichermaßen über eine gute Bildung verfügen wie zu profundem gefühlsmäßigen Erleben fähig sein – Literatur ist für Lu Ji also einerseits eine Sache der Bildung und des Intellekts, andererseits eine Sache der Emotionen, und es ist vielleicht die größte Schwierigkeit des *Wen fu*, daß sein Autor die beiden Bereiche nicht klar trennte. Die Idee, ein Literat müsse gebildet sein und Literatur sei Ergebnis intellektueller Anstrengung, kommt nirgends stärker zum Ausdruck als in der Forderung nach Originalität literarischer Werke und im Verbot des Plagiats, das Lu Ji bis zu der Forderung steigert, ein Dichter habe selbst dann, wenn er nur zufällig mit einem älteren Werk übereinstimme, seine eigenen Verse zu revidieren. Die dazu komplementäre Idee, Literatur sei Ausdruck von Emotionen, ist mehrfach zu fassen: Darin etwa, daß Lu Ji fordert, dem Schreiben selbst müsse eine Phase der Sammlung vorausgehen, die er mit einer stark an daoistische Jenseitsreisen gemahnenden geistigen Wanderung durch das Universum gleichsetzt; darin, daß er von einer Freude am Schreiben spricht, aber auch die Verzweiflung dessen kennt, dem nichts gelingen will; sie ist auch in Lu Jis Überzeugungen zu fassen, Inspiration sei die wichtigste Quelle des literarischen Schaffens, Literatur werde im idealen Fall ganz spontan geschaffen, und in guter Literatur gebe es Geheimnisse, die sich einer Beschreibung durch Worte entziehen.

Literatur ist für Lu Ji also eine Sache des Intellekts und der Emotionen, und eben das kommt auch in seinem Anspruch zum Ausdruck, Literatur müsse schön sein und habe angenehm zu klingen. Sie ist ferner in der Forderung zu sehen, gute Literatur habe fünf Fehler zu vermeiden: den Fehler, keine Resonanz zu finden und niemanden anzusprechen; den Fehler, einen zu kummervollen Ton anzuschlagen; den Fehler, das Vernünftige (*li*) zu verwerfen und auf Besonderes oder Extravagantes (*yi*) zu bestehen; den Fehler, allzu zügellos zu sein; den Fehler schließlich, fade zu sein.

Doch wozu überhaupt Literatur, was vermag sie? »Literatur ist das wichtigste Unternehmen bei der Ordnung des Staates und die wichtigste Angelegenheit, die nie vergeht. Das längste Leben wird einmal ein Ende haben, Ehre und Glück werden damit vorbei sein. Um aber Ehre und Glück auf lange Zeit zu verlängern, ist nichts besser als die Unvergänglichkeit der Literatur.« So hatte einst Cao Pi in seinem *Lun wen* geschrieben und damit die Literatur über das politische Wirken hinausgehoben. Auch Lu Ji sprach in seiner Poetik über den Sinn von Literatur schlechthin. Doch er ging weiter als Cao Pi, und er schlug einen viel höheren Ton an, als er zum Abschluß seines *Wen fu* aufwies, die ewig junge und täglich neue Literatur sei das wichtigste Mittel der Kultur überhaupt: »Kein Pfad ist zu weit, als daß sie nicht zu ihm durchdränge, / kein Prinzip zu fein, als daß sie es nicht faßte. / Wolken und Regen ebenbürtig, spendet sie fruchtbare Nässe, / Dämonen und Geistern gleicht sie in ihrem kultivierenden Einfluß. / In Stein und Metall wird durch sie Tugend verbreitet, / in Pfeifen- und Saiten-[Instrumenten] wird sie täglich neu.«

Weitere literaturtheoretische Schriften

Das *Wen fu* ist das bedeutendste, aber nicht das einzige literaturtheoretische Zeugnis aus der Westlichen Jin-Zeit. Ein weiteres wichtiges Werk stammt von Lu Jis jüngerem Zeitgenossen Zhi Yu (gest. 311). Dieser scheint der erste gewesen zu sein, der Anthologien verschiedener literarischer Gattungen zusammenstellte und damit eine Tradition begründete, die die Rezeption chinesischer Literatur bis heute maßgeblich beeinflußt. Leider ist weder die 30 Kapitel umfassende Anthologie selbst noch ein Verzeichnis ihres Inhalts überliefert. Immerhin sind, unter dem Titel *Wenzhang liubie lun* (Erörterung der verschiedenen Strömungen der Literatur), Anmerkungen des Anthologisten erhalten, die möglicherweise den einzelnen Kapiteln der Sammlung vorangestellt waren. Die ersten Sätze dieser Erörterung verraten, daß Zhi Yu in seiner Auffassung über den Sinn der Literatur ganz mit Lu Ji übereinstimmte: Literatur müsse die Gesellschaft und die Ordnung der menschlichen Beziehungen bewahren und unterstützen, sie habe die Prinzipien des Lebens zu ergründen und Emotionen Ausdruck zu verschaffen.

Dichtung und Dichtungskritik nach der Verlagerung des politischen und kulturellen Zentrums in den Südosten, 317 n.Chr.

Literatur der Östlichen Jin (317–420) und der (Liu)-Song (420–479)

Die oben angesprochenen Katastrophen des ausgehenden 3. und beginnenden 4. Jh.s führten zu gewaltigen Bevölkerungsbewegungen. Bis zu zwei Millionen Menschen, etwa ein Achtel der Bevölkerung, wurden am Ende der (Westlichen) Jin entwurzelt und mußten auf der Suche nach einem auskömmlichen Leben entweder in den Nordosten (Gebiet der heutigen Inneren Mongolei) oder in den Westen (Gebiet des heutigen Gansu), vor allem aber in den Süden und Südwesten Chinas emigrieren. Als Folge dieser Wanderungen, die in mehreren Schüben faktisch über das ganze 4. Jh. andauerten, wurde der demographische Schwerpunkt Chinas vom Norden in den Süden verlagert, nach Jiangnan, die Region südlich des Yangzi. Die Einwanderer aus dem Norden konnten in ihrer neuen Heimat, die ja unter formalen Gesichtspunkten bislang ohnehin zum Herrschaftsgebiet der Jin gehört hatte, die Macht in ihren Händen vereinen, und sie machten sich zu Herren über eine inhomogene Bevölkerung aus nichtchinesischen Ethnien und Nachfahren von Chinesen, die seit der späten Han-Zeit im Süden lebten und sich bereits den Einheimischen assimiliert hatten. Andererseits ging mit dem Verlust der an Barbaren verlorenen Heimat Nordchina, mit der Konfrontation der von nichtchinesischen Elementen durchdrungenen Kultur des Südens und mit dem gleichzeitigen Versuch, die Fiktion eines geeinten Reiches aufrecht zu erhalten, eine Krise einher, die schon als Chinas größte Identitätskrise vor dem Eindringen des Westens im 19. Jh. bezeichnet wurde. Diese Sinn- und Identitätskrise, die auch die Zeit der nachfolgenden Dynastien des Südens prägte, mag der wichtigste Grund dafür gewesen sein, daß dann Ende des 5., Anfang des 6. Jh.s unter den Dynastien Qi und Liang eine nie dagewesene Bestandsaufnahme und teilweise Neubewertung der kulturellen Tradition einsetzte.

Die Sinn- und Identitätskrise des vierten Jahrhunderts

Als die Herren der (Westlichen) Jin-Dynastie ihre Kernlande im Norden aufgeben mußten, verlegten sie ihre Hauptstadt in das nahe dem heutigen Nanjing gelegene Jiankang, siedelten sich also südlich des Yangzi an; von der relativen Lage der neuen Hauptstadt ist die Bezeichnung Östliche Jin-Dynastie abgeleitet. In Jiankang blieb die Hauptstadt auch, als Liu Yu (gest. 422) hundert Jahre später eine neue Herrschaft gründete – die Song-Dynastie, die (um Verwechslungen mit der späteren großen Dynastie gleichen Namens vorzubeugen) häufig als Liu-Song-Dynastie (420–479) bezeichnet wird. Auch die folgenden Herrscherhäuser (Südliche) Qi (479–502), Liang (502–557) und Chen (557–589) regierten von dort aus. Zusammen mit dem Staat Wu (222–280) der Herrscherfamilie Cao sind dies die sogenannten *Liu chao*, die Sechs Dynastien des Südens.

Politische und kulturelle Zweiteilung Chinas

Grob verallgemeinert bewirkte die Verlagerung des politischen und kulturellen Schwerpunktes in den Süden eine politische Zweiteilung Chinas. Greifbaren Ausdruck findet diese in dem viel benutzten, selten eindeutig bestimmten Begriff *Nan bei chao*, Südliche und Nördliche Dynastien: Die Südlichen Dynastien sind die zwischen 420 und 589 in Jiankang residierenden Häuser (Liu)-Song, Qi, Liang und Chen. Die Nördlichen Dynastien sind folgende zwischen 386 und 581 von unterschiedlichen Hauptstädten in Nordchina aus herrschende Häuser: Nördliche Wei (386–534 oder 386–556) und dessen beiden Nachfolgestaaten Östliche Wei (534–550) und Westliche Wei (535–556), Nördliche Qi (550–577) und Nördliche Zhou (557–581). In Wirklichkeit stellt sich die Zeit der staatlichen Zerrissenheit gerade in Nordchina noch komplizierter dar, und dies ist ablesbar an dem häufig gebrauchten Begriff *Wu hu shiliu guo*, Sechzehn Staaten der Fünf Barbaren – die Bezeichnung für sechzehn regional begrenzte und relativ kurzlebige Herrschaften aus der Zeit zwischen 304 und 439. Beachtenswert ist, daß trotz des pejorativen Begriffs nicht alle diese Staaten von »Barbaren« gegründet wurden, vielmehr beanspruchten drei der Staatsgründer, Chinesen zu sein; beachtenswert ist ferner, daß nicht alle diese Staaten im

Norden beheimatet waren und wenigstens einer seine Hauptstadt in Chengdu hatte; zu beachten ist drittens, daß die Sechzehn Staaten keineswegs zeitgleich oder auf gleichem Gebiet, sondern hintereinander herrschten, ohne daß über die exakten Daten der Reiche im einzelnen Einigkeit bestünde.

Dichtung Dunkler Worte (xuanyan)

Die Östliche Jin-Dynastie gilt grob als Epoche der daoistisch geprägten Dichtung Dunkler Worte (*xuanyan*). Leider gehen die Auffassungen über die zeitliche Eingrenzung der Dichtung Dunkler Worte in der Sekundärliteratur ebenso wie in frühen Quellen ziemlich auseinander: Der Literat und Historiograph Shen Yue (441–513) sah diese Dichtung, die er allerdings nicht *xuanyan* nannte, die Östliche Jin-Zeit dominieren, auch das *Wenxin diaolong* betrachtete die Poesie der Östlichen Jin vornehmlich von *Zhuangzi* und *Laozi* geprägt. Hingegen datierte mit dem *Shipin* ein anderes poetologisches Werk den Beginn der *xuanyan*-Dichtung bereits in die davor liegende Westliche Jin und sah in der Zeit der Östlichen Jin nur noch ihre Ausläufer; eine in das *Shi shuo xin yu* eingegangene literaturgeschichtliche Darstellung aus dem 5. Jh. sah die neodaoistische Dichtung sogar bereits in der Zhengshi-Zeit, also Mitte des 3. Jh.s, beginnen.

Die Urteile über die *xuanyan*-Dichtung waren und sind vorwiegend ablehnend. Shen Yue und sein wenig jüngerer Zeitgenosse Zhong Hong (etwa 467–518), der Autor des *Shipin*, verwerfen die daoistisch durchwirkten Verse: Sie entbehrten einer kräftigen Sprache, befindet ersterer, das *Shipin* seinerseits klassifiziert sie als schal, wässerig und flach und bedauert, daß oftmals eine philosophische Weisheit die Überhand über den sprachlichen Ausdruck gewonnen habe. Auch moderne Autoren vermissen einen emotionalen Oberton, beklagen den diskursiven Charakter der Dichtung Dunkler Worte oder halten sie für schlecht gelungene Imitationen der Reinen Gespräche, *qingtan*.

Sun Chuo und Xu Xun

Als die beiden wichtigsten Vertreter der *xuanyan*-Dichtung gelten Sun Chuo (314–371 oder 320–377) und Xu Xun (um 358). Von beiden ist allerdings nicht viel überliefert, von Sun Chuo nur elf *shi*-Gedichte, von Xu Xun sogar nur ein einziges! Dem steht der Glücksfall gegenüber, daß Jiang Yan (444–505) Nachdichtungen von 30 Dichtern verfaßte und dabei auch Sun Chuo und Xu Xun imitierte. Hierin hat man nach Inhalt und Stil die typischsten *xuanyan*-Gedichte überhaupt zu sehen. Indes bediente sich die *xuanyan*-Dichtung nicht nur des Genres *shi*, sondern auch des *fu*. Das bekannteste Beispiel hierfür, das für manche bedeutendste Exemplum für *xuanyan*-Dichtung überhaupt, ist das *You Tiantai shan fu* (Die Wanderung über den Tiantai-Berg). Über seinen Autor Sun Chuo ist nur wenig, doch immerhin so viel bekannt, daß er sich dem Buddhismus verbunden fühlte; darüber hinaus beschreiben ihn Anekdoten als einen jener Gebildeten, die viel von Weltflucht redeten, während sie sich gleichzeitig ganz gut in der Welt einrichten konnten: Das *Shi shuo xin yu* läßt ihn sagen, bei einem wie ihm, der das Mysteriöse ermessen und das Entfernteste verstanden habe, mache es keinen Unterschied, ob er sich von der Welt zurückziehe oder in ihr verbleibe. Auch das *You Tiantai shan fu* atmet diesen Geist. Das Gedicht beschreibt eine imaginierte, in der Phantasie unternommene Besteigung des in Ostchina (Zhejiang) gelegenen, der Überlieferung nach ebenso von daoistischen Unsterblichen wie von konfuzianischen Kulturheroen und buddhistischen Arhats bewohnten, von einer Aura des Heiligen und Mysteriösen umgebenen Bergmassivs Tiantai. Das Gedicht beginnt mit einer Skizze der beiden Sehenswürdigkeiten des Tiantai, einem Wasserfall und der sogenannten Roten Wand, deren Betrachtung den Wunsch des Dichters weckt, weiter in den Berg vorzudringen und seine unsterblichen Bewohner zu suchen. Ein anstrengender, gefährlicher Aufstieg führt den Dichter zu einer Steinbrücke, die ihm den Zugang zu paradiesischen Gefilden eröffnet; ein Bad im »mysteriösen Bach« läßt ihn alle Gedanken und Bindungen an die Welt – die er mit buddhistischem Vokabular als leidvoll beschreibt – vergessen. Nach weiteren zwei Tagen erreicht er den Ort der Unsterblichen, den er in großer Ausführlichkeit als eine Stätte beschreibt, wo Daoisten und Buddhisten Seite an Seite leben. Die Begehung dieses Ortes entledigt den Dichter schließlich aller weltlichen Bindungen und läßt ihn in einer *unio mystica* eins werden mit dem *dao*. Später erklären ihm die Unsterblichen die metaphysische Welt und die buddhistische Leere, und sie zeigen ihm, daß er das Reale nicht völlig hinter sich lassen könne. Das sehr abrupt endende Gedicht wird also letztlich zum Bekenntnis, in der Welt leben zu wollen, ohne sich zu sehr in ihre Angelegenheiten hineinziehen zu lassen.

Die Wanderung über den Tiantai-Berg: *ein Höhepunkt der Naturdichtung*

Zu Recht wird das *You Tiantai shan fu* nicht nur als Beleg für *xuanyan*-Dichtung herangezogen, sondern als Ausdruck der Naturdichtung (*shanshui shi*) gesehen. Das Verhältnis zwischen *xuanyan*-Dichtung und Naturdichtung wurde schon häufig thematisiert, nachdem das *Wenxin diaolong* das Paradigma ausgegeben hatte, zu Beginn der Liu Song-Dynastie, also im aufkommenden 5. Jh., habe die Naturdichtung über die zuvor dominante *xuanyan*-Dichtung obsiegt und sei in Xie Lingyun (385–433) unmittelbar zur Reife gelangt. Dagegen versuchte J.D. Frodsham nachzuweisen, daß Xie Lingyun keineswegs die Naturdichtung begründete, sondern am Ende einer längeren Entwicklung stand: Als Naturdichtung sollte, so Frodsham, lediglich solche von mystischem Denken inspirierte Poesie gelten, die alle natürlichen Phänomene als Symbole mit kathartischer Kraft betrachtet. Dann aber können weder die *Oden* noch die *Gesänge aus Chu* als Naturdichtung gelten. Allerdings findet man bei Ruan Ji und anderen Dichtern des 3. Jh.s verstärkt Interesse an landschaftlichen Schönheiten, an Exkursionen in die Landschaft etc.; ganz greifbar ist ferner eine enge Verbindung zwischen einer daoistischen Grundhaltung, wie sie der *xuanyan*-Dichtung zueigen ist, und einer so definierten Naturanschauung in dem schon vorgestellten *Zhao yin shi* des Zuo Si, während bei Cao Caos Gedicht *Blick über das Meer* (*Guan cang hai*), das gelegentlich als erstes eigentliches Naturgedicht Chinas vorgestellt wird, noch kein daoistischer Grundton auszumachen ist. Im übrigen aber wies Frodsham darauf hin, daß der Buddhismus die Ausformung des Landschaftsbewußtseins im 4. Jh. und die Zunahme von Landschaftsgedichten förderte. Immerhin bekannten sich Dichter wie Xie Lingyun als Laienbuddhisten, während Buddhisten des 4. und 5. Jh.s, die ihre Klöster gerne an zurückgezogenen Orten in unberührter Landschaft gründeten, die Betrachtung von Landschaft als Betrachtung von Realität überhaupt sahen und die Natur als eine Verwirklichung des *dao* schlechthin betrachteten. Zu beachten ist ferner, daß das Naturempfinden des 4./5. Jh.s auch der Kunst der Landschaftsmalerei Impulse gab, die vielleicht aus der Praxis entstand, Gedichte sowie *fu* mit Landschaftsbeschreibungen zu illustrieren: Es ist sehr wahrscheinlich, daß Xie Lingyun seine eigenen Gedichte sowie sein *Shan ju fu* (Fu über das Leben in den Bergen) selbst illustrierte, der Landschaftsmaler Gu Kaizhi (etwa 345–406) andererseits stand in engem Kontakt zu einigen Naturdichtern.

Die Gedichte vom Pavillon der Orchideen (Lanting ji)

Als berühmtestes Zeugnis der Naturdichtung gilt die Sammlung mit den Gedichten vom *Pavillon der Orchideen* (*Lanting ji*), die auf ein genau bestimmbares Ereignis zu datieren ist. Wenigstens seit dem 3. Jh. n.Chr. scheint es in gebildeten Kreisen den Brauch gegeben zu haben, am 3. Tag des 3. Monats den Frühling zu feiern, indem man an landschaftlich schönen Orten zusammenkam, die Becher kreisen ließ, Gedichte verfaßte und sich amüsierte. Aus den Anfängen dieses Brauchs haben sich nur vereinzelte Zeugnisse erhalten, ohnehin dürften die meisten dieser Gelegenheitsverse verweht sein, wenn sie überhaupt jemals niedergeschrieben wurden. Eine der Frühlingsfeiern hat allerdings literaturgeschichtliche Bedeutung erlangt, nämlich ein Treffen in der für ihre Schönheit berühmten Region Kuaiji im Osten der heutigen Provinz Zhejiang, wo sich im 4. Jh. eine Reihe berühmter Dichter angesiedelt hatte. Nicht weniger als 42 unter ihnen versammelten sich am 3. Tag des 3. Monats des Jahres 353 am Pavillon der Orchideen, 15 verfaßten bei dieser Gelegenheit je ein Gedicht, elf der Versammelten schufen je ein Vier-Wort- und ein Fünf-Wort-Gedicht, während 16 Gäste gar keinen Vers zusammenbrachten und dies damit bezahlen mußten, öfter als die anderen den Becher zu heben. Es scheint, daß der große Kalligraph Wang Xizhi (321–361), der damals ein hoher Beamter in Kuaiji war, Gastgeber war; auch verfaßte Wang Xizhi neben zwei eigenen Poemen ein *Vorwort zu den Gedichten vom Pavillon der Orchideen* (*Lanting shi xu*), das zuletzt bekannter als die Gedichte selbst wurde und die Vorlage für ungezählte kalligraphische Übungen abgeben sollte. Das Vorwort und die Gedichte von Lanting zeigen tiefes Empfinden für die Schönheiten der Natur, sogar die Haltung der *consolatio naturae* mag man darin erkennen. Das Vorwort beginnt mit einer genauen Datierung und Lokalisierung des Treffens, um dann mit einer Beschreibung des Ortes fortzufahren:

> Es gab dort mächtige Berge und steile Gipfel, dichte Wälder und hohen Bambus, außerdem klare Flüsse und stürzende Wasser, die glitzernd ihre Umgebung gürteten. Wir gruben die Erde auf, ließen die Becher in gewundenen Wassern treiben und saßen geordnet in einer Reihe. Wenngleich es keine Saiten- und Blasinstrumente die Fülle gab, genügte es uns doch, abwechselnd zu trinken und zu singen, um so unsere verborgenen Gefühle auszudrücken. An diesem Tag war der Himmel klar und die Luft war rein, eine sanfte Brise wehte leicht. Nach oben blickend betrachteten wir die Größe des Universums, nach unten blickend beobachteten wir die Vielfalt der Wesen. Wahrhaftig, es war beglückend.

Xie Lingyun

Wenn Xie Lingyun auch nicht als Begründer der Landschaftsdichtung gelten kann, nahm diese doch quantitativ wie qualitativ einen großen Stellenwert in seinem Œuvre ein. Etwa die Hälfte seiner über 70 erhaltenen Gedichte haben die Natur und die Erfahrung der Landschaft als zentrales Thema. Schon früh und schon oft wurden sein Hang zum Preziösen und Künstlichen, seine Vorliebe für seltene Wörter, der Anspielungsreichtum seiner Verse und ihre Neigung zu Parallelismen bemerkt. Überdies gibt sein früher Biograph die sehr wichtige Information, Xie Lingyuns Gedichte seien besonders wegen ihres Wohlklangs geschätzt worden. Er bezeugt des weiteren, der Dichter habe einen enormen Einfluß auf seine Zeitgenossen gehabt, und er sagt, wie in Zeiten vor Erfindung des Buchdrucks Literatur verbreitet werden konnte: Wann immer ein Gedicht des Xie Lingyun in eine Stadt getragen wurde, bemühten sich Hoch und Niedrig gleichermaßen, es zu kopieren, und über Nacht wurde es bei vornehmen Leuten ebenso wie im gemeinen Volk bekannt. All das muß dazu geführt haben, daß Xie Lingyun, Sproß einer großen aristokratischen Familie und nicht nur literarisch gebildet, sondern gleichermaßen als Maler und Kalligraph geschätzt, in der Poetik *Shipin* als einzigem Dichter seines Jahrhunderts ein erster Rang zugesprochen wurde, und ein guter Interpret wie Günther Debon kann noch in Übersetzungen einige der genannten Charakteristika treffen, etwa in dem folgenden Gedichtanfang: »Des Morgens auf mit dem Stock zur schwindelnden Wand; / Des Abends ausruhn dann in Berges Genist. / Hoch auf der Felsenplatte ragt ein Rasthaus; / Gesäumt von Gipfeln, schaut's auf die Windung der Klamm.« Wie hoch mag der Realitätsgehalt solcher Gedichte sein, wo beginnt die dichterische Phantasie? Sicher dürfte jedenfalls sein, daß der Erlebnishintergrund von Landschaftsbeschreibungen nicht in jedem Fall beschwerliche Reisen an unzugängliche Orte gewesen sind. Vielmehr müssen wir an bequeme Ausflüge in angenehmer Gesellschaft denken und in Erinnerung an das *You Tiantai shan fu* auch der Imagination ihr Recht einräumen. Wie sonst könnte Xie Lingyun in seinem Gedicht *Deng Shimen zui gao ding* (Den höchsten Punkt des Steinernen Tores besteigend) Verse wie diese verfaßt haben, die vorderhand von einem tatsächlichen Ausflug in die Berge berichten, sich durch ihren Titel aber als Betrachtungen einer Landschaft vom Boot aus vorstellen und im übrigen ja ganz ohne Personalpronomina auskommen:

Am Morgen auf von sonnigen Klippen,
am Abend verschnaufen auf schattigem Gipfel.
Das Boot lassend, nach fernen Inseln blicken,
den Stock weglegen und sich lehnen an eine kräftige Föhre.

Xie Lingyun nutzte auch das Prosagedicht zu Landschaftsbeschreibungen. Zuvörderst ist hier sein *Fu über das Leben in den Bergen* zu erwähnen, das vorwiegend die Umgebung des Anwesens seiner Familie in dem schon erwähnten Kuaiji beschreibt, wo Xie Lingyun in turbulenten Jahren mehrfach Zuflucht fand: ein sehr langes Werk mit erschöpfenden Katalogen von Blumen, Tieren und Bäumen, wie sie auch die *fu* der frühen Han-Zeit gekennzeichnet hatten; ein Werk auch, das schon dem zeitgenössischen Leser so schwer verständlich war, daß der Autor selbst eine Lektürehilfe dazu verfaßte.

Nachahmungsdichtung des Xie Lingyun

Außer durch seine Landschaftsgedichte lieferte Xie Lingyun einen herausragenden Beitrag für die wachsende Nachahmungsliteratur. Dabei ging er, wie Jiang Yan nach ihm, viel weiter als frühere Imitatoren, die sich lediglich auf ausgewählte Poeten beschränkt hatten. Denn er machte sich anheischig, nicht weniger als acht der größten Dichter, vornehmlich aus der Jian'an-Periode, nachzuahmen, und er gestattete sich hinsichtlich der Fakten große Freiheiten: In einer Serie von acht Werken unter dem gemeinsamen Titel *Ni Ye zhong yong ba shou* erlaubte sich Xie Lingyun, seinen fernen Dichterkollegen Cao Pi ein Bankett ausrichten zu lassen, anläßlich dessen sowohl Cao Pi als auch die sieben Geladenen sich in Gedichten selbst vorstellten. Den Gedichten jedoch, die im Stil der jeweiligen Poeten gehalten sind, hat Xie Lingyun jeweils kurze Vorworte beigegeben, in denen er biographische Besonderheiten der Dichter beschreibt. Dadurch wird die Serie mit den acht Gedichten nicht nur ein Versuch zur Nachahmung älterer Dichter, sie ist gleichzeitig ein poetologisches Werk, das der Überzeugung verbunden ist, das Wesen eines Dichters sei durch dessen Biographie näher zu fassen – die Dichtung des Wang Can etwa sei geprägt von der Melancholie des Mannes, der seine Heimat verlor, die Verse des Cao Zhi verrieten dessen Abneigung gegen Politik etc.

Tao Yuanming

Der zweite große Dichter des 4. und 5. Jh.s, der gesondert gewürdigt werden muß, ist Xie Lingyuns 20 Jahre älterer Zeitgenosse Tao Qian (365–427), auch unter seinem ursprünglichen Namen Tao Yuanming bekannt. Er hatte das Dasein eines mediokren Beamten gefristet, bevor er sich als Vierzigjähriger zurückzog, um die letzten zwei Jahrzehnte das Leben eines Bauern zu führen – ein ungebundenes, wenngleich hartes und entbehrungsreiches Leben, das von Katastrophen wie Mißernten und einem verheerenden Feuer nicht verschont blieb; ein durch seine Familie, durch Nachbarn und Freunde bereichertes und als glücklich empfundenes Leben auch, nicht die harte Klausnerei des Entsagenden: »Ungleich war ich als Jüngling der Menge; / In meinem Herzen liebt ich die Berge. // Irrend fiel ich in Schmutz und Verstrickung, / Band mich für dreißig Jahre die Welt«, schreibt Tao Qian rückblickend im ersten von fünf Gedichten mit dem Titel *Heimkehr zum Leben in Garten und Feld* (*Gui yuan tian ju*), das auch die Idylle seines Landlebens besingt:

Gut anderthalb Morgen sind mein Besitztum,
Und unter dem Strohdach reicht mir der Raum.

Ulmen und Weiden beschatten hinten den Umgang.
Pfirsiche, Pflaumen wachsen im Hof.

Verschwommen und ferne wohnen die Menschen.
Dunstig und still steht der Rauch überm Dorf.

Hunde bellen tief in langen Gassen.
Hähne krähen hoch auf Maulbeerbäumen.
[...]
(Übers. P. Olbricht)

Man vergleiche auch Tao Qians Prosagedicht *Die Rückkehr* (*Gui qu lai ci*), dessen Vorwort in das Jahr seines endgültigen Rückzugs in das private Leben datiert ist. Hier zeigt sich die Entscheidung zum Rückzug als bewußter fundamentaler Bruch mit den Konventionen der gesellschaftlichen Gruppe, der Tao Qian angehörte:

Die Welt und ich gehen einander aus dem Weg,
was könnt' ich gewinnen, mischt' ich noch einmal mich ein?
[...]
Reichtum und Ehre sind nicht mein Begehr,
und auf das Reich der Götter kann niemand rechnen.
Ich sehne mich nach einem einsamen Gang an einem schönen Morgen,
stelle bisweilen den Stab beiseite, jäte und hacke.
Ich steig' den östlichen Hügel hinauf und pfeife erleichtert,
mach' Halt an einem klaren Bach und ersinne Gedichte.
So erwarte ich meine endgültige Heimkehr, dem ewigen Wandel gehorchend,
freue mich über den Auftrag des Himmels und habe keine Zweifel mehr.

Autobiographisch gefärbte Dichtung

Der bekenntnishafte Ton dieser Verse und ihre Freude an autobiographischen Mitteilungen sind typisch für Tao Qian und neu in der Poesie Chinas; er gefiel aber nicht allen Zeitgenossen, und sein früher Biograph zählte Tao Qian eher zu den Einsiedlern als zu den Dichtern, während das *Shipin* ihn den Ahnherrn der zurückgezogen Lebenden nannte und sein jüngerer Zeitgenosse Yan Yanzhi (384–456) ihm in einer Eulogie (*Tao zhengshi lei*) posthum just das beschied, was Tao Qian selbst über sich gesagt hatte: »Als Kind fand er keinen Gefallen an Spielen, der Erwachsene bewahrte sich ein schlichtes Herz.« Erst spätere Jahrhunderte begannen Tao Qian zu schätzen, einige der großen Tang-Dichter verehrten ihn, in der Song-Zeit sollte Su Shi eine Serie mit Gedichten verfassen, in denen er alle Reime sämtlicher Gedichte des Tao Qian beibehielt, spätere Dichter folgten Su Shi hierin und bis heute gilt Tao Qians Œuvre von zirka 100 Gedichten als eines der herausragendsten Werke Chinas.

Der Reiz dieser Gedichte liegt neben dem unverkennbar autobiographischen und respektlosen Ton auch in der stilistischen Schlichtheit, die der bewußten Tendenz seiner Zeit zu sprachlichen Ausschmückungen diametral entgegenstand. Freilich darf dieses Stilmittel nicht mit Einfachheit gleichgesetzt werden, auch wäre es falsch, hinter Tao Qians scheinbar leichtfüßigen Versen keine gelehrten Anspielungen auf ältere Literatur suchen zu wollen. Schon die wenigen oben zitierten Zeilen verraten den gebildeten Autor: Nicht nur klingen bei Begriffen wie Ruhe, Genügsamkeit, Zurückgezogenheit, Rückkehr zum Wesentlichen oder der Überzeugung, die höchsten Wahrheiten seien nicht in Worte zu fassen, Motive der daoistischen Literatur an, Tao Qian verstand es auch, subtile Anspielungen auf konfuzianische Werke in seine Gedichte einzubauen. Es paßt hierzu, daß er in mehreren autobiographischen Gedichten und Prosatexten betonte, sich seit seinen jungen Jahren um Bücherwissen bemüht zu haben: »Ich genieße die vertrauten Gespräche mit den Verwandten, / habe Freude an der Laute und an der Kalligraphie, die mir die Sorgen vertreiben«, heißt es in seinem *Gui qu lai ci*; in einem sehr launischen Gedicht klagt er, keiner seiner fünf Söhne sei bildungsbeflissen; auch in seinem Testament an seine Söhne erinnert er an seinen lebenslangen Bildungshunger, und Yan Yanzhis schon angesprochene Eulogie auf Tao Qian weiß: »Im Herzen liebte er seltsame Bücher, seiner Natur nach erfreute er sich der Tugend des Weines.«

In der bildenden Kunst wird Tao Qian gerne als weinselig, wenn nicht als Trinker gezeichnet, und Tao Qian selbst gab Veranlassung dazu – etwa indem er bekannte, sich einst nur deswegen um die Stelle eines Provinzbeamten bemüht zu haben, weil die zum Amt gehörenden Felder groß genug und geeignet waren, Getreide für seinen Wein zu pflanzen. Auch in einem seiner drei *yuefu* zum Titel *Imitationen von Liedern der Sargträger* (*Ni wan ge ci*) spielt der Wein (den man sich als ein Gebräu aus Hirse, Reis oder anderen Getreidearten vorzustellen hat, das wahlweise mit Pfeffer, Chrysanthemen, Granatäpfeln oder ähnlichem gewürzt werden konnte) als Opfergabe, als Symbol der Vergänglichkeit und Aufforderung zum *carpe diem* eine wichtige Rolle, wenn der Dichter den Verstorbenen seufzen läßt, er habe zu Lebzeiten zu wenig Wein gehabt, nun aber, da er ihn nicht mehr genießen könne, fülle der Wein die Opferschalen. Den vielleicht wichtigsten Grund dafür, daß Tao Qian das Odium des Zechers anhaftet, hat man indes in einem Zyklus von 20 Gedichten des Titels *Beim Wein* (*Yin jiu*) zu sehen, die Tao Qian nach seinem Rückzug ins Landleben verfaßte. Dem Zyklus ist ein Vorwort beigegeben, in dem der Dichter den Anspruch erhebt, die Verse erstens im Trunk, zweitens beim einsamen Trinken, drittens nur zum eigenen Amüsement und zur arglosen Unterhaltung des Lesers und Hörers verfaßt zu haben. In Wahrheit sind die Gedichte keineswegs so arglos, wie der Autor vorgab. Sie sind vielmehr, wie James R. Hightower zeigte, von der Überzeugung getragen, daß die Welt, von der sich Tao Qian abwandte, durch und durch schlecht sei – es sind Verse so starken Protestes, meint Hightower, daß noch der zurückgezogene Dichter es aus Angst vor Repressalien vorzog, sie als Erzeugnisse des Rausches auszugeben. Einige der zwanzig Gedichte sind sehr populär geworden; so das folgende, dessen Berühmtheit Günther Debon sogar Goethes *Wandrers Nachtlied* verglich:

Tao Yuanmings Zyklus Beim Wein (Yin jiu)

Den Menschen nah schlug ich die Hütte auf;
Und doch dröhnt hier kein Wagen, lärmt kein Pferd.
Und wenn du fragst, woher das kommen mag:
Mein Herz macht auch die Wohnstatt abgekehrt.

Ich pflücke still am Ostzaun Chrysanthemen,
Seh nach dem Südberg am entlegenen Ort.

Des Berges Hauch so schön im Abendlicht;
In Scharen ziehn die Vögel heimwärts fort.

Und in dem allen liegt ein tiefer Sinn,
Ich will ihn sagen – und vergaß das Wort.

Dichtung der Qi (479–502), der Liang (502–557) und der Chen (557–589) – Salonliteratur und Palaststildichtung

Rasche Dynastiewechsel

Schon wenige Jahrzehnte nach Gründung der (Liu)-Song-Dynastie wurde das Herrscherhaus Liu durch so starke interne Kämpfe belastet, daß sogar Kaiser Wen nach langjähriger Herrschaft (424–453) durch die Hand seines Sohnes starb. Seitdem war die Dynastie zunehmend unfähig, das Reich zu kontrollieren sowie die Ansprüche der kaiserlichen Familie und die Forderungen anderer mächtiger Familien, die sich bis zu Aufständen steigerten, in Schach zu halten. Die beiden letzten Song-Herrscher waren schließlich bloße Marionetten in der Hand eines Generals, der zuletzt seine eigene Herrschaft begründete: die Qi-Dynastie (479–502). Dieser Handstreich konnte die strukturellen Probleme, also vorwiegend die Kämpfe innerhalb und zwischen den großen adligen Familien, allenfalls kurzzeitig überdecken, nicht grundsätzlich lösen. Die Qi-Dynastie währte denn auch noch nicht einmal ein viertel Jahrhundert, als schon ein Vetter des Kaisers eine neue Herrschaft ausrief, die Liang-Dynastie (502–557). Und schon ein weiteres halbes Jahrhundert später zeigte sich auch das neue Haus im Druck von nordchinesischen Dynastien, in Bürgerkriegen und Militärrebellionen entkräftet und mußte seinerseits der Chen-Dynastie (557–589) weichen, die von einem ehemals für die Liang tätigen Heerführer etabliert wurde. Das Ende der Liang-Dynastie wurde bereits zeitgenössisch als das Ende der höfischen Kultur des Südens empfunden, und dieses Empfinden hat im besonderen in dem unten noch näher vorzustellenden *Ai Jiangnan fu* des Yu Xin (513–581) Ausdruck gefunden.

Literarische Salons

Das hervorstechendste Charakteristikum des kulturellen Lebens im 5. und 6. Jh. liegt darin, daß sich das literarische Geschehen vorwiegend in Salons konzentrierte, die meist unter dem Patronat von Angehörigen der kaiserlichen Familie standen. Hinsichtlich ihrer Mitgliedschaft muß relative Großzügigkeit geherrscht haben, allem Anschein nach war es einem Literaten möglich, in mehreren Salons zu verkehren. Zu den wichtigsten Begegnungsstätten gehörten der Salon des Xiao Tong (501–531), wo die Anthologie *Wenxuan* entstand und wo auch der Autor des *Wenxin diaolong* verkehrte; ferner der Salon des Xiao Yi (508–554), der später für drei Jahre (552–554) den Thron der Dynastie Liang bestieg und in dessen Umfeld die Sammlung *Jin lou zi* zustande kam. Ein dritter wichtiger Zirkel war der Salon des Xiao Gang (503–551), der später ebenfalls für kurze Zeit Kaiser der Dynastie Liang wurde (Jianwen, reg. 549–551), selbst ein Dichter von hohem Rang war und aufs engste mit dem Phänomen Palaststildichtung verbunden ist. Ein vierter Zirkel war der in der sogenannten Westlichen Villa nordwestlich von Jiankang beheimatete Salon des Xiao Ziliang (460–494), Prinz von Jingling, dessen namhaftesten Mitglieder – darunter Shen Yue (441–513) und der in der Geschichte des »Kettengedichts« prominente Xie Tiao (464–499) – als die Acht Freunde von Jingling (*Jingling ba you*) bekannt sind, wo in Wirklichkeit jedoch 70 bis 100 Personen verkehrten, die mehrheitlich typische Vertreter des niederen Adels waren, zu denen aber auch wenigstens 25 buddhistische Mönche gehörten –

passend dazu, daß der Herr des Salons das Ideal des adligen Laienbuddhisten verkörperte und die Selbstvervollkommnung mit karitativem Engagement zu verbinden versuchte (Th. Jansen).

Es wäre aber falsch anzunehmen, daß alle Literaten des späten 5. und des 6. Jh.s durch die Salons in ein Netzwerk persönlicher Beziehungen eingebunden sein mußten, um überhaupt reüssieren zu können. Das beweist aufs beste der schon erwähnte Jiang Yan (444–505), der bewußt den Klüngeln fernblieb und bei seinen Zeitgenossen nur wenig Widerhall fand. Mit Jiang Yan kam die Kunst des Nachahmens älterer Dichter auf einen Höhepunkt. Wie schon andere vor ihm übte er sich vorwiegend an Ruan Ji, auf dessen *Yong huai* er allein 15 nachahmende Gedichte schrieb; noch deutlicher zeigte sich seine Virtuosität, als er die großen *shi*-Dichter mit je einem Gedicht imitierte – angefangen vom anonymen Autor der *Neunzehn Alten Gedichte*, vom Han-General Li Ling und der Ban Jieyu über die namhaften Poeten der Jian'an-Epoche bis zu nahezu zeitgenössischen Dichtern. Dabei bemühte sich Jiang Yan nicht nur, den Stil seiner Vorbilder nachzuahmen, sondern imitierte sie auch in ihren Themen. So geriet seine Nachdichtung der Ban Jieyu, die ja selbst ein Gedicht über einen Fächer geschrieben hatte, zu einem Gedicht über einen Fächer; auch bei Xi Kang, Pan Yue, Tao Qian, Xie Lingyun und den anderen Nachgeahmten standen bekannte Themen und genau identifizierbare Gedichte der Imitierten Pate. Angesichts dieser engen Verhältnisse zwischen Vorlage und Imitation wundert es nicht, daß man sogar so weit ging, Nachahmungen des Jiang Yan als Ersatz für die nur ganz spärlich überlieferten Gedichte eines Sun Chuo und eines Xu Xun zu nehmen.

Nachahmungsdichtung des Jiang Yan

Mit Shen Yue trat ein Dichter auf den Plan, der sich bewußt einer der grundsätzlichen Fragen der Verskunst annahm: Wie wichtig ist es, Verse als akustische Gebilde zu konstruieren und zu interpretieren? Shen Yue und seine Anhänger glaubten, ein universelles Prinzip erkannt zu haben: Sie waren überzeugt, daß es noch niemals gute Dichtung gab, die sich nicht durch den Wohlklang ihrer Worte auszeichnete; allerdings waren sie gleichermaßen davon überzeugt, als erste die genauen Regeln dieses Prinzips erkannt zu haben. Die Theorie des Shen Yue beruht auf der Erkenntnis, die im Zusammenhang mit Übersetzungen ins Chinesische in das Bewußtsein gekommen war, daß jedes chinesische Wort einem der vier Konturtöne *ping* (eben), *shang* (steigend), *qu* (fallend) und *ru* (eingehend) zuzuordnen ist. Ferner unterschieden bereits Shen Yue und seine Anhänger diese vier Töne nach ihrer Höhe und Länge in zwei Gruppen, die später als *ping* »eben« (das bedeutet höher und länger) und *ze* »schief« (das bedeutet tiefer und kürzer) bezeichnet werden sollten. Shen Yue, der unter anderem für die offizielle historische Darstellung der untergegangenen Liu-Song-Dynastie verantwortlich war und das dafür maßgebliche Werk *Song shu* (Buch der Song; Geschichte der Song) zeichnete, nutzte seine herausgehobene Stellung als Historiograph, um im Nachwort zu seiner Lebensbeschreibung des Xie Lingyun (*Xie Lingyun zhuan lun*) seine poetologischen Überzeugungen auszusprechen. Das *Xie Lingyun zhuan lun* geriet so zu einem wichtigen literaturkritischen Beitrag, der nach einer äußerst verknappten Geschichte der Poesie Chinas mit einer provozierenden Behauptung aufwartet: Ebenso wie in der Musik eine Harmonie nur dann entstehen könne, wenn Ausgewogenheit zwischen den Instrumenten und den Tönen herrsche, sei auch Harmonie in Versen nur erreichbar, wenn man euphonische Regeln befolge und die Tongruppen »eben« und »schief« in einem ausgeglichenen Verhältnis halte.

Verse als akustische Gebilde

Die Beobachtungen des Shen Yue, dessen *Nachwort zur Biographie des Xie Lingyun* heftig diskutiert wurde, müssen in anderen Texten noch detaillierter formuliert gewesen sein. Denn Shen Yue gilt als Autor einer Liste mit sogenannten Acht Krankheiten (*ba bing*), einem Katalog mit Regeln für die Verteilung von Worttönen innerhalb eines Gedichts, für seine Reime und Alliterationen. Leider ist das Regelwerk nur indirekt überliefert, die früheste Quelle mit detaillierten Angaben über die Acht Krankheiten ist das *Bunkyô hifuron* des japanischen Mönchs Kûkai, der zwischen 804 und 806 China besuchte und etliche chinesische Werke nach Japan brachte. Wenngleich die Acht Krankheiten in Details umstritten sind, lassen sie sich doch im wesentlichen beschreiben:

Acht Krankheiten der Dichtung (ba bing)

1. *Ping tou*, »Ebenes Haupt«: In einem pentasyllabischen Verspaar haben die Wörter auf Position 1 und 6 oder 2 und 7 den gleichen Ton.
2. *Shang wei*, »Steigender Schweif«: Die Wörter auf den Positionen 5 und 10 eines Doppelverses haben den gleichen Ton.
3. *Feng yao*, »Wespentaille«: In einem pentasyllabischen Vers sind die Wörter auf den Positionen 2 und 5 im gleichen Ton.
4. *He xi*, »Kranichknie«: In einem vierzeiligen pentasyllabischen Kurzgedicht sind die Wörter 5 und 15 im gleichen Ton.
5. *Da yun*, »Großer Reim«: Innerhalb eines pentasyllabischen Verspaars reimt ein Wort mit dem Hauptreim, reimt also eines der neun dem Reimwort vorangehenden Wörter auf dieses.
6. *Xiao yun*, »Kleiner Reim«: Innerhalb eines Verspaars reimt ein Wort mit einem anderen Wort.
7. *Pang niu*, »Seitlicher Knoten«: Zwei Homophone mit unterschiedlichem Ton innerhalb eines Doppelverses.
8. *Zheng niu*, »Aufrechter Knoten«: Innerhalb eines Verspaars werden Wörter mit dem gleichen An- und Auslaut aber verschiedenem Ton wiederholt.

Mit den von Shen Yue und seinen Anhängern explizit gemachten und insofern als bewußte Neuerung empfundenen Bestimmungen beginnt der Weg in das Regelgedicht (*lüshi*), das dann in der Tang-Zeit zu einem Höhepunkt kommen sollte, und bereits zeitgenössisch zeigte sich ein gewisser Einfluß der formal-ästhetischen Bestimmungen des Shen Yue. Andererseits wurden sogar in den Gedichten des Shen Yue Beispiele für »Krankheiten« nachgewiesen, konnte gezeigt werden, daß Shen Yue selbst nicht immer befolgte, was er anderen empfahl.

Zu den bedeutenden literarischen Stätten des 5. und 6. Jh.s gehörte, wie erwähnt, der Salon des Xiao Gang, der zwar als Kaiser der Liang-Dynastie den Niedergang seines Hauses nicht verhindern konnte und selbst durch die Hände von Rebellen starb, der aber mit zirka 300 Gedichten ein sehr umfangreiches literarisches Werk hinterließ. Kaum daß Xiao Gang im Jahre 531 zum Kronprinzen ernannt worden war, wurde sein Palast zum Zentrum literarischer Aktivitäten, und schon bald muß die dort favorisierte Literatur mit der Bezeichnung *gongti shi* »Palaststildichtung« belegt worden sein. Diese Bezeichnung kann sich sowohl auf den Ort der Entstehung der entsprechenden Gedichte als auch auf ihre Themen beziehen. Denn es war vorzugsweise das müßige und leicht dekadente Palastleben, das im Zentrum des Interesses der Palaststildichter stand; ihre bevorzugten Themen waren Frauen und Liebe, Hofdamen, Kurtisanen, Tänzerinnen, verlassene Schönheiten – wie sie sich die Phantasie müßig gehender Männer ausmalt. Schon früh wurde die Palaststildichtung, die im übrigen oft nach den beiden

Palaststildichtung (gongti shi)

herausragenden Vertretern Xu Ling und Yu Xin auch Xu-Yu-Stil genannt wird, als dekadent kritisiert: seicht und wirr, trügerisch-bunt, frivol und gewagt, melancholisch-sehnsüchtig, lauteten die Urteile, gestrenge Sittenwächter wollten sie gar als Vorboten des Niedergangs der Liang-Dynastie betrachten und sprachen ihr das Prädikat »Musik eines untergehenden Staates« zu. Die Nachwelt hallt wider von diesen Urteilen: Die über viele Jahrzehnte einflußreichste deutschsprachige Literaturgeschichte Chinas spricht vom Hedonismus der Palaststildichtung, von ihrer schwülen Atmosphäre und nennt ihre Epoche eine Zeit, die sich »jegliche Freiheit gestattete, dem Wein und den Weibern sich ergab, um von einem Tag in den anderen in Genüssen zu schwelgen« (Nagasawa / Feifel). Ein Kritiker aus der Volksrepublik China urteilte bündiger: »Eine poetische Schande!«

Urteile über die Palaststildichtung

Glücklicherweise kam es trotz dieser harten Urteile nicht dazu, daß die Erzeugnisse der Palaststildichtung den Kulturwächtern zum Opfer fielen und lediglich der Begriff als Chiffre für dekadentes Geschmiere eine Fußnote in der Literaturgeschichte bildet. Dies ist Xiao Gang zu verdanken, der eine Sammlung mit Gedichten in Auftrag gab, die im Umkreis seines Salons entstanden oder dort geschätzt wurden. Das Ergebnis dieser Sammlung, die Xu Ling (507–583) unternahm, ist die um 545 geschlossene Anthologie *Yutai xinyong* (Neue Gesänge von der Jadeterrasse): Sie enthält 656 Gedichte aus der Zeit ab dem 2. Jh. n.Chr., vorwiegend aus dem 5. und 6. Jh.; die am häufigsten vertretenen Autoren sind der Auftraggeber Xiao Gang selbst, dessen Vater Xiao Yan (464–549) sowie Shen Yue; formal überwiegen pentasyllabische Gedichte, auch sind etliche *yuefu* enthalten; inhaltlich ist die Sammlung auf Liebesdichtung konzentriert.

Die Anthologie Yutai xinyong (Neue Gesänge von der Jadeterrasse)

Xu Ling war sich bewußt, seiner Sammlung einen sehr eingeschränkten Literaturbegriff zugrunde zu legen, und er thematisiert dies selbstbewußt: In seiner Einleitung bezeichnet er die versammelten Gedichte freimütig als »wollüstige Gesänge«, auch distanziert er sich von der Idee, Literatur müsse einem didaktischen Anspruch gehorchen (womit er von ferne an Tao Qian erinnert, der seine Weintrinkgedichte ja gleichfalls zum bloßen Amüsement verfaßt haben wollte). Aufgeräumt provokant gesteht Xu Ling, die Verse, die er versammelt, wollten nur ein angenehmer Zeitvertreib für die gebildete, müßig gehende Dame, die Palastdame zumal, sein: »Möge mein Buch stets von schlanken Händen geöffnet werden«, wünscht er sich. Was aber konnten die Schönen erfahren, wenn ihre schlanken Hände die Sammlung öffneten? Nun, sie lernten, daß die Liebe verzehren will, mußten aber vielleicht schließen, daß nur Frauen dafür anfällig sind, weil ja der liebende Mann beinahe nie thematisiert wurde. Sie lernten, daß die Mädchen zwischen fünfzehn und zwanzig am begehrenswertesten sind. Sie mußten zur Kenntnis nehmen, daß eine Schöne nur bewundert wird, wenn sie aufgeputzt daherkommt, und die Dichter weit mehr Phantasie für die Beschreibung der äußeren Zierde einer Dame aufboten als für die Schilderung ihrer Persönlichkeit, wo sie über schlichte Stilisierungen nicht hinausgingen. Die Leserinnen konnten ferner den Eindruck bekommen, Liebe wolle sich nur im kultivierten städtischen Leben heimisch machen, nicht in einfacher rustikaler Umgebung, wo ältere Liebeleien (zumal in den *Oden*) zu Hause waren. Und auch das konnten sie sehen: daß die Dichter es nicht schicklich fanden, physische Begegnungen der Liebenden zu beschreiben, und intime Beziehungen allenfalls stereotyp andeuteten – und manche Schöne mag sich darüber gewundert haben.

Literaturbegriff des Yutai xinyong

Die mehrfach beklagte schwüle Atmosphäre und der Hedonismus sind gut in vier kurzen Werken des Shen Yue zu greifen, die unter dem Titel *Yi shi* (Erinnerungsgedichte) eine graziöse Schöne beschreiben; es genüge, zwei von ihnen anzuführen, in Übersetzung von G. Debon:

> Ich denke daran, wie sie kam:
> Zierlich stieg sie die Stufen zum Schloßhof hinan,
> Voll Sehnsucht, daß die Getrennten aufs neue sich fänden,
> Ungeduldig, zu sagen, daß sie mich liebe.
> Und wir blickten uns an und fanden kein Ende,
> Schauten uns an und haben des Hungers vergessen.
>
> Ich denke daran, wie sie aß:
> Neigte dem Teller sich zu mit artiger Miene,
> Wollte sich setzen und schreckte wieder zurück,
> Wollte schon essen und schämte sich dessen zugleich;
> Hielt im Munde die Speisen, als wär sie nicht hungrig,
> Hob mit den Händen die Schüssel, als fehlte die Kraft.

Es wurde bereits ewähnt, daß der Begriff Xu-Yu-Stil oft gleichbedeutend mit Palaststil gebraucht wird und einer der beiden Namensgeber dieses Begriffs Yu Xin ist. Doch es wäre ganz falsch, von dem eben zitierten Beispiel des Shen Yuẹ für ein Gedicht im Palaststil bereits auf alle Werke des bedeutenden Dichters Yu Xin schließen zu wollen, dessen Œuvre umfangreicher als das jedes anderen Literaten vor der Tang-Zeit ist und der viele Genres beherrschte. Im Gegenteil sind gerade die heute noch am meisten geschätzten Werke Yu Xins keine Liebesgedichte, sondern Werke, die von den politischen Ereignissen der Zeit und dem persönlichen Erleben des Autors geprägt sind. Das ist besonders deutlich in Yu Xins großer Altersschrift *Ai Jiangnan fu* (Klage um Jiangnan). In diesem mit nahezu 600 Zeilen sehr langen *fu* gibt Yu Xin aus der Rückschau von 20 Jahren seine persönliche Version des Untergangs der Dynastie Liang, die er mit autobiographischen Notizen vermischt. Yu Xin führt die Schuld am Untergang der Liang vorwiegend auf deren Herrscher sowie Streitigkeiten zwischen den Prinzen des Herrscherhauses zurück: Kaiser Wu (reg. 502–549) hing zu sehr an seinen gelehrten und buddhistischen Interessen und vernachlässigte Vorbereitungen zur Verteidigung seines Landes; sein Nachfolger hatte zu großes Interesse am Daoismus, dessen Nachfolger versagte in Kriegen gegen Feinde aus dem Norden, tötete seinen eigenen Bruder und andere Verwandte, u.s.w. Gleichzeitig bezichtigt sich Yu Xin im *Ai Jiangnan fu* selbst einer Mitschuld am Untergang seiner Dynastie, den er als traumatisches Erlebnis empfunden haben muß. Denn als er (im Jahre 554) auf diplomatische Mission nach Chang'an geschickt wurde, um die Westliche Wei-Dynastie von einem Angriff auf das geschwächte Liang abzuhalten, da scheiterte er, wurde sogar als Geisel in Chang'an zurückgehalten, während die Wei-Dynastie den Staat Liang bekriegte, Tote hinterließ, sein Kulturleben zerstörte und viele Gefangene verschleppte; ja er sah sich zuletzt sogar gezwungen, in den Dienst der Feinde seiner Heimat Liang zu treten.

Yu Xins Klage um Jiangnan (Ai Jiangnan fu)

Weitere Werke Yu Xins

Der Verlust der Heimat und der erzwungene Aufenthalt im Norden, der auch dadurch nicht kompensiert wurde, daß Yu Xin im Exil zu einem hoch geachteten Beamten avancierte, prägten auch die bekanntesten Gedichte des Yu Xin, einen Zyklus von 27 Werken unter dem Titel *Ni Yonghuai*, die in Nachahmung der *Yonghuai* des Ruan Ji verfaßt wurden. Wie ihr Titel schon andeutet, sind diese Gedichte »in Sorge« geschrieben, aber wie im Falle der Vorbilder des Ruan Ji gelten die Sorgen öffentlichen Angelegenheiten, nicht privatem Erleben. Sie sind von Verzweiflung über den Untergang seines Staates Liang durchzogen. Die allermeisten Gedichte sind von Anspielungen auf Personen oder Ereignisse der Vergangenheit dominiert, was ihre Lektüre heute sehr erschwert. Zu den wenigen Ausnahmen gehört dieses unmittelbar verständliche Gedicht:

> Aufrechte Männer werden stets aufrecht sein,
> der gute Mensch bleibt gut bis an sein Ende.
> Wenn aber der Große Weg mit einem Mal verlassen wird,
> werden wir alle in unserem Tun blockiert.
> Wer kann sich seiner Gefühle entledigen?
> Wie schwer sind alte Sorgen zu vergessen.
> [...]
> Alle Hoffnungen eines [meines] Lebens
> sind mit dem Sturm eines einzigen Tages verweht.

Die Anthologie Wenxuan (Ausgewählte schöne Literatur)

Die oben vorgestellte Anthologie *Yutai xinyong* repräsentiert, wie gesagt, die Dichtung, die im späten 4. Jh. und in der ersten Hälfte des 5. Jh.s *en vogue* war und von ihren Liebhabern selbst als *neu* bezeichnet wurde. Allerdings war der Zusammenstellung der *Neuen Gesänge* nur einige Jahre zuvor, zwischen 526 und 531, die schon häufig genannte Anthologie *Wenxuan* vorausgegangen, die den viel weiter reichenden Anspruch hatte, eine Chrestomathie aller schönen Literatur der zurückliegenden 600 Jahre zu sein. Der Anspruch ging in Erfüllung, kaum eine literarische Sammlung der Weltliteratur dürfte so einflußreich geworden sein wie dieses Werk, dessen Titel *Ausgewählte schöne Literatur* nur als Untertreibung betrachtet werden kann, weil das *Wenxuan* in Wirklichkeit nach den Worten seines großen Übersetzers Erwin von Zach (1872–1942) *die chinesische Anthologie* schlechthin ist und zum Vademecum jedes Gebildeten wurde. Die Zusammenstellung der Anthologie konnte sich nur an wenigen Vorbildern orientieren, die heute bis auf seltene Reste alle verloren sind, vor allem an der schon erwähnten Arbeit des Zhi Yu; sie erfolgte unter der Leitung des Xiao Tong, also des älteren Bruders jenes Mannes, der später das *Yutai xinyong* in Auftrag gab. Seine 761 Titel von 130 Autoren sind auf 37 Genres verteilt, doch sind die einzelnen Gattungen nicht gleichermaßen vertreten. Vielmehr scheinen Xiao Tong und seine Mitarbeiter darauf geachtet zu haben, die Gattungen entsprechend ihrer Wichtigkeit zu repräsentieren. So liegt der Schwerpunkt der Anthologie auf gereimter Literatur, im besonderen auf *fu* und auf *shi*, und während die insgesamt 56 anthologisierten Prosagedichte allein die ersten 19 der 60 Kapitel des *Wenxuan* füllen, ein weiteres Dutzend Kapitel für die mehr als 400 *shi* benötigt wird, sind nur sieben weitere Gattungen mit mehr als zehn Beispielen vertreten, ebenfalls sieben gar nur mit jeweils einem Beispiel vorgestellt, zwölf weitere mit zwei oder drei Exempla. Ein Vorwort des Kompilators verrät einige Leitgedanken der Anthologie und macht Aussagen darüber, was seines Erachtens überhaupt als Literatur gelten dürfe: Ein wichtiger Grundsatz der Anthologie war es demnach, Texte nicht zu exzerpieren und aus dem Zusammenhang zu reißen, ebenso wichtig war es, die Grenzen des Handhabbaren und Überschaubaren einzuhalten. Xiao Tong erklärt des weiteren, daß und weshalb er einige Gattungen bewußt ausgeschieden habe: (1) Die konfuzianischen Klassiker wurden nicht aufgenommen, weil sie zu erhaben seien; (2) die herausragenden philosophischen Werke *Zhuangzi*, *Laozi*, *Guanzi* und *Mengzi* sind dagegen eher wegen mangelnder literarischer Qualität, die leider nicht näher definiert wird, unberücksichtigt geblieben; (3) ausgeschieden wurden ferner Aufzeichnungen von Reden zu unterschiedlichsten Anlässen; (4) bewußt unberücksichtigt blieb schließlich historiographische Literatur, erklärt Xiao Tong, wenngleich er andererseits doch immerhin

Gattungen und Kriterien des Wenxuan

einige Eulogien aus Geschichtswerken anthologisiert und mit Beispielen für *zhao* (Edikte), *ling* (Befehle) oder *biao* (Memoranden) auch Gattungen offizieller Dokumente repräsentiert, die Quellen der Historiographie bilden. Was aber in Xiao Tongs Anthologie nicht nur fehlt, sondern auch in seinem Vorwort mit keinem Wort erwähnt wird, das sind eben jene leicht schwülstigen, leicht erotischen Gedichte, zu denen sich sein jüngerer Bruder hingezogen fühlte, und wenn man bedenkt, daß nicht ein einziges Gedicht sowohl im »konservativen« *Wenxuan* als auch im »modernen« *Yutai xinyong* enthalten ist, dann scheint es wahrscheinlich, daß die Sammlungen der beiden Brüder bewußt konkurrierende, wenigstens sich gegenseitig ergänzende Unternehmungen darstellten. Es fügt sich aber zu dem eher konservativen Charakter des *Wenxuan*, daß Xiao Tongs Biographen behaupten, er habe dem sinnenfrohen Leben, das für die Gedichte im Palaststil so typisch ist, dem »modernen« Leben, nichts abgewinnen wollen.

Weitere Anthologien

Im übrigen ist zu beachten, daß zeitgleich mit dem *Wenxuan* und dem *Yutai xinyong* noch weitere Anthologien entstanden, die insgesamt als Zeugnisse der kulturellen Bestandsaufnahme und Bewertung zu gelten haben, die Ende des 5. und Anfang des 6. Jh.s stattfand. Hierzu zählen das *Hong ming ji* von Sengyou (445–518), eine Sammlung apologetischer Texte zur Verteidigung des Buddhismus, das *Chu sanzang jiji* (Sammlung von Berichten zu dem übersetzten Tripitaka), ebenfalls von Sengyou, eine Sammlung mit Nonnenbiographien (*Biqiuni zhuan*) von Baochang (6. Jh.), das *Ming seng zhuan* (Biographien berühmter Mönche) desselben Kompilators und das *Gao seng zhuan* (Biographien herausragender Mönche) des Huijiao (497–554).

Ebenso wie das *Yutai xinyong* stillschweigend in der Schuld der Anthologie *Wenxuan* steht, hatten auch Xiao Tong und seine Mitarbeiter rezenten Bemühungen Dank abzustatten. Sie konnten von Erfahrungen Älterer lernen, die vor ihnen literarische Sammlungen zusammengetragen hatten; es scheint auch, daß mit dem um 500 n.Chr., also kurz vor der Anthologie verfaßten *Wenxin diaolong* eines der großen literaturtheoretischen Werke dem *Wenxuan* Pate stand. Liu Xie (etwa 467 – etwa 522), der Autor dieser ersten chinesischen Poetik in Buchlänge, scheint noch ein in einem buddhistischen Kloster lebender Außenseiter gewesen zu sein, als er sein Werk vorlegte, und wenngleich er über sein literaturkritisches Werk Zugang zum Salon des Xiao Tong erhielt, blieb er als Dichter zeitlebens unbedeutend.

Die Poetik
Wenxin diaolong

Das *Wenxin diaolong* ist bis heute ein schwieriges, mitunter bis zur Unverständlichkeit hermetisches Werk geblieben, nicht einmal sein Titel *Die literarische Gesinnung und das Drachenschnitzen* oder *Die literarische Gesinnung und die Kunstfertigkeit* ist zweifelsfrei zu deuten. Das Werk umfaßt 50 Kapitel, die alle eine inhaltsbezogene Überschrift haben und alle mit acht Versen enden, in denen das jeweilige Thema zusammengefaßt wird. Unter inhaltlichen Gesichtspunkten ist es in vier ungleich lange Blöcke zu teilen: Die einleitenden Kapitel legen die theoretischen Grundlagen dar; die darauf folgenden 20 Abschnitte behandeln einzelne literarische Gattungen; etwa ebensoviel Platz benötigt Liu Xie sodann, um zu beschreiben, was einen guten Autor auszeichne, das letzte Kapitel erfüllt die Funktion des Vorworts. Hier macht Liu Xie interessante Aussagen über seine persönlichen Intentionen und die Bedeutung seines Werkes: Seitdem er, der in seinen frühen Jahren doch im buddhistischen Kloster zu Hause gewesen zu sein scheint, dem Buddhismus stets verbunden blieb und sogar sein Leben als Mönch beschließen sollte, im Alter von etwa dreißig Jahren eine nächtliche Vision von Konfuzius gehabt habe, sei es sein Bestreben, dessen Ideen zu propagieren. Da jedoch der beste Weg dorthin, die Kommentierung der klassischen Schriften, bereits durch so große Exegeten wie Ma Rong (79–166) und Zheng Xuan (127–200) vorbildlich begangen worden sei, wolle er mit Literaturkritik einen anderen Pfad einschlagen. Er tut das in der Überzeugung, daß die bisherigen literaturkritischen Werke, die er Revue passieren läßt, allesamt defizitär seien, auch in der Überzeugung, alle Literatur könne letztlich auf Klassiker zurückgeführt werden: »Untersucht man ihre Wurzeln, so geht sämtliche Literatur auf Klassiker und Statuten zurück.« Liu Xie scheint der erste gewesen zu sein, der sich nicht nur zu den Voraussetzungen des Schreibens äußerte, sondern auch über den Prozeß des Lesens nachdachte. Wenn er künstlerische Imagination im Verbund mit reicher Bildung als Voraussetzungen für gute Literatur beschreibt, erinnert er sehr stark an Lu Jis *Wen fu*, doch wenn er sich über das Lesen äußert, ist er anscheinend ohne Vorbild: Ein Autor erfahre zunächst stets seine eigenen Gefühle und versuche, diese in Worte zu fassen; der Leser werde umgekehrt zuerst mit den Worten des Autors konfrontiert und müsse sich auf dieser Grundlage die Emotionen des Autors erarbeiten; der versierte Leser sei imstande, über die Literatur selbst das Wesen längst vergangener Zeiten zu erfassen.

Den bislang vorgestellten literaturkritischen Werken *Wenxin diaolong* (um 500), *Lun wen* (frühes 3. Jh.) und *Wen fu* (spätes 3. Jh.) ist gemeinsam, daß sie in ihren allgemeinen Aussagen zu Literatur keine Trennung zwischen Prosa und Dichtung vornahmen; auch wurden sie alle von Leuten verfaßt, die sich ebenso auf dem Felde des Schreibens wie auf dem der Kritik betätigten. Doch nur wenige Jahre nach dem *Wenxin diaolong*, zwischen 513 und 517, entstand ein literaturkritisches Werk, das sich ganz auf Dichtung, genauer: auf pentasyllabische Dichtung beschränkte und dessen Autor nicht den Anspruch erhob, selbst Poet zu sein. Als Titel dieses beiläufig schon zitierten Werkes wird alternativ *Shipin* (Rangklassen der Dichtung) oder *Shiping* (Kritik der Dichtung) angegeben, sein Autor ist Zhong Hong (auch: Zhong Rong; ca 467–518), sein Umfang beträgt mit zirka 5000 Schriftzeichen nur knapp ein Siebtel des *Wenxin diaolong*. Das ehrgeizige Ziel des Zhong Hong war es, alle ihm für die Geschichte der pentasyllabischen Dichtung relevant geltenden 122 Autoren seit der Han-Zeit bis in seine Gegenwart sowie die anonymen *Neunzehn Alten Gedichte* zu bewerten, indem er jeden einzelnen Autor in einen von drei Rängen einordnete und in etwa einem Drittel der Fälle zusätzlich stilistische Abhängigkeiten zwischen jüngeren und älteren Dichtern aufzeigte. Zur Charakterisierung von Autoren und zur Begründung seiner Urteile griff er mitunter auf Anekdoten zurück, die Typisches veranschaulichen sollten, benutzte also eine Methode, die später in den sogenannten *shihua* (Gespräche über Dichtung) vorherrschend wurde. Außerdem führte er gerne einzelne Zeilen an, die ihm als typisch für einen Dichter galten. Es ist gerade diese Methode des knappen Zitats, die dem Verständnis so erhebliche Schwierigkeiten entgegenstellt, daß sein rezenter Bearbeiter Bernhard Führer fand, das *Shipin* lasse es an wünschenswerter Klarheit fehlen, es sei geprägt von Gewundenheit, modifiziere zentrale literaturtheoretische Begriffe, gefalle sich in bewußter Mehrdeutigkeit und pflege eine hintergründige Diktion.

Die Poetik Shi pin (Rangklassen der Dichtung)

Unabhängig davon legte Zhong Hong sehr hohe Maßstäbe an, so daß er den Rang eins nur in zehn Prozent seiner Gutachten, Rang zwei nur in einem Drittel aller Fälle vergeben konnte, jedoch 72 Mal auf den niedrigsten Rang erkennen mußte. Blickt man darüber hinaus auf die zeitliche

Verteilung der einzelnen Klassen, gewahrt man einen streng konservativen Kritiker: Von den 66 Dichtern der jüngeren Vergangenheit, also den Dynastien Song, Qi und Liang, fand er lediglich Xie Lingyun eines ersten Ranges für würdig, während weit über die Hälfte unter ihnen auf Rang drei verwiesen wurde; umgekehrt erkannte er in den Dynastien Han, Wei und Jin einem Viertel der begutachteten Poeten einen höchsten Rang zu. Zhong Hongs Urteile, vorwiegend seine Hochschätzung der Jian'an-Zeit, wurden später meist übernommen, wenn man auch einige Einschätzungen mit Unverständnis quittierte, allen voran die Einordnung von Tao Qian in den mittleren Rang.

Dem *Shipin* sind drei Vorworte beigegeben. Darin bekennt sich Zhong Hong mit einem Zitat aus dem *Großen Vorwort* (*Da xu*) zu den *Oden* zum hohen Ziel der Dichtung: »Wenn es darum geht, Himmel und Erde zu bewegen und Dämonen und Geister zu rühren, kommt nichts an die Dichtung heran.« Sodann skizziert er die Entstehungsgeschichte der pentasyllabischen Dichtung und rechtfertigt, weshalb diese dem Vier-Wort-Vers überlegen sei; auch erklärt er, sein Werk deswegen verfaßt zu haben, weil seine Zeitgenossen noch keine objektiven Kriterien für die Produktion und die Beurteilung von Poesie haben, und er endet mit einer harten Kritik an den von Shen Yue propagierten formal-ästhetischen Ansprüchen. Statt die Dichtung einem künstlichen Regelwerk wie den Vorschriften der Vier Töne und der Ächtung der Acht Krankheiten zu unterwerfen, sei nach Zhong Hong lediglich darauf zu achten, daß Verse möglichst spontan, ungehemmt und natürlich formuliert werden: »Meiner Ansicht nach sollen literarische Produkte grundsätzlich laut rezitiert werden und dürfen nicht hinken und stocken« (Übers. B. Führer).

Weitere klassifikatorische Traktate

Im übrigen ist zu beachten, daß das *Shipin* in einer Reihe weiterer klassifikatorischer Traktate steht, die Ende des 5., Anfang des 6. Jh.s entstanden – darunter das *Gu hua pin* (Klassifizierung alter Maler) von Xie He (etwa 500–535), das *Shu pin* (Klassifizierung der Kalligraphen) von Yu Jianwu (487–551), das *Gujin shu ping* (Beurteilung der Kalligraphen aus alter und neuer Zeit) von Yuan Ang (461–540) sowie das von Shen Yue und Liu Yun (465–517) gemeinschaftlich verfaßte *Qi pin* (Klassifizierung der Schachspieler).

Dichtung und Dichtungskritik in Nordchina nach der Verlagerung des politischen und kulturellen Zentrums in den Südosten, 317 n.Chr.

Wenngleich im vorstehenden vor allem Südchina im Fokus stand, wenngleich ferner der Begriff Sechzehn Staaten der Fünf Barbaren für das 4. und 5. Jh. das Bild eines gänzlich unkultivierten Nordchina evoziert, wäre es doch ungerechtfertigt, die zu Beginn des 4. Jh.s unternommene Verlegung des politischen und kulturellen Zentrums in den Süden als radikalen Exodus der Kultur aus Nordchina zu interpretieren. Unter den Reichen des Nordens besaß im besonderen die Dynastie Nördliche Wei (386–534 oder 386–556) eine hoch entwickelte Zivilisation, die an die Östliche Wei (534–550) und deren Nachfolgestaat Nördliche Qi (550–577) weitergegeben wurde. Zwar brachten diese Staaten nur sehr wenige Autoren hervor, auch waren diese nicht so brillant wie ihre Kollegen aus dem Süden, doch immerhin konnten sie tadellose Parallelprosa verfassen, und auch diese Kunst war nicht über Nacht zu erlernen, wie es William T. Graham einmal lapidar formulierte. Gleiches kann aber nicht für den Nordwesten, für die

Westliche Wei-Dynastie (535–556) und deren Nachfolgestaaten gesagt werden, wie das anekdotisch überlieferte Urteil des an den Hof der Westlichen Wei geschickten Yu Xin illustriert, wonach die meisten ihrer Literaten sich lediglich darauf verstanden, wie die Esel zu brüllen und wie die Hunde anzuschlagen. Angesichts solchen Hochmuts mag es erstaunen, daß in der Hauptstadt der Westlichen Wei, also in Chang'an, nicht nur eine von der Erinnerung an Chang'ans Rolle als Wiege der Zhou-Kultur getragene kulturelle Archaisierung betrieben wurde, sondern sich darüber hinaus eine gewisse Sehnsucht nach der zeitgenössischen Kultur des Südens im allgemeinen, dem Schaffen Yu Xins im besonderen nachweisen läßt. Auch Yu Xin selbst, der große Literat aus dem Süden, den die politischen Wirren in den Norden verschlugen, ließ sich auf seine neuen Herren ein und fand sich sogar bereit, an der Komposition der Staatshymnen für die Nördliche Zhou-Dynastie mitzuwirken. Die Kultur dieser Dynastie ist stark von einer Förderung des Konfuzianismus geprägt, während der Buddhismus und der Daoismus unterdrückt und im Jahre 574 ihre Schriften und Ikonen verbrannt, ihre Priester und Mönche laisiert wurden.

Prosaliteratur ab der Östlichen Han bis zur Reichseinigung unter den Sui

Mirabilien – von ungewöhnlichen Ereignissen und ungewöhnlichen Personen. Die zhiguai *und* zhiren *der Sechs Dynastien*

Die verbreitete These, daß sich die Literatur Chinas während der Zeit der Sechs Dynastien sowohl aus ihrem religiösen Kontext löste, in dem sie in ihren Anfängen gebunden war, als auch darüber hinaus ihre soziale Verpflichtung aufgab, der sie sich während der Han-Zeit fügte, kann vor allem auf die Prosaliteratur verweisen, die zwischen dem Ende der Han und der erneuten Einigung des Reiches unter den Sui verfaßt wurde. Die typische Prosaliteratur dieser dreieinhalb Jahrhunderte wird mit dem Begriff *zhiguai* (etwa »Beschreibungen von Mirabilien«) bezeichnet, der bereits in Titeln zeitgenössischer Werke vorkam, doch erst in der Ming-Zeit, also mit erheblichem zeitlichen Abstand, ein Gattungsbegriff wurde. Unter formalen Gesichtspunkten folgen die *zhiguai*, die mit dem gelegentlich gebrauchten Begriff *zhiguai xiaoshuo* (etwa »Erzählungen über Beschreibungen von Mirabilien«) gleichzusetzen sind, keinen strengen Vorgaben, auch inhaltlich besteht eine relativ große Breite: *zhiguai* (*xiaoshuo*) sind kurze Notizen oder auch ausführlichere Berichte über phantastische Personen, Orte oder Ereignisse, sie reichen von einzeiligen Kommentaren bis zu fein strukturierten Geschichten mit ausschmückenden Beschreibungen, Liebesgeschichten und der Präsenz eines Autors. Bei dieser Vagheit und Breite des Begriffs und angesichts seiner erst späten Prägung wundert es nicht, wenn Bibliographen und Literaturhistoriker mit der Bestimmung vorgefundener Prosaliteratur als *zhiguai* Schwierigkeiten hatten und ein moderner Bearbeiter die Beobachtung machte, daß die Bibliographen nicht eindeutig kategorisierbarer Literatur gerne das Etikett *zhiguai* anhängten (Kenneth J. deWoskin).

Der unscharfe Begriff zhiguai

Die unklare Begriffsbestimmung ist eine der Ursachen dafür, daß in unterschiedlichen Werken divergierende Angaben über die Anzahl von *zhi-*

guai-Sammlungen gemacht werden. Zwei frühen Bibliographien zufolge sind nicht weniger als 27 Werke als jinzeitlich verfaßte *zhiguai* zu betrachten; ein moderner Autor (Robert Ford Campany) zählt sogar 64 wenigstens teilweise überlieferte und 17 dem Titel nach noch faßbare Texte aus der Zeit vor Gründung der Dynastie Tang als Texte über Mirabilien auf, wobei er freilich mit einem sehr breiten Begriff arbeitet. Unbesehen strittiger Fälle werden doch eine Reihe Texte übereinstimmend als *zhiguai* bezeichnet, darunter auch die im folgenden vorzustellenden Werke *Sou shen ji* und *Lie yi zhuan*, *Bowu zhi* und *Shenxian zhuan*.

Sou shen ji (Aufzeichnungen über das Aufspüren von Geistern)

Das um 340 zusammengestellte *Sou shen ji* (Aufzeichnungen über das Aufspüren von Geistern) gilt als bedeutendstes *zhiguai* überhaupt. Sein Autor Gan Bao (etwa 285 – etwa 360) war Historiograph am Hof der Östlichen Jin und hat außerdem diverse Kommentare zu einigen klassischen Werken und nicht näher spezifizierbaren anderen Schriften verfaßt. Das *Sou shen ji* erzählt ungefähr 450 in sich abgeschlossene, voneinander unabhängige Episoden um die Welt der Geister im weitesten Sinn; die sehr konzisen einzelnen Geschichten füllen in Übersetzung durchschnittlich kaum mehr als eine halbe Druckseite. Das *Sou shen ji* ist insgesamt gut überliefert, wenn auch spätere Autoren einzelne Hinzufügungen gemacht haben mögen; literaturgeschichtlich interessant ist, daß einige seiner Erzählungen und Charaktere in der späteren Erzählliteratur und auch im Drama weiterleben.

Motive zur Abfassung des Sou shen ji *und das inhaltliche Spektrum des Werkes*

Ausweislich einer frühen Lebensbeschreibung wurde Gan Baos Interesse an zeitgenössischen und älteren übernatürlichen Begebenheiten durch zwei persönliche Erlebnisse geweckt: Einmal sei Gan Bao Zeuge dafür geworden, daß die Lieblingskonkubine seines Vaters zehn Jahre lang begraben war und bei der Öffnung ihres Sarges wieder zu Leben kam; ein anderes Mal sei der ältere Bruder des Gan Bao aus einem tagelangen Koma erwacht und habe von Erlebnissen mit Geistern während der Zeit seines Scheintods berichtet. Das deutet darauf hin, daß Gan Bao von der Historizität seiner Berichte überzeugt war, und tatsächlich erklärt er explizit, das *Sou shen ji* solle die Existenz von Geistern dokumentieren. Es wäre allerdings falsch, daraus zu schließen, Gan Baos Zeit sei im allgemeinen eine geistergläubige Zeit gewesen. Viel eher kann sie als eine Epoche charakterisiert werden, in der einer Gruppe von geistergläubigen Menschen eine Gruppe Skeptiker gegenüberstand, und es scheint, daß zwischen beiden mitunter recht spitzfindige Debatten geführt wurden. Immerhin konnte Gan Bao den gegen ihn erhobenen Vorwurf, keine verifizierbaren Ereignisse zu schildern, mit dem Hinweis darauf parieren, auch die Mitteilungen von Historiographen seien nicht in allem verifizierbar und es gebe oft unterschiedliche Versionen historischer Ereignisse; noch raffinierter zeigte sich Gan Baos Zeitgenosse Ge Hong (283–343) mit dem Argument, die Geister würden sich gerade deswegen den Menschen so selten offenbaren, weil deren Skeptizismus sie beleidige; in Wirklichkeit wüßten die Menschen nicht einmal ein Tausendstel dessen, was im Reich der Göttlichen und Unsterblichen vor sich gehe.

Zu den wirkungsmächtigsten Episoden des *Sou shen ji* gehört *Donghai xiao qi* (Die pietätvolle Gattin aus Donghai), die Jahrhunderte später Guan Hanqings (etwa 1220 – etwa 1300) Drama *Dou E yuan* (Ungerechtigkeit gegenüber Dou E) Pate stand. Die in Übersetzung wenig mehr als eine halbe Seite lange Erzählung berichtet über die Folgen eines hanzeitlichen Justizmordes an einem Mädchen aus Donghai. Über Jahre hinweg hatte das Mädchen seine kranke Schwiegermutter gepflegt, bis diese sich erhängte, weil sie es nicht mehr ertragen konnte, daß sich die junge Frau in der Pflege für sie aufzehrte. Indes erhob die Tochter der Erhängten Anklage mit der Behauptung, das Mädchen habe seine Schwiegermutter getötet. Die junge Frau selbst konnte den Foltern des Verhörs nicht standhalten, bekannte sich schuldig und wurde hingerichtet. Als Zeichen ihrer Unschuld jedoch floß bei ihrer Hinrichtung das Blut nicht nach unten, sondern nach oben, als weiteres Zeichen wurde ihre Heimat von einer dreijährigen Dürre heimgesucht, die erst endete, nachdem der neue Magistrat des Gebietes am Grab der unschuldig Getöteten Opfer darbrachte und somit gleichsam posthume Abbitte für den Justizmord leistete. Eine noch kürzere Erzählung trägt nach ihrer Hauptperson den Titel *Yan Zun*: Auf einer Inspektionsreise trifft der Gouverneur von Yangzhou eine Frau, die sich durch ihr ungewöhnliches Weinen verdächtig macht. Gefragt, was sie weinen lasse, gibt die Frau an, ihren Mann bei einem Feuer verloren zu haben; der mißtrauische Beamte jedoch erfährt durch eine leider nicht näher beschriebene Befragung des Leichnams, daß der Verstorbene keineswegs durch Feuer ums Leben kam, und als eine anschließende Untersuchung des Leichnams Tod durch Erstechen erweist, gesteht die Witwe, ihren Gatten getötet zu haben, weil er ihr bei einer Liebschaft im Wege war. Weitere Episoden sollen nur grob angedeutet werden, um das Spektrum des *Sou shen ji* zu zeigen: Ein Kaiser der Han mißtraut einem Magiekundigen und stellt ihn auf die Probe; ein Magier läßt einen Kaiser der Han dessen verstorbene Geliebte hinter einem Vorhang sehen; ein Pferd verwandelt sich in einen Fuchs; eine Frau gebiert 40 Kinder, von denen eine Hälfte stirbt, die andere Hälfte überlebt; eine Frau verwandelt sich in einen Mann; ein Mann verwandelt sich in eine Frau; eine Henne wird ein Hahn; ein Ochse fängt an zu sprechen; ein Hund wird der menschlichen Sprache mächtig; Kaiser Huan der Han erhebt im Traum schwere Vorwürfe gegen seinen Nachfolger, der darüber so sehr erschrickt, daß er bald darauf stirbt; ein Schüler des Konfuzius verläßt mit seinem Meister die Heimat und wird von Heimweh geplagt, als seine Mutter aus lauter Sehnsucht nach ihm an ihren Nägeln kaut; ein Mann beobachtet drei betrunkene Götter.

Lie yi zhuan (Überlieferungen über einige Seltsamkeiten)

Über das zweite hier vorzustellende Werk der Gattung *zhiguai*, das *Lie yi zhuan* (Überlieferungen über einige Seltsamkeiten) ist leider nicht so viel Zuverlässiges zu sagen wie über das *Sou shen ji*, denn es ist nicht intakt erhalten, sondern lediglich in Zitaten greifbar. Diese reichen immerhin aus, das Werk in die Zeit der Dynastien Wei oder Jin zu datieren; es ist also älter als das *Sou shen ji*. Seine Autorschaft war schon bald umstritten: Während eine frühe Bibliographie den schon vorgestellten Cao Pi (187–226) als Autor eines *Lie yi zhuan* führt, schreibt es ein etwas jüngerer Katalog dem Zhang Hua (232–300) zu. Häufig zitiert wird die folgende amüsante Geschichte aus dem *Lie yi zhuan*, die im übrigen auch in das *Sou shen ji* eingegangen ist: Ein Wanderer begegnet auf seinem Weg in die Stadt einem Geist, dem gegenüber sich der Lebende selbst als ein Geist ausweist; und weil beide den gleichen Weg vor sich haben, kommen das vorgebliche und das wirkliche Gespenst überein, sich zusammenzutun und abwechselnd huckepack zu nehmen, um einander die Beschwerden des Marsches zu mildern. Als das Gespenst, das seinerseits natürlich ganz schwerelos ist, sich über das Gewicht des vorgeblichen Geistes auf seinem Rücken wundert, gibt der Mann aus Nanyang vor, erst vor kurzem zu einem Geist geworden zu sein; eben deshalb, so fügt er listig hinzu, sei er auch mit der Welt der Geister noch nicht ganz vertraut und wisse beispielsweise nicht einmal, wovor sich denn so ein richtiger Geist am meisten fürchte. Nun ja, erwidert der ahnungslose Geist, nichts sei für ein Gespenst schlimmer als angespuckt zu werden. Eben das aber ist das Zeichen für unseren Mann aus Nanyang: Er wirft sich den Geist über die Schulter, hält ihn fest, und als er mit seiner seltenen Last beim Marktplatz ankommt, hat sich der Geist in eine Ziege verwandelt, die unser Mann nur noch bespucken muß, auf daß sie sich nicht wieder zurückverwandeln könne; dann verkauft er die Ziege und kehrt bereichert nach Hause zurück.

Bowu zhi, *ein Kompendium frühmittelalterlichen Wissens*

Der eben erwähnte Staatsmann, Literat und Mäzen Zhang Hua mag zwar nicht für die Kompilation des *Lie yi zhuan* verantwortlich gewesen sein, in jedem Fall aber gilt er als Autor des *Bowu zhi*, des dritten hier vorzustellenden Werkes. Es ist zweifelhaft, wie weit das überlieferte Werk, das häufig auf ältere Literatur zurückgreift und keinerlei interner Gliederung folgen will, mit dem Original übereinstimmt, doch schmälert dies seinen Wert als Kompendium frühmittelalterlichen Wissens (Roger Greatrex) kaum. Sein Spektrum ist äußerst weit, es reicht von Geographie und Topographie über Botanik bis zu lokalen Legenden und Folklore, von Geschichten über Kaiser Wu der Han bis zu Analysen des Giftes, das Eingeborene in Südchina für ihre todbringenden Pfeile benutzten, von Beschreibungen einiger Remedia gegen den Kater nach einem Rausch bis zu einem Abriß der Diskussion über die Todesstrafe; der Autor selbst stellt sein Werk in die Tradition geographischer Aufzeichnungen und erklärt es sich zur Aufgabe, deren fehlerhafte Notizen zu korrigieren. Die inhaltliche Vielfalt und die fehlende Systematik des *Bowu zhi* lassen sich leicht erkennen, wenn man an einem Beispiel sieht, was dieses Werk auf dichtestem Raum von nur zwei, drei Seiten alles ansprechen kann: Es sei möglich, sagt das *Bowu zhi* unter stillschweigendem Rückgriff auf ein älteres Werk, mit *einem* Blick einen männlichen Vogel von einem weiblichen zu unterscheiden: »Wenn [ein Vogel] seinen rechten Flügel über den linken legt, ist es ein Männchen, wenn er seinen linken Flügel über den rechten legt, ist es ein Weibchen.« Darauf unvermittelt diese Notiz: »Wenn ein Mann auf seinem Gürtel schläft, wird er von Schlangen träumen«; dann wartet das *Bowu zhi* mit einem Tip für werdende Mütter auf: Wenn eine Schwangere innerhalb ihrer drei ersten Monate unbeobachtet und ohne einen Mitwisser einzuweihen mit Kleidung und Kopfbedeckung ihres Gatten angetan im frühen Morgenlicht drei Mal einen Brunnen umrunde, werde sie gewiß einen Sohn, kein Mädchen gebären. Im Anschluß hieran gibt das *Bowu zhi* eine ethnographisch interessante Information über einen angeblichen Geburtsritus der in Südchina siedelnden Ethnie Liao, bei dem die Mütter testen, ob die Neugeborenen einem Bad im Fluß standhalten oder dabei sterben; sodann liefert das Kompendium eine knappe Notiz über einen rebellischen König der Han-Dynastie, gefolgt von einer aus einem älteren Werk entnommenen Notiz über einen mit magischen Kräften ausgestatteten Häftling, der sich in seinem Kerker so überzeugend tot stellen konnte, daß schon die Würmer an ihm fraßen, der gleichwohl wieder putzmunter wurde, nachdem man den Verwesenden aus dem Gefängnis geschafft hatte. Schließlich folgt ein kurzer Bericht über einen Mann, der jahrelang in einer tiefen Schlucht überleben konnte, weil er sich am Verhalten der Schlangen und Schildkröten ein Vorbild nahm, und zuletzt wird auch noch eine wundersame Geschichte über eine Prinzessin skizziert: Als am Ende der Han-Dynastie ein Grab aus der frühen Han-Zeit geöffnet wurde, entdeckte man eine Palastdame, die noch am Leben und sogar seit dem Zeitpunkt der Grablegung nicht gealtert war; Kaiserin Guo der Wei-Dynastie nahm sie in ihre Dienste, und es zeigte sich, daß sie über alle Einzelheiten des Palastlebens der Zeit ihrer Grablegung Bescheid wußte!

Man erkennt, daß das *Bowu zhi* seinen Titel *Beschreibungen der vielfältigsten Dinge* zu Recht trägt, auch sieht man, wie weit der Terminus *zhiguai* gefaßt ist und wie weit der Begriff Erzählliteratur (*xiaoshuo*) gespannt werden muß, damit er ein solches Werk noch einschließt. Und schließlich ist das *Bowu zhi* ein ausgezeichneter Beleg dafür, daß der Historiker und Kulturwissenschaftler, der sich auf China einläßt, auch vor vermeintlich lediglich literarischen Quellen nicht haltmachen darf.

Überlieferungen über Göttliche und Unsterbliche – Shenxian zhuan

Geradezu das Gegenstück zu dem thematisch breiten *Bowu zhi* des Zhang Hua bildet das *Shenxian zhuan* seines späten Zeitgenossen Ge Hong, der bereits in der Vorstellung des *Sou shen ji* angesprochen wurde. Schon der Titel *Überlieferungen über Göttliche und Unsterbliche* deutet an, daß sich Ge Hong hier auf Lebensbeschreibungen von daoistischen Unsterblichen konzentrierte, wobei die meisten seiner 84 Biographien älteren Quellen entnommen sind. Ge Hong betrachtete das *Shenxian zhuan* als Ergänzung seines älteren, für die Geschichte des Daoismus bedeutsamen Konvoluts *Bao pu zi* (Der Meister, der die Schlichtheit umfaßt), gleichzeitig setzt das Werk die Tradition der daoistischen Hagiographie fort, die in der Han-Zeit begann und im *Liexian zhuan* (Überlieferungen über einige Unsterbliche) einen ersten Höhepunkt hatte. Allerdings gibt es beträchtliche Unterschiede zwischen dem *Shenxian zhuan* und dem *Liexian zhuan*, das traditionell Liu Xiang (79–8 v.Chr.) zugeschrieben wird, möglicherweise jedoch erst ein-, zweihundert Jahre nach diesem verfaßt wurde. Der augenfälligste Unterschied besteht darin, daß die 70 Hagiographien der älteren Sammlung jeweils ungefähr eine Seite lang sind, während die Lebensbeschreibungen im *Shenxian zhuan* ganz unterschiedlichen Umfang haben und von knappen Notizen über Fähigkeiten bestimmter »Unsterblicher« bis zu mehrseitigen detailfreudigen Beschreibungen reichen, die unter anderem Methoden zur Verlängerung des Lebens, etwa esoterische alchimistische Praktiken und bestimmte Diäten, umfassen. So ist das *Shenxian zhuan* denn auch von größerer stilistischer Abwechslung geprägt als das ältere Werk und kann viel lebendiger und unterhaltsamer erzählen. Die Liste der Unsterblichen läßt sich aber nicht leicht auf einen Nenner bringen, wenn man nur bedenkt, daß sich selbst der Philosoph Mozi unter ihnen befindet und eine Typologie der im *Shenxian zhuan* vorgestellten Unsterblichen die Helden der Sammlung nach beinahe 20 Typen unterscheidet.

Mirabilien und historiographische Literatur

Es wurde bereits erwähnt, daß der Autor des *Sou shen ji* als Historiograph sein Auskommen verdiente und sich recht kritisch über die Zuverlässigkeit historiographischer Literatur im allgemeinen äußerte. Damit berührt Gan Bao die viel diskutierte Frage, in welchem Verhältnis *zhiguai*-Werke und Werke der Geschichtsschreibung zueinander stehen. Nimmt man diese auf, findet man rasch einige Gemeinsamkeiten. Das beginnt schon damit, daß *zhiguai* gerne Titel der Art *Überlieferungen über xy* (*xy zhuan*) wählten und sich also einen Terminus borgten, der im historiographischen Kontext die Bedeutung Biographie, Lebensbeschreibung hat. Es fügt sich dazu, daß Berichte in *zhiguai* typischerweise mit der Nennung des Namens, der Herkunft, der offiziellen Position und besonderer Talente des Vorgestellten beginnen – gerade so, wie das auch Biographien von Historiographen in China seit alters tun. Bemerkenswert ist ferner, daß die chinesischen Bibliographen und Bibliothekare die *zhiguai* mitunter als historiographische, mitunter als erzählende Literatur (*xiaoshuo*) klassifizierten und des öfteren Berichte über ungewöhnliche Ereignisse oder Menschen als Quellen respektabler Geschichtswerke und Kommentare dienten. Nimmt man zuletzt noch hinzu, daß in frühe offizielle Dynastiegeschichten dutzendfach

Geschichten über das Wirken von guten oder (meist) bösen Geistern eingegangen sind, die man eigentlich in den *zhiguai* erwartet, sieht man, wie fließend die Grenzen zwischen Geschichtsschreibung und Literatur, Historie und Histörchen waren. Besondere Erwähnung verdient in diesem Zusammenhang das *Xi jing zaji* (Vermischte Aufzeichnungen über die Westliche Hauptstadt). Dieses wahrscheinlich um 500 n.Chr. von unbekannter Hand zusammengestellte Werk erhebt sogar explizit den Anspruch, »die Lücken des *Hanshu* zu schließen« – indem es sie sehr phantasiereich, gelegentlich sicher unter Bezugnahme auf ungenannte und verlorene Quellen, ausschmückt. Gegenstände des *Xi jing zaji* sind vorwiegend außergewöhnliche Dinge, Ereignisse und Personen Chang'ans in seiner Zeit als Hauptstadt der Westlichen Han; dabei hat es eine Vorliebe für Pikanterien aus der Privatsphäre der Herrschenden, etwa die Episode, wonach die berüchtigte Gemahlin des Kaisers Cheng der Han (reg. 33–7 v.Chr.) sich mehrmals täglich junge Männer aus dem einfachen Volk als Liebhaber in ihre Gemächer bringen ließ und dennoch kinderlos verstarb.

Bereits aus dem wenigen, das gesagt werden konnte, muß klar geworden sein, daß der Begriff *zhiguai* sehr unscharf ist; und wenn man bedenkt, daß das umfangreichste Bücherverzeichnis zum alten chinesischen Schrifttum das *Sou shen ji* und das *Bowu zhi* verschiedenen Genres zuordnet, zeigt sich, wie verzwickt die Situation in Wirklichkeit ist, die hier vereinfacht dargestellt werden muß. Indes hat der große Literat und einflußreiche Literaturhistoriker Lu Xun (1881–1936) die Sache noch weiter verkompliziert, indem er auf der Grundlage des Begriffs *zhiguai* den verwandten Begriff *zhiren* (»Beschreibungen von Menschen«) geprägt hat: Lu Xun wies darauf hin, daß am Ende der Han-Zeit ein bereits in der Rhetorik der antiken Literatur gelegentlich zu sehendes Phänomen populär wurde, den Charakter eines Menschen mit prägnanten Formulierungen zu definieren oder einzelne Äußerungen eines Menschen als ganzen Ausdruck seiner Persönlichkeit zu betrachten. Lu Xun bestand ferner darauf, die literarischen Werke, die hieraus entstanden und seiner Überzeugung nach vorwiegend dem Amüsement dienten, nicht als *zhiguai* zu kategorisieren, sondern als eigenständige Gattung zu betrachten. Das älteste Werk dieser Gattung ist seines Erachtens das nur noch in wenigen Zitaten greifbare *Yu lin* (Wald der Worte) aus der Mitte des 4. Jh.s, das Bonmots aus der Zeit der Han bis in die Gegenwart des Autors versammelte; auch ein weiteres Werk, das nach seinem Kompilator Guo Chengzhi den Titel *Guozi* (Meister Guo) trägt, ist schon früh verloren gegangen und nur noch in Trümmern zu greifen. Das umfangreichste, bekannteste und bedeutendste Werk, das Lu Xun als *zhiren* klassifizierte, ist indes das beiläufig schon erwähnte *Shi shuo xin yu*: Es bietet mehr als tausend kurze Anekdoten über mehr als sechshundert Personen aus der Zeit von der Späteren Han bis in die Östliche Jin; ein zeitgenössischer Kommentator konnte über vierhundert Werke benennen, die seinen Kompilatoren verfügbar gewesen sein dürften. Eine einzige Anekdote mag das Wesen des Werkes verdeutlichen; in ihrem Mittelpunkt steht Kong Rong (153–208), ein ferner Nachfahre des Konfuzius, einer der Sieben Meister der Jian'an-Zeit, der hier bei seinem alternativen Namen Kong Wenju genannt wird:

Mitteilungen über ungewöhnliche Personen

Shi shuo xin yu

> Kong Wenju hatte zwei Söhne, der ältere sechs, der jüngere fünf Jahre alt. Als der Vater einst einen Mittagsschlaf hielt, stahl ihm der jüngere den Wein, den er neben sich abgestellt hatte, und trank davon. Als daraufhin der ältere Sohn fragte: »Warum hast du dich denn nicht verbeugt?« antwortete er: »Seit wann hat man denn bei einem Diebstahl die Riten zu vollziehen?«

Zeitgleich mit dem *Shi shuo xin yu* oder nur wenig später entstanden noch weitere Werke, die Anekdoten und Bonmots der zitierten Sorte festhielten, die aber ganz oder doch zu großen Teilen verloren sind. Dazu zählt ein *Su yu* (Gewöhnliche Worte) genanntes Werk des Dichters Shen Yue, auch ein *Xiao shuo* (Kleine Erzählungen) des Yin Yun (471–529). Zu erwähnen ist ferner das *Xiao lin* (Der Wald des Gelächters) des Handan Chun, die erste chinesische Sammlung von Witzen aus dem Ende der Han- oder der Wei-Zeit, die später zahlreiche Nachfolger finden sollte und daran gemahnt, daß in der chinesischen Literatur die Elemente Witz und Humor grundsätzlich einen breiten Raum einnehmen.

Ältere Mirabilien?

Unter die Schwierigkeiten der Gattung *zhiguai* zählt neben der unklaren Begriffsbestimmung das Problem, daß einige Werke der Mirabilienliteratur den Anspruch erheben, aus der Han-Zeit zu stammen, diesen Anspruch aber nicht halten können und in Wirklichkeit nicht sicher zu datieren sind. Hierzu gehören Werke, in deren Mittelpunkt Kaiser Wu der Han steht und die in verschiedenen Werken unter geringfügig variierenden Titeln geführt werden: Das ursprünglich dem Dongfang Shuo zugeschriebene, tatsächlich um 300 n.Chr. oder vielleicht noch später verfaßte *Shi zhou ji* (Aufzeichnungen über die zehn Refugien) enthält einen fiktiven Dialog zwischen Dongfang Shuo und Kaiser Wu, worin phantastische Pflanzen, Tiere, Elixiere, daoistische Unsterbliche etc. beschrieben werden, die auf jeder der zehn Inseln der Glückseligen im Meer zu finden seien. Das *Han Wudi gushi* oder *Han Wu gushi* (Erzählungen über Kaiser Wu der Han) wurde zuerst ohne Autor geführt, dann wurde es dem Dichter und Historiographen Ban Gu zugeschrieben, ist aber wahrscheinlich ebenfalls erst im 3. Jh. verfaßt worden. Im Zentrum des im daoistischen Kanon enthaltenen *Han Wudi neizhuan* (Private Überlieferungen über Kaiser Wu der Han) steht der Besuch des Kaisers bei der sogenannten Königinmutter des Westens, die dem weltlichen Herrscher einige Offenbarungen zuteil werden läßt, ihm auch Drogen und esoterische Texte aushändigt, während sich der Kaiser dieser Offenbarungen und Geschenke als unwürdig erweist und die erhoffte Unsterblichkeit nicht erlangt; die Zuschreibung dieses Werkes an Ban Gu wurde nie ganz ernst genommen, tatsächlich ist sein Autor unbekannt, es dürfte erst in der späteren Phase der Sechs Dynastien entstanden sein. Auch im *Han Wudi dong ming ji* oder geringfügig anders betitelten Werk steht Kaiser Wu der Han im Mittelpunkt; dieses Werk ist komplett überliefert, seine Autorschaft aber nicht geklärt. Man wird sich angesichts so vieler Werke ungeklärter Autorschaft in der Zukunft mehr um Probleme von Textfälschungen im weitesten Sinne kümmern müssen und dabei sicher davon auszugehen haben, daß es eine Reihe von Gründen geben kann, wenn ein Autor oder Kompilator seinen Namen verschweigt oder umgekehrt Zuschreibungen an ältere Autoren vorgenommen werden.

Während die überlieferte Literatur des 2. und 3. Jh.s n.Chr. beinahe vollständig aus Nordchina stammt, war die Heimat der chinesischen Literatur der folgenden drei Jahrhunderte vorwiegend der Süden, im besonderen das Gebiet des unteren Yangzi. Erst im 6. Jh. tauchten in Nordchina wieder Autoren auf, die bis heute feste Plätze haben. Von diesen sind wenigstens Yang Xuanzhi und Yan Zhitui gesondert zu erwähnen, wenngleich beide nur eingeschränkt als Literaten gelten. Yang Xuanzhi (um 547) ist Autor des *Luoyang qielan ji* (Aufzeichnungen über die Klöster von Luoyang). Anders als der Titel vermuten läßt, ist das Werk nur vordergründig auf Notizen zum religiösen Leben Luoyangs beschränkt, immer wieder verläßt es auf seinem Rundgang durch die Klöster Luoyangs den

Yang Xuanzhi und Yan Zhitui: zwei Autoren aus Nordchina

religiösen Bereich und gerät so zu der ersten ausführlichen Beschreibung einer chinesischen Stadt überhaupt. So nimmt Yang Xuanzhi beispielsweise bei der Beschreibung eines buddhistischen Klosters, das ehedem als Haus eines Prinzen diente, die Gelegenheit wahr, die Lebensgeschichte des Hausherren zu erzählen; bei anderen Beschreibungen werden politische Dokumente zitiert, die in dem jeweils vorgestellten Kloster verfaßt wurden; ein anderes Mal kann Yang Xuanzhi die Umgebung eines Klosters beschreiben und dabei ein Gedicht zitieren, das eine Landschaftsbeschreibung enthält; wieder ein anderes Mal enthält seine Skizze eines Klosters Episoden über einen dort ansässigen Mönch mit prophetischen Begabungen – und bei der Beschreibung des gleichen Klosters ergeht sich der Autor in ein Lob auf die kostbaren Früchte, die in der Nähe des Klosters geerntet wurden und die Vornehmen der Zeit so entzückten, daß sie einen einzigen Granatapfel aus diesem Kloster für kostbarer als einen Ochsen hielten. Der Wert des *Luoyang qielan ji* als kulturgeschichtliche Quelle wird dadurch noch erheblich gesteigert, daß es in seinen Beschreibungen auf die vier Jahrzehnte zwischen 493 und 534 konzentriert ist, in denen Luoyang als Hauptstadt der Nördlichen Wei-Dynastie fungierte und sein Autor als Zeitzeuge berichtet, der den Glanz der eine halbe Million Einwohner zählenden Metropole ebenso wie ihren Niedergang erlebte und durch einen Besuch der zerstörten Stadt im Jahre 547 überhaupt erst zur Abfassung des Werkes angeregt wurde.

Yang Xuanzhi: Aufzeichnungen über die Klöster von Luoyang

Yan Zhitui (531 – nach 590) entstammte einer Familie aus Shandong, die es beim großen Exodus zu Beginn des 4. Jh.s in den Süden trieb und die sich dort durch ihre Gelehrsamkeit hervortat; als junger Mann in die Kämpfe zwischen Süden und Norden geraten, wurde er nach Chang'an verschleppt, konnte an den Hof der Nördlichen Qi fliehen und wurde erneut nach Chang'an verbracht, als die Nördlichen Qi fielen; in seinen letzten Jahren erlebte er den Aufstieg der Sui. Yan Zhituis wichtigstes Werk ist das an die jüngeren Mitglieder seiner Familie gerichtete *Yan shi jia xun* (Familieninstruktionen für den Clan Yan), das unter anderem immer wieder fordert, sich um Bildung zu bemühen und sich nicht auf familiäre Beziehungen zu verlassen und das oft als Repräsentant des Realismus und Moralismus des Nordens im Unterschied zu den ästhetischen Spielereien des Südens gilt. Des weiteren ist Yan Zhitui der Autor eines Werkes, das sich bereits durch seinen Titel *Berichte über Rachegeister* (*Yuan hun zhi*) in die Mirabilienliteratur einreiht: Das in der Tradition des *Sou shen ji* stehende Werk mit einer verzwickten Textgeschichte enthält ausschließlich Geschichten über Geister von Menschen, die unschuldig getötet wurden und deshalb Rache nehmen. Die aus einem sehr langen historischen Zeitraum zusammengetragenen Episoden bieten reiches Material über chinesische Vorstellungen vom Jenseits und vom Zusammenwirken der Lebenden und der Toten. Die Rache der unschuldig Getöteten konnte unvermittelt und direkt eintreten – indem etwa ein Geist auftrat und einen Menschen tötete –, sie konnte aber auch auf eine Weise kommen, die von psychologischem Feingefühl zeugt, etwa in dieser Episode, die Yan Zhitui als Zeitgenosse erlebt haben dürfte: Ein Mann, der für die Tötung eines unschuldigen Knaben und den Tod eines Mannes, der sich vergebens für diesen eingesetzt hatte, verantwortlich war, träumte unentwegt von den beiden Toten, worüber er erkrankte und schließlich verstarb. Viel Tinte wurde über die Frage vergossen, warum Yan Zhitui das *Yuan hun zhi* verfaßt haben mag; im besonderen wurde das Werk als buddhistisch-apologetische Literatur verstanden, vielleicht wollte sein Autor aber auch ein gesellschaftskritisches

Yan Zhitui

Werk verfassen und in einer aus den Fugen geratenen Zeit gegen die Tötung Unschuldiger anschreiben.

»Parallelprosa« pianwen *beziehungsweise »Parallelstilprosa«* piantiwen

Bisher war überwiegend von inhaltlichen Aspekten der *zhiguai* die Rede. Ebenso bedeutend sind jedoch ihre formalen Seiten. Um diese zu demonstrieren, seien zunächst drei Abschnitte aus Gan Baos *Sou shen ji* zitiert, das ja als *zhiguai* par excellence gelten kann:

> Im zweiten Schaltmonat des dritten Jahres [der Regierungsperiode] *yuankang* der Jin (293 n.Chr.) brachen alle sechs vor dem Palast befindlichen Glocken fünf Anschläge lang in Tränen aus. – Im Jahr zuvor hatte die Kaiserin Jia die Erhabene Kaiserin Yang in der Stadt Jinyong getötet und in ihrer Schlechtigkeit keine Reue empfunden. Deshalb brachen die Glocken in Tränen aus, gerade so, als habe man sie selbst verletzt.« »Zur Zeit des Kaisers Hui (reg. 290–306) lebte in der Hauptstadt Luo[yang] ein Mensch, dessen ganzer Körper sowohl männlich als auch weiblich war, der auf beide Weisen Verkehr ausüben konnte und von Natur aus äußerst lüstern war. – Wenn [damals] das ganze Reich durch Kriege aufgewühlt wurde, kam das daher, daß solcherlei unheilvolle Gestalten aufgekommen, weibliche und männliche Essenz durcheinander geraten waren.« »Während [der Regierungsperiode] *yuankang* des Kaisers Hui (291–299) lebte in Anfeng ein Mädchen namens Zhou Shining, das sich im Alter von acht Jahren allmählich in einen Knaben verwandelte. Mit siebzehn, achtzehn Jahren war er ganz ausgereift: Seine weiblichen Geschlechtsteile hatten sich verwandelt, ohne vollständig verschwunden zu sein, die männlichen Geschlechtsteile waren komplett, doch zum Verkehr ungeeignet; er nahm eine Frau, zeugte aber keine Kinder.

Diese Beispielen zeigen die schon angesprochene Ähnlichkeit zwischen *zhiguai*-Erzählungen und historiographischen Berichten: Hier wie dort werden exakte Datierungen und Lokalisierungen vorgenommen, und es tut nichts zur Sache, ob diese der Wirklichkeit entsprechen oder nicht. Darüber hinaus lassen die Beispiele bereits in der Übersetzung ahnen, daß der Erzähler nicht um eine Sprache bemüht war, die sich formalen oder ästhetischen Einschränkungen fügte. Der moderne Leser mag darin keinen Nachteil sehen, gleichwohl müßten unter Beachtung zeitgenössischer Kriterien das *Sou shen ji* und andere erzählende Texte vereinfacht als sprachliche Kunstwerke minderer Qualität bezeichnet werden. Weder Gan Bao noch andere *zhiguai*-Autoren hätten sich bei eher formellen Anlässen – in Briefen, Nachrufen, Throneingaben etc. – einen solch ungezwungenen Stil erlaubt. Vielmehr hätten sie sich bei solchen Gelegenheiten allesamt den Vorschriften der sogenannten Parallelprosa (*pianwen*) beziehungsweise Parallelstilprosa (*piantiwen*) gebeugt.

Welcher Stil ist wofür geeignet?

Eine eindeutige Definition dessen, was mit dem erst in der späten Kaiserzeit geprägten Begriff Parallelprosa genau gemeint ist, fällt schwer, vor allem deswegen, weil er ja kein Genre, sondern einen Stil bezeichnet. Das typische Merkmal der Parallelprosa ist, wie der Name bereits verrät, ihre Tendenz zur Parallelität. Am augenfälligsten wird diese dadurch, daß die im *pianwen*-Stil verfaßten Texte sehr häufig und über weite Strecken Zeilen gleicher Länge aufweisen, wobei eine Vorliebe für Zeilen zu vier oder sechs Wörtern zu beobachten ist, aber auch etwa Zeilen von drei oder neun Wörtern vorkommen; seine Vorliebe für Zeilen von vier respektive sechs Wörtern hat dazu geführt, daß schon in der späten Tang-Zeit der

Was ist Parallelprosa?

Begriff *siliuwen* (»Vier-Sechs-Prosa«) als Bezeichnung für das dann später Parallelstilprosa genannte Phänomen geprägt wurde. Natürlich geht die Parallelität weit darüber hinaus. Denn die Autoren der *pianwen* sahen ihre Kunst darin, die gleichlangen Zeilen solchermaßen zu strukturieren, daß jeweils innerhalb eines Zeilenpaars oder zwischen einzelnen Paaren, gelegentlich auch innerhalb von drei Zeilen, ein Parallelismus entstand, der neben gleichlaufenden Formulierungen noch viele andere Formen annehmen konnte, welche offenbar schon zeitgenössisch mit ganz spezifischen Termini benannt wurden. Die Parallelprosa weist mit anderen Worten starke Ähnlichkeiten mit der Dichtung auf, und diese Ähnlichkeiten werden dadurch noch vergrößert, daß die Parallelprosa eine Neigung zum Reim und zur Euphonie hat.

Ist Parallelprosa gekünstelt?

Es ist leicht einsehbar, daß einem solchen Stil der Vorwurf gemacht wurde, gekünstelt und gleichzeitig monoton zu sein, und doch fanden frühe Poetiken auch hohes Lob. Das *Wenxin diaolong* stand nicht an, den Parallelismus als getreues Abbild der Ordnung der Natur selbst zu betrachten: Ebenso wie alle Lebewesen mit jeweils doppelten Gliedmaßen gleichsam parallel ausgestattet seien und jede Erscheinung der natürlichen Welt in einer anderen Erscheinung eine Entsprechung habe, sei der Parallelstil ein an der natürlichen Ordnung orientiertes Phänomen. Leider ist der häufige Gebrauch paralleler Formulierungen, der natürlich durch den hauptsächlich monosyllabischen Charakter des Chinesischen und seinen Verzicht auf morphologische Flexion erleichtert wurde, keine unabdingbare Voraussetzung dafür, einen gegebenen Text als *pianwen* bestimmen zu können. Das ist schon daraus zu ersehen, daß in der von Li Zhaoluo (1769–1841) besorgten Sammlung *Pianti wenchao* (Ausgewählte Parallelprosa) unter anderem Texte enthalten und durch den Titel der Anthologie als *pianwen* charakterisiert sind, bei denen der Parallelismus nahezu keine Rolle spielt. Auch andere Merkmale, die als typisch für die Parallelprosa angeführt wurden, können eher eine grobe Orientierung geben, als daß sie unabdingbare Charakteristika wären. Hierzu zählt, daß die im Parallelstil gehaltenen Werke häufig von seltenen Ausdrücken durchsetzt sind, mit intertextuellen Bezügen und feinen gelehrten Anspielungen operieren und mit den so erzielten künstlerischen Effekten spielen.

Ursprung der Parallelprosa

Über den Ursprung der Parallelprosa ist viel diskutiert worden. Es wurde schon versucht, die ältesten literarischen Werke, inklusive der klassischen Schriften, als Vorläufer auszumachen, und tatsächlich sind ja bereits in den Klassikern parallele Formulierungen zu finden, auch und vor allem in rhetorisch gefeilten Texten persuasiven Charakters; der unmittelbare Vorläufer der Parallelprosa ist allerdings das hanzeitliche *fu*, das neben einer sehr elaborierten Sprache verschiedene Formen des Parallelismus pflegte. Die Blüte der Parallelprosa liegt in der Zeit der Sechs Dynastien, besonders in der Qi- und Liang-Zeit, als sie als Moderner Stil (*jinti*) galt; beispielhafte Autoren sind Xu Ling und Yu Xin, auch Lu Ji und Pan Yue. In der Tang-Zeit wandten sich dann vor allem die Literaten um Han Yu, von denen später noch die Rede sein wird, gegen die Einschränkungen der Parallelprosa, wenngleich ihre Vorstellungen erst in der Song-Zeit nachhaltig Boden gewinnen konnten. Nach der Song-Zeit wurde die Parallelprosa im wesentlichen nur noch für offizielle Dokumente verwendet, doch in der Qing-Zeit kam sie wieder in Mode, im frühen 19. Jh. konnte sogar ein kurzer Roman in Parallelprosa verfaßt werden.

In der Zeit ihrer Blüte wurde keine Anthologie zusammengestellt, die es sich zum Ziel machte, ausschließlich Parallelprosa zu sammeln, doch enthält das *Wenxuan* die besten Stücke aus der Zeit der Sechs Dynastien. Zu den wichtigen Gattungen, in denen der Parallelstil in seiner Blütezeit häufig Anwendung fand, gehören: Briefe (*shu*) sowohl mit privatem als auch öffentlichem Charakter, Memoranden (*biao*) und andere Formen von Throneingaben, Grabinschriften (*muzhi*) und sonstige Gattungen von Nachrufen; aber auch Erörterungen oder Abhandlungen (*lun*) konnten im Parallelstil geschrieben werden – Werke also, die nach einem Wort des *Wenxin diaolong* zwischen Richtig und Falsch zu unterscheiden, alles Für und Wider abzuwägen hatten, Werke, in denen die Kunst des feinsinnigen Argumentierens und die Fähigkeit, den formalen Einschränken des Parallelstils Genüge zu tun, sich verbinden mußten.

Beispiele für Parallelprosa

Ein Beispiel hierfür ist Lu Jis (261–303) *Bian wang lun* (Abhandlung über den Untergang), eine sehr lange Erörterung der Gründe für den Untergang des Staates Wu, die mit einer Erinnerung an das Ende der Dynastie Han und die Gründung von Wu anhebt. In thematischer Hinsicht basiert das Werk auf der *Abhandlung über die Überschreitungen der Qin* (*Guo Qin lun*) des Jia Yi (200–168 v.Chr.), die nach den Ursachen des raschen Aufstiegs der ersten kaiserlichen Dynastie Chinas und ihres ebenso raschen Untergangs suchte und oft unter die Wegbereiter des Parallelstils gezählt wird. Die Übersetzung des folgenden Auszugs aus dem *Bian wang lun* verzichtet auf jede Eleganz und soll lediglich die parallelen Formulierungen des Originals nachahmen; man beachte, daß mit Ausnahme der Zeitangaben »dereinst« und »daraufhin« im Original jeweils nach vier Wörtern eine Zäsur erfolgt; der im Text erwähnte »schlechte Untertan« ist Dong Zhuo, der im Jahre 189 n.Chr. den Kaiser der Han absetzte und einen ihm verpflichteten Nachfolger inthronisierte:

> Dereinst [war es so]: / Das Haus Han verlor die Zügel [das heißt: den Thron], / ein schlechter Untertan stahl das Mandat, / das Unheil faßte Tritt im hauptstädtischen Gebiet, / das Gift verbreitete sich im ganzen Reich, / das kaiserliche Netz verknotete sich, / das königliche Haus wurde bedeutungslos. / Daraufhin [geschah folgendes]: / Eine Schar von Helden schreckte auf wie Bienen, / rechtschaffene Truppen vereinten sich in allen Gegenden.

Weniger Merkmale des *pianwen*, als sie in Lu Jis Abhandlung zu sehen sind, zeigt ein Text wie Li Mis (etwa 225 – etwa 290) *Chen qing biao* (Memorandum, in dem ich meine Gefühle darlege), im besonderen folgt er weniger strengen Vorstellungen von Parallelismus. Er demonstriert, daß die Vorliebe für gleich lange Zeilen über weite Teile des Textes nicht unbedingt zur Monotonie führen mußte und auch nicht notwendigerweise tiefergehende Gedanken verhinderte; immerhin sind nicht weniger als acht der elf syntaktischen Einheiten des folgenden Auszugs, die in der Übersetzung jeweils durch einen Schrägstrich markiert werden, im Chinesischen mit jeweils nur vier Wörtern gebildet:

> Ich, Ihr Untertan [Li] Mi sage: / Aufgrund eines bösen Geschicks / begegnete ich schon früh einem beklagenswerten Unheil. / Ich war ein Kind von sechs Monaten, / als mein gütiger Vater von uns ging, / und als ich vier Jahre alt geworden war, / beugte mein Onkel den Willen meiner Mutter [und verheiratete sie erneut]. / [Allein] meine Großmutter Liu bedauerte mich schwachen Waisen / und nahm sich persönlich meiner an. / Als ich jung war, war ich häufig krank, / mit neun Jahren konnte ich noch nicht gehen. / [...]

Literatur der Tang-Zeit (618–907): Dichtung

Die shi-*Dichtung und die* shi-*Kritik der Tang*

Es wurde oben gezeigt, daß einige Dichter des ausgehenden 5. Jh.s, allen voran Shen Yue, ein Gedicht nur dann als vollendet gelten lassen wollten, wenn es bestimmten formalen Regeln folgte. Andere, etwa der Kritiker Zhong Hong, sahen zwar im Wohlklang eine unabdingbare Voraussetzung guter Verse, waren aber überzeugt, daß die Euphonie sich natürlicherweise, also spontan, ergeben könnte und sollte. Dies mündete zuletzt in eine Zweiteilung der Gattung *shi*, welche die Entwicklung der chinesischen Dichtung ab der Tang-Zeit prägte und im folgenden zu skizzieren ist.

Zweiteilung des Genres shi-*Dichtung*

In der historischen Rückschau wird die *shi*-Dichtung von ihren Anfängen in der Han-Zeit bis zur Dynastie Sui zusammenfassend als Alte *shi*-Dichtung (*gushi*) bezeichnet. In der Tang-Zeit wurde diesem Begriff sowie dem ihm verwandten Terminus *shi*-Dichtung nach dem Alten Stil (*guti shi* oder *gu feng*) der komplementäre Begriff *shi*-Dichtung nach dem Modernen Stil (*jinti shi*) gegenübergestellt, was freilich nicht verhinderte, daß die *shi*-Dichtung nach dem Alten Stil weiterhin gepflegt wurde. Die Unterscheidung zwischen einer Gruppe Dichtung nach dem Alten Stil und einer Gruppe Dichtung nach dem Neuen Stil, welche im übrigen ihrerseits zwischen drei später noch näher vorzustellenden Untergruppen zu differenzieren ist, erfolgte allein nach formalen Kriterien und hat weder mit dem Inhalt der Gedichte noch mit ihrem Alter zu tun. Verallgemeinernd läßt sich sagen, daß die Dichtung nach dem Alten Stil weniger strengen formal-ästhetischen Kriterien unterliegt als die Dichtung nach dem Neuen Stil. Doch um die formalen Besonderheiten der *shi*-Dichtung überhaupt einschätzen zu können und dadurch eine Ahnung davon zu erhalten, welche Anforderungen ein sprachliches Kunstwerk stellte, ist etwas weiter ausholen.

Schriftzeichen sind nicht nur optische Gebilde!

Nach weit verbreiteter Gepflogenheit, der schon aus Platzgründen auch in vorliegendem Werk gefolgt werden muß, wird in Darstellungen über die chinesische Literatur ebenso wie in Anthologien gerne darauf verzichtet, Übersetzungen chinesischer Poesie den Originaltext beizugeben; mitunter sind auch Werke zu finden, die ihren Übersetzungen die chinesischen Schriftzeichen beigeben, ohne zusätzlich zu sagen, wie diese auszusprechen sind. Auf diese Weise wird zwar die Nachprüfbarkeit der Übersetzung erleichtert, gleichzeitig wird jedoch dem Mißverständnis Vorschub geleistet, ein chinesisches Gedicht sei eher ein optisches denn ein akustisches Gebilde, eher für die Augen als für die Ohren geschrieben. Denn was der Leser in einem solchen Fall als Original wahrnimmt, sind doch nur die Schriftzeichen, nicht aber die Worte, für die sie stehen. Doch selbst dann, wenn ein Sprachkundiger die einer Übersetzung eventuell beigegebenen Schriftzeichen laut läse, könnte er nur eine ungefähre Ahnung davon vermitteln, wie die Verse eines Li Bo oder Du Fu in ihrer Zeit geklungen haben mögen – im achten nachchristlichen Jahrhundert, als dem Hören und dem Rezitieren größte Bedeutung zukam und Gedichte wahrscheinlich niemals still gelesen wurden. Denn der heutige Gewährsmann könnte zwar die Schriftzeichen unseres tangzeitlichen Gedichts erkennen, er mag sogar, weil die alten Zeichen großenteils heute noch in Gebrauch sind, neben ihren modernen Bedeutungen auch ihren alten Sinn wissen – ganz bestimmt aber wird er, wenn er nicht ein seltener Spezialist ist, unser Gedicht nur in der modernen Aussprache lesen können. Würden wir also unseren Gewährsmann bitten, die beiden Zeilen eines Gedichts des Li Bo, die wir, Ulrich Unger folgend, mit: »Dreihundertundsechzig Tage, / Und Tag für Tag voll wie ein Schwamm« übersetzen, im Original und der modernen hochchinesischen Aussprache vorzulesen, dann »klänge« das so: *San bai liu shi ri / Ri ri zui ru ni.* Würde er jedoch die gleichen Zeilen so lesen, wie sie zu Lebzeiten des Dichters zu deklamieren waren, dann klänge das, wie schon das Schriftbild verrät, beträchtlich anders, dann würden beispielsweise sechs der zehn Wörter mit einem harten Verschlußlaut enden: sâm pɒk li̯uk źi̯əp ńźi̯ĕt ńźi̯ĕt ńźi̯ĕt tswì̖ ńźi̯wo niei.

Erkenntnisse der historischen Phonologie

Glücklicherweise kann die historische Phonologie ältere Lautungen chinesischer Schriftzeichen rekonstruieren, am zuverlässigsten beim sogenannten Mittelchinesisch, womit in etwa der Lautstand der Tang-Zeit wiedergegeben wird. Die wichtigsten Hilfsmittel hierfür sind Reimwörterbücher, deren Aufgabe ursprünglich darin bestand, in einer von starken dialektalen Varianten geprägten Sprachgemeinschaft Normen für korrektes Reimen und fehlerfreies Rezitieren zu setzen. Das einflußreichste Werk dieser Art war das um 600 n.Chr. verfaßte *Qie yun.* Seine Autoren waren sich wahrscheinlich der Tatsache bewußt, daß die chinesische Schrift ihrer Zeit eine Silbenschrift war, jedes Schriftzeichen in der Regel für eine Silbe stand und jede Silbe ein Wort bildete, mit anderen Worten die geschriebene Sprache ihrer Zeit im wesentlichen monosyllabisch war. Außerdem waren sie mit der damals noch nicht sehr alten und wahrscheinlich im Zusammenhang mit der Übersetzung buddhistischer Schriften ins Chinesische getätigten Entdeckung vertraut, daß jede Silbe ihrer Sprache einer von vier Tonkategorien angehörte – dem ebenen (*ping*), steigenden (*shang*), fallenden (*qu*) oder eingehenden (*ru*) Ton. Folglich teilten sie zunächst alle Silben – also alle Wörter und die sie repräsentierenden Schriftzeichen – ihrer jeweiligen Tonkategorie zu, sodann wurden die Silben der einzelnen Kategorien nach Reimen geteilt. So entstanden insgesamt 206 Reimgruppen, und im strengen Sinne war ein Reim nur perfekt, wenn Wörter aufeinander trafen, die unter derselben Reimgruppe subsumiert waren. Doch in der Theorie wie in der Praxis wurden die strengen Vorschriften allmählich aufgeweicht, indem die Anzahl der Reimkategorien verringert wurde und spätere Reimwörterbücher häufig erlaubten, auf »verwandte Reime« auszuweichen, so daß ein größeres Repertoire an Wörtern verfügbar wurde. Viel weitreichender war indes die Entscheidung, die vier Worttöne eben, steigend, fallend und eingehend, die im übrigen nicht mit den Tönen des modernen hochsprachigen Chinesisch übereinstimmen, zum Zwecke der Dichtung nur in die beiden Kategorien eben (*ping*) und schief (*ze*) zu teilen: als schieftonig gelten dabei alle Wörter mit den Worttönen steigend, fallend oder eingehend.

Die Tonalität des Chinesischen

Transportieren Worttöne eine stimmungsmäßige Wertigkeit?

Leider ist nicht eindeutig zu sagen, ob den vier Worttönen oder den beiden Kategorien eben und schief eine spezifische stimmungsmäßige Wertigkeit zueigen ist oder zugesprochen wurde, wie wir es beispielsweise ja in den hellen und dumpfen Vokalen des Deutschen empfinden. Abwegig ist dieser Gedanke jedenfalls nicht, und man kann durchaus annehmen, daß bei dem oben zitierten Beispiel: »Dreihundertundsechzig Tage, / Und Tag für Tag voll wie ein Schwamm« der Dichter bewußt sieben schiefe Töne aufeinanderfolgen ließ und nur drei Silben der beiden Zeilen den ebenen Ton tragen, während derselbe Poet ein so stilles Bild wie: »Vor dem Bette sehe ich des Mondes Licht, / [. . .] / Ich senke den Kopf und denke an das altvertraute Dorf« mit zwei pentasyllabischen Versen malen konnte, von denen jeweils vier Wörter den ebenen Ton tragen. Sollte man da nicht doch – mit Unger, dem auch die Beispiele entnommen sind – annehmen, der schiefe Ton suggeriere eher Spannung und Bewegung (bis hin zum alkoholisierten Schwanken), der ebene Ton eher Stille und Verhaltenheit? Jedenfalls sollten solche Beobachtungen davor warnen, bei der Betrachtung chinesischer Literatur formale Elemente weniger wichtig zu nehmen als bei der Interpretation europäischer Literatur. Diese grundsätzlichen Mahnungen vorausgeschickt, die ja leider auch im vorliegenden Werk nur allzu selten beachtet werden können, sind die wichtigsten formalen Unterschiede zwischen der *shi*-Dichtung im Alten Stil und der *shi*-Dichtung im Modernen Stil zu benennen.

Regeln für die shi-*Dichtung im Alten Stil*

A. Für die *shi*-Dichtung im Alten Stil gilt:

1. Die Anzahl der Verse eines Gedichts ist nicht vorgeschrieben und bleibt theoretisch unbeschränkt, jedoch umfassen die Alten Gedichte meist nicht mehr als 20, äußerst selten 100 bis 200 Verse, selten haben sie eine ungerade Verszahl.
2. Die Länge der einzelnen Verse ist in der Regel einheitlich durch das ganze Gedicht; die aus fünf oder sieben Silben / Wörtern / Schriftzeichen bestehenden Verse kommen am häufigsten vor, es werden aber auch Verse mit drei, vier oder sechs Silben gebildet.
3. Die Syntax verbindet in der Regel zwei Verse zu einem Paar, die beiden Zeilen eines Verspaares sind gelegentlich parallel aufgebaut.
4. Der Reim (Endreim) erscheint im allgemeinen am Ende eines Verspaares, kann aber auch schon im ersten Vers angeschlagen werden; er kann sich einheitlich durch das ganze Gedicht ziehen, kann aber auch wechseln.
5. Bei einem pentasyllabischen Vers liegt meist zwischen der zweiten und der dritten Silbe eine Zäsur; der siebensilbige Vers hat eine Hauptzäsur zwischen den Silben vier und fünf und zusätzlich gelegentlich eine Nebenzäsur zwischen den Silben zwei und drei.

Regeln für die shi-*Dichtung im Modernen Stil*

B. Wie angedeutet, bezeichnet der generische Begriff *shi*-Dichtung nach dem Modernen Stil drei Untergruppen mit je eigenen Besonderheiten, nämlich *lüshi* »Regelgedicht«, *jueju* »Kurzgedicht« und *pailü* »Geregeltes Langgedicht«. Die meisten überlieferten Tang-Gedichte gehören zu den Guppen *lüshi* und *jueju*.

B.1. Das *lüshi* (Regelgedicht) beachtet folgende Vorschriften:

1. Es umfaßt acht Zeilen, die zu vier Verspaaren gefaßt sind; zwischen dem zweiten und dritten Verspaar soll Parallelismus bestehen.
2. Die Länge der Verse ist einheitlich durch das Gedicht; ein Vers besteht entweder aus fünf oder aus sieben Silben, entsprechend spricht man vom Fünf-Wort/Silben-Regelgedicht (*wuyan lüshi* oder *wulü*) beziehungsweise vom Sieben-Wort/Silben-Regelgedicht (*qiyan lüshi* oder *qilü*).
3. Das Regelgedicht verwendet nur einen Reim, das Reimwort hat in der Regel den ebenen Ton; der Reim schließt ein Verspaar ab, kann aber auch, besonders im Sieben-Wort-Regelgedicht, schon im ersten Vers angeschlagen werden.
4. Der fünfsilbige Vers hat eine Zäsur zwischen der zweiten und dritten Silbe, der siebensilbige eine Hauptzäsur zwischen Silbe vier und fünf, eine Nebenzäsur zwischen Silbe zwei und drei.
5. Wie alle Gedichte nach dem Modernen Stil hat sich das Regelgedicht einem strengen Tonschema zu fügen. Dafür gelten folgende Grundregeln:
   a. Die geraden Silben eines Verses alternieren im Wortton; die Silben eins (im fünf- und siebensilbigen Vers) und drei (im siebensilbigen Vers) sind nicht an einen bestimmten Wortton gebunden (*anzeps*); der

Wortton der drittletzten Silbe soll dem der letzten Silbe der Zeile kontrastieren; die reimtragende Silbe ist meist ebentonig; die letzte Silbe im nichtreimenden Vers kontrastiert dem Ton des Reimwortes.

b. Das Tonschema des ganzen Gedichts wird vom Wortton der ersten Silbe des Gedichts, die nicht *anzeps* ist, also von Silbe zwei bestimmt. Je nach Wortton dieser Silbe spricht man von einem Gedicht mit ebenem Beginn (*ping qi shi*) beziehungsweise einem Gedicht mit schiefem Beginn (*ze qi shi*).

c. Das tonale Schema der zweiten Zeile steht in seinen geraden Silben der ersten Zeile spiegelbildlich entgegen; die dritte Zeile folgt dem tonalen Schema von Zeile zwei; die vierte Zeile folgt dem Muster von Zeile eins; mithin sind die ersten vier Verse in tonaler Hinsicht derart verkreuzt, daß die geraden Silben in Vers drei und vier das tonale Schema von Vers eins und zwei spiegelbildlich verkehren.

c. Die Verse fünf bis acht wiederholen das tonale Schema der Verse eins bis vier.

B.2. Das *jueju* (Kurzgedicht, wörtlich: »abgebrochene Sätze«) ist die konzentrierteste Gedichtform Chinas überhaupt. Es entspricht der Hälfte eines *lüshi* und folgt diesen Regeln:

1. Das Gedicht besteht aus vier Zeilen, je zwei Zeilen sind aufeinander bezogen. Die dritte Zeile leitet oft eine inhaltliche Wende ein.
2. Jede Zeile besteht durchgehend aus fünf oder sieben Silben, entsprechend spricht man vom Fünf-Wort-Kurzgedicht (*wuyan jueju* oder *wu jue*) beziehungsweise Sieben-Wort-Kurzgedicht (*qiyan jueju* oder *qi jue*).
3. Es herrscht Monoreim; der Reim schließt den zweiten und vierten Vers ab und klingt im Falle des *qi jue* schon im ersten Vers an; das Reimwort trägt gewöhnlich den Ebenton.
4. Der Vers des Kurzgedichts kennt die gleichen Zäsuren wie der Vers des *lüshi*.
5. In seinem Tonschema ist das *jueju* freier als das *lüshi*, wenn auch das ideale Schema des *jueju* dem eines halben *lüshi* entspricht.
6. Der im *lüshi* beliebte Parallelismus verliert im *jueju* weitgehend an Bedeutung.

Man beachte, daß die hier vorgenommene Subsumierung des *jueju* unter die Regelgedichte nicht ganz unumstritten ist. Zwar wurde bereits in der Tang-Zeit das *jueju* mitunter als »kleines Regelgedicht« (*xiao lüshi*) bezeichnet, auch haben einige Dichter der Tang ihre *jueju* unter den Regelgedichten angeordnet, gleichwohl wird in der Sekundärliteratur gerne behauptet, daß das *jueju* in Wirklichkeit älter als das Regelgedicht ist und außerdem einige *jueju* der Tang-Zeit sich nicht den strengen Vorschriften des Regelgedichts fügen.

B.3. Das Geregelte Langgedicht (*pailü* oder *changlü*) ist eine erweiterte Form des *lüshi*, umfaßt aber mehr als acht Verse. Es gelten folgende Regeln:

1. Die Länge des Gedichts ist unbeschränkt.
2. Ein Vers zählt, konstant durch das ganze Gedicht, fünf oder sieben Silben.
3. Reimwechsel ist erlaubt.
4. Hinsichtlich des Tonschemas gelten die strengen Regeln des *lüshi*.
5. Die Regeln des *lüshi* gelten auch hinsichtlich der Zäsur.

Themen und Inhalte der Tang-Dichtung

Neben einer Teilung nach formalen Kriterien läßt sich die Masse der Tang-Gedichte hinsichtlich ihrer Themen und Inhalte sowie der Anlässe ihrer

Abfassung teilen. Die allermeisten tangzeitlichen Gedichte reflektieren das typische Leben ihrer Autoren, das Leben im Staatsdienst also, das unstete Dasein, das auf wechselnde Amtsposten in die Hauptstadt oder die Provinz führte und oft Jahre der Vakanz und ökonomischen Unsicherheit zumutete. Zu einem solchen Leben gehörte die Klage des jungen Menschen, in seinen Fähigkeiten und Talenten nicht erkannt zu werden, ebenso wie die Freude über eine bestandene Prüfung und der Versuch, bei Mächtigen und Einflußreichen Aufmerksamkeit zu erregen; das Bankett gehörte dazu, das Nickerchen in der Amtsstube und die Langeweile, der Protest gegen Mißstände und das Herrscherlob, die Flucht aus dem Alltag in die Phantasie, der Trost im Wein und andere Kurzweil. Und natürlich der Abschied und das Reisen, wenn eine Versetzung anstand, die oft genug eine Degradierung war, wenn man in den immerwährenden Kämpfen um Macht und Einfluß eben den kürzeren gezogen hatte. Unmittelbare Zeugnisse des privaten Lebens sind eher selten, Liebesgedichte ganz rar.

Steigerung der literarischen Produktion in der Tang-Zeit

Nahezu 50.000 *shi*-Gedichte sind aus den drei Jahrhunderten der Tang-Zeit überliefert; das ist unvergleichlich viel mehr als aus früheren Zeiten, und man muß nach den Gründen dafür fragen. Es ist anzunehmen, daß die große Zahl der überlieferten Werke weniger mit technischen Fortschritten als mit einer Steigerung der Produktion zusammenhängt. Ob diese ihrerseits mit einer Zunahme der Bildung in der Tang-Zeit in Verbindung zu bringen ist, kann beim gegenwärtigen Stand der Forschung nicht ausgemacht werden. Sehr wahrscheinlich aber hat die erhöhte literarische Produktivität viel damit zu tun, daß das geeinte Reich eine größere zivile Elite benötigte als die eher kurzlebigen, eher kleinen und in relativ hohem Maße vom Erbadel dominierten Reiche der vorausgegangenen Jahrhunderte, daß aber als vornehmster Weg in die Elite die Auszeichnung durch eine Bildung galt, die literarische Kenntnisse hoch veranschlagte. Man halte sich vor Augen, daß der typische chinesische Intellektuelle ein Beamter war: Die meisten Werke der Tang-Zeit, ja der chinesischen Kaiserzeit überhaupt, stammen von Männern, die zur Elite des Reiches – und das heißt zu dessen gehobener Beamtenschaft – gehören wollten oder bereits gehörten und die dafür ein hohes Maß allgemeiner Bildung vorzuweisen hatten.

Verbreitung von Literatur in der Tang-Zeit

Wir haben bislang leider nur sehr wenige, sporadische und aus disparaten Quellen zusammengetragene Kenntnisse über den Literaturbetrieb der Tang-Zeit. Anzunehmen ist, daß Gedichte, aber auch Prosawerke, nicht immer in Abschriften zirkulierten, sondern häufig mündlich weitergetragen wurden, sicher ist auch, daß einige Autoren ein Leben lang an ihren Werken feilten und schliffen und manche von ihnen ihre Werke auf dem Buchmarkt anboten. Wir wissen ferner, daß Dichter mit ihren auf eigenen Antrieb verfaßten Schriften, mehr aber noch mit Auftragswerken wie Grabinschriften und Nachrufen, vielleicht auch mit Briefen, mitunter gutes Geld verdienen konnten. Wir wissen des weiteren, daß häufig schon bald nach dem Tod eines Autors dessen Gesammelte Schriften vorgelegt wurden, deren Ausgabe die Dichter selbst in unterschiedlicher Weise vorbereiten konnten. Natürlich sind diese Sammlungen in aller Regel nicht überliefert, und es ist nur den Launen des Zufalls zu verdanken, daß sich unter trockenem Wüstensand des im fernen Westen liegenden Dunhuang Dokumente der tangzeitlichen Manuskriptkultur erhalten haben, dazu Texte, die früher als verloren galten, sowie zahlreiche Überreste des Alltagslebens. Diese Dokumente, die zu Beginn des 20. Jh.s geborgen und in große Museen der Welt verstreut wurden, haben neben anderem auch die Tatsache stärker ins Bewußtsein gerückt, daß in der Tang-Zeit viele literarische Anthologien zusammengestellt wurden. Zwar sind insgesamt nur zehn tangzeitliche Sammlungen mit zeitgenössischen Gedichten überliefert, doch attestieren schon diese dem literarisch interessierten Publikum der Tang-Zeit einen diversifizierten Geschmack. Gleichzeitig liefern die Anthologien Hinweise darauf, daß die späteren Einschätzungen über Tang-Dichter nicht immer mit den zeitgenössischen Urteilen einhergehen. Die meisten Gedichte aus der Tang-Zeit verdanken ihre Überlieferung dem Sammelfleiß späterer Anthologisten. Bereits weniger als ein Jahrhundert nach dem Untergang der Dynastie wurde auf kaiserliche Anordnung mit dem *Wenyuan yinghua* eine mit tausend Kapiteln sehr gewaltige Sammlung tangzeitlicher Lyrik und Prosa zusammengestellt, die sich am großen *Wenxuan* orientierte, das seinerseits in der Tang-Zeit so bedeutend war, daß man es neben den konfuzianischen Klassikern als »Bibel und Shakespeare« in der Erziehung junger Männer bezeichnete (Glen Dudbridge). Dem *Wenyuan yinghua*, das verständlicherweise Zeichen der Eile trägt, folgten bald andere Anthologien, darunter mit dem in der Mitte des 12. Jh.s kompilierten *Tang shi jishi* (Tang-Gedichte mit ihren Geschichten) eine durch Anekdoten und biographische Notizen bereicherte Chrestomathie. Und Anfang des 18. Jh.s entstand, wiederum auf kaiserliches Geheiß, die große Sammlung *Sämtliche Tang-Gedichte* (*Quan Tang shi*), die mit ihren zirka 50.000 Gedichten von über 2.200 Autoren die bis heute maßgebliche Anthologie der Tang-Dichtung darstellt. Natürlich ist kein einzelner Literaturhistoriker, geschweige denn ein Liebhaber imstande, eine so voluminöse Sammlung zu beherrschen, und so entstanden denn auch mehrere Auswahlen und Hausbücher mit Tang-Gedichten, unter denen das *Tang shi xuan* (Gesammelte Tang-Gedichte) aus dem 16. Jh. und das um ein Säkulum jüngere *Tang shi sanbai shou* (Dreihundert Tang-Gedichte) in China ebenso wie im Ausland überragende Bedeutung erlangten: Während das *Tang shi xuan* besonders nach Japan wirkte, sind die *Dreihundert Tang-Gedichte* im Westen zur wichtigsten Grundlage für die Rezeption der Tang-Dichtung geworden.

Sammlungen mit Tang-Gedichten

Es ist eine Besonderheit der Literaturgeschichte, die Dichtung der Tang-Zeit in mehrere Epochen zu teilen. Bereits um 1200 n.Chr. machte die Poetik *Canglang shihua* einen Ansatz zur Teilung nach drei Perioden, zweihundert Jahre später wurde dann jene Vierteilung vorgenommen, die mittlerweile allenthalben als traditionell gilt und auch die folgende Darstellung gliedern wird. Es muß allerdings nachdrücklich darauf verwiesen werden, daß die Tang-Dichtung nicht allein wegen ihrer schieren Quantität in vier Epochen gegliedert wird – hätte es dafür doch auch andere Möglichkeiten der Einteilung gegeben, wurde doch für keine der späteren Dynastien, die zum Teil noch kreativer als die Tang waren und ebenso lang dauerten, eine ähnliche Periodisierung vorgenommen. Die genauen Datierungen der vier Epochen der Tang-Dichtung weichen bei einzelnen Autoren geringfügig voneinander ab, sie sind jedoch alle stark an der politischen Geschichte orientiert:

Epochen der Tang-Dichtung

- Als Tang-Beginn oder Tang-Frühzeit (*chu Tang*, 618–712) gilt das Jahrhundert von der Gründung der Dynastie (618) bis zur Thronbesteigung des Xuanzong.
- Die Zeit der Tang-Blüte (*sheng Tang*, 712–766) ist im wesentlichen identisch mit der langen Regierungszeit des Xuanzong (reg. 712–756).
- Die Zeit der Tang-Mitte (*zhong Tang*, 766–835) sind die Jahrzehnte nach dem von An Lushan (gest. 757) und anderen geführten Aufstand (755–763).

- Die Tang-Spätzeit (*wan Tang*, 835–907) ist geprägt von dem vergeblichen Versuch des Herrscherhauses, die Dynastie zu erhalten.

Tang-Frühzeit

Zu den für die Literaturgeschichte Chinas verständnisnotwenigen Tatsachen gehört das schon mehrfach angesprochene Phänomen, daß ab der Östlichen Jin-Zeit Kultur und Literatur für mehr als zweihundert Jahre vorwiegend an den Höfen und in den Salons Südchinas heimisch waren und die eher kriegerischen Dynastien im Norden die Dichtung weniger pflegten, andererseits die Reichseinigung durch die Sui-Dynastie nicht vom Süden, sondern gerade von einer Dynastie des Nordens ausging. Dieser Zwiespalt, der das gesamte literarische Leben der Tang-Frühzeit prägte, war bereits unter der Dynastie Sui offenkundig geworden, als diese ihre eher konfuzianischen kulturellen Werte gegen die als dekadent empfundene Kultur des Südens setzte. Der Dynastiegründer persönlich (Wendi, reg. 581–604) insistierte, die Literatur müsse wieder der Schlichtheit den Vorzug vor dem kunstvoll Gedrechselten geben, und er verfügte mehrfach, alles Blumige aus der Literatur herauszuhalten. Mit diesen Forderungen stand der Kaiser nicht allein, vor allem Li E (um 600) pflichtete ihm bei und behauptete mit konservativem Pathos, im Altertum sei alles besser gewesen. Im Altertum! Da habe man auf Einfachheit und Harmonie gesetzt und seine Bildung auf die Klassiker konzentriert, da habe sich auch die schöne Literatur didaktischen Zwecken verpflichtet! In den Dynastien Wei, Qi und Liang hingegen seien diese Ideale verlorengegangen – wie dekadent war doch die Epoche der Dynastien Qi und Liang, als sich alle Welt nur noch mit Poesie befaßte, die einzig auf seltene Ausdrücke, originelle Formulierungen und gelungene Reime Wert legte, sich in blasierten Beschreibungen des Mondes und des Taus, des Windes und der Wolken erschöpfte! Da wurden die Kräfte der besten jungen Leute für Tand verplempert, da lernten die Kinder schon dichten, bevor sie rechnen konnten, geschweige denn sich höhere konfuzianische Bildung angeeignet hatten: »Der literarische Stil wurde täglich üppiger, die Ordnung geriet von Tag zu Tag mehr durcheinander!«

Versuche zur Überwindung der Literatur des Südens

Solcher Breitseiten ungeachtet und unberührt von der kulturpolitischen Einstellung des Kaisers konnte die Sui-Dynastie in den vierzig Jahren ihres Bestehens dem ästhetischen Reiz der von den Höfen des Südens geprägten Dichtung keine Alternative entgegenstellen, so daß der besagte Konflikt den Tang als Erblast mitgegeben wurde. Die Literaturgeschichte des 7. Jh.s, also die Tang-Frühzeit, ist somit weitgehend eine Geschichte der Spannungen zwischen der aus dem Süden ererbten, eher dem schönen Ausdruck verpflichteten Poesie, die gerne zutreffend Hofdichtung genannt wird, und den vom Gründer der Sui-Dynastie und anderen propagierten Versen, die der Schlichtheit den Vorzug gaben. Dieser Konflikt zeigt sich auch innerhalb einer Gruppe von vier Literaten, die als die Vier Heroen der Frühen Tang (*chu Tang si jie*) bekannt sind. Nicht nur waren diese vier hinsichtlich der Frage, in welchem Stil zu schreiben sei, keineswegs einer Meinung, darüber hinaus zeigte mit Lu Zhaolin (etwa 634 – etwa 684) der bekannteste der Vier Heroen sogar, daß es möglich war, einerseits für eine Vereinfachung des Stils einzutreten, andererseits die Dynastien Sui und Tang, die der vermeintlichen Sittenlosigkeit des Südens den Garaus machten, kritisch zu betrachten. Denn Lu Zhaolins *Chang'an guyi* (Eine alte Weise über Changan), ein mit 68 Zeilen langes *shi*-Gedicht, ist in der Maske einer Beschreibung der hanzeitlichen Hauptstadt Chang'an eine Satire auf Zustände in

Herausragende Dichter der Tang-Frühzeit

der Hauptstadt der Tang-Dynastie. Schon die erste Zeile ist hintersinnig: »Die großen Wege Chang'ans verbinden sich mit den engen Gassen«, lautet sie, und sie ist leicht mehrfach zu deuten: Erstens ist die Hauptstadt ein Ort mit einer bunten Topographie; zweitens ist sie eine Stätte, wo Reiche (in den »großen Wegen«) und Arme (in den »engen Gassen«) wohnen; drittens ist zu bedenken, daß »enge Gassen« ein Euphemismus für Bordell ist; viertens kann »enge Gassen« grundsätzlich krumme Wege oder unsittliches Benehmen bedeuten, während »große Wege« beziehungsweise »der große Weg« eine Bezeichnung für das schlichtweg Richtige sein kann, womit die Zeile denn so zu lesen wäre: »In Chang'an gehen das Richtige und das Unmoralische eine Verbindung ein.«

Zeigten sich die Vier Heroen also unentschieden hinsichtlich des kulturellen Grundkonflikts ihrer Zeit, standen Shen Quanqi (etwa 650–713) und Song Zhiwen (gest. 712) für die Neigung der Tang-Frühzeit, die Hofdichtung weiter zu pflegen; ihnen wird die Perfektion des Regelgedichts zugeschrieben. Als stärkster Kritiker der aus dem Süden stammenden Hofdichtung andererseits gilt mit Chen Zi'ang (661–702) just ein Mann aus dem Süden, aus Sichuan. Und wenn er in seiner Zeit auch eine Minderheit vertrat, betrachteten ihn spätere Dichter und Kritiker doch als den eigentlichen Überwinder der Hofdichtung – bereits Du Fu pries ihn dafür, daß er nichts von bloßer Kunstfertigkeit gehalten habe, auch Li Bo, Bo Juyi, Liu Zongyuan und Yuan Zhen zählten zu seinen Bewunderern, während Yuan Haowen in Shen Quanqi und Song Zhiwen nichts weiter als geschickte Handwerker der Dichtung sah, Chen Zi'ang indes als den echten Sieger über die südchinesische Kultur anerkannte.

Tang-Blüte

Die Epoche der Tang-Blüte war, wie erwähnt, nahezu identisch mit der Regierungszeit des Xuanzong (reg. 712–756), die stark von außenpolitischen Ereignissen geprägt war. Bereits im frühen 7. Jh. betrieben die Tang eine expansive Außenpolitik, die in der Mitte des Jahrhunderts wichtige Erfolge in Zentralasien erzielte, unter anderem in Turfan (im Jahre 640) und Kutscha (658), etwas später in Samarkand, Buchara und Tashkent; chinesische Truppen wurden sogar in Indien präsent (648) und drangen bis an den Tigris vor, wo sich die Sassaniden eingerichtet hatten; noch früher, um das Jahr 600, war bereits mit der Mandschurei und der koreanischen Halbinsel der Nordosten unter chinesische Herrschaft gebracht worden. Mit der Einrichtung von Militärprotektoraten versuchten die Tang, diese Eroberungen zu halten, bis die Eroberten und andere Völker, allen voran Türken und Tibeter, sich gegen die Chinesen zu wehren begannen und eigene Machtansprüche anmeldeten, die Expansion der Araber den chinesischen Einfluß im Iran zurückdrängte und Mitte des 8. Jh.s auch dem tibetobirmanischen Reich Nanzhao in Yunnan weitreichende Vollmachten eingeräumt werden mußten. Auch weiter im Landesinnern setzten die Tang stark auf ihre Militärführer und deren Truppen und schufen damit ein Klima, aus dem die größte Gefahr für das Herrscherhaus drohte und am Ende der Regierungszeit des Xuanzong der nach An Lushan benannte Aufstand erwuchs, der die Zahl der steuerregistrierten Haushalte von beinahe zehn Millionen auf knapp über eine Million sinken ließ.

Expansion des Tang-Reiches

Die seit Beginn der Dynastie anhaltenden Kriege fanden in der Dichtung reichlich Niederschlag, die Literaturgeschichte spricht sogar von Grenzkriegsdichtung und Grenzkriegsdichtern. Sie bezeichnet damit vor allem

Gedichte über und gegen den Krieg

Gao Shi (etwa 700–765) und Cen Shen (etwa 715–770), die beide den Krieg kennenlernten, vorwiegend in Zentralasien; Gao Shi im besonderen machte eine beachtliche zivile und militärische Karriere. Aber auch namhaftere Dichter schrieben Verse über das Leben im Angesicht des Krieges. Die oft auf alte *yuefu* geschriebene und gern in die Han-Dynastie zurückprojizierte Kriegsdichtung ist inhaltlich nicht leicht auf einen Nenner zu bringen: Ein- und derselbe Autor kann sowohl Gedichte bieten, die eine gewisse Freude am Krieg zeigen, als auch erschrockene Verse, und Zeilen des Überdrusses stehen neben blutlüsternen, wütenden Flüchen: »Wir kämpfen, wenn's tagt, von goldener Pauke geführt; / Werden im jadenen Sattel den Nachtschlaf halten. / Wie gern würd ich mein Schwert von der Hüfte ziehn / Und dem Fürsten von Lou-lan den Leib zerspalten!« dichtete Li Bo (701–762), der den Krieg wahrscheinlich nie persönlich erfahren mußte, im ersten seiner sechs *yuefu* zum Titel *Sai xia qu* (Unter dem Grenzpaß; Übers. G. Debon); auch in einem *yuefu* des Titels *Cong jun xing* (Im Heer) stimmte er stolze Töne voller Haß auf den Feind an. Und doch konnte derselbe Autor in eindringlichen Bildern die Schrecken des Krieges bannen oder dem Leid des Soldaten Stimme leihen, der an den nördlichen Grenzen kein Ende seines Dienstes absah: »Wer hierher kam, weiß nicht für welche Dauer, / Zurück zu schauen tut ihm bitter weh, / Der Heimat eingedenk in Eis und Schnee, / Fährt schneidend ihm durchs Herz der Hauch der Trauer. // [...] // O Klage über dieses Feldzugs Qualen! / Ich zügele das Pferd. Mir schlägt das Herz in Pein. / Wann wird des Kaisers Weg geebnet sein, / Uns unbeschwert der Himmel wieder strahlen?« (*Bei shang xing*, Übers. G. Eich) Und wenn man hier noch Verständnis für den Militärdienst hört, mahnten andere Dichter deutlicher – Li Bos Zeitgenosse Du Fu etwa, der die Eltern von Töchtern glücklich nannte, die Eltern von Söhnen aber bedauerte, weil ihre Kinder dereinst im Felde sterben könnten.

Meng Haoran und Wang Wei

Mit Du Fu (712–770) und Li Bo sind bereits die bedeutendsten Dichter der Tang-Blütezeit genannt. Wir werden unten noch ausführlicher auf sie zurückkommen, doch zuerst sollen Meng Haoran (689–740) und Wang Wei (701–761) gewürdigt werden. Beide werden oft in einem Zug genannt, beide als Repräsentanten der Naturdichtung zitiert, gelegentlich wird sogar von einem Wang-Meng-Stil gesprochen. Meng Haoran wurde in eine reiche Landbesitzerfamilie geboren und verbrachte die meiste Zeit seines Lebens auf Gütern seiner Familie. Dies geschah offenbar nicht immer ganz aus freien Stücken, denn tatsächlich gelang es Meng Haoran als einem der wenigen bekannten Dichter der ganzen Tang-Zeit nicht, eine Karriere als Beamter zu machen. Es mag nicht zuletzt mit Blick hierauf gewesen sein, daß mit Li Bo ein anderer großer Freigeist der Zeit Meng Haorans Ungebundenheit pries, während sich Meng selbst gerne als Einsiedler darstellte und auch gelegentlich auf Tao Qian anspielte: »Ein Leben lang erstrebte ich die wahre Einsiedelei«, bekannte er im Gedicht *Xun Xiangshan Zhan shangren* (Besuch bei Ehrwürden Zhan auf dem Berg Xiang), das er mit dem Vers schloß: »Die Welt und ich – wir beide haben einander aufgegeben!« Zu Meng Haorans bekanntesten Gedichten gehört der Vierzeiler *Chun xiao* (Erwachen im Frühling):

Ich schlief im Frühling, merkte nicht, wie es tagte.
Überall höre ich die Vögel singen.
Als die Nacht kam, rauschten Wind und Regen,
Blüten sind gefallen – wer weiß, wie viele?

Im Gegensatz zu Meng Haoran führte der aus einer der großen Familien seiner Zeit stammende, stets in höchsten Kreisen verkehrende Wang Wei das Leben eines Karrierebeamten. Hoch gebildet, zeichnete er sich ebenso als Literat wie als Kenner von Musik und Malerei aus, berühmt ist seine Versicherung, in einem früheren Leben gewiß Maler gewesen zu sein. Seine Lyrik wird oft als schlicht charakterisiert, und dadurch ist er Tao Qian verbunden, vor dessen Lebensstil und Dichtung Wang Wei großen Respekt zeigte. Überdies hatte Wang Wei, ohne darüber seine konfuzianische Beamtenethik aufzugeben, eine tiefe Neigung zum Buddhismus gefaßt, die man unter anderem in seiner Haltung spüren mag, das Altern weniger als Hinfälligwerden denn als Reifen zu nehmen: »Spät erkannte ich die Prinzipien von Klarheit und Lauterkeit, / täglich entferne ich mich mehr von den Massenmenschen«, dichtete er: »In der Neige meiner Jahre liebe ich die Stille allein, / alle Dinge dieser Welt berühren mein Herz nicht mehr« (*Fan fu Fushan seng*). Wang Weis bekannteste Werke in seinem Œuvre von ungefähr 400 Gedichten bestehen aus einer kleinen Sammlung, die nach seinem südlich von Chang'an gelegenen Landgut benannt ist, wo er sich oft aufhielt: In 20 Vierzeilern beschrieb er diverse Örtlichkeiten dieses Gutes und fügte noch Gemälde von den besungenen Orten hinzu. Die Beschreibungen, die in weiteren zwanzig Gedichten seines Freundes Pei Di (geb. 716) Entsprechungen fanden, sind sehr persönlich gefärbt – so das folgende Beispiel *Zhu li guan* (Hütte im Bambus), dessen vier Zeilen der sinologisch gebildete Dichter und Übersetzer Günter Eich in zwei Strophen brachte und unter den Titel *Im Bambuswald* stellte:

> Wo das Bambusdickicht mich beschattet, sitze wohlig ich allein,
> Zupf die Saiten, hauche wie zum Liede Atem durch die Lippen aus und ein.
>
> Keines Menschen Auge kann erspähen mich Verborgenen im tiefen Hain.
> Nur der volle Mond kommt, mich zu sehen, zu verstehn mit seinem reinen Schein.

Li Bo

Damit zu Li Bo (701–762). Li Bos familiärer Hintergrund ist Gegenstand von Mutmaßungen. Nicht auszuschließen ist, daß er türkische Ahnen hatte und sein Vater ein Händler war, möglicherweise wurde er im fernen Turkestan geboren, obwohl er selbst seine Genealogie auf den gleichen Ursprung wie das Kaiserhaus zurückführte und dessen Mitglieder als seine Vettern titulierte. Als Heranwachsender lebte er in Sichuan, im Südwesten Chinas, wo schon vor ihm besonders mit Sima Xiangru in der Han-Zeit und Chen Zi'ang in der beginnenden Tang bedeutende Dichter hervorgegangen waren, derer Li Bo eingedenk blieb. Die Jahre des Heranwachsenden scheinen Jahre eines Haudegens gewesen zu sein, und der Überlieferung zufolge, die er selbst gerne pflegte, erlegte er im Streit mehr als einen Gegner mit seinem Schwert. Teils auf der Suche nach Protektion, teils um berühmte Örtlichkeiten zu besichtigen, verließ der Mittzwanziger seine Heimat Sichuan und gelangte schließlich durch Unterstützung eines daoistischen Meisters als Vierzigjähriger an den Kaiserhof, wo er die Gunst eines Herrschers fand, der darüber hinwegsah, daß Li Bo nie bereit war, sich den Karriere eröffnenden Prüfungen zu stellen. Doch selbst die Tugenden, mit denen er sich die Gunst des Kaisers hätte dauerhaft sichern können, fehlten Li Bo, der anscheinend allzu selbstbewußt, allzu unkonventionell und – besonders unter Alkohol – allzu rüde im Benehmen war. Bereits nach drei Jahren wurde er denn auch schon wieder aus der Hauptstadt entlassen, es folgten erneut unstete Reisen im Westen und Südwesten, nach dem Aufstand des An Lushan zuletzt auch ein erfolgloses politisches Abenteuer, bei dem er sich einem rebellierenden Prinzen des Kaiserhauses anschloß und das ihm eine Anklage auf Verrat einbrachte. Erst drei Jahre vor seinem Tod wurde er begnadigt, fand aber keine Gunst am Kaiserhof mehr.

Seine unkonventionelle, ja exzentrische Persönlichkeit gab Anlaß zu Anekdoten und Bonmots: »Li Bo und ein Scheffel Wein macht dreihundert Gedichte«, wußte sein jüngerer Freund Du Fu und spielte sowohl auf den Alkoholkonsum Li Bos als auch darauf an, daß ihm der Alkohol ein Stimulans war und er seine Werke gern spontan verfaßte (*Yin zhong ba xian ge, Lied von den Acht Unsterblichen im Wein*); ein Wort des Wang Anshi foppte Li Bo darüber hinaus wegen seiner viermaligen Eheschließung und rügte, neun aus zehn seiner Verse handelten von Frauen und Wein. Tatsächlich kreisen seine rund tausend überlieferten Gedichte, von denen die meisten im strengeren Neuen Stil, viele auch auf alte *yuefu* verfaßt sind, häufig um den Wein – seinerzeit meist gegorenes Korn, nur selten importierter Traubenwein. Sie klingen wider in der Aufforderung, jeden Augenblick des kurzen Lebens zu genießen, und es verwundert nicht, daß Li Bo gerade bei solchen Gelegenheiten sich gerne alter *yuefu*-Titel bediente, in denen ja das *carpe diem*-Motiv sehr prominent war. Repräsentativ dafür steht *Qiang jin jiu* (Hier kommt der Wein), dessen erste Zeilen in G. Debons Übersetzung lauten:

> O siehst du nicht
> Die Wasser des gelben Stromes: Vom hohen Himmel gekommen,
> Jagen sie meerwärts und kehren nie mehr zurück!
> O siehst du nicht
> Droben im Saal den Spiegel betrauern dein weißes Haar?
> Morgens noch war es wie dunkle Seide; abends schon ward es zu Schnee.
>
> So lebe, Mensch, nach Herzenslust und koste bis zur Neige das Glück!
> Laß nie den goldenen Pokal leer unterm Monde stehn!
> Der Himmel schuf in uns die Gaben – so müssen wir sie nützen.
> Wenn tausend Gulden verschleudert sind – sie kehren wieder ein andermal.

Viele andere Gedichte Li Bos sind darüber hinaus Zeugnisse seines starken Interesses am Daoismus, das so weit ging, daß er sogar eine Prüfung in einem daoistischen Kloster ablegte. Immer wieder verarbeitete Li Bo Motive der daoistischen Klassiker, etwa die im bekannten Traum des Zhuangzi thematisierte Relativität von Leben und Tod, Werden und Vergehen, häufig auch daoistische Genien und Unsterbliche, Dämonen und Geister, Phantastereien. Vielleicht dachte Du Fu an dieses Charakteristikum, wenn er seinem Freund attestierte: »Senkt sich dein Pinsel, schreckst du Wind und Regen auf, / ist dein Gedicht vollendet, bringst du Dämonen und Geister zum Weinen« (*Ji Li shi'er Bo ershi yun*). – Genauso dachte Li Bo von sich selbst: »Senk ich erregt, berauscht den Pinsel, erschüttert's die Fünf Heiligen Berge, / ist ein Gedicht vollendet, dringt mein stolzes Pfeifen bis Cangzhou [der Insel der Unsterblichen]«, konnte er sagen (*Jiang shang yin, Gesang auf dem Strom*); und in seinem nachweislich letzten Gedicht, das er auf dem Totenbett schrieb, verglich er sich mit dem Vogel Peng, der in der Welt des Daoismus den großen Menschen versinnbildlicht.

Du Fu – Chinas bedeutendster Dichter?

Li Bo gehört zu den im Westen bekanntesten Literaten Chinas überhaupt, nicht zuletzt weil Gustav Mahler in seinem *Lied von der Erde* (1911) sechs Gedichte von ihm vertonte. China selbst stand Li Bos Dichtung und seiner Person hingegen meist reservierter gegenüber und neigte dazu, in seinem jüngeren Zeitgenossen Du Fu den Bedeutenderen zu sehen: Die einen nannten Du Fu den Dichter-Historiographen und bezogen sich damit respektvoll darauf, daß er es sich angelegen sein ließ, die Leiden zu beschreiben, die der Aufstand des An Lushan sowie Naturkatastrophen über seine Zeit brachten; andere bewunderten seine Gelehrsamkeit und waren überzeugt, jedes Wort in einem Gedicht Du Fus enthalte eine literarische Anspielung; wieder andere apostrophierten ihn rundheraus als den Dichterheiligen; der Dichter Zhang Ji (etwa 776 – etwa 829) soll die Verehrung für Du Fu so weit getrieben haben, daß er dessen Werke verbrannte und die Asche verspeiste, um den Geist ihres Autors aufzunehmen; sein Zeitgenosse Han Yu schließlich thematisierte den Gegensatz zwischen dem harten Leben und dem großen Werk eines Du Fu und eines Li Bo und argwöhnte, eine Gottheit habe den beiden absichtlich ein hartes Los auferlegt, damit sie Großes schüfen. Dank der Tatsache, daß Du Fu als einer der frühesten Dichter Chinas sein – extrem vielfältiges – Werk selbst biographisch ordnete und spätere Werkausgaben dem folgten, werden die Arbeiten Du Fus häufig unter biographischen Gesichtspunkten interpretiert. Du Fus Leben als Erwachsener ist grob in drei Phasen zu teilen: Wie andere Dichter seiner Zeit bereiste auch er im Alter von etwa zwanzig Jahren den Südosten Chinas; wenig später stellte er sich erfolglos einem Examen für den Eintritt in eine Beamtenlaufbahn, dem sich erneut Jahre des Reisens anschlossen, die ihn unter anderem das erste und einzige Mal mit Li Bo zusammenbrachten. Im Jahre 745 begann die zweite Phase: Du Fu kehrt in die Hauptstadt zurück, verbringt etwa ein Jahrzehnt dort, kann sich aber nicht nachhaltig die Gunst des Kaisers und hochgestellter Bürokraten sichern; als die An Lushan-Rebellion ausbricht, wird sogar sein Antrag auf Aufnahme in den Militärdienst ignoriert. Der dritte und letzte Lebensabschnitt Du Fus begann, als der 48-Jährige seinen Dienst nahe der Hauptstadt quittierte und sich, in steter Abhängigkeit von Freunden, Verwandten und Wohltätern, für ein letztes Jahrzehnt in Chinas Südwesten zurückzog, wovon er zwei Jahre in seiner zur Berühmtheit gelangten »Grashütte« in Chengdu verbrachte. Just aus seiner dritten Phase, vornehmlich aus den von Krankheiten gezeichneten letzten Jahren aber stammen etwa fünf Sechstel der rund 1.500 überlieferten Gedichte Du Fus, während sein erstes zuverlässig datierbares Werk aus der Zeit kommt, als er schon in den Dreißigern war. Doch wenn man Du Fus Aussagen glaubt, war er auch in seinen früheren Jahren schon sehr produktiv, allerdings scheint es, daß seine frühen Werke entweder in den zeitgenössischen Wirren verloren gingen oder vom Autor selbst ausgeschieden wurden.

Leben und Werk des Du Fu

Seinen Ruf als Dichter-Historiograph verdankt Du Fu unter anderem einer kleinen Gruppe langer Gedichte mit detailreichen Beschreibungen, in denen er über Reisen zu seiner Familie berichtet, die er vor Not und Krieg in Sicherheit gebracht hatte. Diese Reisen ließen ihn unsägliches Elend sehen, sie brachten ihn an den Rand des Ertragbaren und ließen ihn auch am Ziel keineswegs eine heile Welt vorfinden. So wurde er am Ende der ersten Reise, die er am Vorabend der Rebellion des An Lushan unternahm, darüber informiert, daß sein kleines Kind gerade verhungert sei; so notierte er zwei Jahre später in seinem berühmtesten und längsten Bericht *Bei zheng* (Reise in den Norden), sein kleiner Sohn, ehedem sein ganzer Stolz, habe den Vater nach der langen Abwesenheit nicht mehr erkannt, seine ganze Familie müsse in Flickjoppen gehen; und auch in der Bescheibung einer weiteren Flucht vor der Rebellion, die er zusammen mit seiner Familie unternahm, scheute er vor privaten Mitteilungen wie dem Hunger seiner Tochter nicht zurück: »Das einfältige Ding kaute vor Hunger an mir, / und weil ich fürchtete, Tiger und Wölfe könnten sie hören, / drückte ich sie an meine

Der »Dichter-Historiograph« Du Fu

Brust und hielt ihr den Mund zu, / worauf sie nur umso lauter schrie« (*Pengya xing*).

Solche Verse über die private Geschichte waren neu in der chinesischen Literatur. Neu auch, daß Du Fu eigens Gedichte verfaßte, um der Sehnsucht nach seinem kleinen Sohn oder der Freude über einen Brief von seiner Familie Ausdruck zu geben. Und neu war, daß er sich seiner eigenen Gattin gegenüber, von der ihn die Zeitumstände getrennt hatten, zärtliche Worte erlaubte, die vordem allenfalls Konkubinen gegenüber als angemessen galten – so in einem Gedicht mit dem Titel *Mondnacht* (*Yue ye*), in dem der Mittvierziger an seine Gattin denkt und sich vorstellt, daß sie sich ihrerseits nach ihm sehne.

Seine Reiseberichte und seine schon angesprochenen Anklagen gegen den Krieg sollen indes nicht den Eindruck erwecken, Du Fu sei stets ein schwerer, melancholischer Dichter und diesbezüglich verschieden von dem draufgängerischen Li Bo. Vielmehr findet man auch bei Du Fu Züge, die Li Bo kennzeichneten – sei dies eine in die höchste Überheblichkeit gesteigerte Auffassung über seine frühe literarische Reife und sein poetisches Schaffen, die sich mit Geringschätzung älterer Poeten paarte oder ihn sagen ließ, wenn man (wie er) zehntausend Buchrollen zerlesen habe, führe einem gleichsam ein Geist den Schreibpinsel; sei es sein Bekenntnis zum Wein, das ihn Verse verfassen ließ, wie sie auch Li Bo hätte schreiben können. Und wenn auch bei Du Fu im Gegensatz zu Li Bo keine Vorliebe für daoistische Themen, Motive und Überzeugungen zu finden ist, zeigte er doch eine Sympathie für das buddhistische Streben, die Welt zu überwinden, vorzugsweise in seinen späten Gedichten, die vielen als seine vollendetsten Werke gelten.

Wurde Li Bo durch Gustav Mahler für die Musik vereinnahmt, fand Du Fu in den Nachdichtungen von Albert Ehrenstein ein *alter ego*. Hier der Beginn seines *Du Fu Ich*, in dem man Ehrenstein ebenso wie Du Fu beschrieben sehen mag:

> Ich bin der Stromer zwischen den großen Strömen,
> Ich bin der Irrwanderer der Sehnsucht,
> Ich bin der unnütze Dichter, einsam, verloren in kranker Welt,
> Ich bin ferne der Heimat die einzige Wolke am blauen Himmel,
> Ich bin allein der Mond die lange Nacht,
> Ich bin der Fremde, der zu sterben heim will,
> [...].

Tang-Mitte

Ist die Dichtung der mittleren Tang-Zeit epigonenhaft?

Um die Dichtung der Tang-Mitte prägnant zu kennzeichnen, wird gerne angeführt, daß die Autoren dieser zirka sieben Jahrzehnte dauernden Epoche sich im Vergleich mit Dichtern wie Du Fu und Li Bo als mindere Epigonen betrachteten. Bedeutender als diese sehr spekulative Einschätzung ist allerdings anderes: Die Tatsache, daß ab der Mittleren Tang-Zeit die formal strengen und stets kurzen Gedichte nach dem Neuen Stil an Beliebtheit verloren und die Poesie mit ihrer verstärkten Hinwendung zu den formal freieren, in der Länge sehr variablen Gedichten im Alten Stil insgesamt diskursiver sowie stilistisch und thematisch experimentierfreudiger wurde; auch die Tatsache, daß die Überzeugung, literarische Werke sollten nicht (nur) amüsieren, sondern sich einem didaktischen Auftrag verpflichten, nun zunehmend ernst genommen wurde. Was aber die Organisation der Literatur der Mittleren Tang angeht, kann man grob von zwei Gruppen sprechen, von denen die eine um Han Yu, die andere um Bo Juyi zentriert war, die zusammen mit Li Bo und Du Fu als die Häupter der Vier großen Schulen der Tang (*Tang si da jia*) gelten.

Han Yu und sein Kreis

Han Yu (768–824) selbst ist – obwohl er rund 400 Gedichte hinterließ – vor allem für seine Prosa bekannt geworden, er gilt als die bedeutendste Persönlichkeit innerhalb der sogenannten *guwen*-Bewegung und wird deswegen weiter unten noch zu würdigen sein. In ihm sieht man oft geradezu die Überzeugung personifiziert, die Literaten hätten einen didaktischen Auftrag: In politischer Hinsicht sei es angezeigt, die Zentralregierung gegenüber den auch nach dem Aufstand des An Lushan noch virulenten partikularistischen Bestrebungen zu stärken, in kultureller Hinsicht müsse der Gefahr buddhistischer Überfremdung gewehrt und die Rückkehr zum Konfuzianismus gefördert werden. Tatsächlich konnte Han Yu in der Tradition des Herrscherlobs eine Eulogie auf die Entschlußkraft des Kaisers anstimmen und ihm zur Unterdrückung eines Rebellen in Sichuan gratulieren, während er ein Jahrzehnt später demselben Kaiser einen vorzeitigen Tod androhte, sollte er nicht von seiner Förderung des Buddhismus ablassen. Doch ebenso selbstverständlich, wie er vor der zersetzenden Kraft des lange vor seiner Zeit aus Indien herbeigebrachten Buddhismus warnte, konnte Han Yu offene Freundschaften zu Buddhisten pflegen – und ebenso wie er für einen didaktischen Auftrag des Literaten eintrat, setzte er sich dem Vorwurf aus, gelegentlich ganz und gar undidaktisch und nur zum Vergnügen zu schreiben, und er konnte Gedichte über so abseitige Themen wie einen Schnarcher oder den Verlust seiner Zähne verfassen; ebenso wie er Klarheit des Ausdrucks und der Formulierungen verlangte, konnte er in seinen eigenen Gedichten abgelegenste Ausdrücke und kühnste Metaphern bemühen und formale Konventionen in den Wind schlagen.

Meng Jiao

War Han Yu trotz mancher Rückschläge in seiner Karriere, die er sich durch eigensinnige Urteile teils selbst und vielleicht sogar willentlich zuzog, alles in allem ein zeitlebens erfolgreicher Beamter, so muß Meng Jiao (751–814), der Älteste aus der Gruppe um Han Yu, geradezu als Versager gelten: Er zählte schon 45 Jahre, als er im dritten Versuch die für eine Karriere notwendige Prüfung bestand, mußte dann aber noch einmal fünf Jahre warten und nach Gönnern suchen, bevor er ein Pöstchen als Provinzbeamter antreten durfte, dem er nur weitere fünf Jahre später freiwillig entsagte, um sich für ein letztes knappes Jahrzehnt ganz zurückzuziehen. Auch sein privates Leben war glücklos, seine Frau und drei Söhne starben früh. Wie bereits bei Du Fu, ist auch bei Meng Jiao ein enger Bezug zwischen dem dichterischen Schaffen und den vereitelten Hoffnungen der eigenen Laufbahn zu sehen, und wie Du Fu, anders als Han Yu, verfaßte auch Meng Jiao die besten seiner rund 500 Gedichte, meist pentasyllabische Verse nach dem Alten Stil, nachdem er sich ins Privatleben zurückgezogen hatte. Die Urteile späterer Literaturkritiker sind deutlich: Er galt als der Fröstelnde, ein bedeutender Autor der Song-Zeit (Su Shi) gestand, Meng Jiaos Werke zu hassen, ein anderer meinte, Meng Jiao mache unglücklich.

Zu den poetischen Meisterwerken Meng Jiaos zählen einige Serien, die jeweils unter ein gemeinsames Thema gestellt sind. Darunter befinden sich 15 Gedichte zum Thema *Qiu huai* (Herbstliche Gedanken), ein schon altes konventionelles Thema, über das neben Du Fu unter anderem auch Han Yu einen Zyklus verfaßte, der zum reifsten Teil seines Œuvres gehört. Doch während Han Yus Zyklus eher als melancholische Reminiszenz auf die Vergänglichkeit anmutet, sind Meng Jiaos *Herbstliche Gedanken* von harten Imaginationen geprägt, welche die distanzierten Urteile der Nachwelt über ihn leicht verständlich machen. Ohne das Personalpronomen der ersten Person zu verwenden, entsteht unmittelbar der Eindruck, Meng Jiao habe in diesen Gedichten Persönliches in Verse gebracht: »Meine einsamen Knochen sind ohne Ruh heut' Nacht, / draußen zirpen die Insekten einander zu. / Das Alter hat meine Tränen versiegen lassen, / und der Tau des Herbstes fällt in leisen Tropfen«, beginnt das erste Gedicht der Serie, ein weiteres mit den Zeilen: »Eisiger Hauch schleicht in die kranken Knochen, / mein alter Körper gefriert zu Eis«; ein drittes hebt so an: »Alte Knochen fürchten den Mond des Herbstes, / dessen Sichel so scharf wie ein Messer, / dessen kalten Schein nichts wehren kann. / Die Seele erfroren, starre ich stumpf vor mich hin.«

Kettengedichte

Wenn Han Yu und Meng Jiao stets in einem Atemzug genannt werden, liegt das vor allem daran, daß sie im sogenannten *lianju* »Kettengedicht«, einem früher zwar bekannten, doch bislang weder weit verbreiteten noch zur großen Kunst entwickelten Genre Meisterwerke schrieben. Ausweislich der im Werk Han Yus überlieferten Beispiele sind die Merkmale dieses Genres, das im Zusammenhang mit dem Salon des Xiao Ziliang oben schon einmal gestreift wurde, nur vage beschreibbar: Ein Kettengedicht ist von zwei oder mehreren Personen dergestalt verfaßt, daß auf Verse eines Autors A Verse weiterer Autoren B, C, D etc. folgen, woraufhin sich erneut Autor A zu Wort meldet, dann wieder Autor B etc.; die Beiträge der beteiligten Autoren sind in der Regel gleich lang, doch kommt es im Extremfall sogar vor, daß sich ein Autor nur mit einem einzigen kurzen Wort meldet und der Rest der Kette von anderen geschmiedet wird; ein Kettengedicht ist in seiner Länge äußerst flexibel und scheint lediglich durch die Phantasie der Autoren beschränkt zu werden, die im übrigen innerhalb eines Gedichts auch gerne einmal vom Ausgangsthema wegführt. Was aber ihre Themen angeht, zeigen die zehn überlieferten Beispiele von Han Yu und Meng Jiao, daß auch hier die Vielfalt groß war: Private Themen – ein Wiedersehen nach langer Zeit der Trennung oder die Erlebnisse und Impressionen eines gemeinsamen Ausflugs – überwiegen zwar, doch konnten Kettengedichte sogar über Kriegszüge des Kaisers verfaßt werden und sich in ein Herrscherlob steigern; und selbst das Thema Hahnenkampf eignete sich für ein Kettengedicht von Han Yu und Meng Jiao.

Weitere Dichter im Kreis des Han Yu

Es ist unmöglich, auch die weiteren Dichter, die sich von Han Yu gefördert sahen, in einiger Ausführlichkeit vorzustellen, und wir müssen uns mit wenigen Andeutungen über Liu Zongyuan und Liu Yuxi als den wichtigsten unter ihnen begnügen: Nach anfänglich rascher Karriere in der Hauptstadt wurde Liu Zongyuan (773–819) in seinen frühen Zwanzigern degradiert – er mußte einen Posten in der südchinesischen Provinz Yongzhou im heutigen Hunan beziehen, fand noch einmal in die Hauptstadt zurück, nur um bald darauf erneut in den Süden geschickt zu werden. Ein Leben in Ungnade also, um nicht zu sagen, in der Verbannung. Nicht zu Unrecht hat man indes von einer für die Literaturgeschichte glücklichen Verbannung gesprochen. Denn in der Zeit seines ersten Exils konnte sich Liu Zongyuan nicht nur an Ausflügen in die schöne Landschaft Hunans erfreuen, er verfaßte auch Aufzeichnungen über seine Exkursionen, und eben diese *Yongzhou ba ji* (Acht Aufzeichnungen über Yongzhou) begründeten das Genre *youji* (Reiseaufzeichnungen), das ab der Song-Zeit populär werden sollte. Im übrigen scheint in Liu Zongyuan während der Zeit in der Provinz auch die Überzeugung gereift zu sein, Literatur sei einem didaktischen Auftrag verpflichtet. In einem 813 verfaßten Brief (*Da Wei Zhongli lun shi dao shu*) bekannte er selbstkritisch, in den Jahren seiner großen Karriere, in seinen jungen Jahren also, eine eher utilitaristische Einstellung zum literarischen Schaffen gehabt und diese erst in der Zeit des Exils abgelegt zu haben: »Früher, als ich noch jung war, achtete ich beim Schreiben auf schöne Ausdrücke, erst später erkannte ich, daß mit Literatur der Rechte Weg klarzumachen sei.« In seinen späten Jahren wurde sein Bekenntnis, Schreiben und Leben seien untrennbar, noch deutlicher.

Liu Yuxi (772–843) teilte mit Liu Zongyuan das Los, nach einer frühen Karriere bei Hof verstoßen worden zu sein, auch er mußte nach Hunan, auch er kam kurzzeitig zurück, doch nur, um wegen eines satirischen Gedichts erneut abgewiesen und noch tiefer in den Süden versetzt zu werden. Auch seine Tätigkeit in Südchina war durch offene Neugierde für das Fremde geprägt, die sich in den *Bambuszweig-Liedern* (*Zhuzhi ci*) niederschlug, einer kleinen Serie von Vierzeilern, die folkloristische Elemente, denen er in Hunan begegnete, mit der gehobenen Kultur verbanden.

Li He – ein unvergleichlicher Dichter?

Ein weiterer Dichter im Umkreis des Han Yu ist Li He (791–817). Nur zögernd stellt man ihn auf eine Stufe mit Liu Zongyuan und Liu Yuxi, denn während diese kaum jünger als ihr Förderer Han Yu waren, wurde Li He erst zwei Jahrzehnte später geboren. Überdies war die Dichtung dieses fernen Angehörigen des Kaiserhauses, der nur ein einziges kleines Amt bekleiden durfte und als Mittzwanziger schon verstarb, in vielem so verschieden von der anderer Männer um Han Yu, ja von allem bisher Gesehenen, daß Li He letztlich nur als herausragender Individualist zu würdigen ist. Die Kritik fand seit je extreme Urteile: Er gilt als dämonisch, als seltsam und bizarr und fand deswegen keinen Eingang in populäre Anthologien; andere nannten ihn »das glänzendste Talent« der Mittleren Tang (Nagasawa / Feifel), sprachen von seiner »zerebralen Genialität«, verglichen ihn mit Trakl (G. Debon) oder fühlten sich an Baudelaire erinnert (A.C. Graham). Episoden berichten, Li He habe nie aus dem Stegreif gedichtet und sich jedes Wort abgequält – wobei er oft an die Grenzen des Verstehbaren kam und außergewöhnlichste poetische Figuren bemühte. Typisch dafür ist folgende Landschaftsbeschreibung aus Li Hes *Changgu shi* (Gedicht von Changgu), das G. Debon im Abstand weniger Jahre zwei Mal übertragen hat. Ein Vergleich dieser beiden Versionen gibt gute Einblicke in die Lyrik des Li He im besonderen, die Schwierigkeiten der Übertragung chinesischer Verse im allgemeinen. Zunächst die jüngere Übersetzung:

In Strähnen grimmig hängt des Grases Haar,
Darauf der Tau verschwiegene Tränen weint.
An aufgestockter Krümmung fault die Höhle,
Am Pfade trunken glüht ein greises Rot.
Insekten bohren sich in alte Weiden;
Zikade tönt in hoher Heimlichkeit.
Ein breiter Gürtel, neigt sich gelb der Pfeilwurz,
Und purpurn starrt das Ried an engen Ufersäumen.

Moos-Taler regellos im Felsgestein,
Und fette Blätter drehn sich zu Spiralen.

Und hier die ältere Version der Übersetzung, die weniger geschliffen ist und sich näher an die bizarren Bildern des Originals hält:

Die Strähnen der Gräser lassen ihr grimmiges Schläfenhaar hängen;
Glänzender Tau weint heimliche Tränen [darauf].

An aufgestockter Windung verfaulte Höhlen und Krümmen;
Am duftenden Pfade trunken das greise Rot.
Insektenschwärme bohren sich in alte Weiden,
Zikaden tönen in hoher Verborgenheit.
Ein breiter Gürtel, neigt sich der gelbe Pfeilwurz;
Purpurnes Riedgras kreuzt sich am engen Ufer.
Stein-Kupferlinge, regellos und wirr;
Üppige Blätter, spiralig und fett.

Li He ist ein gutes Beispiel dafür, daß ein Dichter von Han Yu gefördert wurde, der sich nicht zu dessen literarischen Überzeugungen und Schreibweisen bekannte, geschweige denn seine politische Ansichten ganz teilte. Überdies schloß die Zugehörigkeit zur Gruppe um Han Yu keineswegs aus, daß man auch zum zweiten mächtigen Dichter der Mittleren Tang, also Bo Juyi (772–846), ein gutes Verhältnis pflegen konnte. Das zeigt am besten Liu Yuxi, der sowohl von Han Yu unterstützt wurde als auch in lebenslanger Freundschaft dem gleichaltrigen Bo Juyi verbunden war. Zeugnisse dieser Verbundenheit, die hier prototypisch für Dichterfreundschaften erwähnt werden soll, sind reichlich überliefert und belegen eine große Emotionalität: Der über sechzigjährige Bo Juyi konnte in einem Gedicht schildern, von Liu Yuxi geträumt zu haben, andere Verse des alternden und kränkelnden Bo Juyi an den ebenfalls alternden und kränkelnden Liu Yuxi sprechen von drei Herzenswünschen: die Welt möge in Frieden bleiben, die Gesundheit wiederkehren, und man möge sich künftig häufiger als in früheren Jahren treffen können.

Erfolgverwöhnt und produktiv: Bo Juyi

Unter allen Dichtern der Mittleren Tang war Bo Juyi am meisten den Erfolg gewöhnt. Mit Glanz, wenn auch ein wenig spät, bestand er die Examina für eine Karriere, die ihn der Reihe nach sehr gehobene Posten einnehmen ließen. Trotzdem blieb ihm noch Muße, neben vielen Werken in Prosa über 2.800 Gedichte zu verfassen – das umfangreichste Œuvre der Tang, etwa so viele Gedichte, wie Han Yu (zirka 400), Liu Zongyuan (unter 200), Meng Jiao (zirka 500), Zhang Ji (400) und Li He (220) zusammen hinterließen. Auch zeitgenössisch war seinen Werken ein Erfolg beschieden, wie ihn vor und nach ihm kaum einer sah: Seine Gedichte wurden von Pennälern rezitiert und von Bauersfrauen, von Palastdamen und von Kurtisanen, sie zierten die Wände von Tempeln ebenso wie die von Gasthäusern, sie wurden auf dem Markt verkauft, fanden aber auch Eingang am Hofe von Japan, wo im übrigen kein chinesischer Dichter jemals beliebter als Bo Juyi war. Und was seinen Einfluß auf die Literaten angeht, genüge der Hinweis, daß Bo Juyis *Chang hen ge* (Gesang des immerwährenden Bedauerns) schon zeitgenössisch die Vorlage für ein *chuanqi* abgab.

Rezepte eines literarischen Erfolgs?

Die große Beliebtheit Bo Juyis wird immer wieder damit erklärt, daß seine Themen bei breiten Schichten Widerhall fanden, während sein sprachlicher Ausdruck klar und einfach war. Nicht ohne Grund ist die Episode verbreitet, Bo Juyi habe seine Gedichte alten Frauen vorgelegt und alles geändert, was diese nicht verstanden. Die große zeitgenössische Verbreitung seiner Werke hängt aber sicher auch mit Bo Juyis beachtlicher Geschäftstüchtigkeit zusammen. Wie kein anderer vor ihm arbeitete er – gemeinsam mit Yuan Zhen (779–831) – daran, sein Werk zusammenzustellen und zu edieren, ließ schon zwanzig Jahre vor seinem Tod seinen Freund Yuan Zhen ein Vorwort verfassen, feierte in Gedichten die Fertigstellung immer neuer Bände und warf selbst seine Prüfungsvorbereitungen auf einen offenbar gut florierenden Buchmarkt.

Ein Brief Bo Juyis an Yuan Zhen verrät gleichwohl, daß nicht alle seine Werke unter den Zeitgenossen gleichermaßen beliebt waren: Zwar sei alle Welt von seinen »vermischten Regelgedichten« (*Za lüshi*) und auch von seinem *Gesang des immerwährenden Bedauerns* begeistert, jenem Rührstück über Kaiser Xuan und seine Lieblingskonkubine, der viel Schuld am Aufstand des An Lushan zugeschrieben wird; dagegen wolle niemand seine (unten noch näher vorzustellenden) Neuen *yuefu* und die übrigen nachdenklichen Verse lesen, die der Autor selbst am meisten schätze, die am Anfang seiner Gesammelten Werke stehen und Ausdruck der Grundüberzeugung des reifen Bo Juyi sind, Literatur habe den Finger in die Wunden des gesellschaftlichen Lebens zu legen. Der gleiche Brief liefert darüber hinaus eine bedenkenswerte Andeutung über die literarische Produktion im 8. Jh.: Kein Autor, so Bo Juyi, mache sich gerne daran, die eigenen Werke zu kürzen und zu trimmen; dies gelinge nur, wenn ein Freund helfe. Nun aber, da sowohl er als auch Yuan Zhen bereits ein umfangreiches Werk erschrieben hätten und beide schon betagt seien, sollten sie ihre Werke Stück für Stück redigieren und sich dabei mit gegenseitiger Kritik helfen! – Man weiß nicht, wie weit eine solche Einladung unter Freunden verallgemeinert werden darf, aber man muß ihr doch entnehmen, tangzeitliche literarische Werke könnten zu einem gewissen Grad jederzeit redigierbar gewesen sein, und der Autor habe sich dabei der Hilfe anderer bedienen können.

Eigenes und Fremdes im Werk von Tang-Dichtern

Tang-Spätzeit

Die Spätzeit ist die am wenigsten untersuchte Epoche der Tang-Lyrik. Dies mag damit zusammenhängen, daß sie mit weit mehr Gedichten als die früheren Phasen belegt ist; ein weiterer Grund liegt sicher darin, daß in der ausgehenden Dynastie häufiger das Gefühl einer politischen Endzeit ausgemacht wird und ihre *shi*-Dichtung pauschal als verfeinert und überzogen gilt, die Grenzen der Künstlichkeit mitunter übersteigend.

Li Shangyin, herausragendster Dichter der Tang-Spätzeit

Der herausragendste Dichter dieser Phase ist Li Shangyin (813–858), dessen etwa 600 Gedichte zählendes Œuvre ein breites inhaltliches Spektrum umfaßt: Wie Du Fu gewährte er gelegentlichte Einblicke in das private Leben, er konnte auch unerschrocken die Probleme der Zeit benennen oder beides ineinanderfließen lassen. So ließ er in einem langen Gedicht die Bewohner eines unweit der Hauptstadt gelegenen Dorfes beschreiben, wie ihre ehemals zwar nicht reiche, doch von guten Präfekten verwaltete Gegend im Laufe eines Jahrhunderts völlig verfiel, weil statt verständiger Provinzbeamter nur noch Ausbeuter als Herren über die Gegend bestallt wurden (*Xing ci xi jiao zuo*); er konnte mit Witz und Charme dem Stolz des Vaters auf sein verwöhntes, vorlautes Söhnchen poetischen Ausdruck geben – und er konnte dabei vom Vaterstolz auf Bitterkeit wechseln und aus Einsicht in die Brot- und Trostlosigkeit der Bildung seinem Sohn eine Offizierslaufbahn anempfehlen, weil diese viel rascher und viel sicherer Ehre, Reichtum und Ansehen einbringe, als Bildung dies je vermag (*Jiao er shi*). Bewegte sich Li Shangyin soweit noch auf konventionellen Bahnen, überschritt ein anderer Teil seines Œuvres die Grenzen des Herkömmlichen, und eben für diesen Teil ist er am bekanntesten geworden. Das sind seine Gedichte, die meist die Überschrift *Ohne Titel* (*Wuti*) tragen oder behelfsmäßig die Eingangsworte als Titel führen, meist um eine heimliche Liebe gehen, um eine unbekannte Geliebte, die vielleicht die Nebenfrau von Li Shangyins Gönner war, anderen zufolge sogar eine kaiserliche Konkubine. Die älteren Kommentatoren hatten schwer an ihnen zu beißen, was nicht verwundert, wenn sie in einigen Versen Li Shangyins sogar eine heimliche Abtreibung beschrieben sahen; die Übersetzer klagen, Li Shangyin sei bis zur Unverständlichkeit hermetisch und wollte mitunter vielleicht nur von seiner anonymen Freundin verstanden werden, die im Hintergrund der titellosen Gedichte steht.

Verhaltener in seiner Erotik war Li Shangyins älterer Zeitgenosse Du Mu (803–852), der für seine scheinbar mühelos hingeworfenen Vierzeiler bekannt wurde. Auch er wartete mit zeitkritischen Werken auf, im besonderen schrieb er in seinen frühen Zwanzigern unter dem konventionellen Thema *Gan huai shi* (Was mich bewegt) eine poetische Anklage gegen die politischen Zustände seiner Zeit, auch ein *fu*, in dem er vordergründig den ersten Kaiser der Qin, in Wirklichkeit (auch) seinen eigenen Kaiser tadelte. Dieses zornige Engagement der frühen Mannesjahre ist auch bei anderen Autoren zu finden, bei Pi Rixiu (etwa 834 – etwa 883) etwa, der kaum dreißig war, noch keinerlei Grundlage für eine Karriere hatte und nach einem einflußreichen Gönner suchte, als er in seinen *Schriften des Einsiedlers vom Hirschtor* (*Lu men yin shu*) Aphorismen dieser Art verbrach: »Wenn die Alten Beamte einsetzten, so sollten diese Banditen verfolgen; wenn aber heute Beamte eingesetzt werden, so werden diese selbst zu Banditen!« »Wenn die Alten jemanden töteten, dann waren sie aufgewühlt; wenn man heute jemanden tötet, dann lacht man dabei!«

Gebildete Frauen

Wenn, wie erwähnt, Du Fu ein milde erotisches Gedicht an seine Frau schrieb oder Li Shangyin unbetitelte Verse verfaßte, die nur seine Geliebte ganz verstand, liegen bereits zwei Belege dafür vor, daß literarische Bildung in der Tang-Zeit keine ausschließliche Domäne der Männer war. Wenn darüber hinaus große Anthologien in der Regel Anhänge mit Werken von Frauen, von Klerikern, selbst von Geistern aus dem Jenseits haben, sind dies zusätzliche Zeugnisse dafür, daß Frauen nicht nur Rezipienten waren, sondern auch Literatur abfassen konnten. Von wenigen Ausnahmen abgesehen, sind freilich die meisten Dichterinnen nur als Gattinen, als daoistische Nonnen oder als Konkubinen bekannt geworden. Dies trifft auch auf Yu Xuanji zu, die Mitte des 9. Jh.s wirkte und mit zirka 50 ihr zugeschriebenen Gedichten neben der nur zwei, drei Generationen älteren Xue Tao (768 – etwa 831) zu den berühmtesten und produktivsten Dichterinnen Chinas gehört. Yu Xuanji scheint zuerst die Konkubine eines Mächtigen gewesen zu sein, bevor sie daoistische Nonne wurde, was sie vielleicht weniger des kontemplativen Lebens wegen als wegen der damit verbundenen relativ großen Freiheit tat. Tatsächlich waren viele daoistische Nonnen der Tang gut gebildete Töchter oder ehemalige Konkubinen aus guten Kreisen, die vom Kloster aus das Leben hochgestellter Kurtisanen führten. Es versteht sich, daß damit auch der Protest gegen Privilegien der Männerwelt einhergehen konnte, und auch bei Yu Xuanji ist er greifbar, wenn sie in einem Gedicht beklagt, als Frau nicht zu den Karriere eröffnenden Prüfungen zugelassen zu sein.

Gedichte von Mönchen

Etwas besser als die Poesie von Frauen ist die tangzeitliche religiöse Dichtung zu fassen. Zwar sind die meisten Gedichte von Mönchen säkularen Inhalts, doch ist daneben eine eigenständige Tradition buddhistisch gefärbter Lyrik greifbar. Sie wird vor allem durch die drei Sammlungen repräsentiert, die unter den Namen Hanshan und Shide sowie Wang Fanzhi gehen, hinter denen sich aber nicht mit Sicherheit drei einzelne historische Personen verbergen. Die rund 300 Gedichte des »Kalten Bergs« (Hanshan) und die zirka 50 Gedichte des »Findlings« (Shide) haben ausweislich linguistischer Untersuchungen einen Entstehungszeitraum von einem Jahrhundert und sind innerhalb der Tang-Zeit nicht näher datierbar. Inhaltlich enthalten die meist schlichten Verse neben Bemerkungen über die Unbeständigkeit des Lebens viele vorgeblich autobiographische Notizen, und eben deswegen rückten Hanshan und Shide ins Zentrum von Legenden und werden auch in der bildenden Kunst gerne als etwas verschrobene weise Narren dargestellt.

Gleiches gilt nicht für Wang Fanzhi, »Wang den buddhistischen Laienbruder« oder »Wang den Eiferer«. Denn die nach ihm benannten rund 400 Gedichte galten lange als verloren, bevor sie zu Beginn des 20. Jh.s als Manuskripte in Dunhuang wiedergefunden wurden. Viel stärker als andere tangzeitlichen Gedichte sind sie von der gesprochenen Sprache des 8. Jh.s gefärbt und damit Zeugen volksnaher Kultur. Einige von ihnen wurden nachweislich beim Unterricht in buddhistischen Klöstern verwendet, wo sie allerdings weniger religiöse Werte und Ideale als Tugenden des Alltags propagierten: Stiehl nicht, lüg nicht, sei kein Rüpel und ähnlich lauteten ihre Forderungen. Andere, inhaltlich anspruchsvollere Verse des Wang Fanzhi sind geradezu besessen vom Tod und der Vergänglichkeit:

> Als ich ihn sterben sah,
> brannten meine Eingeweide.
> Nicht, daß ich ihn bedauerte –
> ich hatte Angst, der nächste zu sein.

Dichtungskritik der Tang-Zeit

Wenngleich die Tang-Zeit sich viel mehr dem Dichten selbst als dessen Kritik verschrieben hatte, wäre der Eindruck falsch, die Poetik habe damals überhaupt keine Rolle gespielt. Das bedeutendste poetologische Werk der Zeit wird traditionell Sikong Tu (837–908) zugeschrieben, wenn auch immer wieder und in den letzten Jahren verstärkt der Verdacht geäußert wurde, es sei sehr viel später verfaßt worden und gehöre einem unbekannten Autor. Sein Titel *Ershisi shipin* erinnert zwar frappant an das oben vorgestellte *Shipin* des Zhong Hong, aber damit enden auch schon die Gemeinsamkeiten zwischen den beiden Poetiken. Denn während Zhong Hong bewußt *Rangklassen der Dichtung* (*Shipin*) aufstellte, Dichter bewertete und in Traditionslinien einordnete, dabei eigene Vorlieben und Abneigungen bekannte, verzichten die *Vierundzwanzig Qualitäten der Dichtung* (*Ershisi shipin*) auf all dieses; und während das *Shipin* vor allem deshalb schwer verständlich ist, weil es noch nicht über eine eindeutige Terminologie verfügte, scheint das *Ershisi shipin* absichtsvoll dunkel zu sein. Man bedenke nur, daß die Meinung geäußert wurde, das Werk sei allein durch seinen Titel als Poetik ausgewiesen und könnte andernfalls ebensogut als musikologisches Werk oder als Malerei- und Kalligraphiekritik gelten! Die 24 Qualitäten, die ihm seinen Namen gaben, sind zwei Dutzend Kategorien, die jeweils mit zwei Wörtern beschrieben werden, beispielsweise: (1) mächtig-allumfassend, (2) still und blaß, (3) schlank und üppig, (4) versunken-konzentriert, (5) erhaben-altertümlich, (15) ländlich-unbesorgt, (17) verschlungen, gewunden, (19) elegisch-verzweifelt, (23) von schrankenloser Weite, (24) fließend bewegt (Übersetzungen nach G. Debon). Zu all diesen Kategorien enthält das *Ershisi shipin* zusätzlich Gedichte, die das jeweils Besondere der Klasse veranschaulichen sollen, doch leider oft Meisterwerke der Unschärfe sind und sich selten so klar ausdrücken wie das Gedicht zur Kategorie elegisch-verzweifelt, das so beginnt:

Vierundzwanzig Qualitäten der Dichtung (Ershisi shipin)

Ein Sturm wühlt das Wasser auf,
die Bäume im Wald brechen.
Du bist in Not und willst sterben,
rufst dir die Ruhe herbei, aber sie kommt nicht.
Hundert Jahre wie zerronnen,
Reichtum und Ehre nur kalte Asche.
Der große Weg schwindet täglich mehr,
es gibt keine Helden, keine Talente mehr.

Man hat versucht, in der Vagheit und Suggestivität des *Ershisi shipin* einen nicht näher beschriebenen buddho-daoistischen Einfluß zu sehen, man hat darauf hingewiesen, daß Sikong Tu bekannte, Prosa sei schwierig, aber Gedichte seien noch schwieriger, von Bildern hinter den Bildern und anderem sprach. Doch all das macht das Werk nur noch dunkler, und es läßt, gegenwärtig zumindest, vieles offen. Wir wissen nicht einmal, um ein Beispiel zu nennen, ob die 24 Kategorien eigentlich präskriptiv oder deskriptiv sind, ob sie also Empfehlungen dafür geben wollen, wie Gedichte sein sollten, oder ob sie eher beschreiben wollen, wie Gedichte (oder bestimmte Qualitäten) sind; geschweige denn, um ein zweites Beispiel zu nennen, kann entschieden werden, ob die 24 Qualitäten inklusiv oder exklusiv sind, ob also ein Dichter oder ein Gedicht gleichzeitig mehr als eine Qualität erfüllen kann oder erfüllen sollte.

Weitere beiläufige und systematische poetologische Beiträge

Zwar sind nicht alle poetologischen Äußerungen aus der Tang-Zeit so unklar, doch sind sie fast nie von jener Systematik, die sich der moderne Leser wünscht. Gerne werden sie nur *en passant* gemacht und sind deshalb leicht zu übersehen; sie können sich in Gedichten verbergen oder auch in Briefen, sie können in Vorworten zu Gesammelten Werken oder Anthologien ausgedrückt werden, auch in Lebensbeschreibungen von Literaten, sie können mal mehr und mal weniger explizit sein: Einmal kann, wie zitiert, ein Liu Zongyuan klar seine Einsicht bekunden, »daß mit Literatur der Rechte Weg klarzumachen sei«, ein andermal kann ein Han Yu vage an eine kathartische Funktion von Literatur erinnern, wenn er argwöhnt, den Dichtern Li Bo und Du Fu sei durch göttliche Fügung ein hartes Leben bestimmt gewesen, damit ihre Dichtung umso geläuterter werde – wieder ein anderes Mal konnte Han Yu seine Überzeugung vortragen, Liu Zongyuan sei erst durch seine politische Niederlage und die im Exil erlittene Not zu einem großen Autor gereift, etc.

Leider sind einige poetologische Werke in China selbst verloren gegangen, und nur ein günstiger Zufall wollte es, daß der japanische Mönch Kûkai, der zwischen 804 und 806 in China war und später in seiner Heimat die buddhistische Sekte Shingon gründete, einige von ihnen abschrieb und unter dem Titel *Bunkyô hifuron* (chin. *Wen jing mi fu lun*) nach Japan brachte. Zu den Werken, die Kûkai vorlagen, gehörte möglicherweise das später verloren gegangene *Si sheng pu* (Register der vier Töne) des Shen Yue, das *Bunkyô hifuron* enthält ferner Auszüge aus den *Regeln für Gedichte* (*Shi ge*) des Wang Changling (etwa 690 – etwa 756) und Exzerpte aus Werken des Mönchs Jiaoran (730–799), der insgesamt drei poetologische Schriften verfaßt hatte.

Die kurzweiligsten poetologischen Werke sind Sammlungen mit Erzählungen um Gedichte und Dichter, allen voran das von Meng Qi (etwa 841–886) zusammengestellte *Ben shi shi* (Ursprüngliche Anlässe für Gedichte, Vorwort 886). Eingeteilt nach den Kategorien Liebe, Humor, Zorn und anderes, liefert das *Ben shi shi* einige Dutzend Anekdoten über diverse Aspekte des Literaturlebens – Geschichten darüber, in welchen Situationen

Gedichte oder einzelne Verse entstanden, wie Gedichte oder einzelne Zeilen rezipiert, mitunter auch bewußt verfälscht wurden, wie Poesie in die vermeintlich außerliterarische Lebenswirklichkeit hineinspielte: Eine Palastdame, die eine Abschrift eines Gedichts in das Futter einer Jacke nähte, die als Nachschub an die Grenze ging, wird dem anonymen Soldaten, der das Gedicht in seiner Jacke fand, als Braut zugeführt; ein Soldat darf heimkehren, weil er für seinen Kommandanten Verse schrieb, in denen die Gefühle der fernen Gattin des Offiziers ausgedrückt wurden; ein Dichter besingt ein Mädchen seines Gastgebers und erhält zum Dank eben dieses Mädchen geschenkt; Dichter nutzen anscheinend harmlose Verse, um sich gegenseitig zu verspotten, etc.

Einige offene Fragen

Nimmt man aber nur alles in allem, ist die Dichtung der Tang-Zeit noch wenig erforscht, was gewiß auch damit zusammenhängt, daß eine glücklicherweise wachsende Sekundärliteratur nicht immer den Mut hat, neue Fragen zu stellen. Zu den noch ungenügend erforschten Fragen gehört das Verhältnis zwischen Regeln und Konventionen des Dichtens auf der einen, der Freiheit des Poeten und dem Reiz des Regelverstoßes auf der anderen Seite. Auch das Verhältnis von Klang und Inhalt ist noch wenig erforscht, ebenso die Frage, welche Auswirkungen die Besonderheiten der chinesischen Schrift hatten: Zwar muß dem Rezitieren oder auch Singen von Gedichten und ihrem Hören, also dem oralen und dem auditiven Element größte Bedeutung zugekommen sein, doch gibt es auch zu denken, wenn Poetiken verlangen, ein Gedicht müsse »gut aussehen« und habe zu diesem Ziel eine Häufung von Schriftzeichen mit allzu wenigen oder allzu vielen Strichen ebenso wie eine Folge von Schriftzeichen mit demselben Klassenzeichen zu vermeiden; und aus manchen Anekdoten und Witzen weiß man, daß die Schriftzeichen oft als optische Gebilde betrachtet wurden und (absichtlich) falsch interpretiert werden konnten. Viel zu wenig ist auch noch über den umfangreichen Komplex des Gedichts als individueller Schöpfung bekannt: Was hat es zu bedeuten, wenn Bo Juyi und Yuan Zhen übereinkamen, sich gegenseitig beim Redigieren ihrer Werke zu helfen oder wenn ein Dichter im Beisein anderer schrieb, die ihre Bemerkungen zu dem entstehenden Werk nicht zurückhielten? Welche Rechte an seinem Werk wurden einem Autor zugestanden? Inwieweit griffen die Herausgeber in das Werk ein, wenn der Autor selbst schon tot war? Inwiefern ist in einer Zeit, in der literarische Werke entweder mündlich oder als Manuskripte kursierten und Abschriften oft nach dem Gedächtnis erfolgt sein müssen, der Begriff des Originals angebracht? Inwiefern konnten der für die Tang-Zeit gut belegte Buchmarkt und die Abhängigkeit von Förderern die Literatur beeinflussen, welche Konzessionen an den Geschmack der Zeit wurden erwartet, wie oft mag der Versuch, einem potentiellen Patron zu schmeicheln, den Pinsel des Dichters geführt haben?

Das fu *in der Tang-Zeit*

Das Vorstehende darf nicht den Eindruck erwecken, das poetische Schaffen der Tang-Zeit sei ganz auf die verschiedenen Formen des *shi*-Gedichts konzentriert gewesen und das *fu*, das in der Han-Zeit die vornehmste und wichtigste literarische Gattung war und später gleichbedeutend neben dem Gedicht stand, habe seine Bedeutung ganz verloren. Vielmehr gehörte während der gesamten Tang-Zeit die Fähigkeit, ein Prosagedicht zu verfassen, nicht anders als diese, ein *shi*-Gedicht zu schreiben, zu den Voraussetzungen für jenes prestigereiche Examen (*jinshi*), das die besten Aussichten auf eine

Karriere bot – auch wenn im Verlaufe der Dynastie immer wieder gefordert wurde, eher auf praktische als auf solcherlei kulturelle Kenntnisse zu setzen. Außerdem ist es wahrscheinlich, daß in allgemeinen Schulen der Tang-Zeit *fu* ebenso zum gehobenen Curriculum gehörten wie *shi*-Gedichte, konfuzianische Klassiker und ausgewählte historiographische Schriften. Diesen Umständen ist es zu verdanken, daß in der Tang-Zeit einige Handreichungen zur Abfassung von *fu* entstanden, von denen allerdings lediglich das aus dem 9. Jh. stammende und als Manuskript in Japan erhaltene anonyme *Fu pu* (Fu-Register) erhalten blieb, das vor kurzem untersucht wurde. Die allein in quantitativer Hinsicht herausragende Bedeutung des tangzeitlichen *fu* andererseits ist schon daran abzulesen, daß die großen Anthologien *Tang wen cui* und *Wenyuan yinghua* mehr als tausend Werke dieser Gattung aus der Tang-Zeit überliefern, also ungefähr zehnmal so viele *fu* wie aus der Han-Zeit erhalten sind; unter ihren Autoren finden sich so bekannte Namen wie Li Bo, Bo Juyi, Du Mu und Liu Zongyuan, in dessen Werken schon die besten *fu* der Tang-Zeit gesehen wurden; einige Autoren hinterließen nur ganz wenige *fu*, andere verfaßten sie dutzendweise und beschäftigten sich kaum mit anderen Gattungen – etwa der für seine stupende Belesenheit bekannte Wang Qi (760–846), der mit 65 *fu* das umfangreichste Œuvre schuf, oder jener andere Wang Qi (*jinshi* 862), der nur ein *shi*-Gedicht, aber 46 *fu* hinterließ und als letzter großer Meister der Tang-*fu* bezeichnet wurde (Paul Kroll).

Die tangzeitliche fu-Dichtung: reichlich belegt und kaum untersucht

Nur ein Bruchteil der tausend tangzeitlichen *fu* ist allerdings bislang untersucht, so daß alle Verallgemeinerungen derzeit noch auf extrem dünner Grundlage stehen. Künftige Forschungen müssen von einer bereits in der Ming-Zeit formulierten Hypothese ausgehen. Demnach ist das für die Tang-Zeit typische Prosagedicht das sogenannte Regel-*fu* (*lüfu*), das vorwiegend auf die Einhaltung tonaler Regeln und Parallelismen ausgerichtet ist, doch inhaltlich eher arm und leer bleibt. Die jüngere Forschung hat dieses prägnante Urteil bereits mehrfach kritisiert und darauf verwiesen, daß das am hanzeitlichen Prosagedicht orientierte sogenannte Alte *fu* (*gufu*) selbst in der Blütezeit des Regel-*fu* weiter gepflegt wurde und keineswegs behauptet werden kann, das Prosagedicht sei in der Tang-Zeit zu einer inhaltslosen und etwas angestaubten Gattung herabgesunken, derer sich die Autoren nur annahmen, weil sie in ihren Examina abgeprüft wurde.

Sind tangzeitliche Prosagedichte doppelbödig und hintersinning? Ungeliebte Thesen

In ganz andere Richtungen weisende Herausforderungen an die Erforschung tangzeitlicher *fu* hat Friedrich A. Bischoff in einer ein halbes Dutzend Prosagedichte aus der Tang- und der Song-Zeit untersuchenden Studie gestellt. Diese geht von drei Grundannahmen aus: Erstens sei jedes vollendete Prosagedicht über einen Zeitraum von Wochen und Monaten abgefaßt und dabei bis in die Details geschliffen und poliert worden; zweitens habe es – demonstriert unter anderem in dem Yang Xiong zugeschriebenen Wort, wenn man tausend *fu* gelesen habe, sei man imstande, selbst *fu* zu schreiben – zu keiner Zeit ein verallgemeinerbares und lehrbares Rezept zum Abfassen von *fu* gegeben; drittens liege der Zweck des *fu* darin, verborgene Botschaften zu vermitteln, vornehmlich verborgene Kritik zu üben, also Mißstände zu tadeln, ohne sie beim Namen zu nennen. Der Autor eines Prosagedichts mußte also, überspitzt formuliert, stets auf der Hut vor dem Zensor sein, mußte jederzeit bangen, in Ungnade zu fallen oder noch Schlimmeres zu gewärtigen. Da war es nur folgerichtig, wenn die Autoren von *fu* auf Techniken sannen, die ihre Werke so sehr vernebelten, daß sie einerseits dem Eingeweihten in ihrer Hintergründigkeit verständlich blieben oder nach gründlichstem Studium verständlich wurden, andererseits den eventuell in die Bredouille geratenden Verfasser jederzeit mit unschuldiger Miene auf den vordergründigen Sinn des Textes verweisen lassen konnten. Gern und häufig entzogen, so Bischoff, die Autoren einer eventuellen Kritik schon im voraus den Boden, indem sie sich damit entschuldigten, ein bestimmtes Werk sei im Rausch oder sonstiger unreflektierter Spontaneität geschrieben worden. Doch die Techniken des Vernebelns im engeren Sinn, die Bischoff den *fu*-Autoren unterstellt, waren subtiler: Ein Autor benutzte zum Beispiel Schriftzeichen, die gleichzeitig für Wörter mit ganz unterschiedlichen, ja kontradiktorischen Bedeutungen stehen können; oder er wählte Schriftzeichen, die durch geringfügige graphische Änderungen, die sich dem Kenner nahelegen, einen völlig anderen Sinn transportieren als ihnen vordergründig innewohnt; ein Autor konnte auch Sätze formulieren, die wie bei einem Palindrom nicht nur von vorne, sondern auch rückwärts zu lesen waren und dann natürlich einen ganz anderen Sinn ergaben als der gewöhnlich gelesene Satz; und schließlich gab es auch noch jene würdigste aller Techniken – die Anführung eines Zitats, die dem Zitierten selbst keinerlei Signifikanz gab, sondern gerade auf den *nicht* angeführten Kontext verweisen wollte.

Wie weit man kommen kann, wenn man von solchen Annahmen ausgeht und ihnen einen guten Teil Intuition beimischt, zeigen Bischoffs *fu*-Interpretationen: Er schafft es, alle von ihm behandelten Gedichte so zu deuten, daß sie von Anfang bis Ende auf je zwei ganz verschiedene Weisen gelesen werden können. Man sieht das vielleicht am besten an einem winzigen Beispiel aus einem *fu*, in dem sich Bo Juyi anläßlich seines *jinshi*-Examens im Jahre 800 mit der anthropologischen These des Konfuzius auseinandersetzen mußte, die Menschen seien von Natur aus alle gleich, würden aber durch »Übung« voneinander verschieden. Während sich Bo Juyi vordergründig tadellos seiner Aufgabe entledigte, gelang es ihm nach Bischoff auch, sein Prosagedicht gleichzeitig zu einem Angriff auf den Nepotismus zu machen. Das zeigt sich bereits im Auftakt des Gedichts, der in folgenden zwei Versionen gelesen werden könne, von denen die zweite klärlich brisant ist.

> O! Von den gewöhnlichen Menschen unten angefangen bis hinauf zum Fürsten besteht alle Tugend in Achtsamkeit, und die spezifischen Naturen der einzelnen unterscheiden sich durch Übung voneinander. (Version eins)
>
> Weg mit der Vetternwirtschaft, hoch mit den Edlen! Wenn man nur immer erst nach sorgfältigem Bedenken definierte, was Tugend bedeutet, dann fänden die Talentierten eine Anstellung und die Leute mit ihren Beziehungen würden zurückgewiesen werden. (Version zwei)

Vorsicht vor zu viel Phantasie!

Ist es plausibel, daß ein und derselbe Text nach dem Willen seines Autors dermaßen verschieden interpretiert werden kann, ja soll? – Bischoffs Thesen haben nicht viele Freunde gefunden, und es fällt nicht schwer, Einwände vorzubringen: Da ist zunächst zu bedenken, daß Bischoffs radikale Thesen kaum auf zusammenhängenden expliziten Äußerungen in der chinesischen Literatur selbst beruhen und ohne literaturgeschichtliche Rücksichten formuliert wurden; ferner ist zu kritisieren, daß den chinesischen Literaten Methoden des Verschleierns unterstellt werden, die alle Gesetze von Grammatik und Syntax außer Kraft setzen; drittens ist die These, in *fu* (und natürlich auch in anderen geschliffenen literarischen Werken) seien absichtlich Schriftzeichen benutzt wurden, die durch geringfügige graphische Änderungen eine völlig neue Bedeutung ergeben, natürlich nur für gelesene Literatur sinnvoll, nicht aber dann, wenn Literatur gehört wird, wie das in

Zeiten der Manuskriptkultur überwiegend der Fall war; geradezu naiv ist viertens die apodiktisch und unhistorisch vorgetragene Überzeugung, Kritik habe sich stets nur sublim äußern dürfen – man erinnere sich nur an einige oben zitierte Worte oder studiere Throneingaben, um sich ein Bild von der Bereitschaft zur Kritik und der Bereitschaft zur Annahme von Kritik zu machen; und was schließlich die These angeht, einige zeitgenössische Konsumenten hätten ein Prosagedicht in seinen hintergründigen Botschaften verstehen können, andere aber nicht, so ist sie in ihrer Konsequenz nahezu schizophren, insofern sie die gebildete Schicht Chinas spaltet und stillschweigend annimmt, daß die Zensoren des Geistes Hohlköpfe ohne jede Imagination waren, aber so lange keinem Autor ein Haar krümmten, wie sie ihm nichts Arges nachweisen konnten.

Ungeachtet solcher Bedenken kann man andererseits auch nicht die Augen vor einigen Tatsachen verschließen, die zugunsten der Vermutung sprechen, chinesische Texte seien oft absichtlich mehrdeutig. Man weiß ja, um das Augenfälligste zu nehmen, daß knifflige Passagen von hoch gebildeten Kommentatoren selbst auf der semantischen Ebene oft ganz unterschiedlich verstanden wurden. Man kann auch nicht übersehen, daß die chinesische Schrift ihre eigenen Tücken hat, wie etwa das geflügelte Wort impliziert, nach dreimaligem Kopieren werde aus dem Schriftzeichen für das Wort »Fisch« jenes für das Wort »dumm«, und das Zeichen für das Wort »leer« werde zu jenem des Wortes »Tiger«. Außerdem muß man gewärtigen, daß die Chinesen tatsächlich gerne mit ihren Schriftzeichen und der Lautarmut ihrer Sprache spielten. Die tangzeitlichen Handschriften aus Dunhuang legen davon ebenso Zeugnis ab wie spätere Anekdoten, etwa die bei Bischoff zitierte Schnurre über einen kleinen Schulmeister, der ständig die Schriftzeichen falsch las und es über ein ganz kleines graphisches und lautliches Mißverständnis sogar schaffte, die altehrwürdige Maxime: »Siehst du ein dir teures Gut, greife nicht aufs Geratewohl zu, kommst du in Schwierigkeiten, mach dich nicht aufs Geratewohl davon« so zu verstehen: »Sieht eine Häsin ein ihr teures Gut, bekommt sie es, kommt eine Häsin in Schwierigkeiten, entgeht sie ihnen.«

Das yuefu *in der Tang-Zeit*

Die fragwürdige Definition der Neuen yuefu *durch Guo Maoqian*

Es wurde bereits erwähnt, daß Guo Maoqian die letzten elf seines 100 Kapitel umfassenden *Yuefu shiji* unter dem Sammelnamen Neue *yuefu* subsumierte und dort ausschließlich Autoren der Tang vorstellte. Man erkennt schon daran, daß die Gattung *yuefu* in der Tang-Zeit weiterhin beliebt war, doch ging Guo Maoqian noch weiter und notierte, was er als das Besondere der Neuen *yuefu* betrachtete: »Die Neuen *yuefu* sind allesamt neue Gesänge der Tang-Zeit. Weil sie ihren Ausdrücken nach [die Kriterien] eines *yuefu* erfüllen, aber nicht vertont wurden, nennt man sie Neue *yuefu*.«

Zu den bedeutendsten tangzeitlichen *yuefu*-Autoren gehören Li Bo, Yuan Jie, Zhang Ji, Bo Juyi, Yuan Zhen und Pi Rixiu; einige große Autoren schrieben keine oder nur ganz wenige *yuefu*, darunter Du Fu und Han Yu. Li Bo hinterließ etwa 150 *yuefu*, die erheblich zu seinem Ruhm beitrugen und ein ebenso breites Spektrum wie die älteren *yuefu* haben: Proteste gegen den Krieg und Verherrlichungen chinesischer Eroberungen ebenso wie Liebes- und Trinklieder. Anders zeigt sich ein Zyklus von einem Dutzend Gedichten, den Li Bos jüngerer Zeitgenosse Yuan Jie als *Xi yuefu shi'er shou* (Zwölf verbundene *yuefu*) zusammenstellte: Diese Werke sind allein der Kritik verpflichtet und gehen, so ihr Autor, über solche Themen, »über die frühere Generationen einst seufzen konnten«. Auch Zhang Ji, unter dessen rund 400 Gedichten etwa sechs Dutzend *yuefu* sind, wies den *yuefu* das Recht und die Aufgabe zu, Mißstände anzuprangern. Im besonderen beklagte er das Los kleiner Leute im Angesicht hoher Steuern, harter Fron und auszehrender Kriege. Bo Juyi lobte Zhang Ji als den besten *yuefu*-Autor seiner Zeit und zeigte sich enttäuscht darüber, daß er trotz seiner Bereitschaft, Mißstände anzuzeigen, im Alter von beinahe fünfzig Jahren noch ein ärmliches Leben führen mußte. Außerdem verriet Bo Juyi in seinem Gedicht *Bei der Lektüre von Zhang Jis Alten yuefu* (*Du Zhang Ji gu yuefu*) einige Eindrücke, die einzelne *yuefu* Zhang Jis hinterließen oder hinterlassen sollten: »Liest man sein ›Gedicht über die Suche nach Unsterblichen‹, / wird man die verwirrten Herrschenden verspotten«, lautet eine solche Notiz, und auch wenn diese Anmerkungen kurz sind und etwas stilisiert scheinen, sind sie doch wichtige Zeugnisse der zeitgenössischen Rezeption von Dichtung.

Sozialkritische Ansprüche tangzeitlicher yuefu

Mit Bo Juyi selbst sowie seinem Freund Yuan Zhen sind die bedeutendsten *yuefu*-Dichter der Tang genannt: Yuan Zhen verfaßte mehr als 80 *yuefu* und übte damit großen Einfluß auf Bo Juyi aus; dieser selbst stellte eine Sammlung von 50 *yuefu* zusammen, die in der Geschichte dieses Genres eine herausragende Position erhalten sollten. Wie Yuan Jie stellte auch Bo Juyi seine *yuefu* unter einen gemeinsamen Titel, wie jener gab auch er seiner kleinen Sammlung, die er *Xin yuefu* (Neue *yuefu*) nannte, ein Vorwort mit programmatischen Äußerungen bei:

> Ihre Ausdrücke sind ungewunden und voller Substanz, denn ich möchte, daß die Leser sie leicht verstehen; ihre Worte sind geradeaus und entschieden, denn ich möchte, daß die Hörer streng gemahnt werden; ihre Angelegenheiten sind untersucht worden und entsprechen der Wirklichkeit, auf daß einer, der sie sammelt, sie als verbürgt weitergeben kann; ihrer Form nach sind sie gefügig und ungebunden, man kann sie als Musikstücke und Lieder bekannt machen. Mit einem Wort: Sie sind gemacht für Fürsten und für Untertanen, für die Dinge und für die Angelegenheiten, sie sind nicht um der Literatur willen geschaffen.

Lektürehilfe für yuefu

So deutlich sich Bo Juyi hier dazu bekennt, daß die Neuen *yuefu* einen sozialkritischen Auftrag haben, der sich des Tadels und des Lobs bedient, so scheint er doch noch besorgt gewesen zu sein, mißverstanden zu werden. Wie anders wäre zu interpretieren, daß er zu jedem seiner *yuefu* knappe Lese- und Interpretationshilfen lieferte, die ihrer Form nach ganz seinen Lektürenotizen zu Zhang Ji gleichen? Sie zeigen, wie viel sich Bo Juyis *yuefu* zu kritisieren oder zu loben erlaubten: *Hai manman* (Das Meer ist zu weit) sei »eine Warnung vor der Suche nach Unsterblichen«, das Gedicht *Hu xuannü* (Die Wirbeltänzerin aus der Fremde) »eine Warnung vor einer rezenten Gepflogenheit«, nämlich der Vorliebe für iranische Wirbeltänzerinnen; ein anderes Gedicht »drückt die Hoffnung aus, die königliche Gunst möge weit reichen«, wieder ein anderes »bringt die Gefühle der ausgezehrten Bevölkerung zum Ausdruck«, ein drittes »kritisiert, daß die Tempel der Buddhisten zunehmen«, ein viertes »warnt vor üppigen Begräbnissen«, etc. Bo Juyi hat darauf aufmerksam gemacht, seine *Xin yuefu* besäßen starken Realitätscharakter und seien gut recherchiert. Tatsächlich scheinen sie mitunter so realitätsnah wie Reportagen, die eher das Spezifische als das Allgemeine betonen – etwa *Die Menschen von Daozhou* (*Daozhou min*), ein »Preis darauf, daß Untertanen auf einen klarsichtigen Herrscher getroffen sind«, wie der Lesehinweis des Autors verrät: Das Gedicht schildert, wie ein Provinzbeamter durch Mut und Entschiedenheit das kaiserliche

Verbot erwirkte, die kleinwüchsigen Menschen von Daozhou als Sklaven zu handeln und als eine Art Naturalsteuer abzuführen; der Realitätsgehalt des Gedichts ist daran zu ermessen, daß es selbst den Namen des betreffenden Beamten erwähnt, dessen Argumente nennt und sogar das Detail anführt, die Menschen von Daozhou würden als Zeichen der Dankbarkeit häufig ihre Kinder nach ihrem Wohltäter nennen.

Der herausragende *yuefu*-Autor der Tang-Spätzeit war Pi Rixiu, dessen Nachruhm auf einer Serie von zehn Gedichten zum Titel *Zheng yuefu* (Korrekte *yuefu*) beruht. Wie die *Xi yuefu* des Yuan Jie und die *Xin yuefu* des Bo Juyi haben auch die *Zheng yuefu* des Pi Rixiu einen sozialkritischen Anspruch. Indes war ihr Autor überzeugt, daß die kritischen *yuefu* eher in der Anfangszeit des Genres als in seiner eigenen Epoche zu finden seien: »*Yuefu* sind Gedichte, die die alten weisen Könige auf der ganzen Welt sammeln ließen, weil sie erfahren wollten, wo ihre Staaten stark sind und wo sie kranken, womit das Volk zufrieden ist und woran es leidet«, schrieb er im Vorwort und klagte, die *yuefu*-Kultur seiner Zeit nähme den aufklärerischen Impetus nicht mehr ernst: »Die sogenannten *yuefu* von heute wollen nur prunken und protzen, [...] es ist gewiß nicht richtig, daß man sie *yuefu* nennt«, behauptete er und gestand, eben deshalb »korrekte *yuefu*« verfassen und über Angelegenheiten schreiben zu wollen, über die man sich in den *yuefu* früherer Zeiten erzürnen konnte.

Läßt man diese Skizzen Revue passieren, ist festzuhalten: Das *yuefu* spielte bei einigen Dichtern der Tang eine sehr herausragende Rolle, bei anderen überhaupt nicht. Unter den bedeutenden *yuefu*-Autoren betonten alle nach Li Bo lebenden Dichter, das *yuefu* müsse durch Kritik und Lob das öffentliche Leben beeinflussen. Auffallend ist, daß etliche Dichter ihre *yuefu* zu Zyklen verbanden und ihren Werken einen qualifizierenden Zusatz in den Titel gaben oder von anderen geben ließen – Verbundene *yuefu*, Alte *yuefu*, Neue *yuefu*, Korrekte *yuefu*. Es ist fraglich, ob die Definition des Guo Maoqian, die Neuen *yuefu* aus der Tang-Zeit zeichneten sich dadurch aus, daß sie nicht vertont wurden, akzeptiert werden kann; denn immerhin sagt wenigstens Bo Juyi, man könne seine eigenen Neuen *yuefu* wahlweise vertonen oder auch nicht. Alles in allem zeigt sich: Das *yuefu* der Tang ist künftig noch weiter zu erforschen.

Lied (ci) *und Liedkritik der Tang- und Wudai-Zeit*

Wenn auch die Forschung den *fu* und den *yuefu* der Tang-Zeit noch viele Antworten schuldig ist, blickten doch beide Gattungen damals bereits auf eine lange Tradition zurück und wurden gewissermaßen epigonenhaft gepflegt. Indes können einige Dichter, vornehmlich aus der Spätphase der Tang, auch für sich in Anspruch nehmen, ein neues Genre geschaffen zu haben: das Lied, *ci*.

Woran erkennt man ein Lied (ci)*?*

Woran erkennt man ein Lied, wenn ihm keine Notationen beigegeben sind, wodurch ist im besonderen zu unterscheiden, ob es sich bei einem poetischen Text um ein *shi*-Gedicht oder ein Lied handelt? Wie erinnerlich, ist ein *shi*-Gedicht, unabhängig davon, ob es dem Alten oder dem Modernen Stil folgt, dadurch gekennzeichnet, daß seine Zeilen das ganze Gedicht hindurch stets gleich lang sind. Bei einem Lied gilt diese Vorschrift nicht, es ist gerade dieses Spezifikum, das den Liedern eine ihrer alternativen Bezeichnungen gab: *changduan ju*, »Sätze (also: Zeilen) ungleicher Länge«. Hinsichtlich seiner Gesamtlänge kann ein Lied, ebenso wie ein Gedicht im Alten Stil, erheblich schwanken – den kürzesten *ci* mit nur 20 Silben /

Wörtern stehen die längsten mit 240 Silben gegenüber. Die längeren Stücke werden gewöhnlich in Strophen geteilt, seit der Song-Zeit unterscheidet man nach der Grundlage der Länge der Lieder zwischen kurzen, mittleren und langen *ci*.

Wie gleichfalls erinnerlich, galten für die Gedichte nach dem Neuen Stil im Gegensatz zu den Alten Gedichten relativ strenge Vorschriften bezüglich der Verteilung der Worttöne eben und schief. Doch während selbst hier der Autor immer noch bei etwa einem Viertel der in seinem Gedicht benutzten Wörter frei war, den schiefen oder den ebenen Ton zu wählen, war der Verfasser eines *ci* vollends reglementiert: Seine Kunst bestand darin, Worte in ein Muster zu füllen, das ihm genau vorschrieb, wie viele Silben er verwenden durfte, welche Worttöne zu treffen, welche Reime anzuschlagen waren. Diese Besonderheit ist so typisch für die Gattung, daß die Abfassung eines Lieds als *tian ci* »Ausfüllen eines Lieds« bezeichnet wird – gerade so, wie man ein vorhandenes Formular ausfüllt. Die Formulare oder Muster, die dem *ci*-Dichter zur Verfügung standen, waren natürlich Melodien (sogenannte *cidiao* oder *cipai*), weswegen denn auch der Terminus *ci* statt mit Lied im engeren Sinne mit Liedtext übersetzt werden kann. Über die Herkunft der Melodien und viele andere Fragen um das frühe *ci* ist nach Lage der Quellen und der Forschung manches nicht wünschenswert klar zu sagen. Sicher kam das tangzeitliche China in Folge militärischer Begegnungen und zivilen Austausches mit Musikinstrumenten (wie der viersaitigen Pipa) und Melodien aus Zentralasien in Berührung; auch ist belegt, daß bereits in der kurzen Sui-Zeit, erst recht unter den Tang, diese »moderne« Musik in allen Schichten der Bevölkerung beliebt war, und möglicherweise durchlief die fremdländische Musik zunächst eine Phase der Rezeption bei Hof, bevor sie über die Vergnügungsviertel in den Städten popularisiert wurde. Leider sind die überlieferten *ci* tatsächlich nur als Liedtexte vorhanden, deren Musik nicht zu rekonstruieren ist. Erst ab dem späten 12., frühen 13. Jh. sind vereinzelte Notationen bekannt, vielleicht sind auch einige Melodien unerkannt in der daoistischen Liturgie auf uns gekommen. Die überkommenen Liedtexte führen nur selten einen inhaltsbezogenen Titel, nennen aber stets die Melodie, auf die sie geschrieben wurden, was in deutschen Übersetzungen durch Überschriften wie *Nach der Melodie xy* oft festgehalten wird. Dieser offensichtliche Primat der Melodie über das Wort wirft wenigstens drei Fragen auf: Wie viele Melodien waren überhaupt in Umlauf? Welche Melodie wurde wie oft betextet? Welche Zusammenhänge bestehen zwischen Text und Melodie?

Verlust der Melodien

Wie viele Melodien waren in Umlauf?

Im Versuch einer Antwort auf die Frage, wie viele Melodien in Umlauf waren, deuten Indizien an, die Lied-Dichter seien anfangs relativ frei gewesen, mußten sich aber später in engeren Grenzen bewegen, um noch später wieder freier zu werden. Die ersten *ci* scheinen ohne weitere Restriktionen verfaßt worden zu sein, indem ein Dichter eine ihm bekannte Melodie mit einem neuen Text belegte und letztlich nur er selbst oder sein Publikum darüber richteten, ob Text und Melodie zusammenpaßten. Im Laufe der Zeit wurden sogenannte *cipu* angelegt, das sind Register der Melodien und sonstigen prosodischen Besonderheiten einzelner Lieder, die ein Dichter zu beachten hatte, wenn er ein »Lied ausfüllte«. Die Praxis zeigte jedoch, daß wenigstens gelegentliche Abweichungen von den Vorlagen erlaubt werden mußten, die dann ihrerseits immerhin markiert wurden. Das zu Beginn des 18. Jh.s zusammengestellte, auf älteren Werken beruhende *Qin ding cipu* (Kaiserlich sanktioniertes Register der *ci*) versammelte nicht weniger als 826 Weisen und beinahe doppelt so viele zulässige Varianten, von denen allerdings nur ein Teil im allgemeinen Gebrauch war. Was die proportionale Verteilung der Melodien angeht, scheint es keine Auflistung darüber zu geben, welche Weisen wie oft betextet wurden. Allerdings ist schon die Tatsache, daß das *Qin ding cipu* einige Weisen mit nur einer Grundform verzeichnet und von anderen über ein Dutzend Varianten anführt, ein Indiz dafür, daß einige Melodien häufiger als andere betextet wurden, womit auch immer das zusammenhing.

Zusammenhang zwischen Liedtext und Melodie

Hinsichtlich der dritten Frage, Zusammenhang zwischen dem Text eines Liedes und seiner Melodie, gibt die Sekundärliteratur leider nur ganz banale, sogar widersprüchliche Antworten. Als ob es bedeutungslos wäre, wenn Bo Juyi drei *ci* zur Weise *Yi Jiangnan* schrieb und dabei jedes Mal über den Süden Chinas sprach, während sein Freund Liu Yuxi auf Bo Juyis Grundlage seinerseits ein Lied zu *Yi Jiangnan* machte, das gar nichts mit dem Süden zu tun hat! Oder sollte man, um ein fiktives Beispiel zu wählen, sich etwa vorstellen, daß ein Liebesgedicht unter der Melodie *Herbststimmung* keine anderen Implikationen hatte und haben sollte als unter der Weise *Die Geliebte kommt*? Das ist kaum denkbar! Wenigstens für die Zeit, in der einige Weisen noch in den Ohren klangen, ist es nicht vorstellbar, daß Inhalt und Melodie eines *ci* nicht im Zusammenhang betrachtet wurden; doch selbst nachdem die Musik verklungen war und das musikalische Muster einem metrischen wich, müssen wenigstens in Einzelfällen Reminiszenzen an zeitgenössische oder ältere gleich betitelte Werke angeklungen sein.

Mit Bo Juyi und Liu Yuxi sind bereits zwei frühe *ci*-Dichter genannt, wenngleich die Authentizität ihrer Lieder umstritten ist. Auch in Dunhuang sind Abschriften früher Lieder gefunden worden, dank einer zeitgenössischen Aufstellung wissen wir sogar, daß weit mehr als die Hälfte der Lieder, die in diesem fernen Außenposten Chinas und Schmelztiegel der Kulturen erklangen, auch in der Hauptstadt gesungen wurden und sogar hoffähig waren. Abgesehen davon wurden die bedeutenden frühen *ci* erst in der Späten Tang-Dynastie komponiert; die namhaftesten Autoren waren Wen Tingyun (etwa 812 – etwa 870) und Wei Zhuang (etwa 836–910), die wichtigste Quelle der frühen Lieder ist die Anthologie *Hua jian ji* (Zwischen den Blüten).

Hua jian ji (Zwischen den Blüten)

Anekdoten zufolge paßt Wen Tingyun gut in das Bild, das sich die spätere sittlich gefärbte Kritik von seinen Liedern machte, indem sie diese trotz aller ästhetischen Reize als sittlich anstößig verurteilte: Ein aus dem Norden stammender, viel und weit gereister manierierter Liederjan, häufiger Gast in Vergnügungsvierteln, zeitweiliger Liebhaber der Dichterin Yu Xuanji, bekannt für seine Künste auf der Flöte und mehreren Saiteninstrumenten. Und doch überwogen selbst bei ihm die traditionellen Formen, immerhin stehen den 70 bekannten Liedern Wen Tingyuns etwa 300 *shi*-Gedichte gegenüber. Auch der um eine knappe Generation jüngere Wei Zhuang hatte sich nicht allein durch Lieder berühmt gemacht, auch bei ihm überwiegen die *shi*-Gedichte; darüber hinaus betätigte er sich als Herausgeber zeitgenössischer Dichtung und stellte in seinen späten Jahren eine große Sammlung mit 142 Tang-Lyrikern zusammen.

Als die Dynastie der Tang zusammenbrach, war Wei Zhuang auf der Seite eines Mannes, der formal in Diensten der Tang stand, sich realiter aber zum Herrn über Sichuan gemacht hatte und in dessen Hauptstadt Chengdu schließlich mit der Dynastie Frühe Shu ein eigenes Königreich etablierte. Dieses, im besonderen die Hauptstadt Chengdu, bot bald vielen Untertanen des vergangenen Herrscherhauses, vor allem Künstlern und Dichtern, einen

Ort der Zuflucht. In Chengdu war es auch, wo Zhao Chongzuo (um 934–965) Mitte des 10. Jh.s die erwähnte Anthologie *Hua jian ji* zusammentrug: 500 Lieder zu 75 Weisen, verfaßt von 18 Autoren, von denen die meisten in Chengdu lebten oder dorthin geflohen waren und von denen Wen Tingyun mit 66 sowie Wei Zhuang mit 48 Exempla am häufigsten vertreten sind. Bedenkt man die historischen Umstände, in denen die Anthologie zusammengetragen wurde und viele ihrer Lieder entstanden; bedenkt man, daß ein großes Reich niederging und nichts vor rebellierenden Banden in Sicherheit war, die gewöhnliche Bevölkerung litt, die Elite der Hauptstadt entwurzelt wurde und in die Fremde fliehen mußte; denkt man daran, daß auf die Abdankung des letzten Tang-Kaisers ein halbes Jahrhundert Krieg und Chaos folgte: dann fühlt man sich an die Szenerie erinnert, die Boccaccio im *Decamerone* als Hintergrund seiner frivolen Geschichten skizzierte. Denn die Lieder des *Hua jian ji* kennen doch fast nur ein einziges Thema, die Liebe. Und zwar in ihrem ganzen Spektrum, wie Lois Fusek bemerkt: von der Atemlosigkeit des ersten Treffens und dem heimlichen Stelldichein bis zur leidenschaftlichen Umarmung und der für immer verlorenen Liebe. Das Leben der sozialen und sonstigen Pflichten findet in den Liedern keinen Niederschlag, entsprechend arm sind denn auch ihre poetischen Bilder: die einsame Frau im kalten Bett; die Kerze, deren Wachs an Tränen gemahnt; die verlorene Lampe an der Bettstatt; verlassene Kissen; die an die schwindende Zeit gemahnende Wasseruhr; Spiegel, Kosmetik, elegante Kleidung – alles ungebraucht, weil der Geliebte fern ist.

Topoi der Lieder

Die Dichter des *Hua jian ji* scheinen sich, auch hierin den Erzählerinnen und Erzählern des *Decamerone* nicht unähnlich, des Vorwurfs bewußt gewesen zu sein, ihre Lieder neigten zum Eskapismus und entsagten jenes didaktischen Auftrags, zu dem sich doch viele *shi*-Dichter der Tang bekannten. Das wird ganz deutlich in einem auf 940 datierten Vorwort von Ouyang Jiong (896–971), der ersten von später zahlreich werdenden Poetiken des *ci*. Anstatt jedoch diese Vorwürfe zurückzuweisen, macht das Vorwort deutlich, daß die Dichter des *Hua jian ji* geradewegs zu den Anschuldigungen standen, den ästhetischen und emotionalen Reiz ihrer Verse hervorhoben und zugaben, nicht belehren oder bessern, sondern erfreuen zu wollen. Die Dichter des *Hua jian ji* standen zu einer Literatur, die ihre Rechtfertigung aus der Schönheit der Natur bezieht und die Natürliches und Künstliches zusammenbringen will, wie die ersten, berühmt gewordenen Worte Ouyang Jiongs zeigen: »Schneidet man Jade oder bearbeitet man Schmucksteine, dann imitiert man die Schöpfung und macht sie noch vollkommener! Schneidet man Blumen und Blätter zurecht, wetteifert man mit der Frühlingspracht um die Frische.« – Ebenso verhalte es sich mit Literatur im allgemeinen, den Liedern im besonderen.

Poetisches Konzept des Hua jian ji

Als in Chengdu die Lieder des *Hua jian ji* erklangen, brachte die Lied-Kultur in dem viele hundert Kilometer östlich gelegenen Jinling (nahe dem heutigen Nanjing) eine weitere Blüte hervor. Dort konnte sich zu Beginn des 10. Jh.s eine etwas dubios mit dem Herrscherhaus der untergegangenen Dynastie Tang verwandte Familie aufschwingen und mit der Südlichen Tang (937–975) eine kurzlebige Herrschaft etablieren, die neben den auf Sichuan konzentrierten Staaten Frühere Shu und Spätere Shu als ein weiteres unter den Zehn Königreichen zählt. Wie am Hofe von Chengdu mit Wen Tingyun und Wei Zhuang die Lied-Kultur sich auf zwei hervorragende Vertreter konzentrierte, waren auch die Lieder der Südlichen Tang bei zwei Poeten mustergültig ausgeprägt – bei Feng Yansi (903–960) und Li Yu (937–978), die zusammen mit Wen Tingyun und Wei Zhuang gerne als die Vier Frühen Meister des Lieds apostrophiert werden. Davon hat im besonderen Li Yu das Interesse auf sich gezogen, was gewiß erheblich in der Tragik seines Schicksals liegt: Nachdem die beiden ersten Herrscher der Südlichen Tang in seltener Mischung hohe Bildung und politisches Geschick verbunden hatten, mußte Li Yu als dritter Herrscher (reg. 961–975) sein Reich an die Song-Dynastie verlorengeben und sein Leben als Gefangener in deren Hauptstadt Kaifeng beenden. Dagegen hat er dank seiner 45 Lieder (zu 28 Melodien) auf immer einen Platz in der Literaturgeschichte.

Die Lieder des Li Yu

Verbreiteter Ansicht zufolge vollzogen Li Yus Lieder »die erste Wendung von den ursprünglichen Inhalten der einfachen, unbeschwerten Natur- und Liebeslyrik zu Schöpfungen allgemeineren, würdigeren Inhalts« (Alfred Hoffmann). Man ging und geht sogar so weit, Li Yus Lieder als Ergebnisse des persönlichen Erlebens und ihre Zunahme ernsterer Töne als Zeugnisse der Läuterung unter einem harten persönlichen Geschick zu sehen; man glaubte mit anderen Worten sogar, das vermeintliche Lebensgefühl des Autors als Grundlage für die Datierung seiner Werke nehmen zu dürfen. Natürlich ist das ein sehr problematischer Ansatz, und doch bieten sich Li Yus Leben und sein Œuvre einer solchen Deutung geradezu an: Eine erste Lebensphase, nämlich die Jugend und die frühen Mannesjahre des jungen Königs, dürfte in der Tat von der Unbeschwertheit an einem ebenso festesfreudigen wie die Künste Dichtung, Kalligraphie und Musik fördernden Hof geprägt gewesen sein – um mit dem frühen Tod der Gattin des Li Yu ein jähes Ende zu finden; einleuchtend ist ferner, daß in Li Yus folgenden Jahren eine gewisse Melancholie dominierte; und es ist plausibel, die Eroberung des Königreichs, die Gefangennahme und Verschleppung nach Kaifeng als weiteren großen Einschnitt zu betrachten, der Li Yu läuterte und Lieder schreiben ließ, die sich in erhabene Klagen über den Untergang seines Reiches, die Trauer über das eigene Schicksal und die allgemeine Vergänglichkeit steigern.

In einem der schönsten Lieder aus Li Yus erster Schaffensphase mag man die höfische Dekadenz, in der Li Yu aufwuchs, gespiegelt sehen, »die Grenzen des ›Anstößigen‹ fast erreicht«, wie es Alfred Hoffmann formulierte. Hermann Kasack hat es kongenial übertragen und seine Überschrift [*Nach der Melodie*] *Yi hu zhu* (Ein Malter echter Perlen) durch den Titel *Eine Hofdame* ersetzt:

Wie hat sich die Schöne zum Abend geschminkt und geschmückt!
Nach Sandelholz duftet der Raum im Vorgenuß.
Sie trällert ein Lied. Der Freund atmet entzückt.
Das Spiel ihrer süßen Zunge weckt Wort und Kuß.
Überreif wie eine Kirsche ist ihr roter Mund.

Tupfen von Schminke röten das seidene Gewand.
Sie achtet der Flecken nicht, noch des verschütteten Weins.
Lässig streckt sie sich hin und spuckt galant
Einen Faden, den sie im Munde gekaut, mit eins
Ihrem Liebsten übermütig in das Gesicht.

Wie anders klingt dagegen das folgende Lied zur Melodie *Wu ye ti* (Krähen schreien in der Nacht), das man spontan in die Phase der Gefangenschaft seines Autors datieren möchte und das den einflußreichen Lied-Kritiker Wang Guowei (1877–1927) an ein Wort von Nietzsches Zarathustra erinnerte: »Von allem Geschriebenen liebe ich nur das, was einer mit seinem Blute schreibt.« Die Übersetzung ist eine Gemeinschaftsarbeit der beiden bedeutenden Interpreten A. Hoffmann und G. Debon:

Vom Walde wich des Frühlings Rot
O viel zu schnell.
Wir ändern nicht, daß früh der Regen geht und abends Winde wehn.

Tränen auf dem geschminkten Gesicht
Machten mich trunken.
Wird das noch einmal sein?
So wie die Ströme stetig sich gen Osten senken: Leben senkt sich in Leid.

Literatur der Tang-Zeit: Prosa

Die Prosa der Tang-Zeit wird gern mit den beiden Schlagworten *guwen* (Alte Prosa, Alte Literatur) und *fugu* (Zurück zum Altertum, Wiederherstellung des Altertums) charakterisiert; das Schlagwort *guwen* wird überdies häufig zum Begriff *guwen*-Bewegung (*guwen yundong*) erweitert. Es wäre jedoch eine zu grobe Vereinfachung, die Prosa der Tang nur anhand dieses Leitfadens zu skizzieren, stattdessen ist die folgende Darstellung in drei Bereiche zu teilen: Die Alte Prosa (*guwen*) und ihre Forderung Zurück zum Altertum; Überlieferte Merkwürdigkeiten (*chuanqi*); Literatur aus Dunhuang, vorwiegend *bianwen.*

Die Alte Prosa (guwen) *und ihre Forderung Zurück zum Altertum*

Kultureller Konservatismus zu Beginn der Tang-Zeit

Wie im Abriß der Tang-Poesie gesagt, drangen bald nach der Reichseinigung durch die Sui Stimmen in den Vordergrund, die den früher schon gelegentlich vorgebrachten Bedenken gegen die Literaturauffassungen und die Schreibweisen der Dynastien des Südens Ausdruck gaben und sich in einen Protest gegen die dortige Adelskultur überhaupt steigern konnten. Repräsentativ hierfür ist ein vom ersten Kaiser der Sui-Dynastie wohlwollend begrüßter Brief des Li E. Der Autor des Briefes und sein kaiserlicher Empfänger waren überzeugt, daß jeder Herrscher das Volk erziehen und kultivieren müsse und die Literatur, ja alles Geschriebene, diesem Ziel zu dienen habe. Desgleichen waren sie sicher, daß die Herrscher des Altertums und die damalige Literatur zu diesem Grundsatz standen, dieser aber mit dem Ende der Han-Dynastie aufgegeben worden sei: Bereits in der Wei-Zeit war die Literatur nur noch leeres Wortgeplänkel, unter den Dynastien Südliche Qi und Liang wurde der hohe Auftrag vollkommen vergessen, der Esprit der Dichter galt nur noch dem Trivialsten überhaupt, der Schönheit und der Originalität ihrer Verse.

Zurück zum Altertum!

Der Brief des Li E enthält bereits das feierlichste Credo der Tang-Prosaisten, ja der meisten Tang-Literaten schlechthin, das auf zwei Aussagen zu reduzieren ist: Erstens hat Literatur grundsätzlich einen didaktischen Auftrag und muß entsprechend ernsthaft sein; zweitens ist Literatur dieser Art im Altertum, genauer: in der Zeit bis einschließlich der Han-Dynastie, geschrieben worden. Die Parole *fugu* war also eine Aufforderung, zu einem literarischen Konzept zurückzukehren, das in jenem Altertum vermeintlich oder tatsächlich galt; der Begriff *guwen* andererseits wurde sowohl zur Bezeichnung jener alten, vorwiegend in Prosa verfaßten Literatur, als auch zum Markenzeichen neuer Literatur, die sich an ihr ein Vorbild nahm.

Formale Charakteristika der Alten Prosa (guwen)

Formal betrachtet unterscheidet sich ein beispielhafter »alter« Prosatext nicht unwesentlich von einem beispielhaften Text in jener Parallelprosa (*pianwen*), die in den Jahrhunderten vor der Sui-Tang-Zeit bestimmend war. Bemerkenswert ist insbesondere der Verzicht des *guwen* auf Reime und tonale Ausgeglichenheit, außerdem legen *guwen*-Texte keinen Wert auf parallele Konstruktionen und jene syntaktischen Einheiten, die in der Bezeichnung *siliuwen* »Vier-Sechs-Prosa« einen prägnanten Begriff fanden. Es wäre allerdings falsch anzunehmen, daß eine Zustimmung zu dem Literaturkonzept, das sich dem didaktischen Auftrag verschrieb, zwangsläufig mit einer Ablehnung des Parallelstils einherging. Vielmehr wurde zumindest in den beiden ersten Jahrhunderten der Tang-Dynastie die Parallelprosa nahezu überall verwendet, die in den Ausführungen über die tangzeitliche Poesie schon angesprochenen Vier Heroen der Frühen Tang waren allesamt herausragende Repräsentanten der Tang-Parallelprosa und gleichzeitig einmütig Anhänger der Werte des *fugu*. Erst seit Ende des 7. Jh.s formierte sich eine breitere Front gegen den Parallelstil, an deren Spitze Männer wie Chen Zi'ang (661–702), Yuan Jie (719–772) und Li Hua (gest. 766), Dugu Ji (725–777) und Liang Su (753–793) standen, auch Liu Mian (730–804), der alle Literatur seit der Han-Zeit verwarf und dagegen protestierte, daß künftige Beamte sich in der Kunst des Dichtens prüfen lassen mußten. Doch selbst damals wirkten noch einige bedeutende Autoren der Parallelprosa.

Die Literaturgeschichtsschreibung verweist gerne darauf, daß die Epoche innerhalb der Tang-Zeit, in der die namhaftesten Vertreter des *guwen* wirkten, durch starke politische Krisen, im besonderen An Lushans Aufstand geprägt war. Dies ist richtig, ebenso wie die Grundannahme, der tangzeitliche Literat sei in hohem Maße *homo politicus* gewesen. Gleichwohl war die Parole Zurück zum Altertum nicht auf das Politische beschränkt. Vielmehr verbanden die Literaten mit dieser Forderung einen breiten kulturellen Anspruch, eine Lebenseinstellung, wie deutlich in dem Wort des Han Yu zum Ausdruck kommt, der *guwen*-Anhänger Meng Jiao sei »alt« in seinem Benehmen und in seinem Herzen, er lese stets die Werke der Alten und lebe ganz dem Grundsatz, das Altertum sei hier und heute.

Protagonisten der Alten Prosa (guwen)

Mit Han Yu ist bereits der namhafteste Protagonist des Alten Stils genannt – so namhaft, daß die *guwen*-Bewegung oft einzig mit ihm und den Männern um ihn herum verbunden wird. Tatsächlich stehen einige seiner Texte repräsentativ für die Prosa nach dem Alten Stil: sprachlich schnörkellose (wenngleich selbstverständlich nicht in Umgangssprache verfaßte, allenfalls Elemente derselben aufnehmende), auf Parallelismen und tonale Ausgeglichenheit verzichtende, didaktische Ansprüche erhebende Werke. Neben Han Yu und sowohl in zeitgenössischer als auch in späterer Einschätzung diesem nachgeordnet, steht Liu Zongyuan. Darüber hinaus hat die Literaturgeschichte noch sechs prominente Autoren der Song-Zeit genannt, die zusammen mit Han Yu und Liu Zongyuan in den Rang der Acht Großen Prosaisten der Tang- und der Song-Zeit erhoben wurden, deren Werke bis zum Ende des traditionellen China als stilistisch vorbildlich galten und selbst heutigen Gebildeten noch vertraut sind. Indes zeigt bereits diese Verteilung der vorbildlichen *guwen*-Autoren – sechs aus der Song-Zeit und nur zwei aus der Tang –, daß der Forderung, zur Prosa der Alten zurückzukehren, in der Tang-Zeit kein nachhaltiger Erfolg beschieden war. Die Gründe hierfür sind vielfältig und im einzelnen nicht quantifizierbar:

Sicher ist, daß sowohl der Stil der Karriere eröffnenden Examensarbeiten als auch der Stil der im offiziellen bürokratischen Verkehr ausgefertigten Dokumente während der ganzen Tang-Zeit von den Forderungen der *guwen*-Autoren kaum berührt wurde. Auch mag hinzukommen, daß die *guwen*-Anhänger der ausgehenden Tang-Zeit sich nicht in allem einig waren und zu zwei Gruppen tendierten, die sich auf Han Yu einerseits, Liu Zongyuan andererseits beriefen; ferner mögen die Verfechter des *guwen* im allgemeinen einen eher geringeren sozialen und ökonomischen Status gehabt haben als die Anhänger des Parallelstils; schließlich muß man bedenken, daß die formalen Besonderheiten des Parallelstils in einer Zeit, in der die meiste Literatur memoriert und aus dem Gedächtnis verbreitet wurde, viel bessere mnemotechnische Voraussetzungen boten als das *guwen*, das sich aufgrund seiner formalen Besonderheiten eher für das leise Lesen eignet. Wie stark all diese in der Literaturgeschichtsschreibung schon erwogenen, zum Teil spekulativen Argumente im einzelnen gelten, muß künftige Forschung herausfinden. Tatsache ist, daß die Alte Prosa bereits im frühen 11. Jh. zugunsten des sogenannten *xikun*-Stils, der sich am Parallelstil ein Vorbild nahm, zurückstecken mußte; Tatsache ist des weiteren, daß das *Wenyuan yinghua* als die erste große Sammlung mit Prosa der Tang-Zeit eindeutig dem Parallelstil den Vorrang vor der Alten Prosa gab; und schließlich blieb es Autoren der Song-Zeit, vorwiegend Ouyang Xiu (1007–1072), vorbehalten, *guwen* so nachhaltig zum Durchbruch zu verhelfen, daß die Alte Prosa fortan trotz einiger Wiederbelebungsversuche des Parallelstils verbindlich blieb.

Antibuddhistische und antidaoistische Elemente

Es ist vermutet worden, der zeitweilige Erfolg des *guwen* in der Zeit von Han Yu und Liu Zongyuan sei damit in Zusammenhang zu bringen, daß die Verteidigung des Alten Stils mit Angriffen gegen den Daoismus und den Buddhismus Hand in Hand ging. Wenigstens im Falle des Han Yu ist diese Vermutung plausibel und kann auf einige seiner bekanntesten Schriften verweisen. Dazu gehört der um 805 entstandene kurze Aufsatz *Yuan dao* (Ergründung des Rechten Weges), der eine vernichtende Analyse der zeitgenössischen Kultur hinschmetterte und zum kulturellen Sturm blies: Die großen zivilisatorischen Leistungen und die kulturellen Grundüberzeugungen Chinas seien Leistungen und Überzeugungen, die in den konfuzianischen Werten aufgegangen sind; den Keim für diese Werte legten bereits die legendären Weisen des Altertums, die Kulturheroen Yao und Shun, die Philosophen Konfuzius und Menzius setzten sie fort und brachten sie in Worte, danach jedoch brach die Tradition ab und wurde durch originär chinesische Häresien (vor allem den Daoismus) sowie durch den von Barbaren kommenden Buddhismus an den Rand gedrückt; das Gebot der Stunde sei mithin, den Daoismus und den Buddhismus zu unterdrücken, die Klöster und Tempel aufzulösen, die Mönche zu laisieren und ihre Bücher zu verbrennen, damit die Kultur der Alten wieder Urständ feiern könne. Eineinhalb Jahrzehnte später, als der nunmehr Fünfzigjährige auf dem Höhepunkt seiner Laufbahn stand, bekannte sich Han Yu noch immer dazu, die Kultur Chinas müsse wieder an die verlorenen konfuzianischen Werte des Altertums anknüpfen und von häretischen Einflüssen chinesischer oder fremder Provenienz befreit werden. Doch sein Ton war härter geworden, und als er (im Jahre 819) sein berühmt-berüchtigtes *Memorandum über den Fingerknochen des Buddha* (*Lun Fo gu biao*) vorlegte, geriet ihm sein Angriff auf den Buddhismus geradewegs zu einer Beleidigung seines Kaisers, der die Förderung des Buddhismus ja nicht ohne Wohlwollen sah.

Prosatexte Han Yus

Hätte Han Yu lediglich Texte dieser Art verfaßt, mit denen er übrigens sein Leben aufs Spiel setzte, wäre das Konzept Zurück zu den Alten leicht als Aufforderung zu verstehen, nur didaktisch wertvolle Literatur zuzulassen und sich zu einer entsprechenden Lebenseinstellung zu bekennen. Beachtet man aber, daß sich Han Yu einst auffordern lassen mußte, als der große Literat, der er sei, doch ein Buch zu schreiben, das die daoistischen, buddhistischen und sonstigen Irrlehren endlich in ihre Schranken verweise, dieser Forderung aber nie nachkam, dann keimt der Verdacht, Han Yus entrüstete Philippiken könnten mitunter doch bloß vordergründige Angriffe gewesen sein. Und wenn er sich mitunter dem Vorwurf sittlicher Laxheit ausgesetzt sah, wenn man ihn sogar noch auf dem Sterbebett in seinem letzten Gedicht versichern hört, die Nachwelt werde nur einige Gedichte und Gelächter von ihm in Erinnerung behalten, dann zeigt der moralisierende Han Yu ein zweites Gesicht.

Sieht man also von den beiden spektakulären Texten *Lun Fo gu biao* und *Yuan dao* ab, läßt man ferner einige Arbeiten beiseite, die eher von philosophischem oder literaturtheoretischem Interesse sind, bietet Han Yus Œuvre noch eine Reihe Prosaschriften, die als Parodien oder Fabeln zwar einen didaktischen Anspruch geltend machen können, die aber offensichtlich gleichzeitig unterhalten und erfreuen wollten. Typisch hierfür ist das *Mao Ying zhuan* (Lebensbeschreibung des Mao Ying), das mit der Gattung Biographie an das ehrwürdigste historiographische Genre Chinas anknüpft und es parodistisch verfremdet. Die *Lebensbeschreibung des Mao Ying* berichtet nämlich nicht etwa über eine historische oder fiktive Person namens Mao Ying, vielmehr ist der Name in seiner wörtlichen Bedeutung »Pelzspitze« beziehungsweise »Schreibpinsel« zu verstehen. Das *Mao Ying zhuan* beschreibt mit anderen Worten die Geschichte eines Schreibpinsels gerade so, wie man seit Sima Qian die Biographien bedeutender Menschen schrieb: Der Ahn des Schreibpinsels hieß »der Klarsichtige« – ein Euphemismus für einen im Opfer dargebrachten Hasen –, unter seinen jüngeren Vorfahren befand sich einer mit dem Namen Hoppel, besonders zu loben war Mao Ying »Schreibpinsel« für sein gutes Gedächtnis und dafür, daß er viele Abschriften von Dokumenten ausfertigte, und so weiter. Nicht jeder hatte Sinn für diese Art Humor, hinter dem man vielleicht mehr als nur eine Parodie auf ein etabliertes Genre vermutete. Ein Freund warnte Han Yu, hier seine literarischen Talente zu mißbrauchen, Han Yus Biograph nannte das *Mao Ying zhuan* sogar sein verwerflichstes Stück; doch immerhin konnte Liu Zongyuan eine Lanze für seinen Förderer brechen und dafür plädieren, dem Autor sein Recht zum Amüsement zu lassen.

Nahm Han Yu im *Mao Ying zhuan* die Gattung Lebensbeschreibung auf die Schippe, schlug er mit dem um 810 entstandenen *Song qiong wen* (Verabschiedung der Not) einen weiten literaturgeschichtlichen Bogen zu Yang Xiong. Wie dessen *Zhu pin fu* (Prosagedicht von der Vertreibung der Armut) ist auch das *Song qiong wen* formal ein Streitgespräch zwischen dem Autor auf der einen, Not und Armut auf der anderen Seite. Während der Autor bittet, der Dämon der Not und Armut möge sich doch gefälligst nach den langen Jahren, die er bei ihm heimisch war, anderswo einrichten, legt ihm der Dämon selbst tiefschürfend dar, daß es ja doch über all die Jahre nur Not und Armut gewesen seien, die ihn auf jene Höhen brachten, wo er – in der Mitte seines Lebens und wahrlich erfolgreich – angelangt sei. Was wunder, wenn *Verabschiedung der Not* ebenso endet wie jenes Gespräch, das Yang Xiong mit der Armut geführt hatte: Der vom Segen der Armut überzeugte Han Yu bittet die Not zuletzt untertänigst, ihm auch in

Zukunft die Treue zu halten. Wir wissen noch zu wenig darüber, wie solche Werke von den Zeitgenossen gelesen wurden, unter anderem deswegen, weil sich die sinologische Forschung bislang zu wenig um die religiöse Kultur Chinas gekümmert hat und nur zu gerne der Überzeugung anhing, der gebildete Konfuzianer sei stets areligiös, wenigstens agnostisch und indifferent gegenüber religiösen Fragen gewesen. Wäre dies tatsächlich so, könnte man Texte wie *Verabschiedung der Not* nur als Parodie interpretieren. Aber es wäre eine billige Parodie, wenn doch alle eventuellen Leser ihrerseits areligiös und agnostisch gestimmt waren; ein billiger Spott erst recht aus dem Mund eines Mannes, der Jahre später im Nachruf auf seinen Freund Liu Zongyuan sagen sollte, er habe nur im Kampf gegen ein hartes Geschick große literarische Werke hervorgebracht.

In diesem Zusammenhang ist noch ein weiterer, häufig anthologisierter Prosatext vorzustellen: *Opfertext für die Krokodile* (*Ji eyu wen*), ein Spätwerk Han Yus, verfaßt im Jahre 819, als er wegen seines Memorandums in Sachen Buddhaverehrung in Ungnade gefallen und als Präfekt nach Südchina geschickt worden war. *Ji eyu wen* beginnt mit einer kurzen Einleitung, in der sich Han Yu als Präfekt von Chaozhou vorstellt, dem aufgetragen sei, den Krokodilen ein Opfer zu bringen und ihnen gleichzeitig eine Mitteilung zu machen. Diese Mitteilung nimmt den weitaus längsten Teil des etwa zweiseitigen Textes in Anspruch. Man liest sie nicht ohne Schmunzeln: In feierlichem Ernst wird den Krokodilen eröffnet, der derzeitige Sohn des Himmels sei nur den großen Königen des Altertums vergleichbar, in der dementsprechend hoch kultivierten Welt sei kein Platz für Raubtiere, und die Krokodile dürften sich nicht anheischig machen, gegen den Präfekten als den lokalen Vertreter des Himmelssohns aufzubegehren. Der Text endet mit dem Angebot, die Krokodile möchten sich binnen drei, höchstens fünf, allerhöchstens aber binnen sieben Tagen zurückziehen, andernfalls der Präfekt auf bewußte Renitenz erkennen müsse, zum Kampf gegen die Krokodile rüsten und diese samt ihrer Brut ausrotten werde! – Ist das Satire? Vielleicht, vielleicht nicht nur, vielleicht sogar ganz und gar nicht. Immerhin wurde gemutmaßt, Han Yu habe durch das *Ji eyu wen* seine Loyalität zu seinem Kaiser bekunden wollen, unter dessen segensreicher Herrschaft es keine gefährlichen Tiere geben könne und dürfe; auf jeden Fall ist der Text ein wichtiges Dokument der für die Kaiserzeit typischen Überzeugung, die Autorität des Kaisers und seiner ihn auf lokaler Ebene vertretenden Beamten habe sich auf die belebte und die unbelebte Natur insgesamt zu erstrecken.

Prosatexte Liu Zongyuans

Prosatexte Liu Zongyuans lassen den bisher schon schillernden Begriff *guwen* in weiteren Facetten changieren. Wie Han Yu schrieb auch Liu Zongyuan Texte, die in seinem eigenen Erleben deutlich verankert sind, unter anderem die Erzählung *Bushezhe shuo* (Die Rede des Schlangenfängers), die ein Gespräch zwischen dem Autor und einem Schlangenfänger aus der Nähe von Lius zeitweiligem Exil Yongzhou zum Inhalt hat: In der Nähe von Yongzhou, so beginnt der in der Übersetzung zwei Seiten lange Bericht, gibt es Schlangen, die zwar tödlich giftig sind, aus denen aber auch begehrte Medizin gewonnen werden kann. Eben deswegen sei der dortigen Bevölkerung das Privileg erteilt worden, statt der gewöhnlichen Steuern und Abgaben Schlangen an den Hof zu liefern. Entsetzt über die großen Gefahren, die beim Einfangen der Schlangen drohen, bietet Liu Zongyuan den Schlangenfängern an, sich beim Kaiser dafür zu verwenden, daß ihr vorgebliches Privileg, in dem er in Wirklichkeit eine brutale Härte sieht, rückgängig gemacht werde und die Bewohner dort die gewöhnlichen Steuern entrichten dürfen. Doch da protestiert ein Schlangenfänger namens Jiang und bittet darum, das Privileg zu erhalten, da es doch vorzuziehen sei, zweimal im Jahr dem Tod ins Auge zu schauen und die übrige Zeit in Glück und Frieden und unbehelligt von den Steuereintreibern leben zu können. Unschwer ist *Die Rede des Schlangenfängers* als Anklage gegen die politischen und sozialen Verhältnisse zu interpretieren, und man kann nur den Mut bewundern, mit dem der junge Exilant dem Kritiker seinen Schreibpinsel lieh. Oder sollte er sich schon dadurch genug geschützt fühlen, daß er in einer abschließenden Notiz seiner Geschichte gewissermaßen den Wert ethnographischen Studienmaterials gab? »Als ich das hörte, seufzte ich noch tiefer. Früher zweifelte ich daran, ob man Konfuzius zustimmen sollte, wenn er sagte: ›Eine verdorbene Herrschaft ist wilder als ein Tiger‹, doch wenn ich mir nun [die Sache] von Herrn Jiang aus betrachte, dann glaube ich es doch! Ach, wer hätte gedacht, daß Steuern und Abgaben giftiger sein könnten als diese Schlangen? So schrieb ich diese Rede nieder, damit jene, die die Sitten der Menschen studieren, sie nutzen mögen.«

Eine ebenfalls eindeutige politische Botschaft vermittelt Liu Zongyuans *Zhong shu Guo Tuotuo zhuan* (Lebensbeschreibung des Gärtners Kamel Guo). Auch hier steht eine Person im Mittelpunkt, die in der historiographischen Literatur gewöhnlich namenlos bleibt. Doch es wird nicht etwa eine vollständige Biographie erzählt, vielmehr besteht auch diese Erzählung (die ihrerseits in einer deutschen Übersetzung nur zwei Seiten lang ist) zu mehr als der Hälfte aus einer Rede: Befragt, warum denn jeder Baum, den er pflanze, gedeihe, verrät der nahe der Hauptstadt tätige Gärtner, der wegen einer Mißbildung seines Rückens nur »das Kamel« genannt wird, sich lediglich darauf zu beschränken, nichts gegen die Natur der Pflanzen zu unternehmen. Weiter gefragt, ob denn dieses Prinzip auch auf das Regieren übertragbar sei, nimmt der Gärtner zwar die Pose des bescheidenen Bauern an, gibt aber damit umso deutlicher seiner Überzeugung Ausdruck, gute Herrschaft könne nur aus dem Geist des Daoismus erwachsen und mithin müsse in der Politik jeder Eingriff in die natürliche Ordnung tabu sein.

Freilich ist nicht alles, was Liu Zongyuan in Alter Prosa schrieb, so deutlich herrschafts- und politikkritisch wie *Kamel Guo* und *Der Schlangenfänger.* Spätestens nach der Lektüre des *Hejian zhuan* (Lebensbeschreibung der Hejian) wird man die Vorstellung beiseite legen, *guwen* habe stets einen didaktischen Zweck und Texte wie Han Yus *Mao Ying zhuan* seien beklagenswerte Ausnahmen. Das *Hejian zhuan* berichtet in großer Ausführlichkeit die Geschichte einer namenlosen, nach dem Kreis, in dem sie lebt, Hejian genannten Frau; die Geschichte einer Frau, die zunächst ein tugendhaftes Leben an der Seite ihres Gatten führt, dann durch ihre eigene Verwandtschaft (beim Besuch eines buddhistischen Klosters!) gewaltsam verführt wird und sich schließlich in eine Nymphomanin und Gattenmörderin wandelt. Wie soll man ein solches Werk interpretieren? Wie im Falle seiner *Rede des Schlangenfängers* stand Liu Zongyuan nicht an, die Niederschrift des *Hejian zhuan* in einem Kommentar zu rechtfertigen: Er habe die Hejian als exemplarisches Opfer der Gewalt darstellen wollen; seine Geschichte zeige, wie Gewalt die einst guten Beziehungen zwischen Nahestehenden zerstören und selbst eine treue Gattin zur Mörderin werden lassen könne, und sie wolle warnen, daß auch die Bindungen zwischen dem Herrscher und seinen Untertanen durch Gewalt zerstörbar seien. Das sind hehre Worte, man mag sie dem Autor glauben. Man mag aber auch fragen, ob es diese Botschaft erforderlich machte, unbedingt die delikatesten Details aus dem Liebesleben der Hejian zu beschreiben und etwa minutiös zu schildern, wie sie, der Not gehorchend, ihre erste Vergewaltigung zuletzt als willkommene Verführung zu genießen wußte. Gerade diese Besonderheit des *Hejian zhuan* läßt argwöhnen, Liu Zongyuan habe wenigstens ebenso auf den Leser geschielt, der sich an dergleichen delektieren kann, wie er an jenen dachte, der sich um den Verfall der guten Sitten in Folge von Gewalt sorgte.

»Überlieferte Merkwürdigkeiten« (chuanqi): *Novellen der Tang*

Zwischen den hohen Idealen der *guwen*-Literatur und den Werken der ihr verpflichteten Autoren konnten, wie vorstehende Übersicht zeigt, beachtliche Diskrepanzen bestehen. Es wäre also falsch, in jedem Wort eines Han Yu und anderer Fackelträger der Parole Zurück zum Altertum ein pädagogisches Ziel suchen zu wollen. Schon gar nicht darf gleich sämtliche Prosa der Tang als Ausdruck des Bemühens gesehen werden, die Menschen versittlichen und veredeln zu wollen. Dies trifft besonders auf jene vorwiegend ab der zweiten Hälfte des 8. Jh.s aufkommenden Prosawerke zu, die schon zeitgenössisch *chuanqi* »überlieferte Merkwürdigkeiten« genannt wurden und im Deutschen treffend als Novellen zu bezeichnen sind: unerhörte Begebenheiten.

Kriterien chinesischer Novellen

Wieder sind nur schwer eindeutige Kriterien zu finden. In ihrer Länge sind *chuanqi* genauso variabel wie *zhiguai*, indem sie von kurzen Berichten bis zur Darstellung weit verschränkter Handlungen reichen. Auch ihre Sprache changiert: Zwar sind *chuanqi* genauso wie *zhiguai* und die Werke der Alten Literatur in der sogenannten Schriftsprache verfaßt, doch ist das nur eine ganz grobe Charakterisierung, denn in Wirklichkeit sind unterschiedliche Novellen keineswegs gleichermaßen leicht oder schwer zu lesen. Neben Novellen, die sich relativ schlichter Prosa bedienen, gibt es auch solche, die von schwer verständlichen Gedichten und Briefen in gehobener Prosa durchsetzt sind, ja es konnten sogar solche Werke als Novellen klassifiziert werden, die ganz oder teilweise in Parallelprosa (*pianwen*) gehalten sind, die sich ja gerade nicht durch Schlichtheit auszeichnet. Auch inhaltlich sind die *chuanqi* nicht eindeutig zu definieren: James R. Hightower hat vor langem eine Einteilung der tangzeitlichen Erzählliteratur nach fünf Gruppen vorgeschlagen, gab aber gleichzeitig zu, hierbei sei lediglich die Gruppe der Erzählungen über (außereheliche) Liebesgeschichten ohne Vorbild und Vorgänger in der Literaturgeschichte. Und wenn heute auch allseits zugestanden wird, solchermaßen romantische *chuanqi* seien die schönsten und vergnüglichsten Novellen der Tang-Zeit, wenn darüber hinaus sogar die oft geäußerte Mutmaßung richtig sein mag, diese Liebesgeschichten seien ein Spiegel der Gesellschaft und reflektierten die Aufwertung der Frau durch die mächtige Kaiserin Wu Zetian (reg. 690–705) ebenso wie das Aufblühen von Vergnügungsvierteln in den Hauptstädten und Handelszentren, haben doch die übrigen Kategorien, die Hightower innerhalb der Tang-Novelle ausmachte, Vorläufer in der älteren Prosa: (1) Fiktive Lebensbeschreibungen können als direkte Fortsetzung der alten biographischen Tradition betrachtet werden; (2) die Kategorie der Heldengeschichten kennt ebenfalls ältere Prototypen; (3) für die Gruppe der religiösen *chuanqi* sind Vorläufer in Apologien aus der Zeit der Sechs Dynastien auszumachen; (4) erst recht gilt das für Mirabilien, Hightowers letzte Gruppe, denn Zeugnisse von Mirabilien wollen ja letztlich alle *chuanqi* ebenso wie alle *zhiguai* sein.

Es ist also nicht nur schwer, die Gattung *chuanqi* zu definieren, im besonderen ist die Frage nach den Beziehungen zwischen *chuanqi* und *zhiguai* klärungsbedürftig. Vielleicht werden Antworten hierauf stets im Ungefähren bleiben und nur auf graduelle Unterschiede verweisen können. Das zeigt sich auch darin, daß durch das Kriterium Erzähltechnik *zhiguai* nicht eindeutig zu definieren und nicht klar gegen *chuanqi* abzugrenzen sind: Der *chuanqi*-Erzähler betrachtet seine Figuren von außen, schildert ihre Emotionen durch ihre Handlungen oder Reden und betreibt keine Innenschau; er reserviert seine Kommentare auf Einleitung oder Schluß und behält in der Regel den Standpunkt des beobachtenden Berichterstatters. Aber das ist bei den *zhiguai* nicht anders!

Unterschiede zwischen zhiguai *und* chuanqi

Hin und wieder wird der Unterschied zwischen *zhiguai* und *chuanqi* darin gesehen, daß *chuanqi*-Autoren bewußt *fiktive* Literatur schreiben konnten. Doch auch diese Pauschalisierung hält dem genaueren Blick nicht stand, widerspricht im Gegenteil sogar der sehr auffälligen Tatsache, daß *chuanqi* oft nachdrücklich jede Fiktionalität bestreiten. Selbst wenn ein *chuanqi* übernatürliche und unglaubwürdige Episoden berichtet, ist sein Autor in der Regel bemüht nachzuweisen, nur über tatsächliche Begebenheiten zu berichten – indem er etwa die Umstände und die Personen benennt, durch die er in Kenntnis der Geschichte kam, oder indem er Zeugen anführt, bei denen er sich über die Wahrheit einer andernorts vernommenen Begebenheit vergewisserte. Unter anderem deswegen wurde natürlich immer wieder versucht, literarische Personen in *chuanqi* mit historischen Personen gleichzusetzen.

Wenn aber die Unterschiede zwischen *zhiguai* und *chuanqi* oft nur graduell sind, muß erklärt werden, warum denn überhaupt Novellenliteratur als eigenständige und zeitgenössisch mit dem Terminus *chuanqi* belegte Gattung aufkam. Die bisherigen Antworten hierauf bringen meist die oben vorgestellte *guwen*-Literatur ins Spiel: Erst die *guwen*-Bewegung habe die Sprache der Erzählungen von dem ehemals vorherrschenden *pianwen*-Stil befreit und eine weniger gekünstelte Ausdrucksweise salonfähig gemacht; die Popularisierung der *chuanqi* sei mit dem Aufkommen des Alten Stils einhergegangen, ist gelegentlich zu lesen. Dagegen wurde jedoch bereits vorgebracht, daß wenigstens in der älteren Geschichtsschreibung ein Stil gepflegt werden konnte, der sich nicht durch die Einschränkungen des *pianwen* gängeln ließ, daß mit anderen Worten der in den Novellen der Tang-Zeit vorherrschende Stil sich an älteren historiographischen Werken schulen konnte und nicht auf die Befreiung von den sprachlichen Fesseln durch die *guwen*-Bewegung angewiesen war. Ein weiteres Stimulans für die Popularisierung der *chuanqi* in der Tang-Zeit wird, seit einem wegweisenden Aufsatz von Tschen Yinkoh aus den 30er Jahren des 20. Jh.s, in der bei jungen Examenskandidaten verbreiteten, schon zeitgenössisch oft gescholtenen Praxis gesehen, mit Zeugnissen ihrer literarischen Talente bei ihren künftigen Prüfern zu antichambrieren. Demnach wären viele, wenn nicht die meisten, tangzeitlichen Novellen nicht mit dem Ziel der Erheiterung oder Erbauung eines anonymen Lesers oder Hörers verfaßt, sondern als Ausdruck einer ganz besonderen Art der Bestechung eines Prüfers zu interpretieren. Tatsächlich kann diese Hypothese auf wichtige zeitnahe Quellen zurückgreifen, gleichwohl zeigen die Quellen auch, daß tangzeitliche Examenskandidaten und andere, die Karriere machen wollten, ihre Kontakte zu möglichen Gönnern weniger mit *chuanqi* als mit Gedichten aufzunehmen und zu pflegen suchten.

Stimuli der tangzeitlichen Novellen

Die Frage nach den Stimuli der *chuanqi* ist also noch keineswegs ganz geklärt, die Antwort wird sicher eher in einem Mosaik an Gründen als in einer monokausalen Erklärung liegen. Dieses Mosaik könnte bunter werden, wenn man besser wüßte, wie Novellen zeitgenössisch rezipiert wurden, wer sie sammelte und publizierte, wie groß die Nachfrage war, etc. Leider lassen die Quellen Antworten hierauf nicht leicht und eindeutig erschließen. Auch über die Frage, welchen literaturgeschichtlichen Einfluß die tangzeitlichen *chuanqi* besaßen und wie lange sie wirkten, werden in der Sekundärliteratur Angaben gemacht, die in Details divergieren. Hervorzuheben ist, daß auch in der Zeit nach der Tang-Dynastie schriftsprachliche Erzählungen verfaßt wurden, die *chuanqi* der Tang in den nachfolgenden Jahrhunderten eine reiche Quelle für die umgangssprachliche Literatur bildeten und auch das Drama beeinflußten. Die stärkste Revitalisierung der *chuanqi* setzte in der Qing-Zeit ein und erreichte in dem über 400 Erzählungen versammelnden *Liaozhai zhiyi* des Pu Songling einen Höhepunkt. Viele tangzeitliche *chuanqi* und Werke älterer Erzählliteratur sind im übrigen nur dank des Sammelfleißes erhalten geblieben, der die chinesische Kultur um 1000 n.Chr. kennzeichnete und neben anderem die auf kaiserlichen Befehl zusammengestellte, 500 Kapitel umfassende Sammlung *Taiping guang ji* hervorbrachte.

Beispiele tangzeitlicher Novellen: Yingying zhuan (Biographie der Yingying)

Da eine größere Anzahl tangzeitlicher *chuanqi* in leicht zugänglichen deutschen Übersetzungen von Wolfgang Bauer und Herbert Franke sowie von Thomas Thilo vorliegen, sollen im folgenden lediglich die beiden am besten untersuchten Werke, die *Biographie der Yingying* (*Yingying zhuan*) und die *Biographie der Li Wa* (*Li Wa zhuan*) eingehender vorgestellt werden. Das *Yingying zhuan* hat, so sein Bearbeiter Hightower, unter allen *chuanqi* der Tang den glaubhaftesten, weil alltäglichsten Inhalt: Der Held der Novelle, der etwa zwanzig Jahre alte Zhang, ein junger Herr mit der Ambition, in der Reichshauptstadt ein Examen abzulegen und dann eine Beamtenlaufbahn zu starten, geht eine Liebesaffäre mit einer weitläufigen Verwandten, der sechzehnjährigen Cui, ein; als er später in die Hauptstadt reist, um dort sein Examen abzulegen, und als er, weil er den gewünschten Erfolg nicht auf Anhieb erzielt, länger dort verweilen muß, beendet Zhang aus der Ferne das Abenteuer mit der gewundenen Erklärung, Angst davor zu haben, durch die schöne Geliebte ins Verderben gerissen zu werden. Binnen Jahresfrist sind aber sowohl Zhang als auch das Mädchen Cui anderweitig verheiratet, und als Zhang später durch die Heimat seiner ehemaligen Geliebten reist, bittet er als weitläufiger Verwandter, sie sehen zu dürfen, doch die Freundin von einst verweigert ihm ein Treffen. – Es gibt Anzeichen dafür, daß das *Yingying zhuan* autobiographisch zu betrachten und sein Held mit dem Autor Yuan Zhen gleichzusetzen sei. Einen ersten Anhaltspunkt liefert das Alter des Yuan Zhen, das mit dem des Protagonisten seiner Novelle übereinstimmt; ferner machte Yuan Zhen mit seiner eigenen Eheschließung eine gute Partie, wofür er, so wurde schon spekuliert, durchaus eine Liebschaft aufgegeben haben könnte. Die wichtigsten Hinweise auf einen autobiographischen Hintergrund des *Yingying zhuan* liegen aber darin, daß Yuan Zhen neben einer Reihe von Liebesgedichten ein langes autobiographisches Poem verfaßte, das gut zu Gedichten innerhalb der Erzählung paßt. Über seine möglichen autobiographischen Bezüge hinaus, die natürlich die Frage provozieren, ob tangzeitliche Erzählliteratur auch eine das persönliche Erleben reinigende Funktion gehabt haben mag, ist das *Yingying zhuan* aber auch für einige bemerkenswerte lebensweltliche Aussagen interessant, die wohl nicht alle der Phantasie des Autors zuzuschreiben sind. Hierzu zählt die offensichtliche Selbstverständlichkeit, mit der sich, tatkräftig unterstützt von einer Zofe, die Sechzehnjährige und der Zwanzigjährige auf eine schnelle Liebe einließen; ebenso die Tatsache, daß die beiden Liebenden ungeachtet ihrer durch Gedichte und Briefe reichlich dokumentierten und sicher über einen engen Kreis hinaus bekanntgewordenen Affäre nach ihrer Trennung rasch neue Partner heiraten konnten. Vor allem aber gibt die Charakterisierung der sechzehnjährigen weiblichen Hauptperson des *Yingying zhuan* bedenkenswerte Einblicke in die Lebenswelt einer gebildeten jungen Frau, selbst wenn sie etwas überzeichnet sein mögen: Das Mädchen war eine gute Kalligraphin und verstand sich darauf, Gedichte zu schreiben; sie konnte auch Briefe schreiben und beherrschte das Spiel der Zither, dem sie sich gelegentlich alleine hingab, um ihren Gefühlen Ausdruck zu geben, auf dem sie aber auch Vorführungen lieferte, bei denen sie Musikstücke so individuell interpretierte, daß sie teils nicht mehr erkennbar waren. Ganz besonders begehrenswert erschien sie ihrem Freund allerdings, weil sie trotz ihrer großen künstlerischen Fertigkeiten stets eine gewisse Ignoranz an den Tag legte, weil sie gut zu parlieren wußte und dennoch ihre Schlagfertigkeit nicht einsetzte, weil sie ihren Freund über alles liebte und dies dennoch nie mit Worten sagte, ja weil sie überhaupt nie Emotionen zeigte.

Beispiele tangzeitlicher Novellen: Li Wa zhuan (Biographie der Li Wa)

Noch besser als das *Yingying zhuan*, das eine enorme literaturgeschichtliche Wirkung zeitigte und bis in die späte Kaiserzeit mehrfach anderen Werken Pate stand, ist das nahezu zeitgenössische *Li Wa zhuan* untersucht, das Bo Juyis jüngerer Bruder Bo Xingjian verfaßte. Erneut steht eine Liebesgeschichte im Mittelpunkt, auch sie im schillernden Milieu um heißspornige junge Gelehrte und deren Mädchen zu Hause: Der Sohn eines hochgestellten Beamten hält sich in der Hauptstadt auf und soll auf Examina hinarbeiten, die ihm eine Karriere bereithalten. Doch statt sich seinen Studien hinzugeben, verliert er sich an die Kurtisane Li Wa, nimmt sogar dauerhaft Wohnung bei ihr, wird aber kurzerhand vor die Tür gesetzt, nachdem er binnen eines Jahres sein ganzes Geld für Li Wa und ihre »Mutter« genannte Kupplerin verschleudert hat. Damit beginnt ein rascher Abstieg: Der ehemals wohlsituierte gehörnte Student sieht sich gezwungen, als professioneller Trauersänger in einem Bestattungsunternehmen anzuheuern, und er beherrscht diese Rolle bald so gut, daß er in einem Wettbewerb der Klagemänner den ersten Preis einholt. Unter den Zuhörern des Wettbewerbs befindet sich allerdings just der Vater des jungen Mannes, der dieses unehrenhafte Leben nicht ertragen kann und seinen Sohn zu Tode prügeln will. Zwar überlebt dieser die Tracht des Vaters, kann aber hinfort nur noch als siecher Bettler gehen. Als er eines Tages um ein Almosen ankommend im Haus seiner ehemaligen Geliebten erscheint, kauft diese sich von der Kupplerin frei, nimmt sich des einstigen Freundes an, pflegt ihn gesund, besorgt ihm Bücher und gibt ihm wieder die Kraft, sich auf die Examina vorzubereiten. Tatsächlich besteht der wieder genesene Student die Prüfungen mit Bravour und findet sich alsbald in einem hohen Amt. Nun aber ist es an ihm, Größe zu zeigen, und er tut das, indem er eine standesgemäße Ehe verweigert und insistiert, die Geliebte früherer Tage zu heiraten, eben jenes Mädchen, das ihn als Kurtisane erst beutelte, dann verstieß, ihn schließlich aus dem Schmutz holte und stärkte, damit er – verspätet, aber umso glanzvoller – seine Ziele erreichte. Auch der Vater reicht seinem Sohn schließlich wieder die Hand, und als der Alte später stirbt, trauert sein Sohn, der ehedem beinahe zu Tode Geprügelte, so heftig, daß sich allenthalben Zeichen des Glücks zeigen und der Kaiser höchstselbst über die glückverheißende heftige Trauer seines Untertanen in Kenntnis gesetzt wird. – Welche Sozialromantik, was für eine Schmonzette! Und doch konnte Glen

Dudbridge erstaunliche Facetten dieses *chuanqi* herausarbeiten, das wiederholt in schriftsprachlichen Erzählungen und umgangssprachlichen Paraphrasen aufgenommen wurde und über Jahrhunderte den Stoff verschiedener Dramen abgab. Zu Dudbridges Funden gehört etwa der Nachweis, daß eine Karriere wie Li Was Aufstieg vom Freudenmädchen zur besseren Ehefrau in der Tang-Zeit durchaus möglich war, doch viel erstaunlicher sind die Erkenntnisse über die Erzähltechnik des *Li Wa zhuan*: Mit detaillierten Anmerkungen konnte Dudbridge nachweisen, daß die verbreitete Einstellung der modernen Interpreten, in der chinesischen Prosa ganz im Gegensatz zur Lyrik nicht nach intertextuellen Bezügen zu forschen und sie nur auf ihre Handlung oder ihre Moral zu untersuchen, unberechtigt ist; tatsächlich zeigt sich das *Li Wa zhuan* voller Zitate und Anspielungen auf elitäres Bildungsgut, die dem versierten zeitgenössischen Leser gleichermaßen Spannung und intellektuelles Vergnügen bereitet haben müssen. Spannend und vergnüglich muß dem zeitgenössischen Leser und Hörer aber auch die im höchsten Maße kreative Darstellung der männlichen Hauptperson gewesen sein. Denn wenngleich der Erzähler seinen Helden nicht beim Namen nennt und nur Ort und Zeit der Handlung verrät, dürfte doch vielen klar gewesen sein, wer sich hinter dem gefallenen und später zu Ehren gekommenen Sohn aus guter Familie verbarg. In der männlichen Hauptfigur sind nicht weniger als drei ungleiche Brüder einer der im 8. Jh. mächtigsten Familien Nordchinas verschmolzen, über die Einzelheiten bekannt sind: Der eine legte gute Examina ab und machte im Anschluß daran eine schöne Karriere, der zweite wurde einst von seinem Vater beinahe zu Tode geprügelt, der dritte aber erlangte Berühmtheit wegen der Heftigkeit seiner Trauer um den verstorbenen Vater. Keineswegs eindeutig ist im übrigen das Urteil über die Kurtisane Li Wa. Der Erzähler selbst preist die Heldin wegen ihres aufopfernden Dienstes für den gefallenen Studenten und stellt sie in ihrem Edelmut noch über die Heroinen des Altertums; andererseits wurde in der Rezeption des Werkes im 16. und 17. Jh. Li Was aufopfernder Dienst für den Studenten lediglich als Wiedergutmachung akzeptiert, und es wurde darauf hingewiesen, daß Li Wa zuletzt mit ihrer Heirat doch einen sehr guten Zug machte; schließlich ist auch noch zu beachten, daß Li Wa selbst ihre Entscheidung, sich auszulösen und den bettelnden Geliebten von einst zu pflegen, mit ihrer Angst vor gesellschaftlichen und religiösen Sanktionen für die vorausgegangene ungerechte Behandlung des Studenten rechtfertigte.

Zeitgeschichtliche Hintergründe des Li Wa zhuan

Literatur aus Dunhuang

Während sich über hunderttausend griechische und lateinische Handschriften aus der Antike erhalten haben, gehört zu den grundlegenden Fakten von nicht zu überschätzender Tragweite, daß uns die chinesische Literatur der frühen Kaiserzeit und davor beinahe ausschließlich in gedruckter Form vorliegt. Nur selten können Archäologen Texte bergen, die vereinzelt hochgestellten Personen ins Grab gelegt wurden und Vergleiche zwischen den Manuskripten und den gedruckten Versionen der gleichen Texte zulassen; noch seltener werden auf diese Weise Schriften bekannt, die als verloren galten oder überhaupt niemals bekannt waren. Glücklicherweise haben sich in den letzten Jahrzehnten solche Textfunde gehäuft, glücklicherweise ist auf Seiten der Archäologen und der ihnen nacharbeitenden Philologen auch das Feingefühl für deren Bedeutung gewachsen. Gleichwohl übertrifft keine der rezenten Bergungen die Textfunde von Dunhuang, die in der obigen

Dokumente aus Dunhuang

Darstellung über die Dichtung der Tang schon gelegentlich erwähnt wurden. Geschützt vom Wüstensand und einem heißen, trockenen Klima konnten in dem weit im Westen gelegenen Dunhuang ungezählte Abschriften von Texten und sonstigen Überresten die Zeiten überdauern und sind als ungefilterte Zeugnisse für die Alltagskultur ihrer Zeit, dem 5. bis dem beginnenden 11. Jh., verfügbar. Sie bezeugen die Alltagskultur eines Winkels des damaligen Reiches, in dem sich die Kulturen Chinas, Zentralasiens, Indiens und noch fernerer Länder in ein facettenreiches Kaleidoskop mischten und geben Einblicke in einen Ort an der legendären Seidenstraße, wo sich die Wege von Soldaten und Mönchen, Händlern, Glücksrittern und Vagabunden kreuzten. Selbst dem ungeübten Auge fällt auf, daß die in Dunhuang erhalten gebliebenen Wandmalereien einen Hauch von Unchinesischem an sich haben, und wenn in den Manuskripten von Dunhuang neben dem Chinesischen auch noch Sprachen wie Sanskrit und Tibetisch, Syrisch und Uighurisch, auch Sogdisch, Khotanesisch und Tocharisch vorkommen, zeichnet das ein lebhaftes Bild vom Kosmopolitismus im tangzeitlichen Dunhuang.

Relevanz der Funde aus Dunhuang für die Literaturgeschichte

Die historischen Umstände des beginnenden 20. Jh.s machen es verständlich, ohne es je rechtfertigen zu können, daß die Funde nur zu einem Teil in China blieben und wagenweise ins Ausland verbracht wurden, wo sie nun vorwiegend im British Museum in London und in der Bibliothèque Nationale in Paris beherbergt sind. Bis heute sind noch nicht alle Sammlungen katalogisiert, die Anzahl der Manuskripte beläuft sich aber sicher auf einige zehntausend. Das Material aus Dunhuang, bei dem es sich freilich keineswegs um systematisch gesammelte und für die Überlieferung konzipierte Archivalien handelt, gab Forschern unterschiedlichster Disziplinen erstrangige Quellen in die Hand, und fraglos gehört die Literaturgeschichtsschreibung zu den am reichsten beschenkten Gebieten. Tatsächlich wird der Blick auf Texte aus Dunhuang oft so stark auf rein literarisch relevantes Material eingeschränkt, daß der Begriff Dunhuang-Literatur geprägt wurde, der allerdings völlig mißverstanden wäre, wenn er zu dem Schluß verleitete, wirklich alle Texte aus Dunhuang seien literarisch relevant.

Wie gezeigt, profitierte die Literaturgeschichtsschreibung dadurch von den Funden aus Dunhuang, daß – so im Falle der Gedichte des Wang Fanzhi – Material zum Vorschein kam, das zuvor auf dem Wege traditioneller Überlieferung verloren gegangen war. Auch die Kenntnisse über das tangzeitliche Lied (*ci*) wurden durch die Dunhuang-Funde bereichert. Die Handschriften aus Dunhuang haben ferner Licht auf einige sprach- und kulturgeschichtlichen Aspekte geworfen, die zuvor kaum oder gar nicht bekannt waren. Hierzu zählen Einblicke in den Alltag von Schülern und Einblicke in eine Sprache, in der sich Elemente des gelehrten Idioms und der Umgangssprache mischten. Schließlich und vor allem ist durch Dunhuang ein Genre in den Vordergrund gerückt worden, das zuvor nahezu unbekannt war: *bianwen*. Leider gehört auch dieses Genre, für das sich die wörtliche Übersetzung Wandlungstexte als deutsche Bezeichnung etabliert hat, zu jenen Gattungen der chinesischen Literatur, die (noch) nicht eindeutig definierbar sind. Der amerikanische Sinologe Victor Mair hat in einem Blick über den Stand der Forschung zur Literatur aus Dunhuang nicht weniger als fünf verschiedene Definitionen für *bianwen* ausfindig gemacht, von denen die breiteste Bestimmung bereit ist, alle literarischen Funde von Dunhuang, die weder aus dem religiösen oder philosophischen Kanon stammen noch rein dokumentarischen Charakter haben, als Wandlungstexte zu akzeptieren. Mair selbst steht zu einer viel engeren Haltung und nimmt nur solche

»Wandlungstexte« (bianwen)

Schriften als Wandlungstexte an, die in den Manuskripten explizit als *bianwen* bezeichnet sind oder doch wenigstens die Charakteristika solcher Texte teilen. Unter Zugrundelegung dieser strengen Kriterien kommt er zu einem Korpus von lediglich sieben Texten, die zwischen dem ersten Drittel des 8. Jh.s und dem letzten Drittel des 9. Jh.s verfaßt worden sein dürften und auf insgesamt 20 Manuskripten belegt sind. Das für Mair herausragende formale Charakteristikum dieser *bianwen* ist das Prosimetrum, also die Mischung zwischen Prosa und Vers, während nach weiter verbreiteten und weniger strengen Maßstäben *bianwen* entweder in Prosa oder in Versen oder eben im Prosimetrum gehalten sein können. Inhaltlich und thematisch befassen sich *bianwen* mit buddhistischen, also religiösen Themen ebenso wie mit säkularen Stoffen, sprachlich stehen sie der zeitgenössischen Umgangssprache nahe. Sehr wahrscheinlich stehen die *bianwen* in einem engen Verhältnis zu sogenannten *bianxiang*, »Wandlungs-Abbildungen«, und wurden nicht etwa passiv rezipiert, sondern vorgetragen und gegebenenfalls mit *bianxiang* illustriert. Vielleicht ist das illustrierte Erzählen auf indische Ursprünge zurückzuführen; auch in buddhistischen Sutren ist das Prosimetrum zu finden. Doch sind Einzelheiten um die Wandlungstexte noch von vielen Spekulationen getragen.

Beispiele für »Wandlungstexte« (bianwen)

Ein herausragendes Beispiel für ein *bianwen* säkularen Inhalts ist die aus dem Ende des 8. Jh.s stammende Geschichte der Hofdame Wang Zhaojun, die ausweislich historischer Quellen im ausgehenden 1. Jh. v.Chr. lebte, deren Schicksal in Hunderten von Gedichten beklagt und auch im späteren Drama populär wurde. Der Wandlungstext über Wang Zhaojun, dessen Titel in den Manuskripten nicht überliefert ist, erzählt davon, wie die Hofdame als Unterpfand des Friedens einem Führer der Xiongnu vermählt wurde und in der Fremde über der Sehnsucht nach ihrer Heimat verstarb, obwohl der Khan, dem sie gegeben wurde, seine Liebe zu ihr entdeckte und ihr alle erdenklichen Annehmlichkeiten zu bieten versuchte.

Man kann sich leicht vorstellen, daß in dem außenpolitisch sehr aktiven Reich der Tang, erst recht in Grenzgebieten wie Dunhuang, das im Schicksal der Wang Zhaojun personifizierte Problem der kulturellen Identität eine große Rolle spielte. Zu den weiteren Sorgen, die während der Tang-Zeit von latenter Brisanz waren, gehören sicherlich Loyalitätskonflikte in Krisensituationen. Auch hier bietet ein *bianwen* aus Dunhuang anschauliches Material, nämlich der Wandlungstext über Li Ling, den bekannten General aus der Han-Zeit, der als Kriegsgefangener die Loyalität zum Haus der Han aufgab und sich in den Dienst der Feinde Chinas stellte, dadurch aber schuld daran wurde, daß seine Frau und seine Mutter am Hof der Han hingerichtet und der große Historiograph Sima Qian der Strafe der Entmannung unterworfen wurde, weil er sich dereinst für Li Ling eingesetzt hatte. Ein drittes Beispiel eines Dunhuang-Textes säkularen Inhalts ist eine wahrscheinlich aus der Tang-Zeit stammende, in den erhaltenen Manuskripten aber erst später niedergeschriebene Geschichte, die eingehend schildert, wie der mythische Herrscher Shun immer wieder in seiner Elternliebe auf die Probe gestellt wurde, weil seine Eltern, insbesondere seine hartherzige Stiefmutter, ihn wiederholt mißhandelten und sogar nach seinem Leben trachteten. Dieser Text ist auch in formaler Hinsicht interessant, weil eine der Handschriften, die ihn belegen, ihn explizit als Wandlungstext bezeichnet und gleichzeitig seinen Umfang angibt: *Shunzi zhi xiao bianwen, yi juan* (Wandlungstext über die extreme Pietät des Kindes Shun, ein Kapitel), obwohl er nicht das für die sonstigen *bianwen* typische Prosimetrum aufweist. Man sieht also einmal mehr, daß und wie die literarische Praxis in

China unserem Bestreben nach klaren Definitionen starke Widerstände entgegensetzt.

Unter den *bianwen* religiösen Inhalts ragt als das bekannteste, mehrfach übersetzte Exemplum ein Text heraus, der darüber berichtet, wie ein Schüler des Buddha namens Mulian (Mudgalyâyana) seine Mutter aus der Unterwelt befreit. Der Text trägt in den verschiedenen Handschriften geringfügig unterschiedliche Titel, der kürzeste ist *Mulian bianwen* (Wandlungstext über Mulian): Drei Jahre nach dem Tod seiner Mutter wird Mulian zum Mönch, und als er durch religiöse Übungen den Status der Heiligkeit erlangt hat, besucht er mit der Hilfe des Buddha den Himmel, wo er seinen verstorbenen Vater vorfindet, aber erfahren mußt, daß seine Mutter wegen ihrer vielen Sünden in die Hölle verstoßen wurde. Mit erneuter Hilfe des Buddha gelangt Mulian sodann in die Hölle, er kann aber nicht in jenen schlimmsten Teil vordringen, wo seine Mutter leidet. Erst mit abermaliger Unterstützung des Buddha findet Mulian seine Mutter, fleht aber vergeblich die Wächter der Hölle an, ihn selbst an seiner Mutter Statt zu quälen. Und selbst als der Buddha persönlich sich dafür verwendet, alle in der Hölle Leidenden freizulassen, wird Mulians Mutter lediglich von den Höllenqualen befreit, wird aber dazu bestimmt, die Existenz eines immerfort hungrigen Geistes zu führen. Zuletzt wird Mulians Mutter, mit nochmaliger Vermittlung des Buddha, in einen schwarzen Hund verwandelt, den Mulian schließlich durch eine sieben Tage und sieben Nächte währende Sutrenlesung befreien kann, in deren Folge die Mutter wieder menschliche Gestalt annimmt und schließlich Zugang in den Himmel findet.

Eine Konfuziuskritik

Noch einmal soll abschließend darauf verwiesen werden, daß die Manuskripte aus Dunhuang keinesfalls nur deswegen interessant sind, weil sie Gattungen bezeugen, die früher nicht oder nur schlecht bekannt waren. Ebenso interessant sind vielmehr auch Manuskripte von Texten bekannter und gut belegter Genres, die aber Geschichten berichten, die zuvor verloren waren. Zu den amüsantesten und gleichzeitig denkwürdigsten Texten dieser Art gehört eine Erzählung über Konfuzius und den Knaben Xiang Tuo: Der siebenjährige Xiang Tuo versteht es, alle kniffligen Fragen, die ihm ein keineswegs wohlwollender Konfuzius vorlegt, zu beantworten, während Konfuzius seinerseits die klugen Fragen des Knaben unbeantwortet lassen muß, darüber den Jungen zu fürchten beginnt und schließlich sogar die Absicht hegt, ihn zu töten. – Man kannte die Grundzüge dieser Erzählung zwar aus einer langen Tradition der Konfuziuskritik, die während der späten Kaiserzeit sogar in Schulbüchern Eingang fand, dennoch ist es erstaunlich, daß in Dunhuang gleich elf Abschriften der Erzählung gefunden wurden und damit untrüglich Zeugnis davon ablegen, daß Konfuzius nicht für unantastbar galt, Kritik an ihm während des 9. und 10. Jh.s vielleicht sogar *en vogue* war.

DIE LITERATUR DER DYNASTIEN SONG UND YUAN

Chinesische Neuzeit?

Ausgehend von einer zu Beginn des 20. Jahrhunderts aufgestellten These des japanischen Sinologen Naitô Torajirô, der zufolge mit der Dynastie Song (960–1279) die chinesische Neuzeit anbricht, sehen heute die meisten historisch und sozialwissenschaftlich arbeitenden Sinologen in den Kriegswirren des Übergangs zwischen den Dynastien Tang und Song einen entscheidenden, wenn nicht den wichtigsten Bruch in der Geschichte des chinesischen Kaiserreiches. Diese Annahme stützt sich vor allem auf demographische Untersuchungen sowie Beobachtungen über den sozialen Hintergrund der Eliten der Tang und der Song. Demgegenüber betrachtet eine kleinere Gruppe Sinologen die eineinhalb Jahrhunderte der Südlichen Song (1127–1279) nach dem Eindringen der halbnomadischen Dschurdschen in Nord- und Zentralchina und der anschließenden Besetzung dieser ehemaligen Herzlande Chinas als den Zeitraum, in dem sich die alten kulturellen Traditionen und Machtstrukturen zu wandeln begannen.

Prosa im zehnten und elften Jahrhundert

Für welchen der beiden Ansätze mehr spricht und ob überhaupt sinnvoll von einer chinesischen Neuzeit zu sprechen ist, steht hier nicht zur Diskussion. Doch es ist festzustellen, daß die chinesische Tradition selbst in scharfem Gegensatz zur modernen Forschung auf literarischem Gebiet seit je eine Kontinuität zwischen den Entwicklungen der Zeit der Tang und der Nördlichen Song gesehen hat. Dies gilt besonders für die Bereiche Prosa und klassische *shi*-Dichtung, wo es zwar während der Nördlichen Song (960–1127) teils erhebliche Neuerungen gab, der unter den Tang gesetzte formale Rahmen dennoch eingehalten wurde. Allerdings wurde das literarische Schreiben in der Song-Zeit dadurch wahrhaft revolutioniert, daß sich nun endlich der Blockdruck durchsetzte, der während des Niedergangs der Tang-Dynastie bereits erfunden worden war. Rasch begannen seit Beginn der Song Schriften, deren Besitz zuvor ein kostbarer Schatz gewesen war, in mehreren großen Zentren, vornehmlich in den Städten Kaifeng und Hangzhou sowie den Provinzen Fujian und Sichuan, in Holz geschnitzt, gedruckt und an ein großes Publikum verkauft zu werden. Die damit einhergehende Vulgarisierung der Tradition wurde vom Staat durch offizielle Aufträge tatkräftig gefördert, bei denen es natürlich vorrangig darum ging, staatstragende Schriften wie die kanonischen Texte oder die offiziell anerkannten Dynastiegeschichten zu publizieren. Sie wurde jedoch auch von Literaten beklagt, die fürchteten, daß durch die fehlende Notwendigkeit, Texte abzu-

Blockdruck

schreiben oder zu memorieren, wahre Bildung verloren ginge. Und schließlich entstanden in der Song-Zeit in Folge der Verbreitung des Buchdrucks einige große Bibliotheken, deren Kataloge zum Teil überliefert sind.

Alter Stil (guwen)
Acht Meister der Tang und der Song

Obwohl es zu Beginn der Song und auch danach noch Literaten gab, die Parallelprosa schrieben, läßt sich verallgemeinernd sagen, daß die Prosa der Song-Zeit durch den Alten Stil (*guwen*) dominiert wurde. Als dessen herausragende Vertreter gelten die Acht Meister der Tang und der Song – das sind neben Han Yu und Liu Zongyuan aus der Tang-Zeit die songzeitlichen Literaten Ouyang Xiu (1007–1072), Su Xun (1009–1066) und seine beiden Söhne Su Shi (1036–1101) und Su Zhe (1039–1112) sowie Zeng Gong (1019–1083) und Wang Anshi (1021–1086). Eine sehr prägnante Beschreibung des Alten Stils fand Liu Kai (947–1000), der die Kritik eines imaginären Gesprächspartners, er pflege eine realitätsferne Vorliebe für alte Texte, folgendermaßen erwiderte:

> Das Wesen des Alten Stils liegt nicht in der Rauheit der Worte oder der Bitterkeit der Reden, die dazu führen, daß andere Schwierigkeiten haben, sie zu lesen oder zu rezitieren. Vielmehr kommt es darauf an, seine Argumentation alt zu machen, seine Absichten hochsinnig, der eigenen Rede folgend sich kurz oder lang zu fassen, in Reaktion auf die Umstände Regeln zu schaffen und mit den Handlungen der Alten übereinzustimmen – das ist Alter Stil.

Doch bald nach diesen moralisierenden Anfängen setzte sich die Auffassung durch, daß Alter Stil eben auch an technische Fertigkeiten geknüpft sei. Dies bezeugen schon Anthologien des 12. Jh.s wie das von Lü Zuqian (1137–1181) kompilierte *Guwen guanjian*. Im Gegensatz zu der häufig von seltenen Zeichen und schwieriger Grammatik durchwirkten Prosa und Dichtung des großen Vorbildes Han Yu schätzten die Autoren der Song einen klaren und einfachen Duktus. Das ideale Medium für den Alten Stil war der Essay, wenngleich die Anhänger des Alten Stils auch eine Reihe anderer Prosaformen zur Blüte brachten, darunter Briefe und diverse Formen von Inschrifttexten. Diese Gattungen wurden neben herkömmlichen administrativen Schreiben und politischen Kommentaren zu dem Curriculum, mit dem sich jeder größere chinesische Literat seit den Song abmühen mußte. Die vielleicht berühmteste Gedenkschrift ist das *Yueyanglou ji* des politischen Reformers Fan Zhongyan (989–1052), worin die schöne landschaftliche Umgebung eines Gebäudes am Yangzi beschrieben wird.

Ouyang Xiu

Ihre Blüte erreichte die Prosaliteratur der Song jedoch mit Ouyang Xiu, einem schillernden Literaten, erfolgreichen Staatsmann, Historiographen und Gelehrten, der sich gegen stilistische Manieriertheiten aller Art wandte und die Prosa des Han Yu als vorbildlich empfahl. Das Wirken des Ouyang Xiu ist nicht nur wegen seiner Rolle als herausragender Literat von Bedeutung. Seine Schriften erhielten zusätzliche Bekanntheit, weil er im Jahre 1057 durchsetzte, daß der von ihm favorisierte Stil zum Standard in den Beamtenprüfungen wurde und die Kandidaten fortan Essays zu historischen und politischen Themen zu verfassen hatten. Diese Neuerung ist die Ursache dafür, daß in fast allen Sammlungen von Literaten der Song mindestens ein Kapitel der Essayistik gewidmet ist. Ouyang Xiu selbst verfaßte mehrere Vor- und Nachworte zu Werken anderer Literaten, Grab- und Gedächtnisinschriften sowie Essays, die zu Klassikern wurden. Hervorzuheben sind seine beiden Vorworte zum *Xin Wudai shi*, seiner Neufassung der Geschichte der fünf kurzlebigen, den Song vorangegangenen Dynastien. Diese Dynastiegeschichte ist das längste Werk des Ouyang Xiu, gleichzeitig gehört sie zusammen mit den ersten vier Geschichtswerken *Shiji*, *Hanshu*, *Hou Hanshu* und *Sanguo zhi* zu den beliebtesten überhaupt. Nur am Rande sei erwähnt, daß die Zeit der Song eine Blüte der Geschichtsschreibung erlebte. Neben dem *Xin Wudai shi* entstanden im 11. Jh. unter anderem das *Tang jian* (Spiegel der Tang) des Fan Zuyu (1041–1098), eine Sammlung moralisierender Kommentare zu Ereignissen der Geschichte der Tang, sowie der monumentale *Durchgängige Spiegel zur Hilfe bei der Regierung* (*Zi zhi tong jian*) des Sima Guang (1019–1086), eine chronologische Gesamtdarstellung der chinesischen Geschichte seit dem 4. Jh. v.Chr. bis zum Beginn der Song. Besondere Berühmtheit erlangte Ouyang Xius stilistisch beispielhafter Essay *Über Parteiungen* (*Peng dang lun*), der dem bislang fast ausschließlich negativen Begriff Parteiung erstmals eine positive Konnotation verlieh:

Über Parteiungen

> Euer Untertan hat gehört, daß es die [abschätzige] Redeweise von den Parteiungen und Freundesgruppen seit alters gibt. Doch glücklicherweise kommt es nur darauf an, daß der Fürst über die Menschen unterscheidet, wer die Edlen und wer die Nichtswürdigen sind. Im allgemeinen bilden Edle mit Edlen Freundesgruppen, weil sie denselben Weg verfolgen, und Nichtswürdige bilden Freundesgruppen mit Nichtswürdigen, weil sie nach demselben Vorteil streben. Dies ist ein von selbst gegebenes Muster. Doch Euer Untertan sagt, daß [in Wahrheit] nur die Edlen Freunde haben, die Nichtswürdigen aber nicht. Woran liegt das? Was die Nichtswürdigen begehren, das sind Gewinn und Gehalt, wonach sie gieren, das sind Güter und Reichtümer. Daß sie sich, solange sie denselben Vorteil sehen, für eine kurze Zeit als Parteiung zusammentun und eine Freundesgruppe bilden, ist nur trügerisch. Sehen sie einen Gewinn, dann streiten sie um den Vortritt, und wenn der Gewinn aufgezehrt ist und die Verbindung sich lockert, dann morden und versehren sie einander stattdessen. [...] Anders ist das bei den Edlen. Was diese bewahren, das sind der rechte Weg und die Rechtlichkeit, wonach sie handeln, das sind Treue und Glaubwürdigkeit, und was sie anstreben, das sind ein guter Ruf und Prinzipien. Pflegen sie damit ihre Persönlichkeit, dann wandeln sie auf demselben Weg und bessern einander. Dienen sie damit dem Staat, dann haben sie dieselben Ziele und sorgen gemeinsam für Ausgewogenheit. Von Anfang bis Ende sind sie wie ein Mann – dies ist die Freundesgruppe des Edlen. Daher muß ein Fürst über Menschen nur die trügerischen Freundesgruppen der Nichtswürdigen zurückdrängen und die wahren der Edlen verwenden, dann herrscht Ordnung im Reich.

Ouyang Xiu setzt seine Streitschrift fort, indem er mehrere historische Beispiele anführt, bei denen Herrscher Parteiungen zerschlugen und dennoch den Untergang ihres Hauses bewirkten, oder die zeigen, wie umgekehrt Gruppierungen hochsinniger Menschen bei Hof für Frieden im Reich sorgten.

In ähnlicher Weise widerborstig sind auch andere Texte des Ouyang Xiu, der sich, fast wie die Weisen vom Bambushain, immer wieder zum trinklustigen, unambitionierten Alten stilisierte. Darin verwandt ist ihm der wohl größte songzeitliche Dichter, nämlich Su Shi (1036–1101), den Lin Yutang einmal als fröhliches Genie bezeichnet hat. Der aus Sichuan stammende Su Shi oder Su Dongpo war ebenso wie sein Bruder Su Zhe und Zeng Gong einer der erfolgreichen Kandidaten der unter dem Einfluß des Ouyang Xiu stehenden Palastprüfung des Jahres 1057 gewesen. Mehrfach geriet er wegen seines losen Mundwerks und seines flinken Pinsels mit Vorgesetzten und Machthabenden in Konflikte, die ihm insgesamt drei lange Verbannungen eintrugen. Zum Vorwurf gemacht wurden Su Dongpo vor allem seine Gedichte, doch auch in seinen Prosawerken sind immer wieder Spitzen gegen die Herrschenden der Zeit gerichtet.

Su Shi

Die Gelehrten der Tongcheng-Strömung aus Anhui haben im 17. und 18. Jh. ein Korpus von Prosawerken des Su Shi zusammengestellt, die in gewisser Hinsicht kanonisch geworden sind. Besonders prominent ragen unter diesen die historischen Essays hervor. Mehrfach benutzte Su Shi historische Themen offensichtlich zur Kritik an den Reformen seines Zeitgenossen Wang Anshi, die den markantesten Einschnitt der politischen Geschichte des 11. Jh.s bildeten. Das deutlichste Beispiel ist vielleicht sein Essay *Die beiden Schwerverbrechen des Sima Qian* (*Sima Qian er da zui*), dessen Kritik an Sima Qians Darstellung eines Reformers aus der Zeit der Streitenden Reiche und eines Reformers aus der Han-Dynastie vermutlich gegen die Reformpolitik des Wang Anshi zielt. Mit anderen Essays über historische Personen dürfte Su Shi vorwiegend an seine eigene Situation als Verbannter gedacht haben – etwa dann, wenn er über einen Mann aus der beginnenden Han-Zeit schrieb, der Schmähungen gut ertrug.

Pseudobiographien

Indes verfaßte Su Shi auch eine Reihe eindeutig humoristischer Prosawerke. Hierzu gehören mehrere Pseudobiographien, die er in Nachahmung des oben schon erwähnten *Mao Ying zhuan* von Han Yu schrieb. Während jedoch Han Yus *Biographie der Pelzspitze* spätestens seit dem 12. Jh. als Satire und als Kritik des willfährigen Opportunismus der Hofliteraten aufgefaßt wird, entziehen sich die Pseudobiographien des Su Shi über den Reibstein oder den Tee, über Obstbäume oder Arzneien solchen Interpretationen. Sie scheinen tatsächlich als Parodien, als Witze zur Erheiterung eines gebildeten Publikums geschrieben zu sein und sind Beweise der artistischen Schreibkunst ihres Autors.

Vermischte Notizen

Ein weiteres Prosagenre, mit dem sich Su Shi in die Tradition eines Literaten der Tang stellte und das er zur Meisterschaft entwickelte, sind die sogenannten Vermischten Notizen (*za zuan*). Die erste Abfassung solcher Notizen, bei denen jeweils unter einer kurzen Überschrift mehrere passende Nachsätze notiert sind, wird dem Tang-Dichter Li Shangyin zugeschrieben. Eine erste Fortsetzung hat der sonst kaum bekannte Wang Junyu aus dem Beginn der Song-Zeit verfaßt. Auszugsweise sei hier aus den Notizen des Su Shi zitiert:

Nicht glücklich ist:
Ein Fußgänger in zu engen Schuhen.
Ein Gast beim Fest eines hochstehenden Beamten.
Ein Prüfling, den die Hitze drückt.
Wer im heißesten Monat einen Fremden zu Besuch hat.
Ein Verbrecher in Ketten und Fesseln.
Einer, auf den eine eifersüchtige Ehefrau mit weißen Haaren aufpaßt.
Der, in dessen Dorf die Schwiegersöhne Turbane tragen.
Jungen, die zum ersten Mal zur Schule gehen.
Ein Amtsbüttel, der einen strengen und klugen Vorgesetzten bekommt.

Wer nicht glaubhaft ist:
Ein Verkäufer, der dir zum vorgeschlagenen Preis gratuliert.
Ein Mönch, der vorgibt, weder Wein noch Fleisch zu sich zu nehmen.
Ein Betrunkener, der für den nächsten Abend Gäste einlädt.
Eine Heiratsvermittlerin, die Söhne und Töchter hochlobt.
Ein Büttel, der vorsichtig, ängstlich und sorgsam ist.
Ein Singmädchen, das sich beim Abschied so untröstlich gibt, als wollte sie nicht mehr leben.
Der Feindesstaat, der über Frieden spricht.

Furchtlos muß sein:
Die vordere Formation beim gegenseitigen Töten.
Ein Bäckermeister in den Sommermonaten.
Boxer, die hauen und treten.
Ein Verbrecher, der Prügel schluckt.
Eine häßliche Frau, die ihre Schwiegereltern sieht.

Diese Notizen sind ebenso vergnüglich wie sozialgeschichtlich interessant, ist aus ihnen doch auf ganz unvermittelte Weise viel über den Alltag ihres Autors zu erfahren. Gleichzeitig bietet ihre Unmittelbarkeit in manchen Fällen dem Übersetzer, der den geistigen Horizont der Zeit nicht immer kennen kann, große Schwierigkeiten. Möglicherweise handelt es sich bei Notizen dieser Art um Aufzeichnungen von Gesellschaftsspielen, bei denen Teilnehmer reihum einen Spruch zum besten zu geben hatten. Solche Spiele, bei denen einer der Anwesenden im Wechsel den Vorsitz zu führen und das Thema zu stellen hatte, sind in Romanen späterer Epochen beschrieben. Der heutige Leser sieht das Lachen der vom Wein beflügelten Zecher förmlich vor sich, wenn einer von ihnen eine so treffliche Pointe gelandet hat wie die vom Singmädchen, das seinen Freier unter Tränen verabschiedet und in Wahrheit bereits den nächsten erwartet.

Chibi fu

Ein weiteres Meisterwerk des Su Shi ist das *Chibi fu* (Prosagedicht über das Rote Kliff), in dem der Dichter eine Bootspartie zu dem gleichnamigen Ausflugsziel beschreibt, die er selbst mit einigen Freunden auf dem Yangzi unternahm. Wie das *Yueyanglou ji* des Fan Zhongyan gehört dieser Text zu dem kleinen Curriculum literarischer Schriften, die auch heute noch einem breiten Publikum bekannt sind. Ihre Wertschätzung beruht hauptsächlich auf den stilistischen Fertigkeiten ihrer Autoren und deren Fähigkeit, Landschaft und Szenerie wortreich auszumalen. Jedoch ist auch die Ansicht vorgetragen worden, das *Chibi fu* sei in Wahrheit eine versteckte Kritik an der fehlgeschlagenen Expansionspolitik der Song (Bischoff). Dies ist nicht ganz von der Hand zu weisen. Denn zum einen erwarten, wie bekannt, alte literaturtheoretische Schriften, daß das Genre *fu* indirekt kritisiere; zum anderen war das Rote Kliff der historisch geprägte symbolträchtige Ort, wo Cao Cao im Jahre 208 n.Chr. eine entscheidende Schlacht verlor und die Hoffnung aufgeben mußte, das zerbrechende Reich der Han zusammenfügen zu können. Die latente Erinnerung an dieses Ereignis könnte tatsächlich eine Kritik daran gewesen sein, daß es auch in Su Shis Zeit nicht gelang, eine erfolgreiche Expansionspolitik zu betreiben.

Indirekte Kritik

Den anderen beiden Literaten, die zu den Acht Meistern der Tang und der Song gezählt werden, ist von der Tradition aus gegensätzlichen Gründen nicht derselbe literarische Rang zugebilligt worden wie Su Shi. Zeng Gong gilt allgemein als rationaler Denker, aus dessen Schriften aber wenig persönliche Kraft strömt. Dagegen wird Wang Anshi auch nach seiner Persönlichkeit beurteilt: So wie er als Staatsmann hart und direkt vorgegangen sei, sollen auch seine Werke geradeheraus formuliert sein, dabei aber der literarischen Feinheiten manchmal ermangeln.

Obwohl neben den aufgezählten großen Meistern zahlreiche weitere Literaten Prosa verfaßt haben, ja im Werk fast jedes Literaten der Song Prosa vertreten ist, hat es doch nach dem Zusammenbruch der Nördlichen Song kaum mehr Texte gegeben, die mit denen der Acht Meister auf eine Stufe gestellt wurden. Einer der Gründe hierfür mag darin liegen, daß sich nun die Gattung der Schülermitschriften von Lehrerworten (*yulu*), ursprünglich wohl ein chan-buddhistisches Genre, durchzusetzen begann. Diese zum Teil in einem halb umgangssprachlichen Stil gehaltenen Mit-

Schülermitschriften von Lehrerworten

Neokonfuzianische Bewegung

schriften sind Zeugnisse der sogenannten neokonfuzianischen Bewegung, welche in stärkerem Maße als zuvor den Blick in die eigene Persönlichkeit hineinlenkte und die alten Traditionen in den Schatten stellte. Auch wenn die Protagonisten des Neokonfuzianismus, etwa die Brüder Cheng Hao (1032–1085) und Cheng Yi (1033–1107) sowie Zhu Xi (1130–1200), klassische literarische Werke verfaßten, wurden sie doch zuvorderst für ihre philosophischen und ihre stark moralisierenden historiographischen Beiträge berühmt. Daß Zhu Xi, von dem keine Essays bekannt sind, heute manchmal zu den Vertretern des Alten Stils gezählt wird, hat er den Gelehrten des 18. Jh.s zu verdanken, die eine Einheit der Lehren der Acht Meister der Tang und der Song auf der einen Seite sowie der Brüder Cheng und Zhu Xi selbst auf der anderen Seite sehen wollten. Aus den historiographischen Arbeiten des Zhu Xi und seiner Schule muß das *Tong jian gang mu* hervorgehoben werden, in dem stark wertende Urteile zu den historischen Ereignissen enthalten sind, die das oben genannte *Zi zhi tong jian* berichtete.

Der vielleicht berühmteste Literat des 13. Jh.s, Wang Yinglin (1223–1296), hat Enzyklopädien verfaßt und klassische Schriften kommentiert. Für gute Essays oder andere Kurzprosa jedoch ist auch er nicht bekannt. Die wichtigsten historischen Essays des 13. Jh.s wurden nicht auf dem Territorium der Südlichen Song, sondern dem der benachbarten Dschurdschen geschrieben: Zhao Bingwen (1159–1232) nahm in der am Beispiel des Su Shi oben gezeigten Manier am politischen Diskurs seiner Zeit durch Verweis auf geschichtliche Vorbilder teil. Zu erwähnen sind ferner Yuan Haowen (1190–1257), dessen Ruhm jedoch mehr auf seine Gedichte zurückgeht, sowie Dai Biaoyuan (1244–1310), ein Schüler des Wang Yinglin. Insgesamt ist jedoch die Prosaliteratur der Mongolenzeit ein von der Sinologie noch kaum aufgearbeitetes Gebiet.

Reisetagebücher

Zur Prosaliteratur zählen zwei weitere wichtige Genres, die unter den Song zur Blüte gelangten: das Reisetagebuch und die Pinselnotizen. Das früheste erhaltene Reisetagebuch, das *Lai nan lu* des Li Ao, wurde zwar schon im beginnenden 9. Jh. verfaßt, doch sollte es danach noch dreihundert Jahre dauern, bis sich das Genre im 11. und 12. Jh. bei den Literaten der Nördlichen und der Südlichen Song-Zeit voll entfalten konnte. Auffallend ist, daß bereits die Reise des Li Ao keine Vergnügungsreise war, sondern eine mühselige Pflicht darstellte, und dies hat sich möglicherweise in der merkwürdigen Inhaltsleere seines Textes niedergeschlagen. Dergleichen begegnete später immer wieder: Der Dichter Huang Tingjian etwa berichtete in seinem Tagebuch, das eine Verbannungsreise beschreibt, nicht von den Schönheiten der Gegend, sondern vornehmlich vom Wetter; Zhang Li beschrieb glanzvolle Orte der Tang-Dynastie, nicht aber solche der Song; Fan Chengda sprach in seinem Bericht über seine im Jahre 1170 erfolgte Gesandtschaftsreise zu den Dschurdschen nicht von den politischen Gesprächen mit den Würdenträgern, die er zu treffen hatte, sondern von merkwürdigen Sitten, die in Nordchina Einzug gehalten hatten, und von den Orten »umgewandelter Song-Herrlichkeit« (Stumpfeldt); Ouyang Xiu schließlich berichtet hauptsächlich von den Schnapsgelagen, die er auf dem Weg in die Verbannung genoß. All das sind Indizien dafür, daß das scheinbar so unverfängliche Genre Reisetagebuch als Mittel benutzt werden konnte, politische Kritik vorzutragen.

Weitere wichtige Reisetagebücher stammen von Xu Jing (1092–1155), der im Jahre 1123 eine Gesandtschaftsreise nach Korea unternahm, und von Lou Yue (1137–1213), der ein Jahr vor Fan Chengda ebenfalls als

Gesandter zu den Dschurdschen zog. Fan Chengda hat neben dem Bericht über seine Reise zu den Dschurdschen zwei weitere Tagebücher geschrieben, eines davon über eine Verbannungsreise nach Guilin. Zhou Bida (1125–1204) verfaßte insgesamt acht Tagebücher, die zum Teil auch von den Aktivitäten des Kaisers berichteten. Das berühmteste und längste Tagebuch der Song ist jedoch das *Ru Shu ji* des Lu You (1125–1210), das im Gegensatz zu den meisten bisher angesprochenen Werken die durchreiste Landschaft tatsächlich leben läßt. In der Mongolenzeit, in der aufgrund der größeren politischen Einheitlichkeit weitere Reisen leichter möglich waren als unter den Song, sind ebenfalls mehrere interessante Tagebücher entstanden. Der längste dieser Texte ist das *Changchun zhenren xiyou ji* des Li Zhichang (1193–1256) über eine Reise von Shandong durch Zentralasien zum Hindukush. Ähnlich wichtig ist das kürzere *Xi you lu* des Yelü Chucai (1190–1244) über eine 1228 unternommene Reise, auf der der Autor den Dschinghis Khan begleitete.

Pinselnotizen

Reisetagebücher werden häufig der Literaturgattung Pinselnotizen zugeordnet, die leider noch kaum erforscht ist. Obwohl das *Song Jingwengong biji*, das erste Werk, welches das Wort Pinselnotizen (*biji*) im Titel trägt, erst von dem Song-Historiker Song Qi (998–1061) geschrieben worden ist, gab es doch schon in der Zeit der Tang zahlreiche Texte dieser Kategorie. Der Begriff Pinselnotizen ist jedoch so weit gefaßt, daß es beim gegenwärtigen Forschungsstand schwierig ist, ihn genauer zu definieren, als dies sein Name ohnehin tut. Unter *biji* hat man also Notizen unterschiedlicher Länge zu allen erdenklichen Wissensgebieten zu verstehen. Chinesische Bibliographien benutzen den Titel *biji* aus dem genannten Grund selten als Ordnungsbegriff. Die seit 1979 sukzessive herausgegebene Sammlung *Pinselnotizen mit historiographischem Material aus der Tang und der Song* (*Tang Song shiliao biji*), die, wie der Titel sagt, ja bereits eine Einschränkung zum Oberbegriff Pinselnotizen enthält, umfaßt insgesamt 41 Werke der Dynastien Tang und Song, die im Gesamtkatalog der chinesischen Sammelwerke unter acht verschiedene Kategorien fallen. Die größte davon sind die Vermischten Geschichtsnotizen, zu denen zum Beispiel das *Gui tian lu* (Aufzeichnungen nach der Rückkehr auf das Land) des Ouyang Xiu oder das *Sushui ji wen* (Notizen über Gehörtes am Flusse Su) des Sima Guang zählen, beides Werke, die Details über bekannte Persönlichkeiten aus der Hofpolitik berichten. Die andere große Kategorie von Pinselnotizen sind die sogenannten Vermischten Gelehrsamkeitsnotizen (*za xue*), unter denen das allerdings hinsichtlich seiner Authentizität angezweifelte *Dongpo zhi lin* des Su Shi mit Einträgen zu Reiseeindrücken, Krankheiten, Träumen, Militärischem, Opfern, Buddhismus und Daoismus und vielen anderen Themen eingeordnet ist. Weitere bekannte Werke dieser Klasse sind das *Qi dong ye yu* des Zhou Mi (1232–1298) oder das *Mengxi bi tan* des Shen Kuo (1031–1095), in dem technisches, naturwissenschaftliches und medizinisches Wissen der Zeit notiert ist.

Aufzeichnungen über Wunder, Geister und Anomalitäten

Ebenfalls unter der Rubrik Pinselnotizen wird häufig von den Aufzeichnungen über Wunder, Geister und Anomalitäten gesprochen, die eigentlich eine Fortsetzung der entsprechenden Kurzgeschichten und Novellen der Sechs Dynastien und der Tang sind, wobei schon unter den Tang neben Novellen auch zahlreiche pinselnotizenartige Sammlungen verfaßt wurden. In diesem Bereich besteht eine erstaunliche Kontinuität zwischen den Tang und den Song. Werke wie das *Yijian zhi* (Die Ansichten des Yijian) von Hong Mai (1123–1202), die umfangreichste Sammlung von Außergewöhnlichem, die unter den Song von einem Privatmann verfaßt wurde, stellen eine konsequente Fortsetzung tangzeitlicher Vorbilder dar. Das auf staatliche Initiative zusammengestellte, monumentale *Taiping guang ji* (976–983) ist sogar in vielen Fällen die einzige beziehungsweise wichtigste Quelle für Werke des Genres aus der Zeit der Tang und davor. Das *Taiping guang ji* gehört übrigens zu einem Dreierzyklus von Enzyklopädien, die zu Beginn der Song während der Regierungsperiode *taiping* erstellt wurden. Die anderen beiden Werke sind das *Taiping yu lan* und das geographische Werk *Taiping huanyu ji*. Wie im Falle der älteren Literatur, so sind auch bei den pinselnotizenartigen Wunderberichten die einzelnen Ereignisse häufig in historische Form gekleidet. Jedoch ist fraglich, ob unter den Song diese Tatsache noch die alte Einordnung von Wunderliteratur unter das Genre der Geschichtsquellen widerspiegelt oder ob nicht die historische Anbindung einem Unterhaltungsgenre mehr Glaubwürdigkeit verleihen sollte. Jedenfalls gab es unter den Gelehrten und Konfuzianern der Song eine starke rationalistische Strömung, die der buddhistisch und auch volksreligiös beeinflußten Wundertradition feindselig gegenüberstand.

Die Fortsetzung der klassischen Dichtungstraditionen

shi-*Dichtung der Song*

Die *shi*-Dichtung der Song ist von der chinesischen Kritik immer wieder mit der Dichtung der Tang-Zeit verglichen worden. Dieser Vergleich fiel im allgemeinen negativ aus, sieht man von der Ausnahmeerscheinung des zu allen Zeiten hochgeschätzten Su Shi ab. Beginnend mit den von Yan Yu im 12. Jh. verfaßten *Gesprächen des Canglang über die Dichtung* (*Canglang shihua*) bis zu Wang Guowei im 20. Jh. waren sich die Kritiker einig in der Meinung, die *shi*-Dichtung eines Li Bo und eines Du Fu sei spontan und lebendig und bringe echtes inneres Erleben zum Ausdruck, die Werke der Song-Epigonen seien dagegen zu reflektiv und zeigten eine zu starke Diskursivität. Dieser Einschätzung gegenüber ist jedoch Vorsicht geboten. Zwar sind die Regeln, nach denen die klassische Tang-Dichtung zu schreiben war, zum großen Teil erst unter den Song schriftlich fixiert worden. Ferner richteten sich die Dichter der Song nach den Lautungen der Tang und nicht denen ihrer eigenen Zeit, dichteten also, um strenge Gesetzmäßigkeiten eines Genres zu befolgen, in einer Sprache, die nicht mehr dem allgemein verständlichen Empfinden entsprach. Die herkömmliche Kritik mag außerdem auch vielfach angebracht sein, da an der Größe des Gesamtwerkes einzelner Dichter wie zum Beispiel des produktivsten Song-Poeten Lu You klar ersichtlich ist, daß viele Gedichte eher Stilübungen oder Gelegenheitsarbeiten gewesen sein müssen als Ausdruck eines reinen schöpferischen Geistes. Auf der anderen Seite finden sich aber zum Beispiel in einem Gedicht des in der Tradition des Bo Juyi stehenden Wang Yucheng (954–1001) Zeilen, in denen der Dichter erklärt, er wolle sich im Alter mit nichts anderem mehr als mit dem Dichten beschäftigen. Ähnliche Hingabe drückt auch das Werk des Landschafts- und Pflanzendichters Lin Bu (967–1028) aus, der in der Frühzeit der Nördlichen Song gleichermaßen berühmt war. Solche Beispiele zeugen davon, daß auch Dichter der Song zu vollem Ausdruck ihrer Gefühle fähig waren.

Wang Yucheng und Lin Bu gehören zu den wichtigsten Exponenten des in der beginnenden Song-Zeit gepflegten Bo Juyi-Stils beziehungsweise des sogenannten Dichtungsstils der Späten Tang, die sich beide an alten Vorbildern orientierten. Der dritte und bei weitem wirkungsmächtigste Dichtungsstil der beginnenden Song-Zeit jedoch ist der *xikun*-Stil, der seinen Namen von dem mit der Genienwelt assozierten Kunlun-Berg im Westen Chinas ableitet und in Werken des *Xikun chou chang ji* (Sammlung des Dichterwettstreits vom Westlichen Berg Kun) aus den ersten Jahren des 11. Jh.s exemplarisch faßbar ist. Der *xikun*-Stil setzt die Parallelprosa (*pianwen*) der Tang fort, gleichzeitig lehnten sich die Dichter des *Xikun chou chang ji* an den hermetischen Stil des Li Shangyin an, der ja seine Gedichte oft ohne Titel beließ und so ihre Deutung bewußt erschwerte. Jedoch wäre es falsch, Dunkelheit des Ausdrucks als ein Hauptcharakteristikum des *xikun*-Stils anzusehen. Vor allem unter den siebensilbigen Gedichten seines Protagonisten Yang Yi (974–1020) finden sich auch Antikriegsgedichte und solche sozialkritischen Inhalts im Stil des Bo Juyi.

xikun-*Stil*

Ebenso wie sie die Prosaliteratur ihrer Zeit prägten, übten Ouyang Xiu, Su Shi und die anderen Meister auch entscheidenden Einfluß auf die Entwicklung der *shi*-Dichtung aus. Doch auch in den Werken der anderen großen Literaten der Song-Zeit findet man gewöhnlich einige Kapitel mit Gedichten, und dies steht im Zusammenhang damit, daß die Aufgabe, Gedichte zu verfassen, während der Song-Zeit meistens zu den entscheidenden Bestandteilen der gehobenen Beamtenprüfungen gehörte. Allerdings war heftig umstritten, ob ein Beamter diese Fähigkeit wirklich benötigte. Im Rahmen seiner Reformpolitik erwirkte Wang Anshi im Jahre 1071, daß für den Erhalt des höchsten Prüfungsgrades Dichtung nicht mehr zum Curriculum gehörte. Doch schon 1086 erhielt die Dichtung ihren früheren Platz zurück. Nun durften sich die Kandidaten entscheiden, ob sie lieber dichten oder Klassiker auslegen wollten. Im Jahre 1093 votierten von 2175 Studenten der Kaiserlichen Akademie 2093 für ein Studium der Dichtung und nur 83 für Klassiker. Übrigens sah sich der Reformer Wang Anshi, der gegen den Nutzen der Dichtungsprüfungen argumentierte, zunächst nur einer schwachen Opposition gegenüber. Von der markanten Ausnahme Su Shi abgesehen, votierten auch seine Gegner Sima Guang und die Cheng-Brüder gegen die Dichtung. Doch obwohl die neokonfuzianische Bewegung die aus ihrer Sicht übertriebene Bewertung des Dichtens heftig kritisierte, nehmen selbst im Werk ihres wichtigsten Vertreters Zhu Xi Gedichte insgesamt zehn von hundert Kapiteln ein.

Beamtenprüfungen

Eine gängige Annahme schon sehr früher, auf die Zeit der Südlichen Song zurückgehender Literaturklassifizierung lautet, daß der Kreis um Ouyang Xiu, dessen wichtigster Zeitgenosse auf dem Gebiet der Dichtung Mei Yaochen (1002–1060) war, die *xikun*-Dichtung pauschal abgelehnt habe. Dieses Klischee ist von der Forschung relativiert worden. Ouyang Xiu hat sich mehrfach positiv über Yang Yi und Liu Yun (971–1031) geäußert und nur deren Nachahmer verurteilt. In fast überheblicher Weise hat sich Ouyang Xiu mit Han Yu verglichen und seinem Freund Mei Yaochen die Position des weniger bedeutenden Meng Jiao zugewiesen. Eine Reihe von Gedichten, welche beide Dichter austauschten, zeugen davon, daß Mei Yaochen diesen Vergleich nicht zurückwies. Ein späterer Kritiker, Liu Kezhuang (1187–1269), hat ihn sogar aufgegriffen und positiv umgedeutet: Ouyang Xius poetisches Werk sei ebenso diskursiv wie dasjenige des Han Yu und verdiene daher die Bezeichnung Dichtung nicht; der wahre Begründer der Dichtungstradition der Song sei Mei Yaochen gewesen. In

Mei Yaochen

dessen zum Teil sozialkritischen, zum Teil stark gefühlsbetonten Gedichten tauchen immer wieder die an daoistische Vorbilder erinnernden Begriffe »eben und sanft« (*pingdan*) sowie »beschaulich und sanft« (*xiandan*) auf, die geradezu zum Markenzeichen des Mei Yaochen geworden sind und bereits von Ouyang Xiu gepriesen wurden.

Entfernt verbunden mit dem Kreis um Ouyang Xiu war auch der Philosoph Shao Yong (1011–1077), der später zu den Vätern des Neokonfuzianismus gezählt wurde. Seine Gedichte sind großenteils autobiographischer Natur. Andere wichtige Dichter der Zeit sind der Staatsmann Han Qi (1008–1075) und der erwähnte Wang Anshi (1021–1086), der immer wieder Bewunderer fand, obwohl seine politischen Reformen von einem Großteil der Tradition heftig abgelehnt worden sind. An oberster Stelle ist jedoch Su Shi zu nennen, von dem insgesamt etwa 2400 Gedichte auf uns gekommen sind. Viele von ihnen bestechen durch ihre zeitlose Unmittelbarkeit, etwa der zehn Verse umfassende Fünfsilbler *Unser kleiner Sohn* (*Xiao er*), übersetzt von Günter Eich:

Su Shi

Mein kleiner Sohn, er weiß noch nichts von Kummer.
Wo ich auch geh und steh, streicht er um mich herum.
Doch möchte ich den Kleinen schelten drum,
Mahnt meine Frau: »Er ist halt noch so dumm.
Doch ist er dumm, so ists bei dir noch schlimmer:
Was brummst du und bläst Trübsal immer?«
Ich setze mich, beschämt durch dieses Wort.
Sie fährt gelassen mit dem Abwasch fort.
Wie anders ist sie doch als Liu-lings Weib, das flennte
Und dem Poeten geizig seinen Wein mißgönnte!

Doch ist Su Shi, der hier übrigens auf eine Anekdote anspielt, die im *Shi shuo xin yu* überliefert ist, auch ein schwieriger Dichter, der das Spiel mit den Worten liebte und hinter einfachen Zeichen einen zweiten Sinn zu verstecken verstand. Da dies bekannt war, sind seine Gedichte schon von den Zeitgenossen oft politisch gedeutet worden, auch wenn durchaus nicht immer klar ist, ob Su tatsächlich politische Aussagen machen wollte. Ein gutes Beispiel ist eines der drei Gedichte des Titels *Heimkehr nach Yixing, Aufschrift auf den Zhuxi-Tempel* (*Gui Yixing liu ti zhuxi si*), das er verfaßte, nachdem er die Erlaubnis erhalten hatte, seinen Verbannungsort zu verlassen: »In diesem Leben, habe ich schon gemerkt, gibt's nichts zu tun. / Dieses Jahr wird es wieder eine gute Ernte geben. / Bei meiner Rückkehr vom Bergtempel höre ich die gute Nachricht, / auch die Wildblüten und die singenden Vögel freuen sich darüber.«

Politische Deutungen der Lyrik des Su Shi

Für jeden unvoreingenommenen modernen Leser müssen diese Zeilen völlig harmlos klingen. Gleichwohl konnte ein zeitgenössischer Kritiker ihrem Autor vorwerfen, mit der »guten Nachricht« die Kunde vom Tod seines Kaisers gemeint zu haben, der den Weg für die Rückkehr des Verbannten in die Hauptstadt freimachte. Su Shi selbst verteidigte sich damit, er habe auf seiner Reise von den hohen Qualitäten des neuen, gerade neunjährigen Kaisers gehört, und dies sei die »gute Nachricht«. Was an diesem Beispiel interessant ist, ist weniger die kaum zu entscheidende Frage, worin der Sinn des Gedichts ursprünglich bestanden haben mag, als die Tatsache, daß Su Shi sich bemüßigt sah, zu diesen so harmlos wirkenden Zeilen eine Erklärung abzugeben, die im selben Maße politisch war wie diejenige seines Gegners.

Der berühmteste Fall politischer Lyrik des Su Shi ist der *Gedichtprozeß von der Rabenterrasse* (*Wutai shi an*) aus dem Jahre 1179, in dessen Folge

Su Shi verbannt wurde, weil seine Gedichte die Reformen des Wang Anshi kritisierten. Erst diese Verurteilung scheint ihn zu einem wirklich bedeutenden Dichter gemacht zu haben, denn die Gedichte, mit denen er die Erfahrung des Exils verarbeitete und – wieder in versteckter Weise – über die Gründe für sein Mißgeschick nachdachte, gehören zu seinen besten Werken. In der Verbannung auch erwarb er das Grundstück am »Osthang« (*dongpo*), von dem er seinen berühmten Schriftstellernamen ableitete. Su Shi begann, sich in die Tradition des Tao Qian zu stellen und anspielungsreiche selbstreflexive Gedichte zu schreiben. Im Jahre 1085 erhielt er eine Anstellung in Dengzhou im heutigen Shandong, von wo aus er jedoch nach nur fünf Tagen in die Hauptstadt zurückberufen wurde. Aus diesem Anlaß verfaßte er das folgende lange Gedicht *Dengzhou hai shi* über eine Fata Morgana, die er dort über dem Meer gesehen hatte:

Fata Morgana von Dengzhou

> Schon lange habe ich von den Fata Morganen von Dengzhou gehört. Die Alten sagten zu mir: »Für gewöhnlich erscheinen sie im Frühjahr und Sommer. Dieses Jahr ist es schon zu spät, so daß sich keine mehr zeigen wird.« Schon fünf Tage nachdem ich mein Amt angetreten hatte, sollte ich wieder fort und bedauerte, keine Fata Morgana gesehen zu haben. Da betete ich im Tempel des Königs der weiten Tugend über die Meeresgötter, und am nächsten Tag zeigte sich eine Fata Morgana. Darauf verfaßte ich dieses Gedicht:
> Im Osten das Wolkenmeer, leer und wieder leer,
> Genien steigen auf und gehen wieder in der leeren Klarheit.
> Schwankend und wankend bringt die schwebende Welt zehntausend Bilder hervor.
> Sind da etwa Tore aus Kauri, die einen Perlenpalast verbergen?
> Im Herzen weiß ich, daß ich nur trügerische Schatten sehe,
> und doch hab ich es gewagt, Ohr und Auge des göttlichen Handwerkers zu belästigen.
> Kalte Jahreszeit, eisig das Wasser, Himmel und Erde verschlossen.
> Bring für mich die Untiere hinauf, peitsche Fische und Drachen!
> Hohe Bauten auf grünen Hügeln dringen durch den Morgenreif,
> ein solch außergewöhnliches Ereignis verblüfft selbst hundertjährige Greise.
> Unter Menschen läßt sich mit Gewalt nehmen,
> aber jenseits dieser Welt, wo keine Wesen mehr sind, wer ist da ein Held?
> Leichtfertig meine Bitte, doch wies man mich nicht ab.
> Wahrlich war ich in Menschenelend und nicht in Himmelsnot!
> Der Gouverneur von Chaoyang kehrte nach seiner Verbannung in den Süden heim,
> freute sich des Anblicks einer Felskette, die den Feuergott stützt,
> dachte, seine Rechtschaffenheit habe den Berggott gerührt.
> Wie sollte er wissen, daß der Schöpfer der Dinge ihn bemitleidete wegen seines hohen Alters?
> Ein Zucken der Brauen, ein einzig Lächeln sind ja auch nicht leicht zu erlangen,
> wie der Gott dir antwortete, war doch auch schon großzügig.
> Leuchtende Strahlen, tausend Meilen weit, ein einsamer Vogel entschwand,
> nur noch das jadene Meer, glattgerieben ein bronzener Spiegel.
> Ein neues Lied, gewundene Worte, was sollen sie nützen?
> Mit ihnen wehend und vergehend, folge ich dem Ostwind.

Der Sinn des Gedichtes erscheint zunächst eindeutig: Su Shi beschreibt eine Fata Morgana und sinnt über die außergewöhnliche Gnade des Meeresgottes nach, der ihm außerhalb der Jahreszeit das seltene Schauspiel gönnte. Freilich ist dieses Gedicht voller Anspielungen, deren Kenntnis erst zeigt, daß Su Shis Nachdenken über das Naturereignis mit einer Reflexion seiner eigenen Situation einhergeht. Der Schlüssel zum Verständnis des Gedichtes liegt in seinem vierten Vers, der aus einem der *Gesänge aus Chu* (*Chu ci*) zitiert, in dem die Tore aus Kauri als Zugang zur Residenz des Herrschers interpretiert werden: Wenn Su Shi glaubt, nur Illusionen zu sehen, dann benutzt er eine buddhistische Wendung, mit der er andeutet, daß er sich der Nichtigkeit seines eigenen Tuns ebenso bewußt ist wie der Eitelkeit und des Trugs der »schwebenden Welt«, also der oberflächlichen Zeitgenossen. Und doch wagt er, den göttlichen Handwerker zu belästigen, also den Herrn über die Wasser, aber eben auch den Herrn über die Welt, den Kaiser nämlich. Das außergewöhnliche Ereignis, das der Himmel dem Dichter gewährt, zeigt ihm, daß er in menschengemachter Not war und nicht in Himmelselend. Dies ist wohl zu lesen als Aussage, daß nur Menschen, Berater des Kaisers nämlich, an seiner Verbannung schuld waren und nicht der Himmel, möglicherweise hier zu verstehen als der Kaiser selbst. Diese Interpretation wird im besonderen durch die Verse nahegelegt, die daran erinnern, daß Han Yu, der ehemalige Gouverneur von Chaoyang, auf der Rückkehr aus einer Verbannung eine Felskette am »Feuergott« als Hinweis darauf deutete, daß er wieder als Berater beim Kaiser dienen werde; denn die gewichtigen Brocken und der Berg standen ihm als Metaphern für den hohen Beamten und seinen Herrscher. Han Yu jedoch erhielt die erhoffte Stellung nicht, und Su Shi nahm die Erinnerung an ihn als Ansporn, mit der Gnade, die ihm die Götter erwiesen, zufrieden zu sein und mit seiner Rückkehr in die Hauptstadt keine hohen Erwartungen zu verbinden. Gleich dem einsamen Vogel, der nach dem Ende der Luftspiegelung in der Ferne verschwindet, nimmt er sich vor, seine hohen Ziele – die neuen Gedichte – fahren und sich mit ihnen verwehen zu lassen, sich treiben zu lassen und nicht selbst der Antreibende zu sein, Anforderungen aufzunehmen und nicht selbst Forderungen zu stellen.

Die hier angebotene Interpretation und die Ausdeutung der vielen Metaphern ist nicht vollständig, auch sind andere Deutungen des Gedichtes versucht worden. Jedoch mag sie an dieser Stelle genügen, um zu zeigen, wie selbstreflexiv Su Shi dichten konnte, wie kunstfertig er eigene Vorstellungen mit traditionellen Vorgaben verwob. Diese außergewöhnlichen Fähigkeiten haben ihn eine Sonderstellung unter den Dichtern der Song einnehmen lassen und zu einem später nie mehr erreichten Vorbild gemacht.

Su Shis Bedeutung scheint schon seinen Zeitgenossen klar gewesen zu sein, denn die Dichtergruppe, die er um sich scharte, war noch größer und diversifizierter als diejenige des Ouyang Xiu. Dazu zählen im übrigen auch Buddhisten, wenngleich sich Su Shi gelegentlich in satirischer Weise über Mönche äußerte. Zu den berühmtesten Dichtern im Umkreis des Su Shi zählten Chao Buzhi (1053–1110) und Qin Guan (1049–1101), der vor allem wegen der stilistischen Ausgefeiltheit seiner Verse geschätzt wurde. Der bei weitem bedeutendste und einflußreichste Nachfolger des Su Shi ist jedoch Huang Tingjian (1045–1105), der ebenso wie Su Shi selbst als einer der schwierigsten Poeten der Song gilt, nicht zuletzt deswegen, weil er Gedichte dazu nutzte, dichtungstheoretische Aussagen zu machen. Obwohl er dem Buddhismus nahestand, schätzten ihn auch die Neokonfuzianer der Südlichen Song. Dem Buddhismus entlehnt ist die Beschreibung, die er selbst von seinem Stil der kreativen Nachahmung abgab. Sie lautet kurzgefaßt: »die Knochen tauschen, um den Mutterleib abzustreifen« (*huan gu tuo tai*), und Huang selbst deutet sie folgendermaßen aus: »Der Bedeutung von Gedichten sind keine Grenzen gesetzt, doch die menschliche Begabung ist begrenzt. Selbst ein Tao Qian und ein Du Fu konnten kaum mit dem Begrenzten das Grenzenlose zu fassen. Die Bedeutung [eines alten Gedichtes] nicht ändern, aber seinen eigenen Stil schaffen, das ist die Methode des Knochentauschens. Die Bedeutung erfassen und ihr Form und Gestalt

Huang Tingjian

»Die Knochen tauschen, um den Mutterleib abzustreifen«

geben, das heißt den Mutterleib abstreifen.« Ein anderes Wort, mit dem Huang Tingjian sein literarisches Vorgehen umschrieb, lautete: »Eisen berühren, um Gold daraus zu machen« (*dian tie cheng jin*). Die Theorie paßt maßgeschneidert auf das obige Gedicht des Su Shi, das gleichsam die Knochen vertauschte, als es sich ein Werk des Han Yu zum Vorbild nahm, aber Han Yus Metapher des Feuergottes und der ihn umgebenden Felsbrocken durch den König über die Meeresgötter ersetzte. Da Su Shi überdies eine Lehre aus dem Gedicht seines Vorgängers ziehen konnte, mit der er diesen übertraf, streifte er auch gewissermaßen den Mutterleib ab. Zum Programm der kreativen Nachahmung gehörte bei Huang Tingjian auch, daß er alte Formen veränderte, seltene Zeichen verwendete und bewußt gegen stilistische Vorschriften verstieß. Diese Methoden haben Huang Tingjian indes nicht nur Lob eingebracht; manche Kritiker haben ihm vielmehr vorgeworfen, seine Dichtung sei nur eine aus Versatzstücken zusammengestellte Neufassung älterer Gedichte.

Jiangxi-Schule

Im 12. Jh. wurde Huang Tingjian zum Gewährsmann einer Gruppe von Dichtern, die unter dem Namen Jiangxi-Schule bekannt wurde. Dieser Name geht auf ein Diagramm zurück, das *Jiangxi shishe zongpai tu*, in dem Lü Benzhong (1048–1145) schematisch die Verbindungen von insgesamt 25 Dichtern aufführte, als deren gemeinsames Vorbild er Huang Tingjian sah. Allerdings ist der Titel irreführend, denn etwa die Hälfte der aufgeführten Autoren stammte gar nicht aus Jiangxi, auch ist ihr Stil durchaus unterschiedlich. Ähnlich wie Huang Tingjian waren mehrere Dichter der Jiangxi-Schule buddhistisch beeinflußt. Dies trifft auf Lü Benzhong zu, aber auch auf den als eigentlichen Begründer der Jiangxi-Schule geltenden Chen Shidao (etwa 1052 – etwa 1101), der ursprünglich zum Umkreis des Zeng Gong gehörte, bevor er sich Su Shi und Huang Tingjian zuwandte, oder auch auf Han Ju (gest. 1135). Hui Hong (1071–1128) ist der berühmteste dichtende Mönch der Song.

Lu You

Ebenfalls ein Laienbuddhist, der gleichzeitig von neokonfuzianischen Ideen und der Jiangxi-Schule beeinflußt war, wenn ihn auch Lü Benzhong nicht aufführte, war Zeng Ji (1084–1166), der Lehrer des produktivsten Dichters der Song, Lu You (1125–1210). Obwohl Lu You alle Texte vernichtet haben soll, die er in jungen Jahren schrieb, sind heute doch immer noch über neuntausend Gedichte von ihm erhalten. Er ist vor allem für seine patriotische Lyrik bekannt, die das Schicksal seiner eigenen Familie reflektiert. Die ersten neun Jahre seines Lebens hatte Lu You ebenso wie viele andere Angehörige der nordchinesischen Elite nach dem Einmarsch der Dschurdschen in die chinesischen Herzlande als Flüchtling zugebracht. In seinen späten Gedichten jedoch machen die patriotischen Verse, die ohnehin nur einen kleinen Teil seines Werkes repräsentieren, immer mehr Gedanken zum täglichen Leben Platz. Zudem streifte Lu You die Einflüsse der Jiangxi-Schule zusehends ab, bis er schließlich um des einfachen Ausdrucks willen weitgehend auf Anspielungen verzichtete. Ähnlich wie die Dichtung des Lu You ist diejenige von Fan Chengda (1126–1193) einzustufen. Beide Dichter verbindet übrigens auch, daß sie zu den frühen Verfassern von Reisetagebüchern zählen, zu denen oben schon Näheres gesagt wurde. Auch Yang Wanli (1127–1206) schreibt, daß er seine frühen Gedichte, die noch im Stil der Jiangxi-Schule gehalten waren, verbrannt habe. Wie viele der Jiangxi-Literaten war er buddhistisch beeinflußt, und er war überzeugt, daß nach langem Studium älterer Literatur eine plötzliche Erleuchtung erfolge, genau wie dies Chan-Buddhisten seiner Zeit für den Bereich der Religion beanspruchten.

Neben den von Jiangxi-Lehren zumindest anfänglich beeinflußten Literaten traten gegen Ende des 12. Jh.s Dichter auf, deren Lyrik im allgemeinen eher als Nebenprodukt ihrer politischen und philosophischen Schriften gewürdigt worden ist. Hierzu gehören die beiden wegen ihrer utilitaristischen Vorschläge bekannten Denker Chen Liang (1143–1194) und Ye Shi (1150–1223). Zu erwähnen ist außerdem die Jianghu-Schule, deren wichtigster Vertreter Liu Kezhuang (1187–1269) war. Diese Gruppe war ein eher loser Verbund von über hundert Dichtern, die als einendes Band nur eine Sammlung aufzuweisen haben, die unter dem Titel *Jianghu shiji* von einem Buchhändler namens Chen Qi (etwa 1190–1251) zusammengestellt worden ist.

Jianghu-Schule

Yuan Haowen

Der bereits erwähnte Yuan Haowen (1190–1257) war der herausragende Dichter des 13. Jh.s. In seinen Gedichten schlägt sich vor allem die Erfahrung des Untergangs der Jin-Dynastie nieder, der in den Jahren 1233/1234 mit dem Zusammenbruch der Verteidigung der von den Mongolen belagerten Hauptstadt Kaifeng endete. Tod und Zerstörung sind Yuans Themen ebenso wie die Nutzlosigkeit ziviler Bildung angesichts militärischer Gewalt. Daneben hat Yuan Haowen mit einem *Dreißig Gedichte über die Dichtung* (*Lun shi sanshi shou*) betitelten literaturtheoretischen Zyklus Ruhm erlangt, in dem er zum Teil harsche Urteile über Dichter der Vergangenheit fällte. Zudem wurde Yuan Haowen in den Jahren nach dem Fall Kaifengs, als er von den Mongolen in Shandong festgehalten wurde, Herausgeber der wichtigsten Anthologie von Gedichten der Dschurdschenzeit, der *Sammlung der Zentralebene* (*Zhong zhou ji*).

Inhaltliche Neuerungen traten erst wieder auf, als die Dynastie der Südlichen Song unter dem Druck der von Norden her eindringenden Mongolen ins Wanken geriet. Während die meisten Dichter den Niedergang und den Fall ihrer Dynastie anscheinend indifferent zur Kenntnis nahmen, ließen doch einige Widerstandskämpfer in ihren Gedichten patriotischen Gefühlen freie Bahn. An erster Stelle ist hier Wen Tianxiang (1236–1283) zu nennen, der vor seiner Hinrichtung durch die Mongolen ein Gedicht über den jedem aufrechten Menschen innewohnenden »rechten Odem« verfaßte (*Zheng qi ge*): »Himmel und Erde haben einen rechten Odem / mit dem vermischt die fließenden Formen ausgestattet sind. / Unten werden daraus Flüsse und Gipfel, / oben die Sonne und die Sterne. / Im Menschen heißt er flutend [...].« Rechten Odem attestierte Wen Tianxiang im folgenden einer Reihe von historischen Persönlichkeiten, die ihren Herrschern bis in den Tod hinein loyal blieben. In anderen Gedichten hat Wen Gedichtzeilen des Du Fu mit seinen eigenen patriotischen Gedanken verwoben. Doch echte poetische Neuerungen sind Wen Tianxiang ebensowenig zuzuschreiben wie seinen Gesinnungsgenossen Wang Yuanliang, Xie Ao (1249–1295), Xie Bingde (1226–1289) oder Zheng Sixiao (1241–1318), die alle ihre Loyalität zu der untergegangenen Dynastie in Verse brachten.

Wen Tianxiang

Das beginnende 13. Jh. hat die ersten schriftlich fixierten Beispiele von Stabreimdichtung in mongolischer Sprache hervorgebracht, die in der Mitte des 13. Jh.s in chinesischen Transkriptionssilben auf Mongolisch abgefaßten *Geheimen Geschichte der Mongolen* (*Menggu mishi*) erhalten sind. Selbstverständlich haben Chinesen auch unter der Mongolenherrschaft gedichtet. Chinesische Literaturgeschichten berichten darüber jedoch kaum etwas, und daher läßt sich gegenwärtig nicht mehr sagen, als daß das Thema aus unterschiedlichen Motiven bisher geflissentlich übergangen worden ist. An dieser Stelle soll nicht der Eindruck erweckt werden, daß diese Lücke durch die Marginalität des Phänomens erklärt werden könnte. So-

Mongolenherrschaft

lange keine Einzelstudien zu Dichtern dieser Epoche vorliegen, ist es indes jenseits einer schlichten Aufzählung von Namen nicht möglich, ein kompetentes Urteil über die chinesischsprachige Dichtung der Mongolenzeit abzugeben. Der chinesische Literaturwissenschaftler Zheng Zhenduo (1898–1958), der die wohl wichtigste, wenn auch mittlerweile veraltete, Literaturgeschichte Chinas verfaßt hat, erwähnt kurz den Literatenmaler Zhao Mengfu (1254–1322) und die sogenannten Vier Großen Meister der Yuan, nämlich Yu Ji (1272–1348), Yang Zai (1271–1323), Fan Guo (1272–1330) und Jie Xisi (1274–1344), auch erwähnt er den dichtenden Literatenmaler Ni Zan (1301–1374). Im allgemeinen jedoch gilt die Mongolenzeit hinsichtlich ihrer klassischen literarischen Produktion als eine dürftige Epoche. Hervorgehoben werden stattdessen die Theatermelodien, auf deren Komposition sich die besten Literaten der Zeit verlegten. Zur Erklärung dieses Phänomens wurde schon in der Ming-Zeit darauf hingewiesen, daß die alten Genres Essayistik und Dichtung unvermeidlich in politische Aussagen mündeten. Und es wurde vermutet, daß viele chinesische Literaten unter der mongolischen Besatzung es deshalb vorzogen, sich auf ein neues Genre zu verlegen, in dem kritische Äußerungen am wenigsten vermutet wurden. Diese Erklärung mag einige Berechtigung haben. Jedoch ist das Verfassen von Essays oder *shi*-Gedichten, wie oben am Beispiel des Su Shi gezeigt, auch in früheren Zeiten nicht ungefährlich gewesen, so daß politischer Druck seitens der Mongolen sicherlich nicht der einzige Grund für die Änderung in der literarischen Ausrichtung gewesen sein kann.

Die ci-*Lieder*

Chinesische Literaturgeschichten teilen einzelnen Epochen gerne ein dominierendes Genre zu. So heißt es, die Literatur der Han zeichne sich durch die *fu* aus, diejenige der Tang durch die *shi*, diejenige der Yuan durch die Theatermelodien *qu* und die Literatur der Ming und der Qing sei dominiert durch ihre Romane. Das klassische Genre der Song aber ist die *ci*-Dichtung, die natürlich genaugenommen ihre Ursprünge bereits in der Zeit der Tang hatte, wobei der Ort und die Umstände ihrer tatsächlichen Anfänge umstritten sind. Es ist nicht klar, ob *ci* in der Frühphase deutlich von den *shi* oder anderen Gedichtformen wie den *yuefu* geschieden waren. Für Wang Guowei (1877–1927), einen Protagonisten dieses Modells der Literaturklassifizierung, kommt sogar nur die Zeit der Fünf Dynastien und der Nördlichen Song als Epoche in Frage, während derer das Genre *ci* tatsächlich lebte; bereits unter den Südlichen Song habe eine Phase der Nachahmung und blutleerer Imitationen eingesetzt, bevor sich unter den Mongolen die neue Form der *qu*-Melodien etablieren konnte.

Der Name *ci* leitet sich ab von dem längeren Begriff *quzi ci* (»Worte einer Melodie«) und ist erst seit dem Ende des 11. Jh.s in literarischem Gebrauch. Er deutet an, daß mit *ci* ursprünglich einfach Liedtexte zu zuvor bekannten Melodien gemeint gewesen sind. Die frühesten bekannten *ci*-Lieder sind in Dunhuang gefunden worden. Insgesamt handelt es sich dabei um ein Korpus von 545 zumeist recht kurzer Lieder, die jedoch großenteils metrisch keine große Strenge aufweisen. Daß es sich bei diesen Texten um *ci* handelt, wird daraus klar, daß ein Großteil der Titel auch in einer Standardquelle der

Liedtexte

Tang, dem *Jiaofang ji* des Cui Lingqin (um 762), zitiert ist. Diese Quelle beschreibt die verschiedenen Formen der Unterhaltung, die das Hofunterhaltungsamt (*jiaofang*) der Tang anbot. Viele der dort aufgeführten Liedtitel wurden später als *ci* bekannt. Diese Dunhuang-Lieder handeln von Liebe, volkstümlichen Geschichten oder buddhistischen Sujets. Ein interessanter Aspekt, der aus der Tatsache hervorgeht, daß große Übereinstimmung zwischen Titeln aus Dunhuang und solchen aus der Hauptstadt besteht, ist, daß im Bereich der Unterhaltung schon zu diesem frühen Zeitpunkt ein gewisses Maß an kultureller Uniformität zwischen Zentrale und Peripherie des Reiches geherrscht haben muß. Möglicherweise trug die Rebellion des An Lushan in der Mitte des 8. Jh.s dazu bei, diese Einheitlichkeit herzustellen, weil in ihrem Gefolge das Hofunterhaltungsamt aufgelöst wurde und dessen Künstler und Künstlerinnen überall im Reich eine Heimat suchten. Generell gelten *ci* als metrisch verfeinerte Fortführung des älteren Genres *yuefu*.

Hofunterhaltungsamt

Als Quellen der frühesten *ci* werden allgemein an erster Stelle Lieder zentralasiatischen Ursprungs genannt, die während der Tang mit ihrer bekannten Vorliebe für türkische Sitten überaus populär waren. Daneben wird eine autochthone Volksliedtradition angenommen, die von Literaten aufgegriffen und verfeinert wurde. In den Vergnügungsvierteln sollen Literaten häufig für die dort arbeitenden Singmädchen *ad hoc* Liedtexte zu bekannten Melodien verfaßt haben, welche diese dann vortrugen. Im Hofunterhaltungsamt dürfte dieser schöpferische Prozeß professionalisiert gewesen sein.

Vergnügungsviertel

Die Melodie eines *ci* heißt *cidiao* oder *cipai*, wobei es einstrophige (*dandiao*), zweistrophige (*shuangdiao*) sowie mehrstrophige (*changdiao*, normalerweise aus drei oder vier Strophen bestehende) *ci* gibt. Kurze *ci* heißen *xiaoling*, mittlere heißen *zhong diao*, lange *ci* sind als *manci* bekannt. Letztere finden sich zwar, wie gesagt, auch schon unter den Liedern aus Dunhuang, wurden jedoch anscheinend erst von Liu Yong (987–1053), einem Lebemann, der vielen seiner gebildeten Zeitgenossen übel auffiel, literarisch salonfähig gemacht. Wichtigstes Merkmal, das die *ci* von den *shi* unterscheidet, ist die unterschiedliche Länge der einzelnen Verse einer Strophe sowie die unterschiedliche Verteilung der Reime. In zwei- oder mehrstrophigen *ci* müssen die einzelnen Strophen nicht metrisch identisch sein. Die Metrik der *ci* basiert auf denselben Tonhöhenregeln der Tang, die auch für die *shi*-Dichtung der Tang gelten, obwohl die Laute der einzelnen Worte unter den Song nicht mehr in derselben Weise gesprochen wurden wie unter den Tang. Leider sind die Melodien der frühen *ci* ausnahmslos verlorengegangen.

Reime und Metrik

Während es so aussieht, als hätten einige *ci*-Dichter in der Frühphase des Genres, die bis mindestens zum Beginn des 11. Jh.s reicht, bei der Komposition der Texte den Titel und das inhaltliche Thema der vorliegenden Melodie zu beachten versucht, verliert sich diese Praxis spätestens bei Dichtern wie Su Shi. Zu dessen Lebzeiten begann sich ein fester Kanon von *ci*-Titeln und *ci*-Rhythmen herauszubilden, der zwar im Laufe der folgenden Jahrhunderte noch erweitert wurde, jedoch bereits einen gewissen normativen Charakter hatte. Mit dieser Kanonbildung war eine Einschränkung der künstlerischen Freiheiten verbunden, die offenbar dadurch kompensiert wurde, daß nun literarische Themen ohne Rücksicht auf die durch die Titel vorgegebenen Inhalte, die früher mit einer Melodie verbunden worden waren, formuliert wurden. Um die Inhalte des *ci*-Liedes anzukündigen, hängten deren Autoren nun manchmal an die Melodietitel Untertitel an.

Kanonbildung

Melodietitel

Die Melodietitel beruhen auf unterschiedlichen Bildungsprinzipien. Einerseits scheinen einige Titel auf inhaltliche Aspekte zurückzugehen, wie es wahrscheinlich der Fall war, nachdem im 9. Jh. eine Delegation aus Zentralasien an den chinesischen Kaiserhof gekommen war, deren hochgekämmte Haartracht derjenigen eines Bodhisattva glich: Davon scheint der beliebte Melodietitel *Pusa man*, »Bodhisattva-Barbaren«, angeregt worden zu sein, zu dessen Rhythmus zahlreiche Lieder verfaßt worden sind, die natürlich außer bei der wahrscheinlich offiziellen Komposition des Liedes im Hofunterhaltungsamt kaum je etwas mit Bodhisattvas zu tun hatten. Manchmal wurden auch nur einzelne Zeichenfolgen aus einem Vers eines Liedes als Titel gebraucht. Dies ist der Fall bei dem Titel *Jiangnan hao*, »Südlich des Yangzi ist es schön«, der sich aus einem Vers des Bo Juyi herleitet. Schließlich gibt es vermutlich auch Volksliedtitel, die von vorneherein das Lied benannten.

Sammlungen

Die *ci*-Melodien sind in mehreren Sammlungen zusammengestellt worden, von denen die vollständigsten die *Regeln der ci* (*Ci lü*) des Qing-Gelehrten Wan Shu und die ebenfalls während der Qing zusammengestellten *Kaiserlich edierten ci-Muster* (*Qin ding cipu*) sind. In der erstgenannten Sammlung sind 875 Melodien mit insgesamt 1180 Varianten aufgeführt, in der zweiten 826 Melodien beziehungsweise 2306 Variationen, wovon natürlich nicht alle in regelmäßigem Gebrauch waren. In diesen Werken sind unter jedem Liedtitel mehrere wichtige Beispiele für den jeweiligen Rhythmus aufgeführt, wobei durchaus kleinere metrische Varianten vorkommen können.

Viele frühe *ci*, die Meistern wie Li Bo oder auch Kaiser Xuanzong der Tang zugeschrieben sind, werden hinsichtlich ihrer Authentizität mittlerweile mit Skepsis betrachtet, wenn auch aus den Funden von Dunhuang klar geworden ist, daß es zu dieser Zeit *ci*-Dichtung bereits gegeben haben muß. Gedichte aus den Epochen der Mittleren und der Hohen Tang, die als *ci* bezeichnet worden sind, ähneln zumeist *shi*-Gedichten noch sehr stark. Häufig handelt es sich um Vierzeiler, bei denen der klassische siebensilbige Vers in kleinere Einheiten unterteilt ist. Dies gilt zum Beispiel für die Gedichte, die einem Meister wie Bo Juyi zugeschrieben sind. Interessanterweise sind Meister der Mittleren Tang, in deren Werk solche *ci* auftauchen, normalerweise gleichzeitig Repräsentanten des Genres *yuefu*, und diese Tatsache zeigt, daß diese beiden Formen zu Anfang eng verbunden gewesen sind. Unzweifelhaft als eigenständige Form tritt das *ci* am Ende der Tang-Zeit hervor. Für diese frühe Periode gibt es zwei Quellen, in denen die wichtigsten *ci* versammelt sind. Dies sind das *Hua jian ji*, dem ein Vorwort des Ouyang Jiong aus dem Jahre 940 vorangestellt ist, und das anonyme *Zun qian ji*. Während das *Zun qian ji* allgemein als wenig verläßliche Quelle gilt, da es neben Werken aus der Zeit der Südlichen Tang (937–975) auch ältere Werke enthält, die zum Teil nicht für authentisch gehalten werden, ist das *Hua jian ji*, in dem Gedichte von 18 Autoren der Späteren Tang (923–936) sowie des Nachfolgestaates Shu enthalten sind, wohl eine literarische Selbstdarstellung der eigene Wege gehenden Region Sichuan. Das Vorwort des Ouyang Jiong enthält die ersten theoretischen Aussagen zum Genre *ci*.

Hua jian ji

Wen Tingyun

Als erste Autoren führt *Hua jian ji* die Dichter Wen Tingyun (812–866) und Wei Zhuang (etwa 836–910) auf. Wen Tingyun ist gleichzeitig der am stärksten vertretene Literat dieser Sammlung und der erste große *ci*-Dichter überhaupt, dessen Gedichte sich weit von *shi*-Vorbildern entfernten. Ganz in Übereinstimmung mit dem Ursprung des Genres im Unterhaltungsgewerbe, gehört eine feine Erotik zu seinen bevorzugten Stoffen, wie das folgende zweistrophige Lied zum Titel *Der Jadeschmetterling* (*Yu hudie*) zeigt, das im übrigen gleichzeitig ein Beispiel dafür ist, daß in frühen *ci* der Titel auf den Inhalt des Lieds verweisen kann. Der im Titel angesprochene Schmetterling steht für den flatterhaften Liebhaber, der sich nicht rechtzeitig bei seiner Schönen einfindet:

Der Herbstwind schneidet,
sie leidet an der Trennung.
Noch immer ist er von der Reise nicht zurück.
Jenseits der Pässe welken schon die Gräser,
nur die letzten Gänse von Jiangnan stehen noch aus.

Gleich der Blüte des Hibiskus verging ihr zartes Gesicht,
ihre frischen Brauen hängen wie die Weide,
die sie so oft mit ihrem Zittern und Beben traurig macht.
Doch keiner sieht in ihr gebrochenes Herz.

Wei Zhuang

Auch Wei Zhuang hat Lieder mit einem Hauch Erotik verfaßt, so das folgende zur Melodie *Pusa man*: »Ein jeder preist die Vorzüge des Südens: / Nur hier sollst du altern, Wanderer. / Frühlingswasser reiner als der Himmel, / in bunten Booten träumst du, dem Regen lauschend. // Das Mädchen am Ofen, so schön wie der Mond: / Zwei Arme hell wie gefrorener Schnee. / Bevor ich nicht alt bin, bringt mich keiner zurück in die Heimat, / denn ging ich zurück, bräch's mir gewiß das Herz.«

So klingt ein Großteil der Gedichte aus der Sammlung *Hua jian ji*. Wei Zhuang hat jedoch auch ein berühmtes Gedicht geschrieben, das die Zerstörung der Tang-Hauptstadt Chang'an im Jahre 881 und ihre Folgen beschreibt. Diese erst durch die Funde von Dunhuang bekannt gewordene *Klage der Frau aus Qin* (*Qin fu yin*) kann dazu beitragen, die Inhalte des *Hua jian ji* zu relativieren. Gleichwohl kann man verallgemeinernd sagen, daß die Lieder ihren Ursprung eher in den Vergnügungsvierteln haben. Hierfür als ein letztes Beispiel ein Lied des Gu Xiong zur Melodie *Su zhong qing*:

Ewige Nacht, wohin bist du gegangen,
kein Ton von dir.
Die Duftkammer verschlossen,
die Brauen gekniffen,
der Mond steht schon tief.
Ich ertrag dieses Warten nicht mehr,
hasse diese einsamen Decken,
tausche doch mein Herz gegen deines,
und du wirst verstehen, wie sehr ich dich liebe!

Kurtisanenlieder

Eine entscheidende Änderung erfuhr die Gattung *ci* im mittleren und späten 10. Jh. durch Feng Yansi (903–960) und Li Yu (937–978), die sie gleichzeitig zum Höhepunkt führten. Vor allem Li Yu, der zweite und letzte Herrscher der Südlichen Tang-Dynastie, vollzog die endgültige Literarisierung des ursprünglichen Kurtisanenliedes. Zwei einschneidende Erlebnisse sind aus Li Yus Leben bekannt, nämlich der Tod seiner Frau im Jahr 964 sowie seine Gefangennahme durch die Song und die Verschleppung nach Kaifeng ein Jahrzehnt später. Da Li Yu sowohl fröhliche als auch ganz melancholische *ci*-Lieder hinterlassen hat, lag es nahe, seine Werke nachträglich chronologisch zu ordnen, wobei natürlich die fröhlichen Lieder der Phase der unbeschwerten Zeit in Nanjing, die melancholischen Lieder den

Jahren nach den persönlichen Schicksalsschlägen zugewiesen wurden. Diese Zuordnung wird jedoch mittlerweile in Frage gestellt, da es für melancholische Lieder, wie Li Yu sie schrieb, zahllose Beispiele von anderen früheren Literaten gibt, die kein vergleichbares Schicksal zu erleiden hatten.

Unter der Dynastie Song etablierte sich die Lieddichtung endgültig als hohe Literatur. Man hielt dem *ci* zugute, Gefühle besser zum Ausdruck bringen zu können als das klassische *shi*-Gedicht, während sich in der *shi*-Tradition mehr politische und intellektuelle Elemente zeigen. Nichtsdestoweniger entlehnten *ci*-Dichter häufig Zeilen aus *shi* der Tang, und überdies begannen die ohnehin nicht immer ersichtlichen inhaltlichen Grenzen zwischen beiden Genres ab dem 12. Jh. zu verschwimmen.

Fast alle oben erwähnten *shi*-Dichter sind gleichzeitig für *ci* bekannt. Dies gilt für die mild erotischen Lieder des Ouyang Xiu ebenso wie für die *ci* des Huang Tingjian und auch für die über 300 Lieder des Su Shi, die allgemein als ein Höhepunkt dieses Genres angesehen werden, obwohl sie manchen Kritikern zu artifiziell und nicht direkt genug waren. Diese Kritiker bemängelten, daß Su Shi seine *ci*-Lieder im selben Stil wie *shi*-Gedichte schrieb, wodurch seine Lieder nicht mehr wirklich singbar seien, und sie urteilten, Su Shi sei zu sehr Literat gewesen, als daß er die Feinheiten des Genres *ci* noch nachvollzogen hätte.

Li Qingzhao

Qin Guan (1049–1100) hat einige der sensibelsten *ci* der Nördlichen Song geschrieben, herausragend war auch Zhou Bangyan (1056–1121), der sich vor allem mit der Standardisierung der *ci*-Melodien und mit alter Musik befaßte. Übertroffen werden beide Literaten nach heutiger Einschätzung jedoch von Li Qingzhao (1084 – etwa 1150), der wichtigsten Dichterin des traditionellen China, die mit einem hochrangigen Würdenträger der Song verheiratet war. Ähnlich wie bei Li Yu sind auch in ihrem Falle Versuche unternommen worden, die Lieder nach den Inhalten zu datieren, wobei analog zum Herrscher der Südlichen Tang die fröhlichen Lieder der Frühphase ihres Schaffens in Nordchina zugerechnet wurden, während man für die melancholischen Lieder einen späteren Ursprung annahm. Neben etwa 50 Liedern sind von Li Qingzhao auch eineinhalb Dutzend *shi* sowie ein literaturtheoretisches Fragment bekannt, worin sie sich zum *ci* als eigenständiger literarischer Form äußert. Ihr berühmtestes Lied folgt der Melodie *Sheng sheng man* und beginnt mit drei Versen voller Dopplungen, einem stilistischen Wagnis ohne Vorläufer:

Suchen, suchen, spähen, spähen,
einsam, einsam, Stille, Stille,
frieren, frieren, Kummer, Kummer, Leid, Leid.
Bald warm, dann wieder kalt zur Zeit,
wahrhaft schwer ist's Ruh zu finden.
Drei Becher, zwei Schalen faden Weins,
wie sollt er spät noch kommen, eilig wie der Wind?
Wildgänse ziehn,
wirklich, tut weh im Herz.
Denn von früher her kannt ich sie noch.

Die Erde voll gelber Blüten, aufgetürmt,
ausgezehrt, verwelkt.
Wer wollte sie jetzt noch pflücken?
So wach ich am Fenster,
einsam und allein, wie kann es da dunkel werden?
Im Wutong-Baum hängt feinster Regen,
bis zur gelben Dämmerung fallen, fallen Tropfen um Tropfen.

Dieser Zustand
ist durch ein Wort nur zu begreifen: Gram.

Die Tradition datiert, wie nicht weiter überraschend, dieses Lied in die späte Zeit der Li Qingzhao. Dagegen klingt ein Lied aus der frohen, vermeintlich frühen Phase der Dichterin folgendermaßen: »Wer hat die Bananenpalme vor meinem Fenster gepflanzt? / Wirft Schatten über den ganzen Innenhof, / wirft Schatten über den ganzen Innenhof, / Blatt um Blatt, Herz um Herz, entfaltet, eingerollt. / Da ist noch Gefühl.«

Einteilung der ci-Dichtung

Die *ci*-Dichter der Südlichen Song werden gewöhnlich in zwei Gruppen eingeteilt, deren eine mit dem bereits in einem literaturkritischen Werk vom Ende der Tang-Zeit belegten Begriff *haofang* (etwa »kühn und ungebunden« oder »flammend«) bezeichnet wurde. Viele Lieder der Dichter dieser Strömung, die gerne der Nachfolge des Su Shi zugeordnet werden, forderten eine aggressive Politik gegenüber den Dschurdschen und eine Rückeroberung des Nordens. Darüber hinaus war die *haofang*-Gruppe verhältnismäßig indifferent gegenüber den alten musikalischen Anforderungen an die *ci*. Die zweite songzeitliche Gruppe mit *ci*-Dichtern ging auf den musikalischen Neuerer Zhou Bangyan zurück und wurde *wanyue*-Strömung (»Schule der zarten Knappheit«) genannt; später, in der Qing-Zeit, wurde diese Strömung auch als *qi li*-Gruppe (»die Feinsinnigen und Schönen«) bezeichnet. Im Gegensatz zu den *haofang*-Dichtern waren viele Vertreter dieser musikalischen Richtung keine Beamten, sondern verdienten sich den Lebensunterhalt mit ihrer dichterischen Profession. Wie alle Klassifizierungen, so trägt natürlich auch diese Zweiteilung nur bedingt, denn Vertreter der »Feinsinnigen« schrieben Gedichte, die man eher von Anhängern der »Ungebundenen« erwarten könnte, und umgekehrt. Allgemein gilt für die *ci*-Dichtung der Zeit, daß sie gewisse Züge annahm, die zuvor eher mit *shi*-Gedichten verbunden wurden. In Dichtergesellschaften tauschte man Lieder untereinander aus und schrieb nach gemeinsamen Reimen. Einem der ersten *haofang*-Dichter der Süd-Song, dem General Yue Fei (1103–1141), wird das folgende Gedicht nach der Melodie *Rot ist der ganze Strom* (*Man jiang hong*) zugeschrieben:

Wütende Haare steh'n mir unter der Kappe zu Berge,
gestützt auf die Balustrade, der Nieselregen hält inne.
Ich hebe die suchenden Augen, schau auf zum Himmel und seufze lang.
Mannhaft wahre ich heldenhafte Standkraft.
Mit dreißig ein ruhmvoller Name, gewonnen in Staub und Erde.
In achttausend Meilen Weg unter Wolken und Mond,
ohne Warten, ohne Muße, ist mein Haupt früh ergraut.
Umsonst die Schmerzen und die Not!

Noch immer ist die Schmach jenes Jahres nicht getilgt,
der Haß in mir wird nie erlöschen.
Auf der Fahrt im langen Wagen Mühsal,
durchquere ich die Engstelle an den Blauen Bergen.
Mannhaft mein Wille, den Hunger zu stillen mit dem Fleisch der Barbaren,
lachend red ich, daß den Durst ich löschen werde mit dem Blut der Hunnen.
So wart' ich darauf, die alten Berge und Flüsse wieder zu nehmen,
und zur Audienz im Himmelspalast zu gehen.

Dieses Lied, das mit »der Schmach jenes Jahres« auf die 1126 erfolgte Eroberung Kaifengs durch die Dschurdschen anspielt, scheint gut zur Gesinnung und zur politischen Karriere des Generals Yue Fei zu passen, der nach mehreren erfolgreichen Feldzügen gegen die Dschurdschen hingerichtet wurde, als am Hof in Hangzhou eine Fraktion die Oberhand gewann, die Friedensverhandlungen mit dem Feind bevorzugte und ihn selbst als Kriegstreiber brandmarkte. Gerade darum sind erhebliche Zweifel an der Authentizität des Gedichtes vorgebracht worden. Ungeachtet dieser Frage kann es ein extremeres Beispiel für die Dichtung der *haofang*-Strömung nicht geben. Zur *haofang*-Strömung zählen auch Lu You, Chen Liang und Yuan Haowen, obwohl letzterer bekanntlich unter den Dschurdschen diente, vor allem aber Xin Qiji (1140–1207), der mit fünf- bis sechshundert Liedern produktivste *ci*-Dichter der Song überhaupt. Xin Qiji, ein glühender Anhänger des von Su Shi vertretenen Dichtungsstils, stammte aus dem heutigen Shandong, also dem Herrschaftsgebiet der Dschurdschen. Im Jahre 1161, als auf beiden Seiten die Kriegsbefürworter allmählich Oberhand gewannen, nahm er an einer Rebellion gegen die Dschurdschen teil. Nach dem Ende der Feindseligkeiten begann er unter den Song eine Beamtenkarriere, die jedoch im Jahre 1181 mit seinem erzwungenen Rücktritt endete. Neben patriotischen Liedern hat er feinsinnige Gedichte im Stil des *Hua jian ji* verfaßt und sich auch von Tao Qian inspirieren lassen. Seine Lieder lassen eine biographische Lesung zu und entsprechend sind sie in den heutigen Sammlungen auch angeordnet. Als letzter Dichter der *haofang*-Gruppe sei der oben schon als Anführer der Jianghu-Schule erwähnte Liu Kezhuang genannt, der sich selbst zu den Bewunderern des Lu You und des Xin Qiji rechnete. Sein poetisches Werk ist mit mehreren tausend *shi* und der großen *ci*-Sammlung *Houcun changduanju* das umfangreichste Œuvre des 13. Jh.s.

Xin Qiji

Unter den Vertretern der »feinsinnigen« Tradition des Zhou Bangyan ist zuerst Jiang Kui (etwa 1155–1221) zu nennen, dessen Liedersammlung nach seinem Künstlernamen »Mann des rechten Weges vom weißen Steine« den Titel *Bo shi dao ren ci* trägt. Jiang Kui stammte aus dem heutigen Jiangxi, verbrachte aber den größten Teil seines Lebens in den kulturellen Zentren am unteren Yangzi, wo er Gönner fand, dank derer er als Dichter und Musiker leben konnte und sich nicht wie die meisten seiner Zeitgenossen in die Fährnisse des Beamtendaseins verstricken mußte, wenn er auch in manchen Texten dem Schicksal grollt, das ihm keinen größeren Erfolg bescherte. Diese Unabhängigkeit war wohl der wichtigste Grund dafür, daß sich Jiang Kui sein Leben lang intellektuell weiterentwickelte; vielleicht verdanken wir es ihr sogar, daß die ersten erhaltenen Musiknotationen Chinas von Jiang Kui stammen. Hervorzuheben ist, daß er nicht nur Liedtexte zu vorhandenen Melodien schrieb, sondern auch selbst komponierte. Obwohl sich die Forschung nicht einig ist, wie die Noten zu lesen sind, sind die Kompositionen des Jiang Kui für die chinesische Musikgeschichte doch von höchster Bedeutung. Jiang Kui ist vielleicht der erste *shi*-Dichter, der bewußt eine konsequente Abkehr von der Jiangxi-Schule vollzog und insbesondere deren Ideal der kreativen Imitation ablehnte. Seiner Abneigung gegenüber Nachahmungen hat er in Vorworten zu Gedichten Ausdruck verliehen. Darüber hinaus gilt Jiang Kui seit einer von Zhu Yizun (1629–1709) zu Beginn der Qing-Zeit initiierten *ci*-Renaissance als herausragender Vertreter der *ci*-Dichtung. Als seine besondere Technik gilt die Einarbeitung alter *shi*-Verse in *ci*-Gedichte. Ein gutes Beispiel dafür bietet sein erstes und wohl bekanntestes *ci*, das die Ruinen der von den Dschurdschen zerstörten Stadt Yangzhou beschreibt. Es ist im übrigen zu erwähnen, daß Jiang Kui auch die Melodie zu diesem Gedicht des Titels *Langsame Weise auf Yangzhou* selbst komponierte:

Jiang Kui

Im Jahre *bing shen* der Regierungsperiode *chun xi* (1176), am Tag der Wintersonnenwende, kam ich durch Yangzhou. Als der Nachtschnee sich zu lichten begann, lagen da Hirtentäschel und Weizen weit und breit. Dann ging ich durch [die Trümmer der geschleiften] Stadtmauern. In jeder Himmelsrichtung Ruinen und Zerstörung. Kaltes Wasser brach sich jadegrün Bahnen. Da dann die Abendsonne strahlte und die Hörner der Wachen traurig ertönten, trug ich klamme Gedanken in der Brust, seufzte über Gegenwart und Vergangenheit und komponierte diese Melodie. Der alte Mann von den tausend Klippen [Xiao Dezao, ein damals bekannter Dichter aus Changsha] meinte, darin komme Trauer zum Ausdruck wie im Lied *Shu li* [aus dem *Klassiker der Oden*]:

In der berühmten Stadt am linken Ufer des Huai,
im Bambuswesten-Pavillon, dem edlen Orte,
schnallt' ich den Sattel ab und machte erste Rast.
Zehn Meilen durch Frühlingswind geritten,
überall Hirtentäschel und Weizen, so grün, so grün.
Seit die Barbarenpferde von ihrem Horchposten am Yangzi abzogen,
sind dort verlassene Teiche und hochgewachsene Bäume
und hassen noch immer das Gespräch vom Krieg.
Allmählich zieht die Dämmerung auf,
klare Hörner blasen in der Kälte,
in dieser leeren Stadt.
Junker Du [Mu], der herausragende Kenner,
erschreckte wohl, käm' er heute wieder.
Sein Lied zum Kardamon war kunstfertig,
im grünen Turm träumte ihm Schönes,
doch schwer wär's, seine tiefen Gefühle darzulegen.
Seine vierundzwanzig Brücken sind noch heute da,
Wellenkämme schlagen, kalter Mond, kein Laut.
Ich gedenke der Pfingstrosen bei der Brücke,
für wen wachsen sie da Jahr um Jahr?

Dieses *ci* des Jiang Kui verrät in seinem Vorwort, daß es eher für den Vortrag als für die Lektüre bestimmt war. Gleich einem modernen Liedermacher stimmte der Autor sein Publikum auf die Melodie und den Text ein, indem er erklärte, daß es ihm bei der Komposition um Vergangenheit und Gegenwart der Stadt Yangzhou und seine eigenen Gedanken dazu ging. Das Gedicht demonstriert gleichzeitig den elaborierten Stand der *ci*-Dichtung seiner Zeit. Das Stilmittel Parallelismus findet Verwendung in den ersten beiden Zeilen, wo das für Osten stehende »links« und »Westen« einander entgegengesetzt sind. Wichtig ist vor allem der geschickte Gebrauch von Zitaten: »Bambuswesten« spielt an auf ein Lied des Du Mu, ebenso wie »zehn Meilen durch Frühlingswind«. Du Mu jedoch schrieb ein fröhliches Lied an eine Kurtisane, während zur Zeit des Jiang Kui nur noch Pflanzen wie der Hirtentäschel und Weizen in Yangzhou stehen und die verfallene Stadt überwuchern. Das Thema wird auch in den letzten Versen nochmals aufgegriffen, in denen die Frage nach dem Sinn der Pfingstrosen gestellt wird – und die Pfingstrose ist natürlich ein erotisches Symbol, das für käufliche Liebe steht. Du Mu wird in der zweiten Strophe persönlich erwähnt, und »Kardamon« ist ein weiteres Zitat aus seinem Lied, in dem auch der Frühlingswind wehte. Wieder eine Anspielung auf Du Mu ist der Topos »grüner Turm«, eine Umschreibung für Freudenhaus, genauso wie das Wort von den vierundzwanzig Brücken von Yangzhou. Jiang Kui stellt sein Porträt von der Ruinenstadt den lebendigen Szenen des alten Yangzhou, charakterisiert durch die frohe Beziehung zwischen Mann und Frau, gegenüber. Das Gedicht kann daher in seiner ganzen Tiefe nur dem gebildeten Literaten verständlich sein, der die Texte des Du Mu auswendig weiß, übrigens ein Beleg dafür, daß dieser Tang-Dichter zur Zeit der Südlichen Song hoch angesehen gewesen sein muß.

Neben Jiang Kui sind an Vertretern der Zhou Bangyan-Tradition die Dichter Shi Dazu (1160–1210) und vor allem Wu Wenying (etwa 1200 – etwa 1260) zu nennen, im 13. Jh. dann Zhang Yan (1248–1320), Wang Yisun (etwa 1240–1290) und Zhou Mi (1232–1298). Danach brach der Strom großer *ci* ab, um den Opernarien des Mongolendramas Platz zu machen. Bevor wir uns diesen zuwenden, ist jedoch noch eine weitere songzeitliche Neuerung vorzustellen, die für die Entwicklung der Dichtung von herausragender Bedeutung war.

Literaturkritische Werke

Bekanntermaßen entstanden in der Tang-Zeit mehrere poetologisch relevante Werke. Hierzu zählen zunächst dichtungskritische Abhandlungen wie *Bunkyô hifuron*, zum zweiten Anthologien zeitgenössischer Gedichte wie das *Heyue yingling ji* des Yin Fan. Drittens berichten Anekdotensammlungen wie das *Ben shi shi* über Situationen, in denen einzelne Gedichte entstanden. Und schließlich ist ein Werk wie das *Er nan mi zhi* von Jia Dao (779–843) zu erwähnen, in dem geläufigen Topoi explizit metaphorische Bedeutungen zugesprochen werden. Alles in allem sind jedoch die Dichtungskritik und die theoretische Fundierung des Dichtens Domänen der Song-Kultur. Sie dienten vor allem dem Bestreben, das Niveau der Tang-Dichtung zu erreichen. Hinter vielen literaturkritischen Bemühungen verbirgt sich vermutlich die Ansicht, daß die Leistungen früherer Epochen erlernbar seien beziehungsweise erlernbar gemacht werden müßten. Daher wurden in der Zeit der Song auch zahlreiche Werke von Autoren der Tang kommentiert und herausgegeben. Der Boden, auf dem solche Betätigungen wachsen konnten, war das hauptstädtische Literatenleben, für das Dichtung immer noch die zentrale Aussageform blieb, wenngleich sie im Zusammenhang mit den Änderungen der Beamtenprüfungen ein wenig an Bedeutung verlor.

Gespräche über Dichtung

Das überragende songzeitliche Genre dichtungstheoretischer Erörterungen ist das »Gespräch über die Dichtung« (*shihua*), und nur noch in seltenen Fällen bedienten sich die Kritiker der älteren Form sogenannter Pinselnotizen. Das Gespräch über die Dichtung ist eine Weiterentwicklung von Werken wie dem *Shipin* des Zhong Hong, dem *Shi shi* des Jiaoran oder dem eben erwähnten *Ben shi shi*. Die Beliebtheit der *shihua* läßt sich schon daran ermessen, daß allein aus der Zeit der Nördlichen Song acht solchermaßen klassifizierte Werke weitgehend vollständig überliefert sind, sechs weitere immerhin teilweise erhalten blieben. Überdies konnte Guo Shaoyu (1893–1984) aus Zitaten noch die Bruchstücke weiterer 20 *shihua* rekonstruieren. Die beiden wichtigsten Sammlungen von *shihua*, das *Lidai shihua* (Gespräche über die Dichtung aus allen Dynastien) des He Wenhuan (Vorwort 1770) und der Ergänzungsband *Lidai shihua xubian* des Ding Fubao (1874–1952), enthalten zudem 20 *shihua* aus der Zeit der Südlichen Song, eines aus der Epoche der Dschurdschen und sechs aus der Mongolenzeit. Insgesamt enthält *Lidai shihua* 27 und Ding Fubaos Supplement 28 Gespräche über Dichtungen aus der Zeit von den Tang bis zu den Ming. Die in diesen *shihua* bei weitem am häufigsten erwähnten Dichter der Song sind Su Shi und Mei Yaochen, aus der Tang-Zeit werden zuerst Du Fu und mit großem Abstand nach diesem Han Yu, Li Bo und Bo Juyi thematisiert.

Liuyi shihua

Das erste *shihua* stammt von dem schon mehrfach erwähnten Ouyang Xiu und trägt den Titel *Liuyi shihua* (Gespräche über Dichtung des Sechsten Einen). Ouyang Xiu selbst berichtet in seiner literarischen Autobiographie *Liuyi jushi zhuan* (Biographie des zurückgezogenen Sechsten Einen), was es mit dem Titel seines Werkes, der auf einen Beinamen seines Autors zurückgeht, auf sich hat: »Ich habe zu Hause zehntausend Bücher, tausend Rollen von Aufzeichnungen der Bronze- und Steininschriften seit den Drei Dynastien des Altertums, eine Zither, ein Schachbrett und immer eine Flasche Wein.« Ungeachtet dieser Äußerungen des Ouyang Xiu gilt es jedoch zu bedenken, daß der im Titel der Autobiographie enthaltene Ausdruck *liuyi* auch die gängige Bezeichnung für eine sogenannte *yin*-Linie auf dem untersten Platz der Hexagramme des *Buches der Wandlungen* ist und somit ein Symbol für einen unbedeutenden Mann ohne Beamtenposition darstellt. Wenn Ouyang Xiu sagt, er habe seine Gespräche über Dichtung verfaßt, nachdem er sich von seinem Beamtenleben zurückgezogen hatte, dann mag er eben hierauf anspielen. Darüber hinaus muß der Leser aber auch damit rechnen, daß in Ouyang Xius poetologischem Werk mehr enthalten ist als der Autor auf den ersten Blick zeigt. Grund für diese Annahme ist, daß Ouyang Xiu unter den 36 in seinem *shihua* erwähnten Dichtern, von denen 21 in der Zeit der Song lebten, den Mei Yaochen am stärksten hervorhebt. Dessen Dichtung bezeichnet er gerne mit *xiandan* (»beschaulich und sanft«), einem Ausdruck, der mit *xiantan*, dem Wort für »leichte Konversation« nahezu homophon ist. Das *Liuyi shihua* könnte demnach vielleicht auch als ein Beitrag zur Förderung des von Mei Yaochen propagierten durchsichtigen Stils interpretiert werden und in Opposition zu Wang Anshi verfaßt worden sein, der mit seiner Anthologie *Si jia shi xuan* (Auswahl aus den Gedichten von vier Dichtern) sich zu dem Dichtungsstil von Du Fu, Ouyang Xiu, Han Yu und Li Bo bekannte und im Gegensatz zu den sanften Formen des Mei Yaochen einen Stil vertrat, der auffallende Momente in der Dichtung setzen wollte. Auf der Seite des Ouyang Xiu aber standen immerhin so bedeutende Literaten wie Su Shi und Sima Guang, der im übrigen mit dem *Wengong xu shihua* (Fortsetzung der Gespräche über Dichtung durch Herrn Wen [Sima Guang]) ebenfalls ein *shihua* vorlegte. Des weiteren steht das *Yanzhou shihua* des Xu Yi (um 1110) in der Tradition des Ouyang Xiu, wenngleich hier ein etwas anders geartetes Verständnis von der Bedeutung des Genres Gespräche über Dichtung zum Ausdruck kommt: »Gespräche über Dichtung unterscheiden zwischen einzelnen Methoden, Verse zu gestalten, halten Altes und Neues gleichermaßen bereit, verzeichnen prächtigste Tugend und notieren außergewöhnliche Ereignisse, sie stellen Übertreibungen und Fehler richtig.«

Die konkurrierende Richtung des Wang Anshi vertraten Dichter wie Ye Mengde (1077–1148) mit seinem *Shilin shihua* sowie Lü Benzhong in seinem *Ziwei shihua*, das ein Manifest der Jiangxi-Schule ist, die sich bekanntlich an Huang Tingjian, einen politischen Gegner des Wang Anshi, und seine Betonung ausgefeilter Dichtung gegenüber eines seinem Empfinden nach zu entspannten Zeitstils anlehnte.

Auch die Zeit der Südlichen Song hat einige berühmte *shihua* hervorgebracht, darunter das *Bo shi shi shuo* des Jiang Kui und das *Chengzhai shihua* des Yang Wanli. Das alle überragende Werk aus der Südlichen Song, ja das einflußreichste *shihua* überhaupt, ist jedoch das *Canglang shihua* des Yan Yu. Durch den auf einen Passus im *Mengzi* anspielenden Titel seines Werkes stilisierte sich Yan Yu, der um 1200 gelebt haben muß und biographisch nicht weiter faßbar ist, zum Einsiedler. Viele traditionelle Kritiker sind der Überzeugung, daß es das erste Anliegen des *Canglang shihua* gewesen sei, Elemente des Chan-Buddhismus, vor allem sein Streben nach Erleuchtung, mit der Dichtung zu vereinen, wie das ansatzweise bereits bei den Dichtern der Jiangxi-Schule zu sehen war. Dementsprechend ist das *Canglang shihua* voller buddhistischer Terminologie, es beginnt sogar mit einem Vergleich zwischen Chan-Buddhismus und Dichtung. Jedoch ist Yan Yu, der Erleuchtung als eine Vorbedindung für gutes Dichten ansah, auch dafür kritisiert worden, daß er buddhistische Terminologie nicht wirklich kannte und auch seine beiden Lieblingsdichter Li Bo und Du Fu nicht als buddhistische Poeten gelten können, wohingegen der ausgewiesen buddhistische Wang Wei keine wichtige Position im *Canglang shihua* erhielt. Ein zweites Anliegen des *Canglang shihua* bestand darin, die Dichtung der Tang-Blütezeit als die höchste Poesie überhaupt zu preisen, der gegenüber die Dichtung der Mittleren und der Späteren Tang bereits als minderwertig zu gelten habe. Damit stellte sich Yan Yu jedoch nicht nur gegen bestimmte Phänomene aus der Zeit der Tang selbst, sondern vor allem gegen seine eigene Epoche, insbesondere die Jiangxi-Schule und ihren Protagonisten Huang Tingjian: Schon im ersten Kapitel seines Werkes äußert sich Yan Yu gegen die reflexive Dichtung eines Su Shi und eines Huang Tingjian, die sich von der Stimmung der Tang und auch ihren Nachahmern unter den Song, Ouyang Xiu und Mei Yaochen, abwandte. Das zweite Kapitel des *Canglang shihua* schied die Dichtung der Tang nach mehreren Zeit- und Personenstilen in die bis heute verbreitete Vierteilung, während es die Song-Dichtung lediglich in zwei Stile teilte. Die Kapitel drei und vier des *Canglang shihua* legen Regeln der Dichtung fest und würdigen einzelne Poeten, Kapitel fünf erörtert ausgewählte Zeilen berühmter Dichter.

Canglang shihua

Wie Yan Yu, so war auch Yang Wanli stark von Vorstellungen des Chan und der Idee der Erleuchtung beeinflußt. Seiner Ansicht nach muß ein Dichter erst eine Phase harter Studien durchlaufen, bevor ihm eine Erleuchtung widerfahren könne, die es ihm erlaube, seine Meister zu verwerfen und neue, eigene Dichtungen hervorzubringen. Yang Wanlis Stil ist später nach einem seiner wichtigsten stilistischen Termini »Lebensmethode« (*huofa*) benannt worden, den auch Neokonfuzianer der Zeit verwendeten. *Huofa* ist eine Methode, die Nachahmung vermeidet und den Leser durch Paradoxa aufschreckt.

Lebensmethode

Interessanterweise verfolgt das Werk des unter den Dschurdschen schreibenden Wang Ruoxu (1174–1243) eine ganz ähnliche Intention wie das etwa zur selben Zeit in Südchina entstandene *Canglang shihua*. Es preist die Dichter Du Fu und Bo Juyi, lehnt aber Huang Tingjian und die Jiangxi-Schule ab und schätzt im Unterschied zu Yan Yu den Su Shi hoch ein – Auffassungen, bei denen Wang Ruoxu die beiden anderen wichtigen Dichter seiner Zeit, die in dem von den Dschurdschen beherrschten Nordchina lebten, Zhao Bingwen und Yuan Haowen, auf seiner Seite wußte. Im übrigen spricht dies gegen die lange Zeit gehegte Ansicht, daß zwischen den beiden durch den Krieg geteilten Hälften Chinas nach 1127 kaum kultureller Austausch bestand.

Eine Anthologie mit Auszügen aus verschiedenen *shihua* sowie älteren literaturkritischen Werken aller Couleur sind die *Jadesplitter der Dichter* (*Shiren yuxie*) des Wei Qingzhi (gest. nach 1244), die von einem Vorwort

Jadesplitter der Dichter

des Huang Sheng aus dem Jahr 1244 eingeleitet werden. Die Zitate des *Shiren yuxie* umspannen einen Zeitraum, der vom *Shipin* des Zhong Hong bis in die Zeit der Südlichen Song reicht. Inhaltlich enthalten sie daoistisch geprägte Aussagen zur Dichtung von Jiang Kui, Konzepte des Huang Tingjian oder die buddhistisch inspirierten Thesen des Yan Yu. Die insgesamt zwanzig Kapitel des Werkes sind in zwei Teile gegliedet. Die ersten zwölf Kapitel sind thematisch geordnet, während in den folgenden acht Kapiteln einzelne Dichter vorgestellt werden. Die *Jadesplitter* sind eine Gesamtschau literaturtheoretischer Terminologie der Song zur klassischen Dichtung. Sie enthalten jedoch auch einige Bemerkungen zu Liedern und folgen damit einem gegen Ende der Südlichen Song begonnenen Trend zur Literaturkritik mit Bezug auf die Lieddichtung. Wang Zhuo (um 1162), der Su Shi bewunderte, schrieb *Müßige Aufzeichnungen von einem azurnen Fluß* (*Bi ji man zhi*), der aus dem Umfeld des oben erwähnten Wu Wenying stammende Shen Yifu verfaßte im späten 13. Jh. eine *ci*-Kritik unter dem Titel *Yuefu zhi mi*. Das *Ci yuan* (Quell der Lieder) des Zhang Yan (1248–1320) enthält ein ganzes Kapitel zu musikalischen Aspekten, ein weiteres ist der Kritik gewidmet. Es kritisiert die Tradition des Zhou Bangyan, hebt aber einen Dichter wie Jiang Kui hervor, obwohl dieser häufig in der Nachfolge des Zhou Bangyan gesehen wird.

cihua

Obwohl es mehrere *cihua* aus der Zeit der Song gibt, wurde doch erstmals gegen Ende der Ming mit dem Roman *Jin Ping Mei*, der in seiner ältesten Druckfassung den Titel *Jin Ping Mei cihua* trug, ein wirklich bedeutendes Werk solchermaßen benannt – und gemeint war, obwohl in den Roman zahlreiche Lieder eingestreut sind, offensichtlich etwas anderes als ein literaturkritisches Pendant zu den *shihua*. Erst unter den Qing begann der Titel *cihua* auch innerhalb der Literaturkritik immer stärkere Verwendung zu finden. Das heute mit Abstand beliebteste literaturkritische *cihua* ist das *Renjian cihua* (Gespräche über *ci*-Lieder unter den Menschen) des Wang Guowei, das von der Grundannahme getragen ist, daß literarische Genres nach ihrer Entstehung nur für eine kurze Zeit blühen, um dann im Strom der Nachahmer allmählich zu verwelken. Der einzige *ci*-Dichter, den Wang Guowei nach den Song noch gelten ließ, ist der Mandschure Nalan Xingde (1655–1685), an dessen Beispiel Wang seine These exemplifizierte, daß das barbarische Blut, das zu Beginn der Dynastie Qing noch frisch pulsierte, einem bereits abgestorbenen Genre neue Ausdruckskraft verleihen konnte. Ansonsten waren für Wang Guowei selbst die *ci*-Dichter der Südlichen Song keine lebendigen Vertreter der Gattung mehr.

Vorläufer der Dramenliteratur

Neben dem Epos ist das Drama bekanntermaßen die einzige Gattung der antiken Literatur des Okzidents, die im alten China nicht verbreitet war; bekannt ist gleichfalls, daß die Yuan-Zeit einen Höhepunkt des Dramas erlebte. Natürlich muß man davon ausgehen, daß bereits in früheren Epochen Vorformen des Theaters existierten. Man denke nur an Dongfang Shuo (154–93 v.Chr.), den berühmten Spaßmacher am Hof des Kaisers Wu der Han-Zeit, der zu einer bekannten Gestalt volkstümlicher Belustigung wurde. Vor allem bei Hof wurden auch unter den Tang Einakter aufgeführt, bei denen Narren eine wichtige Rolle spielten. Anscheinend traten sie häufig im Rahmen von längeren Unterhaltungsprogrammen auf. Ein anderer Programmpunkt scheinen Streitgespräche von Vertretern des Konfuzianismus, des Buddhismus und des Daoismus gewesen zu sein, die dann im Anschluß parodiert wurden. So sollen Konfuzius, aber auch Buddha und Laozi manchmal öffentlich lächerlich gemacht worden sein.

Unterhaltungsprogramme

Auch für die Zeit der Song sind mit den sogenannten *chuan ta* oder *zhuan ta* Unterhaltungsprogramme aus Liedtexten bekannt, wobei der musikalische Aspekt im Vordergrund stand. Das Genre ist mit den *chan da* in Verbindung gebracht worden, die eine Anordnungsform für lange Suiten in den weiter unten noch zu beschreibenden *zhugongdiao*-Balladen waren. *Chan da* ist möglicherweise ein Fremdwort aus dem Sanskrit, wo es eine vedische Rezitation bezeichnet, die in den buddhistischen Mönchsregeln verboten war. Die Schreibweisen *chuan ta* und *zhuan ta* könnten einer älteren These zufolge Volksetymologien sein, die als »Rezitationstanz« oder »Rundtanz« übersetzt werden könnten. Allerdings nimmt die Forschung mittlerweile mehrheitlich an, daß die Regeln der *zhuan ta* und der *chan da* doch unterschieden waren. *Zhuan ta* scheint ein hochliterarisches Vergnügen, *chan da* eine populärere Form gewesen zu sein. Nur sechs Beispiele von *zhuan ta* sind erhalten, fünf stammen von bekannten *ci*-Dichtern, das sechste ist anonym. Die *zhuan ta* setzen sich aus einer Einleitung, einer Coda und einem sieben bis zwölf Teile umfassenden Mittelsegment zusammen; die einzelnen Mittelsegmente bestehen jeweils aus einem *shi*-Gedicht und einem *ci*-Lied, das mit einer einzigen bekannten Ausnahme immer nach der Melodie *Tiao xiaoling* gedichtet ist. *Shi* und *ci* sind durch ihre Reime und durch eine Wiederholung der letzten beiden Worte des *shi* als Anfangsworte des *ci* miteinander verknüpft. Mit nur einer Ausnahme handeln alle bekannten *zhuan ta* von Liebesgeschichten historisch bekannter Frauen. *Zhuan ta* entwickelten sich anscheinend im Laufe der Song weiter in das Genre *zhuan ci*, über das jedoch kaum etwas bekannt ist.

Herkunft des Theaters

Die Herkunft des Theaters ist Gegenstand heftiger Kontroversen: Eine Forschungsrichtung sucht indische oder zentralasiatische Vorbilder, andere Autoren sehen den Ursprung in autochthonen Darbietungsformen. In der Tat waren schon unter den Han zahlreiche Künstler bei Hof angestellt gewesen, die akrobatische Kunststücke, aber auch Ringkämpfe und die berühmten sogenannten Hörnerstoßspiele vorführten, die offensichtlich neben rituellen Zwecken auch einen militärischen Aspekt hatten. Andererseits bestätigen archäologische Funde, daß indische Dramen schon sehr früh in China bekannt waren und sowohl über den zentralasiatischen Landweg nach Nordwestchina als auch über die See nach Fujian kamen.

Dramatische Kleinformen

Aus der Zeit der Tang sind zwei dramatische Kleinformen bekannt, nämlich die sogenannten Sing- und Tanzspiele (*gewu ju*) und kürzere Sketche. Die Sing- und Tanzspiele sind dem Ballett verwandt, die Sketche waren Sprechtheater im eigentlichen Sinn. Bereits für das 6. Jh. ist ein Zweipersonenstück belegt, bei dem ein häßlicher betrunkener Literat, der sich mit dem Rang eines hohen Beamten schmückt, seine Ehefrau bedrängt, die sodann – zum Klang von Musikinstrumenten – in Wehklagen ausbricht. Das beliebteste Stück der Tang war jedoch das »Adjutantenspiel« (*canjun xi*), bei dem sich ein korrupter Beamter, der »Adjutant«, von einem Clown tadeln lassen muß. Anscheinend ist die Rolle des Adjutanten häufig von Frauen gespielt worden.

Unter den Nördlichen Song entwickelten sich zwei weitere Gattungen als Vorläufer des Dramas, die beide als *shuochang wenxue* (»Gesprochene und

Lieder zur Trommel

gesungene Literatur«) bezeichnet werden. Die erste Gattung sind die »Lieder zur Trommel« (*guzi ci*), eine möglicherweise den *bianwen* der Tang verwandte Form, bei der mehrere *ci*-Lieder zu einer einzelnen Melodie durch mehrere Prosavortragsteile miteinander verbunden wurden. Welche Rolle der Gebrauch der Trommel hierbei spielte, ist nicht bekannt. Die Tatsache, daß die Prosastücke in den frühen Fassungen der auf uns gekommenen Texte in Hochsprache und nicht in Umgangssprache gehalten sind, deutet darauf hin, daß es sich um ein Unterhaltungsgenre für literarisch gebildete Personen gehandelt hat. Nur zwei Trommellieder sind vollständig erhalten. Das eine trägt den umständlichen Titel *Yuan Weizhi Cui Yingying shangdiao dielianhua guzi ci* (Trommellied zur Melodie Schmetterling ist verliebt in Blüten im Shang-Notenschlüssel nach dem Thema Cui Yingying des Yuan Zhen) und wurde verfaßt, damit die bekannte Tang-Novelle *Yingying zhuan* des Yuan Zhen von Singmädchen vorgetragen werden konnte. Das zweite Trommellied, *Die beiden Mandarinenten mit der durchgeschnittenen Kehle* (*Wen jing yuanyang hui*), ist zwar in ganz ähnlicher Form gehalten, könnte aber beträchtlich jünger und erst in die frühe Ming-Zeit zu datieren sein. Es erzählt die Geschichte der tragischen Liebe zwischen einer verheirateten Frau und ihrem Nachbarn, die dadurch ihr Ende findet, daß der Ehemann das Paar ermordet.

Balladen

Die neben den Liedern zur Trommel zweite, wohl gegen Ende des 11. Jh.s entstandene Gattung, ist die Ballade (*zhugongdiao*). Sie gilt als die herausragende Literaturform der Dynastie Jin, obwohl sowohl ihre chronologische wie ihre geographische Verteilung nicht mit dem Staat der Dschurdschen identisch ist. In den wenigen auf uns gekommenen Balladen sind die einzelnen Lieder bereits in Form von Arien (*qu*) gehalten, die auch im etwas späteren Drama der Yuan zur herausragenden Liedgattung werden sollten: Wahrscheinlich aus der Mitte des 12. Jh.s stammt das nur zu etwa einem Drittel erhaltene *Liu Zhiyuan zhugongdiao* über die frühe Karriere des Kaisers Liu Zhiyuan (reg. 947–948) und dessen Aufstieg aus einfachen Verhältnissen. Eine andere Ballade, von der etwa fünfzig Singstücke erhalten sind und die dem in der zweiten Hälfte des 13. Jh.s lebenden Wang Bocheng zugeschrieben ist, *Tianbao yishi zhugongdiao*, handelt von der Liebesgeschichte des Kaisers Xuanzong der Tang und der Yang Guifei. Mehrere Titel und Informationen über *zhugongdiao* sind aus Stadtbeschreibungen der Song wie dem *Dongjing meng hua lu* oder dem *Wu lin jiu shi* bekannt, auf die später noch einzugehen sein wird.

Westzimmer

Das einzige vollständige *zhugongdiao* ist das *Xixiang ji zhugongdiao* des Dong Jieyuan (um 1190–1208), die achtteilige *Ballade vom Westzimmer*. Ebenso wie das oben erwähnte anonyme Trommellied bezog auch die *Ballade vom Westzimmer* ihren Stoff aus der tangzeitlichen Novelle *Yingying zhuan* des Yuan Zhen, allerdings erlaubte sich der Autor, den Inhalt seiner Vorlage deutlich umzugestalten: Im Mittelpunkt seiner Ballade steht nicht das einmalige Ereignis einer hernach wieder zerbrechenden Liebe, sondern das Ränkespiel eines Rivalen, der die Liebe des jungen Studenten zur schönen Goldamsel erfolglos zu behindern versucht. Im Gegensatz zur Novelle des Yuan Zhen schließt denn auch die *Ballade vom Westzimmer* in einem glücklichen Ende für die Liebenden. Die Charaktere der Ballade tragen teils burleske Züge, und es könnte sein, daß hierin ein typisches Merkmal des Genres überhaupt zu sehen ist. *Zhugongdiao* ähneln diesbezüglich dem im 12. Jh. aufkommenden Südlichen Singspiel (*xi wen* oder *nanxi*), aus dem sich später das typische *chuanqi* der Ming entwickeln sollte. Frühe Vertreter dieser Gattung sind aus Beschreibungen bekannt,

Singspiel

worin erfolgreiche Prüfungskandidaten ironisch dargestellt wurden. Der inhaltliche Unterschied zwischen *zhugongdiao* und *nanxi* besteht jedoch darin, daß die Balladen bei all ihrer Satire den erfolgreichen Studenten gegenüber positiv eingestellt sind, während die *nanxi* von ironischen Tönen und gesellschaftskritischen Zügen gekennzeichnet sind, wenn denn solche Verallgemeinerungen auf Grundlage der insgesamt nur drei überlieferten *nanxi* erlaubt sind.

Eine weitere erwähnenswerte Ballade ist das *Liu Zhiyuan zhugongdiao*, die allerdings ein ganz anderes Sujet als die Ballade des Westzimmers beschreibt, nämlich das aus städtischer Perspektive ärmliche Landleben. Der Protagonist ist ein Bauer, seine Frau ein einfaches Mädchen, das Thema der Ballade insgesamt der Kontrast der göttlichen Institution des Kaisertums und eines nicht wirklich zu ihm passenden Kandidaten. Das Stück verwendet parodistische Elemente und stellt bestehende lyrische Symbole und Stoffe konsequent auf den Kopf, weswegen man denn auch schon versucht hat, es als eine Parodie des Genres *zhugongdiao* überhaupt zu deuten.

Technische und soziale Hintergründe der Entstehung des Theaters und die Stadtbeschreibungen

Bis zur Mitte der Song hat es zwar mit Sicherheit zahlreiche Darbietungen zur Belustigung des Volkes gegeben, doch wurden diese in der Regel wahrscheinlich nur von einem oder zwei Schauspielern oder Sängern aufgeführt. Dies trifft auf die im letzten Abschnitt erörterten Vorformen des Theaters zu. In ländlichen Gegenden sind Reste von Bühnen schon aus dem 11. Jh. gefunden worden, die zunächst meist Tempeln lokaler Gottheiten, später auch buddhistischen und daoistischen Tempeln assoziiert waren. Archäologische Funde deuten darauf hin, daß eine echte Theatertradition zu Beginn des 12. Jh.s in Shanxi einsetzte, um dann ein Jahrhundert später einen frühen Höhepunkt zu erreichen.

Aufschwung des Dramas

Im wesentlichen werden zwei Gründe für den Aufschwung des chinesischen Dramas während der Yuan-Dynastie genannt. Der ersten, oben schon angedeuteten und bereits in der Ming-Zeit skizzierten Theorie zufolge vernachlässigten die südchinesischen Literaten nach dem Einmarsch der Mongolen die alten Literaturformen, da die neuen Machthaber wußten, daß diese zum Ausdruck politischer Kritik gebraucht werden konnten; statt dessen, so die Theorie weiter, hätten sich die Repressalien fürchtenden Literaten auf ein neues und unverfängliches Genre verlegt. Diese ganz innerhalb des traditionellen Denkens liegende Theorie hat allerdings den Nachteil, daß sie weder erklären kann, warum bereits in der Song-Zeit und unter den Dschurdschen das Theater blühte, noch daß sie plausibel machen kann, weshalb die Mongolenkaiser selbst große Liebhaber des Theaters waren. Wesentlich eingängiger ist daher die zweite Theorie über den Aufschwung des Dramas in der Yuan-Zeit. Sie weist darauf hin, daß die zunehmende Bildung die Aufnahmefähigkeit für halbliterarische Stoffe in der Bevölkerung stark wachsen ließ und außerdem ein zunehmendes Potential literarisch gebildeter Personen erzeugte, die keine herkömmliche Beamtenlaufbahn einschlugen, sondern ihre Fähigkeiten auf anderen Gebieten entfalteten – konkret etwa darin, daß sie als Theaterautoren tätig wurden.

Wertvolle Informationen über die sozialen und sonstigen Hintergründe, vor denen das Theater seinen Aufschwung nahm, verdanken wir fünf privat verfaßten Beschreibungen der Song-Hauptstädte Kaifeng und Hangzhou, zwei Millionenstädte, in denen ein kunstbeflissenes Publikum lebte, dessen Bedürfnisse von Sängern, Tänzern, Akrobaten und Singmädchen gestillt wurden. So detailverliebt sind diese Stadtbeschreibungen, daß sie nicht nur die Namen von Künstlern und die Titel von Stücken liefern, sondern selbst Speisekarten berühmter Restaurants enthalten. Ja, sie liefern sogar konkurrierende Angaben über die Herkunft der Begriffe *waci* und *wasi* (wörtlich »Ziegel«), mit denen die zeitgenössischen Vergnügungsviertel bezeichnet wurden: Einer Erklärung zufolge hat der Begriff *wa* die Bedeutung einer schnellen, leicht wieder zu lösenden Vereinigung – einer anderen Erklärung nach nimmt er darauf Bezug, daß man sich in den Vergnügungsvierteln so leicht zusammenfügte und auch so leicht wieder trennte wie Ziegel.

Stadtbeschreibungen

Es wäre aber verkehrt, diese Stadtbeschreibungen lediglich als Baedeker des müßigen Vergnügens deuten zu wollen. Im Gegenteil ist selbst bei dieser Gattung davon auszugehen, daß die Autoren versteckte, bisweilen politische Andeutungen machten. Das ist bereits bei der ersten Stadtbeschreibung der Song, dem *Dongjing meng hua lu* (Aufzeichnungen von einem Blütentraum von der Östlichen Hauptstadt) zu sehen, die der ansonsten unbekannte Autor Meng Yuanlao im Jahre 1147 als eine Reminiszenz an die 20 Jahre zuvor an die Dschurdschen verlorene Hauptstadt Kaifeng verfaßte: Der Titel enthält eine Anspielung auf einen Passus aus dem *Liezi*, in dem von einem Traum vom Wunderland des Huaxu die Rede ist. In dieses Land jenseits der nordwestlichen Grenzen der bekannten Welt, in dem das Volk ohne Herrscher in Frieden lebt, reist der Gelbe Kaiser im Traum, nachdem er die schlechten Zustände in seinem eigenen Reich gesehen hat. Er läßt sich von seinem Traum zur idealen Regierungsform für China inspirieren. So könnte das *Dongjing meng hua lu* auch als eine Aufforderung verstanden werden, in der neuen Hauptstadt Hangzhou eine gute und nicht interventionistische Herrschaft aufzubauen, um an den alten Glanz der Song anzuknüpfen. Allerdings sollte nicht übersehen werden, daß das Wort *hua* auch ein altes Wort für China ist und daß mit einem Traum von der alten Hauptstadt Chinas an den Auftrag erinnert worden sein könnte, den Norden zurückzuerobern. Das *Dongjing meng hua lu* ist in zwei Hälften geteilt, von denen die erste das Alltagsleben in Kaifeng beschreibt, die zweite den Jahresablauf sowie seine Feste und Rituale zum Thema hat. In beiden Teilen wird auf Vergnügungsbezirke beziehungsweise einzelne Aspekte der hauptstädtischen Unterhaltung Bezug genommen. Nach einer Beschreibung der Stadtmauern, der Flüsse, einzelner Ämter und Paläste sowie der wichtigsten Straßen, Wohnbezirke und auch der Bordelle, Weinhäuser und Apotheken folgen Tempel und sogar die Feuerwehr, bevor zuletzt Volksbräuche und Namen der in den Vergnügungsvierteln auftretenden Künstler Erwähnung finden.

Dongjing meng hua lu

Anders als das *Dongjing meng hua lu* orientiert sich das *Du cheng ji sheng* (Nachrichten von den Sehenswürdigkeiten der Hauptstadt), das wesentlich kürzere nächste Werk dieses Genres aus dem Jahr 1235, nicht an vergangenem Glanz, sondern berichtet von der Stadt Hangzhou, in welcher sein weiter nicht bekannter Autor Zhao lebte, der sich den Beinamen Guanyuan Nai de weng (»Geduldiger Alter, der seinen Garten bewässert«)

Du cheng ji sheng

gab. In Anbetracht der Tatsache, daß das *Du cheng ji sheng* das *Dongjing meng hua lu* bewußt nachahmt, könnte dieser Name als Zurückweisung des im früheren Text angedeuteten Anspruchs auf Rückeroberung Nordchinas gelesen werden, denn das Bild der Gartenbewässerung hatte im China der Song denselben Sinn wie in Voltaires *Candide*, nämlich eine Absage an hochfliegende Träumereien. So betrachtet, könnte das *Du cheng ji sheng* als Lob der zivilen Tugenden der Südlichen Song und als Absage an alle Großmachtträume zu lesen sein. Auch die dritte songzeitliche Stadtbeschreibung, das um 1250 verfaßte *Xihu laoren fansheng lu* (Des Alten Mannes vom Westsee Aufzeichnungen der zahllosen Sehenswürdigkeiten), die nur bruchstückhaft überliefert ist, beschreibt die Schönheiten von Hangzhou, vornehmlich die dortigen Vergnügungsstätten. Seine Angaben sind teils identisch mit denen des *Du cheng ji sheng*. Kritisch schreibt der auf kaiserliche Anordnung im 18. Jh. erstellte Katalog der Sammlung *Siku quan shu*: »Nachdem der Frieden [mit den Dschurdschen] geschlossen war, verschwendeten die Song keinen Gedanken mehr an die Zentralebene. Die Literaten wußten nur noch, sich treiben zu lassen in Gesang und Tanz, hochfahrend pfiffen sie auf dem See und in den Bergen [von Hangzhou]. Daher handeln die Beschreibungen dieses Buches großenteils von Vergnügungen und Spaß und davon, daß man voreinander mit üppiger Pracht und ausufernder Schönheit prahlt. So ist es wohl ein Text von der Art des *Du cheng ji sheng* des Geduldigen Alten, doch ist es noch detailverliebter als jenes.«

Xihu laoren fansheng lu

Die vierte Stadtbeschreibung ist das *Meng liang lu* (Aufzeichnungen über einen Traum beim Hirsebrei) des ansonsten ebenfalls unbekannten Autors Wu Zimu. Es ist nicht klar, wann das sehr umfangreiche Werk entstand – entweder im Jahre 1274 oder aber, was wahrscheinlicher ist, erst 1334. Ähnlich wie das *Dongjing meng hua lu* könnte es mithin eine traurige Erinnerung an die vergangene Größe einer Stadt sein, in diesem Falle Hangzhou. Der Titel des Werkes, der dem *Dongjing meng hua lu* entgegengesetzt ist, wurde offenbar anspielungsreich gewählt: Sein Autor bekennt, daß er sich auf eine tangzeitliche Novelle bezog, in der ein Reisender vom Glück träumt, während doch in seiner Herberge nur ein Hirsebrei auf dem Herd kocht. Bedenkt man aber darüber hinaus, daß das Wort *liang* im Titel *Meng liang lu* ein mit einem anderen Zeichen geschriebenes Homophon bezeichnet, das ebenso »Glanz« bedeutet wie das Wort *hua* im Titel *Dongjing meng hua lu*, dann werden die beiden Titel *Meng liang lu* und *Meng hua lu* nahezu bedeutungsgleich. Wu Zimu könnte also angedeutet haben, daß er sich in der Situation des verarmten Reisenden sah, der von der früheren Schönheit Hangzhous nur noch träumen konnte. Somit wäre das Werk als versteckte Kritik an der Mongolenherrschaft zu deuten.

Meng liang lu

Ähnlich detailreich wie das *Meng liang lu* ist das *Wu lin jiu shi*. Allerdings ragt dieses Werk des als *ci*-Dichter bekannt gewordenen Zhou Mi unter den übrigen Stadtbeschreibungen dadurch hervor, daß es das einzige seiner Gattung ist, das sich der gehobenen Schriftsprache bediente. Zhou Mi tat das ganz bewußt, und er versäumte nicht, das *Dongjing meng hua lu* für seinen umgangssprachlichen Stil zu kritisieren, den dessen Autor Meng Yuanlao bewußt zum Programm erhoben hatte: »Die Sprache dieser Aufzeichnungen ist roh und bäurisch und nicht literarisch verfeinert, denn ich möchte, daß alle, egal ob hoch oder niedrig, sie verstehen.« Obwohl viele Darstellungen in *Wu lin jiu shi* durch Gedichte und Lieder ausgeschmückt sind, beschreibt es nicht nur die Schönheiten und die gehobene Kultur der Stadt Hangzhou, sondern begibt sich auch hinunter bis zu den Kupp-

Wu lin jiu shi

lerinnen, Heiratsschwindlern, Fälschern und Räubern. Besonders interessant ist ferner eine im zehnten und letzten Kapitel enthaltene umfassende Liste der Theaterstücke, die am Hof der Song aufgeführt wurden.

Aufzeichnungen aus dem grünen Turm

Übertroffen werden die Stadtbeschreibungen in ihrer Bedeutung für die Rekonstruktion des sozialen Hintergrundes, vor dem sich der Aufschwung des Dramas abspielte, nur noch von einem Werk mit dem Titel *Aufzeichnungen aus dem grünen Turm* (*Qing lou ji*) eines gewissen Xia Tingzhi (etwa 1316 – nach 1368). *Qing lou ji* nennt die Namen von mehr als 110 weiblichen und über 30 männlichen Unterhaltungskünstlern und gibt deren Spezialitäten an, wie Drama, Lieder, Geschichtenerzählen, Balladen oder Tanz. Ferner werden einige der Personen mit biographischen und künstlerischen Besonderheiten und sonstigen Charakteristika vorgestellt: Eine Schauspielerin versteht sich auf Dichten und Musik, ist aber häßlich; eine andere, eine Uighurin, ist ebenfalls keine Schönheit, kann dafür aber gut singen, etc. Häufig werden Frauen geschildert, die in vollständiger Abhängigkeit von gebildeten Gönnern leben. Daneben sind ein beliebter Gegenstand auch die Schwierigkeiten vieler Schauspielerinnen, sich unliebsamer Avancen ihrer Bewunderer zu erwehren, ein Thema, das der Autor möglicherweise in den Vordergrund stellte, um die Respektabilität des Theaters zu betonen.

Die Dramen

Farce

Im Verlaufe des 12. Jahrhunderts muß sich in den Vergnügungsvierteln Kaifengs das Genre *yuan ben* (»Schriften aus den Vergnügungsvierteln«) entwickelt haben. Leider sind keine frühen Exemplare dieses Genres, das im allgemeinen mit Farce übersetzt wird, erhalten, so daß seine Besonderheiten nicht mit Sicherheit auszumachen sind. Immerhin lassen zwei frühe Gedichte, in denen Theatererlebnisse beschrieben werden, den Schluß zu, daß in der Aufführung der frühesten *yuan ben* mindestens drei Schauspieler involviert gewesen sein konnten. Auch hat es den Anschein, daß der Terminus *yuan ben* synonym mit dem Wort *zaju* (»Vermischte Spiele«) verwendet wurde, das in der Zeit der Nördlichen Song vermutlich für Varietéshows benutzt wurde, im Laufe derer mehrere Akteure mit diversen Darbietungen auftraten: *Zaju* und *yuan ben* der Song und der Jin beinhalteten vierteilige Darbietungen, die mit Lobreden, Späßen und Possen begannen, denen ein Sketch zwischen zwei Personen folgte, an den sich wiederum ein komplizierteres Stück mit mehreren Darstellern anschloß. Der letzte Teil war häufig eine Parodie auf Bauerntölpel, die es in die Stadt verschlagen hatte.

Theater gab es also schon lange vor der Mongolenzeit, jedoch dürfte es über einen längeren Zeitraum hinweg ohne musikalische Bestandteile – zumindest in den dramatischen Teilen der Varietéshows – aufgeführt worden sein. Das änderte sich grundlegend anscheinend erst unter den Mongolen, als sich die beiden Genres *yuan ben* und *zaju* erstmals getrennt haben sollen, wobei das *yuan ben* nur noch Farce war, während das *zaju*, später auch als *beiqu* bezeichnet, das eigentliche Drama wurde. Wahrscheinlich durch eine Fusion von *zhugongdiao*- und *yuan ben*-Elementen entstand diese Form in teilweise enger Anlehnung an beide Komponenten.

Wie die *yuan ben* setzten sich auch die *zaju* normalerweise aus vier Akten zusammen. Die *zaju* der Mongolenzeit waren stark auf den herausragenden Schauspieler einer Truppe zugeschnitten: Alle vier Akte bestanden aus jeweils in derselben Tonart gehaltenen Arien, die sämtlich nur von dieser einen Person gesungen wurden, und den Dialogen der Hauptperson mit den anderen Charakteren des Stückes. Übrigens konnte durchaus eine männliche Rolle von einer Frau gesungen werden, aufgrund von Wandmalereien der Epoche scheint es sogar wahrscheinlich, daß Frauen häufig die dominanten Persönlichkeiten in den Schauspieltrupps waren.

zaju

Neben *zaju* hat sich für das Drama der Mongolenzeit auch die Bezeichnung *xi qu* durchgesetzt, die eigentlich nur ein Name für dramatische Arien ist, die für die zeitgenössischen Zuschauer der entscheidende Bestandteil der einzelnen Stücke waren. Der Oberbegriff für solche Arien, die auch als selbständige Gedichte zirkulierten, lautet *sanqu*. Die vollständigste Sammlung, das erst in den sechziger Jahren des 20. Jh.s kompilierte *Quan Yuan sanqu*, enthält insgesamt etwa 5500 Arien, die sich analog zu den *ci* auf wenige, in diesem Falle etwa 350, Melodien verteilen. Ebenfalls analog zur *ci*-Praxis sind später auch für die *qu* Melodiebücher (*Qu pu*) erstellt worden. Die wenigsten der 5500 *sanqu* sind aus den erhaltenen Singspielen der Yuan bekannt, sie konnten also vermutlich frei eingesetzt werden. Als wichtigster Ursprung der *sanqu* gelten allgemein die *zhugongdiao*. Viele *qu* sind außerdem Ausarbeitungen von *ci*-Liedern, wobei sich die *qu* allgemein durch eine größere metrische Freiheit auszeichnen als ihre Vorgänger. Sie bestehen entweder aus einer einzelnen Strophe oder aus Zusammensetzungen mehrerer Strophen, welche auf einer einheitlichen Melodie basieren. Dagegen gibt es auch Kombinationen verschiedener *qu*-Melodien, die sich zu einem sogenannten *taoshu* (»Liedsatz«) verbinden. Das Reimwörterbuch *Zhong yuan yin yun* (Töne und Reime der Zentralebene) des Zhou Deqing (1270 – nach 1324) aus dem Jahr 1324, eine der wichtigsten Quellen für die Phonologie des Chinesischen der Mongolenzeit, enthält neben 335 Titeln von *qu*-Melodien einen Traktat, der anhand einiger als musterhaft dargestellter *qu* vorschreibt, wie diese Gattung richtig zu dichten sei. Phonologisch richtet sich das *Zhong yuan yin yun* gegen das Eindringen von Reimen aus Südchina, die sich durch das ältere *Guang yun* aus dem Jahre 1008 rechtfertigten, akzeptiert also für die *qu*-Dichtung einen neueren Sprachstandard als denjenigen, der zuvor für *shi*- oder *ci*-Dichter gegolten hatte. Weitere Autoren, gegen die sich Zhou Deqing wendet, sind Yang Chaoying (1270 – etwa 1352), der Verfasser von zwei *qu*-Anthologien mit den Titeln *Yangchun baixue* und *Taiping yuefu*, sowie der Uighure Guan Yunshi (1286–1324), der vielleicht der bekannteste *qu*-Dichter überhaupt war.

Dramatische Arien

Melodiebücher

Die dramatische Handlung eines Stückes scheint lange Zeit nur als Beiwerk aufgefaßt worden zu sein, das den Genuß der Arien begleitete. Dennoch sind auch die Inhalte teilweise von hohem literarischen Wert. Leider mußte sich die wichtigste Quelle, die auf den Beginn des 17. Jh.s datierende *Auswahl aus den Arien der Yuan* (*Yuan qu xuan*) des Zang Maoxun, die insgesamt 100 Stücke vereint, heftig kritisieren lassen: Zang Maoxun und andere haben wahrscheinlich stark in die Texte eingegriffen und sie nach dem Geschmack der Ming umgestaltet, wobei sie unter anderem die Prosaelemente gegenüber den Arien aufwerteten.

Die chinesische Literaturgeschichtsschreibung, die gerne prägnante Begriffe verwendet, kennt Vier Meister des mongolenzeitlichen Dramas. Der älteste und wichtigste ist Guan Hanqing (etwa 1220 – etwa 1300), der aus Verbundenheit zu dem untergegangen Haus der Jin unter den Mongolen

Mongolenzeitliches Drama

keine Beamtenstellung angenommen haben soll. Nicht weniger als 18 seiner Stücke sind vollständig, drei weitere in Fragmenten erhalten. Darunter sind Komödien wie *Fisch aufschlitzen* oder *Mondanbetungsstation* (*Bai yue ting*), in denen es um Liebe, Krieg und Justiz geht, ebenso vertreten wie echte Gerichtsdramen. Unter diesen ist das berühmteste – und aufgrund einer Bearbeitung des Tian Han im 20. Jh. das überhaupt bekannteste *zaju* der Yuan – das Drama *Unrecht an Dou E* (*Dou E yuan*). Wie viele Singspiele der Mongolenzeit ist auch dieses Stück eine Bearbeitung eines alten literarischen Vorbildes: Ein Beamter klärt den Justizmord an seiner Tochter auf und sorgt für posthume Gerechtigkeit. Gerichtsstücke dieser Art finden sich mehrfach unter den Werken des Guan Hanqing. Daneben aber stehen auch historische Dramen wie das humoristische *Treffen mit der einseitigen Klinge* (*Dan dao hui*), dessen Hauptfigur der später deifizierte General Guan Yu (3. Jh. n.Chr.) ist. Geister sind vielfach die Gehilfen, die am Ende für glückliche Lösungen sorgen, sie werden aber immer von den menschlichen Hauptfiguren übertroffen.

Unrecht an Dou E

Die drei übrigen Meister des mongolenzeitlichen Dramas sind Bai Pu (1227 – nach 1306), Ma Zhiyuan (1260?-1334?) und Zheng Guangzu (etwa 1280 – etwa 1330). Wie Guan Hanqing, so nahm auch Bai Pu kein Amt unter den Mongolen an, sondern verschrieb sich ganz der Literatur. Sein Ruhm gründet vor allem auf dem Stück *Regen unter dem Phönixbaum* (*Wutong yu*), das von der Liebe des Kaisers Xuanzong der Tang zu seiner Konkubine Yang handelt: Unter einem Wutong-Baum, auf dem sich nach altem Glauben der Phönix als König der Vögel niederläßt, schwören sich der Kaiser und seine Liebste ewige Verbundenheit, nur um wenig später im Gefolge der Rebellion des An Lushan aus der Hauptstadt fliehen zu müssen. Die Leibwache des Xuanzong fordert den Tod der Konkubine als der Hauptschuldigen der Unordnung im Reich und setzt ihre Hinrichtung durch. Dieses Ereignis bricht dem Kaiser das Herz. Nach seiner späteren Heimkehr wird einer seiner Liebes- und Erinnerungsträume vom Regen auf den Blättern des Wutong-Baumes vor seinem Palast unterbrochen.

Regen unter dem Phönixbaum

Auch das berühmteste Drama des Ma Zhiyuan, *Han gong qiu* (Herbst im Han-Palast), handelt von der tragischen Liebe eines Herrschers: Kaiser Yuan der Han entflammt in Liebe zu einer Hofdame namens Wang Zhaojun und möchte sie zu seiner Frau machen, muß sie aber als Friedenspfand zu seinem Hauptgegner, dem Führer der nördlichen Xiongnu ziehen lassen. Wang Zhaojun stürzt sich am Ende des Stückes in den Amur, und während der Kaiser zur gleichen Zeit von ihr träumt, wird sie ihm von Wildgänsen entrissen. Derlei tragische Enden werden jedoch im Gegensatz zur europäischen Tragödie meist in einem positiven oder versöhnlichen Schluß wieder aufgehoben (Dolby).

Wie Ma Zhiyuan, so hatte auch Zheng Guangzu niedere Posten in Südchina inne. Unter den historischen Singspielen, die ihn bekannt machten, ragt sein Stück über die Regentschaft des Herzogs von Zhou heraus (*Zhou gong she zheng*), eine dramatische Verarbeitung des Stoffs vom loyalen Bruder des Königs Wu von Zhou, der nach dessen Tod für den minderjährigen König Cheng die Amtsgeschäfte führte, nur um der Machtanmaßung bezichtigt zu werden. Dieses historische Stück lebt wie die meisten anderen Geschichtsdramen der Zeit davon, daß ein allgemeiner historischer Sachverhalt aufgegriffen und in ahistorischer Weise weiterentwickelt wird, um eine allgemeingültige und für die Zeitgenossen verständliche Moral zu propagieren.

Westzimmer

Das berühmteste Drama der Mongolenzeit, ja das vermutlich wichtigste Theaterstück Chinas überhaupt, ist jedoch die *Geschichte vom Westzimmer* (*Xixiang ji*). Das Drama muß eine sehr rasche Verbreitung in weiten Schichten des Volkes gefunden haben, denn zahlreiche Erwähnungen in Romanen der Ming- und der Qing-Zeit belegen, daß die *Geschichte vom Westzimmer* schon bald nach ihrer Drucklegung zum allgemeinen Bildungsgut gehörte. So sieht man etwa im *Traum der Roten Kammer*, dem wichtigsten Roman der Qing, junge Frauen mit dem erotischen Gehalt des Werkes kokettieren, und im *Jin Ping Mei* (16. Jh.) wird ein Gesellschaftsspiel beschrieben, bei dem beliebige Sätze aus dem *Westzimmer* zu einem Gedicht verarbeitet werden mußten. Bedenkt man, daß die Hauptpersonen des *Jin Ping Mei* allesamt nur wenig gebildet waren, kann man hier einen Hinweis darauf sehen, daß bereits im 16. Jh. die Beliebtheit des *Westzimmers* den Kreis der literarisch Hochgebildeten verlassen hatte. Aber auch diese schätzten und schätzen bis heute die *Geschichte vom Westzimmer.* Jin Shengtan (1610–1661), der wichtigste Kommentator des *Shui hu zhuan*, nahm das Werk in einen Kanon von sechs herausragenden Werken auf, stellte es neben *Zhuangzi*, *Shiji*, die Gedichte des Qu Yuan, die Gedichte des Du Fu und das *Shui hu zhuan* selbst. Des weiteren sind mehrere Parodien auf das *Westzimmer* verfaßt worden – unter anderem das Stück *Zhou mei xiang* des Zheng Guangzu und die anonyme *Geschichte von der Ostmauer* (*Dongqiang ji*), deren Titel einerseits auf die *Geschichte vom Westzimmer*, andererseits auf die Tatsache anspielt, daß »Ostmauer« schon in frühester chinesischer Dichtung synonym für Harem stand. Bis heute erfreut sich das *Westzimmer* einer ungebrochenen Lesetradition, wenn auch die marxistische Kritik insbesondere die Mutter der Protagonistin als reaktionär verdammt hat.

Die Geschichte vom Westzimmer: *Autorschaft*

Die Autorschaft des *Westzimmers* ist umstritten. Höchst wahrscheinlich ist das Werk dem Wang Shifu zuzuschreiben, der im ausgehenden 13. Jh. in Peking lebte. Versuche, als Autor der ersten vier Akte, die dann später ausgebaut wurden, den Guan Hanqing zu etablieren und Wang Shifu nur die Ergänzung des allgemein als schwach empfundenen fünften Aktes zuzugestehen, gelten heute als gescheitert, obwohl diese Ansicht anscheinend schon von den Herausgebern der ersten bekannten Edition aus dem Jahr 1498 geteilt wurde. Jin Shengtan und andere drehten die Argumentation um und sahen in Wang den Autor der ersten vier Akte und in Guan den Verfasser des letzten. Grund für die heutige Ablehnung der Theorie einer doppelten Autorschaft ist in erster Linie die Tatsache, daß in den frühesten Quellen, welche das *Westzimmer* erwähnen, ausschließlich Wang Shifu als Autor genannt wurde.

Die Geschichte vom Westzimmer: *Inhalt*

Die *Geschichte vom Westzimmer* ist eine dramatische Bearbeitung der schon vorgestellten gleichnamigen Ballade. Freilich erlaubte sich der Autor des Dramas einige Änderungen, im besonderen gab er den Charakteren und der Rahmenhandlung schärfere Konturen. Die wichtigsten weiblichen Personen sind das Mädchen Goldamsel, ihre Zofe Rotchen und ihre Mutter; die männlichen Protagonisten sind der Student Zhang Gong und dessen Gegenspieler Zheng Heng. Das Stück spielt in einem Kloster, wo die Frauen Zuflucht nahmen, als sie an der Überführung des verstorbenen Würdenträgers Cui, dem Ernährer der Familie Goldamsels, gehindert wurden. Schon die ersten Worte der Mutter verraten, daß Goldamsel ihrem Vetter Zheng Heng, dem Sohn eines Ministers, versprochen ist und diese Verbindung den Status der Familie sichern soll.

Doch während die Familie auf die Ankunft des Zheng Heng wartet, der helfen soll, den Sarg zu überführen, trifft der Student Zhang Gong im Kloster ein – ein verwaister Sohn aus gutem Haus, aber unerfahren und orientierungslos, weil er die Welt bisher nur aus Büchern kennt. Der Anblick der jungen Goldamsel trifft ihn wie der Blitz, und er beschließt, seine Reise in die Hauptstadt, wo er sich einer Prüfung unterziehen wollte, zu unterbrechen und unter dem Vorwand, in der Ruhe des Klosters die Prüfungen vorbereiten zu wollen, bei den Mönchen Quartier zu nehmen; er kann sogar eine Zelle erhandeln, die ihm einen ungestörten Blick auf den Eingang zu Goldamsels Räumlichkeiten bietet. Sodann nähert er sich der Zofe Rotchen, um diese über ihre Herrin auszuhorchen. Zunächst weist Rotchen ihn zurecht, wird aber bald zur treibenden Kraft für eine intime Begegnung zwischen Goldamsel und Zhang, weil sie selber den Studenten für eine gute Partie hält und hofft, in seinen Haushalt aufgenommen zu werden und ein sicheres Auskommen zu erhalten. Goldamsel selbst ist vom Studenten ebenso eingenommen wie dieser von ihr, besonders Zhangs musische Begabung zieht sie an, womit das Drama den in Erzählungen und Romanen der Ming-Zeit so wichtigen Topos *caizi* und *jiaren* – begabter junger Mann und schöne Frau – bemüht. Als im weiteren Fortgang der Handlung das Kloster von einem fünftausend Mann starken Rebellenheer belagert wird, das Goldamsel rauben möchte, vereinbart diese mit ihrer Mutter, den Mann zu heiraten, der sie aus dieser schweren Not befreie. Tatsächlich kann der Student Zhang durch List und mit der Hilfe eines befreundeten Generals die Familie Cui retten, doch dann stößt das Paar auf Schwierigkeiten, weil die Mutter plötzlich das Zheng Heng gegebene Hochzeitsversprechen nicht brechen und den Studenten lediglich mit Gold entlohnen möchte. Darüber hinaus stehen sich der Student und Goldamsel selbst im Weg, weil Zhang Gong zwar in der Öffentlichkeit energisch auftreten kann, in seinen Herzensangelegenheiten aber so zurückhaltend ist, daß Rotchen ihn immer wieder antreiben muß. Goldamsel ihrerseits schwankt zwischen ihrer Liebe zum Studenten und dem Gehorsam gegenüber ihrer Mutter, die sie einem anderen versprochen hat.

Im dritten Akt tauschen die Liebenden durch ihre emsige Botschafterin Rotchen Gedichte aus, kommen jedoch nur einmal zusammen, als der Student eine gereimte Botschaft von Goldamsel dahingehend mißversteht, er solle sich mit ihr im Garten treffen. Goldamsel weist ihn harsch zurecht, doch dann erreicht das Drama seinen Höhepunkt. Rotchen drängt Goldamsel mit allen Mitteln, ein Rendezvous mit dem schon ernsthaft liebeskranken Studenten einzugehen:

> [Weibliche Hauptrolle *tritt auf*]: »Gestern nacht hat Rotchen meine Nachricht dem Studenten Zhang überbracht, in der ich für heute abend ein Rendezvous ausgemacht habe. Wenn Rotchen kommt, will ich noch einmal mit ihr darüber reden.«
> [Rotchen *tritt auf*]: »Schwester hat mich beauftragt, dem Studenten Zhang eine Nachricht zu überbringen, um mit ihm für heute Nacht eine Zusammenkunft zu vereinbaren. Aber jetzt fürchte ich, daß meine junge Schwester sich wieder herausreden und ihn seinem Schicksal überlassen wird. Doch das ist kein Spaß mehr! Ich will zu ihr gehen und hören, was sie sagt.«
> [Weibliche Hauptrolle]: »Rotchen, richte mein Schlafzimmer her, ich möchte zu Bett gehen!«
> [Rotchen]: »Ich will ja nichts dagegen sagen, daß du schlafen möchtest, aber was willst du dann mit deinem Studenten anfangen?«
> [Weibliche Hauptrolle]: »Was heißt hier ›dein Student‹?«
> [Rotchen]: »Nicht schon wieder, Schwester! Du kannst ihn nicht einfach seinem Schicksal überlassen. Das ist kein Spaß mehr! Wenn es dich schon wieder reut,

dann werde ich die Sache der alten Dame gegenüber zur Sprache bringen und ihr erzählen, daß du mich mit einer Nachricht schicken wolltest, um ein Rendezvous auszumachen.«

[Weibliche Hauptrolle]: »Diese kleine Schurkin ist doch wirklich verdreht. Ich kann mir doch nicht die Peinlichkeit antun, da hinzugehen!«

[Rotchen]: »Was ist denn daran peinlich? Wenn du erst da bist, brauchst du nur noch die Augen zu schließen.« [*Sie schiebt Goldamsel und sagt:*] »Geh, geh, die alte Dame schläft schon!«

[Weibliche Hauptdarstellerin *rennt*, Rotchen *spricht*]: »Auch wenn ihre Einwände stark klingen, sind ihre Schritte doch ungeduldig!«

In der ersten Szene des vierten Akts, der nach dem hier übersetzten Eingangsdialog anhebt, kommt es dann zu einer von Zhang Gong in lyrischer Form besungenen Vereinigung der Liebenden, die übrigens in späteren Illustrationen des Stücks in delikaten Details dargestellt wurde. Rotchen bewegt anschließend die unwillige Mutter Goldamsels, der Verbindung der beiden zuzustimmen, indem sie ihr einerseits unterstellt, die Situation sei auf ihre schlechte Kontrolle über die Familie zurückzuführen, und andererseits herausstreicht, die beiden seien ein ideales Paar. Die Mutter stimmt der Verbindung zu, verlangt aber, daß der Student sich erst in der Palastprüfung bewähren müsse, weil in der Familie Cui schon seit drei Generationen keine Frau einen Mann geheiratet habe, der nicht bereits in Amt und Würden stand. Als Zhang Gong wenig später das Palastexamen als Prüfungsbester absolviert, steht nur noch der um Goldamsel betrogene Zheng Heng zwischen dem Glück der Liebenden. Er erweist sich allerdings als lächerlicher Angeber, dem nicht in den Sinn will, wie die Mutter ihre Tochter dem armen Schlucker Zhang Gong geben konnte: »Wäre sie in eine reiche Familie gegeben worden, dann wäre das nicht verkehrt. Aber diesem armen Sauertopf und hungerleidendem Eifersüchtler? Bin ich etwa schlechter als der?« Mehr als dies, verleumdet Zheng Heng seinen Gegenspieler gar mit der Behauptung, dieser habe in der Hauptstadt bereits anderweitig geheiratet, woraufhin Frau Cui ihre Tochter Goldamsel ein zweites Mal dem Zheng Heng verspricht. Doch dann erscheint Zhang Gong, der nunmehr zufällig Präfekt über den Distrikt ist, in dem das Kloster liegt, und deckt das Lügenmärchen auf. Zheng Heng begeht Selbstmord und macht damit den Weg frei für ein glückliches Ende des Stückes.

Die Beliebtheit des *Westzimmers* hat sicherlich nicht nur mit seinem glücklichen Ende zu tun, wichtig ist auch, daß es über weite Strecken deutlich erotischen – um nicht mit manchen chinesischen Kritikern zu sagen: pornographischen – Inhalts ist. Allerdings wird die Erotik von einem metaphorischen Schleier verhüllt, wenn etwa Goldamsel mit dem Mond, dem *yin*-Himmelskörper *par excellence*, assoziiert wird, der Student mit dem Ostwind. Die beiden letzten Übersetzer des *Xixiang ji*, Idema und West, haben durch ein Glossar der erotischen Bilder und Symbole das Verständnis der Liebesallegorien erheblich erleichtert.

Die Geschichte vom Westzimmer: *Editionen*

Auch für das *Westzimmer* muß dieselbe Einschränkung gemacht werden, die für alle Dramen der Yuan-Zeit gilt: Wir können nicht sicher sein, ob die uns bekannte Fassung tatsächlich aus dem 13. oder dem 14. Jh. stammt. Die erste vollständige Edition datiert auf 1498. Bevor diese sogenannte Hongzhi-Edition bekannt war, stützte sich die Theaterwelt meist auf eine von Jin Shengtan besorgte Ausgabe, der jedoch dem *Westzimmer* wie allen von ihm erstellten Editionen seinen eigenen Stempel aufdrückte; alte Übersetzungen beruhen grundsätzlich auf dieser Fassung. Auch die Hongzhi-Edition ist jedoch hinsichtlich ihrer Authentizität nicht über jeden Zweifel erhaben. Besonders irritierend ist, daß ihre Länge jedes für ein *zaju* übliches Maß übersteigt. Zudem besteht das *Westzimmer* auch nicht aus vier Akten, wie das Yuan-Genre eigentlich erfordert, sondern aus fünf. Weitere Regelbrüche bestehen darin, daß mehrere Personen mehrere Arien singen, daß in den einzelnen Akten verschiedenste Arien gesungen werden und daß die Personen in den Regieanweisungen einmal mit ihrem Rollennamen (z.B. Hauptrolle, Clown etc.), an anderen Stellen mit ihren persönlichen Namen bezeichnet werden. Diese Probleme haben einige Spezialisten dazu veranlaßt, dem Stück den Status eines ursprünglichen *zaju* abzusprechen und es auf das Ende der Mongolenzeit oder den Beginn der Ming-Zeit zu datieren. Zwar wird dies nicht allgemein akzeptiert, doch trägt das *Westzimmer* in seiner heutigen Fassung, selbst wenn es in dieser Form noch unter den Mongolen niedergeschrieben sein sollte, genügend Züge, die eindeutig auf den Beginn der Ming und die damaligen literarischen Neuerungen verweisen.

DIE LITERATUR DER MING- UND QING-ZEIT

Kontinuitäten und Brüche: Probleme der Periodisierung

Die etwas mehr als fünfhundert Jahre umfassende Zeitspanne vom Beginn der Ming-Dynastie (1368–1644) bis fast zum Ende der Qing-Dynastie (1644–1911) in einem Kapitel zusammenfassen zu wollen, ist ein in mancher Hinsicht in sich stimmiges, in anderer Hinsicht aber ebenso verwegenes wie fragwürdiges Unterfangen. Fragwürdig schon deshalb, weil diese Periodisierung bloß den in der herkömmlichen chinesischen Geschichtsschreibung favorisierten politischen Zäsuren zu folgen scheint, deren Sinn selbst für eine Darstellung der politischen und sozialen Geschichte heute umstritten ist. Ferner könnte diese Einteilung den Eindruck verstärken, hier würden die letzten Jahrhunderte der Kultur und Literatur eines traditionellen China geschildert, dem gegen Ende des 19. Jh.s nicht zuletzt aufgrund der Konfrontation mit den fortschrittlichen westlichen Ländern nichts anderes übrigblieb, als sich zu modernisieren. Dies ist eine sehr europäische Perspektive. Verstärkt wurde diese Wahrnehmung der Entwicklung Chinas durch die dort selbst schon während der sogenannten 4. Mai-Bewegung von 1919, spätestens aber seit der Gründung der Volksrepublik vorgenommene Trennung in ein altes (und das impliziert an dieser Stelle: schlechtes) und ein neues (also: gutes) China. Doch bei genauerer Betrachtung wird sich zeigen, daß die Beschreibung der damaligen Situation in China mit Begriffen wie Erstarrung allenfalls für einige Phasen dieses langen Zeitraums zutrifft, und selbst dann nicht für alle politischen, wirtschaftlichen, sozialen und kulturellen Phänomene, die eine Gesellschaft bestimmen. Als Hinweis auf die Fähigkeit des sogenannten alten China, sich während der Dynastien Ming und Qing zu entwickeln und zu verändern, sei hier lediglich darauf verwiesen, daß im Verlaufe des 16. Jh.s die Mobilität und die Fragmentierung der chinesischen Gesellschaft stark wuchsen und damit eine Art Modernisierungsschub einsetzte. Und als China zwei Jahrhunderte später einen allgemeinen Wohlstand, einen intensiven Binnen- und Außenhandel sowie ein starkes Bevölkerungswachstum genoß, war es dem zeitgenössischen Europa in vieler Hinsicht voraus.

Die letzten Jahrhunderte des traditionellen China?

In dem zu beschreibenden Zeitraum kam es zu einer fast unübersehbaren Vielfalt von Entwicklungen in nahezu allen Bereichen der Literatur. Überdies wächst mit der zeitlichen Nähe zur Gegenwart die Menge der Texte, die sich zur Untersuchung und Darstellung heranziehen lassen, stark an. Beachtliche Teile des umfangreichen Materials sind bis heute noch keiner eingehenden Betrachtung unterzogen worden und weitere Textfunde können nicht ausgeschlossen werden. So ist es möglich, daß sich unser Bild des literarischen Lebens dieser Periode in der Zukunft noch differenzieren wird.

Vielfalt der Entwicklungen

Gleichwohl ist es möglich, einen Großteil der ganz unterschiedlichen und oft gegenläufigen Strömungen herauszuarbeiten, die das literarische Schaffen in der Ming- und der Qing-Zeit bestimmten. Das herausragende Charakteristikum dieser Epoche liegt darin, daß die Lyrik, vor allem in den Gedichtformen *shi* und *ci*, an Bedeutung verlor. Die Literaten wandten sich statt dessen mehr und mehr der bereits in der Song-Zeit verstärkt betriebenen Dichtungstheorie zu, vor allem aber entwickelte sich die Erzählliteratur in Umgangssprache stark weiter. Das komplexe Verhältnis der umgangssprachlichen Literatur zu anderen Formen, also der Erzählliteratur in klassischer Sprache auf der einen und der oralen Literaturtradition auf der anderen Seite, soll hier genauer bestimmt werden. Ähnlich kompliziert waren die Verhältnisse beim Theater: Während neue Stile zunehmend die aus der Yuan-Dynastie bekannte Form des *zaju* verdrängten, die Stücke immer länger wurden und schließlich manchmal bloß noch für die Lektüre in Literatenkreisen, nicht aber für die Bühne geschrieben zu sein scheinen, riß doch die Aufführungspraxis auf den verschiedenen Ebenen vom Hof- bis zum Straßentheater nicht ab.

Bedeutung der Erzählliteratur

Maßgeblich in Folge der Veränderungen auf dem Gebiet der Erzählliteratur begann sich während des darzustellenden Zeitraumes das Verhältnis der Literatenschicht zur Literatur und damit schließlich der Literaturbegriff selbst entscheidend zu wandeln. Das Verhältnis von Literatur und Staatlichkeit wurde während der Ming-Zeit immer facettenreicher. Der Erzählliteratur blieb zwar die offizielle Anerkennung als bedeutendes Kulturgut auf höchster staatlicher Ebene weiter versagt, doch allein die bloße Menge erzählender Texte, die in der Literatenschicht entstand, diskutiert und kommentiert wurde, zeichnet ein anderes Bild. Im übrigen sind viele der in dieser Phase ausgearbeiteten Motive und literarischen Figuren noch heute in der Literatur und anderen Kulturerzeugnissen (bis hin zum Hong Kong-Kino) lebendig.

Veränderungen im Verhältnis zur Literatur

Die angedeutete Vielzahl der Erscheinungen macht erkennbar, daß es verwegen erscheinen mag, ein halbes Jahrtausend der chinesischen Literatur in einem einzigen Kapitel darzustellen. Daß es dennoch gerechtfertigt ist, möchte ich im folgenden darstellen: Zwar lassen sich in dem zu schildernden Zeitraum unterschiedliche Phasen ausmachen, die sich in den fünf folgenden Abschnitten dieses Kapitel widerspiegeln, doch gibt es auch verbindende Elemente. Gerade die wirtschaftlichen und sozialen Veränderungen und der spätestens ab der Mitte der Ming-Zeit aufkommende Wohlstand trugen entscheidend dazu bei, der Literatur in China eine neue gesellschaftliche Basis zu verschaffen. Zunächst ist die steigende Anzahl mehr oder weniger öffentlicher Schulen zu nennen, die den Anteil der schriftkundigen Bevölkerung stark erhöhte, wenngleich, absolut betrachtet, natürlich nur ein sehr kleiner Teil der Menschen lesen konnte. Schätzungen zufolge reichten die vorhandenen Schulen aus, um etwa einem Drittel bis der Hälfte der männlichen Bevölkerung zumindest grundlegende Schriftkenntnisse zu vermitteln. Diese Schüler konnten zwar keinesfalls die Beamtenprüfungen absolvieren und wandten ihre Kenntnisse meist nur in engen Teilbereichen an (etwa beim Abfassen von Geschäftsbriefen), doch wurde auf diese Weise zumindest die Grundlage für eine größere, auch schriftliche Verbreitung von Literatur gelegt. Ein großer Teil der literarischen Werke, die im folgenden vorgestellt werden, blieb allerdings nach wie vor allein einer sehr viel kleineren Gruppe zugänglich. Weiterhin wuchs die Zahl der privaten Verlagshäuser und der produzierten Bücher stark an. Neben den reich illustrierten Luxusausgaben mancher Romane, die sich nur

Schriftkenntnisse und Verlagswesen

ein Bruchteil der Bevölkerung leisten konnte, entstanden immer mehr preiswerte Schnelldrucke. Waren die Texte mit den größten Auflagen zunächst hauptsächlich Schulbücher, so wuchs nun langsam ein Markt für Unterhaltungsliteratur, die mit relativ geringen Schrift- und Literaturkenntnissen zu lesen war. So veränderte sich mit der Zeit die materielle Grundlage der Literatur selbst. Die nächste grundlegende Veränderung auf diesem Gebiet sollte erst gegen Ende des 19. Jh.s mit der Einführung moderner westlicher Drucktechniken und dem damit verbundenen Aufkommen des Zeitschriftenwesens erfolgen.

Die Reetablierung der Macht

Die Literatur in Wartestellung

Die Gründung der Ming-Dynastie beendete eine Reihe von Jahren, in denen die Herrschaftssituation ganz ungeklärt war. Obwohl das Jahr 1368 den offiziellen Beginn der neuen Dynastie markiert, hatte die Auseinandersetzung um die Macht schon in den 1350er Jahren begonnen und sollte auch nach 1368 noch fast zwei Jahrzehnte anhalten, bevor sie mit der Annexion der heutigen Provinz Yunnan ein vorläufiges Ende fand. Die aus einer Aufstandsbewegung hervorgegangene Armee des Gründerkaisers Zhu Yuanzhang mußte sich nach der Eroberung einer ersten Machtbasis in Nanjing nicht nur gegen die nominell noch herrschenden Mongolen durchsetzen, sie hatte zudem eine Reihe von gleichfalls aus Aufständen hervorgegangenen lokalen Militärherrschern auszuschalten, die am Unterlauf des Yangzi und südlich davon größere, wirtschaftlich leistungsfähige Gebiete kontrollierten. Was heute wie der Beginn einer langen Periode der Stabilität erscheint, war aus damaliger Perspektive zunächst nur ein weiterer, möglicherweise zum Scheitern verurteilter Versuch, die Macht an sich zu reißen und wieder eine von Han-Chinesen dominierte Dynastie zu errichten. Bereits diese Tatsache macht es verständlich, daß ein großer Teil der Literaten zunächst eine abwartende Haltung einnahm und die in der frühen Ming-Zeit entstandenen Texte durchaus nicht vom Triumph über die Vertreibung der mongolischen Herrscher bestimmt sind. Ein weiterer Grund für die anfängliche Zurückhaltung der Literaten lag bestimmt darin, daß der Gründungskaiser der Dynastie relativ einfachen Verhältnissen entstammte, allenfalls über eine Halbbildung verfügte und keine Neigung zu Gelehrten hatte. Als drittes kommt hinzu, daß ein großer Teil der Literaten aus der Gegend um Suzhou stammte, das damals ein Sinnbild für Kultur und Eleganz war und so schon fast von Natur aus einen Gegenpol zu der neuen Herrschaft darstellte, die in Nanjing ihre Hauptstadt bezog. Um die Herrschaft über sein sich rasch ausdehnendes Machtgebiet zu sichern und vor allem zu legitimieren, benötigte er zwar die Kooperation der Gentry, in der allein das notwendige Wissen über die zur Rechtfertigung seiner Herrschaft unerläßlichen Texte und Riten versammelt war, doch versuchte Zhu Yuanzhang, die Kontrolle über das von ihm geleitete, sich langsam etablierende Staatsgebilde soweit wie möglich in den eigenen Händen zu behalten. Verstärkt wurde der Konflikt noch durch die vielen Literaten unterstellte Verbindung mit den lokalen Machthabern in Suzhou, die dem neuen Kaiser seine Vormachtstellung lange Zeit streitig gemacht hatten.

Gründung der Ming-Dynastie

Gao Qi

Die Konflikte und Schwierigkeiten der Literatenschicht zu Beginn der Ming-Zeit spiegeln sich fast modellhaft in dem Dichter Gao Qi (1336–1374) wider. Aufgewachsen in Suzhou, zeichnete sich Gao Qi schon früh durch seine von intensiven Gefühlen geprägte Dichtung aus, in der er versuchte, seine Streifzüge durch reale und imaginäre Welten poetisch zu fassen. In der Zeit vor der Gründung der Dynastie war er lange hin- und hergerissen zwischen dem Drang zu einem politisch aktiven Leben und dem Zweifel am Nutzen daran. Auch nach dem Beginn der Ming-Herrschaft, als er in die mit dem Abfassen der offiziellen Geschichte der Yuan-Dynastie beauftragte Kommission nach Nanjing gerufen wurde, erfuhr Gao Qi keine volle Befriedigung. Das zeigt sich in einem seiner bekanntesten Gedichte, *Deng Jinling Yuhuatai wang da jiang* (Aufstieg zur Yuhua-Terrasse in Nanjing, um den großen Strom zu betrachten, 1369), mit der für ihn typischen ambivalenten Haltung. Das Gedicht beschreibt zunächst die am Yangzi gelegenen Stadt Nanjing:

Der große Strom kommt aus den Bergen,
wo sie sich zur Ebene neigen, fließt er frei nach Osten.
Nur der Glockenberg erhebt sich drachengleich gen Westen,
will mit starkem Wind die großen Wogen brechen.
Mächtig stehen Berg und Strom sich gegenüber, weichen beide nicht zurück,
prahlen damit, die Stärksten auf der Welt zu sein.
[...]
Wie läßt der Kummer sich in meiner Brust nur lösen?
Trunken steig ich auf die Höhe südlich dieser Stadt,
setze mich und denk verschwommen an vergangene Dinge,
die von fern sich aus dem Dunst der Abendsonne nähern.

Im Mittelteil des Gedichtes folgen verschiedene Anspielungen auf die ereignisreiche Geschichte Nanjings, wo bereits verschiedene Herrscher Hauptstadt genommen hatten, ohne sich je an dauerhaften Erfolgen freuen zu dürfen:

Erst die Drei Reiche, dann die Sechs Dynastien –
allein der Wind streicht jetzt durch ihre mit Gras bewachsenen Paläste.
Die Krieger dachten nur daran, das Land sich aufzuteilen,
und immer wieder floß das Schlachtenblut in kalten Wellen.
Doch hat zum Glück ein Herrscher sich im Süden nun erhoben,
die Wirren sind fürs erste wohl beendet, und alles kommt zur Ruh'.
In den vier Himmelsrichtungen bin ich von heute an zu Hause,
es sind auch Nord und Süd nicht mehr durch diesen großen Strom getrennt.

Nachdenkliche Untertöne

Das Gedicht endet mit einer optimistischen Note, aber es bleibt zugleich nicht frei von nachdenklichen Untertönen, die Gao Qis Haltung gegenüber der neuen Dynastie weiter mitbestimmen sollten. Bald war er zudem vom rauhen Umgangston am Hof in Nanjing abgeschreckt, der oft mit vermutlich wohlkalkulierter Willkür gepaart war. Es gelingt ihm, sich nach Fertigstellung der Dynastiegeschichte unter einem Vorwand zurückzuziehen. Während er, immer wieder von melancholischen Phasen für kurze Zeit aus der Bahn geworfen, sich von neuem an ein Leben ohne Ämter zu gewöhnen beginnt, wird ihm schon nach wenigen Jahren die enge Beziehung zu einem in Ungnade gefallenen hohen Beamten in Suzhou zum Verhängnis. Er wird verhaftet und bald darauf hingerichtet.

Die Dichtung Gao Qis ist ein gutes Beispiel für die Tendenzen, die die Poesie seiner eigenen Zeit und der späteren Epoche charakterisieren: Anstatt eigene poetische Formen zu entwickeln, ahmten die Autoren ältere Dichtung nach, insbesondere die Poesie der Tang-Blütezeit. Dies trug wesentlich zu der herausragenden Stellung bei, die die Poesie der Tang-Zeit heute innehat. Ein qingzeitlicher Kommentator behauptet sogar, viele Gedichte Gao Qis ließen sich unbemerkt in einer Sammlung von Gedichten Li Bos unterbringen. Gao Qi gelang es allerdings noch, die Imitation mit eigenem Leben zu füllen, vielleicht auch darum, weil für ihn das dichterische Element, das Transportieren von Emotionen mit sprachlichen Mitteln, über der philosophischen Diskussion in Gedichtform stand. Zwar finden seine Gedichte ihre Referenzen gleich denen der Dichter der mittleren und späteren Ming immer mehr in anderen Gedichten, doch diese Erscheinung sollte erst nach seinem Tod dazu führen, daß sich die Poesie formal und inhaltlich immer mehr in einer Art von selbstgesponnenem Netz verfing. Bei Gao Qi dienen diese Referenzen nicht als bloße Belegstellen zur Stützung der eigenen Position in dichtungstheoretischen Diskussionen, sondern bleiben meist in einem Spannungsverhältnis zu der nicht immer einfachen sozialen und politischen Situation, in der sie entstanden, und laden daher zu Reflexionen über die mögliche Rolle der Dichtung ein.

Imitation der Tang-Dichtung

Die Literatur, wenigstens die von der Literatenschicht produzierte, verharrte also zu Beginn der Ming-Dynastie in Wartestellung. Die Sichtung des Vorhandenen trat in vielen Bereichen an die Stelle der Kreativität. Währenddessen wurde das Land neu geordnet. Das Militär behielt bis zum Beginn des 15. Jh.s die Vorherrschaft, ein starres Gesellschaftssystem sorgte für die zum ökonomischen und vor allem landwirtschaftlichen Wiederaufbau notwendige straffe Organisation. Jede Familie wurde einer bestimmten Berufsgruppe zugeteilt, aus der zu wechseln nicht möglich war. Die zunehmende Anzahl von Tributgesandtschaften, die in der Hauptstadt Nanjing eintrafen, zeugte von der wachsenden internationalen Anerkennung der Dynastie. Die für die Entwicklung der Literatur jedoch folgenreichste Maßnahme bestand darin, daß gegen Ende der Herrschaft des Gründungskaisers der Ming-Dynastie die Bürokratie allmählich wieder das Heft in die Hand nehmen konnte. Bereits im Jahre 1384 wurde das in der Mongolenzeit ausgesetzte Prüfungssystem wieder eingeführt, wodurch das Klassikerstudium und der elegante schriftsprachliche Prosastil erneut an Bedeutung gewannen. Diese Entscheidung bahnte zugleich dem sogenannten achtgliedrigen Essay, *baguwen*, den Weg, in dem die Prüfungskandidaten sich bewähren mußten. Ziel eines jeden Prüfungsaufsatzes war die Demonstration breiter Kenntnisse der Klassiker inklusive der relevanten Kommentarliteratur sowie der Sprachbeherrschung der Kandidaten. Formale Kriterien überwogen hierbei zumindest vom Ansatz her die inhaltlichen Argumente der Darstellung. Auch wenn später die Form des *baguwen* immer wieder als abschreckendes Beispiel für das scheinbar sinnentleerte Wortgeklingel schriftsprachlicher Äußerungen diskreditiert wurde, muß man doch festhalten, daß er ursprünglich über ästhetische Qualitäten verfügte, die den vorgetragenen Argumenten eine eigene Kraft verliehen. Seine spezifische Struktur, der strikte Parallelstil und ein gelungenes Ausbalancieren von Spannungs- und Entspannungsmomenten prägten diese Aufsatzform. Sie strahlte zugleich auf andere literarische Genres aus, sie beeinflußte Gedichte und selbst erzählende Texte. Weil die *baguwen*-Form allerdings bis zum Überdruß immer wieder durchexerziert wurde und durch die starren Regeln, insbesondere was die Auswahl der zu zitierenden Texte betraf, in keiner Weise auf gesellschaftliche Veränderungen reagieren konnte, erscheint die spätere radikale Kritik gleichermaßen berechtigt.

Achtgliedriger Essay (baguwen)

Maritime Expeditionen

Aus dem Bereich der politischen Geschichte der frühen Ming-Zeit sind schließlich noch die großen maritimen Expeditionen unter der Leitung des moslemischen Eunuchen Zheng He in den Jahren 1405 bis 1431 zu erwähnen. Sie setzten in großem Stil und auf staatlicher Ebene die vielfältigen Handelsbeziehungen fort, die China schon seit Jahrhunderten mit seinen nahen und fernen Nachbarn in Süd- und Südostasien gepflegt hatte, und drangen in verschiedenen Etappen bis an die Ostküste Afrikas vor. Diese Expeditionen hatten nicht nur politische und wirtschaftliche Bedeutung, sie waren auch Ausgangspunkt und Inspiration einer Reihe literarischer Werke. Neben teils stark allegorisch gefärbten Reiseberichten, die wertvolle Quellen für die Untersuchung des damaligen chinesischen Weltbildes darstellen, fanden sie kaum mehr als hundert Jahre später in mehreren Dramen sowie einem Roman ihren Niederschlag.

Erzählliteratur und Theater zu Beginn der Ming-Zeit

Schriftsprachliche Erzählliteratur

Daß die Gebildeten der neuen Dynastie durchaus kritisch gegenüberstanden, zeigt sich auch in der zeitgenössischen Erzählliteratur klassischer Sprache, deren Leserkreis ja in jedem Fall auf diejenigen beschränkt blieb, die einige literarische Bildung besaßen. Im späten 14. und frühen 15. Jh. war die diesen Kreisen angemessene Form, erzählerisch Stellung zu beziehen, noch die als *chuanqi* bezeichnete literarische Kurzform, die aus Sammlungen wie dem *Taiping guang ji* bekannt ist. Die größte Verbreitung und den höchsten Bekanntheitsgrad mingzeitlicher *chuanqi* erlangte die von Qu You (1341–1427) kompilierte Sammlung *Jiandeng xinhua* (Neue Gespräche beim Zurechtschneiden des Lampendochtes, 1378). Das Werk wurde allerdings im Jahr 1442 auf den Index gesetzt, weil ihm vorgeworfen wurde, Studenten und Gelehrte vom rechten Pfad des Klassikerstudiums abgebracht zu haben. Qu You war eine Zeitlang als Sekretär eines der Söhne des ersten Kaisers beschäftigt, hatte jedoch keine offiziellen Ämter inne und wurde aus nicht ganz geklärten Gründen während der Herrschaft des dritten Ming-Kaisers (1403–1424), der unter der Devise Yongle regierte, für mehrere Jahre verbannt. Die Texte der Sammlung greifen bekannte *chuanqi*-Motive auf, vor allem Begegnungen mit guten oder bösen Totengeistern, die zum Teil mit buddhistischen Wiedergeburtsgeschichten, zum Teil mit daoistischen Geisterbeschwörungen verknüpft sind. Darüber hinaus finden sich einige romantische Liebesgeschichten. Die Beliebtheit des Motivs glücklicher, aber auch unglücklicher romantischer Liebe, das die Erzählliteratur bis in das 20. Jh. durchzieht, ist hier wie bei seiner späteren Verwendung in den umgangssprachlichen Liebesgeschichten der Ming- und der Qing-Zeit immer vor dem Hintergrund der gesellschaftlichen Realität zu sehen, in der aus finanziellen oder sozialen Gründen arrangierte Heiraten die Regel bildeten. Romantischer Liebe, zumal solcher mit glücklichem Ausgang, haftete so immer etwas Subversives an, muß das junge Paar sein Glück doch meist gegen den Willen der älteren Generation durchsetzen. Dieses schon in früheren Texten häufige Motiv und vor allem seine Variationen wurden zudem später von Autoren umgangssprachlicher Erzählungen auf oft äußerst sublime Art eingesetzt, um moralische Konventionen zu hinterfragen. Viele Charaktere aus den *Neuen Gesprächen beim Zurechtschneiden des Lampendochtes* lassen sich etablierten Typen wie dem armen Gelehrten etc. zuordnen, andererseits tritt auch eine Reihe von Figuren auf,

Charaktere und Typen

die einem eher bürgerlichen Milieu angehören, also etwa Kaufleute. Ein typisches Phänomen der Sammlung ist es, daß viele Geschichten vor dem

Hintergrund des Wechsels von der Yuan- zur Ming-Dynastie spielen, dabei aber keinesfalls das Heraufkommen einer neuen, glorreichen Epoche beschwören, sondern das Chaotische und Unsichere der Zeit klar hervortreten lassen.

In formaler Hinsicht unterscheiden sich die Texte von den früheren und späteren schriftsprachlichen Erzähltexten darin, daß sie von vielen Gedichten, oft stilisierte Volkslieder, durchsetzt sind. Deren Sprache ist bewußt anspruchsvoll und auch anspielungsreich gehalten, so daß die Lektüre von der Spannung zwischen populären Inhalten, scheinbar einfachen und schlichten Ausdrucksformen sowie komplexen und vielschichtigen Passagen lebt. Das Element des Spiels mit den in der Schriftsprache möglichen Formen verstärkt sich in einer Nachahmung der Sammlung, die den Titel *Jiandeng yuhua* (Weitere Gespräche beim Zurechtschneiden des Lampendochtes, 1420) trug. Ihr Verfasser, Li Changqi (1376–1452), machte im Gegensatz zu Qu You eine offizielle Karriere, und wenngleich auch diese nicht ganz frei von Rückschlägen blieb, mag hierin doch eine Erklärung dafür liegen, daß in seiner Sammlung die sozialkritischen Elemente gegenüber der manchmal ein wenig inhaltslos wirkenden Demonstration von Sprachfertigkeit zurücktreten.

Neben der schriftsprachlichen Erzählliteratur entwickelten sich gleichzeitig neue Formen der schriftlich fixierten Erzählliteratur in Umgangssprache. Ferner kamen noch verschiedene Formen von Geschichten hinzu, die zu den unterschiedlichsten Gelegenheiten von professionellen Erzählern auf öffentlichen Plätzen, bei Hof oder in privatem Rahmen mündlich vorgetragen wurden. Man sieht also, daß seit der Tang-Zeit, spätestens aber seit der Song-Zeit, drei Traditionslinien parallel zueinander verliefen, sich immer wieder berührten und gegenseitig beeinflußten: Erzählliteratur in Schriftsprache, Erzählliteratur in Umgangssprache sowie mündlich vorgetragene Literatur.

Drei Traditionslinien der Erzählliteratur

Schriftsprache und Umgangssprache

Zur Entwicklung der Erzählliteratur sind zwei Dinge grundsätzlich festzuhalten: Erstens, daß der Übergang zwischen Schrift- und Umgangssprache in vielen Fällen fließend war und sich in ein und demselben Text oft beide Varianten nebeneinander finden. Verschiedenen Charakteren wird z. B. ein jeweils entsprechender Sprachstil in den Mund gelegt, neben beschreibenden Passagen in Umgangssprache finden sich schriftsprachliche Gedichte, auch wird oft ein umgangssprachlicher Text von schriftsprachlichen Vor- oder Nachworten eingerahmt. Zweitens tritt bei Literatur in Umgangssprache die heute oft nicht mehr eindeutig zu beantwortende Frage auf, ob sie zur Lektüre oder zum Vorlesen geschrieben wurde. Mutmaßungen darüber, ebenso wie über die genaue Form der gegenseitigen Beeinflussung der einzelnen Formen von Erzählliteratur, sind spekulativ, bleibt doch der genaue Entstehungsprozeß vieler Texte häufig unklar. Gerade für die Zeit des späten 14. und frühen bis mittleren 15. Jh.s bleiben einige Fragen offen. Erst für das 16. Jh., mit dem eine Blütezeit der chinesischen Erzählliteratur anhebt, lassen sich eindeutige Aussagen treffen. Über das jeweilige Zielpublikum sind, abgesehen von der Erzählliteratur in Schriftsprache, für die Frühphase der Ming-Zeit gleichfalls nur Vermutungen möglich. Klare Feststellungen, die etwa alle umgangssprachlichen Texte als populäre Literatur bezeichnen, die vom breiten Volk rezipiert wurde, sind vor diesem Hintergrund jedoch sicher falsch.

Geht man davon aus, daß sich etwa im 16. Jh. die (schriftlich fixierte) Erzählliteratur in Umgangssprache als eine eigenständige Kunstform unter Gebildeten etablierte, in der viele der spezifischen Probleme dieser Schicht ihren Ausdruck finden, kann die davor liegende Zeit gewissermaßen als Phase der Vorbereitung interpretiert werden. Diese Hypothese wird durch die meist komplizierte Textgeschichte der bekannteren erzählenden Texte aus der späten und mittleren Ming-Zeit bestätigt. Ein Großteil der später von der Literatenschicht in umgangssprachlicher Schriftform gefaßten Stoffe und Themen existierte nämlich schon lange Zeit vor ihrer schriftlichen Fassung als Roman oder umgangssprachliche Erzählung. Unter diesen Vorformen sind besonders die sogenannten *pinghua* oder »einfachen Geschichten« zu erwähnen, die aus dem Zeitraum zwischen dem mittleren 12. und dem frühen 14. Jh. stammen, aber noch zu Beginn der Ming-Zeit kursierten und ursprünglich als Lesetexte für Personen mit eher durchschnittlichen Schrift- und Literaturkenntnissen konzipiert waren. *Pinghua* sind mehr oder weniger geordnete Kompilationen unterschiedlicher Texte zu einem Thema, geschrieben in einem Mischstil teils holpriger Umgangssprache und wenig raffinierter Schriftsprache. Da sie hauptsächlich historische Stoffe behandeln, lassen sie sich vielleicht am ehesten als handliche und vereinfachte Versionen der offiziellen Dynastiegeschichten bezeichnen. Zudem reichern sie ihre Informationen gerne mit Notizen über Privates an. So konnte das song- oder yuanzeitliche *Xuanhe yishi* (Vergangene Ereignisse aus der Regierungsperiode Xuanhe), das den Fall der Nördlichen Song-Dynastie schildert, neben historisch relevanten Ereignissen auch die Affäre des Kaisers Huizong mit einer Sängerin thematisieren und dadurch die Neugier und die Lust an Gerüchten und Anekdoten befriedigen. Interessant ist der Text ferner deshalb, weil er erstmals jene Räuber- beziehungsweise Rebellengeschichte erwähnt, die später die Grundlage des *Shuihu zhuan* (Bericht aus den Sumpfgebieten) bilden sollte, jenes Romans, der im deutschen Sprachraum unter dem Titel seiner Übersetzung durch Franz Kuhn als *Die Räuber vom Liangshan-Moor* bekannt geworden ist. Neben den historisch orientierten *pinghua* findet sich als einer der frühesten Texte zudem ein Bericht von der Reise des Mönches Xuanzang aus der Tang-Zeit, der buddhistische Schriften aus Indien nach China brachte. Dieses *pinghua* gilt als eine der Quellen des später noch vorzustellenden Romans *Xiyou ji* (Bericht von der Reise in den Westen).

Vorläufer späterer Romane

Dieselben Stoffe, dazu noch die vor allem in den kurzen Formen der Erzählliteratur häufig anzutreffenden Geister- und Räubergeschichten, fanden sich natürlich im Repertoire der Geschichtenerzähler, aus deren Abwandlungen und Variationen später vielleicht wieder Teile in die schriftlich fixierten und damit bis heute überprüfbaren Texte eingegangen sein mögen. Immer wieder ist zu lesen, daß die erhaltenen frühen umgangssprachlichen Texte, im besonderen die *pinghua*, als eine Art Handbücher für die Geschichtenerzähler dienten. Dies ist jedoch schon deswegen unwahrscheinlich, weil diese Erzähler oft blind waren. Und wenn andere Geschichtenerzähler Texte zur Hilfe nahmen, waren diese doch eher in Schriftsprache gefaßt und enthielten neben Gedächtnisstützen vor allem noch Gedichte für spezielle Erzählanlässe. Anzumerken ist ferner, daß die Erzähler selbstverständlich auch nach der schriftlichen Fixierung und der damit einhergehenden, oft nicht unbeträchtlichen Abwandlung der populären Erzählungen durch Angehörige der Literatenschicht fortfuhren, die Stoffe auf ihre je spezifische Weise vorzutragen. Manche Traditionslinien reichen dabei bis in das 20. Jh. hinein. Tatsächliche Aufzeichnungen dieser Vorträge sind jedoch erst aus dem 19. Jh. erhalten.

Eine weitere aus der frühen Ming-Zeit erhaltene Textform sind *cihua*, das sind erzählende Texte mit langen gereimten Passagen, auf die vielleicht am ehesten der westliche Terminus Ballade passen könnte. Sie waren zur Lektüre gedacht oder wurden im privaten Kreis rezitiert, gerne unter Frauen. Die einfache Form, eine mehr oder minder monotone Abfolge von Versen mit sieben Zeichen, deutet darauf hin, daß die *cihua* aus den Vorträgen der Geschichtenerzähler entstanden oder zumindest versuchten, den Singsang, der eine Form der Vortragskunst war, zu imitieren. Auf den engen Zusammenhang zu den Geschichtenerzählern weisen zudem spätere Varianten dieser Balladenromane hin, etwa die in der zweiten Hälfte der Qing-Dynastie populär gewordende Form *tanci*.

Theater in der Ming-Zeit

Ähnlich komplex ist die Situation des Dramas der frühen Ming-Zeit. Hatte bis zum Ende der Yuan die (nördliche) Form des *zaju* eine zentrale Stellung eingenommen, setzte sich schon zu Beginn der Ming ein Trend zur (südlichen) Form des *chuanqi* fort, der sich mit dem Erfolg des Stückes *Pipa ji* (Der Bericht von der Laute) bereits in der Zeit des Übergangs von der Yuan- in die Ming-Dynastie angedeutet hatte. Mit dem Ende der Mongolenherrschaft war für viele Literaten ein wichtiger Antrieb für das Verfassen von populären Theaterstücken verschwunden, hatte ihnen dieses doch Gelegenheit geboten, ihren Lebensunterhalt zu finanzieren, solange es im Staatsdienst keine Verwendung für sie gab oder sie eine Zusammenarbeit mit den Fremdherrschern verweigerten. Die Neuordnung der Herrschaft, insbesondere die Wiedereinführung des Prüfungssystems, eröffnete vielen Gebildeten letztlich doch interessantere Chancen als die Aussicht auf ein Leben als Dramenautor. Das Theaterwesen wurde zudem gleich zu Beginn der Ming strengen Regeln unterworfen, die z. B. die Zugehörigkeit zur Gruppe der Schauspieler regelten. In Übereinstimmung mit dem auch für andere Gruppen geltenden Kastensystem war Schauspielern theoretisch jeglicher gesellschaftliche Aufstieg versagt, und sie mußten ihrer niedrigen sozialen Stellung z. B. durch entsprechende Kopfbedeckungen Ausdruck geben. Anderen Bevölkerungsgruppen waren geächtete Tätigkeiten wie öffentliches Singen oder Musizieren verboten. So ist der Fall des Sohnes eines Offiziers dokumentiert, dem man, weil er öffentlich Flöte gespielt hatte, Nasenspitze und Unterlippe abschnitt.

Stellung der Schauspieler

Weitere Regeln betrafen die Aufführungspraxis sowie die Stücke selbst, in denen die Darstellung des Kaisers und seiner Familie, aber auch die Darstellung von Beamten und daoistischen oder buddhistischen Heiligen nicht mehr gestattet wurde. Daß nicht alle diese Gesetze die gesamte Ming-Zeit hindurch strikte Anwendung fanden, zeigt die immer stärkere Differenzierung des Theaterwesens in Hoftheater, Privattheater und öffentliche Aufführungen durch Schauspieltrupps. Während dem Hoftheater eine eher zeremonielle Funktion zukam und der offizielle Rahmen wenig kreative Freiheit ließ, waren die öffentlichen Vorführungen der Schauspieltrupps, die meist auf Tempelbühnen in den Dörfern stattfanden, stark regional geprägt. Ihre Entwicklung ist bis heute nur in Ansätzen untersucht. In den Mittelpunkt des Interesses, sowohl was Aufführungspraxis als auch was literarische Aspekte der einzelnen Dramen betrifft, rücken so die hauptsächlich in privaten Theatern der reichen Oberschicht dargebotenen Stücke. Diese Form des Theaters löste sich immer aus den populären Zusammenhängen und wurde bis zum Ende der Ming-Dynastie – ganz ähnlich wie Teile der Erzählliteratur in Umgangssprache – zum differenzierten Ausdrucksmittel der Probleme, die die Literatenschicht beschäftigten.

Politischer Niedergang und literarische Blüte

Stagnation und Dynamik einer Gesellschaft

Was war nun die Basis, auf der die Literaten mit einem Mal ganz neue literarische Formen suchten, um die eigene Situation zu reflektieren? Welche Fragen bewegten die schreibenden und die lesenden Menschen? Auf welcher Grundlage standen die starken sozialen Veränderungen, die sich im 15. Jh. abzuzeichnen begannen und sich im folgenden Jahrhundert schließlich durchsetzten?

Ausbau der Bürokratie, Autorität des Kaisers

Wie erwähnt, hatte nach einer Phase der Machtkonzentration in der Zentrale unter den ersten Kaisern der Ming die Bürokratie ihre Stellung langsam wieder ausgebaut: Ein relativ starres, aber wohl ausbalanciertes Verwaltungssystem konnte sich etablieren. Der Kaiser selbst besetzte zwar immer die zentrale Position, war in seinen konkreten Entscheidungsmöglichkeiten letztlich aber stark eingeschränkt, und bis zum Ende der Ming-Zeit mußte er sich mit einer zunehmend symbolischen Funktion begnügen: Ohne ihn konnte der Staatsapparat nicht in Gang gehalten werden, doch sollte er nach Ansicht der hohen Beamten möglichst wenig in die Staatsmaschinerie eingreifen; die absolute Macht des Kaisers wurde von den Beamten nur als eine unpersönliche, abstrakte Größe akzeptiert. Etwas überspitzt ausgedrückt, bestand das einzige Mittel der Kaiser, Regierungshandeln zu beeinflussen, darin, die ihnen vorgelegten Edikte durch das Aufstempeln ihres Siegels offiziell zur Kenntnis zu nehmen und damit in Kraft zu setzen, oder dies zu unterlassen. In der Tat verfielen einige Kaiser in eine Art Blockadehaltung, in der sie Audienzen und Unterschriften verweigerten. Einen Höhepunkt erreichte diese politische Stagnation auf höchster Ebene schließlich während der Regierungszeit des Wanli-Kaisers (reg. 1573–1620).

Wirtschaftliche Dynamik

Diese bisweilen bizarr anmutende politische Situation ging mit dynamischen wirtschaftlichen und gesellschaftlichen Entwicklungen einher, die kaum gesteuert werden konnten. Die Beamtenschaft sah diese Veränderungen zum Teil nicht nur mit Wohlwollen, da sich mit ihnen doch die Grundlagen des auf einer autarken Landwirtschaft beruhenden und vom Gründungskaiser der Ming eingeführten Systems immer mehr auflösten. Zum Teil wußte die Verwaltung die neu entstehenden Profitmöglichkeiten aber auch zum eigenen Vorteil zu nutzen. Die Gründe für den Aufschwung von Wirtschaft und Handel sind vielfältig. Zum einen knüpfte man an die bestehenden Tendenzen früherer Zeiten an, die durch die Wirren des Übergangs zur Ming-Dynastie nur unterbrochen worden waren, die politische Stabilisierung sowie die Wiederherstellung und der Ausbau der Infrastruktur taten ein übriges.

In der zweiten Hälfte des 16. Jh.s kam ein weiterer entscheidender Faktor hinzu, als das, was sich 1515 mit dem ersten Auftauchen der Portugiesen in Südchina angedeutet hatte, im Kontakt und vor allem im Handel mit der spanischen Kolonie auf den Philippinen seine logische Fortsetzung fand. Über die Verbindungsstelle Manila begannen nun immer größere Mengen südamerikanischen Silbers nach China zu fließen, was zwar eine leichte Inflation zur Folge hatte, durch die Vergrößerung der Geldmenge aber zugleich den innerchinesischen Handel und die Produktion vor allem von Konsumgütern anregte. Die Bevölkerung wuchs stark an, verdoppelte sich bis zum Ende der Ming sogar, neue Märkte entstanden.

Aber nicht nur Waren zirkulierten in immer größerem Umfang, auch Wissen und Wissensträger, also Bücher, fanden immer mehr Abnehmer. Im Zusammenhang damit erlebte die seit der Song-Dynastie perfektionierte Holzdrucktechnik einen neuen Aufschwung. Die reich illustrierten Luxusausgaben der Ming-Zeit zählen zu den schönsten Produkten der chinesischen Buchkunst überhaupt. Zusätzlich zu den staatlichen Druckereien etablierten sich nun in fast allen städtischen Zentren private, kommerzielle Verlage und Druckhäuser, die die Nachfrage nach Lesebüchern für Anfänger, nach Sammlungen mit *baguwen*-Aufsätzen zur Prüfungsvorbereitung und eben auch nach solchen Texten, die hier im engeren Sinne als Literatur bezeichnet werden, zu stillen versuchten. Besonders viele Druckereien fanden sich in der Jiangnan-Region und im Gebiet der heutigen Provinz Fujian. Bei Werken, von denen man sich kommerziellen Erfolg versprach, zögerte man zudem schon damals nicht, Raubdrucke zu produzieren. Dies führte bisweilen zu heftigen Protesten der Autoren, von denen einige bereits vom Verkauf ihrer Bücher zu leben begannen. Trotz allem blieben Bücher auch in der mittleren und späten Ming-Zeit noch ein Luxusprodukt, und auch die Produktion von kleinformatigen Billigausgaben änderte zunächst nicht viel daran.

Buchkunst

Daß Schriftkenntnisse und somit Wissen jeder Art seit der Mitte der Ming-Zeit in immer breitere Schichten vordrangen, läßt sich nicht bestreiten. Die gesellschaftlichen Veränderungen brachten zugleich neue Möglichkeiten mit sich, Anerkennung und Auskommen zu finden. Und selbst wenn die Beamtenkarriere der Königsweg zum Erfolg blieb, stand denen, die auf diesem Weg scheiterten oder ihn gar nicht erst zu beschreiten versuchten, ein breiteres Spektrum Alternativen offen als je zuvor. Angesichts der sich verstärkenden Fragmentierung der Gesellschaft wuchs dem einzelnen eine um so stärkere Position zu. Zwar wurden die moralischen Prinzipien der Gesellschaft nicht grundlegend in Frage gestellt, doch der soziale Wandel in der primären Trägerschicht dieser Moral, also der Gentry, d. h. den lokalen Eliten, brachte neue Ideen und neue Fragen hervor. Darauf deutet unter anderem die große Beliebtheit von Moraltraktaten unterschiedlichster Art hin, den sogenannten *shanshu*, die einen nicht zu vernachlässigenden Anteil an den Druckerzeugnissen der Zeit hatten. Sie lassen sich als Antwort auf das weitverbreitete Bedürfnis des einzelnen nach moralischer Orientierungshilfe interpretieren.

Fragmentierung der Gesellschaft

In diesem Zusammenhang ist es bemerkenswert, daß mit Wang Shouren (1472–1529) der prägende Denker der Zeit ein für chinesische Verhältnisse extrem individualistisches Menschenbild formulierte. Eine seiner zentralen Thesen lautete, daß sich der rechte Weg, *dao*, ganz über die eigene Natur, den eigenen Geist erkennen lasse, ja daß es sogar falsch sei, das Strukturprinzip der Welt, *li*, außerhalb des eigenen Selbst zu suchen. Sehr eng mit diesen Überlegungen verbunden sind im Denken Wangs und seiner Schüler das Problem der moralischen und ästhetischen Kultivierung des Selbst sowie die Frage nach den Möglichkeiten, dieses abstrakte, isolierte Selbst in seinem konkreten physischen und sozialen Zusammenhang zu realisieren. Auch chan-buddhistische Einflüsse, die die Möglichkeit der plötzlichen Erkenntnis dieser grundlegenden Prinzipien betreffen, kommen in Wangs Denken zur Geltung. Man kann sein Denken als Ausdruck der Suche der Gelehrten nach Orientierung und neuer Identität in einer Epoche des Wandels deuten.

Betonung des Individuums

Rückkehr zum Eigentlichen oder Verkümmerung des poetischen Potentials?

Li Mengyang

Zu den Bekannten Wang Shourens zählte Li Mengyang (1475–1529), der eine führende Rolle in der zeitgenössischen Dichtung und der dichtungstheoretischen Diskussion einnahm. Zusammen mit einigen Freunden, die alle während der Hongzhi-Periode (1488–1505) die oberste Staatsprüfung absolvierten, zählt Li zu den »Früheren Sieben Meistern«. Allerdings ist die klare Zuordnung zu bestimmten Schulen oder Positionen mit Vorsicht zu genießen, ist sie doch eher das Produkt späterer Vereinfachungen und vernachlässigt zudem die rhetorischen, politischen oder sozialen Zusammenhänge, in denen einzelne Aussagen entstanden. Gerade das heutige Bild der Dichtung der mittleren Ming-Zeit – und in dieser Phase entstand unter dem Eindruck einer angeregten theoretischen Diskussion eine enorme Anzahl von Gedichten – sowie des Stellenwertes der Früheren und Späteren Sieben Meister ist stark von der in der Umbruchszeit zwischen der Ming- und der Qing-Dynastie einsetzenden Kritik an der von diesen Meistern getragenen archaistischen Bewegung geprägt. Vergleichbar ist dieses Phänomen ironischerweise vielleicht nur mit dem Maß, in dem diese Bewegung selbst wiederum die bis heute gültige Vorstellung von der Blüte der chinesischen Dichtung in der Tang-Zeit zu festigen half.

Frühere Sieben Meister

Li Mengyang stammte aus der kulturell eher abgelegenen Provinz Shaanxi und konnte sich nicht auf eine im gesellschaftlichen Leben der Hauptstadt etablierte Familie stützen. Als Neuankömmling in der politischen Szene machte er mit seinen pointiert vorgebrachten Thesen gleichwohl bald Furore. Schnell nahm er eine zentrale Position in der literarischen Diskussion ein und stand mit He Jingming (1483–1521), dem zweiten prominenten Mitglied der Früheren Sieben Meister, bald an der Spitze einer Bewegung, die sich dem »Wiederherstellen des Alten« (*fugu*) verschrieb und damit eine Parole aufnahm, die bereits Jahrhunderte früher favorisiert worden war: Li Mengyang griff die Tendenzen zur immer stärkeren Rückbesinnung auf bereits bestehende poetische Modelle auf, die schon am Beispiel der Dichtung Gao Qis erkennbar geworden waren. Ein wichtiger Ausgangspunkt dafür war das *Tang shi pinhui* (Eine bewertete Anthologie der Tang-Dichtung) des Gao Bing (1350–1423) aus dem späten 14. Jh., in dem mehr als 5000 Gedichte vorgestellt, klassifiziert und verschiedenen Perioden zugeordnet werden. Hier wurde zum ersten Mal die Dichtung der Tang-Blütezeit als Höhepunkt chinesischer Dichtkunst herausgehoben. Li Mengyang entwickelte diese Ansicht weiter und verschaffte ihr die notwendige Anerkennung: »Die Dichtung muß sich an den Vorbildern der Tang-Blütezeit orientieren«, lautete angeblich eine seiner klaren Direktiven. Prosaliteratur schloß er gleichfalls in seine Überlegungen mit ein und forderte, »die Prosa muß den Vorbildern der Qin- und Han-Zeit folgen«, d.h. vor allem das *Shiji* sowie, mit kleinen Einschränkungen, das *Zhanguo ce* wurden als stilistische Modelle akzeptiert.

Doch was im Ergebnis zu einer großen Menge mehr oder weniger schlechter Imitationen der Gedichte eines Du Fu oder Li Bo führte, hatte seinen Ursprung durchaus in feinem Empfinden für die literarische Qualität und die emotionale Intensität der Tang-Dichtung, deren Vorzüge Li Mengyang mit Hilfe dieser recht einseitigen Aussagen hervorzuheben versuchte. Dichtung, in der philosophische Argumente vorgetragen wurden, lehnte er ab und distanzierte sich damit vor allem von der songzeitlichen Lyrik. Er betonte vielmehr, daß Poesie einen direkten Zugang zu den Sinnen finden müsse. Hier wird klar, daß sich hinter der scheinbar so konservativen Position tatsächlich ein Erneuerungsansatz verbarg. Allerdings tritt an diesem Punkt gleichermaßen das zentrale Problem der Vorstellungen Li Mengyangs und seines Kreises deutlich hervor, denn eine frische, intensive und sinnliche Dichtung ließ sich eben gerade nicht durch die Wiederholung bekannter Motive und sprachlicher Formen erreichen, auch wenn diese Modelle als Inbegriff der spontanen und universellen Kraft der Lyrik interpretiert wurden.

Lis Zugang zur Literatur war auf der einen Seite direkt und einfach und ließ ihn eine zu starke Verfeinerung von Bildsprache und Form ablehnen. Auf der anderen Seite geht aus seinen theoretischen Schriften, vor allem aus Briefen an He Jingming, klar hervor, daß er der Literatur an sich eine außerordentliche Stellung einräumte. Als spezifisch menschliche Aktivität schien sie ihm am besten geeignet, die grundlegenden Prinzipien menschlicher Existenz zu erkunden und zu spiegeln. Hier berühren sich seine Vorstellungen mit denen Wang Shourens, der ja ebenfalls existentiellen Erfahrungen nachzuspüren versuchte. Wang richtete seinen Blick allerdings noch mehr nach innen, während Li die durch äußere sinnliche Wahrnehmungen hervorgerufene Empfindung auch als Möglichkeit betrachtet, über die daraus entstehende Dichtung zu den Grundprinzipien vorzudringen. Zwar war die Idee von der herausgehobenen Stellung der Literatur unter den menschlichen Aktivitäten schon in früheren Jahrhunderten vertreten worden – in der Epoche der Drei Reiche etwa von Cao Pi –, doch wurde sie hier zum ersten Mal in dieser Schärfe formuliert. Die Tendenz zu einer wachsenden Emanzipation der Literatur zeichnet sich so schon deutlich ab.

Emanzipation der Literatur

Einige Jahrzehnte nach den Früheren Sieben Meistern traten erneut sieben Dichter auf, die in der Literaturgeschichtsschreibung als die Späteren Sieben Meister bezeichnet werden. Ähnlich wie ihre Vorläufer, wirkten auch sie weniger durch ihre Gedichte selbst als durch ihre theoretischen Überlegungen, die häufig in der Kompilation von Anthologien ihren Niederschlag fanden. Wie die Früheren Sieben Meister, so waren die Mitglieder der um die beiden Freunde Li Panlong (1514–70) und Wang Shizhen (1526–90) zentrierten jüngeren Gruppe ebenfalls erfolgreiche junge Gelehrte, die Führungsrollen im literarischen und politischen Leben ihrer Zeit einnahmen. Und ebenso wie den Älteren, so läßt sich der Dichtung der Jüngeren der Vorwurf des bloßen Formalismus machen. In seinen späten Jahren schrieb Li Panlong sogar eine Reihe Gedichtimitationen, die sich explizit an Vorbildern vor allem aus der Han- und Wei-Zeit orientieren; er versuchte damit, zu den Wurzeln der chinesischen Poesie zurückzukehren. Wang Shizhen gab bei Betrachtung dieser Gedichte seiner Bewunderung für die Fähigkeit des Freundes Ausdruck, seine eigene Sprache so zu verwenden, als entstammte sie alten Vorbildern, beziehungsweise die Sprache dieser Vorbilder ohne Schwierigkeiten zum Schreiben eigener Gedichte zu benutzen. Das Verfassen eines Gedichtes ähnelt nach diesen Vorstellungen Wangs dabei jedoch eher der Interpretation eines bereits existierenden Musikstückes als einem schöpferischen Akt. Daher ist es nicht verwunderlich, wenn Tu Long, ein Bekannter Wang Shizhens aus dessen späterer Zeit, klagte: »Liest man eines ihrer Gedichte, kommen die Farben des Altertums zu voller Prachtentfaltung, doch liest man sie ständig, findet man darin nur Schablonen und leere Phrasen.«

Spätere Sieben Meister

Vorwurf des Formalismus

Im übrigen ist jedoch davor zu warnen, aus der scheinbar eindeutigen Zuordnung eines Dichters in eine Dichtergruppe wie die Früheren oder die

Späteren Sieben Meister zu schließen, daß die jeweils so Bezeichneten keine individuellen Eigenheiten gehabt oder sich ihr Leben lang zu ein- und denselben Auffassungen bekannt hätten. Ein Beispiel dafür ist Wang Shizhen, dem nachgesagt wird, er habe sich im Alter wieder der Dichtung eines Su Shi zugewandt, und der außerdem als ein möglicher Autor des Romans *Jin Ping Mei* (Pflaumenblüten in einer goldenen Vase) gilt. So wenig wahrscheinlich diese spezifische These zwar sein mag, ist doch interessant festzuhalten, daß viele der Dichter, die der archaistischen Bewegung zugeordnet werden, enge Kontakte zu den Dramen- und vermutlich auch Romanautoren der Epoche hatten, die die geistigen Strömungen des 16. Jh.s auf sehr viel individuellere und neuartigere Weise aufgriffen und literarisch verarbeiteten.

Vier wundersame Bücher

Sprache der Volksliteratur

Bis zum Beginn der Ming-Dynastie hatten sich verschiedene Formen von Erzählliteratur herausgebildet, die sich an ein jeweils spezifisches Publikum richteten und sich auf je eigene Art und Weise an ihre Leser oder Zuhörer wandten. In der chinesischen Literaturgeschichtsschreibung wurde und wird viel darüber diskutiert, ob sich diese Gattungen, insbesondere natürlich diejenigen unter ihnen, die sich der Umgangssprache bedienen, als Volksliteratur bezeichnen und als Gegentradition zu der von den Literaten dominierten Literatur interpretieren lassen. Besonders in den ersten Jahrzehnten des 20. Jh.s spielten diese Fragen in China im Zusammenhang mit der Diskussion um die Durchsetzung der standardisierten Umgangssprache (*baihua*) eine große Rolle. In der Volksrepublik China wurden zudem lange Zeit die Wurzeln der Erzählliteratur im Volk besonders hervorgehoben, ohne daß der Begriff Volk näher definiert worden wäre. Daß ihre Wurzeln dort liegen und daß die Erzählliteratur – im übrigen auch die Erzählliteratur in Schriftsprache, wie das Beispiel des *Jiandeng xinhua* (Neue Gespräche beim Zurechtschneiden des Lampendochtes) gezeigt hat – auf höchster offizieller Ebene nie besonders angesehen war, läßt sich nicht bestreiten, allerdings war sie fast immer Bestandteil des inoffiziellen Kanons und sorgte auch in der Literatenschicht für Gesprächsstoff.

Roman

Im Laufe des 16. Jh.s erhielt die chinesische Erzählliteratur eine neue Dimension, die ihre Stellung innerhalb des gesamten literarischen Feldes stark veränderte: Damals tauchte nämlich eine Reihe von Erzählwerken auf, deren Grundintentionen der westlichen Vorstellung von einem Roman recht nahe kommen, wenn sie auch nach Form und Inhalt mit westlichen Romanen kaum vergleichbar sind. Diese Texte kann man in vieler Hinsicht als literarischen Ausdruck der Suche der Gelehrtenschicht nach Neubestimmung ihrer sozialen und vor allem geistigen Position deuten. Sie nehmen damit eine ähnlich prominente Stellung ein wie der bürgerliche Roman im Westen. Zugleich bleiben die herausragenden unter ihnen immer für mehrere Interpretationen offen, und auch das ist ein Aspekt, der in besonderem Maße ihren Reiz und ihre Qualität ausmacht. Obwohl sie in weiten Teilen im besten Sinne unterhaltsam sind, obwohl sie ferner, abgesehen von einigen eingestreuten Gedichten und Sentenzen, in einem der Umgangssprache nahestehenden Idiom geschrieben wurden, obwohl sie schließlich über weite Strecken populäre Vorlagen und Stoffe verarbeiteten und bekannt machten, muß doch betont werden, daß sie eben keinesfalls populäre Literatur oder gar Volksliteratur darstellen. Und auch dadurch, daß über die Autoren dieser Romane oft nur Vermutungen möglich sind und zumindest einige Texte sicher keine individuellen Schöpfungen darstellen, lassen sie sich nicht als Volksliteratur charakterisieren. Vielmehr ergeben eine genaue Lektüre der einzelnen Texte sowie der Vergleich unterschiedlicher Editionen, daß sie tatsächlich »geschaffen« wurden und Spuren individueller Gestaltung tragen. Bei großen Teilen der Erzählliteratur aus dem 16. Jh. äußert sich dies vor allem durch feine, aber bewußte Veränderungen in der Erzählstruktur oder geschickte Manipulationen der Erzählhaltung, die die unterschiedlichen, zum Teil unbekannten »Herausgeber-Autoren« an einer bereits bestehenden Stoffsammlung vornahmen. Die Texte sind im Unterschied zu ihren Vorläufern keinesfalls das mehr oder minder zufällige Ergebnis einer Anhäufung verschiedener Episoden mit einem ähnlichen Grundthema, sondern tragen alle deutlich sichtbare Spuren einer oder mehrerer ordnender und strukturierender Hände.

Herausgeber-Autoren

Insbesondere vier Romane sind zu nennen: das *Sanguozhi yanyi* (Die ausführliche und erläuterte Geschichte der Drei Reiche), das *Shuihu zhuan* (Bericht aus den Sumpfgebieten), das *Xiyou ji* (Die Reise in den Westen) und das bereits erwähnte *Jin Ping Mei* (Pflaumenblüten in einer goldenen Vase). Schon bald nach ihrem Auftauchen faßte man diese Werke unter den Begriff *si da qishu,* »Vier große wundersame Bücher«. Der hohe Stellenwert dieser Texte ist unbestritten; jeder von ihnen gab der Erzählliteratur Chinas entscheidende Impulse oder nahm bestehende Tendenzen in kongenialer Form auf. Allerdings bedeutet die starke Konzentration auf diese Werke zugleich eine erhebliche Einschränkung in der Wahrnehmung des Gesamtspektrums der Erzählliteratur. Die ungeheure Menge an langen und kurzen Erzähltexten, die gleichzeitig mit ihnen und vor allem im frühen und mittleren 17. Jh. entstanden, wurde aufgrund der Fixierung auf diese Texte lange Zeit nicht wahrgenommen, und wenn doch, dann wurden sie meist als zweitrangig eingestuft. Es ist trotz der Gefahr dieser zu einseitigen Fokussierung sinnvoll, zunächst gerade diese vier Romane genauer zu betrachten, da sich an ihrem Beispiel grundsätzliche Fragen der chinesischen Romanliteratur erörtern lassen und sie darüber hinaus als beispielhaft für die Tendenzen der Zeit, der sie entstammen, gelten können.

Vier große Romane

Die Geschichte der Drei Reiche (Sanguozhi yanyi)

Das vermutlich älteste der Vier wundersamen Bücher ist das *Sanguozhi yanyi.* Die früheste erhaltene Ausgabe läßt sich auf 1522 datieren, greift aber eventuell auf eine noch weiter zurückliegende Edition von 1494 zurück. Traditionell wird die Autorschaft des Werkes Luo Guanzhong zugeschrieben, der um die Wende von der Yuan- zur Ming-Dynastie gelebt haben soll, über den aber nichts weiter verbürgt ist, als daß er drei *zaju*-Stücke verfaßt hat, von denen noch eines erhalten ist. Neben der Erwähnung seines Namens als Herausgeber am Beginn der Ausgabe von 1522 gibt es keinen konkreten Hinweis dafür, daß er das *Sanguozhi yanyi* verfaßt hat. Manches, wie etwa in den Text integrierte und in jedem Fall erst gegen Ende des 15. Jh.s verfaßte Versatzstücke, deutet vielmehr darauf hin, daß die vorhandenen Ausgaben, die meist keine elementaren Unterschiede zu dem Text von 1522 aufweisen, ebenso als Produkt des 16. oder späten 15. Jh.s begriffen werden müssen wie die anderen Literatenromane auch. Als Vorläufer kommen neben diversen historiographischen Quellen ein *Sanguozhi pinghua* und auch verschiedene Theaterstücke, die sich mit Themen aus der Epoche der Drei Reiche beschäftigen, in Betracht. Die konkrete Frage nach dem Verfasser muß offen bleiben.

Vereinfacht dargestellt, erzählt das *Sanguozhi yanyi* die Geschichte vom Untergang der Han-Dynastie seit dem Aufstand der Gelben Turbane bis zu dem Zeitpunkt, an dem klar wird, daß alle Versuche, das in drei Teile zerfallene Reich wieder zusammenzuführen, zum Scheitern verurteilt sind. Eine ganze Heerschar rechtmäßiger und unrechtmäßiger Herrscher, Generäle, militärischer und politischer Berater sowie sonstiger Kämpfer bevölkert den Roman. Er hält ein breites Repertoire an Situationen und Prototypen bereit, die in der chinesischen Erzählliteratur immer wieder aufgegriffen und variiert wurden. Zu den bekanntesten Szenen gehört der gleich am Anfang stehende Bruderschwur im Pfirsichgarten, der nicht nur zu Beginn des *Jin Ping Mei* in ironischer Form wieder aufgegriffen wird, sondern z. B. auch in den Helden- und Ritterromanen des populären Gegenwartsautors Jin Yong (geb. 1924) auftaucht. Vor einem Plakat, das in einer kleinen Provinzstadt Freiwillige für den Kampf gegen die Aufständler anwerben will, haben sich Liu Bei, ein verarmter Abkömmling der Kaiserfamilie, und Zhang Fei, Mitglied einer reichen lokalen Gentryfamilie, getroffen. Sie beschließen, eine eigene Truppe aufzustellen und gemeinsam für den Fortbestand der Dynastie zu kämpfen. Auf dem Weg zu einem Wirtshaus begegnen sie dann einem weiteren potentiellen Mitstreiter:

> Der Mann maß über neun Fuß. Sein Gesicht, das von einem zwei Fuß langen Bart eingerahmt wurde, hatte einen kräftigen, dattelbraunen Teint, während seine Lippen in einem gesunden Rot leuchteten. Die phönixgleichen Augen schließlich wurden von buschigen Brauen überwölbt. Kurz, er war eine von Kopf bis Fuß stattliche und respekteinflößende Erscheinung. Liu Bei lud ihn sofort ein, sich zu ihnen zu setzen und erkundigte sich dann nach seinem Namen. Der Mann antwortete folgendes: »Ich stamme aus der Familie Guan, meine Eltern nannten mich Yu, als ich erwachsen wurde, rief man mich Zhangsheng, später änderte ich den Namen in Yunzhang. Ich komme aus Jielang in der Provinz Hedong. Weil ich dort aber einen lokalen Machthaber getötet habe, der seine Stellung mißbrauchte und die Bevölkerung tyrannisierte, mußte ich schon vor fünf, sechs Jahren fliehen und bin seitdem auf Wanderschaft. Als ich hörte, daß man Freiwillige zur Niederschlagung der Rebellen sucht, bin ich gleich hierher gekommen, um mich rekrutieren zu lassen.« Da erzählte ihm Liu Bei von ihrem Plan. Guan Yu war hocherfreut und so gingen sie gemeinsam zum Landsitz des Zhang Fei, um ihr Vorhaben zu beraten.
>
> Zhang Fei machte schließlich den folgenden Vorschlag: »Hinter meinem Hof gibt es einen Pfirsichgarten, der gerade in voller Blüte steht. Laßt uns morgen in diesem Garten Himmel und Erde ein Opfer darbringen und einen Bruderschwur ablegen, damit wir uns mit vereinten Kräften der großen Aufgabe stellen können, die uns jetzt erwartet.« »So ist es gut«, entgegneten Liu Bei und Guan Yu wie aus einem Munde.
>
> Tags darauf begaben sie sich in den Garten, wo Zhang Fei schon ein schwarzes Rind, ein weißes Pferd und andere Opfergaben vorbereitet hatte. Die drei entzündeten Räucherwerk, verbeugten sich vor Himmel und Erde und sprachen danach ihren Schwur: »Wir drei, Liu Bei, Guan Yu und Zhang Fei, verbinden uns hiermit zu Brüdern, auch wenn wir aus verschiedenen Familien stammen. Mit ganzem Herzen und vereinten Kräften werden wir einander in jedweder Not beistehen und uns bei Gefahr stets zu Hilfe eilen. Wir werden das Herrscherhaus beschützen und dem einfachen Volk Frieden bringen. Obwohl wir nicht am selben Tag im selben Monat des selben Jahres geboren sind, wünschen wir doch am selben Tag im selben Monat des selben Jahres zu sterben. Himmel und Erde mögen dies bezeugen. Wenn wir uns je von der Tugend abwenden oder unsere gegenseitigen Verpflichtungen vernachlässigen, sollen uns Himmel und Menschen gemeinsam vernichten.«

Ähnlich bekannt sind die zahlreichen Kriegslisten des Zhuge Liang, der später zum wichtigsten Berater des Liu Bei werden sollte, oder auch manche der den westlichen Leser auf Dauer vielleicht ein wenig ermüdenden Schilderungen von Schlachten und Kampfszenen.

Historizität und Fiktionalität im Sanguozhi yanyi

Das *Sanguozhi yanyi* berührt durch seine Thematik eines der Kernprobleme chinesischer Erzählliteratur überhaupt, nämlich die Frage nach dem Verhältnis von Historizität und Fiktionalität. Wird etwas erst durch seine historische Faktizität überhaupt wert, erzählt zu werden, ist dies möglicherweise sogar ein Rechtfertigungsgrund für diese sonst doch scheinbar so wenig angesehene Kunstform? Oder verfälscht die erzählende Form nicht vielmehr die historische Wahrheit und ist daher um so entschiedener abzulehnen? Ist der historische Hintergrund letztlich vielleicht sogar nur Camouflage, wird er bloß vorgeschoben, um dann ein um so freieres Feuerwerk der Fiktionen zu entfachen? Fragen wie diese spielten vor allem bei der Bewertung des Romans immer wieder eine wichtige Rolle. Eine genaue Lektüre läßt aber lediglich einen Schluß zu: Selbst wenn das *Sanguozhi yanyi* sich teilweise sogar sehr genau auf konkrete historische Vorlagen stützt, kann man den Roman nur verstehen, wenn man ihn als eine bewußt gestaltete Form literarischer Realität begreift. Ohne schon ein so ausgefeiltes Spiel mit dem Phänomen der Fiktionalität zu treiben wie spätere Romane, strukturiert der Text die erzählten Geschehnisse nach erzählerischen Gesichtspunkten: Er variiert geschickt das Verhältnis von erzählter Zeit und Erzählzeit oder setzt unterschiedliche Ereignisse durch ihre Position im Erzählvorgang zueinander in Bezug.

Fragen von allgemeiner Bedeutung anhand von konkreten historischen oder scheinbar historischen Begebenheiten zu erörtern, dann wieder in eine größere philosophische oder kosmische Relation zu stellen und schließlich an manchen Stellen auch ironisch zu brechen, kann sicher als einer der zentralen Aspekte des Romans der mittleren und späten Ming-Zeit bezeichnet werden. Ganz ähnlich verhält es sich nämlich mit dem *Shuihu zhuan*, das die grundsätzliche Frage der Loyalität gegenüber einem schlechten Herrscher und das Recht zum Widerstand gegen staatliche Ungerechtigkeit thematisiert und das als zweites der Vier wundersamen Bücher vorzustellen ist. Wie das *Sanguozhi yanyi* basiert dieser Roman auf einer historischen Grundlage, wenngleich sie viel dünner als die des *Sanguozhi yanyi* ist. Der Roman, der in einer bekannten deutschen Übersetzung den Titel *Die Räuber vom Liangshan-Moor* trägt, erzählt die Geschichte einer Bande von 108 blutrünstigen Abenteurern, Banditen, ungerecht behandelten Adligen und chinesischen Robin Hoods, die zunächst gegen die Herrschaft rebellieren, sich dann aber dem Kaiser unterwerfen und die Regierung ihrerseits nun im Kampf gegen andere Rebellen unterstützen. Den zeitlichen Hintergrund der erzählten Geschichte bildet das Ende der Nördlichen Song-Dynastie um das Jahr 1120. Der Roman und die in ihm geschilderten Charaktere stellen sicher die bekanntesten Prototypen für den chinesischen Abenteuer- oder Ritterroman, *wuxia xiaoshuo*, dar. Die Rebellion der *Räuber vom Liangshan-Moor* wurde später gerne zum literarischen oder auch zum ganz realen Vorbild genommen, wobei aber geflissentlich übersehen wurde, daß viele der Figuren in ihrem heroischen Impetus vielfach in Frage gestellt werden und niedere Beweggründe immer wieder das Bild des *hao han*, des guten Kerls mit rauher Schale, ins Wanken bringen.

Bericht aus den Sumpfgebieten (Shuihu zhuan)

Abenteuer- und Ritterroman

Hier ist zudem zu beachten, daß die Interpretation des *Shuihu zhuan* wie die kaum eines anderen Werkes über die Zeiten hinweg stark von der politischen Perspektive des jeweiligen Kritikers beeinflußt war, was Feinheiten oder Widersprüche innerhalb des Textes weiter verschleierte. Galt der Roman in der Kaiserzeit zu großen Teilen als verwerfliches Werk, das grundlegende staatliche Prinzipien mißachtet, wurde er nach der Gründung der Volksrepublik zu einem Text erklärt, der die revolutionären

Tendenzen in der chinesischen Bauernschaft zum Ausdruck bringt. Weiter erschwert wird das Problem möglicher Deutungen des Romans dadurch, daß er über eine der wohl kompliziertesten Textgeschichten der chinesischen Literatur verfügt: Es existieren zwei unterschiedliche Textsysteme des *Shuihu zhuan*, von denen das eine umfangreicher in den Beschreibungen ist, dafür aber bestimmte Handlungsabschnitte unerwähnt läßt, das andere eher knapper und in einem noch mehr an der Schriftsprache orientierten Stil gehalten ist, aber mehr Episoden umfaßt. Welches dieser Systeme zuerst entstand, ist unklar. Traditionell wird die Autorschaft einem gewissen Shi Nai'an zugesprochen, der ebenso wie Luo Guanzhong um die Wende von der Yuan- zur Ming-Dynastie gelebt haben soll, wenngleich die Belege für seine historische Existenz höchst vage sind. Die frühesten Ausgaben des ersten Textsystems, dem im allgemeinen mehr Autorität zugestanden wird, datieren in die Jahre 1610 beziehungsweise 1614 und umfassen 120 Kapitel.

Eingriffe eines Kommentators

Hinzu kommt, daß der Text lange Zeit nur in einer auf der ausführlichen Fassung (erstes Textsystem) beruhenden Version in 70 Kapiteln im Umlauf war, die der Kommentator Jin Shengtan (1610–1661) im Jahr 1644 herausgegeben hatte. Er hatte den Text logischer gestaltet, gestrafft, überarbeitet, dabei unter anderem die negativen Charaktermerkmale einiger Protagonisten stärker herausgearbeitet und insbesondere den gesamten Schlußteil entfernt, in dem die Unterordnung der Rebellen unter die kaiserliche Macht sowie deren Einsatz und letztlich Tod im Kampf für die Dynastie geschildert werden. Seine Version endet mit der Vereinigung aller 108 Rebellen in ihrem Rückzugsgebiet. Auf den ersten Blick sieht es also aus, als hielte in Jins Ausgabe der Erzählvorgang im Moment des größten Triumphes inne und erspare den Heroen damit ihr bitteres Ende. Der Eingriff des Kommentators, der aus seiner Abneigung gegen die Protagonisten des Textes keinen Hehl macht, wird jedoch verständlich, wenn man beachtet, daß Jin die kaiserliche Amnestie für die Verbrecher und deren anschließender Einsatz für die zuvor bekämpfte legitime Macht weder erzähltechnisch noch moralisch gerechtfertigt schien. Diese in ihrer Radikalität sicher einmalige Überarbeitung weist darüber hinaus auf das beachtenswerte Phänomen hin, daß die Romane schon zur Zeit ihrer ersten Verbreitung beziehungsweise kurz danach Gegenstand intensiver literarischer Diskussionen in der Gelehrtenschicht waren. Damit ist das Urteil, die Erzählliteratur habe allenfalls eine Rolle als verachtetes Anhängsel »wahrer Literatur« gespielt, wenig glaubwürdig, zumal die hohe Qualität der meisten Kommentare und ihr tiefes Verständnis des narrativen Prozesses bis heute überzeugen und ihre Anmerkungen immer noch wertvolle Hilfe für das Verständnis der Texte leisten.

Die Reise in den Westen (Xiyou ji)

Der dritte der vier Romane, das *Xiyou ji*, weist eine gänzlich andere Thematik auf. Er erzählt, so scheint es zumindest auf den ersten Blick, die Geschichte der Reise des buddhistischen Mönches Xuanzang, der in der Tang-Zeit von China nach Indien pilgerte, um von dort buddhistische Schriften zu holen und sie in seiner Heimat zu verbreiten. Für diese Reise Xuanzangs gibt es in gleichem Maße historische Belege wie literarische Quellen – unter anderem das schon erwähnte *pinghua* desselben Titels. Doch das Vorbild des historischen Xuanzang ist nur einer der vielen Ausgangspunkte des Romans, der aus verschiedensten Quellen der buddhistischen, daoistischen und phantastischen Literatur ein neues organisches Ganzes zusammenfügt, das in besonderer Weise die geistigen Strömungen der mittleren und späten Ming-Zeit reflektiert. Die Textgeschichte des

Xiyou ji ist ebenfalls nicht gänzlich geklärt, die früheste erhaltene Ausgabe stammt aus dem Jahr 1592. Als Autor wird im allgemeinen der vermutlich 1582 gestorbene Gelehrte und wenig erfolgreiche Beamte Wu Cheng'en genannt, obwohl auch dies nicht zweifelsfrei erwiesen ist.

Die phantastischen Elemente des Textes spiegeln sich bereits in der Zusammensetzung der Pilgergruppe wider. Dem inaktiven und zögerlichen Mönch ist als zweite zentrale Figur der äußerst aktive König der Affen, Sun Wukong, zugeordnet. Die Vorgeschichte dieser Figur, die aus einem imaginären Reich der Affen in den Himmel aufsteigt, dort aber verstoßen wird und die Reise als Gelegenheit zur Wiedergutmachung begangenen Unrechts nutzt, nimmt dabei gleich der des Mönches sehr breiten Raum am Anfang des Romans ein. Ein möglicher Ursprung dieser Affenfigur ist das indische *Ramajana*-Epos. Unterwegs gewinnen die beiden Hauptfiguren dann noch das in Schweinegestalt auftretende komische Monster Zhu Bajie und einen mysteriösen Sandmönch als Begleiter. Diese kleine Reisegruppe muß auf ihrem Weg in den Westen 81 Hindernisse überwinden, die in erster Linie in Angriffen verschiedenster Monster und Dämonen, aber auch in sexuellen Verlockungen durch weibliche Geister bestehen. Ganz am Beginn des Textes steht eine Einordnung des Geschehens in einen Schöpfungsmythos, ein Element, das typisch für viele chinesische Romananfänge ist:

Einbettung in einen Schöpfungsmythos

> Es heißt, daß in der kosmischen Ordnung eine Periode 129.600 Jahre beträgt. Jede Periode läßt sich in zwölf Epochen unterteilen, die nach den zwölf Erdzweigen Zi, Chou, Yin, Mao, Chen, Si, Wu, Wei, Shen, You, Xu und Hai benannt sind und jeweils 10.800 Jahre dauern. Vergleicht man ihre Abfolge mit dem Lauf eines Tages, dann erscheint das erste Licht der Dämmerung in Zi, und der Hahn zum ersten Mal in Chou. In Yin bricht der Tag an und die Sonne erscheint in Mao. Chen beginnt nach der Morgenmahlzeit und in Si sind die Pläne für den Tag gemacht. In Wu erreicht die Sonne den höchsten Stand und in Wei fängt sie an, westwärts zu sinken. Der Abend beginnt in Shen und die Sonne geht unter in You. Das letzte Licht der Dämmerung verlischt in Xu und die Menschen schlafen in Hai.
>
> Auf die kosmische Ordnung übertragen, heißt dies, daß dann, wenn sich die Epoche Xu zu Ende neigt, Himmel und Erde im Dunkel verschwinden und die einzelnen Dinge aufhören zu existieren. Nach 5400 Jahren setzt mit der Epoche Hai die Finsternis ein, und da in dieser Phase weder Himmel noch Erde, weder Menschen noch Dinge vorhanden sind, nennt man dies die Zeit des Chaos. Nach wieder 5400 Jahren geht Hai schließlich zu Ende und durch das beharrliche Wirken der kosmischen Kräfte tritt die Epoche Zi heran, in der die Entwicklung allmählich von neuem beginnt. [...] Zu diesem Zeitpunkt nimmt der Himmel erste Formen an. Nach weiteren 5400 Jahren kommt die Epoche Zi herauf, in der das Leichte und Klare nach oben steigen. Es entstehen die Sonne, der Mond, die Sterne und die Himmelskörper, die man unter der Bezeichnung vier Phänomene zusammenfaßt. Darum heißt es, der Himmel entsteht in Zi. Diese Epoche gelangt nach noch einmal 5400 Jahren dann an ihr Ende und die Epoche Chou nähert sich zu der Zeit, zu der der Himmel allmählich eine feste Form erhält. [...] Auch die Erde wird schließlich fest und nach 5400 Jahren, inmitten von Chou, senken sich das Schwere und Trübe und bilden Wasser, Feuer, Berge, Steine und Erde, die man auch die fünf Grundformen nennt. Darum heißt es, die Erde entsteht in Chou. Nach abermals 5400 Jahren geht Chou vorüber und die Epoche Yin fängt an und bringt alle Lebewesen hervor. [...] In diesem Moment ist der Himmel klar, die Erde weit. Yin und Yang verkehren jetzt miteinander und verbinden sich, so daß nach wieder 5400 Jahren, gerade während der Epoche Yin, die Menschen, die wilden Tiere und die Vögel auf die Welt gebracht werden. Die drei Kräfte von Himmel, Erde und Mensch nehmen so ihre Plätze ein. Darum heißt es, der Mensch entsteht in Yin.

In raschen Schritten wird nun der weitere Verlauf geschildert, bis dann mit der Geburt des Affen Sun Wukong die eigentliche Handlung einsetzt. Kontrapunktisch zu dieser Einbindung der Romanhandlung in kosmologische Zusammenhänge besteht allerdings die Möglichkeit, den Text, der verschiedene religiöse und philosophische Konzepte allegorisch verknüpft, als eine Reise in das Innere des menschlichen Geistes zu lesen. Die äußere Suche nach den Schriften kehrt sich so um zu einer inneren Suche nach dem Ich und greift damit das im neokonfuzianischen Denken der Ming-Zeit zentrale Problem der Selbstkultivierung wieder auf. Daß sich der bisweilen als der Geist-Affe bezeichnete Sun Wukong als Symbol für den menschlichen Geist deuten läßt, ist ein weiterer Beleg für diese Vermutung. Kein Widerspruch zu einer neokonfuzianischen Lesart ist es dabei, daß sich der Text zugleich intensiv buddhistischer und daoistischer Bilder bedient, denn die mittlere und späte Ming-Zeit war stark von synkretistischen Ideen geprägt.

Reise in das Innere des menschlichen Geistes

Das *Xiyou ji* kann zudem als hervorragendes Beispiel für den chinesischen Umgang mit der Allegorie gelten. Im Gegensatz zu den meisten westlichen allegorischen Romanen überlagern sich im *Xiyou ji* unterschiedliche allegorische Lesarten – so ist es z. B. auch möglich, die Beziehungen der Hauptfiguren des Romans mit Hilfe der Fünf-Phasen-Lehre zu deuten. Die vielschichtige Entstehungsgeschichte des Textes ist vermutlich Grund für die gleichberechtigte Anwesenheit von tatsächlicher und übertragener Bedeutung im *Xiyou ji*. Das historische Element, die unterschiedlichen Bedeutungskreise, auf die der Text Bezug nimmt, und die allegorische Ebene überlagern sich. Dieses Phänomen wird weiterhin von der im Roman mehrfach erörterten und zugleich seine Struktur mitbestimmenden buddhistischen Vorstellung des paradoxen Verhältnisses scheinbarer Realität oder Sinnesillusion, *se*, sowie tatsächlicher Realität oder Leere, *kong*, reflektiert – zwei Konzepte, die auch den Aufbau des letzten der vier Bücher, *Jin Ping Mei*, stark beeinflußten.

Pflaumenblüten in einer goldenen Vase (Jin Ping Mei)

Wie bei den meisten Romanen aus der Ming-Zeit gilt auch für das *Jin Ping Mei*, daß Autor und exaktes Entstehungsdatum unbekannt sind. Fast jeder bedeutendere Gelehrte oder Autor der mittleren bis späten Ming-Zeit wurde schon einmal mit diesem Roman in Verbindung gebracht, und die Vermutungen über seine Autorschaft reichen von den bereits erwähnten Wang Shizhen und Tu Long bis zu Tang Xianzu (1550–1617), der im Abschnitt über das Privattheater vorgestellt wird; bislang ließ sich jedoch keine dieser Thesen erhärten. Die erste erhaltene Ausgabe des Romans stammt von 1617 und man datiert die Entstehung des Textes im allgemeinen in den davor liegenden Zeitraum der Wanli-Periode.

Obwohl das *Jin Ping Mei* viele populäre Szenen, Lieder und Erzählungen in sich versammelt, beruht es im Gegensatz zu den bisher erörterten Texten nicht auf einer schon über Jahrhunderte tradierten Geschichte und stützt sich auch nicht auf historisch belegte Ereignisse. Einen zentralen Anknüpfungspunkt der erzählten Geschichte bildet vielmehr eine Episode aus dem *Shuihu zhuan*, indem nämlich das *Jin Ping Mei* eine Nebenfigur des älteren Romans, die Schwägerin eines der 108 Räuber, zu einer seiner Hauptfiguren macht. Mit dieser Form der intertextuellen Verknüpfung ist das *Jin Ping Mei* ein typisches Beispiel für ein weiteres, mit dem Ende der Ming immer stärker hervortretendes, zentrales Merkmal der chinesischen Erzählliteratur, die bei genauer Betrachtung ein dichtes Netz aus Zitaten, Anspielungen oder eben solchen Verbindungen auf der Handlungsebene darstellt. Immer stärker tritt zudem das Bewußtsein für die Fiktionalität der erzählten Stoffe in den Vordergrund: Den Autoren wird zunehmend bewußt, daß sie mit Hilfe der Erzählliteratur eine Welt mit eigener Qualität erschaffen können.

Darüber hinaus ist die im *Jin Ping Mei* erzählte Geschichte mit politischen Anspielungen und Sozialkritik gespickt: Thema ist die Geschichte vom Aufstieg und Fall des Hauses von Ximen Qing mit seinen Frauen und Nebenfrauen, die an diesem Prozeß entscheidenden Anteil haben. So setzt sich der Titel des Romans auch aus Namensbestandteilen dreier Frauen dieses reichen Kaufmanns zusammen. Geltungssucht, Machthunger und sexuelle Gier sind die bestimmenden Triebkräfte der Protagonisten; Eifersucht und Intrigen, finanzielle und sexuelle Abhängigkeiten prägen die zwischenmenschlichen Beziehungen. Die drastische Schilderung von Sexualität hat dem Roman immer wieder den Vorwurf der Pornographie eingebracht; doch scheint dies nicht gerechtfertigt, denn wenn man diese Stellen, die ohnehin nur einen geringen Anteil des Gesamtwerkes ausmachen, auf ihre Funktion hin untersucht, dienen sie doch vor allem der Charakterisierung der Figuren und ihrer Motive. Die rastlose Getriebenheit der Charaktere steht im Vordergrund und nicht etwa ein lustvolles Erleben von Sexualität. Das *Jin Ping Mei* ist daher auch nicht ohne weiteres der sich um die gleiche Zeit entwickelnden erotischen Literatur zuzurechnen, selbst wenn in dieser ebenfalls häufig ein äußerst negatives Bild der Sexualität gezeichnet wird. Das *Jin Ping Mei* entwirft vielmehr ein facettenreiches und düsteres Bild der mittleren und späten Ming-Zeit, wenngleich die Handlung natürlich über den erwähnten Trick der Anbindung an das *Shuihu zhuan* in die Song-Zeit zurückversetzt wurde. Einige Interpreten sehen im *Jin Ping Mei* sogar eine Kritik an der Herrschaft des Wanli-Kaisers, dessen Hofstaat sich im Haushalt des Ximen Qing widerspiegeln soll. Wie dem auch sei, ist der Roman jedoch sicherlich von konfuzianischen Konzepten getragen, die etwa in dem für das neokonfuzianische Denken grundlegenden Text *Daxue* (Das große Lernen) zum Ausdruck kommen, wo eine enge Verbindung zwischen der Fähigkeit, den eigenen Haushalt in Ordnung zu halten, und der moralischen Berechtigung, ein Reich zu regieren, hergestellt wird. Auf einer etwas abstrakteren Ebene kommt hinter diesen Problemen zudem die alte konfuzianische Diskussion um die Frage zum Vorschein, ob die Natur des Menschen gut oder schlecht sei.

Jin Ping Mei: *Zwischen Pornographie und Herrschaftskritik*

Die Vielschichtigkeit des Romans macht seine besondere Qualität aus. Er greift nämlich auch die bereits im Zusammenhang mit dem *Xiyou ji* angesprochene Dialektik von *kong* und *se*, Illusion und Realität beziehungsweise Leere und Fülle wieder auf; er erschafft, als erzählender Text, auf der einen Seite eine fiktive, illusionäre Welt und verbindet diese dann mit konkreten politischen und sozialen Problemen. Nur im Wechselspiel dieser beiden Aspekte erschließt sich die Bedeutung des Textes, der das Prinzip von *kong* und *se* zugleich als zentrales Strukturelement verwendet. Er ist spiegelbildlich aufgebaut und läßt sich in zehn Einheiten zu je zehn Kapiteln einteilen. Die meisten Episoden besitzen darüber hinaus gleichfalls eine Doppelstruktur, wenn etwa Handlungen auf der Ebene des Hausherrn durch ähnliche Aktionen auf der Ebene der Dienerschaft ironisch kommentiert werden. Die erste Hälfte des Romans hindurch füllt sich das Haus des Ximen Qing langsam mit Macht und Frauen (das Prinzip *se*), nur um sich dann in der zweiten Hälfte wieder zu leeren, und damit umso eindrucksvoller die Sinnlosigkeit menschlichen Strebens zu demonstrieren (das Prinzip *kong*).

Zwischen Realität und Illusion

Entscheidende Hinweise zum Verständnis der Strukturen des Romans gab der Kommentator Zhang Zhupo, dessen *Jin Ping Mei dufa* (Anleitung zur Lektüre des *Jin Ping Mei*, 1695) einer der wichtigsten erzähltheoretischen Texte aus dem China der Kaiserzeit ist. Neben Jin Shengtans Kommentar zum *Shuihu zhuan* und Mao Zonggangs Erläuterungen des *Sanguozhi yanyi* ist Zhangs Kommentar ein Beleg für das hohe Niveau der Auseinandersetzung mit der erzählenden Literatur und der Qualität dieser Literatur selbst: Die Vier wundersamen Bücher legten ohne Zweifel die Grundlage für die weitere Entwicklung des Romans der Literatenschicht.

Die kritische Auseinandersetzung mit den Romantexten konnte in ganz unterschiedlicher Form erfolgen: im Vorwort, in einem textbegleitenden Kommentar oder über Bemerkungen, die einzelnen Kapiteln angehängt wurden. Zudem entwickelte sich bereits früh ein spezifisches Vokabular für die verschiedenen erzähltechnischen Elemente. Die meisten Romane wurden überhaupt nur in kommentierten Ausgaben verlegt, und es scheint geradezu, als sollten sie mit dem kritischen und ironischen Abstand gelesen werden, den die Kommentare vermitteln. Später übernahmen die Autoren oft selbst die Kommentierung ihrer Texte, da sie so zusätzlich zur Erzählerfigur eine weitere Ebene der Reflexion in den Text einbauen konnten. Bereits die Einführung der Erzählerfigur war ein entscheidender Schritt zur Verfeinerung und Erhöhung der Komplexität der Texte gewesen. Sie nimmt im allgemeinen die Haltung eines traditionellen Geschichtenerzählers ein, was sich am augenscheinlichsten am Kapitelanfang und -ende zeigt und zu stereotypen Formulierungen wie: »Es wird erzählt, [...]« oder: »Wenn Ihr aber hören wollt, wie die Geschichte weitergeht, dann kommt auch beim nächsten Mal wieder [...]« führt. Um das Phänomen des »imitierten Geschichtenerzählers« besser zu verstehen, ist es hilfreich, im folgenden einen Blick auf die Entwicklung der etwa gleichzeitig zu den Romanen populär gewordenen kürzeren Erzähltexte in Umgangssprache zu werfen.

Imitierte Geschichtenerzähler

Unzählige Geschichten

Auf einer Vielzahl von Quellen basierend und Themen wieder aufgreifend, die schon im Yuan-Theater und der schriftsprachlichen Erzählung häufig bearbeitet worden waren, begannen im 15. Jh. auch schriftliche Fassungen kürzerer Erzählungen in Umgangssprache zu kursieren. Verschiedene Textsammlungen erlangten schnell große Popularität. Die Grenze zwischen Kompilation und Autorschaft war oft fließend; eine Reihe von Texten findet sich zudem, häufig in leicht abgewandelter Weise, in mehreren Sammlungen wieder. Zu den zentralen Themen gehörten Erzählungen, die sich im weitesten Sinne mit Geschlechterbeziehungen beschäftigten. Junges Liebesglück oder Untreue und Ausschweifung sowie deren Folgen wurden in vielen Variationen erzählt. Einige Geschichten berichten auch von homosexuellen Erlebnissen zwischen Männern – was in realiter übrigens meist toleriert wurde, wenn die Beteiligten nach Beendigung ihrer Affäre wieder in die Familie zurückkehrten. Je nach Ausrichtung der Geschichte traten die erotischen Aspekte und die detaillierte Schilderung der Liebeserlebnisse mehr oder weniger stark in den Vordergrund. Obwohl diese Texte nur ein beschränktes Inventar an Charakteren kennen – typisch waren der junge Kaufmann und dessen (tugendhafte) Frau, aber auch Prostituierte in den städtischen Zentren und Konkubinen des Typus *femme fatale*, Räuber und sonstige Verbrecher sowie alte Kupplerinnen –, unterscheiden sie sich doch stark in der Art der Präsentation, vor allem aber in der moralischen Bewertung des Handelns der Figuren. Eine weitere wichtige Gruppe stellen

Typen von Geschichten

Kriminalgeschichten dar, in deren Zentrum meist eine Richter- beziehungsweise Beamtenfigur steht. Schließlich finden sich viele Erzählungen, die von Erlebnissen mit übersinnlichen Erscheinungen, guten oder bösen Geistern handeln. Häufig vermischen sich die einzelnen Genres auch – so treten etwa in vielen der Kriminalgeschichten die Geister Ermordeter auf, um bei der Aufklärung des Verbrechens behilflich zu sein. Dieses Verbrechen war wiederum oft Ergebnis sexueller Verwirrungen und Leidenschaften; und die erotische Verbindung mit übernatürlichen Wesen bot ein gleichfalls beliebtes Motiv, das allerdings erst in der schriftsprachlichen Erzählung des 18. Jh.s zu voller Blüte gebracht werden sollte.

Geschichten in Umgangssprache

Die Geschichten in Umgangssprache werden als *huaben*, etwa »Gesprächsbücher«, bezeichnet. Die Tatsache, daß der Ursprung dieses Begriffes nicht genau feststeht, verleitete unter anderem den modernen Schriftsteller Lu Xun in seinem einflußreichen Werk *Zhongguo xiaoshuo shilüe* (Abriß der Geschichte der chinesischen Erzählliteratur, 1923) zu der irrtümlichen Annahme, die *huaben* seien Handbücher von Geschichtenerzählern gewesen. Dies trifft jedoch zumindest für die erhaltenen Texte nicht zu, auch wenn, ähnlich wie bei den Romanen, die Erzählerfloskeln diesen Eindruck verstärken. Eine der ersten, zumindest teilweise überlieferten Sammlungen von *huaben* wurde in den Jahren 1541 bis 1551 von dem Gelehrten Hong Pian unter dem Titel *Liushi jia xiaoshuo* (Sechzig Erzählungen) herausgegeben. Einige der erhaltenen Texte finden sich in den etwa 70 Jahre später von Feng Menglong (1574–1646) herausgegebenen Sammlungen wieder, was von besonderem Interesse ist, denn während Hong die Texte vermutlich relativ unverändert in seine Sammlung aufnahm, sollte Feng an vielen Stellen oft sublime, aber folgenreiche Veränderungen vornehmen.

Kriminalliteratur

In einer Spanne von zwanzig bis dreißig Jahren um das Jahr 1600 erlebte die chinesische »Kriminalliteratur« eine Phase äußerster Popularität, die in etwa einem Dutzend Sammlungen ihren Niederschlag fand. Die bekannteste stellt das *Bai jia gong'an* (Hundert Kriminalfälle, 1594 beziehungsweise 1597) des ansonsten unbekannten An Yushi dar. In ihrem Mittelpunkt steht der songzeitliche Beamte Bao Zheng, eine reale Person, die aber schon bald nach ihrem Tod im Jahr 1062 zahlreiche Geschichten inspirierte und in der Yuan-Zeit auch Theaterstücke anregte. Einige der Geschichten existieren zudem als *cihua* und lassen sich daher mit großer Wahrscheinlichkeit auf mündliche Überlieferungen zurückführen. Die Erzählungen variieren stark in ihren Themen und Handlungsmustern sowie in ihrer Qualität, doch läßt sich allgemein sagen, daß sie mit Bao Zheng primär den Prototyp eines unbestechlichen und ehrlichen Beamten aufbauen, der mit Beharrlichkeit und Geschick, einem guten Herzen und sogar mit dem Beistand übersinnlicher Mächte Ungerechtigkeiten aufdecken und für Sühne sorgen kann. In einem der Texte schreckt Bao nicht einmal davor zurück, den Kaiser anzuklagen, der einer Sage nach als Baby mit dem Mädchen einer anderen Konkubine seines Vaters vertauscht worden war. Seine wirkliche Mutter mußte daher lange Zeit in Armut leben, bis es Bao gelang, den wahren Sachverhalt aufzuklären. Die Erzählungen sind in vieler Hinsicht nicht mit modernen westlichen Kriminalerzählungen vergleichbar – so ist der Verbrecher dem Leser meist von Anfang an bekannt –, doch entspringen sie vielleicht einem ähnlichen Bedürfnis nach Schilderung gesellschaftlicher Mißstände einerseits und dem Stillen von Sensationslust andererseits. Bao Zheng, der noch in der Qing-Zeit Held vieler Kriminal- und auch Ritterromane werden sollte, bleibt dabei immer eine Figur der populären Literatur, während andere Themen und Formen der *huaben*, besonders in der zweiten Hälfte des 17. Jh.s, eher der Literatenliteratur zugerechnet werden müssen.

Feng Menglong

Der erwähnte Feng Menglong nimmt hier eine interessante Zwischenstellung ein. Er stammte aus Suzhou und bemühte sich lange Zeit vergeblich, die höheren Staatsprüfungen zu bestehen und endlich eine angesehene Stelle zu erlangen – ein Phänomen, das er mit einer Reihe weiterer Autoren populärer Literatur für die Literatenklasse teilt, das in der Tat jedoch eine sehr viel größere Anzahl von Menschen betraf. Die Zahl der Bewerber überstieg auch aufgrund des stetig wachsenden Bildungsniveaus die der offenen Stellen bei weitem und es bildete sich eine Klasse von Gelehrten heraus, die ihr ohnehin nicht sehr konkretes Wissen nicht praktisch umsetzten konnte und über Jahre hinweg immer wieder erfolglos Anlauf nahm, die Prüfungen zu bestehen; dies war natürlich nur möglich, wenn die Familie über entsprechende Ressourcen verfügte. Private Lehrtätigkeit sowie vor allem literarische Aktivitäten boten hier willkommene Abwechslung und stellten zugleich eine Möglichkeit dar, die eigene marginalisierte Position ironisch zu reflektieren.

In seinen Erzählungen spielt Feng mit den populären Formen und manipuliert die Texte; er weiß, daß er sich an ein elitäres Publikum richtet, das er teils zu provozieren, teils in durchaus gewünschter Weise anzuregen vermag. Bereits im Vorwort der ersten seiner drei Sammlungen, dem *Gujin xiaoshuo* (Erzählungen von gestern und heute, 1620), das auch unter dem Titel *Yushi mingyan* (Bildreiche Worte zur Erhellung der Welt) bekannt wurde, wird dies klar: In streng schriftsprachlichem Stil gibt das Vorwort, das sich eindeutig an ein gebildetes Publikum richtet, eine eigenwillige Darstellung der Geschichte der Erzählliteratur in China, die in einer Gleichsetzung von Literatur in Schrift- und in Umgangssprache gipfelt. Wer die eine schätze, so sein Argument, müsse die andere darum ja nicht ablehnen: »Wer Pfirsiche liebt, muß darum doch keine Aprikosen verschmähen.«

Feng Menglongs Plädoyer für die Erzählliteratur

Dann hebt Feng die besondere Fähigkeit umgangssprachlicher Literatur hervor, den Leser oder Zuhörer »zu erfreuen, zu erschrecken, vor Kummer zum Weinen, aber auch zum Tanzen und Singen zu bringen«. Schließlich steigert er sich in eines der leidenschaftlichsten Plädoyers für die Erzählliteratur im China der Kaiserzeit überhaupt, wenn er schreibt, daß die Erzählungen der Geschichtenerzähler einen dazu bringen, »das Schwert zu ziehen, sich vor Ehrfurcht zu verbeugen, jemandem das Genick zu brechen oder Geld zu spenden. Der Feigling wird mutig, der Lüstling wird keusch, der Gemeine aufrichtig, der Herzlose errötet vor Scham. Und selbst wenn man seit seiner Kindheit den *Klassiker der Kindespietät* oder die *Gespräche des Konfuzius* rezitiert haben mag, ist man von diesen doch nicht so unmittelbar und tief bewegt wie von Erzählungen in Umgangssprache.«

Feng behauptet dann, die Erzählungen eines anonymen Sammlers herauszugeben, doch führt er hier sein Spiel mit der Rolle des Erzählers beziehungsweise Herausgebers nur weiter fort. Er fügt seinen Geschichten, wenn sie z. B. auf einer schriftsprachlichen Vorlage beruhen, nicht nur die Erzählerfigur (den »imitierten Geschichtenerzähler«) hinzu, sondern ordnet die Texte auch konsequent in Paaren an und kommentiert sie zusätzlich noch. Selbst wenn das Einsetzen der Erzählerfigur damals schon ein Standardtopos war, ist doch interessant, daß Feng bisweilen eine seltsam ironische Spannung zwischen dem stark moralisierenden Erzähler, den berichteten Ereignissen und der Haltung des impliziten Autors aufbaut – eine Spannung, die Feng während des Editionsprozesses ebenso gut hätte auflösen können. Eine zusätzliche Möglichkeit zur Kommentierung der eigenen Geschichte bietet die fast allen Texten vorgeschobene Einleitung, die in das Thema einführt und dieses meist an einer kurzen Modellgeschichte demonstriert. Als gute Beispiele für die spannungsreiche doppelte Vision, die Feng oft präsentiert, können die ersten zwei Erzählungen seiner ältesten Sammlung dienen: In der einen warnt der Erzähler zu Beginn vor den Gefahren der Lust und betont, daß alle Sünden wieder auf ihre Verursacher zurückfallen. Doch am Ende der Geschichte sind die Hauptfiguren, ein Händler und seine Frau, die ihren Mann während einer langen Abwesenheit betrügt, wieder glücklich vereint. In der zweiten wird der Bösewicht, der ein unschuldiges Mädchen verführt, zwar bestraft, doch das Mädchen nimmt sich ob ihrer Schande das Leben. Eigentliche Nutznießer der Angelegenheit sind der eher tölpelhafte Verlobte des verführten Mädchens und die über eine recht starke Persönlichkeit verfügende Frau des Verführers. Die Vorliebe für starke, selbstbewußte Frauenfiguren beziehungsweise Frauen, die durch männliche Unfähigkeit oder Bösartigkeit Unrecht erleiden, ist im übrigen ein weiteres Merkmal vieler von Feng verfaßten oder herausgegebenen Erzählungen, wohingegen seine Texte das in anderen Sammlungen prominente Motiv der zänkischen Ehefrau gänzlich vermissen lassen. Eine Eigenheit der Erzählungen Fengs bleibt so ein romantischer Touch, der sich bisweilen selbst in Texten mit historischen Themen wiederfindet. Neben der Sammlung *Gujin xiaoshuo* sind außerdem noch die Anthologien *Jingshi tongyan* (Umfassende Worte zur Warnung der Welt, 1624) und *Xingshi hengyan* (Gleichmäßige Worte zur Erweckung der Welt, 1627) zu erwähnen. Vermutlich war am Verfassen dieser letzten Sammlung ein sonst weitgehend unbekannter Xi Langxian beteiligt. Die ihm zugeordneten Texte führen einerseits neue Themen ein, etwa den daoistischen Einsiedler, stechen andererseits durch ihre besonders detailgenauen und präzisen Schilderungen sowie ihre lebhaften Dialoge hervor. Wie weit die Autoren sich gerade in den Dialogen der zeitgenössischen Umgangssprache annähern, läßt sich natürlich schwer beurteilen, doch erscheint aufgrund der vielen selbst heute noch mitreißenden Szenen Fengs oben zitiertes Urteil aus dem Vorwort zu *Gujin xiaoshuo* in der Tat verständlich.

Selbstbewußte Frauen

Feng Menglongs Interesse an scheinbar Abseitigem drückt sich auch in mehreren von ihm angelegten Witz- und Anekdotenbüchern aus, etwa dem *Xiao fu* (Schatzkästchen des Humors) oder der Sammlung stilisierter beziehungsweise nachempfundener Volkslieder mit dem Titel *Shan'ge*. Dies ist ein Genrebegriff, der wörtlich mit »Berglieder« zu übersetzen wäre, doch ist »Volkslieder« der wohl angemessenere Terminus. Daß er sich mit beidem primär an ein gebildetes, lesendes Publikum wandte, zeigt der hohe Anteil von Witzen oder Rätseln, die auf Wortspielen mit Homonymen basieren – ein Element, das auch in größeren literarischen Formen bald eine wichtige Rolle spielen sollte – oder nur über das korrekte Erraten von Zeichenbestandteilen funktionieren. Das Spiel mit den Worten oder besser Zeichen und die meist eindeutig zweideutigen erotischen Anspielungen in den *Shan'ge* lassen ebenfalls vermuten, daß die dort versammelten Lieder nur eine stilisierte Form populärer Literatur darstellen. Allerdings verfügen sie allesamt über eine leichtverständliche klare Form und sind zudem zu weiten Teilen im Dialekt von Wu, der Heimatregion Fengs, abgefaßt. Typisch sind auch ganz einfache Texte, die sich in halb ironischer, halb ernster Form den verschiedensten Problemen der Liebe widmen. Dafür seien hier zwei Beispiele zitiert, das erste unter dem Titel *Duo* (Viele), das zweite unter dem Titel *Ban ye* (Mitten in der Nacht):

Volkslieder

Sind am Himmel viele Sterne, scheint der Mond nicht hell.
Sind im Teiche viele Fische, ist das Wasser selten klar.
Gibt's am Hofe viele Bonzen, kommen die Gesetze durcheinander.
Hat ein Mädchen viele Lieben, geht's in ihrem Herzen hin und her.

Das Mädchen sagt zu ihrem Liebsten: »Komm um Mitternacht,
aber klopf nicht an die Hintertür.
Fang' lieber ein Huhn auf unserm Hof,
rupf' ihm eine Feder aus,
tu' wie ein Frettchen, das Hühner stehlen will,
damit die Hühner richtig gackern.
Dann kann ich im leichten Hemd hinaus
und das wilde Frettchen jagen.«

Ihren Ursprung haben die *Shan'ge* zu einem Teil in den Liedern der Fischer und Bootsleute des seenreichen und von Kanälen durchzogenen Südostchina, zu einem ebenso großen Teil aber auch in den berühmten Bordellen Suzhous, in denen Feng ein vielgesehener Gast war. Der etwas krude wirkende westliche Begriff Bordell ist allerdings zu relativieren, denn obwohl Sexualität als konkreter Akt dort eine wichtige Rolle spielte, war sie immer in gewissem Sinn kulturell ummantelt. Der Besuch im Bordell war gesellschaftlich ziemlich akzeptiert, er diente ebenso dazu, Freunde zu treffen, zu dichten oder den von den Mädchen vorgetragenen Liedern zu lauschen. Nur ein Ziel unter verschiedenen war es also, eine Beziehung zu einem der Singmädchen aufzubauen. Diese mußte aber nicht in jedem Fall ins Bett führen. Nicht von ungefähr wurde der Begriff *qinglou wenhua*, »Bordellkultur«, geprägt. Überspitzt formuliert, ließe sich sogar behaupten, daß dort eine Art Gegenkultur entstand, an der teilzuhaben oder die zu fördern, für Männer wie Feng ebenso selbstverständlich war wie die Bemühungen, eine erfolgreiche Beamtenlaufbahn einzuschlagen.

Bordellkultur

Ein weiterer wichtiger Autor von Erzählungen in Umgangssprache ist Ling Mengchu (1580–1644), der einen ganz ähnlichen biographischen Hintergrund wie sein Zeitgenosse Feng Menglong aufweist. Er veröffentlichte zwei Folgen einer Sammlung mit dem sprechenden Titel *Paian jingqi* (Vor Erstaunen angesichts der seltsamen Dinge auf die Tischplatte schlagen, 1628 und 1632). Wie Feng Menglong, so griff auch Ling Mengchu auf ganz unterschiedliche Quellen zurück, etwa Theaterstücke oder schriftsprachliche Erzählungen aus dem *Jiandeng xinhua*. Seine Texte schlagen im Vergleich zu Fengs Erzählungen allerdings einen in mancher Hinsicht anderen Ton an. Auffällig ist das Fehlen jeglichen Unterlaufens der Position des Erzählers. Lings Erzähler sitzt fest im Sattel und leitet den Leser, für den er so mit dem impliziten Autor zusammenfällt, durch die vorgetragenen Ereignisse. Dem komischen und vor allem satirischen Element seiner Texte kommt eine tragende Rolle zu; bisweilen geht dies sogar auf Kosten der Greifbarkeit seiner Figuren, die im Gegensatz zu Fengs Texten viel eher Repräsentanten sozialer Typen als authentische Personen darstellen und oft nicht einmal individuelle Namen tragen. Sie werden so zu Spielbällen in den vom Erzähler zur moralischen Erbauung vorgebrachten Intrigen. Er greift sich dann z.B. einen ihrer Fehler, wie etwa die Spielsucht, heraus und führt die Figur konsequent ihrem Ende entgegen. Ähnlich wie die Vier wundersamen Bücher für den Roman, schufen Feng und Ling mit ihren Erzählungen in Umgangssprache eine Basis für die weitere Entwicklung des Genres, die mit dem Ende des 17. Jh.s zwar ihren Höhepunkt überschritt, jedoch auch noch Nachwirkungen bis in das 20. Jh. haben sollte.

Ling Mengchu

Ein »Privatvergnügen»: Theater für Gelehrte

Ebenso wie sich die Tendenzen in der Erzählliteratur der mittleren und späten Ming-Zeit als doppeltes Ergebnis der sozialen Entwicklung und des sich immer stärker herausbildenden Bewußtseins der Literatenschicht für die eigene Situation betrachten lassen, war auch die Entwicklung des zeitgenössischen Theaters von verschiedenen Einflüssen geprägt. Neben der allgemeinen Theaterleidenschaft in der gesamten Bevölkerung und dem bis heute nur in Ansätzen untersuchten und untersuchbaren Aufschwung, den Dorf- und Tempeltheater erlebten, gewannen gerade in reichen Regionen Südostchinas, also in den Gebieten der heutigen Provinzen Jiangsu und Zhejiang, die privaten Theater mehr und mehr an Bedeutung. Mit dem Wirtschaftsboom reich gewordene Kaufleute oder einflußreiche Beamte hielten sich häufig sogar eigene Theatergruppen. Aufführungen fanden zum Vergnügen der Hausherren und ihrer Gäste auf kleinen Bühnen oder in Pavillons in ihren privaten Gärten statt. Der südliche Stil, das *chuanqi* (»Romanze«) beziehungsweise *nanqu* oder *nanci* (»südliches Singspiel«), hatte sich inzwischen vollständig durchgesetzt. Da sich die Stücke oft über mehr als fünfzig Szenen erstreckten und die Aufführung eines Gesamtwerkes mehrere Tage in Anspruch genommen hätte, wurden vielfach nur einzelne Schlüsselszenen dargeboten. Das Publikum war gleichwohl mit Handlung und Thema vertraut, denn die meisten Stücke waren als Manuskripte oder Drucke in Umlauf; sie waren so teilweise zu Lesestücken geworden, deren tatsächliche Aufführung nur noch einen weiteren Reiz bot, der sich zusätzlich vielleicht aus der Verehrung eines bestimmten Schauspielers ergab.

Stile des Theaters

Eine entscheidende Hilfe für das heutige Verständnis der Kunst des südlichen Singspiels bietet die theaterkritische Schrift *Nanci xulu* (Bericht über das südliche Singspiel), die der Dramenschriftsteller Xu Wei (1521–93) um 1557 verfaßte. Das Werk enthält ein Glossar der wichtigsten Fachbegriffe und einen Katalog vormingzeitlicher *nanqu*, und es erörtert Geschichte, Musik und Sprache des südlichen Singspiels. Es setzt sich kritisch mit der zeitgenössisch florierenden *fugu*-Bewegung auseinander, verurteilt den Versuch einiger Theaterautoren, Sprache und Stil der Stücke schriftsprachlichen Konventionen anzupassen, und hebt schließlich die größere Bedeutung der Authentizität der Sprache gegenüber einer bis ins Detail korrekten Erfüllung modaler Vorschriften beim Verfassen der Arien hervor, die sich nach wie vor an einem bestimmten Grundrepertoire von Melodien zu orientieren hatten.

Kritiker des Theaters

Xu Wei

Gerade in diesem Punkt mag Xu Wei auch den wohl bedeutendsten Theaterautor der Ming-Zeit, Tang Xianzu (1550–1617), entscheidend beeinflußt haben. Tang stellte die literarische und vor allem emotionale Qualität und die Ausdrucksstärke seiner Stücke über ihre Singbarkeit. Es wird kolportiert, daß er den Versuch seines Kritikers Shen Jing (1553–1610), seine Stücke gemäß den vorgeschriebenen Reimregeln und Melodien umzuschreiben, mit den Worten kommentierte: »Was versteht der schon von dem Sinn, der hinter diesen Liedern steht! Solange ich nur meinen Gedanken adäquaten Ausdruck verleihen kann, ist es mir doch gleich, ob ich die Stimmen jeglicher Schauspieler mit meinen Liedern zerstöre!« Aber nicht nur hinsichtlich der formalen Aspekte lagen Welten zwischen Shen Jing und Tang Xianzu. Während Shen den moralischen Anspruch seiner Dramen betonte, wie er etwa in dem Stück *Shi xiao ji* (Zehn pietätvolle Söhne) zum Ausdruck kommen sollte, rückte Tang das Konzept *qing*, also das Gefühl,

Tang Xianzu

auch das erotische, in den Mittelpunkt seiner *chuanqi*. Daß dieses Konzept bei ihm immer positiv besetzt blieb, hat gleichermaßen zu seiner offiziellen Stigmatisierung wie zu seiner enormen Beliebtheit beigetragen.

In den überlieferten Stücken Tangs, die zum Großteil in der Zeit nach seinem Rückzug aus dem öffentlichen Leben im Jahr 1598 entstanden, kommt noch ein weiteres Motiv zum Tragen, das nicht nur vier seiner bekanntesten Stücke einen gemeinsamen Übertitel gab, sondern in der gesamten Literatenliteratur der späten Kaiserzeit eine äußerst wichtige Rolle spielte: Es ist das Motiv des Traums, und als *Linchuan si meng* (Vier Träume von Linchuan; nach dem Geburtsort des Dichters) werden die Stücke denn auch bezeichnet. Der Traum war in der chinesischen Literatur schon immer ein wichtiges Motiv, man denke nur an den berühmten Schmetterlingstraum des Zhuangzi, doch rückte er und die mit ihm verbundenen Möglichkeiten, Welt und Literatur zu erkunden, nun verstärkt in den Blick der Autoren. Das wichtigste Stück der *Vier Träume* ist zweifelsohne *Mudan ting* (Der Päonienpavillon), das auch unter dem Titel *Huan hun ji* (Die Rückkehr der Seele) bekannt ist. Es erzählt die Geschichte eines jungen Mädchens, das bei einem Spaziergang durch einen ihr zuvor verborgenen Garten des elterlichen Anwesens von einer erotischen Begegnung mit einem jungen Gelehrten träumt. Wieder erwacht, verzehrt sie sich vor Sehnsucht ob des unvollendet und in der Realität noch ohne Entsprechung gebliebenen Traumes und wird krank. Alle Heilungsversuche zielen an der wahren Ursache vorbei, sie stirbt. Als drei Jahre später ein Prüfungskandidat auf seiner Reise in die Hauptstadt in eben diesem Garten rastet, erscheint ihm der Geist des Mädchens, von dem er schon früher geträumt hatte; die beiden verlieben sich erneut. Er öffnet schließlich auf Bitte des Geistes das Grab des Mädchens, sie kann in ihren Körper zurückkehren, und nachdem der Kandidat die Prüfung als Bester bestanden hat, willigt schließlich auch der Vater des Mädchens in eine Heirat ein.

Motiv Traum

Hier werden bereits wichtige Elemente der ab Mitte des 17. Jh.s immer populärer werdenden »Geschichten vom Begabten und der Schönheit«, *caizi jiaren xiaoshuo*, vorweggenommen, vor allem aber entfaltet das Stück das ganze Spektrum der mit Liebe verbundenen Gefühlsbewegungen, was sich auch in seiner äußerst bildreichen und blumigen Sprache niederschlägt. Zentrale Stellung in diesem Plädoyer Tang Xianzus für die physische und rationale Grenzen überwindende Kraft des Gefühls nimmt die fast am Anfang stehende Traumepisode ein, um die sich das gesamte Stück gruppiert: Die davor liegenden Szenen bereiten sie vor, in den darauffolgenden Szenen wird das in ihr Entstandene realisiert. Zu berücksichtigen ist dabei die im Westen heute vielleicht nur schwer nachvollziehbare Unerhörtheit der Tatsache, daß sich ein junges Mädchen aus gutem Hause ohne elterliche Vermittlung mit einem Fremden einläßt – und sei es nur im Traum oder als Geist. Die Traumwelt kann als Gegenentwurf zu den im Alltag doch wohl sehr viel häufiger siegreichen Prinzipien Vernunft und konventionelle Moral interpretiert werden. Im Stück, das Bestandteil der literarischen Traumwelt ist, gelingt es ihr aber, sich durchzusetzen, und dies ist das Entscheidende. Was sich dahinter andeutet, ist die unterschwellige Botschaft, daß die von der Literatur erschaffene Welt gleichfalls den Ausgangs- wie den Zufluchtsort einer möglichen Gegenwelt bieten kann. Das Spiel ist nicht nur ein Spiel der Liebe, sondern ebenso ein Spiel mit den Worten und der Dichtung, wie der anspielungsreiche Text vor allem bei der Lektüre verrät.

Ein weiteres, deutlich buddhistisch geprägtes Traumstück Tang Xianzus ist das *Nanke ji* (Eine Geschichte aus Nanke), in dem die Geschichte eines

Mannes berichtet wird, der in einem kurzen Mittagsschläfchen ein ganzes Leben zu durchlaufen scheint und beim Aufwachen die Leere menschlichen Strebens erkennt. Tangs Werk steht sehr deutlich für die Tendenz der Literatur auch vor dem Hintergrund einer sich immer mehr politisierenden gesellschaftlichen Situation, die von ihr geschaffenen Welten stärker zu reflektieren und auf ihre besondere Qualität hin zu untersuchen. Die Literatur der späten Kaiserzeit wurde immer vielschichtiger, da sie einerseits weiterhin voller politischer und sozialer Anspielungen blieb, sich andererseits immer weiter von den an sie gestellten Ansprüchen emanzipierte.

Zwischenjahre

Zwischen Zusammenbruch und Kontinuität

Bei der Betrachtung der ausgehenden Ming-Zeit taucht die eingangs aufgeworfene Frage wieder auf, inwieweit das Ende einer Dynastie über die bloße Ablösung des Herrscherhauses hinaus auch einen Einschnitt darstellt, der sich in der literarischen Entwicklung widerspiegelt. Schon in der politischen und sozialen Entwicklung gibt es dabei widersprüchliche Indikatoren: Dem scheinbar so eindeutigen Wechsel der politischen Führung, der beim Übergang zur Qing-Dynastie durch die erneute Errichtung einer – aus chinesischer Perspektive – Fremdherrschaft sogar noch an Schärfe gewinnt, steht nämlich eine erstaunliche Kontinuität in vielen Bereichen gegenüber.

Wie kam es zum Ende der Ming-Dynastie? Trotz oder vielleicht gerade aufgrund der scheinbaren äußeren Stagnation des politischen Systems, die mit der Herrschaft des Wanli-Kaisers zu Beginn des 17. Jh.s einen Höhepunkt erreichte, traten gegen Ende der Ming die Spannungen innerhalb der obersten Führungsschicht immer deutlicher zu Tage. War die mächtige, sich gegenseitig unter Kontrolle haltende Bürokratie bis dahin Garant des Erfolges gewesen, schien das System nun an seine Grenzen zu stoßen. Der gigantisch angewachsene Beamtenapparat organisierte sich zunehmend in einander oft scharf bekämpfenden Fraktionen, den Kaisern fehlten weiterhin die Möglichkeiten, die politische Entwicklung aktiv zu gestalten, und am Hof gewannen informelle Strukturen immer mehr die Oberhand; in der traditionellen Geschichtsschreibung werden vor allem die Eunuchen für den Zusammenbruch der Ming verantwortlich gemacht, doch entspricht dies in mancher Hinsicht einem historiographischen Klischee. Man hatte es zudem vernachlässigt, die politische Entwicklung an der Nordostgrenze des Reiches zu verfolgen, wo das Reitervolk der Mandschu seit dem Ende des 16. Jh.s zu einer ernst zu nehmenden Gefahr herangewachsen war. Gestützt auf chinesische Berater etablierten die Mandschu ein effektives Verwaltungssystem und setzten schon im Jahr 1636 den dynastischen Titel *da Qing*, »große Qing«, ein. Als sie im Jahr 1644 schließlich zur Unterstützung im Kampf gegen Aufstandsbewegungen nach China gerufen wurden, übernahmen sie rasch selbst die Kontrolle über den nördlichen Teil des Reiches, um wenige Jahrzehnte später ganz China unter ihrer Herrschaft zu vereinen. Und während die Mandschu zwar ähnlich den Mongolen in der Yuan-Dynastie eine strikte Trennung zwischen sich selbst und den Han-Chinesen einführten, behielten sie doch im Prinzip das ihnen bereits vertraute Regierungs- und Verwaltungssystem des Ming-Reiches bei; selbst die

Aufstieg der Mandschu

kaiserlichen Prüfungen wurden bereits 1646 ohne grundlegende Änderungen wieder etabliert. Als Zeichen der Unterwerfung verpflichteten sie die Chinesen jedoch zum Tragen eines Zopfes, der typischen Haartracht eines reitenden Steppenvolkes.

Während der Übergangszeit in der Mitte des 17. Jh.s setzten sich jedoch viele soziale und wirtschaftliche Tendenzen aus der Ming-Zeit fort. Zwar spielten innerhalb der chinesischen Gelehrtenschicht nun wieder Loyalitätsfragen eine entscheidende Rolle in der politischen, philosophischen und literarischen Diskussion, auch wurden die anfänglich vereinzelten, aber brutalen Übergriffe der mandschurischen Truppen gegen die chinesische Zivilbevölkerung mit Besorgnis wahrgenommen; alles in allem richtete sich die Oberschicht indes erstaunlich schnell in den neuen Verhältnissen ein. Die These von einem einschneidenden Wechsel muß also für diesen Dynastiewechsel ebenfalls relativiert werden.

Loyalitätsfragen

Weil aber die Frage der Loyalität gegenüber den neuen Herrschern immer in der Diskussion blieb, wurde die Stellung der Literaten, insgesamt betrachtet, schwieriger: Ihre Rolle im Staat wurde vielfach kritisch hinterfragt, und das Verhältnis von Politik und Literatur blieb die ganze Qing-Zeit hindurch ambivalent. Nach den Übergangsjahren um 1644 wurde diese Problematik allerdings erst in der zweiten Hälfte des 19. beziehungsweise zu Beginn des 20. Jh.s, als China durch das immer weitere Vordringen der westlichen Mächte in zusätzliche Bedrängnis geriet, wieder zu einem brennenden Thema. Die Übergangsphase selbst war auch aufgrund dieser Diskussion literarisch sehr produktiv; für eine kurze Zeit wurde in nicht wenigen Texten zumindest ein stiller Protest gegen die neuen Herren angedeutet, zugleich entstanden weiter viele spielerische, unpolitische Texte, in denen sich die Literatur immer stärker mit sich selbst auseinanderzusetzen begann.

Zwischen Exzentrik und moralischem Dilemma: die Fortsetzung der poetologischen Diskussion

Die Dominanz der poetologischen Diskussion prägte auch die Dichtung der Qing-Zeit. Dichtungstheoretische Fragen waren tendenziell unpolitisch und hatten die verschiedenen Grundmuster der Betrachtung von Poesie in China, etwa das Verhältnis von Imitation und Kreation, als Basis. Wie schon bei den Früheren beziehungsweise Späteren Sieben Meistern bleibt hier zu berücksichtigen, daß die scheinbar klare Zuordnung einzelner Dichter zu verschiedenen Schulen oft bestehende tatsächliche Unterschiede überdeckt. Viele der poetologischen Schriften sind zudem vor allem als Rechtfertigung des eigenen dichterischen Schaffens gegenüber möglichen Gegnern oder den eigenen Schülern zu verstehen; einen Großteil der Diskussion bestimmten also Zusammenhänge, die heute nicht immer vollständig rekonstruierbar sind.

Herausbildung einzelner Schüler

Die nach dem Herkunftsort ihrer drei Hauptvertreter in der heutigen Provinz Hubei als Gong'an-Schule bezeichnete Richtung stellte noch zu Beginn des 17. Jh.s eine erste Reaktion auf den Versuch der Archaisten dar, die Grundprinzipien der Poesie am Beispiel der Tang-Dichtung vor allem durch geschickte Nachahmung herauszuarbeiten. Nicht zufällig orientierte sich Yuan Hongdao (1560–1624), ihr wichtigster Vertreter, am Werk des bereits als Theatertheoretiker vorgestellten Xu Wei, der den individuellen Ausdruck über die korrekte Erfüllung vorgegebener Normen stellte. Auf die Dichtung bezogen, forderte Yuan, jede Zeit müsse über ihre eigene Poesie verfügen; es sei sinnlos, den Song-Dichtern vorzuwerfen, sie hätten sich nicht an den tangzeitlichen Vorstellungen orientiert, denn die Tang-Dichter hätten ja ebenfalls etwas Neues und Individuelles geschaffen und sich nicht allein an Vorbildern aus früheren Zeiten orientiert. Dichtung müsse, so Yuan Hongdao, der Realisierung der eigenen Individualität dienen. Yuan Hongdao operierte in seinen poetologischen Überlegungen mit dem zentralen Begriff *xingling*, der sich vielleicht am ehesten als eine jedem Individuum eigene, angeborene poetische Spiritualität erklären läßt, die es in der Dichtung zum Ausdruck zu bringen gilt. So versucht Yuan in seinen Gedichten, sich sprachlich von den Vorbildern zu lösen: Er läßt sich von Volksliedern inspirieren, berichtet von alltäglichen Ereignissen und verwendet, selbst wenn er sich formal an den klassischen Vorbildern orientiert, Begriffe, die in der traditionellen Dichtung aufgrund ihres scheinbar zu geringen poetischen Gehaltes niemals verwendet worden wären – etwa die Namen alltäglicher Speisen und Gerichte.

Seine grundsätzliche Bereitschaft, Formulierungen der Umgangssprache zu übernehmen, sowie seine Betonung individueller Eigenheiten brachten Yuan Hongdao immer wieder den Vorwurf ein, um des bloßen Effektes und der Spontaneität willen der Dichtung ihre Fundamente zu entziehen. Zu seinen Kritikern gehörte Zhong Xing (1574–1624), der eine wichtige Rolle in der Jingling-Schule spielte, die allmählich die Bedeutung der Gong'an-Schule übertraf. Aus Angst davor, in seinen Gedichten ebenso vulgär und ungebildet zu erscheinen wie Yuan Hongdao, bemühte er sich, den unkonventionellen Charakter seiner Lyrik durch die Wahl möglichst komplizierter und unbekannter Zeichen zu unterstreichen. Dies brachte den Vertretern der Jingling-Schule dann wiederum den Vorwurf ein, grundlos Unverständliches zu schaffen.

Qian Qianyi, ein Dichter des Übergangs

Der Dichter, der in der Schärfe seiner Kritik an den vorangegangenen theoretischen Ausrichtungen der Ming-Dichtung wohl am weitesten ging und zugleich selbst eines der am stärksten ausdifferenzierten Betrachtungssysteme für die Lyrik schuf, war Qian Qianyi (1582–1664). Er ist auch darum von besonderem Interesse, weil er – vergleichbar vielleicht mit Gao Qi für den Wechsel von der Yuan- in die Ming-Dynastie – eine Übergangsfigur darstellt. Am Beispiel seiner Person werden manche der Konflikte erkennbar, mit denen sich die Literatenschicht zu Beginn der Qing-Dynastie auseinandersetzen mußte. So war der 1582 geborene Qian noch unter den Ming mehrfach Opfer der angesprochenen Fraktionskämpfe unter den Beamten und verbrachte trotz einer bis dahin erfolgreichen Karriere die letzten Jahre der Ming-Dynastie im erzwungenen Ruhestand. Nach 1644 bot er schon bald den neuen Herrschern seine Kooperation an und nahm für einige Zeit in Peking an der Kompilation der offiziellen Geschichte der Ming teil. Bald darauf sah er sich jedoch politischen Vorwürfen ausgesetzt, weil man ihm Verbindungen zu Ming-Loyalisten nachsagte. Darüber, wie weit sein tatsächliches Engagement in diese Richtung ging, lassen sich nur Vermutungen anstellen. Im Ergebnis wurde Qian schließlich sowohl von chinesischer wie von mandschurischer Seite als verdächtige Person abgelehnt.

Seine Poetik läßt sich nicht einfach einer der beiden Grundpositionen zuordnen, die sich in ähnlicher Form ja bereits in früheren Dynastien fanden: Weder trat er für eine bloße Orientierung an klassischen Vorbildern ein, noch hob er die alleinige Bedeutung der individuellen Kreation hervor. Er war vielmehr bemüht, grundsätzlich zu klären, was ein Gedicht, was Poesie überhaupt ausmache. Woran läßt sich die poetische Qualität von

Sprache festmachen? Liegt diese vielleicht sogar außerhalb der Sprache? »Es gibt Poesie außerhalb der Dichtung«, sagte er und verglich die poetische Qualität eines Textes mit dem Duft einer Blume: Die Worte allein stellten bloß die Blumen dar – ohne sie wäre Poesie zwar nicht möglich, doch nur die Blumen in der Hand zu halten, ohne den Duft wahrzunehmen, würde der Poesie ebenfalls nicht gerecht. Der Dichter muß also den »Duft« wahrnehmen können und nicht bloß die Fähigkeit haben, mit den Worten zu jonglieren. Ergänzt beziehungsweise überhaupt nur möglich wird das Schaffen und Verstehen von Lyrik nach Qians Ansicht allerdings erst durch zwei notwendige weitere Qualitäten, nämlich Wissen und eine entsprechende moralische Haltung. Was aber unter letzterer genau zu verstehen ist, bleibt unklar. Und wie schwierig eine solche Festlegung ist, macht ja auch die oben erwähnte kritische Beurteilung von Qians Verhalten recht deutlich.

Wu Jiaji und die konfuzianischen Werte

Auf den ersten Blick sehr viel einfacher verhält es sich mit dem Dichter Wu Jiaji (1618–1684), der im Gegensatz zu den meisten anderen Dichtern der Epoche nicht wegen seiner theoretischen Überlegungen bekannt wurde, sondern vor allem aufgrund der Themen seiner Gedichte. Wu zog es vor, unter der neuen Herrschaft kein Amt zu bekleiden, sondern sein Leben mit den kümmerlichen Einkünften einer kleinen Landwirtschaft zu fristen. Während viele Literaten der ausgehenden Ming-Zeit, etwa Feng Menglong und Yuan Hongdao, in der Populärkultur neue Anregungen suchten, um das Wertesystem der Literatenschicht zu befragen oder zu ironisieren, machte sich Wu Jiaji daran, gerade unter der einfachsten Bevölkerung moralisches Verhalten zu suchen, das konfuzianischen Kardinaltugenden wie kindlicher Pietät und Loyalität gegenüber dem Herrscher besonders gerecht wurde. So setzte er in seiner Lyrik, die vor allem wegen ihrer langen, narrativen Gedichte bekannt ist, einfachen Salzarbeitern, loyalen Dienerinnen und tugendhaften Ehefrauen ein Denkmal. Auch wenn sich kaum Belege für die Authentizität seiner Schilderungen finden und seine Texte durch ihrer fast schon engstirnige Moralität mitunter eindimensional erscheinen, sind sie zugleich doch ein interessantes Zeichen für die fragwürdiger werdende Stellung der Literatenschicht. In ihr schien es nicht mehr möglich, Anstöße für eine ausreichend starke Bekräftigung der traditionellen Wertvorstellungen zu finden; sei es, weil sie sich in der Ansicht Wu Jiajis durch ihre laxe Haltung gegenüber den fremdländischen Herrschern diskreditiert hatte, sei es, weil sich gerade die literarische Produktion immer stärker emanzipierte und die Welt auch spielerisch zu erkunden begann.

Zwischen Politik und literarischem Spiel: die Weiterentwicklung der Erzählliteratur

Spielerische Erkundung der Welt

Den größten Beitrag zu dieser spielerischen Erkundung der Welt leistete die Erzählliteratur. Ihr Spektrum, das sich im 16. Jh. zu öffnen begonnen hatte, erweiterte und veränderte sich dabei fortlaufend, die Zahl der langen und kurzen Erzähltexte stieg gegen Ende der Ming-Dynastie enorm an, und dieser Trend setzte sich auch in der Qing-Zeit fort. Er tat das trotz einer schon frühen, zumindest nominellen Indizierung vieler Titel durch die Mandschu, die einerseits jegliche potentielle Kritik an ihrer Dynastie fürchteten und streng verfolgten, andererseits im Hinblick auf die angeblich von der Erzählliteratur ausgehende Gefahr für Sitten und Moral konfuzianischer als viele Konfuzianer reagierten. Erst in den letzten Jahrzehnten begann die chinesische Literaturwissenschaft (in China wie im Westen) zudem, die ganze Fülle des zum Teil nur in wenigen Exemplaren überlieferten Materials Schritt für Schritt aufzuarbeiten. Es bleiben daher noch manche Fragen offen.

Einige Tendenzen sind jedoch klar erkennbar. So entstand – häufig mit indirekten Kommentaren zum sich anbahnenden beziehungsweise gerade erfolgten Dynastiewechsel angereichert – eine Vielzahl historischer Romane, etwa das *Sui Yangdi yanshi* (Die Liebesabenteuer des Kaisers Yang der Sui-Dynastie, 1631), später dann als eine Art Fortsetzung dazu das *Sui Tang yanyi* (Die ausführliche und erläuterte Geschichte der Dynastien Sui und Tang, etwa 1675). Es erschienen weiterhin viele mehr oder weniger gelungene Fortsetzungen oder Ergänzungen der bekannten Romane des 16. Jh.s. Überhaupt spielten intertextuelle Bezüge und die Beschäftigung mit dem fiktionalen Charakter der geschaffenen Welten eine immer stärkere Rolle. Es finden sich darüber hinaus einige herausragende, für sich allein stehende Werke. Und schließlich tauchten ab etwa 1650 verstärkt die sogenannten *caizi jiaren*-Erzählungen auf: Geschichten vom Begabten und der Schönen – ein Genre, das durch seine große Popularität bald eine hervorgehobene Stellung innerhalb der Unterhaltungsliteratur für die höheren Schichten einnehmen sollte.

Intertextuelle Bezüge zwischen Erzähltexten

Zwei ganz unterschiedliche Texte, die sich beide am *Xiyou ji* orientieren, mögen die Zunahme intertextueller Bezüge zwischen einzelnen Erzähltexten sowie den vermutlich zunehmend bewußteren Umgang der Autoren mit solchen Bezügen illustrieren. Das erste Beispiel ist ein Roman des weitgehend unbekannten Autors Luo Moudeng aus dem späten 16. oder frühen 17. Jh., der alternativ unter dem Titel *Xiyang ji* (Der Bericht vom Westmeer) beziehungsweise – nach dem Beinamen des zu Beginn der Ming-Zeit mit den gewaltigen maritimen Expeditionen beauftragten Eunuchen Zheng He – als *San Bao taijian xia Xiyang* (Die Reise des Eunuchen San Bao zum Westmeer) bekannt ist. Interessant ist das *Xiyang ji* vor allem deshalb, weil es sich in seiner Struktur eng an das *Xiyou ji* anlehnt. Nicht nur die Themen Reise in den Westen gleichen sich, auch in der Figurenkonstellation und dem Aufbau der Texte gibt es große Übereinstimmungen: Ähnlich dem Mönch Xuanzang im *Xiyou ji*, der die Reisegruppe zwar zusammenhält, jedoch eine eher passive Rolle einnimmt, hat Zheng He im *Xiyang ji* nur das nominelle Oberkommando inne. Ihm sind als eigentliche Hauptfiguren die Inkarnation eines Buddha und ein Vertreter der Daoisten zugeordnet, die beide über magische Kräfte verfügen und so erst ein Gelingen der Expedition ermöglichen. In gewisser Hinsicht sind sie mit den Figuren des Affen Sun Wukong und des »Schweinemonsters« Zhu Bajie aus dem *Xiyou ji* vergleichbar.

Bei aller strukturellen Ähnlichkeit weisen die Texte indessen auch zentrale Unterschiede auf: Die äußere Reise im *Xiyou ji* ist als Allegorie der Suche nach der eigenen Identität lesbar und verrät einiges über den komplexen Seelenzustand der Literatenklasse in der mittleren und ausgehenden Ming-Zeit. Dagegen stehen im *Xiyang ji* Reflexionen über den Zusammenhalt des konfuzianischen Weltgefüges sowie dessen potentielle Bedrohung durch äußere oder innere Störungen im Mittelpunkt, etwa ein Zerbrechen des fragilen Gleichgewichts zwischen Konfuzianismus, Buddhismus und Daoismus. Ein Ziel der Expedition ins Westmeer, also den Indischen Ozean, ist es daher, durch die Einholung von Kapitulationsurkunden und Tributgaben fremder Völker, die es auf der Reise zu besuchen oder zu besiegen gilt, neue Bestätigung für eine Ordnung zu erhalten, in deren Mittelpunkt China und sein Kaiser stehen.

In ganz andere Richtung zielt der um die Zeit des Dynastiewechsels entstandene Roman *Xiyou bu* (Eine Ergänzung zum *Xiyou ji*), der die bereits im *Xiyou ji* anklingenden Fragen nach Identität und Selbst im chinesischen buddhistischen Denken aufgreift. Der Autor des Romans, Dong Yue (1620–1686), verbrachte sein Leben zwischen politisch-sozialkritischer Agitation und chan-buddhistischer Meditation. Obwohl nur ein Teil seiner Schriften überliefert ist, ist er zu den schillerndsten Persönlichkeiten des 17. Jh.s zu zählen. Mit dem *Xiyou bu*, das mit 16 Kapiteln lediglich über einen Bruchteil des Umfangs der großen Romane verfügt, schuf er einen der ungewöhnlichsten und intelligentesten Erzähltexte Chinas. Neben gesellschaftskritischen und zum Teil vermutlich auch gegen die Mandschu gerichteten Passagen finden sich Abschnitte, die eine psychologische Interpretation oder buddhistisch-allegorische Deutung zulassen. Zugleich spielt der Roman damit, daß er sich in einen anderen Text, eben das *Xiyou ji*, einschreibt. Über diese spezielle Bindung an den ihm übergeordneten Text macht sich der Roman zu einer Reise in die Literatur selbst auf. Das *Xiyou bu* ist als Text im Text zu lesen, der durch intertextuelle Bezüge die Frage nach der Funktion und dem Sinn von Literatur stellt.

Reise in die Literatur

Der Titel *Ergänzung zum Xiyou ji* ist ganz wörtlich zu nehmen, denn das *Xiyou bu* schließt direkt an eine Episode des *Xiyou ji* an, und am Ende des Romans fahren die Hauptfiguren wieder mit ihrer Pilgerreise fort. Dong Yue bediente sich dazu des einfachen aber genialen Tricks, die Abenteuer in seinem Roman in einen Traum des Affen Sun Wukong zu verlegen, dessen Innenwelt – die Innenwelt einer literarischen Figur also – der Roman im folgenden untersucht. Jegliche Änderung gegenüber dem *Xiyou ji* bleibt damit immer eine Änderung der inneren Einstellung beziehungsweise des Erkenntnisstandes des hier zur alleinigen Hauptfigur gewordenen Affen; dies ist aus chan-buddhistischer Perspektive allerdings das Entscheidende. Auch das Problem, zwischen Realität und Schein zu unterscheiden beziehungsweise die Hinfälligkeit dieser Unterscheidung erkennen zu lernen, ist ein weiteres der Motive, die das *Xiyou bu* aus der Erzählliteratur des 16. Jh.s übernimmt und auf die Spitze treibt. Folgende Szene vom Anfang des zweiten Kapitels verdeutlicht dies. Der Affe Sun Wukong hat, ohne es selbst zu bemerken, gerade die Traumwelt betreten und steht nun vor den Toren einer großen Stadt:

> Über der Stadtmauer wehte ein Banner, auf dem in goldener Siegelschrift zu lesen war: »Der neue Himmelssohn der großen Tang, der Kaiser der Restauration, 38. Nachkomme des Taizong« [unter dessen Regierung die Pilger im Roman *Xiyou ji* aus China aufgebrochen waren]. Als der Affe plötzlich die zwei Zeichen »Große Tang« sah, zuckte er zusammen und kalter Schweiß überzog mit einem Mal seinen Körper. Er begann zu sinnieren: »Wir sind doch nach Westen gegangen, wie kann es sein, daß wir jetzt wieder im Osten gelandet sind? Dies hier muß Einbildung sein. Welches Monster treibt da sein böses Spiel mit uns?« Er überlegte weiter: »Es gibt freilich diese Theorie, daß die Erde rund sei, und der Himmel sich um sie drehe. Was wäre, wenn wir also schon durch das westliche Paradies hindurchgelaufen und wieder im Osten angelangt wären? Wenn es sich wirklich so verhielte, wäre das auch nicht weiter schlimm, denn dann müßten wir einfach noch eine Runde laufen. Könnte das hier schließlich doch die Wirklichkeit sein?« Nach weiterem Nachdenken rief er allerdings aus: »Falsch, falsch! Wenn wir bereits durch das westliche Paradies hindurchgegangen wären, dann hätte uns doch der barmherzige Buddha gerufen! Ich habe ihn immerhin schon einige Male getroffen und er war nicht ohne Mitgefühl und Freundlichkeit. Das hier ist einfach Einbildung!« Hierauf dachte er: »Aber wie konnte ich nur vergessen! Als ich noch mit den anderen Affen in der Wasserfall-Höhle lebte, hatte ich einen Bruder, den man

den blauen Boten nannte. Der gab mir einmal ein Buch über den heiligen Berg Kunlun, in dem stand: ›Es gab ein Land namens China, das ursprünglich gar nicht China hieß, sondern bloß aus Verehrung Chinas sich den Namen China aufgesetzt hat.‹ Dies hier muß dieses Land sein. Also ist es wirklich!« Nur einen Augenblick später rief der Affe jedoch unwillkürlich aus: »Falsch! Falsch! Falsch! Falsch! Falsch! Wenn sie China verehrt hätten, dann hätten sie doch bloß ›China‹ geschrieben, nicht aber ›Große Tang‹! Und schließlich hat mir mein Meister Xuanzang schon oft erzählt, daß die Herrscher der großen Tang erst seit kurzem auf dem Thron sind; wie können sie dann so schnell den Namen in Erfahrung gebracht haben und auf ihre Banner schreiben? Wie könnte dies hier also wirklich sein!«

Auffällig ist im *Xiyou bu* weiterhin die relativ moderne personale Erzählhaltung, die den Text über weite Strecken dominiert: Der auktoriale Erzähler drängt sich nur selten in den Vordergrund, seine Kommentare sind, abgesehen von den nachgestellten kurzen Anmerkungen, die als vom Text getrennt zu lesende Erklärungen deutlich erkennbar bleiben, zumeist sehr zurückhaltend, selbst die sonst üblichen Erzählerfloskeln an Kapitelanfang und -ende sind auf ein Minimum reduziert. Häufig werden lange Selbstgespräche Suns wiedergegeben, was dem Charakter und Denken der Figur zusätzliche Plastizität verleiht.

Die anspielungsreichen Traumerlebnisse Suns sind zudem oft auf subtile Weise über Wort- beziehungsweise Zeichenassoziationen miteinander verknüpft. Dies ist ein erster Hinweis darauf, daß sich die vorgestellte Traumwelt als die Welt der Sprache und der Literatur selbst deuten läßt. Die Erzählstruktur ist äußerst komplex, immer wieder finden sich Einschübe, und der Leser folgt dem Affen nicht nur in dessen Traum, sondern das Bewußtsein Suns spiegelt zugleich eine Welt voller Erzählungen und Geschichten wider. Auf die Spitze getrieben wird dies an einer Stelle im Text, an der Sun in seinem Traum ein Singmädchen belauscht, das von den Abenteuern der Pilgergruppe auf ihrer Reise in den Westen berichtet und dann genau an der Stelle endet, an der die Erzählung inzwischen selbst angelangt ist. In diesem Text im Text im Text holt der Erzählvorgang sich selbst ein und treibt so ein spannungsreiches Spiel mit den Möglichkeiten von Erzählliteratur überhaupt. Dieses Spiel und der facettenreiche Umgang mit dem Phänomen Illusion, der sich z. B. in dem häufig wiederkehrenden Motiv des Spiegels ausdrückt, begründen die Bedeutung des *Xiyou bu* für die chinesische Erzählliteratur.

Text im Text im Text

Wie weit sich das Bewußtsein für Erzählzusammenhänge bis in die frühe Qing-Zeit entwickelt hatte, zeigt gleichermaßen die nach 1660 veröffentlichte Novellensammlung *Doupeng xianhua* (Müßige Gespräche im Schatten der Bohnenstangen) von Wang Mengji. Interessant ist die Sammlung vor allem deshalb, weil hier eines der wenigen Beispiele in der chinesischen Literatur für den geschickten Umgang mit einer Rahmenerzählung vorliegt, in die die einzelnen Geschichten eingebettet wurden – vergleichbar etwa mit Boccaccios *Decamerone*. Wird die Figur des Erzählers in anderen *huaben*-Texten zumeist als fiktiver Geschichtenerzähler eingeführt, dessen Umfeld der Text dann nicht näher erläutert, treten hier die einzelnen Erzähler als Charaktere innerhalb einer Rahmenhandlung auf. Die Erzähler sind durchweg Personen unterer sozialer Schichten, die sich während der heißen Sommermonate im Schatten dicht überwachsener Bohnenstangen treffen. Der Konstruktion aus Bohnenstangen kommt dabei zugleich eine symbolische Funktion als Gerüst der Erzählstruktur zu. Man tauscht dort Erfahrungen aus, berichtet, was man gehört hat, und kommentiert die erzählten Ereignisse dann gegenseitig. Themen sind die Wirren der letzten

Rahmenerzählung

Jahre der Ming-Zeit und ihre Folgen für den sozialen Zusammenhalt der Gesellschaft, aber auch der Übergang zur Herrschaft durch die Mandschu wird im Gewand historischer Allegorien reflektiert. Am Ende der Sammlung bricht schließlich das Gestänge, durch einen unvorsichtigen Dorfbewohner zum Einsturz gebracht, in sich zusammen und entläßt Leser wie Erzählerfiguren aus dem Reich der Fiktion in die Wirklichkeit.

Eheschicksale im Roman

Obwohl sich natürlich fast alle ab dem Ende des 16. Jh.s verfaßten Romane innerhalb des reichen Feldes intertextueller Bezüge positionieren lassen, das die chinesische Erzählliteratur spätestens mit den Vier wundersamen Büchern eröffnet hatte, gab es, wie schon angedeutet, durchaus eigenständige Werke. Ein wichtiges Beispiel hierfür ist der nicht genau zuschreibbare und nicht genau datierbare, vermutlich aus den ersten Jahrzehnten der Qing-Dynastie stammende Roman *Xingshi yinyuan zhuan* (Bericht von Heiratsschicksalen zur Erweckung der Welt). Er greift zwar Motive aus dem *Jin Ping Mei* oder den verschiedenen Sammlungen mit *huaben* auf, doch führt er sie auf eigene Weise fort und arbeitet sie geschickt in eine komplexe Erzählstruktur ein. Oberflächlich betrachtet, erzählt das *Xingshi yinyuan zhuan* die nur lose verbundene Geschichte zweier mehr oder weniger wohlhabender Familien aus der heutigen Provinz Shandong. Im Zentrum steht dabei, ähnlich wie im *Jin Ping Mei*, jeweils das Verhältnis der Hausherren zu ihren Ehefrauen und Konkubinen. Doch während das *Jin Ping Mei* den Aufstieg und Fall eines einzigen Hausstandes in einer kunstvoll strukturierten Komposition darstellt und bei aller Vielfalt das Gewicht letztlich auf die Offenlegung der menschlichen Schwächen legt, ist im *Xingshi yinyuan zhuan* das Spektrum breiter. Die unterschiedlichsten Emotionen, positive wie abschreckende Beispiele und eine Vielzahl menschlicher Beziehungen werden vorgestellt. Chao Yuan, die zentrale Figur des ersten, kürzeren Teiles, der Sohn eines durch Betrug an die Macht gelangten Beamten, ähnelt noch am ehesten der Figur Ximen Qing aus dem *Jin Ping Mei*. Er nimmt sich eine Geliebte, vernachlässigt seine Frau und treibt diese schließlich durch falsche Anschuldigungen sogar in den Selbstmord. Di Xichen hingegen, der im zweiten Teil den Mittelpunkt der Erzählung bildet, steht eindeutig unter dem Pantoffel sowohl seiner Ehefrau als auch einer später heimlich geheirateten Konkubine. Der Roman reiht eine ungeheure Fülle überaus realistisch geschilderter Eheszenen aneinander, die oft noch zusätzlich durch Ereignisse in Nachbarsfamilien indirekt kommentiert werden.

Wiedergeburt und karmische Vergeltung

Gleichwohl ist die gesamte Geschichte in höchstem Maße durchkomponiert: Fast alle Charaktere der beiden Teile sind nämlich durch das Konzept der Wiedergeburt miteinander verbunden, müssen also entweder für begangenes Unrecht leiden oder kommen aufgrund erlittenen Ungemachs in den Genuß einer besseren sozialen Position; Di Xichen selbst ist eine Reinkarnation von Chao Yuan und muß für dessen Sünden büßen. Der Trick des Autors im *Xingshi yinyuan zhuan* liegt darin, daß er das religiöse und soziale Strukturelement Wiedergeburt beziehungsweise karmische Vergeltung zu einem erzählerischen macht. Er läßt den Roman mit einer scheinbar nebensächlichen Handlung beginnen – Chao Yuan tötet auf der Jagd einen Fuchsgeist. Doch bildet dieser Verstoß gegen das buddhistische Tötungsverbot den Ausgangspunkt einer ganzen Kette von Ereignissen, die mit der Einsicht der Figuren in die Hintergründe ihres jeweiligen Schicksals am Ende des Textes schließlich zusammengeführt und aufgelöst werden. Die Haltung des Erzählers ist im *Xingshi yinyuan zhuan* von einer Mischung aus beißendem Spott und Mitleid mit seinen Figuren geprägt. Scharf sind vor allem die Schilderungen der vor ihren streitsüchtigen Ehefrauen kuschenden Männer; die konservative Grundeinstellung des Erzählers und impliziten Autors insbesondere zum traditionellen Rollenverhältnis von Mann und Frau bleibt hinter alledem immer deutlich spürbar.

Der Begabte und die Schöne (caizi jiaren)

Viel eher hinterfragt wurde dieses Rollenverhältnis indes erstaunlicherweise in den sich auf den ersten Blick allein als recht konventionelle Liebesgeschichten gebenden *caizi jiaren*-Erzählungen, den Geschichten vom Begabten und der Schönen. Schon kurz nach ihrem Aufkommen um 1650 sehr beliebt, war diese Gattung noch bis in die Mitte des 18. Jh.s weit verbreitet und sollte sogar zu Beginn des 20. Jh.s. in der sogenannten Mandarinenten- und Schmetterlingsliteratur einen erneuten kurzen Aufschwung erleben. Aus der frühen und mittleren Qing-Zeit sind etwa fünfzig bis sechzig Texte mittlerer Länge, jeweils zehn bis fünfzehn Kapitel, erhalten. Diese Geschichten der reinen Liebe zwischen einem talentierten, aber oft bitterarmen jungen Gelehrten und seiner schönen sowie häufig literarisch nicht weniger begabten Frau oder Verlobten lösten langsam zudem die bis Ende der Ming-Zeit sehr beliebten Berichte von erotischen Abenteuern ab. Während in den erotischen Novellen häufig ein Mann zwischen mehreren miteinander um seine Gunst kämpfenden Frauen stand, konzentrieren sich die *caizi jiaren*-Erzählungen meist auf die Beziehung eines Paares, selten die eines Mannes zu zwei Frauen, die sich dann jedoch sehr gut verstehen. Die Geschichte selbst läuft fast immer nach demselben Schema: Die Partner erkennen, daß sie füreinander bestimmt sind, doch vor einer glücklichen Vereinigung gilt es eine Reihe von Hindernissen, etwa die Entführung der Frau durch böswillige Verwandte, zu überwinden. Am Ende steht die Heirat und der Beginn einer verständnisvollen Ehe gleichberechtigter Partner. Die Figuren sind so konstruiert, daß sie einander ideal ergänzen oder aber ihre Charaktereigenschaften ineinander überzugehen scheinen; interessanterweise verlieren manchmal sogar die Geschlechterrollen ihre Konturen. Einige der Schönen nehmen z. B. in Männerkleidung äußerst erfolgreich an den Staatsprüfungen teil, bei denen Frauen eigentlich nicht zugelassen waren. Viele der talentierten Gelehrten haben stark feminine Züge; Berichte von Männern in Frauenkleidern finden sich allerdings nur in einigen dem *chuanqi*- oder *zhiguai*-Genre zuzurechnenden schriftsprachlichen Erzählungen und tauchen dann wieder in Texten aus der späteren Qing-Zeit auf, in denen die homoerotischen Beziehungen zwischen männlichen Schauspielern und ihren Verehrern geschildert werden. Während sich in diesen Texten die klar definierten Geschlechterrollen dann völlig auflösen beziehungsweise ins Absurde gezogen werden, bleiben die Grenzüberschreitungen in den *caizi jiaren*-Erzählungen meist folgenlos. Die weiblichen Hauptfiguren werden zwar als höherwertige Wesen konstruiert, doch sobald der richtige Mann auftaucht, ordnen sie sich wieder dem System unter. Auch das Prinzip der vermittelten Heirat, vor dessen Hintergrund alle romantischen Liebesgeschichten aus dem traditionellen China gelesen werden müssen, wird häufig nur im Ansatz hinterfragt; denn bei den geschilderten Figuren handelt es sich um stark stilisierte außergewöhnliche Persönlichkeiten, die nur ihrer Begabung und besonderer Bestimmung mit Hilfe einer Art taktischen Rebellion zu ihrem Recht verhelfen und letztlich doch immer innerhalb der Grenzen des Erlaubten bleiben. Es erscheint durchaus möglich, die Beliebtheit dieser Texte, auf die schon allein die pure Anzahl des überlieferten Materials verweist, als Ergebnis der Flucht einer ganzen Schicht vor den veränderten gesellschaftlichen Verhältnissen zu interpretieren, mit denen man sich zugleich stillschweigend arrangierte.

Verschiebung der Geschlechterrollen

Man mag in den von ihnen entworfenen stilisierten und häufig recht realitätsfernen Rollenbildern allerdings auch schon den Beginn des langsamen Abschieds von einer über lange Zeit dominierenden Gesellschaftsschicht erkennen, der sich durch die gesamte Qing-Zeit hinziehen sollte.

Zwischen Konvention und Kreativität: Li Yu

Li Yu als literarisches Multitalent

Daß sich die Gesellschaft veränderte und das traditionelle Selbstverständnis der Literaten ins Wanken geriet, läßt sich exemplarisch am Werk und Leben des Multitalents Li Yu (1611–1680) zeigen. Aufgrund seiner vielfältigen Begabungen ragt er unter den Literaten seiner Zeit hervor und verkörpert zugleich jenen sich ab der Mitte der Ming-Zeit herauskristallisierenden Typus des rein literarisch aktiven Gelehrten. Seinen extravaganten Lebensstil und seine recht freizügigen moralischen Vorstellungen eingeschlossen, steht er fast idealtypisch für den Literaten, dem es trotz vielfacher Begabungen nicht gelingt, eine offizielle Karriere einzuschlagen, und der so gezwungen ist, sich seinen Lebensunterhalt durch schriftstellerische Tätigkeit zu verdienen, zugleich aber aus dieser Not eine Tugend macht, indem er die innerhalb der Konventionen bestehenden Freiräume mit größtmöglicher Phantasie ausfüllt. Li Yu stellt hier sicher den Höhepunkt der Entwicklung dar. Den politischen und materiellen Zwängen, denen sich die Literatenschicht in der Umbruchphase ausgeliefert sah, setzte er eine Reihe literarischer und persönlicher Strategien entgegen. Deren wichtigste, die zudem alle Bereiche seines Lebens und Werkes durchdrang, war das von ihm ebenso konsequent wie kreativ betriebene Prinzip der Selbststilisierung, ja Selbsterfindung: Li war nicht einfach Lebenskünstler und Genießer, vielmehr *zeichnete* er sich vor allem als solchen. Primäres Mittel dieser Selbstentwürfe waren seine Essays. Doch in den Dramen und seinem erzählerischen Werk bleibt Lis Tendenz zur Ästhetisierung seiner Umwelt und zur starken Betonung des Wertes der sinnlichen Erfahrung gleichermaßen spürbar – beides Elemente, die zudem häufig noch in einen spielerischen Kontext eingebettet werden.

Selbststilisierung und Selbsterfindung

In den Essays, kurzen und stark stilisierten schriftsprachlichen Texten, stehen meist Fragen des Alltagslebens im Zentrum. Die bedeutendste Sammlung mit Prosatexten Lis trägt den Titel *Xianqing ou ji* (Gelegenheitsnotizen eines Müßiggängers). Manchmal verbindet er seine Beobachtungen mit allgemeinen theoretischen Überlegungen, doch geschieht dies oft mit einem mild ironischen Unterton; die Unterhaltung des Lesers, die Freude an der gelungenen, eleganten Formulierung steht im Vordergrund, und so entwickeln sich aus diesen Essays häufig sanfte Parodien klassischer Prosa. Werden persönliche Erfahrungen diskutiert, schlägt Li ebenfalls einen humorvollen Ton an, die für diese Gattung typische ironische Distanz zur eigenen Person bleibt gewahrt, obgleich er hier und dort mit Eigenlob nicht zurückhält. Er diskutiert die Bedeutung der Auswahl der richtigen Möbel, breitet seine Vorliebe für bestimmte Blumensorten aus, er schildert seine Vorfreude auf die Flußkrebssaison im Herbst oder sinniert über die besten Zubereitungsmöglichkeiten für diese Delikatesse:

> Krebse sind die delikatesten Dinge überhaupt. Der Mensch, der sie essen will, kann ihren wunderbaren Geschmack nur verderben. Kocht man eine Suppe aus ihnen, mag diese zwar köstlich schmecken, doch die schöne Substanz der Krebse verschwindet darin. Bereitet man ihr Fleisch in feinste Streifen geschnitten zu, mag daraus vielleicht ein nahrhaftes Gericht entstehen, aber der wahre Geschmack der Krebse ist nicht mehr erkennbar. Noch abstoßender ist es, sie zu halbieren und

anschließend mit Öl, Salz und Bohnenmehl zu braten. Hierbei gehen Aussehen, Duft und Geschmack völlig verloren. Es hatte geradezu den Anschein als wären alle diese drei Zubereitungsarten neidisch auf die vielen, feinen Geschmacksnuancen der Krebse, als mißgönnten sie ihnen den prächtigen Anblick, den sie bieten, als wollten sie sie bewußt zerstören und bewirken, daß ihnen das Besondere abhanden komme und sie sich zum Schlechten verändern.

Alle guten Dinge dieser Welt werden am besten ohne weitere Zugaben genossen. Krebse sind frisch und üppig, süß und nahrhaft, weiß wie Jade und gelb wie Gold. Ihre Farbe, ihr Duft und ihr Geschmack haben bereits den Gipfel des Möglichen erreicht; nichts kann sie übertreffen. Versucht man, noch andere Geschmacksrichtungen hinzuzufügen, ist das so, als wolle man der Sonne mit einer Fackel zu Hilfe kommen, als schöpfe man Wasser, um den Strom eines Flusses zu verstärken – auch wenn man hofft, damit etwas zu verbessern, wird es doch nicht gelingen! Will man Krebse essen, gibt es nur eines: Man dämpfe sie in ihren Schalen, bis sie gar sind, bewahre sie dann in gekühlten Schüsseln auf und serviere sie anschließend auf kleinen Tischchen, damit sich jeder Gast selbst bedienen kann. Wenn man einen Panzer oder eine Schere aufgebrochen hat, heißt es, das Fleisch sogleich zu essen, damit auch nichts vom Geschmack und der Würze verloren gehe. Aus der Schale des Krebses direkt in den Mund des Menschen – gibt es ein größeres Geheimnis beim Essen und Trinken?

Anleitung zum Genuß

Wie das Textbeispiel zeigt, geht es Li Yu bei aller Stilisierung nie um eine übertriebene Verfeinerung, viele seiner Texte lassen sich vielmehr als Anleitung dazu lesen, das Schöne gerade in den einfachen Dingen wie den Gesten oder dem Blick einer Frau zu erkennen. Er selbst versteht seine Ratschläge und Betrachtungen als Anweisungen für ein gutes und glückliches Leben. Fragen des Zusammenlebens mit Frau und Konkubinen, die Li in vieler Hinsicht als gleichwertige Partnerinnen auffaßt, werden ebenfalls ausführlich erörtert. Trotz der Größe seines Haushalts schien sich das Zusammenleben dort im übrigen, abgesehen von finanziellen Engpässen, erstaunlich harmonisch zu gestalten; ein Theaterstück und einige Gedichte deuten sogar eine lesbische Beziehung zwischen Lis Frau und seiner ersten Konkubine an, wobei hier vor allem Lis freimütiger Umgang mit diesem Thema herauszuheben ist.

Theatertheorie

Einen weiteren wichtigen Teil des *Xianqing ou ji* stellt eine systematische theatertheoretische Abhandlung dar, in der sich Li Yu mit Fragen des Verfassens von Theaterstücken und mit konkreten Problemen der Aufführung beschäftigt: Die gute Spielbarkeit und Verständlichkeit der Stücke stehen für ihn im Vordergrund. Er wandte sich gegen den vorherrschenden Trend zu einer immer stärkeren Literarisierung des Theaters, wie sie etwa bei Tang Xianzu erkennbar war. Da die Stücke zugleich immer länger geworden waren und zumeist ohnehin nur noch in Ausschnitten aufgeführt wurden, forderte Li eine Verkürzung der Stücke und eine Reduzierung der Handlung auf die tragenden Elemente. Diese sollten zudem besser auf ihren logischen Zusammenhang hin geprüft werden. Bei der Wahl der Themen verlangte er eine stärkere Konzentration auf die genaue Beobachtung und Schilderung menschlicher Gefühle und Beziehungen, die ihm die originellsten Stoffe überhaupt zu bergen schienen.

Theaterproduzent und Schauspiellehrer

Li konnte beim Abfassen dieser theoretischen Gedanken zum Theater, die allein nach Umfang und Genauigkeit einen Höhepunkt der chinesischen Dramentheorie darstellen, auf reiche persönliche Erfahrung zurückgreifen. Denn neben seiner schriftstellerischen Tätigkeit war er sein ganzes Leben hindurch als Theaterproduzent und Schauspiellehrer aktiv. Er verbrachte einen Großteil seines Lebens in Hangzhou und Nanjing, wo er außerdem noch ein für seine hohe Druckqualität geschätztes Verlagshaus gründete; die

Beschäftigung mit handwerklichen Fragen war Li Yu also gleichfalls nicht fremd. Fast ebenso häufig ging er auf Reisen, sei es, um Mäzene für seinen kostspieligen Lebensstil zu finden, sei es, um selbst Theateraufführungen seiner oder fremder Stücke zu leiten.

Zehn Komödien Lis sind bis heute überliefert; die Hälfte basiert auf von ihm selbst verfaßten Erzählungen in Umgangssprache; ein Vergleich der Dramen- mit der Novellenfassung kann daher die gattungsspezifischen Unterschiede und die jeweils unterschiedliche Vorgehensweise des Autors bei der Durchführung eines Themas verdeutlichen. Oft werden in den Theaterfassungen z. B. gemäß den damaligen Konventionen zusätzlich Götter- oder Geisterfiguren eingeführt, die die Handlung im Hintergrund zusammenhalten, damit als eine Art Agenten der Kausalität auftreten und so eine in mancher Hinsicht mit der Rolle des Erzählers vergleichbare Position einnehmen. Es finden sich jedoch, gerade was die Sujets, deren Behandlung und den Tonfall betrifft, auch viele Übereinstimmungen zwischen dem dramatischen und dem erzählerischen Werk Li Yus. Es gilt außerdem immer, daß er die jeweiligen Gattungen nicht neu erfindet oder revolutioniert; seine formalen Innovationen bleiben vielmehr meist innerhalb des etablierten Rahmens, den er auf ebenso brillante wie unterhaltsame Weise voll ausfüllt. Li Yu führt die Tendenz fort, den Akt des Erzählens selbst zu hinterfragen, sogar im Theater. Eine seiner Komödien läßt er in einem Theater spielen, und das ganze Stück ist durchzogen von Gedanken über den Charakter der sich im Spiegel des Theaters reflektierenden Welt. Auch in den Novellen der zwei Sammelbände *Wu sheng xi* (Lautlose Dramen, 1654) und *Shi'er lou* (Zwölf Gebäude, 1658) wird die Stellung des Erzählers immer wieder ironisiert; ein Effekt, der durch das sich bis zum Ende der Qing-Zeit erhaltende Phänomen der Selbstkommentierung des Textes durch Rand- und Kapitelendglossen noch verstärkt wird.

Romantische Komödien

Zwei grundsätzliche Typen von Erzählungen lassen sich feststellen. Zum einen findet sich eine Vielzahl sehr spielerischer romantischer Komödien, wie etwa die Geschichte vom Sommerpavillon: Mit Hilfe eines Teleskops – die Einführung solch westlicher technischer Neuerungen in die chinesische Literatur war eine wirkliche Innovation – späht der Held der Geschichte das schönste Mädchen der Stadt aus und erobert es dann schließlich mit Hilfe seines Wundergerätes. Zum anderen präsentiert Li Yu eine Reihe bissig sarkastischer Inversionen dieses Typus der romantischen Komödie, wenn er etwa die Geschichte eines häßlichen Mannes erzählt, der sich gegen die gemeinsame Ablehnung durch seine drei mit List eroberten ausnehmend hübschen Frauen nicht zur Wehr setzen kann, oder wenn ein anderer Mann in einer homosexuellen Beziehung die Rolle der Mutter eines adoptierten Sohnes übernimmt und seine Figur mit der in der konfuzianischen Tradition hochgeschätzten Mutter des Philosophen Mengzi verglichen wird.

Ein zentrales, wenngleich immer unterschiedlich präsentiertes, Thema fast aller Erzählungen ist die Liebe und die Lust sowie deren manchmal recht kompliziertes Verhältnis. Die Erotik der meisten Texte ist unterschwellig; die Phantasie des Lesers wird zwar durchaus beflügelt, aber Erzähler und Autor belassen es in den Novellen zumeist bei Andeutungen. Dem steht der Roman *Rou pu tuan* (Ein Gebetsteppich aus Fleisch) gegenüber, der sich in die reiche Tradition erotischer Literatur einschreibt, die vor allem seit dem 16. Jh. entstanden war. Die Autorschaft dieses Romans in zwanzig Kapiteln ist bis heute nicht vollständig geklärt, wenn auch fast alles dafür spricht, daß Li Yu hinter diesem anonym veröffentlichten Werk steht, dessen erste erhaltene Druckausgabe aus dem Jahr 1694 stammt.

Von wenigen Ausnahmen wie der anonymen Sammlung *Yi pian qing* (Die ganze Weite der Leidenschaft) abgesehen, die einen viel freizügigeren Ton anschlägt, ist der Großteil der erotischen Literatur der späten Ming-Zeit, die übrigens vorwiegend eine männliche Perspektive einnimmt, nach folgendem Schema aufgebaut: Ein meist junger Mann gerät aus verschiedenen Gründen auf erotische Abwege und erlebt vielfache sexuelle Abenteuer, die sich bis zum Ende zu einer Art Orgie steigern; schließlich erfährt er die seinen Ausschweifungen gemäße Bestrafung oder stirbt an sexueller Auszehrung. Hier kommt neben den konfuzianischen Moralbegriffen unterschwellig noch die daoistische Vorstellung zum Tragen, Geschlechtsverkehr sei eine Art Kampf, bei dem sich Mann und Frau gegenseitig ihrer vitalen Essenzen zu berauben versuchen. Mag dieses Muster in manchen Texten auch nur als Vorwand zur Schilderung erotischer Handlungen dienen, greift es der Autor des *Rou pu tuan* doch geschickt auf, zieht es ins Lächerliche und fügt es dann zu einer fein strukturierten Erzählung neu zusammen. Darüber hinaus karikiert das *Rou pu tuan* das buddhistische Prinzip der karmischen Vergeltung, das schon den Aufbau des *Xingshi yinyuan zhuan* entscheidend geprägt hatte. So führt der Erzähler z.B. die Gattin des Romanhelden genau mit den Männern zusammen, mit deren Ehefrauen sich der Held zuvor bereits vergnügt hatte, und kommentiert diese Fügung des Schicksals mit spitzem Unterton. Andere Elemente der erotischen Literatur werden im *Rou pu tuan* ins Drastische übersteigert; während im allgemeinen meist einfach nur die besondere Größe des männlichen Geschlechtsteils der Hauptfiguren betont wird, läßt sich der Held des *Rou pu tuan* seinen Penis in einer der skurrilsten Szenen sogar operativ vergrößern.

Erotische Literatur

Zu den subtileren Mitteln des Erzählers, sein Spiel mit den Lesern und deren Erwartung an einen Text dieses Genres zu treiben, gehört die häufige Unterbrechung erotischer Szenen durch essayistische Exkurse, bei denen man bisweilen kaum zwischen Parodie und Ernst unterscheiden kann. Aus dem üblichen Rahmen fällt weiterhin ein Plädoyer für die weibliche Sexualität und insbesondere das Recht von Frauen, ihre sexuellen Wünsche frei von moralischen Beschränkungen zu befriedigen. Auch im *Rou pu tuan* zeigt sich Li Yu so als ein Autor, der die literarischen Tendenzen seiner Zeit geschickt aufgreift, auf die Spitze treibt und dadurch aufgrund seiner gelassenen, freien moralischen Vorstellungen das innerhalb eines bestehenden Rahmens mögliche Neue schafft.

Verfeinerung, Inquisition und Abschied

Das Zeitalter der aufgeklärten Despoten

Die von 1662 bis 1795 reichende Epoche der drei unter den Regierungsdevisen Kangxi, Yongzheng und Qianlong herrschenden Kaiser wurde von dem französischen Sinologen Jacques Gernet als Zeitalter der aufgeklärten Despoten bezeichnet. Echte Bewunderung für die chinesische Kultur paarte sich bei diesen Kaisern mit strategischem Geschick, wodurch sie sich der zu einer dauerhaften Aufrechterhaltung der Herrschaft unbedingt notwendigen Unterstützung der chinesischen Oberschicht in großem Maße versichern konnten. Zudem gelang es ihnen, der Rolle des Kaisers wieder eine größere Bedeutung zu verschaffen. Die Mandschu festigten mit der Zeit

Militärische Expansion, wirtschaftlicher Aufschwung

nicht nur ihre Position in China, sie setzten auch auf militärische Expansion und integrierten bis zur zweiten Hälfte des 18. Jh.s die großen Wüsten- und Steppengebiete der heutigen Provinz Xinjiang, die äußere Mongolei sowie Tibet in das chinesische Reich. So erhielt China unter ihrer Herrschaft die größte Ausdehnung, die es bis heute je erreicht hat. Zugleich war ihr Reich damit allerdings auch ein komplexer Vielvölkerstaat geworden, in dem es beständig zwischen den verschiedenen Kulturen und Religionen zu vermitteln galt.

Weiterhin gingen die Mandschu gegen Ende des 17. Jh.s. zu einer extrem niedrigen Agrarbesteuerung über und schufen somit eine der Grundlagen des ökonomischen und kulturellen Aufschwungs, den China dann im 18. Jh. erlebte. Gerade die Landwirtschaft entwickelte sich so nämlich stark weiter, und mit Hilfe eines geschickten Fruchtwechsels und des intensiven Anbaus neuer, seit dem 16. Jh. aus Amerika importierter Pflanzen wie Erdnüssen und Süßkartoffeln gelang es, die Erträge deutlich zu steigern. Diese Ertragssteigerungen waren die Voraussetzung dafür, einerseits die wachsende Bevölkerung ausreichend zu ernähren, andererseits zusätzliche Arbeitskräfte für den Anbau von Exportgütern wie Tee oder die Beschäftigung in großen Handwerksbetrieben wie etwa Webereien freizusetzen. Der Handel mit europäischen und asiatischen Ländern spielte dabei bis in das 19. Jh. hinein weiterhin nur eine untergeordnete Rolle. Festzustellen ist aber ein im Vergleich zur Ming-Zeit nochmals kräftiges Wachstum des innerchinesischen Handels, der einen entscheidenden Beitrag zu dem im 18. Jh. herrschenden allgemeinen Wohlstand leistete. Der verstärkte Handel förderte zudem die regionale und soziale Mobilität. In vielen Städten entwickelten sich landsmannschaftlich organisierte Gilden, die zu den im chinesischen Geschäftsleben bis heute so wichtigen Kontakten verhalfen. Manche Händler traten dann wiederum als Mäzene des literarischen Lebens auf und versuchten so, ihren Reichtum in gesellschaftliches Ansehen zu verwandeln.

Welchen Einfluß nahmen die Mandschu in dieser Zeit auf das kulturelle Leben? Die erwähnten drei Kaiser stellten sich selbst zunächst vor allem als Bewahrer der chinesisch-konfuzianischen Tradition dar. Insbesondere ihre ausgedehnten Reisen in die Jiangnan-Region kamen einer Verbeugung vor der chinesischen Kultur gleich. Zum Teil nahm die mandschurische Oberschicht die konfuzianische Tradition sicher schon deshalb ohne Zögern an, weil sich damit die Legitimität ihrer Herrschaft gegenüber den Han-Chinesen besser begründen ließ. Darüber hinaus mögen sich die Mandschu in der Tat als diejenigen empfunden haben, die durch ihr entschlossenes Eingreifen eine Auflösung der politischen wie geistigen Einheit des Reiches überhaupt erst verhindert hatten. Schon darum sahen sie es vielleicht ebenfalls als ihre Aufgabe an, die Vielfalt und Heterogenität, die das intellektuelle Klima am Ende der Ming-Zeit geprägt hatten, etwas zurückzustutzen. Von dieser schärferen Beobachtung der geistigen Entwicklungen versprach man sich gleichzeitig wieder eine bessere politische Kontrolle.

Indirekt erfolgte diese Kontrolle durch die verstärkte Förderung öffentlicher und privater Grundschulen. Wenngleich es auch für die Qing-Zeit nicht zutreffend wäre, von einem kohärenten staatlichen Schulsystem zu sprechen, geht aus verschiedenen Edikten doch klar die Bedeutung hervor, die die Kaiser des 18. Jh.s der Schulausbildung eines möglichst großen Teiles der Bevölkerung zumaßen. Von noch direkterem Einfluß auf das literarische Leben waren die Bemühungen, einen Überblick über das in China vorhandene Schrifttum zu erhalten, es zu sammeln und im gleichen

Enzyklopädien und literarische Inquisition

Zug unliebsame Texte zu beseitigen. Die umfassendste dieser Sammelaktionen fand Ende des 18. Jh.s unter dem Qianlong-Kaiser statt, der zahlreiche Gelehrte unter Leitung von Ji Yun mit der Edition eines als *Siku quanshu* (Vollständige Sammlung aller Bücher aus den vier Abteilungen, 1782) bezeichneten Werkes beauftragte. Zusätzlich zu den im *Siku quanshu* neu herausgegebenen mehr als 3500 Werken wurde ein kommentierter Katalog von fast 11.000 Titeln erstellt, das *Siku quanshu zongmu tiyao*. Hinzuzufügen ist, daß unterhaltende literarische Werke oder Literatur in Umgangssprache – viele der Texte also, die hier ausführlich besprochen werden – nicht Bestandteil des Sammelwerkes waren. Verbunden mit dieser enormen herausgeberischen Leistung, die zugleich eine bedeutende beschäftigungspolitische Maßnahme zur Einbindung von Gelehrten ohne feste Beamtenposten darstellte, war allerdings die Vernichtung oder Veränderung von etwa 2400 Werken, die dem Kaiser entweder moralisch bedenklich erschienen, negative Bemerkungen über »Nordbarbaren« der unterschiedlichsten Dynastien enthielten oder verdächtigt wurden, strategische Geheimnisse preiszugeben. So gesehen, war das *Siku quanshu*-Projekt auch der Versuch, eine Basis für die Definition politischer und intellektueller Orthodoxie zu schaffen. Doch obwohl manche Werke in der Tat vollständig vernichtet wurden, konnte selbst die Androhung und Durchsetzung drakonischer Strafen gegen Personen, die sich weigerten, indizierte Bücher abzuliefern, nicht verhindern, daß eine ganze Reihe der damals verbotenen Schriften bis heute erhalten blieb. Viele bis ans Ende der Qing-Dynastie wiederholt erlassene Edikte und Verbote zeigen, wie schwer es letztlich gewesen sein muß, Produktion und Zirkulation unerwünschter Texte zu verhindern.

Der enzyklopädische Elan der Mandschu-Kaiser paarte sich unter manchen Aspekten durchaus mit einer Tendenz zur geistigen Rückschau unter den hanchinesischen Gelehrten selbst. Doch während die Mandschu als Reaktion auf die individualistischen Tendenzen des Ming-Neokonfuzianismus auf die Ideen des Song-Neokonfuzianismus zurückgriffen, begann man unter chinesischen Denkern, diesen nun ebenfalls immer stärker zu kritisieren. Die Argumente, mit denen Philosophen wie Yan Yuan oder Dai Zhen das Augenmerk wieder auf die ihrer Ansicht nach eigentlichen konfuzianischen Originaltexte zu lenken versuchten, waren vor allem philologischer Natur. Hinter der Vielzahl textkritischer Anmerkungen verbarg sich einerseits deutliche Kritik am starken buddhistischen Einfluß auf das konfuzianische Denken, andererseits blieb auch das Unbehagen gegenüber der Fremdherrschaft in den Texten und Kommentaren dieser dann als Han-Schule bezeichneten Richtung fast immer spürbar.

Textkritik

Das literarische Leben zwischen Peking, Yangzhou und Nanjing

Obwohl sich der politische und kulturelle Schwerpunkt Chinas mit dem Beginn der Qing-Dynastie immer weiter nach Peking in den Norden verlagerte, erlebte die bislang im literarischen Leben dominante Region am Yangzi-Delta im 18. Jh. noch einmal eine letzte Hochphase vor den Umbrüchen des 19. und 20. Jh.s; dann sollte nämlich die Stadt Shanghai durch ihre erzwungene Öffnung für den Handel mit den westlichen Mächten immer mehr an Bedeutung gewinnen und der Ruhm der einstigen geistigen und wirtschaftlichen Zentren der Region endgültig verblassen. Nanjing befand sich, zumindest was den kulturellen Bereich betraf, sogar schon mit Beginn der Qing-Zeit auf vergleichsweise absteigendem Ast; allein die verschiedensten Geschichten um das Nanjinger Vergnügungsviertel am Qinhuai-Fluß stellten noch einmal Inspiration für eine Reihe von Texten dar. Die Stadt Yangzhou hingegen, etwa 150 Kilometer den Yangzi hinunter und nordöstlich des lange Zeit berühmteren Suzhou gelegen, erfuhr im 18. Jh. für einige Jahrzehnte einen Aufschwung ohnegleichen. Entscheidend dafür war, daß es über eine handelsstrategisch äußerst günstige Position verfügte, denn es lag am Schnittpunkt des Yangzi mit dem großen Kanal, der den fruchtbaren Südosten mit dem Norden verband.

Hier kreuzten sich die Wege vieler Autoren, Gelehrten und reicher Mäzene, vor allem Salzhändler. Zwei Literaten, die sich dort zum ersten Mal begegneten und dann während ihrer weiteren Laufbahn in Peking wieder in engeren Kontakt kamen, waren der vor allem wegen seiner Dichtungstheorie bekannte Wang Shizhen (1634–1711) und Kong Shangren (1648–1718), der aus Shandong stammte und dem Klan der Nachfahren des Konfuzius angehörte. Inspiriert von mehreren Besuchen in Nanjing und intensiven historischen Recherchen verfaßte letzterer das historische Drama *Taohua shan* (Der Pfirsichblütenfächer, 1699). Vor dem Hintergrund des Sturzes der Ming-Dynastie und Ereignissen um die Gründung der kurzlebigen, in Nanjing ausgerufenen Südlichen Ming-Dynastie wird dort die Geschichte der Liebe zwischen einer Kurtisane aus dem Nanjinger Qinhuai-Viertel und einem in die politischen Intrigen der Zeit verwickelten jungen Gelehrten erzählt. *Taohua shan* ist eines der letzten großen Dramen in der Form des südlichen Singspiels. Außergewöhnlich an dem Stück ist vor allem die Verknüpfung nur wenige Jahrzehnte zurückliegender historischer Ereignisse mit dem traditionellen Thema des südlichen Singspiels, der auf dem *caizi jiaren*-Motiv beruhenden Liebesgeschichte. Allerdings wird dieses Motiv durch die Verweigerung des Happy-Ends in *Taohua shan* gebrochen, womit dieser Theaterform noch einmal neue Aspekte hinzugefügt werden. Geschickt erfolgt in Kongs Stück darüber hinaus die intertextuelle Verbindung zu dem wohl berühmtesten Beispiel für diese Dramenform, Tang Xianzus *Mudan ting*. Denn die Protagonistin Kongs studiert im Drama die Rolle der Du Liniang aus *Mudan ting* ein, läßt sich immer wieder von der enormen Strahlkraft der Liebe ihres Vorbildes inspirieren, scheitert dann aber aufgrund der komplexen politischen Situation an der Vollendung des in *Mudan ting* geträumten Liebestraumes. Ohne die strengen politischen Tabus der Mandschu zu verletzen, gelingt es Kong in *Taohua shan*, die für viele Chinesen traumatischen Ereignisse des Dynastiewechsels zu verarbeiten; zugleich zeigt er die sehr viel größere, allgemeine Dimension der Einbindung allen menschlichen Lebens in historische und soziale Bezüge auf.

Historisches Drama

Neben drei Theaterstücken und einigen autobiographischen Schriften ist von Kong Shangren eine Vielzahl an Gedichten überliefert. Er sah in der Lyrik primär ein expressives Mittel zur Kommunikation unter Freunden oder in Gelehrtenkreisen. Diese ganz praktische Funktion der Lyrik gilt es bei der Betrachtung der Poesie Chinas immer zu berücksichtigen, vor allem um dem vielleicht allzu schnellen Urteil vorzubeugen, daß in deren Entwicklung, gemessen am sehr westlichen Maßstab der Originalität, über Jahrhunderte hinweg nicht viel Neues geschah. Entscheidend blieben eher die Nuancierungen innerhalb des gegebenen Spektrums einer ausreichend tiefgreifenden Tradition. Mit dem Ende des 17. Jh.s. begann sich sogar der scharfe Konflikt der Positionen zwischen Imitation und Kreation langsam abzuschwächen; ein Konflikt, der sich auch auf den Gegensatz zwischen einer eher orthodox-konfuzianischen und einer eher chan-buddhistisch ge-

Praktische Funktion der Lyrik

prägten Haltung zurückführen ließ. Die vorhandenen Möglichkeiten wurden allerdings verfeinert und bisweilen mit einigen weiteren Konzepten und Begriffen angereichert. Der erwähnte Wang Shizhen etwa vertrat eine eher konservative Position, doch fügte er der formalistischen Position der Archaisten mit dem Konzept *shenyun*, einer Art spirituellen Resonanz, eine fast als metaphysisch zu bezeichnende Komponente hinzu. Dichtung verweist in seinen Augen auf einen Raum, der jenseits des sinnlich Faßbaren liegt. Dieser Verweis kann am besten durch den Rückgriff auf das breitgefächerte Inventar an Naturbeschreibungen gelingen, wie sie z. B. der Tang-Dichter Wang Wei geschaffen hat.

Der scheinbare Mangel an Originalität in der Entwicklung der chinesischen Poesie mag dafür verantwortlich sein, daß bis heute jene Literaten am meisten Aufmerksamkeit erhalten, die sich durch ihr exzentrisches Verhalten abzusetzen wußten. Dazu gehört der aus Jiangsu stammende Zheng Xie (1693–1765), besser unter seinem Beinamen Zheng Banqiao bekannt. Vor und nach seiner nur relativ kurzen Tätigkeit als Beamter in Shandong verbrachte er lange Jahre in Yangzhou, wo er, der aus ziemlich bescheidenen Verhältnissen kam, sein Glück als Maler und Kalligraph versuchte. Er war bald angezogen von dem quirligen Leben der aufstrebenden Stadt, aber auch abgestoßen vom großspurigen Auftreten der neureichen Händler. Bis heute ist er vor allem aufgrund seiner eigenwilligen Kalligraphien und Bilder in Erinnerung geblieben, sich selbst begriff er jedoch vornehmlich als Literaten, der den Schwerpunkt seiner Gedichte mit zunehmendem Alter vom poetischen Ausdruck eigenen Erlebens auf die Darstellung gesellschaftlicher Probleme verlagerte. Dabei ist es gerade die Kombination der verschiedenen Tätigkeiten, die Zheng zu einem typischen Vertreter der Literatenkultur des 18. Jh.s macht. Und vom Standpunkt dieser Kultur aus betrachtet würde es in der Tat schwerfallen, genaue Trennlinien zwischen dem Beamten, dem Maler und dem Dichter Zheng Xie zu ziehen. Daß sich die Rolle des Literaten allerdings zusammen mit der Gesellschaft wandelte, geht aus der Diskussion um eine von Zheng mit stark ironischen Anspielungen versehene Preisliste für seine Kalligraphien hervor. Was sich auf dem Gebiet der Erzählliteratur und zum Teil des Theaters schon länger durchzusetzen begonnen hatte, schien nämlich für einen Dichter immer noch kaum möglich: Geld für die von ihm geschaffenen Kunstwerke zu verlangen, seien es nun Bilder, Gedichte oder Kalligraphien.

Zheng Banqiao

Rolle des Literaten

Dieselben Fragen werden noch pointierter bei Yuan Mei (1716–1798) aufgeworfen, der die poetologische Diskussion des 18. Jh.s dominierte. Yuan, der schon in sehr jungem Alter die höchsten Staatsprüfungen abgelegt hatte, zog sich nach dem fehlgeschlagenen Versuch, Mandschurisch zu lernen – einer für die Tätigkeit in den höchsten Ämtern während der Qing-Zeit notwendige Voraussetzung –, sehr früh aus dem Beamtenleben zurück und lebte danach in Nanjing als freier Dichter von Auftragsarbeiten, vom Verkauf seiner Schriften und vom Unterrichten. Im Vergleich etwa zu Li Yu, an dessen Vorbild die Selbststilisierungen Yuans manchmal erinnern, hatte er sein Leben lang keine finanziellen Schwierigkeiten. Unter seinen poetologischen Werken stechen insbesondere das *Xu Shipin* (Fortsetzung der Rangklassen der Dichtung) und das *Suiyuan shihua* (Gespräche über Gedichte aus dem Sui-Garten, etwa 1790) hervor. Das *Xu Shipin* stellt die Sonderform eines Gedichtzyklus über das Verfassen von Gedichten dar, seine Ideen kreisen um das Konzept *xingling*, das bereits bei Yuan Hongdao eine gewisse Rolle gespielt hatte. Yuan Mei betont gleichfalls die herausragende Rolle des individuellen Gefühls für die Poesie und hebt die künstlerische

Yuan Mei

Professionelle Haltung zur Dichtung

Dichte und Geschlossenheit des Textes als wichtige Kriterien zur Beurteilung hervor. Zudem fordert Yuan Mei eine professionelle Haltung zur Dichtung. Erst sie ermögliche durch die intensive Beschäftigung mit der Lyrik das Schaffen guter Gedichte. Darüber hinaus setzte sich Yuan für die Gleichbehandlung von Liebeslyrik etwa bei der Herausgabe von Anthologien ein. Mit seiner offenen Haltung gegenüber Gedichten von einfachen Leuten und von Frauen legte Yuan eine größere Sensibilität als viele andere Literaten für die sich verändernden sozialen Verhältnisse an den Tag und erntete dafür von orthodoxer Seite vielfach Kritik. Bei aller Exzentrik und Betonung der Notwendigkeit des Ausdrucks subjektiver Empfindung verlangte er aber z. B. noch nicht die weitgehende Auflösung der vorgegebenen Sprachmuster, worauf erst ein gutes Jahrhundert später im Rahmen der sogenannten Revolution der Dichtung ein Huang Zunxian (1848–1905) insistieren sollte. Insgesamt betrachtet blieb Yuan Mei auf seinem Weg zur Befreiung der Dichtkunst und der Stellung des Poeten also in mancher Hinsicht auf halbem Wege zwischen Konvention und Emanzipation stehen.

Dichterinnen

Mit der von Yuan Mei herausgegebenen Anthologie *Suiyuan nüdizi shixuan* (Eine Auswahl von Gedichten der Schülerinnen aus dem Sui-Garten, 1796) wurde eine weitere Tendenz im literarischen Leben der Qing-Zeit offenbar: Seit dem 17. Jh. war die Zahl schreibender Frauen verhältnismäßig stark angestiegen, und es gab eine Reihe Gedichtsammlungen, die von Frauen verfaßt waren und in Literatenkreisen zirkulierten. Erst in den letzten Jahren sind im Zuge des Aufschwungs der *gender studies* einige dieser zum Teil in Vergessenheit geratenen Texte untersucht worden. Zwar existierte bereits eine lange Tradition dichtender Kurtisanen und Singmädchen, doch waren sie bislang immer mit einem gewissen Makel behaftet. Auch nutzten Dichter und Literaten wie der erwähnte Feng Menglong immer wieder Elemente dieser Kurtisanen- und Singmädchen-Kultur, um der Literatenliteratur neue Impulse zu verleihen. Die Textsammlungen seit dem späten 17. Jh. verdeutlichen aber, daß nun auch wohlsituierte Frauen verstärkt begannen, nach einer eigenen literarischen Stimme zu suchen oder mit fiktionalen und poetischen Selbstentwürfen zu spielen. Manche ihrer Gedichte sprechen sehr offen das Problem der allgemeinen Geringschätzung der Geburt eines Mädchens an. So erinnert das Gedicht *Mulan ci* der ansonsten unbekannten Wang Caiwei aus dem späten 18. Jh. etwa an die Geschichte der Mulan, jenes Mädchens, das anstelle seines Vaters erfolgreich in den Kampf zog: »Sei nicht so froh, wenn du einen Sohn bekommst, / ärger dich nicht, wenn es ein Mädchen ist. / Häng dann trotzdem einen Bogen vor die Tür [üblicherweise Zeichen für die Geburt eines Jungen] / und binde ihr nicht die Füße ein. / Kennst du nicht die Geschichte von Mulan / [...].« Allerdings spielten bei der Beurteilung weiblicher Dichtung zumeist außerliterarische Kriterien eine noch größere Rolle als bei ihren männlichen Kollegen. Eine begabte Dichterin, die nach dem Tod ihres ersten Mannes noch einmal heiratete, wurde in mancher Anthologie daher vielleicht als unbedeutender eingestuft als eine weniger talentierte Witwe.

Unter Füchsen und Gespenstern: die Wiederbelebung der schriftsprachlichen Novelle

Daß sich die Stellung der Frau aber insgesamt veränderte und der männliche Blick auf das andere Geschlecht sich zu wandeln begann, verrät neben den *caizi jiaren*-Erzählungen auch die mit dem Ende des 17. Jh.s einen neuen Aufschwung erlebende schriftsprachliche Erzählliteratur. Geschichten von –

häufig weiblichen – Gespenstern oder Fuchsgeistern hatten ja eine lange Tradition in allen Formen der chinesischen Erzählliteratur. Sie tauchten oft in frühen Sammlungen mit Erzähltexten in Schriftsprache wie dem *Taiping guang ji* auf, sie gehörten zum Repertoire der Geschichtenerzähler und fanden sich auch, wenngleich in geringerem Umfang, in umgangssprachlichen Erzählungen. Nach den großen und beliebten *chuanqi*-Sammlungen *Jiandeng xinhua* und *Jiandeng yuhua* vom Anfang der Ming-Zeit war die schriftsprachliche Erzählliteratur jedoch aufgrund der immer größeren Verbreitung umgangssprachlicher Erzähltexte bis zum Anfang der Qing-Dynastie beinahe in Vergessenheit geraten.

Pu Songling

Vor diesem Hintergrund mag es erstaunen, daß gegen Ende des 17. Jh.s ein Werk entstand, das die heutigen Vorstellungen vom Genre der schriftsprachlichen Geistergeschichte entscheidend geprägt hat. Es ist die Sammlung *Liaozhai zhiyi* (Seltsame Berichte aus dem Studio der Muße) von Pu Songling (1640–1715). Das Vorwort zu dieser lange Zeit nur als Manuskript kursierenden Zusammenstellung von fast fünfhundert kurzen Geschichten stammt von 1679; danach dürfte der Autor die Sammlung aber noch weiter bearbeitet und ergänzt haben. Die erste erhaltene gedruckte Ausgabe entstand lange nach dem Tod des Autors, im Jahr 1766. Bereits an dem stark stilisierten und fein strukturierten Vorwort wird jedoch deutlich, warum das *Liaozhai zhiyi* bald eine herausragende Stellung in der chinesischen Literatur einnehmen konnte. Statt, wie bei einer solchen Sammlung normalerweise üblich, mit einigen satirischen Anmerkungen um Entschuldigung dafür zu bitten, all diese seltsamen Ereignisse zusammengetragen zu haben, fügt der Autor kunstvoll historische Beispiele zusammen, die seinem Werk als Vorbilder dienten, und er gesteht, daß es ihm unmöglich sei, seinen exaltierten Gefühlen Einhalt zu gebieten. Seine Erzählungen müßten darum als Ausdruck dessen verstanden werden, was ihn im Innersten bewege – ihn, den Sproß einer ehemals wohlhabenden Familie vermutlich moslemischen Ursprungs, dessen Leben von Mißerfolgen und mangelnder gesellschaftlicher Anerkennung geprägt war. Ein Teil seiner Frustration über ausbleibende Prüfungserfolge und seines Ärgers über korrupte Beamte mag in die Kompilation der Sammlung eingeflossen sein, doch geht deren künstlerisches Verdienst weit über die Grenzen bloßer Sozialkritik und Gesellschaftssatire hinaus.

Komplexe Erzählvorgänge im Liaozhai zhiyi

Zum einen gelingt dem Autor nämlich bei vielen seiner Geschichten die Verbindung der durch den schriftsprachlichen Stil möglichen Präzision und äußersten Knappheit im Gestus mit einer den Unterhaltungswert seiner Geschichten stark erhöhenden Lebendigkeit des Ausdrucks. Möglich wird dies durch das wohlkalkulierte Spiel mit Stilbrüchen und der Einführung einiger weniger umgangssprachlicher oder volkstümlicher Formulierungen an der richtigen Stelle. Und obwohl die Charakterisierung der Figuren im Vergleich zu den *huaben*-Erzählungen sehr knapp erscheint, wirken die Charaktere des *Liaozhai zhiyi* durch die oft nur wenigen, aber treffenden Worte, die ihnen in den Mund gelegt werden, ausreichend lebhaft gezeichnet. Zum anderen überträgt Pu Songling das in der umgangssprachlichen Literatur seiner Zeit entwickelte hohe Bewußtsein für die Komplexität von Erzählvorgängen auf die schriftsprachliche Novelle. Er spielt mit den Lesererwartungen und sorgt für überraschende Wendungen, die nach dem Beenden der Lektüre bisweilen eine radikale Neuinterpretation des soeben scheinbar Verstandenen notwendig machen.

Einen Eindruck davon vermittelt die Geschichte *Chu sheng* (Der Gelehrte Chu): Der reiche Chen unterstützt einen armen Freund, den Gelehrten Chu.

Aus Dankbarkeit bietet dieser ihm an, an seiner Statt die Staatsprüfungen abzulegen. Dazu schlüpft Chu, der eigentlich ein Geist ist, ohne daß Chen oder der Leser dies zunächst bemerken, in Chens Körper. Währenddessen unterhält sich die so kurzfristig entleibte Seele Chens mit dem Geist einer verstorbenen Sängerin. Erst nach der Rückkehr Chus wird Chen klar, was eigentlich vorgefallen ist.

Das entscheidende Medium für die meisten seiner Kunstgriffe ist Pus geschickter Umgang mit dem Seltsamen. Selbstverständlich griff er viele Themen und Motive auf, die er in der älteren Erzählliteratur oder im Theater fand, doch gelingt es ihm immer wieder, seinen Geschichten einen besonderen Dreh zu verleihen. Als Beispiele ließen sich seine Darstellung von Frauenfiguren, die Vielzahl an Geschichten über (männliche wie weibliche) Transvestiten oder Transsexuelle sowie die Verwendung des Traummotivs nennen.

Schwache Männer, starke Frauen

Wie schon bei den *caizi jiaren*-Erzählungen sichtbar wurde, bildete das Verhältnis der Geschlechter einen zentralen Punkt bei der literarischen Reflexion des allgemeinen Zustands der Gesellschaft, insbesondere aber auch des Selbstverständnisses der Literatenklasse. Das kritische Hinterfragen schwacher Männerfiguren durch entschlossene und selbstsichere Frauen ist ein das ganze *Liaozhai zhiyi* dominierendes Element. Es sind immer wieder Frauen, denen es gelingt, Rache für ein ihren Familien angetanes Unrecht zu nehmen, die – in einer Inversion des klassischen *caizi jiaren*-Motivs – für ihre Männer die Prüfungen bestehen, oder deren Überzeugungskraft es zu verdanken ist, daß viele Romanzen, auch solche zwischen einem weiblichen Fuchsgeist und einem menschlichen Mann, einen glücklichen Ausgang nehmen. Es finden sich darüber hinaus Texte wie die Geschichte *Renyao* (Der Transvestit), in der sich ein als Frau verkleideter Mann bei einem Paar einschleicht, um die Ehefrau zu verführen. Doch der Schwindel fällt auf, als er sich aufgrund eines von dem Ehepaar gemeinsam ausgedachten Tricks im Bett des Ehemanns wiederfindet, der plante, das scheinbar junge Mädchen zu verführen. Treibt der Autor hier sein Spiel mit den verschiedenen einander aufhebenden Manipulationen der Figuren, steht dann in den vielen Traumtexten der Sammlung das Spiel des Erzählers mit seinen Figuren und dem Leser im Vordergrund. Pu verarbeitet alle mehr oder weniger ausgereiften Traumtheorien, die in China kursierten und schon in einem Drama wie *Mudan ting* oder dem Roman *Xiyou bu* ihren Niederschlag gefunden hatten. So werden Träume auch im *Liaozhai zhiyi* zur Aufklärung von Verbrechen verwendet, sie lassen sich an anderer Stelle dann wieder als die geschickte Inszenierung unterdrückter Gefühle deuten, und sie werden schließlich eingesetzt, um das komplexe Verhältnis der verschiedenen Welten des Realen, des Übernatürlichen, des Fiktionalen und der Kunst zu reflektieren. Der Autor spielt oft auf geschickte Weise mit dem scheinbar festen Gefühl seiner Leser (und seiner Charaktere) dafür, auf welcher dieser Ebenen sie sich gerade befinden. Dies gelingt mit am besten in der bekannten Geschichte *Hua bi* (Die bemalte Wand), in der ein Gelehrter bei einem Tempelbesuch wie in einem Tagtraum das Fresko an einer der Tempelwände betritt und mit einem der dort abgebildeten Mädchen ein Liebesabenteuer erlebt. Als er schließlich wieder erwacht, ist er froh, daß sich alles als bloße Illusion entpuppt; dann aber entdeckt er, daß das auf dem Gemälde abgebildete Mädchen nun die Frisur einer verheirateten Frau trägt. Sein scheinbarer Traum ist eben nicht folgenlos geblieben. Daß Pu hier wie in manch anderen seiner Geschichten eine eindeutige Auflösung und Erklärung der geschilderten Ereignisse verweigert, trägt nicht nur zu ihrem geradezu unheimlichen Charakter bei, sondern erhöht auch ihre künstlerische Spannung.

Die unglaubliche Popularität der Geschichten aus dem *Liaozhai zhiyi* hält bis heute an. Sie bilden die Grundlage unzähliger Filme und zirkulieren in den unterschiedlichsten umgangssprachlichen Versionen. Doch schon in der Mitte der Qing-Dynastie löste das *Liaozhai zhiyi* einen vorübergehenden Boom der schriftsprachlichen Erzählliteratur aus. So verfaßte der schon erwähnte Yuan Mei eine *zhiguai*-Sammlung, deren Titel *Zi bu yu* (Wovon der Meister nicht sprach) sich auf das Diktum des Konfuzius bezieht, es gäbe vielleicht Geister und übernatürliche Wesen, aber er wolle nicht über sie reden. Sogar der mit der Edition des *Siku quanshu* betraute Ji Yun (1724–1805) gab mit dem *Yuewei caotang biji* (Notizen aus der Strohhütte der genauen Beobachtung, 1800) eine Sammlung von mehr als tausend kurzen Texten heraus, in denen übernatürliche und seltsame Erscheinungen verzeichnet sind. Im Unterschied zu den Geschichten des Pu Songling, die Ji Yun wegen ihrer Stilbrüche und überbordenden Phantasie scharf kritisierte, handelt es sich bei diesen Texten jedoch um eher trockene Notizen bar jeder Ausschmückung oder genauen Charakterisierung; hinzugefügt wird meist nur eine möglichst genaue Angabe der Quelle für den Bericht des beschriebenen Ereignisses, die so zum einen der moralischen Autorisierung des Erzählten diente und zum anderen die Funktion einer Entlastung des Erzählers (beziehungsweise des impliziten Autors) hatte. In einem der Vorworte Jis heißt es zudem, er habe angefangen, die Texte in müßigen Stunden seiner älteren Jahre zusammenzustellen. Hier wird der ganz andere historische und soziale Entstehungszusammenhang der Sammlungen von Pu Songling und Ji Yun erkennbar. Ji Yun, der eine erfolgreiche politische Karriere hinter sich hatte und während einer außerordentlichen Blütephase lebte, ging es nicht um den Ausdruck persönlicher Gefühle oder Zweifel an der gesellschaftlichen Entwicklung; eher sah er den Zweck seiner Sammlung in der moralischen Erbauung derjenigen Leser, die er über seine sonstigen Werke oder Editionen vielleicht nicht erreichen konnte.

Ji Yun

Dies sind nur zwei Beispiele für die vorübergehende Wiederbelebung der schriftsprachlichen Erzählliteratur im 18. Jh. Erwähnenswert ist hier außerdem noch der zwischen 1795 und 1801 entstandene, wenig bekannte Roman *Yinshi* (Die Geschichte vom Bücherwurm) von Tu Shen (1744–1801). Er beschreibt im wesentlichen Abenteuer, die ein Reisender aus Fujian im Süden und Südwesten Chinas beim Sieg der Qing-Armee über das Miao-Volk erlebte. Die Handlung ist von einer bunten Mischung aus militärischen Tricks, Zauberei, Dämonenerscheinungen und einem Schuß Erotik geprägt. Interessant ist der Roman aber vor allem, weil er die erste lange schriftsprachliche Erzählung darstellt, die formale Elemente des umgangssprachlichen Romans übernimmt – etwa die Aufteilung in einzelne Abschnitte, denen jeweils ein zweizeiliger Vers voransteht. Dieses Beispiel zeigt einmal mehr, daß die Grenzen zwischen den unterschiedlichen Genres und Sprachformen in der chinesischen Literatur keineswegs gradlinig verlaufen und die Autoren jederzeit mit den verschiedensten Formen experimentierten.

Schriftsprachlicher Roman

Das Honglou meng: *Spiegelpunkt der umgangssprachlichen Erzählliteratur der Literatenschicht*

Der Aufschwung, den die schriftsprachliche Erzählliteratur im 18. Jh. erlebte, tat der weiteren, äußerst vielfältigen Entwicklung der umgangssprachlichen Erzählliteratur allerdings keinen Abbruch. Die kurzen Formen, also die *huaben*, verloren jedoch immer mehr an Bedeutung, und es finden sich wieder verstärkt lange Romane mit den unterschiedlichsten Sujets. Das Spektrum an Themen und Inhaltstypen glich dabei relativ stark dem, das schon die erste Blüte des umgangssprachlichen Romans im 16. Jh. vorgegeben hatte, wenngleich viele Motive verfeinert beziehungsweise den Zeitumständen angepaßt wurden. Neue Querverbindungen entstanden. Den breitesten Raum mit fast dreißig bekannten, oft sehr langen Texten nimmt dabei der Sittenroman ein, der Ereignisse aus ein oder zwei großen Familien ins Zentrum stellt und Texte wie *Jin Ping Mei* oder *Xingshi yinyuan zhuan* als Vorbild nimmt. Es gibt ferner buddhistisch oder daoistisch geprägte allegorische Romane, die sich z.B. am *Xiyou ji* orientieren. Neu hinzu kommt mit dem Roman *Rulin waishi* (Die inoffizielle Geschichte der Gelehrten) der satirische Roman, der ein breites Panorama an Figuren und Themen aus der Schicht der Beamten und Gelehrten vorführt. In fast allen Texten sind zudem Motive und Bestandteile der erotischen Literatur oder der in ihrer Reinform nur bis etwa in die Mitte des 18. Jh.s vorhandenen *caizi jiaren*-Erzählungen zu entdecken. Auch das Element des Spielerischen und der bewußte Umgang mit dem fiktionalen Charakter der erzählten Ereignisse bleiben präsent.

Honglou meng: *Höhepunkt und Ende einer Tradition*

Der Roman, der die ganze Breite der im China der späten Kaiserzeit vorhandenen Möglichkeiten, Erzählliteratur zu gestalten, zusammenfaßt, ist das *Honglou meng* (Der Traum vom roten Haus), auch bekannt unter dem Titel *Shitou ji* (Die Geschichte des Steins). Man kann ihn als Spiegelpunkt begreifen, der die Vielfalt des bisher Entstandenen zusammenfaßt, kondensiert und in eine bis dahin unbekannte Verfeinerung überführt. Er markiert Höhepunkt und Ende einer Tradition und strahlt bis in die Gegenwart aus. Eine Unzahl von Texten – Romane wie allgemeine ästhetische oder literaturtheoretische Abhandlungen – begann schon bald nach seiner ersten Drucklegung im Jahr 1792, sich explizit oder implizit auf diesen Roman zu beziehen, und diese Tendenz ist bis heute nicht abgerissen. In China entstand mit der sogenannten *hongxue*, dem Studium des *Honglou meng*, sogar eine eigene, stark ausdifferenzierte Disziplin innerhalb der Literaturwissenschaft. Ein Zweig dieser Disziplin beschäftigt sich noch immer mit der ähnlich wie bei anderen chinesischen Romanen nicht ganz einfachen Textgeschichte des Romans. Autor des *Honglou meng* war Cao Xueqin (1715–1763), der aus einer bis in die erste Hälfte des 18. Jh.s mächtigen chinesischen Familie stammte, die eng mit den herrschenden Mandschu verbündet war. Im Gefolge interner Machtkämpfe während des Regierungswechsels vom Kangxi- zum Yongzheng-Kaiser verlor die Familie allerdings ihre einflußreiche Position und auch den Großteil ihres Besitzes. Cao begann nach 1740 mit der Arbeit an dem Roman, und es ist nicht vollständig geklärt, ob er sie bis zu seinem Tod beenden konnte. Zu seinen Lebzeiten war der Text nur als Manuskript im Umlauf, und die meisten dieser handschriftlichen Fassungen brechen nach 80 Kapiteln ab. Erst der durch Gao E besorgte Druck von 1792 präsentiert die heute bekannte Fassung in 120 Kapiteln. Gao E gab zwar an, die vollständige Fassung aus verschiedenen Handschriften rekonstruiert zu haben, dennoch hielt man ihn lange für den Verfasser der angeblich minderwertigeren letzten 40 Kapitel. Inzwischen wird dies jedoch wieder bezweifelt.

Autobiographische Elemente

Daß viele persönliche Erfahrungen des Autors in den Roman einflossen, ist unbestritten. Augenscheinlich wird im *Honglou meng* nämlich die Geschichte einer Jugend im Schoß einer einflußreichen und äußerst wohlhabenden Familie erzählt. Im Zentrum stehen der mit stark femininen Zügen ausgestattete, zu Kunst und Dichtung hingezogene Jia Baoyu sowie seine Cousinen Lin Daiyu und Xue Baochai. Die beiden Mädchen sind von gegensätzlichem Charakter – der zarten, übersensiblen Lin Daiyu steht die resolute, wenig empfindsame Xue Baochai gegenüber. Die sich zwischen den drei entspinnende Liebesgeschichte mit tragischem Ausgang stellt einen der wichtigsten Handlungsstränge dar. Nachdem man Cao Xueqin als Autor des Werkes identifiziert hatte, versuchte die Forschung, möglichst viele der geschilderten Figuren, Ereignisse und sogar Gebäude ihren realen Entsprechungen zuzuordnen. In der Tat finden sich viele Hinweise, daß sich das Werk, wenn nicht als Schlüsselroman, so doch mindestens als äußerst farbenprächtiges und detailgenaues Sittengemälde des China der mittleren Qing-Zeit lesen läßt. Es enthält seitenlange präzise Schilderungen von Bauten, Mobiliar, Gewändern oder aufgetischten Gerichten. Die große Plastizität der auftretenden Figuren mag ebenfalls ihren Teil dazu beitragen, daß der Roman häufig als kaum verschleierte Geschichte der Familie Cao Xueqins gedeutet wurde. Die Charaktere des Romans sind dabei zwar durchaus von literarischen Vorbildern, etwa aus den zu seiner Entstehungszeit noch populären *caizi jiaren*-Erzählungen inspiriert, doch ragen sie – und vor allem auch die zahlreichen genau gezeichneten Nebenfiguren – deutlich aus den konventionellerweise meist mit wenigen typischen Sätzen beschriebenen Figuren anderer Erzähltexte heraus. Verstärkt wurde die allgemeine Tendenz zur historischen Lektüre des Textes noch durch den unter dem Pseudonym des »Roten-Tuschestein-Studios« verfaßten Kommentars zum *Honglou meng*, der im Umfeld des Autors entstanden sein muß und immer wieder die Übereinstimmung der beschriebenen Charaktere mit realen Personen bestätigt, wenngleich er diese nicht genau benennt. Allein die Interpretation dieses Kommentars stellt im übrigen ein weiteres Feld innerhalb der *hongxue*-Disziplin dar.

Literarisch-allegorisches Rätsel

Die Ausschließlichkeit der auf Entschlüsselung ausgerichteten Deutung des Romans übersah, daß der Text selbst voller Hinweise auf die eigene Fiktionalität steckt und sich nur durch das gleichzeitige Zulassen verschiedener Deutungen wirklich begreifen läßt, ja vermutlich sogar bewußt als vielschichtiges literarisch-allegorisches Rätsel konzipiert wurde. Die Haupthandlung ist ähnlich wie beim *Xiyou ji* in einen Schöpfungsmythos eingebunden, in dessen Zentrum hier ein sagenhafter, mit magischen Kräften ausgestatteter Stein steht, der sich auf eine Reise durch die Welt begibt und in Form der Hauptfigur Baoyu wiedergeboren wird. Dazwischengeschaltet ist eine Episode aus dem Feenreich, die die Liebesgeschichte zwischen Baoyu und Daiyu zusätzlich kommentiert. Immer wieder durchbrechen schließlich Traumwelten und Traumerlebnisse den Handlungsablauf auf erster Ebene; auch literarische Zwischenspiele in Form langer Gedichte schaffen zusätzliche Reflexionsflächen, an denen die Fiktionalität der geschilderten Welten erkennbar wird. Der Autor verbindet so geschickt persönlichen Rückblick und private Nostalgie mit einer über diesen engen Rahmen hinausreichenden poetischen Vision der Welt. Diese ist getragen von dem widersprüchlichen Versuch, sowohl den illusionären, zufälligen und sprunghaften Charakter von Liebe und Gefühl zu offenbaren, als auch dem Autor und dem Leser deren Geschmack noch einmal in Erinnerung zu rufen.

Die Erzählstrukturen des Romans sind stark verschachtelt, allein dem eigentlichen Romananfang sind verschiedene Geschichten vorgeschoben, unter anderem der erwähnte Mythos. Es fällt schwer, eine eindeutige allwissende Erzählerstimme zu identifizieren, denn viele Ereignisse werden nur durch Erzählungen des Hauspersonals wiedergegeben. Ähnlich wie im *Jin Ping Mei* laufen parallel Ereignisse auf verschiedenen sozialen Ebenen ab, die der Leser dann wieder zueinander in Bezug setzen kann. Daß eine Mitarbeit des Lesers beim Dechiffrieren der literarisch kodierten Welt des Romans notwendig ist, macht auch das exzessive Spiel mit den Namen der Figuren deutlich. Zum einen sind sie vielfach miteinander über gleiche oder ähnliche Zeichen verknüpft, so daß z.B. der Name Baoyu (»Wertvoller Jadestein«) aus der Verbindung des ersten und letzten Zeichens der Vornamen seiner Cousinen, Daiyu (»Schwarzer Jadestein«) und Baochai (»Wertvolle Haarspange«), entsteht. Zum anderen nutzt der Autor die sehr zahlreichen Homonyme im Chinesischen, um Personen zu charakterisieren oder als Figuren eines allegorischen Spiels zu kennzeichnen. Ähnliche Phänomene lassen sich zwar auch in anderen Romanen wie etwa dem *Jin Ping Mei* oder dem *Xiyou bu* finden, doch reicht das im *Honglou meng* gespannte Netz an Entsprechungen und Anspielungen besonders weit. Einer der Knotenpunkte dieses Netzes wird vom Spiel mit Begriffen und Namen gebildet, in denen die Zeichen (beziehungsweise Homonyme dieser Zeichen) *zhen* und *jia* auftauchen: »wahr« und »falsch«, also – auf einer übertragenen Ebene – Realität und Fiktion; ein Beispiel ist schon der Familienname der Hauptfigur Jia Baoyu. Mehr als das Problem der Abbildung der Wirklichkeit einer beim Verfassen des Romans bereits untergegangenen Welt rückt daher die Frage nach der Abbildbarkeit dieser Welt selbst in den Mittelpunkt der Interpretation. »Wenn Fiktion Realität wird, wird die Realität zur Fiktion. / Wo Nichts zum Sein wird, wird das Sein zum Nichts«, steht über dem Torbogen zum sogenannten Reich der Illusionen, das in Träumen verschiedener Protagonisten des *Honglou meng* auftaucht. An diesen Stellen thematisiert der Text selbst diesen Akt des Eintretens in eine andere Welt, den der Leser beim Beginn der Lektüre nachvollzieht. Vor dem Hintergrund paradoxen buddhistischen Denkens wird hier letztlich der Roman selbst als Schnittstelle zwischen zwei Welten deutbar, die zwar voneinander getrennt sind, sich aber gegenseitig bedingen. Die Reflexion des Erzählvorgangs – ein Gesichtspunkt, der bereits in der Erzählliteratur der späten Ming-Zeit eine große Rolle spielte – erreicht hier eine neue Qualität, denn sie verbindet sich auf kongeniale Weise mit den autobiographischen Elementen des Romans und der daraus resultierenden, bis dahin unerreichten Einsicht in das Unterbewußtsein der Charaktere. Erst durch die Kombination dieser unterschiedlichen Bestandteile wird vielleicht die bis heute anhaltende intensive Beschäftigung mit dem *Honglou meng* und dessen Bedeutung für die chinesische Erzähltradition verständlich.

Spiel mit Namen

Abbildbarkeit der Welt

Weitere Sittenromane

Die große dem *Honglou meng* zugemessene Bedeutung behinderte allerdings lange Zeit eine eingehendere literaturwissenschaftliche Auseinandersetzung mit vielen gleichzeitig oder als Reaktion auf den *Traum* entstandenen Erzähltexten. Vor allem einige der ebenfalls dem weiteren Genre Sittenroman zuzurechnenden Texte verdienen größere Beachtung. Während das *Honglou meng* in vieler Hinsicht als Abgesang auf eine langsam untergehende Welt gelesen werden kann, versuchten andere Romane nämlich durchaus noch einmal, die Vorstellungswelt der konfuzianischen Moral zu bekräftigen. So steht dem empfindsamen, zunächst gefühlsbetonten und sich dann letztlich für die buddhistische Weltentsagung entscheidenden Jia Baoyou etwa die Hauptfigur des um die gleiche Zeit entstandenen Romans *Yesou puyan* (Offene Worte eines alten Mannes vom Lande) gegenüber, den der amerikanische Sinologe Keith McMahon als eine Art konfuzianischen

Superman bezeichnete. Autor des Textes, dessen erste erhaltene Ausgabe aus dem Jahr 1881 stammt, war der zeitlebens ohne offiziellen Titel gebliebene Gelehrte Xia Jingqu (1705–1787), der viel durch das gesamte Reich gereist war und neben dem Roman noch medizinische sowie historische Schriften hinterließ. Der mit 154 Kapiteln äußerst lange Roman, der eine Reihe phantastischer Elemente einschließt, konzentriert sich primär auf die Abenteuer seines Helden. Dieser beschließt, Gelehrter zu werden, reist dann umher, gründet eine Familie, bleibt dabei natürlich immer ein pietätvoller Sohn und macht sich schließlich im Dienst des Kaisers an die Beseitigung von Fuchsgeistern sowie buddhistischen oder daoistischen Scharlatanen und sonstigen Übeltätern. Ähnlich dem Mönch Xuanzang aus dem *Xiyou ji* hat er einer Reihe von sexuellen Verlockungen zu widerstehen, die zum Teil in recht drastischen Details geschildert werden, wohingegen die nach konfuzianischer Auffassung moralisch einwandfreien intimen Kontakte des Helden zu seiner Frau und seinen Konkubinen nur angedeutet werden.

Konfuzianischer Erziehungsroman

Gleichfalls als eine Art konfuzianischer Erziehungsroman präsentiert sich *Qi lu deng* (Die Lampe an der Weggabelung, 1778) von Li Haiguan (1707–1790). Es mußten zweihundert Jahre vergehen, bevor dieses Werk im Jahre 1980 in einer vollständigen Druckausgabe vorgelegt wurde. Davor jedoch scheint *Die Lampe an der Weggabelung* zumindest in Henan, der Heimat des Autors, große Popularität gehabt zu haben, was vermutlich an der gelungenen Verwendung dialektaler Ausdrücke lag. Der Roman erzählt die Geschichte vom Fall und der anschließenden Rettung eines Sohnes aus gutem Haus. Von seiner Mutter verwöhnt, vertändelt er seine Studien, gerät in schlechte Gesellschaft und bringt seine Familie an den Rand des Ruins. Nur das resolute Eingreifen eines moralisch höherstehenden Dieners und dessen Tochter, der zweiten Konkubine des Helden, verhüten schließlich Schlimmeres. Dem humorvollen Ton und der gelungenen Charakterisierung steht die didaktische Grundhaltung des Romans gegenüber. Er stellt die erste Fiktionalisierung eines der in China schon lange Zeit beliebten Handbücher dar, die Hilfestellung beim Führen einer Familie leisten sollten. Schon darum ist *Qi lu deng* hervorzuheben.

Rulin waishi: *Satire*

Erzieherische Effekte beim Leser mag sich Wu Jingzi (1701–1754) mit seinem satirischen Roman *Rulin waishi* ebenfalls erhofft haben. Die erste erhaltene Ausgabe des nach 1740 verfaßten Textes stammt von 1803. Von einer konservativen Position aus zeichnet Wu ironisch das Bild der sich auflösenden traditionellen Gelehrtenschicht. Wie bei den meisten qingzeitlichen Romanen ist die Handlung in die Ming-Zeit zurückverlegt; dieser Schritt stellte in diesem Fall indes nicht nur eine politische Vorsichtsmaßnahme dar, vielmehr sah Wu Jingzi in der Tat die Wurzeln vieler Mißstände seiner Zeit in der vorangegangenen Dynastie. Er kritisierte das ungerechte Verfahren gegen den Dichter Gao Qi, das bereits den Beginn der Epoche überschattete, und er bemängelte die später eingeführte standardisierte Form des Prüfungswesens, die er für die zu einseitige und schematische Ausbildung verantwortlich machte. Hier lag seiner Ansicht nach eine Ursache für das Fehlverhalten vieler Beamten und Gelehrten.

Statt ein möglichst weitreichendes Studium, Bescheidenheit und moralisches Verhalten in den Mittelpunkt ihres Lebens zu stellen, was auch beinhaltet, sich unter einem fragwürdigen Herrscher freiwillig aus der aktiven Politik zurückzuziehen, streben die im *Rulin waishi* beschriebenen Figuren auf dem schnellsten Weg zu Macht und Ruhm, lassen dabei allerdings keine Gelegenheit zu einem Bordellbesuch aus. Die eher positiven und zurückhaltenderen Charaktere sind gleichfalls nicht ohne skurrile Eigenheiten und werden als gescheiterte Existenzen oder Opfer eines unwürdigen Auswahlsystems gezeichnet. Wu Jingzi verarbeitet in seinem Roman sicherlich einige persönliche Erfahrungen: Auch ihm blieb ein Aufstieg durch die verschiedenen Etappen des Prüfungssystems verwehrt, und er brachte einen Großteil des Vermögens seiner reichen, aus der heutigen Provinz Anhui stammenden Familie in den Vergnügungsvierteln Nanjings durch. Von keinem politischen Amt bei seiner Kritik eingeschränkt, hatte er dann allerdings ausreichend Gelegenheit, sich selbst und seine Umwelt zunächst gut zu beobachten und dann mit aller Schärfe zu sezieren. *Rulin waishi* geht aber insofern über die bloße Satire hinaus, als seine Figuren letztlich alle auf bessere oder schlechtere Weise darum bemüht sind, Wege zu finden, nicht zu schnell wieder in Vergessenheit zu geraten. Und auf Umwegen haben es die realen Vorbilder als Charaktere des Romans schließlich sogar geschafft, literarisch unsterblich zu werden. Richtete sich im *Honglou meng* die nostalgische Reise jedoch eher nach innen, orientiert sie sich hier eher an der Oberfläche, an den sichtbaren Dingen und Ereignissen des Lebens.

Rulin waishi: *Ritual*

Der richtigen äußeren Form kam im Konfuzianismus große Bedeutung zu, und es verwundert daher nicht, wenn das Ritual eine wichtige Strukturfunktion für den Roman erhält. Oft wurde dem Werk der Vorwurf gemacht, er sei kaum mehr als eine Sammlung loser Anekdoten; die genaue Lektüre des Textes macht hier aber ebenso wie bei den meisten der chinesischen »Episodenromane« klar, daß die vom *Rulin waishi* entworfene Welt eine bis ins Detail mit literarischen Mitteln gestaltete und strukturierte Welt ist. Es ist die Schilderung von im weitesten Sinne rituellen Zusammentreffen verschiedener Menschen, die den Rhythmus des Textes prägt. Am Anfang stehen Begrüßungszeremonien und – bisweilen grotesk überzeichnete – Hochzeitsfeiern im Vordergrund, die rituelle Feier in einem zu Ehren eines Weisen errichteten Tempel beherrscht den Mittelteil, gegen Ende des Romans finden sich schließlich Schilderungen von Abschiedsfeiern und Begräbnissen sowie eine Episode, in der eine ehemalige Kurtisane als Nonne in ein Kloster zieht. Obwohl beständig neue Figuren eingeführt werden, bestehen außerdem zwischen den einzelnen erzählten Anekdoten innere Verbindungen; oft finden sich viele Kapitel später Informationen, die das Bild einer früher schon erwähnten Figur erst abrunden oder noch einmal entscheidend verändern. Diese thematische und biographische Verknüpfung der einzelnen Anekdoten ist nicht immer auf den ersten Blick erkennbar und erfordert häufig die Mitarbeit des Lesers. Sie ist der zweite Pfeiler der Struktur des Romans neben dem Ritual. Die Charakterisierung der Figuren erfolgt auf indirekte Weise ohne Kommentar des Erzählers oder eines impliziten Autors. Eine Figur, die sich selbst als großen Literaturkenner beschreibt, wird z. B. einige Kapitel später durch ihre mangelnden dichterischen Fähigkeiten entlarvt. An vielen Stellen finden sich zudem widersprüchliche Stimmen, die der Leser erst selbst zu einem eindeutigen Gesamtbild fügen muß. Vergleichsweise modern an *Rulin waishi* ist weiterhin der Verzicht auf die Verwendung stereotyper Gedichte zu Landschafts- oder Situationsbeschreibungen. Der Autor greift an solchen Stellen vielmehr auf klare, am umgangssprachlichen Standard orientierte Prosa zurück. Auch mit dieser Neuerung sollte der Roman zum Vorbild vieler sozialkritischer »Enthüllungsromane« der späten Qing-Zeit werden. Verband sich die Kritik an der Gelehrtenschicht im *Rulin waishi* noch mit einer gewissen wehmütigen Erinnerung, verlagerte sich angesichts der äußeren Bedrohung und des zunehmenden inneren Zerfalls am Ende des 19. Jh.s. der Schwerpunkt in diesen Texten dann aber immer mehr auf die drastische Bloßstellung der Probleme des Systems.

Rulin waishi: *Verknüpfung der Anekdoten*

Obwohl er erst in den beiden beginnenden Jahrzehnten des 19. Jh.s entstand, ist Li Ruzhens (1763–1830) satirisch-phantastischer Roman *Jinghua yuan* (Das Schicksal der Blumen im Spiegel, 1828), der hier als letzter Erwähnung finden soll, literarisch noch der Erzählliteratur der mittleren Qing-Zeit zuzurechnen. Der Autor, der auch für phonologische Studien bekannt ist, präsentiert in diesem Werk eine eigenwillige Mischung aus historischer Akribie, konservativer und bisweilen erstaunlich moderner Sozialkritik, enzyklopädischem Wissen und der Bearbeitung unterschiedlichster literarischer Vorbilder. Im Zusammenhang mit der Herrschaft der tangzeitlichen Kaiserin Wu Zetian wird im *Jinghua yuan* die Geschichte einer allegorischen Reise durch mehr als fünfzig imaginäre Länder erzählt. Hier greift der Autor teilweise auf Darstellungen aus dem *Shanhai jing* (Klassiker der Berge und Meere) zurück, das Texte bis zur Han-Zeit vereint. Auch der Einfluß von Romanen wie dem *Xiyou ji* ist erkennbar. Eng mit dem historischen Hintergrund werden im *Jinghua yuan* Ereignisse aus dem daoistischen Feenreich verflochten, die einerseits als zusätzlicher Kommentar zu den geschichtlichen Ereignissen zu begreifen sind, andererseits als Illustration für die in dem Text vertretene Kombination konfuzianischer und daoistischer Ideale dienen. Besonderes Aufsehen erregte immer wieder die Episode im »Land der Frauen«, in der der Held vorübergehend die Qualen des Fußeinbindens erlebt. Angesichts der insgesamt konservativen Haltung des Autors erscheint es aber übertrieben, von einem feministischen Roman zu sprechen, auch wenn Frauen und weiblichen Feenfiguren mehr Platz eingeräumt und eine aktivere Rolle zugestanden wird als in vielen anderen Texten. Ähnlich wie im *Xiyou bu* findet sich zudem eine Reihe von Anspielungen auf die in dem Roman selbst erzählten Ereignisse und deren schriftliche Fassung im *Jinghua yuan*. Obwohl der Text so eine bis dahin unbekannte Verbindung unterschiedlicher Elemente der umgangssprachlichen Erzählliteratur der Literatenschicht anbietet, bleibt er mit all der präsentierten Gelehrsamkeit und den vielen Anspielungen dennoch ein typischer Vertreter dieser Tradition. Sie hatte mit dem *Honglou meng* einen Höhepunkt erreicht und sollte im 19. Jh. dann vor dem Hintergrund gewaltiger sozialer und politischer Umwälzungen immer mehr von populären Erzählformen verdrängt werden, deren Wurzeln natürlich gleichfalls sehr viel weiter zurückreichen.

Jinghua yuan (Das Schicksal der Blumen im Spiegel)

Feministische Elemente?

Die Durchsetzung populärer Formen

Politische und soziale Krise: Zweifel an der Tradition

Gegen Ende der Herrschaft des Qianlong-Kaisers tauchten bereits erste Anzeichen der politischen und sozialen Probleme auf, mit denen China im 19. Jh. konfrontiert werden sollte. Allen früheren Reformen zum Trotz, begann z.B. in der Verwaltung die Korruption immer weiter um sich zu greifen. Der starke Andrang unbeschäftigter Gelehrter verstärkte dieses Problem. Zudem waren seit der Kangxi-Periode die Staatsausgaben deutlich angewachsen, und das Wirtschaftswachstum reichte allmählich nicht mehr aus, den durch das enorme Bevölkerungswachstum entstehenden Druck abzufangen. Zum Ausgleich der eigenen defizitären Handelsbilanz mit China forcierte darüber hinaus England seit Beginn des 19. Jh.s den Export von indischem Opium nach China. Dies spitzte die prekäre Finanzsituation

Korruption

des Qing-Reiches weiter zu. Neben den gravierenden sozialen Folgen des sich schnell verbreitenden Opiumkonsums führte der mit dem Opiumimport verbundene Silberabfluß zu einem höheren Umtauschverhältnis von Silber und Kupfergeld, was dann eine Vielzahl der für ihre Produkte mit Kupfergeld bezahlten Bauern in existentielle Not brachte.

Opiumkriege

Dies ist die Ausgangslage einer ganzen Reihe von Konflikten, die sich in der Mitte des 19. Jh.s schließlich entzünden sollten und Gesellschaft wie Selbstverständnis Chinas gehörig durcheinanderzuwirbeln begannen. Zum einen war da die Konfrontation mit der militärisch-technischen Übermacht der westlichen Staaten, die im Zuge der allgemeinen kolonialen Bestrebungen der Epoche auch in China festen Fuß zu fassen suchten. In Folge mehrerer kleinerer Auseinandersetzungen um den Opiumhandel, der in China offiziell eigentlich verboten war, kam es 1839–1842 zum ersten, 1857 dann zum zweiten der sogenannten Opiumkriege. Der Hintergrund dieser vor allem von den Briten forcierten und ausgeführten meist kleineren Scharmützel, die mit der mehrfachen Niederlage Chinas endeten, war neben den westlichen Machtgelüsten vor allem die Konfrontation unterschiedlicher Vorstellungen über den Charakter der allgemeinen politischen Kontakte und insbesondere der Handelsbeziehungen zwischen den westlichen Mächten und China. Der rege Handel Chinas mit seinen (süd)ostasiatischen Nachbarn hatte bis dahin immer auf der Basis eines Tributsystems funktioniert, das die herausgehobene kulturelle und politische Stellung Chinas bekräftigte. Freier Handel oder das, was man im Westen darunter verstand, und Beziehungen unter Anerkennung der grundsätzlichen Gleichwertigkeit der Partner, wie sie die Westmächte forderten, waren für China nicht vorstellbar. Und obwohl die Mandschu selbst Fremde waren, argumentierten sie hier ganz von der Position der kulturellen Überlegenheit Chinas aus. Es ist daher fraglich, ob der politischen Führung Chinas überhaupt die Tragweite der nach den militärischen Niederlagen mit den Briten, Franzosen und Amerikanern zwangsweise abgeschlossenen Verträge über die Öffnung Chinas für westliche Handelsinteressen von Anfang an bewußt war. Denn hier handelte es sich nicht um Friedensabkommen mit aufständischen Völkern an der Nordwestgrenze Chinas, wie sie die Mandschu-Regierung nur kurze Zeit vorher abgeschlossen hatte, sondern um weitreichende Zugeständnisse an China technisch zumindest auf einigen Gebieten weit überlegene Nationen. China verlor in der Folge bis 1860 weitgehend die Kontrolle über den eigenen Außenhandel, selbst die Zolleinnahmen flossen zunächst durch westliche Hände, und mit Hong Kong und Shanghai entstanden wichtige koloniale Stützpunkte, von denen aus sich die westlichen Geschäftsinteressen dirigieren ließen.

Innere Krise

Zum anderen wurde China in der Mitte des 19. Jh.s. von einer gewaltigen inneren Krise geschüttelt, deren Ausmaße vielleicht erklären, warum die Ereignisse an der Außengrenze nur von relativ wenigen kritisch kommentiert und in ihren ganzen Dimensionen erfaßt wurden. Hatte es bereits gegen Ende der Qianlong-Periode verschiedentlich Bauernaufstände gegeben, kam es 1851–1864 mit der Taiping-Rebellion zu einem gewaltigen Bürgerkrieg, in dem durch Kampfhandlungen, Plünderungen und vor allem Hungersnöte bis zu zwanzig Millionen Menschen starben. Die Errichtung des sogenannten Himmelreichs des höchsten Friedens durch Hong Xiuquan (1814–1864), den Anführer dieser Rebellion, der in einer eigenwilligen Ideologie Elemente des chinesischen Volksglaubens, eigene Visionen und von Missionaren vermittelte christliche Vorstellungen zusammenführte, offenbarte die Tiefe der geistigen und moralischen Krise, die China damals zu ergreifen begann. Der Aufstand war nicht nur Ausdruck der herrschenden wirtschaftlichen Not, er ließ gleichfalls die lange Zeit latenten Spannungen zwischen Han-Chinesen und Mandschu aufbrechen, und er zeigte, daß die Machtbasis sowie die militärische und verwaltungstechnische Kontrolle der Regierung stark im Schwinden waren.

Mit letzter Kraft und unterstützt durch die westlichen Mächte, die um ihre eben erst erworbenen Handelsprivilegien fürchteten, gelang es schließlich, die auch durch mangelnde Disziplin und innere Auseinandersetzungen geschwächten Taiping-Rebellen zu besiegen. Die Reformversuche der sich daran anschließenden Regierungsperiode des Tongzhi-Kaisers waren allerdings von einer moralischen Orthodoxie gekennzeichnet, die weitere politische Veränderungen erschwerte. Allein eine Reihe von Generälen und Truppenbefehlshabern bemühte sich, soviel wie möglich über westliche (militärische) Technik in Erfahrung zu bringen. Immer deutlicher traten schließlich auch in der Oberschicht die Spannungen zwischen Han-Chinesen und Mandschu hervor, denen der Vorwurf gemacht wurde, allein auf den Machterhalt, nicht aber auf das Wohl Chinas aus zu sein.

Ende der Literatenkultur

Obwohl das traditionelle Prüfungssystem zunächst noch in Kraft blieb, begann sich in dieser Epoche abzuzeichnen, daß die traditionelle Kultur und Literatur der Gelehrten mit ihrer im 18. Jh. vorherrschenden Tendenz zu einer immer stärkeren Verfeinerung an ihr Ende gelangt war. Alternativen wie die ernsthafte Beschäftigung mit westlichen Ideen, Sitten und Gebräuchen spielten allerdings erst in den letzten Jahrzehnten des 19. Jh.s eine mehr als marginale Rolle. Populär wurden nun vor allem Texte wie z. B. Ritterromane, die deutlich bodennäher und einfacher strukturiert waren. Die darin geschilderten Heldenfiguren und ihre Abenteuer mögen dabei genauso der moralischen Erbauung von Lesern oder Zuhörern gedient haben wie der Ablenkung von den alltäglichen Sorgen und damit der Unterhaltung eines Publikums, das weit über die Gelehrtenschicht hinausging.

Vom südlichen Singspiel zur Pekingoper

Die Kunstform, bei der die Abkehr von der Literatenliteratur vielleicht am augenscheinlichsten wird, ist das Theater. Vorauszuschicken ist, daß sich die verschiedenen regionalen und populäreren Theaterformen, wie sie bei Tempelfesten oder auf Dorfbühnen zur Aufführung kamen, auch während der Blütezeit der hoch literarischen *kunqu*-Stücke natürlich weiterentwickelt hatten. Themen und Stoffe wurden häufig von den berühmteren *kunqu*-Stücken übernommen, doch paßte man einerseits die Musik den örtlichen Gewohnheiten an und vereinfachte andererseits die komplexe, anspielungsreiche Sprache des Literatentheaters. So waren die Stücke dann selbst für die, die nicht lesen konnten, schon beim Zuschauen verständlich.

kunqu

Bis Ende des 18. Jh.s spielte vorübergehend noch Yangzhou mit seinen reichen Salzhändlern eine herausgehobene Rolle in der chinesischen Theaterszene, doch noch vor Ende der Qianlong-Periode wurde die Anziehungskraft Pekings als kulturelle Metropole immer größer. Schauspieltrupps und Stückeschreiber aus dem ganzen Land versuchten ihr Glück in der Hauptstadt. Dies hatte zur Folge, daß dort die verschiedenen Theaterstile aus Nord- und Südchina aufeinandertrafen und sich gegenseitig beeinflußten. Und obwohl sie am Hof noch bis in das 19. Jh. hinein sehr beliebt waren, wurden die Stücke des südlichen *kunqu*-Theaters in ihrer Reinform immer stereotyper. Ihre Möglichkeiten waren damals nicht nur musikalisch, sondern auch inhaltlich und sprachlich erschöpft. Die meisten der privaten Schauspieltrupps, die öffentlich in einem der zahlreichen Theaterhäuser der Hauptstadt auftraten, bevorzugten die über die Gebiete der heutigen Provinzen Anhui, Shaanxi und Hubei nach Peking gelangten Theaterstile, wobei die erfrischende Einfachheit der neuen Stücke bald für große Erfolge sorgte.

Die reife Form der Pekingoper: jingju

Ab etwa 1860 begann sich die reife Form der Pekingoper, *jingju*, aus diesen Stilmischungen herauszubilden. Den Schauspielern selbst kam dabei eine entscheidende Rolle bei der Kombination der einzelnen Stilrichtungen zu. Bis heute hat sich die Pekingoper im Prinzip dann kaum mehr verändert, selbst wenn Aufführungen inzwischen meist nur noch für (westliche) Touristen oder zum Zeitvertreib unter alten Leuten stattfinden. Die Musik der Pekingoper war durch den Einfluß des nördlichen Theaters sehr viel rhythmusbetonter geworden, es gab mehr Schlaginstrumente und statt der vorgegebenen Arienfolgen des *kunqu* rückten durch Improvisation auseinander hervorgehende Melodien in den Vordergrund. Interpretation und Darstellung wurden immer wichtiger, hinzu kamen noch als ein nicht unbedeutendes Element akrobatische Einlagen und Kampfszenen. Die Bedeutung der Autoren der Stücke schwand in dem Maße, in dem die der Schauspieler anstieg. Die erhaltenen Stücke sind zum Großteil Umarbeitungen historischer Stoffe oder eben dem neuen Stil angepaßte Ausschnitte aus älteren Dramen. Besonders beliebt waren Episoden aus dem *Sanguozhi yanyi.* Man begann jedoch erst nach Beginn der Republikzeit im Jahr 1912, die Texte der Pekingoper systematisch zu sammeln. Oft verbanden sich bestimmte Szenen eng mit der Darstellung durch einen bestimmten Schauspieler, der für sie berühmt war. Aus Angst vor Nachahmung hatten die Darsteller dann häufig gar kein Interesse daran, Text, Musik und Besonderheiten der Aufführung schriftlich allzu genau festzuhalten.

Bedeutung der Schauspieler

Obwohl sie häufig ein luxuriöses Leben als gefeierte Stars führen konnten, blieb der soziale Status von Schauspielern nach wie vor sehr niedrig. Viele von ihnen wurden als Kinder armer Eltern an eine Schauspielschule verkauft, durchliefen eine harte Ausbildung und blieben durch Knebelverträge für lange Zeit an diese Schule gebunden. In der Pekingoper wurden alle Rollen von Männern dargestellt. Manche Schauspieltrupps waren darum zudem Teil eines Systems männlicher Prostitution. Der Roman *Pinhua baojian* (Kostbarer Spiegel zur Beurteilung von Blumen, 1849) von Chen Sen (etwa 1796–1870) gibt eine eindrucksvolle Schilderung dieses Milieus. Er beschreibt das Leben einer Gruppe junger Schauspieler und deren Liebhaber. Der äußeren Form nach werden in *Pinhua baojian* dabei Ereignisse im Stil der *caizi jiaren*-Geschichten erzählt, doch sind die weiblichen Protagonisten in diesem Fall die männlichen Operndarsteller weiblicher Rollen. Da sie im Roman jedoch immer unter ihren Bühnennamen auftreten, scheinen geschilderte und imaginierte Welt bisweilen zu verschwimmen. In jedem Fall ist dieser Text jedoch Zeugnis für die prominente Stellung, die das Theater als Kunstform, wenngleich unter veränderten Vorzeichen, im 19. Jh. weiterhin einnahm.

Balladen- und Ritterromane: ein Ausblick

Die große Menge erhaltener Texte läßt für das 19. Jh. ein sehr viel genaueres Bild des kulturellen und literarischen Lebens auf fast allen Ebenen zeichnen als für frühere Epochen. So war das Theater nicht die einzige Form der Unterhaltung. Vielmehr lassen sich auch relativ detaillierte Aussagen über die von Geschichtenerzählern und Balladensängern vorgebrachten Texte machen.

Bevor aber am Beispiel des Genres *tanci*, einer Art Balladenroman, und des Typus der Ritterromane noch einmal das Wechselspiel zwischen Vortragskunst, populärer Leseliteratur und den letzten Ausläufern der Literatenliteratur vorzustellen ist, soll ein kurzer Blick auf ein Beispiel für die weitere Entwicklung der Dichtung geworfen werden. Die Gedichte und Balladen des Dichters Jin He (1818–1885) zeigen nämlich sehr deutlich, wie stark die Ereignisse der Epoche in die Literatur eindrangen und Inhalt wie Sprachduktus beeinflußten. Jin He stammte aus Nanjing und konnte sowohl mit eigenen Augen das Vordringen der britischen Truppen während des ersten Opiumkriegs verfolgen, als auch am eigenen Leib die Auswirkungen der Taiping-Rebellion erfahren, denn Nanjing war eine Zeit lang Hauptstadt des von den Rebellen errichteten sogenannten Himmelreiches, und die Eroberung der Stadt beendete 1864 schließlich den jahrelangen Bürgerkrieg. In seinen Balladen und kurzen Spottgedichten, die auf einfachen Reimen und populären Metren beruhten, machte er sich über Heuchler und Quacksalber lustig, kritisierte die Unfähigkeit der Qing-Armee, die seiner Ansicht nach allenfalls Talent dazu hatte, die eigene Bevölkerung auszurauben, zeigte aber zugleich seine Verbitterung über die Greueltaten und den Aberglauben der Taiping-Rebellen. Dies führte dann wiederum dazu, daß Jin He in der Literaturgeschichtsschreibung der Volksrepublik China jahrzehntelang fast totgeschwiegen wurde – er hatte sich einfach zu kritisch über diese dort sehr positiv als Vorkämpfer der chinesischen Revolution beurteilten Aufständischen geäußert. Manchmal trifft sich seine ironische Kritik an der Gesellschaft mit der des *Rulin waishi*, etwa wenn er von einem falschen Edelmann schreibt: »Bei Kleidung und Kopfbedeckung achtet er darauf, daß alles mit den alten Sitten übereinstimmt«. Doch derselbe Edelmann kann es kaum ertragen, »wenn er drei Tage keine Gelegenheit zum Glücksspiel findet«. Daß Jin He zumindest teilweise vom *Rulin waishi* inspiriert wurde, ist nicht unwahrscheinlich, denn er fertigte selbst eine Neuedition des Romans an, die er mit Vorwort und Kommentar versah.

Jin He

Mit am deutlichsten wird der besondere Stil des Dichters in seinen langen narrativen Gedichten. Er formuliert dort oft nah an der Umgangssprache, verläßt immer wieder das vorgegebene Bild- und Sprachrepertoire der traditionellen Dichtung und kann daher als einer der wichtigsten Vorbereiter für die zu Beginn des 20. Jh.s erfolgte »Revolution der Dichtung« gelten. Die von ihm beschriebenen Charaktere fallen aus dem Rahmen. Da ist z. B. die Hauptfigur aus dem Gedicht *Lanling nüer xing* (Die Ballade vom Mädchen aus Lanling): Ein einfaches Mädchen soll gegen ihren Willen mit einem Qing-General verheiratet werden; alles ist vorbereitet, der General und seine Gäste warten nur noch auf das Boot, das die Braut herbeibringen soll; doch kaum angekommen, ergreift das Mädchen das Wort:

> »Es sieht ganz so aus, als sei in dieser chaotischen Welt kein Platz mehr für menschliches Gefühl. / Ich bin ein einfaches Mädchen aus der Familie eines kleinen Beamten in Lanling / und lebte mit meiner Mutter und meinen zwei älteren Brüdern still an einem abgeschiedenen Ort. / Neulich, es war noch kalt, wässerte ich das Gemüse auf unserm kleinen Feld, / als Sie, Herr General, vorüberkamen und lange stehen blieben. / Schnell nahm ich darauf den Krug, eilte ins Haus und verschloß auch die Tür, / nie fiel nur ein einziges Wort zwischen uns. / Doch gestern kamen dann diese zwei Amtsbüttel mit einem Korb voller Münzen herbei: ›Das rote Band der Verlobung zwischen euch ist schon geschnürt, / deine Mutter hat

> bereits zugestimmt, / wir sind hier mit dem Boot, um dich zu holen, / und wehe, du wehrst dich!‹ / Als mein Bruder sie behutsam fragte: ›Um wen und um was geht es?‹ / da brüllten sie los, daß die Säulen unseres Hauses zu zittern begannen, / zogen auch ihre Schwerter / und schienen wie Wolf und Tiger zugleich. / Bei dem Geschrei liefen gleich die Leute herbei / und selbst die Passanten zuckten erschrocken zusammen. / Sie waren so gewalttätig, / daß ich ihnen selbst als ein Vogel nicht hätte entkommen können. / Wenn ich nicht mit ihnen gegangen wäre, / wer weiß, ob dann die aufgeschreckten Seelen unserer Familien in Zukunft jemals noch einen Platz der Ruhe gefunden hätten. / Nun aber stehe ich hier / und frage Sie, Herr General, was Sie dazu wohl sagen.«

Darauf ergreift das Mädchen plötzlich das Schwert des Generals und kann nach lebhafter Diskussion mit den Umstehenden schließlich wohlbehalten entkommen. Ungewöhnlich an dem Gedicht ist auch, daß der Dialog den Großteil des Textes einnimmt und mit Hilfe dieses Dialogs die Grundzüge der Handlung vermittelt werden. Es zeigt sich deutlich, wie weit sich Jin He bereits von den traditionellen Formen und Inhalten entfernt hat. Er stellt damit allerdings eine Ausnahme innerhalb des großen Bereichs der klassischen Dichtung dar, die im 19. Jh. im allgemeinen weiterhin von der üblichen Gelegenheitslyrik bestimmt blieb.

Formen der lyrischen Vortragskunst

Etwas anders sieht es aus, wenn man Jin Hes Werk vor dem Hintergrund der verschiedensten Formen der populären lyrischen Vortragskunst betrachtet, die etwa gleichzeitig einen großen Aufschwung erlebte. Ähnlich wie beim Theater sind hier ebenfalls regional ganz unterschiedliche Entwicklungen feststellbar. Eine Form, die im Lauf der Ming-Dynastie in Suzhou entstand, ist das *tanci*, was soviel wie »Zupfen und Singen« oder »gezupfte Worte« bedeutet und darauf hinweist, daß der Vortrag von einem Saiteninstrument begleitet wurde. Es lassen sich allerdings zwei Typen von *tanci* unterscheiden, die als weiteres Beispiel für das komplexe Verhältnis von oraler und schriftlich gefaßter Literatur gelten können. Neben den tatsächlich zum Vortrag gebrachten Geschichten finden sich nämlich auch nur für die Lektüre gedachte *tanci*; beide wechseln zwischen Prosapassagen und reimenden Abschnitten, die meist in regelmäßigen Sieben-Zeichen-Versen gehaltenen sind. Der Vortrag eines *tanci* war meist eng an einen bestimmten Darsteller gebunden; die Lese-*tanci* kamen, wenn überhaupt, nicht in der geschriebenen Fassung zum Vortrag, sondern wurden noch einmal von einem Erzähler, also nicht dem Autor, überarbeitet. Zu den bekanntesten Lese-*tanci* zählt das in Teilen noch aus dem 18. Jh. stammende Werk *Zaisheng yuan* (Das doppelte Leben) der Autorin Chen Duansheng (1751–1796), das in der Mitte des 19. Jh.s von Liang Desheng (1771–1847), gleichfalls einer Frau, vollendet wurde. Waren Frauen zunächst vor allem das intendierte Publikum der Lese-*tanci*, begannen einige bald selbst, solche Versromane zu verfassen; es sind mehr als zwanzig von Frauen geschriebene *tanci* erhalten. Der weibliche Blick ist in *Zaisheng yuan* durchaus auch am Inhalt und Verlauf der erzählten Geschichte erkennbar, in die zwar bereits bekannte Elemente wie die Inversion des *caizi jiaren*-Motivs eingewoben sind, diese aber in vielen Einzelheiten an Radikalität noch übertroffen werden. Die Heldin Meng Lijun weigert sich, den ihr vom Kaiser bestimmten Mann zu heiraten. Sie flieht, besteht als Mann verkleidet die Staatsprüfungen, wird unter falscher Identität schließlich Minister und widersteht in einer der Schlüsselszenen des Textes sogar den Avancen des Kaisers, der eine Nacht mit seinem Minister verbringen will, weil er Verdacht geschöpft hat. Doch Meng Lijun kann am Ende ungestraft nach Hause zurückkehren und sogar den Mann ihrer Wünsche ehelichen.

Raffinierte Beschreibungen und große Detailfreude bestimmen beide Typen des *tanci*. Während die Lese-*tanci* allerdings in einem an der nördlichen Umgangssprache orientierten Standardchinesisch geschrieben waren, erfolgte der Vortrag immer im örtlichen Idiom, vor allem also im Suzhouer Dialekt. Einer der prägenden *tanci*-Erzähler des 19. Jh.s war Ma Rufei, der insbesondere für seinen Vortrag des Stückes *Zhenzhu ta* (Die Perlenpagode) berühmt war, bei dem es sich wie beim größten Teil der *tanci* um eine romantische Liebeskomödie handelte. Der von ihm herausgebildete Stil entwickelte sich ebenso wie der von anderen Erzählern bis heute weiter. Wichtigstes Unterscheidungsmerkmal der einzelnen Schulen war nicht die Auswahl der Stücke und Themen, sondern die Entwicklung jeweils eigener Melodien für die gesungenen Passagen und einer besonderen Form der musikalischen Begleitung. Trat der Erzähler alleine auf, imitierte er die unterschiedlichen Stimmen der darzustellenden Charaktere; als einziges Requisit zur Unterstützung seiner Gestik stand ein Fächer zur Verfügung. Später wurden einzelne Stücke auch von mehreren Sängern oder Sängerinnen im Wechsel vorgebracht.

Suzhouer Dialekt

Bei den nördlichen Formen der Vortragskunst begleitete sich der Erzähler meist mit einer Trommel oder anderen Schlaginstrumenten. Im Unterschied zu den *tanci*-Erzählern behielt er während des Vortrags immer dieselbe Stimmlage bei. Eine zweite Person, die jedoch stumm blieb, begleitete den Vortrag auf einem Saiteninstrument. Der einflußreichste Geschichtenerzähler des 19. Jh.s im nördlichen China war der aus Tianjin stammende Shi Yukun (etwa 1810–1870), der den größten Teil seines Lebens in Peking verbrachte. Seine Geschichten sind in mehrfacher Hinsicht von großem Interesse. Zum einen konzentrierte sich Shi bei seinen Darbietungen auf die Ritter- und Abenteuererzählungen, die, unter dem Oberbegriff *wuxia xiaoshuo* zusammengefaßt, ab Mitte des 19. Jh.s auch als Lesetexte immer populärer wurden. Zum anderen existieren genaue Mitschriften von Teilen seiner Erzählungen sowie verschiedene schriftliche Bearbeitungen des gesamten von ihm vorgetragenen Geschichtenzyklus. Dies ermöglicht, die Besonderheiten des mündlichen Vortrags noch heute zu untersuchen.

Shi Yukun

Die Erzählungen der Tradition, in der Shi es zur Meisterschaft brachte, kreisen fast alle um den gerechten Richter Bao, der schon im Zentrum von *huaben*-Sammlungen wie dem *Baijia gong'an* (Hundert Kriminalfälle) des An Yushi aus der Ming-Zeit stand und zudem in einer Reihe von Theaterstücken eine wichtige Rolle spielte. Im Unterschied zur früheren Kriminalliteratur rücken in Shis Zyklus aber die Helfer des Richters stärker in den Vordergrund. Sie verkörpern den Typus des fahrenden Ritters, dessen abenteuerliche Erlebnisse den Kern der dem Genre zuzurechnenden Erzählungen bilden. Diese Ritter verfügen über überlegene Kampftechniken, haben manchmal magische Kräfte und schrecken, wenn es einem moralisch gerechtfertigten höheren Ziel dient, bisweilen nicht einmal vor Gesetzesüberschreitungen zurück. Sie kämpfen meist allein, haben häufig aber doch einige Schwurbrüder, die ihnen im Notfall zur Seite stehen. Die literarischen Wurzeln des Genres liegen in den Traditionslinien, aus denen schon ein Roman wie das *Shuihu zhuan* entstanden ist. Eine weitere Quelle bilden die vielen Legenden und Anekdoten, die unter dem Oberbegriff *yeshi*, »unorthodoxe Geschichten«, zusammengefaßt werden und die sich aus den offiziellen historischen Annalen herausgebildet haben. Besonders die Phasen, in denen China ganz oder teilweise von Fremdvölkern beherrscht war, liefern dem Genre bis heute den passenden Hintergrund für seine um Ehre, Verrat, Loyalität und Tapferkeit kreisenden Erzählungen.

Fahrende Ritter

Der Vergleich der verschiedenen Stufen der Aufzeichnungen und Bearbeitungen des Materials von Shi Yukun ergibt folgendes: Die erste Schicht besteht aus handschriftlichen Mitschriften mit dem Titel *Longtu gong'an changben* (Textbuch zu den Fällen des Herren vom Drachenornament), die vermutlich direkt während seines Vortrags entstanden und Spuren der Eile tragen. Sie repräsentieren nur einen kleinen Teil des gesamten Zyklus und wurden vielleicht von Schülern Shis angefertigt, denen sie als Lerngrundlage dienten. Sie geben sehr genau die Mischung aus Prosa- und Versabschnitten wieder, die den Vortrag bestimmte, und sie zeigen, wie sich der Erzähler auf sein Publikum einstellte, indem er etwa durch mehrfache Wiederholungen ähnlich wie beim Erzählen eines Witzes langsam Spannung aufbaute. Das Publikum wurde direkt angesprochen; durch die Vielzahl der Variationen dieser Anrede ist zudem gut erkennbar, daß es sich bei den Erzählerfloskeln der umgangssprachlichen Leseliteratur in der Tat nur um standardisierte Topoi handelt. Nach dem Tod Shis erschien dann unter dem Titel *Sanxia wuyi* (Die drei Ritter und die fünf Gerechten, 1879) eine Druckausgabe des gesamten Zyklus. Ihr genauer Autor ist jedoch unbekannt. Diesem Text sowie der dann einige Jahre später von dem Gelehrten Yu Yue (1821–1907) herausgegebenen Fassung mit dem Titel *Qixia wuyi* (Die sieben Ritter und die fünf Gerechten, 1889) ist gegenüber den schon in den Manuskripten enthaltenen Passagen gemeinsam, daß sie sehr viel stärker handlungsorientiert sind. Viele der moralischen Exkurse fallen beiseite und den Nebenfiguren wird weniger Platz eingeräumt. Der Vergleich macht deutlich, daß der mündliche Vortrag als einmalige, bei jeder Vorführung neu entstehende Realisation eines literarischen Kunstwerkes verstanden werden muß, während die gedruckten Bücher zumal mit dem Aufkommen der Lithographie in den 70er Jahren des 19. Jh.s immer mehr zu Produkten einer sich immer weiter entwickelnden Unterhaltungsindustrie wurden.

Sanfte Helden

Aus der Fülle der teils gleichzeitig, teils in Nachfolge zum *Sanxia wuyi* entstandenen Ritterromane sticht *Ernü yingxiong zhuan* (Sanfte Helden) hervor. Dieser in der Pekinger Umgangssprache geschriebene Roman des mandschurischen Autors Wen Kang (etwa 1798–1877), der in der Zeit nach 1850 verfaßt und 1878 kurz nach dem Tod des Autors veröffentlicht wurde, zeigt noch einmal, wie schwer es ist, scharfe Grenzen zwischen Populär- und Literatenliteratur zu ziehen. Er stellt darüber hinaus eine seltsame Mischung aus konfuzianischem Erziehungsroman, Sittenbild und Rittergeschichte dar. Erzählt wird, wie der gutherzige, aber weltfremde Sohn eines guten Beamten auf einer Reise Bekanntschaft mit einem weiblichen Ritter, einer *xianü*, macht, die ihn dann dank ihres Mutes und praktischen Sachverstandes mehrfach aus mißlichen Lagen befreit und vor mancher gefährlichen Situation bewahrt. *Xianü*-Geschichten bilden eine Untergruppe innerhalb des *wuxia*-Genres. Oft sind diese Frauen die einzigen Töchter aus Familien, die zu Unrecht verurteilt oder unter anderen Umständen ermordet wurden. Daher mußten sie fliehen und suchten dann nach einer Möglichkeit, Rache zu nehmen. So verhält es sich auch im *Ernü yingxiong zhuan*, nur daß der Heldin dort die tatsächliche Bestrafung der Übeltäter von fähigen Beamten abgenommen wird.

Weniger handlungsreich ist dann der zweite Teil des Romans, in dem die langsame Verwandlung des zwar tugendhaften, aber ansonsten sehr unweiblichen Wildfangs in eine angepaßte Ehefrau geschildert wird, während der weltfremde Sohn zum erfolgreichen Beamten heranwächst. Hier löst sich der Text von den Vorgaben des Genres und nimmt explizit auf das *Honglou meng* Bezug. Denn während es, so zumindest der ideologische

Tenor des Romans, Jia Baoyu eben nicht gelingt, den Zustand der allgemeinen Verweichlichung zu verlassen und seine Liebe zu den zwei Cousinen so einen tragischen Ausgang nehmen muß, schafft es der Held des *Ernü yingxiong zhuan* schließlich, seine Stellung in der Welt zu behaupten. Er kann überdies – ein weiterer Seitenhieb auf das *Honglou meng* – eine harmonische Ehe mit zwei Frauen führen. Trotz der populären Elemente aus dem *wuxia*-Genre finden sich in dem Roman zudem die für die Literatenliteratur typischen Selbstbezüge und Reflexionen des Erzählvorgangs: Selbst die Protagonisten halten bisweilen inne, um einzelne Ereignisse und deren Position in der Gesamtstruktur des Romans zu kommentieren.

Gegenbild

Fast nichts deutet darauf hin, daß die von dem Roman beschriebene Welt zu seiner Entstehungszeit in ihrem Bestand zunehmend gefährdet wurde. Es scheint vielmehr, als würde er bewußt ein Gegenbild der ihn umgebenden Gesellschaft zeichnen. Statt Opium raucht die Heldin Tabak, und ihr, die sich analog zum Helden des Romans *Yesou puyan* als eine Art konfuzianisches Supergirl bezeichnen ließe, gelingt es am Ende nicht nur, den männlichen Helden wieder auf die Beine zu stellen, sie fügt sich schließlich sogar brav in die untergeordnete Rolle der traditionellen Frau. Dieses Ende mag angesichts der damaligen Situation Chinas als in sich widersprüchlich erscheinen, gedacht war es jedoch sicher als letzter Versuch einer Bestätigung des herrschenden Systems, worauf nicht zuletzt das im Text geschilderte gute Auskommen der Mandschu mit den Chinesen hinweist. Der Roman war äußerst erfolgreich und es entstand sofort eine Reihe von Folgetexten. Vielleicht gab es gerade angesichts der immer bedrohlicheren äußeren Situation auch eine große Nachfrage nach dieser Form der Bestätigung. Die Dokumentation des Verfalls und des ideologischen Dilemmas, in das China aber zunehmend geriet, war dann der nur wenige Jahre später einsetzenden Welle der spätqingzeitlichen Erzählliteratur vorbehalten.

LITERATUR IM 20. JAHRHUNDERT

Was ist modern?

Das 20. Jh. ist ein vergleichsweise kurzer Zeitraum, gemessen an einer trotz gewaltiger sprachgeschichtlicher Umwälzungen im wesentlichen ununterbrochenen Überlieferung von drei Jahrtausenden, auf welche die chinesische Literatur zurückblicken kann. Dennoch fallen in die beiden letzten Jahrhunderte eine Reihe von einschneidenden Ereignissen. Im Guten lassen sich deren Tragweite für die weitere literarische Entwicklung allenfalls messen an der Erfindung des Papiers im 1. Jh. und des Holzblockdrucks im 8. Jh. sowie am vor der Zeitenwende erstmals erfolgreichen Aufbau eines zentralisierten und einheitlichen Staates, im Schlechten an den wiederholten Einschnitten in der schriftlichen Tradition, erstmals in der legendenumwobenen Zerstörung konfuzianischen Schrifttums durch den ersten Kaiser im 3. Jh. v.Chr., letztmals durch plündernde und brandschatzende Taiping-Rebellen, denen zahlreiche Kostbarkeiten aus Privatsammlungen in Südchina zum Opfer fielen.

Gnadentod für den Beamten-Literaten

An erster Stelle ist wohl die formelle Abschaffung der Beamtenprüfungen im Jahre 1905 zu nennen. Sie beendeten die enge Verbindung zwischen literarischer, ja philologischer Bildung und staatlichem Amt, die sich als Ideal in die Zeit der Streitenden Reiche zurückverfolgen läßt und in einem spätestens seit der Tang-Zeit hochgradig institutionalisierten und formalisierten Verfahren den Königsweg zu Bildung überhaupt eröffnete. Der bis dahin unbestritten dominante Beamten-Literat, der in gewisser Weise ein Amateurideal von Literatur verkörpert hatte, weil er seine literarische Produktion meist unter der Perspektive von Loyalität und Distanz zum (kaiserlichen) Staat definierte, wich nun einem Selbstverständnis, das sich allmählich professionalisierte, und es konnte sich der Typus des modernen Intellektuellen herausbilden, der sich aufgrund bestimmter spezialisierter Fertigkeiten öffentlich artikuliert, die technisch, wirtschaftlich, politisch oder eben literarisch sein können. Als die Beamtenprüfungen abgeschafft wurden, markierte das zugleich eine der letzten Etappen in einem Prozeß, an dessen Ende der kaiserliche Staat durch koloniale Infiltration der imperialistischen Mächte gezwungen wurde, sein im Kern universelles Selbstverständnis aufzugeben, sich als einer unter vielen zu betrachten, und darob zusammenbrach, kaum hundert Jahre nach dem Höhepunkt seines Einflusses und seiner Ausdehnung. Begleiterscheinung war, daß sich China mit der literarischen Überlieferung in anderen Sprachen so intensiv zu beschäftigen begann wie seit dem Erfolg des Buddhismus vom 1. Jh. an nicht mehr.

Die kriegerischen und blutigen Auseinandersetzungen, die auf den Sturz der letzten Dynastie folgten und die zur Folge haben, daß derzeit drei Staaten mit einer überwältigenden chinesischen Bevölkerungsmehrheit bestehen (Volksrepublik China, Republik China auf Taiwan, Singapore), könnten als ein dynastischer Wechsel unter vielen erscheinen. Die Entwicklung ging aber, anfangs kräftig angetrieben durch christliche Missionare, mit einem Umbau des Bildungssystems einher. Folge davon ist, daß sich der Anteil der Lese- und Schreibkundigen unter den chinesisch Sprechenden verzehnfacht, wenn nicht verzwanzigfacht hat. Vor allem in die erste Hälfte des 20. Jh.s fällt ein Schub sprachlicher Erneuerung, mit ausgelöst durch den Kontakt mit anderen Sprachen, bei dem die umgangssprachlichen Elemente, die von der chinesischen Schriftsprache aufgenommen wurden, erstmals in der Sprachgeschichte durch Massenmedien verbreitet wurden.

Probleme des Moderne-Begriffs

Ganz offensichtlich handelt es sich hier um einen Modernisierungsprozeß. Die dabei entstandene Literatur wird denn auch häufig als modern gekennzeichnet. In der Volksrepublik China hat sich dafür der Ausdruck für »aktuell«, »gegenwärtig«, »modern« (*xiandai*) gegen die phonetische Umschrift *modeng* durchgesetzt. Er wird jedoch in der Historiographie und damit auch der Literaturgeschichtsschreibung zu einer mechanischen Periodisierung verwendet, die bis in Bibliothekskataloge hineinreicht, und zwar in Abgrenzung zur Neuzeit (*jindai*, 1840–1911) und zur »Gegenwart« (*dangdai*, seit 1949). Die aus der politischen Geschichte bezogenen Kriterien Opiumkrieg (1840) und Gründung der Republik (1912), dann der Volksrepublik (1949) machen eine solche Kategorie als Epochen- oder gar Stilbegriff ungeeignet und mangels zeitlicher Distanz der älteren dynastischen Periodisierung sogar unterlegen. Überdies besteht in Hong Kong ein abweichender Sprachgebrauch, bei dem mal *jindai*, mal *xiandai* die gesamte Periode seit 1911 bezeichnet. Hinzu kommt erschwerend, daß seit den 1980er Jahren in der sinologischen Literatur, erst in den USA und längst auch in China, inzwischen ein regelrechter Wettbewerb um die »Moderne« eingesetzt hat: Eine solche soll nun in China, möglichst anhand autochthoner Phänomene, immer früher auszumachen sein, anfangs des 19. Jh.s, dann in der Song-Dynastie, zuletzt gar in der Han-Zeit. Um sowohl die Fallgruben solcher Diskussionen zu umgehen, als auch den erwähnten Schematismus zu meiden, der auf ein orthodox-marxistisches Geschichtsbild zurückgeht, vor allem aber um genuin literarischen Entwicklungen flexibler Rechnung tragen zu können, plädieren immer mehr Forscher (allen voran Yan Chunde seit Ende der 1990er Jahre) für einen ideologisch weniger aufgeladenen Epochenbegriff, nämlich das »20. Jahrhundert«. Dieser Position schließt sich die folgende Darstellung grundsätzlich an.

Ein Jahrhundert chinesischer Bleisatz

Für die chinesische Literatur des 20. Jh.s lassen sich markante Eckpunkte festmachen, die mit den materiellen Möglichkeiten ihrer Produktion, Reproduktion und Distribution zusammenhängen: Der mechanisierte Druck mit gegossenen Typen begann in China bereits um 1875 in der Tagespresse und erlaubte damit bedeutend höhere Auflagen als die rund 500 Exemplare im Holzblockdruck. Dennoch setzte sich das Verfahren in der Buchproduktion erst um die Jahrhundertwende durch. Nicht nur bei Lin Shu, dem erfolgreichsten literarischen Übersetzer jener Zeit, liegt diese ziemlich genau zwischen Holzblock- und Bleisatz-Ausgabe seines ersten Werkes (1899/1903). Am 10. Dezember 2000, also wenige Tage vor Ablauf des Jahrhunderts, wurde in Stockholm der Nobelpreis für Literatur an Gao Xingjian überreicht. Es ist kennzeichnend für die Situation der chinesischen Literatur insgesamt, daß der Preisträger ein Exilant ist. Mindestens ebenso wichtig ist jedoch, daß aufgrund der erneuten Umbrüche, die sich durch elektronische Medien abzeichnen, sein Werk auch jener Milliarde potentieller Leser grundsätzlich zugänglich war, denen es noch ein Jahrzehnt zuvor aus politischen Gründen vorenthalten worden wäre. Wenn die öffentlichkeitswirksame Auszeichnung keine oder gar nachteilige Auswirkungen auf die weltweite Wahrnehmung chinesischer Literatur hatte, steht das auf einem anderen Blatt.

Strategische Ausgangspositionen der Forschung

In China begann die systematische wissenschaftliche Auseinandersetzung mit der Literatur des 20. Jh.s im Rahmen der sozialpolitischen, kulturellen und sprachplanerischen Erneuerungsbewegung, die kurz nach dem Sturz der letzten Dynastie 1912 einsetzte und mit bis heute nicht aufgelösten ideologischen und militärischen Frontlinien um 1926 zusammenbrach (Bewegung für eine Neue Kultur, Bewegung des 4. Mai). Sich mit zeitgenössischer Literatur zu beschäftigen, ging Hand in Hand mit der Aufarbeitung des alleine quantitativ erdrückenden literarischen Erbes. Insofern standen zu Beginn strategische Interessen der Protagonisten dieser Erneuerungsbewegung im Vordergrund, die anhand der Tradition ihren Anspruch zu legitimieren suchten, eine neue Literatur zu schaffen. Die erwähnten Frontlinien verschärften sich nach 1945 durch den Kalten Krieg in der gesamten Sinologie und begannen erst in den 1980er Jahren aufzuweichen. Neben den chinesischen Wegbereitern Zhou Zuoren und Hu Shi sind – wie für die Sinologie im Westen überhaupt – die jesuitischen Pioniere zu nennen, die an ihrer Université de l'Aurore in Shanghai erstmals in den 1930er Jahren ausführliche systematische Studien zu chinesischen Autoren publizierten (vgl. auch Schyns 1948). Ihnen folgte nach dem Krieg in der ČSSR Jaroslav Průšek (1906–1980), der eine regelrechte »Prager Schule« der Sinologie begründete und dem, zusammen mit seinem Kontrahenten C. T. Hsia (Xia Zhiqing, geb. 1921) in den USA, die methodische Verankerung der Literatur des 20. Jh.s in der Sinologie wesentlich zu verdanken ist. Beide haben über politische Gräben hinweg ebenso wie einzelne Forscher in Hong Kong dazu beigetragen, daß der indirekte Austausch zwischen Spezialisten in den ideologisch verfeindeten Staaten Volksrepublik China und Republik China auch in schwierigsten Zeiten seit 1949 bis zum Ende der Kulturrevolution nicht abbrach.

Kommunikation und literarische Gemeinschaft

Die folgende Darstellung beschränkt sich bewußt auf eine geringe Zahl von Werken. Das geschieht zwangsläufig auf Kosten einer Vielzahl von anderen einflußreichen, verbreiteten, bekannten und ästhetisch hervorragenden Werken, die bestenfalls lediglich am Rande Erwähnung finden. Auch der Forschungsstand wurde mit Bedacht weitgehend ausgeblendet. Anliegen der Auswahl war es weniger, eine möglichst große Bandbreite repräsentativer ästhetischer Verfahren abzudecken, als für neun Perioden des 20 Jh.s unterschiedliche Enstehungsbedingungen literarischer Texte und die Typen der Kommunikation innerhalb einer literarischen Gemeinschaft und über sie hinaus an Textbeispielen nachvollziehbar zu machen. Zum Abschluß soll verdeutlicht werden, daß diese Gemeinschaft inzwischen weit über den geographischen Raum Chinas hinausgreift, ja wesentlich von dieser Ausdehnung lebt. Dabei war der Grundsatz leitend, den Hu Shi (1891–1962) in seiner *Geschichte der chinesischen Literatur in Umgangssprache* (1928) formuliert hat:

> Literaturgeschichten sollten ihre Leser unter keinen Umständen mit unzähligen Titeln von Werken und Sammlungen bekannter Schriftsteller überhäufen. Diese Unsitte ist weit verbreitet. Auch westliche Literaturhistoriker sind selten gewillt, Beispiele zu geben, sondern beschränken sich darauf zu erklären, ein bestimmter Schriftsteller sei so und so, ein bestimmtes Gedicht so und so. In solchen Literaturgeschichten liest man nur eine Vielzahl von Personennamen und von Gedicht- und Buchtiteln, genau so wie in den Dynastiegeschichten alten Stils, wo Namen und Regierungsdevisen aufgehäuft wurden.

Ein Wort noch zu Satz und Schrift: Der Bleisatz mit seinen vielfach wiederverwendbaren Gußformen brachte es mit sich, daß etliche semantisch bereits obsolet gewordene Schreibvarianten einzelner Zeichen stillschweigend verschwanden. Als Wang Yunwu (1888–1980) im Verlag Commercial Press den Normsetzkasten einführte und dabei die Anordnung des sogenannten Viereckensystems erfand, kam er mit 7014 Zeichen aus – gegenüber den gegen 60.000, die das Wörterbuch *Kangxi zidian* (1716) verzeichnete. Bisher handschriftlich gebräuchliche Hervorhebungszeichen, zumal für Marginalkommentare bei alten Drucken, tauchten gegen 1890 auch im Bleisatz auf. Zunehmend wurden sie verwendet, um Sequenzen zu scheiden, denn durch die umgangssprachlichen Elemente wurden die Sätze länger, bevor sich um 1920 eine Interpunktion nach westlichem Vorbild durchsetzte. Nach wie vor wurde senkrecht von rechts nach links gesetzt, bevor um 1921 erste horizontal von links nach rechts gesetzte Zeitschriften auftauchten. Horizontalsatz war nunmehr ein prominentes typographisches Merkmal, mit dem sich Modernität demonstrieren ließ, ebenso etwa ab 1926 Groteskschriften, die in ihrer Gestaltung vollständig auf eine Imitation der Pinselstriche verzichten.

Holzblockdruck – Bleisatz – Photosatz – Kalligraphie

Latinisierungsbemühungen waren zwar ab 1920 aus dem Blickfeld der Sprachpolitik verschwunden, doch im Partisanengebiet der Kommunistischen Partei wurde eine in den 1930er Jahren für die chinesischen Minderheiten in der Sowjetunion entwickelte Lateinschrift benutzt, um der bäuerlichen Bevölkerung Lesen und Schreiben beizubringen. Sie war aber kaum mehr als eine Hilfs- oder Parallelschrift, ebenso wie die 1958 in ihrer jetzigen Form verkündete offizielle Umschrift *Hanyu pinyin* der Volksrepublik China, die auch in diesem Buch durchgehend Verwendung findet. Aus Gründen der kulturellen Identitätspolitik richteten sich Schriftreformbemühungen in der Volksrepublik ab 1950 auf die Schriftzeichen selbst. In zwei Phasen wurden 1956 und 1964 ein Drittel der 7.000 gebräuchlichsten Zeichen vereinfacht – teils durch Abschaffung geringfügig abweichender Varianten, teils durch Kodifizierung von Schreibformen, wie sie schon lange inoffiziell verwendet worden waren.

Seit den 1970er Jahren verbreitete sich der Photosatz zuerst in Hong Kong, in den 1980ern auch in Taiwan und schließlich in der Volksrepublik China von den frühen 1990er Jahren an. Inzwischen werden Bleitypen allenfalls noch für den Druck von Visitenkarten verwendet und Merkmale des Holzblockdrucks sind zu einem elektronisch erzeugten modischen Buchgestaltungselement geworden. Nach wie vor eine hervorragende Stellung nimmt die kalligraphische Handschrift bei Buchumschlägen und in Zeitungsköpfen ein. Vertikale Titelzeilen sind in Zeitungen ein häufiges gestalterisches Element, während in der Volksrepublik die offiziell längst abgeschafften Vollzeichen benutzt werden, um internationale Kontakte in der weltweiten chinesischen Gemeinschaft oder besonderes Traditionsbewußtsein zu markieren. Auf dem chinesischen Festland befand sich im Jahre 2000 in Nanjing die letzte Manufaktur, die mit Holzblockdruck arbeitete.

Die große chinesische Welt und ihre Probleme

Die sogenannte Selbststärkungsbewegung war unmittelbare Folge der Opiumkriege, die das Kaiserreich zu ungleichen Verträgen mit ausländischen Mächten zwangen, und der Aufstandsbewegung des »Himmlischen Reiches vom Großen Frieden«, die China von innen erschütterte. Die von den mächtigen Gouverneuren Zeng Guofan (1811–1872) und später Li Hongzhang (1823–1901) gegen die Aufständischen rekrutierten Streitkräfte hatten ihre Basis in den Provinzen, womit die Bedeutung der mandschurischen Banner als militärische Garanten der Mandschu-Dynastie zurückging und gleichzeitig der Grundstein für regionale Machthaber gelegt wurde, die bis zur Mitte des 20. Jh.s Chinas Geschicke maßgeblich prägen sollten. Am Beginn der Selbststärkungsbewegung stand die Einrichtung des *Zongli yamen*, einer kaiserlichen Behörde, in der erstmals die Außenbeziehungen des Reichs koordiniert wurden. Es folgten bis 1895 die Errichtung von Waffen- und Munitionsfabriken, Schiffswerften, Ingenieursschulen, Schiffahrtsgesellschaften und Dolmetscherschulen ebenso wie der Aufbau einer Militärakademie und einer Kriegsflotte, Bahn- und Telegraphenlinien und anderem mehr. Die teilweise privaten Investitionen standen jedoch unter bürokratischer Kontrolle und waren für Korruption anfällig, wie sich am augenfälligsten darin zeigte, daß die Kaiserinwitwe Cixi (1835-1908), die ab 1861 bis zu ihrem Tode die Fäden der Macht in Händen hielt, die für den Ausbau der Flotte reservierten Mittel in die Errichtung des Sommerpalastes bei Peking umleiten konnte.

Aufrüstung für die Unabhängigkeit

Ein wichtiger Ansatz zu umfassenden institutionellen Reformen ging von Kang Youwei (1858–1927) aus, einem mehrfach als Kandidat für eine Beamtenprüfung gescheiterten Intellektuellen: In ausholenden Kommentaren versuchte Kang Youwei, die kanonischen Schriften Chinas mit sozialdarwinistischen Ideen zu verknüpfen und seine reformerischen Ideen zu legitimieren, die er zuletzt in seinem utopisch-egalitären *Buch von der Großen Gemeinschaft* (*Datong shu*, 1901–1902/1935) niederlegte. Kang Youwei und sein Schüler Liang Qichao (1873–1929) konnten nach der chinesischen Niederlage im Krieg gegen Japan 1894–1895 sogar den Kaiser von der Notwendigkeit einschneidender Reformen überzeugen, und tatsächlich folgte alsbald eine Reihe von über 40 Edikten, die in allen Bereichen staatlicher Administration Reformen stipulierten: Im Prüfungssystem sollte der formalisierte achtgliedrige Essay zugunsten gegenwartsbezogener Aufsätze abgeschafft werden; eine Reorganisation der zentralen Ministerien und lokalen Behörden als Kern einer künftigen Gemeindeautonomie waren ebenso vorgesehen wie Provinzparlamente, eine Nationalversammlung und eine Verfassung mit Gewaltenteilung; und schließlich sollte China nicht mehr als universelles Reich, sondern als ein Staat unter vielen verstanden werden. Dieser Traum, der im Westen unter der treffenden Bezeichnung 100-Tage-Reform bekannt wurde, war freilich nach drei Monaten schon zuende, als die Kaiserinwitwe Cixi mit mandschurischen Militärs und konservativen Beamten den Kaiser entmachtete und alle reformerischen Edikte annullierte. Kang Youwei und Liang Qichao gelang die Flucht nach Japan, während eine Reihe sympathisierender Beamter geköpft wurde.

Kurzlebige Reformversuche

Die zunehmende ausländische Marktdominanz und die erzwungenen Privilegien für christliche Missionare führten sodann dazu, daß aus einer ursprünglich antimandschurischen bewaffneten Geheimgesellschaft eine ausländerfeindliche Bewegung wurde – die »Gruppe für Gerechtigkeit und Harmonie« (*Yihetuan*), die »Boxer«. Ihr Programm bestand darin, alle Ausländer, chinesischen Christen und chinesischen Konsumenten ausländischer Produkte zu töten; doch als sie sich in ihrer Fremdenfeindlichkeit mit Teilen der kaiserlichen Truppen verbanden und es in Peking und Tianjin zu gewalttätigen Übergriffen kam, entsandte neben Rußland und England, Frankreich, Italien und Japan auch Deutschland Truppen nach China – letztere angefeuert von der berüchtigten »Hunnenrede« Wilhelms I. Das »Boxerprotokoll« von 1901, das den kurzen Krieg beendete, legte dem Kaiserreich Reparationen auf, die fast dem Zehnfachen des jährlichen Staatshaushalts entsprachen. Nun sah sich die Kaiserinwitwe selbst zu jenen Reformen gezwungen, die sie drei Jahre zuvor hintertrieben hatte. Gleichwohl konnten dadurch weder die militärischen Schwächen Chinas, das sich mit wachsenden Ambitionen Japans konfrontiert sah, noch seine finanziellen Schwierigkeiten behoben werden, und auch die Bemühungen um eine Verfassung kamen nur schleppend voran. Nach dem Tode der Kaiserinwitwe, die noch tags zuvor den längst entmachteten Kaiser vergiftet haben soll, änderte sich die Situation nicht wesentlich. Der Staat war bankrott und hatte bei den Provinz-Bürokratien jede Glaubwürdigkeit verloren. Das begünstigte den Erfolg der antimonarchistischen Partei von Sun Yixian (Sun Yat-sen, 1866–1925), der ab 1911 die Unterstützung lokaler Machthaber gewann.

»Hunnenrede« und »Boxerprotokoll«

Der für die literarische Entwicklung einschneidendste Schritt war die 1905 verfügte Abschaffung der in ihrem Kern literarischen, philologischen und philosophischen Staatsprüfungen, die Jahrhunderte lang den Zugang zur gesellschaftlichen Elite – also zu Beamtenlaufbahnen – reguliert hatten und eine gewisse *unité de doctrine* gewährleisteten. Dieser Schritt kam keineswegs unvorhergesehen, denn schon seit den 1870er Jahren hatte eine in städtischen Zentren expandierende chinesische Tagespresse einen neuen Typ des professionellen Schriftstellers hervorgebracht, der nur noch wenig mit dem traditionellen Beamten-Literaten gemein hatte. So ist es kein Zufall, daß die hier vorzustellenden literarischen Texte des letzten Jahrzehnts der Kaiserzeit von einem reformerisch gesinnten Beamten, dem Lyriker Huang Zunxian, einem gescheiterten Prüfungskandidaten, dem Journalisten und Romancier Wu Woyao, sowie einem zwar erfolgreichen, aber ohne Amt gebliebenen Kandidaten stammen, dem Übersetzer Lin Shu.

Einzug der Technik in die lyrische Welt: Huang Zunxian

Chinesischer Diplomat auf Reisen

Die Lebensdaten des vor allem durch seine Gedichte bekanntgewordenen Diplomaten und Literaten Huang Zunxian (1848–1905) können symbolisch für die Übergangszeit des ausgehenden Kaiserreichs stehen: Er wurde in der südlichen Provinz Guangdong geboren, als die synkretistische Bewegung des »Himmlischen Reiches vom Großen Frieden«, die in die Taiping-Rebellion mündete, zu gären begann, und er starb in dem Jahr, als die Beamtenprüfungen abgeschafft wurden, die im Kaiserreich den Zugang zur schmalen Elite der sogenannten Beamten-Literaten bestimmt hatten. Erst im dritten Anlauf bestand der beinahe Dreißigjährige die Examina auf Provinzebene und trat darauf in den gering angesehenen diplomatischen Dienst ein. Er bekleidete Posten in Tôkyô, war Konsul in San Francisco, reiste dienstlich nach Europa und wurde zuletzt Generalkonsul in Singapore. Nur einer rechtzeitigen Krankheit verdankte er es, daß er nach der erfolglosen

100-Tage-Reform von 1898 weder sein Leben lassen noch ins Exil fliehen mußte.

Neben seiner diplomatischen Tätigkeit fand Huang Zunxian in Tôkyô Muße für 154 siebensilbige Vierzeiler in dem »neuen«, also strengen prosodischen und stilistischen Vorschriften gehorchenden Stil. Diese *Gedichte über vermischte japanische Angelegenheiten* (*Riben zashi shi*) begründeten seinen Ruf. Ihr Titel ist programmatisch gewählt, denn tatsächlich behandeln die Verse als eine Art lyrischer Enzyklopädie die verschiedensten Gegenstände: Erdbeben ebenso wie Tageszeitungen, Antiquariate und Kindergärten, Feuerwehren und Pädagogische Hochschulen für Frauen. Es ist kennzeichnend für die Übergangsstellung von Huang Zunxian, daß er seine Japan-Gedichte zunächst in einer amtlichen Ausgabe im traditionellen Holzblockdruck erscheinen ließ (1879), bevor er sie Wang Tao (1828–1897), dem in der britischen Kronkolonie Hong Kong ansässigen Pionier der chinesischen Presse, zur Publikation übergab. Gleichsam von Amts wegen sammelte Huang Zunxian während seiner Jahre in Tôkyô auch Material für seine *Monographie über Japan* (*Ribenguo zhi*, 1887/1890), die mit ihren 40 Heften das bislang umfangreichste in China publizierte Werk über ein fremdes Land war. In den USA wuchs angesichts rassistischer Hysterie in Kalifornien seine Skepsis gegenüber demokratischen und egalitären Idealen. Seine satirischen Verse über den Präsidentschaftswahlkampf von 1884 sind mit ihren manchmal über 100 Zeilen sehr lang und folgen auch sonst den freien Regeln des »alten« Stils.

»Revolution in der Lyrik«

Als sich Huang Zunxian in seinen letzten Jahren auf sein Anwesen mit der »Hütte in der Menschenwelt« zurückzog, erschienen in den Exilzeitschriften Liang Qichaos, der *Neuen Bürgerzeitung* (*Xinmin congbao*) und der *Neuen Erzählliteratur* (*Xin xiaoshuo*), regelmäßig Gedichte und andere Texte von ihm. Auch überarbeitete er sein gesamtes lyrisches Werk, das 1910 posthum als *Gedichtentwürfe aus der Hütte in der Menschenwelt* (*Renjinglu shicao*) erschien. Die Literaturgeschichtsschreibung kennt Huang Zunxian als hervorragendsten Vertreter der »Revolution in der Lyrik« (*shijie geming*). Mit diesem Schlagwort hatte Liang Qichao in seiner *Poetik aus dem Eissäufer-Studio* (*Yinbingshi shihua*, 1899) die lyrischen Bemühungen politischer Gesinnungsfreunde zusammengefaßt:

> Wenn sich die Zeiten ändern, braucht es eine Revolution. Unter Revolution verstehe ich, den Geist zu revolutionieren, nicht die Form. In letzter Zeit haben wir oft von einer Revolution in der Lyrik gesprochen. [...] Sich in der Lyrik alter Formen zu bedienen und damit neue Ideen zu vermitteln, das ist wirklich eine Revolution.

Huang Zunxian selbst hat sein poetologisches Credo auf die Formel »meine Hand schreibt nieder, was der Mund ausspricht« gebracht und dabei ein Anliegen in den Mittelpunkt gerückt, das für Liang Qichao untergeordnet war: die Annäherung des sprachlichen Mediums an die gesprochene Umgangssprache. Immerhin bediente sich die Lyrik seiner Zeit nach wie vor der Schriftsprache, die sich in annähernd zwei Jahrtausenden Sprachgeschichte von der Umgangssprache entfernt hatte. Huang Zunxian aber wollte Authentizität und forderte im Vorwort zu seinen *Gedichtentwürfen aus der Hütte in der Menschenwelt*: »Die Sprache offizieller Dokumente, Dialekte und umgangssprachliche Redewendungen können in der Lyrik gebraucht werden, soweit sie zum Ausdruck bringen, was es früher nicht gab und was auf echter Erfahrung beruht.« Damit schließt er die Vorstellungen von Liang Qichao ein, verknüpft sie jedoch ausdrücklich mit dem Kriterium der Subjektivität.

In seiner lyrischen Praxis war Huang Zunxian allerdings weit davon entfernt, das sprachliche Medium der alten Elite zu verlassen. Neu sind in seiner Lyrik die Themen, nicht zuletzt die westliche technische Zivilisation und auch das Verhältnis Chinas zur Welt, das der Diplomat erlebte. Dazu gehören neben europäischen Namen auch sparsam eingesetzte Neologismen sowie das gesamte konventionelle Inventar intertextueller Verfahren mit Zitaten und Anspielungen auf die traditionelle Literatur. Huang Zunxians literarische Technik sei an Auszügen aus den 70 Versen seines Gedichts *Aufstieg zum Eiffelturm* (*Deng Bali tieta*, 1891) demonstriert. Es entstand, als er sich auf der Fahrt von Marseille nach London in Paris aufhielt, wo nur zwei Jahre zuvor die Weltausstellung stattgefunden hatte, als deren Blickfang die Stahlkonstruktion errichtet wurde:

Blick auf die Welt vom Eiffelturm

Er ragt aus der Erde und reckt sich empor,
Steht aufrecht wie ein Gipfel Hunderte von Ellen.
Ich habe keine künstlichen Flügel.
Wer wäre in der Lage, ihn zu besteigen?
Ein goldener Mast steht auf seiner Spitze,
eiserne Netze hängen zu vier Seiten herab.
Unten ist eine fünfzig Fuß lange Flagge aufgezogen,
die als Zelt wohl tausend Menschen fassen könnte.
[...]
Der Hängewagen rast hinauf,
besorgt lausche ich auf die Seilwinde.
Ich fliege ohne Flügel
Und gleite durch den leeren Raum.
[...]
Aber meine Sehkraft ist leider beschränkt,
doch keine Hindernisse beschränken den Ausblick.
[...]
Kühe, Pferde und Menschen lassen sich nicht mehr unterscheiden,
wie Sandwürmer wimmeln sie wild durcheinander.
Wenn ich von unten komme,
werden Klein und Groß in einem Nu ähnlich.
[...]
Im Westen steigen Dunstschwaden aus dem Meer,
dort liegt England in dunstiger Ferne.
Lange zurück, im Hundertjährigen Krieg,
kämpften die beiden Reiche um die Vorherrschaft.
Später kam Napoleon,
energisch wie auf der Welt kein Zweiter.
Solange er siegte, wurde er als Alleinherrscher geehrt,
als er unterlag, geriet er in lange Verbannung.
Europa ist ein alter Kriegsschauplatz,
man liebt den Sieg, und keiner will dem andern weichen.
So herrschen heute sechs Kaiser,
jeder behauptet, der stärkste unter dem Himmel zu sein.
[...]
Und ich bin so gering wie ein Reiskorn,
schwach und unfähig, mich selber einzuschätzen.
Mit einem Blick überschaue ich die Welt,
als ob die fünf Kontinente in meiner Hand Platz fänden.
Wenn ich auf die oberste Spitze steige,
träume ich davon, auf dem Wind zu reiten.
Wann werde ich eine Luftreise unternehmen,
einen Ballon besteigen und nach Belieben umherfliegen?
Ich würde neunzigtausend Meilen aufsteigen
und lache laut, weil es möglich wäre.

Alte Erklärungen für die neue Welt

Durch das ganze Gedicht wiederholt sich das Motiv des Menschen und der aus der Höhe betrachteten klein scheinenden Welt. Es wird variiert in der Aufhebung der Dimensionen (»Kühe, Pferde und Menschen lassen sich nicht mehr unterscheiden«) und erstreckt sich auch auf die Selbstwahrnehmung (»Und ich bin so gering wie ein Reiskorn«). Dieses Motiv geht auf das frühe konfuzianische Werk *Mengzi* zurück, das von einer Erfahrung des Konfuzius berichtet: »Als er den Berg Taishan bestieg, erschien ihm die Welt klein.« Dieses Wort und die Episode, die es zusammenfaßt, hat neben vielen anderen auch den bedeutenden Tang-Lyriker Du Fu (712–770) zu einem Gedicht inspiriert, in dem das lyrische Ich metonymisch mit dem Berggipfel gleichgesetzt wird, also seine gesamte Umgebung überragt. Bei Huang Zunxian ist der Mensch jedoch nicht in der Lage, den Gipfel aus eigener Kraft zu besteigen. Die »künstlichen Flügel« stehen zunächst metaphorisch für den »Hängewagen«. Oben angelangt, ist der Gipfel zu hoch (»Sehkraft [...] beschränkt«), um daraus den Gewinn der Selbsterhöhung zu ziehen. Nach dem Exkurs in europäische Geschichte, der mit der damaligen Weltmacht Großbritannien einsetzt, die wenige Jahrzehnte zuvor China im Opiumkrieg gedemütigt hatte, werden die übrigen europäischen Großmächte – Frankreich, Deutschland, Österreich-Ungarn, das Osmanische Reich und Italien – in einem dauernden Hegemonialkampf befindlich skizziert. Die Auflösung besteht darin, daß das lyrische Ich zwar »gering« und »schwach« ist, dank moderner Technik aber »wäre es [ihm] möglich«, »die Welt zu überschauen«.

Schon die erste, handschriftlich zirkulierende Fassung des Gedichts war von einigen erklärenden Anmerkungen Huang Zunxians begleitet: zum Aufzug, den er als »fliegenden Wagen« beschreibt, zur Bauweise des Eiffelturms sowie zum Hundertjährigen Krieg. Bereits der obige Auszug des Gedichts enthält einige klar erkennbare literarische Anspielungen: In einer Rhapsodie (*fu*) des Cao Zhi (191–232) standen »künstliche Flügel« für das Ich, das sich frei über die Welt erhebt. Die Formulierung »fünfzig Fuß lange Flagge« spielt auf eine aus dem 1. Jh. v.Chr. stammende Beschreibung des unvollendet gebliebenen Palastes des Ersten Kaisers an. »Ohne Flügel fliegen« und »durch den leeren Raum gleiten« zu können, geht auf die Definition von Sprache in einem vorkaiserzeitlichen philosophischen Text zurück und läßt sich damit als Hinweis lesen, Literatur sei der Technik mindestens ebenbürtig. Der Vers: »Mit einem Blick überschaue ich die Welt« verschmilzt Formulierungen aus *Mengzi* über Konfuzius und Worte des daran anknüpfenden Gedichts von Du Fu. Wenn schließlich der Gedichtabschluß nahezulegen scheint, daß es möglich sei, sich mit technischen Mitteln über die Welt zu erheben, wird diese Aussage sofort relativiert, indem ein Vers von Han Yu aus dem frühen 9. Jh. anklingt, der »Lachen« und Mangel an angemessener Selbsteinschätzung nebeneinanderstellt.

Von Beamten-Literaten für Beamten-Literaten

Es liegt auf der Hand, daß eine solche Fülle an Zitaten und Anspielungen nur von der schmalen Elite literarisch versierter Zeitgenossen Huang Zunxians überhaupt aufzulösen war. Er schrieb also keineswegs für die zunehmende Zahl Lesekundiger, sondern seine Adressaten waren Beamten-Kollegen. Seine Bedeutung liegt darin, daß er dem durch den Imperialismus bedrängten China ebenso wie der westlichen Zivilisation und Technik und der europäischen Geschichte Eingang in seine Lyrik verschaffte – bis hin zum Wortungetüm, das die dreisilbige chinesische phonetische Umschrift für »Napoleon« in einem insgesamt nur fünf Silben zählenden Vers darstellt. Seine Bedeutung liegt ebenso darin, die Möglichkeiten ausgereizt und vollendet zu haben, die ein nur geringfügig erweitertes Inventar lyrischer

Konventionen bot, die im Laufe von zwei Jahrtausenden zusammengekommen waren.

Es war weniger die Vermittlung neuer Ideen, wie sie Liang Qichao für die Revolution in der Lyrik postulierte, die Huang Zunxian auszeichnet, als ein ästhetisch sublimierter Anspruch der Authentizität, der sich einer innerhalb weniger Jahrzehnte radikal erweiterten Lebenswelt mit den überlieferten Mitteln stellte. Daraus schöpfte er ein erstaunliches skeptisches Potential – und zwar vornehmlich im Medium der Poesie, das innerhalb seiner Klasse nach wie vor im höchsten Ansehen stand, mochte er auch bereits eine Generation später als Epigone belächelt werden. Daß seine Gedichte zunächst handschriftlich im Kollegenkreis zirkulierten und später in der neu entstehenden Rotationspresse zuerst von Japan aus verbreitet wurden, markiert den qualitativen Sprung bei den materiellen Bedingungen literarischer Produktion nach 1880.

Flaneur im Sumpf der Korruption: Wu Woyao

Journalisten als neue Literaten

Der Journalist und Schriftsteller Wu Woyao (1866–1910) entstammte einer Familie wohlhabender Salzhändler und Beamten aus Guangdong, wurde aber in der Hauptstadt Peking geboren, wo sein Großvater ein hohes Amt bekleidete. Kurz nach dem Tod seines Vaters 1882 zog er in das aufstrebende Shanghai, wo er sich auf die Beamtenprüfungen vorbereiten wollte, bald aber seinen Lebensunterhalt mit feuilletonistischen und anekdotischen Beiträgen für Tageszeitungen bestritt, die damals eine Blüte erlebten: Ab 1897 war er unter anderem Chefredakteur der literarischen Beilage zur *Shanghai-Zeitung* (*Zilin Hubao*, 1882–1900), zeitweilig war er auch Chefredakteur der chinesischen Ausgabe einer von Amerikanern in Hankou (Provinz Hebei) gegründeten Zeitung. Wu Woyao war überaus produktiv, neben journalistischen und essayistischen Texten hinterließ er über dreißig erzählerische Werke unterschiedlichen Umfangs. Seine literarische Produktion markiert den Übergang von anspruchsloser Unterhaltungsliteratur für das rapide anwachsende lesekundige Publikum in der Hafenstadt Shanghai zum Versuch, populäre Formen der Erzählliteratur für reformpolitische Zwecke zu instrumentalisieren.

Die Schätzungen über die Verbreitung von Lese- und Schreibfertigkeit im ausgehenden Kaiserreich schwanken erheblich, doch es ist sicher, daß um 1880 zwischen zwei und acht Prozent der erwachsenen Bevölkerung Chinas lesen und schreiben konnten, wobei der Anteil der Frauen daran höchstens ein Fünftel betrug. Vor allem in küstennahen städtischen Zentren lag der Prozentsatz mindestens doppelt so hoch und stieg seit der Jahrhundertwende rapide.

Während ein Huang Zunxian seine Werke erst handschriftlich verbreitete oder im traditionellen Blockdruck publizierte, bevor er sie einer Zeitung gab, wurden etliche der längeren Werke Wu Woyaos von Anfang an als Fortsetzungen in Zeitungen publiziert, bevor sie zu Büchern zusammengefaßt wurden. Hierzu gehört die *Neue Geschichte des Steins* (*Xin shitou ji*, 1905/1908), Wu Woyaos Fortsetzung des *Honglou meng* (Traum der Roten Kammer), des großen Romans aus dem späten 18. Jh., der auch als *Shitou ji* (Die Geschichte des Steins) bekannt war. Darin läßt er den Protagonisten Jia Baoyu wieder auf die Welt zurückkehren, die Wirren um die Zeit des Boxeraufstands von 1900 erleben und eine ideale Gesellschaft imaginieren. Eine Version in elf Kapiteln erschien 1905 zuerst in Fortsetzungen in einer Tageszeitung, bevor das Werk in einer umgeschriebenen Fassung drei Jahre später als Buch veröffentlicht wurde.

Jeder Korruption ihre Satire

Denselben Werdegang wie die *Neue Geschichte des Steins* hatte auch Wu Woyaos bedeutendstes Werk, *Augenzeugenbericht über Merkwürdigkeiten aus zwanzig Jahren* (*Ershi nian mudu zhi guai xianzhuang*, 1903–1905, 1907–1909), das die chinesische Literaturgeschichtsschreibung der sogenannten Enthüllungsliteratur zurechnet, weil es ebenso wie etwa der satirische Roman *Rulin waishi* (18. Jh.) die endemische Korruption der kaiserlichen Beamtenschaft anprangert. Wu Woyao publizierte zunächst 45 Kapitel des *Augenzeugenberichts* in der Exilzeitschrift *Neue Erzählliteratur*; nach deren Einstellung erschien eine Buchausgabe mit weiteren Kapiteln, doch erst 1909 legte er die endgültige Fassung mit 108 Kapiteln vor. Im Mittelpunkt des *Augenzeugenberichts* steht ein Mann mit dem sprechenden Namen Sili Taosheng (»Dem Tode entronnen«), der von seinem Onkel um sein Erbe betrogen wurde, darauf rund zwei Jahrzehnte – identisch mit der Zeit des Chinesisch-Französischen Kriegs um Indochina (1884–1905) – durch China irrte und als Ich-Erzähler seine Erfahrungen berichtet. Die über zweihundert Episoden des *Augenzeugenberichts* sind in mehrfache Rahmen eingebettet. Der äußerste Rahmen beschreibt zunächst, wie der spätere Ich-Erzähler Tagebuch bzw. Pinselnotizen genannte Aufzeichnungen führt und eine Person namens Jiusi Yisheng (»Neun Leben«) in ihren Besitz gelangt und sie publiziert. Das Eröffnungskapitel enthält ein fiktionales Substrat der Bedingungen literarischer Produktion in der ausgehenden Kaiserzeit und bildet zusammen mit dem Schlußkapitel den äußersten Erzählrahmen:

Literatur auf dem Marktplatz

> Er [Sili Taosheng] ging bis zu einem Marktstädtchen außerhalb der Stadt, als er plötzlich einen jungen Mann erblickte. In abgerissener Kleidung, aber würdevoller Haltung stand er da und hielt ein Büchlein in Händen, in dem ein Verkaufsschild steckte. Der junge Mann war von Leuten umringt, die ihn anstarrten, denn obwohl er feierlich das Büchlein hochhielt, sagte er kein einziges Wort. Sili Taosheng bahnte sich einen Weg durch die Menge, trat auf den jungen Mann zu und fragte: »Steht das Buch zum Verkauf? Kann ich einmal einen Blick hineinwerfen?« Darauf der junge Mann: »Sie können es kaufen, Sie können es aber auch bleiben lassen.« Sili Taosheng fragte weiter: »Wie soll ich das verstehen?« »Wenn Sie es kaufen wollen, kostet es einfach zehntausend Tael in Silber.« »Und wenn ich es nicht kaufen will?« »Sobald ich einen Gefährten im Geiste treffe, muß er keinen Käsch [ein Tausendstel eines Tael] bezahlen, sondern ich überreiche ihm das Buch feierlich als Geschenk.« Sili Taosheng kam das merkwürdig vor, und er meinte: »Was ist es eigentlich für ein Buch? Kann ich einmal reinschauen?« Der junge Mann [...] überreichte ihm das Buch.
>
> Als er das Buch entgegengenommen hatte, bemerkte er bloß, daß darauf ein schmales Etikett klebte mit dem Titel *Augenzeugenbericht über Merkwürdigkeiten aus zwanzig Jahren*. Beim Aufschlagen der ersten Seite stellte er außerdem fest, daß das Buch von Hand geschrieben und am Anfang mit *Pinselnotizen von Jiusi Yisheng* gezeichnet war. [...]
>
> Als er nach Hause kam, las er es aufmerksam von vorne bis hinten durch. Was darin geschildert wurde, war ganz und gar erstaunlich und abstoßend, und was er las, erschreckte und ängstigte ihn so, daß es ihm heiß und kalt über den Rücken lief. [...] Er mußte sich überlegen, wie er das Büchlein weiterverbreiten konnte, das ihm der junge Mann anvertraut hatte. [...] Er überlegte hin und her, bis ihm auf einmal die Zeitschrift *Neue Erzählliteratur* in Yokohama einfiel, die weit verbreitet war. [...] So verfuhr er und brachte die Notizen aus dem Büchlein in die Form einer Erzählung, die er in Kapitel unterteilte. Er fügte einige kritische Anmerkungen hinzu, schrieb einen Brief und packte das Buch in einen Umschlag.

Manuskript – Markt – Druck

Abgesehen von der bewährten rhetorischen Figur, den literarischen Text als authentisches Dokument auszugeben, lassen sich folgende Elemente ausmachen: Wie die meisten Gedichte des 20 Jahre älteren Huang Zunxian zirkulierte der *Augenzeugenbericht* angeblich zuerst als Manuskript. Seine öffentliche Verbreitung wird an eine Art Geistesverwandtschaft gebunden, also an gemeinsame Überzeugungen zwischen dem vorgeblichen Autor der Berichte und seinem Verbreiter. Der Ort, an dem dieser Schritt eingeleitet wird, ist ausdrücklich als Markt, als öffentlicher Ort ausgewiesen. Der abgeschlossene Text ist mithin ein gemeinschaftliches Produkt des fiktiven Verfassers der Berichte, seines treuhänderischen Vermittlers mit dem sprechenden Namen Wen Shunong (»Literatur, die Bauern beschreibt«) und des fiktiven Redakteurs Sili Taosheng, der die Erzählungen bearbeitet und mit »kritischen Anmerkungen« die traditionelle Kommentierung parodistisch aufgreift. Den Text weiterzuverbreiten, erscheint als Konsequenz gemeinsamer Überzeugungen. Diese sind implizit mit der Reformpolitik von Liang Qichao gleichgesetzt, denn als geeigneter Platz für die Publikation kommt wie selbstverständlich die Zeitschrift *Neue Erzählliteratur* ins Spiel, die überdies außerhalb von China erscheint. Schließlich verdient Erwähnung, daß der fiktive Herausgeber mit dem Pseudonym Sili Taosheng die Geistesgefährtenschaft daran erkennt, daß der Verfasser des Konvoluts sein Pseudonym nach dem gleichen Muster gebildet hat wie er selbst: Sili Taosheng und Jiusi Yisheng sind beide viergliedrig und in beiden Fällen steht »Tod« (*si*) im ersten und »Leben« (*sheng*) im zweiten Teil.

Wenngleich der *Augenzeugenbericht* vermutlich die erste Ich-Erzählung der chinesischen Literatur ist, handelt es sich doch bei den meisten Episoden nicht um Erfahrungen, die der Erzähler Jiusi Yisheng selbst macht, sondern um Berichte, die ihm verschiedene Personen geben, denen er auf seinen Reisen begegnet und die er dann in direkter Rede niederschreibt. Die Episodentechnik greift Verfahren der traditionellen Erzählliteratur auf. Dazu gehört, daß Episoden grundsätzlich über Kapitelgrenzen hinweg reichen und die einzelnen Kapitel mit zwei Versen abschließen, die die Moral der Geschichte zusammenfassen. Diese Technik lose verknüpfter Episoden erlaubte es auch, nur Teile der 108 Kapitel zu veröffentlichen, ohne dadurch den Zusammenhang wesentlich zu stören.

Schritte zu einer vereinfachten Schriftsprache

Wie für die seit den späten 1880er Jahren in Zeitungen, dann in Zeitschriften veröffentlichte Erzählliteratur insgesamt kennzeichnend, ist auch *Augenzeugenbericht* in einer Sprache gehalten, die in Wortschatz und Satzbau viele Elemente der Umgangssprache sowie Regionalismen aufnimmt. Dieses gelegentlich *wenli* (etwa »vereinfachte Schriftsprache«) genannte sprachliche Register war erstmals systematisch von protestantischen Missionaren bei Bibelübersetzungen verwendet worden.

Wu Woyaos *Augenzeugenbericht* entwirft das Panorama einer städtischen Gesellschaft, die das Entstehen neuer sozialer Gruppen, die auf bisher unbekannte Formen industrialisierter Arbeitsteilung zurückgehen, ebenso wie vordem ungeahnte Möglichkeiten sozialer Mobilität kennenlernte. Im Brennpunkt der Kritik steht jedoch die kaiserliche Bürokratie, die sich durch Korruption, Inkompetenz und Servilität gegenüber ausländischen Ansprüchen auszeichnet und ihren Aufgaben nicht gewachsen ist. In der impliziten Haltung des Ich-Erzählers oder seiner Gewährsleute und oft explizit in den »kritischen Anmerkungen« kommt überdies die politische Substanz eines Reformprogramms zum Tragen, nämlich die Überzeugung, Mißstände ließen sich beheben, wenn nur traditionellen Werten wieder aufgeholfen würde. Der *Augenzeugenbericht* überragt die rund 1500 Werke vergleichbarer Orientierung durch seine Vielfalt lebensprall dargestellter Milieus und die minutiöse Integration der Lebenswelt in einer Form, die sich einerseits traditioneller Vorbilder bediente, andererseits eine der Gegenwart adäquate sprachliche Gestalt fand, wie sie der Lyrik von Huang Zunxian abgeht.

Aneignung der literarischen Welt außerhalb Chinas: Lin Shu

Zwei Großübersetzer

Nicht weniger bedeutend für die literarische Entwicklung im 20. Jh. als die Auseinandersetzung mit der militärischen und dann ökonomischen Dominanz ausländischer Interessen in der chinesischen Lebenswelt war die Beschäftigung mit ausländischen Texten, die durch Übersetzungen ins Chinesische bekannt gemacht wurden. Das begann mit technisch-naturwissenschaftlichen Werken, dann trat juristische, philosophische und politisch-soziologische Literatur hinzu. Institutionell spielte das 1862 gegründete kaiserliche Spracheninstitut eine wichtige Rolle. Aus der Werft in Fuzhou (Provinz Fujian) ging Yan Fu (1853–1921) hervor, der auf eine britische Marineakademie geschickt wurde. Seine seit 1898 entstandenen Übersetzungen von Adam Smith, Montesquieu, John Stuart Mill und Herbert Spencer hatten zum Ziel, systematisch mit den Grundlagen des Wohlstands der imperialistischen Mächte vertraut zu machen. Von Yan Fu stammt auch die häufig zitierte programmatische Formel, eine Übersetzung müsse »zuverlässig, verständlich und elegant« sein.

Diese Formel hätte auch der überaus produktive Übersetzer Lin Shu (1852–1924) für sich gelten lassen. Die Wirkung seiner über 200 Übersetzungen französisch- und englischsprachiger Werke läßt sich kaum überschätzen und hat bis in die Gegenwart im chinesischen Kanon westlicher Literaturen deutliche Spuren hinterlassen – wenn auch nicht in Gestalt seiner Übersetzungen selbst, sondern durch Bearbeitungen in anderen Gattungen, vornehmlich für die Bühne. Lin Shu stammt ebenso wie Yan Fu aus der Küstenprovinz Fujian und gehört zu den vielen Literaten, die gegen Ende der Qing-Dynastie Beamtenprüfungen bestanden, aber wegen der hohen Konkurrenz und verbreiteter Korruption kein Amt erhielten. Diese Gruppe bildete das wichtigste Reservoir für die Professionalisierung der Schriftstellerei in der ausgehenden Kaiserzeit. Wie viele seiner Schicksalsgenossen wurde Lin Shu daher Literaturlehrer an privaten Schulen.

Übersetzen aus zweiter Hand

Lin Shu, der bis zu seinem Lebensende keine Fremdsprachen las, folgte 1897 dem Vorschlag eines eben aus Frankreich zurückgekehrten Schülers, sich *La Dame aux camélias* von Alexandre Dumas *fils* (1824–1895) Satz für Satz inhaltlich wiedergeben zu lassen und dabei eine »Übersetzung« niederzuschreiben. Daraus entstand das 1899 erschienene Buch *Bali chahua nü yishi* (Die überlieferten Ereignisse um die Kamelienfrau aus Paris), dem sich viele weitere Übertragungen anschlossen, die Lin Shu mit wechselnden sprachkundigen Helfern anfertigte – nach eigenem Zeugnis in einem Tempo von tausend Zeichen pro Stunde. Unter den von Lin Shu übersetzten Werken dominieren historische und sozialkritische Romane aus der zweiten Hälfte des 19. Jh.s, die meisten Titel stammen vom englischen Abenteuerschriftsteller Henry Rider Haggard (1856–1925). Anhand der drei frühesten Übersetzungen läßt sich die Bandbreite der übersetzerischen Tätigkeit von Lin Shu abstecken: In *Dame aux camélias* setzen sich am Ende die Konventionen durch, bei *Uncle Tom's Cabin* (übersetzt als *Heinu yutian lu*, wörtl. »Aufzeichnung von den schwarzen Sklaven, die zum Himmel flehen«, 1901) bot der Protest gegen rassistische Unterdrückung in den USA mögliche Identifikation, während die *Fabeln des Äsop* (*Yisuo yuyan*, 1903) in der anekdotisch zugespitzten Darstellung allgemein menschlicher Verhaltensweisen traditioneller Biographik ähneln.

Wie Lin Shu seine Vorlagen sinisiert hat, läßt sich schon an den gewählten Titeln ablesen. Darüber hinaus erlaubte er sich, im Stil der älteren Erzählliteratur Gedichte einzufügen, die die Handlung kommentieren, oder

Techniken der sprachlichen Assimilation

Erzählkommentare und Paranthesen seiner Vorlage mit der an die chinesische Historiographie erinnernde Formel: »Der Herr inoffizielle Historiograph meint dazu« (*waishi shi yue*) einzuleiten. Das geschieht auch in der Übersetzung von Dickens' *The Life and Adventures of Nicholas Nickleby* (*Huaji waishi*, d. i. »Inoffizielle Geschichte eines Schalks«, 1907). In der folgenden Passage besucht der tyrannische Internatsleiter Squeers den Wucherer Ralph Nickleby, der seinen Neffen Nicholas nach dem Tod von dessen Vater in das Internat gesteckt hat. Squeers versucht Ralph zu überzeugen, es gehe seinen Zöglingen gut, wenngleich sie in Wahrheit gequält werden und Hunger leiden:

> »Mein Sohn, Sir, der kleine Wackford. [...] Sieht er nicht aus, als würde er gleich seine Kleider sprengen mit seinem Fett, daß die Säume platzen und die Knöpfe abfliegen? Sehen Sie, das nenne ich Fleisch!« Squeers drehte den Jungen herum, stieß ein paarmal mit dem Finger in den rundesten Teil seines Körpers (zum größten Mißbehagen seines Sohnes und Erben) und rief: »Das ist fest! Das ist Kernspeck! Sehen Sie, man kann kaum genug davon zwischen Daumen und Zeigefinger bekommen, um ihn zu zwicken!«
> [...] Nun, in wie guter Verfassung Master Squeers auch sein mochte, persönlich zeigte er nichts von dieser bemerkenswerten Festigkeit, denn als sein Vater als Illustration zu seiner Schilderung Daumen und Zeigefinger zusammenkniff, stieß er einen scharfen Schrei aus und rieb sich die Stelle höchst naturalistisch.
> »Oh«, sagte Squeers, ein wenig aus dem Konzept gebracht, »ich hab ihm weh getan. Das kommt daher, daß wir heute morgen zeitig gefrühstückt haben und er noch kein zweites Frühstück bekommen hat. Wenn er sein Mittagessen verzehrt hat, kriegen Sie ihn kaum durch die Tür! Sehen Sie nur diese Tränen, Sir«, sagte Squeers triumphierend, als Master Wackford sich die Augen wischte, »sie sind das reinste Öl!« (Übers. M. von Schweinitz)

Dickens als chinesischer Komiker

In der Übersetzung von Lin Shu wird die Komik der Szene noch gesteigert. Die Passagen in direkter Rede werden zahlreicher und bedienen sich hyperbolischer Wiederholung, weggelassen sind Beschreibungen und namentlich der abstrahierende Kommentar, wo »fest« als Attribut des Fleisches auf den Charakter übertragen wird. Stattdessen spricht Wackford seinen Vater an. Die üppige Ernährung hat nicht so sehr Auswirkungen auf den Bau des Körpers als auf dessen Kräfte, während das »Öl« noch weiter ausgeschmückt ist:

> »Dies ist mein Sohn, der junge Wackford [...] Schauen Sie, er ist so fett, daß er nicht einmal in seine Kleider hineinpaßt. Er wird von Tag zu Tag fetter, bis ihm die Nähte platzen und die Knöpfe wegfliegen werden.« Er faßte seinen Sohn am Kopf und stieß ihm überall den Finger in den Rumpf, indem er sagte: »Das ist Fleisch.« Erneut stieß er hinein und sagte: »Das alles ist Fleisch, kräftiges und festes Fleisch. Wenn ich jetzt versuche, seine Haut zu fassen, gelingt es mir nicht, weil er so viel Fleisch hat.« Als Squeers die Haut zwackte, brach der junge Wackford in heftige Tränen aus, rieb sich die Stelle und sprach: »Vater, Ihr tut mir weh!« Herr Squeers meinte: »Er hat sich wohl noch nicht satt gegessen. Wenn er eine reichliche Mahlzeit genossen hat, wird er so stark und kräftig, daß er sogar in einem gemauerten Gemach nicht eingesperrt werden könnte. [...] Wenn Sie bitte einmal den Rinderschmalz und das Ziegenfett in seinen Tränen sehen wollen. Das kommt nur daher, daß er so wohl genährt ist.«

Holzblockdruck und Bleisatz

Es ist kennzeichnend für die Umbrüche im literarischen Markt der Wende vom 19. zum 20. Jh., daß die Übersetzung der *Dame aux camélias* zunächst als Privatdruck erschien und weitere Übertragungen im Jahre 1903 bei einem Vorläufer der heutigen Peking-Universität verlegt wurden, wo Lin Shu inzwischen unterrichtete. Die massenhafte Verbreitung seiner Übersetzungen setzte erst ein, als ihn der Großverlag Commercial Press unter Vertrag nahm und er zeitweilig jeden Monat einen übersetzten Roman ablieferte.

Stufen des Übergangs zu einer verschrifteten Umgangssprache

Lin Shu mußte sich die Kritik gefallen lassen, er habe seine Vorlagen allzu stark gekürzt und sei auch sonst dem Geschmack seiner Leser zu weit entgegengekommen. Er sah sich zeitlebens als Literaten und bediente sich des klassischen Prosastils *guwen*, der von der nachrückenden Generation bald als überholt angegriffen werden sollte. Obwohl Lin Shu durchaus umgangssprachliche Elemente verwandte und Neologismen einfließen ließ, sah er im *guwen* mehr ein rhetorisch-erzähltechnisches als ein stilistisches Ideal. Als Zeitungsjournalist ist Lin Shu ab 1913 vehement für die Umgangssprache als Richtschnur der Verschriftung eingetreten, was ihn aber nicht gehindert hat, die in eine umfassendere politisch-soziale Bewegung eingebettete Neue Literatur Ende der 1910er Jahre anzugreifen, weil sie sich der »Sprache der Rikscha-Kulis« bediene. Gegen diese neue Konkurrenz schrieb er auch Theaterstücke und Erzählungen, bei denen er sich auf Dickens und Haggard als Vorbilder berief, mit denen er sich aber nicht mehr durchsetzen konnte. Niemand unter den Schriftstellern, die im folgenden Abschnitt behandelt werden, verdankt die Kenntnisse westlicher Literaturen nicht wesentlich der Arbeit von Lin Shu.

Aufbruch und Ausbruch: Zeitschriften als Medium einer neuen literarischen Welt

In das knappe Jahrzehnt zwischen dem militärischen Aufstand in Wuchang (heute ein Teil von Wuhan) am 10. Oktober 1911, der den Zusammenbruch der mandschurischen Qing-Dynastie besiegelte, und der Versailler Friedenskonferenz, die am 4. Mai 1919 Pekinger Studenten zum Protest auf die Straße trieb, fallen zahlreiche Geburtswehen der Republik China. Während in Peking das Kaiserhaus über seine eigene Abdankung verhandelte, richtete sich eine schwache provisorische Regierung in Nanjing ein und lokale Militärkommandeure rissen Macht und politische Ämter an sich. Einer unter ihnen, Yuan Shikai (1859–1916), deklarierte den Konfuzianismus zur Staatsreligion und versuchte 1915, die Monarchie zu restaurieren, indem er sich zum Kaiser ausrief. Der so geschwächte Staat beugte sich 1913 den berüchtigten 21 Forderungen Japans, was auf eine Preisgabe der chinesischen Souveränität in zahlreichen Regionen hinauslief und bedeutend weiter ging als alle hoheitlichen Rechte, die westliche Großmächte in China seit den Opiumkriegen an sich gerissen hatten. Auch die Kriegserklärung Chinas an Deutschland und Österreich-Ungarn im Jahre 1917 machte sich nicht bezahlt. Die Siegermächte entschieden in Versailles im Gegenteil sogar, der aufstrebenden asiatischen Macht Japan die deutschen Pachtrechte auf der Halbinsel Shandong zu übertragen. Das vom amerikanischen Präsidenten Wilson verkündete Selbstbestimmungsrecht der Völker erlitt einen empfindlichen Glaubwürdigkeitsverlust. Die im Bildungswesen und in anderen Bereichen sonst segensreichen Aktivitäten, die seit Jahrzehnten von Missionsgesellschaften ausgegangen waren, kamen nun in schiefes Licht. Die patriotischen Demonstrationen vom 4. Mai 1919 gegen die für China entwürdigenden Ergebnisse der Versailler Konferenz richteten sich bald

Vom letzten Kaiser bis Versailles

gegen weitere Formen ausländischer Präsenz in China und mündeten in Streiks und einen Boykott japanischer Produkte. Sie wurden zum Symbol einer sozial- und kulturpolitischen Protest- und Reformbewegung unter den Intellektuellen, die das gesamte kulturelle Erbe in Frage stellten und überzeugt waren, daß auch die neue Staatsform die wichtigsten Probleme Chinas nicht gelöst habe.

Umbauten im höheren Bildungswesen

Gleich zu Beginn seiner Amtszeit 1912 berief Sun Yixian, der erste Präsident der Republik, Cai Yuanpei (1868–1940) zum Erziehungsminister. Dieser frühere Angehörige der kaiserlichen Akademie, der in Deutschland Philosophie und Pädagogik studiert hatte, gestaltete das staatliche Schulwesen neu, indem er die Koedukation einführte sowie das Studium klassischer Schriften abschaffte und durch Fremdsprachen und naturwissenschaftliche Fächer ersetzte. Er wurde 1917 Rektor der Peking-Universität und machte aus der kaiserlichen pädagogischen Anstalt eine Hochschule, in der akademische Freiheit herrschen und »alte und neue Ideen miteinander konkurrieren« sollten. Damit wurde die Universität zu einem Zentrum der Erneuerung und einem Magneten für junge Intellektuelle aus dem ganzen Land.

Nach der Gründungswelle von Zeitungen in den späten 1880er Jahren entstanden in Shanghai zahlreiche Zeitschriften, darunter das einflußreiche Magazin *Eastern Miscellany* (*Dongfang zazhi*, 1909–1949) der Commercial Press. Viele von ihnen waren auf Erzählliteratur spezialisiert, aber keineswegs alle folgten der Linie von Liang Qichao, der 1902 erzählende Literatur als optimales Medium der Aufklärung propagiert hatte. Ihren Erneuerungsanspruch ließen viele Zeitschriften durch Namenszusätze wie »neu« oder »jung« erkennen. Das war auch bei den wichtigsten Gründungen der 1910er Jahre der Fall, so bei *Qingnian zazhi* (Zeitschrift für die Jugend), die 1915 vom Publizisten und späteren Mitbegründer der Kommunistischen Partei Chen Duxiu (1879–1942) in Shanghai ins Leben gerufen wurde. Zur gleichen Zeit studierte Hu Shi (1891–1962) in den USA und begann, mit chinesischen Freunden seine keineswegs neue Idee einer ans gesprochene Chinesisch angenäherten Schriftsprache zu diskutieren. Beide wurden 1917 von Cai Yuanpei an die Peking-Universität berufen. In der inzwischen in *Xin qingnian* (Neue Jugend, im französischen Untertitel *La jeunesse*) umbenannten Zeitschrift erschienen im Januar die berühmt gewordenen Acht Verbote von Hu Shi – eine Kritik an der kanonisierten literarischen Tradition und ein Plädoyer für eine umgangssprachliche Literatur.

»Neue« und »junge« Zeitschriften

Landesweit verbreitete Zeitschriften waren eine wichtige Voraussetzung und Medium zugleich, um sprach- und sozialreformerische Bestrebungen mit den patriotischen Studentendemonstrationen so zu verbinden, daß an allen höheren Schulen des Landes eine breite Bewegung entstand. Nicht nur Fragen der politischen Organisation und des Gesellschaftssystems wurden breit diskutiert, sondern innerhalb weniger Jahre setzte sich auch die »Gemeinsprache« (*baihua*) in fast allen Bereichen als Schriftmedium durch. Fast gleichzeitig setzte das Ringen um die Deutungshoheit und die legitime Erbschaft an den literarischen Innovationen ein. Das zeigt sich schon in den bis heute nicht abreißenden Diskussionen über die Kennzeichnung als »Bewegung für Neue Kultur«, »literarische Revolution« oder »künstlerische Renaissance« – wie im Untertitel *Renaissance* der Zeitschrift *Xin chao* (Neue Flut, 1918–1922). Damit begann eine Entwicklung, in der ebenso die weit ins 19. Jh. zurückreichenden systematischen Bemühungen um eine umgangssprachliche Literatur ebenso verschleiert wurden wie die Tatsache, daß schon seit Jahrzehnten vor allem in Shanghai eine populäre Unterhaltungsliteratur gedieh, die sich ebenfalls einer an die Umgangssprache annähernden Ausdrucksweise bediente – mit dem Unterschied, daß sie sich nicht mit hochfliegenden sozialpolitischen Ansprüchen verband.

Hinter der Bühne und im Rampenlicht

Zwei Autoren haben hier eine Pionierrolle gespielt: zum einen Chen Hengzhe, die nachmalige Historikerin der europäischen Renaissance, die heute als Schriftstellerin fast vergessen ist, zum anderen Lu Xun, den die kommunistische Literaturgeschichtsschreibung in einem beispiellosen Personenkult zum »Vater der modernen chinesischen Literatur« stilisierte. Von Chen Hengzhe erschien 1917 in der Zeitschrift *Liu Mei xuesheng jikan* (*Chinese Students' Quarterly*) eine kaum beachtete umgangssprachliche Erzählung; Lu Xun legte ein Jahr später in der *Neuen Jugend* eine Erzählung vor, die später als Initialzündung der gesamten Bewegung betrachtet wurde.

Ungleiche Pioniere einer Neuen Literatur: Chen Hengzhe und Lu Xun

Obwohl die Biographien von Chen Hengzhe (1893–1976) und Lu Xun (1881–1936) kaum Parallelen aufweisen und sie auch ein Altersunterschied von zwölf Jahren trennt, hatten die beiden Autoren doch vergleichbare familiäre Hintergründe und genossen beide eine herausragende Bildung. Chen Hengzhe trat nach einer privaten Ausbildung 1911 in die von Cai Yuanpei mitbegründete Patriotische Mädchenschule in Shanghai ein, lernte Englisch und erhielt 1914 ein Stipendium in die USA, wo sie Geschichte und Literatur studierte. Sechs Jahre später kehrte sie nach China zurück und lehrte westliche Geschichte. Nach Gründung der Volksrepublik China 1949 brach ihre Lehrtätigkeit ab; sie starb, mit Ämtern geehrt, am Ende der Kulturrevolution in Shanghai. Lu Xun seinerseits wurde wie alle männlichen Nachkommen wohlhabender Familien in einer Privatschule auf die Beamtenprüfungen vorbereitet. Als er scheiterte, ging er 1898 an die neu gegründete Akademie für Bergbau in Nanjing, lernte Deutsch und Japanisch und erhielt ein Stipendium für Japan, wo er 1906 ein Medizinstudium abbrach. 1909 kehrte er nach China zurück, unterrichtete an einer Mittelschule seiner Heimatstadt naturwissenschaftliche Fächer und wurde 1911 durch Cai Yuanpei ins Erziehungsministerium berufen. Ab 1920 lehrte er an verschiedenen Hochschulen in Peking Geschichte der traditionellen chinesischen Erzählliteratur, war publizistisch tätig und siedelte 1927 nach Shanghai über. Drei Jahre später gehörte er zu den Gründern der Liga Linker Schriftsteller, die sich schon nach wenigen Jahren und noch kurz vor seinem Tod in politischen Kämpfen aufzureiben begann.

Historikerin und Mediziner als Literaten

Gemessen an ihrem langen Leben ist das literarische Schaffen von Chen Hengzhe nicht sehr umfangreich: Seit ihrer Studienzeit in den USA veröffentlichte sie Essays und Erzählungen, im Jahre 1928 legte sie den Sammelband *Kleine Tropfen* (*Xiao yudian*) vor, ein Jahrzehnt später *Hengzhe sanwen ji* (Gesammelte Essays von [Chen] Hengzhe, 1938), eine Auswahl ihrer weit über hundert essayistischen Arbeiten; als Privatdruck hat sie überdies in englischer Sprache *The Chinese Woman and Four Other Essays* (1931) veröffentlicht. Ihr Hauptwerk als Historikerin ist aber die *Geschichte der Renaissance* (*Wenyi fuxing shi*, 1926).

Zu den frühesten literarischen Arbeiten von Lu Xun gehören die mit seinem Bruder übersetzten *Erzählungen von jenseits der Grenzen* (*Yuwai xiaoshuo ji*, 1909). Überhaupt nehmen Übersetzungen gut die Hälfte seines veröffentlichten Werkes ein, zu dem auch kritische Editionen und literaturhistorische Monographien gehören. Seine seit 1918 entstandenen Erzählungen in Umgangssprache, die ihm rasch einen Namen machten, sammelte er 1923 unter dem Titel *Nahan* (Schlachtruf – was sich auch mit *Vox clamantis* übersetzen läßt, da sich Lu Xun ohne Zweifel auf den konservativen Kulturkritiker Gu Hongming bezog, der seine deutschsprachigen Aufsätze als *Vox clamantis* publiziert und mit dem chinesischen Untertitel *Nahan* versehen hatte: »Stimme eines Rufenden [in der Wüste]«). Daneben erschienen fast jährlich Sammelbände mit Feuilletons, Kritiken und Polemiken. In den Prosagedichten *Wilde Gräser* (*Yecao*, 1927) verarbeitet er in düsteren, symbolisch aufgeladenen Allegorien seine Enttäuschung über seinen letztlich ungehört verhallten Schlachtruf.

»Ein Tag« und ein »Tagebuch«

Die beiden umgangssprachlichen Erzählungen *Ein Tag* (*Yi ri*, 1917) von Chen Hengzhe und *Tagebuch eines Wahnsinnigen* (*Kuangren riji*, 1918) von Lu Xun weisen bei allen thematischen Unterschieden strukturelle Parallelen auf. *Ein Tag* schildert den Tagesablauf an einem amerikanischen College für Frauen, das *Tagebuch eines Wahnsinnigen* enthält die Notizen eines Mannes, der in einem sich steigernden Verfolgungswahn in seiner Umgebung immer mehr Hinweise auf Kannibalismus entdeckt. Bei beiden Texten handelt es sich um Rahmenerzählungen, die durch einen Erzählerkommentar eröffnet werden, der vom übrigen Text auch dadurch deutlich abgesetzt ist, daß er sich einer förmlichen Schriftsprache bedient. Beide Texte führen die Gattungsbezeichnung Erzählliteratur, bei Chen Hengzhe noch um das Attribut »Tatsachenbericht« ergänzt – was sich angesichts des konventionell tiefen Ansehens der Erzählliteratur als apologetische Formulierung lesen läßt: eine Erzählung und dennoch ein Tatsachenbericht. Aus den eröffnenden Kommentaren beider Werke spricht ein aufklärerischer Gestus: In *Ein Tag* wird die Veröffentlichung damit begründet, daß »in unserem Land viele Leute gerne wissen möchten, wie der Alltag an einem amerikanischen College für Frauen aussieht, aber keine Möglichkeit haben, es zu erfahren«. Der fiktive Herausgeber des *Tagebuchs eines Wahnsinnigen* dagegen will das Werk »der medizinischen Fachwelt zum Studium vorlegen«. Beide Kommentare verneinen jede systematische Gestaltung der Texte – Chen Hengzhe spricht von »vermischten Schilderungen von Belanglosigkeiten«, Lu Xun macht die Krankheit des Tagebuchschreibers dafür verantwortlich, daß die Aufzeichnungen »sprachlich verworren und zusammenhanglos« seien. Ein auffallendes Mittel der Strukturierung des Textes von *Ein Tag* sind die jeweils lautmalerisch wiedergegebenen Schläge der Schuluhr, zusätzlich ist der Text durch Zwischentitel gegliedert. Anders im *Tagebuch eines Wahnsinnigen*: Auch die fehlenden Zeitangaben führt der fiktive Herausgeber auf den Zustand des Tagebuchschreibers zurück und behauptet, daß er »nur aufgrund der Uneinheitlichkeit von Tusche und Zeichen auf unterschiedliche Zeiten der Abfassung schließen konnte«. Die Vorbemerkung bei Chen Hengzhe beruft sich auf »eigene Erfahrung und Anschauung«, während im Tagebuch »Fehler in den Aufzeichnungen grundsätzlich nicht verbessert« sind. Gemeinsam sind also beiden Texten zahlreiche Figuren der Authentizität. Dennoch wird als Legitimation für die Texte in Anspruch genommen, daß sie eine Abweichung von einer normalen Erfahrung beim intendierten Leser zum Gegenstand haben – bei Chen Hengzhe das Leben in den USA, bei Lu Xun das Leben im Wahnsinn.

Suche nach Authentizität in authentischer Sprache

In *Ein Tag* treten verschiedene Studentinnen mit individuellen Charakterzügen auf: Eine ist faul, eine andere beklagt sich über den Lerndruck und sehnt sich nach Hause, die dritte wird wegen schlechter Noten zum Direktor zitiert. In der ersten Unterrichtsstunde müssen die Studentinnen einen kurzen Aufsatz über Rousseau und Montesquieu schreiben. Vor allem aber taucht nach dem Abendessen die chinesische Kommilitonin namens Zhang auf, die zu angeblichen chinesischen Gewohnheiten – daß die Chinesen »gerne tote Ratten essen« und vom Essen und Schlafen bis zum Lernen und Lesen alles auf dem Boden machen etwa – Stellung nehmen muß und auch einige Sätze auf Chinesisch zum besten zu geben hat, etc. Der fast ausschließlich aus Dialogen bestehende Text kann geschichtlich klar der Zeit des Ersten Weltkriegs zugeordnet werden.

Amerikanische Gegenwart und kaiserliche Vergangenheit

Anders beim wahnsinnigen Tagebuchschreiber von Lu Xun: Er lebt in einem ländlichen chinesischen Umfeld, das Merkmale der ausgehenden Kaiserzeit hat. Seine Eintragungen kreisen jeweils um Einzelbeobachtungen, die ihn in seiner Selbstwahrnehmung zunehmend von seinem sozialen Umfeld absondern. Zunächst beobachtet er die direkte Überlieferung von einer Generation zur nächsten: »Aber die kleinen Kinder? Sie waren doch noch gar nicht geboren, wieso schauen sie mich heute ebenfalls so seltsam an, als wenn sie mich fürchteten, als wenn sie mir ein Leid antun wollten? [...] Ich begreife. Die Eltern haben es ihnen beigebracht.« Nachdem ihm ein Fall von Menschenfresserei zu Ohren gekommen ist, vertieft er sich in die Geschichtsbücher, also in schriftliche Zeugnisse: »Sie waren ohne Jahresangaben, und auf jeder Seite standen krumm und schief die Worte Humanität, Rechtlichkeit, Wahrheit und Tugend gekritzelt, [...] bis ich zwischen den Zeilen die zwei Worte erkannte, aus denen jedes Buch bestand: ›Menschen fressen!‹« Er entwirft vor seinem Bruder das düstere sozialdarwinistische Bild einer kannibalistischen menschlichen Gesellschaft, aus deren biologischem Determinismus es nur einen moralischen Ausweg geben kann: »Am Anfang haben wahrscheinlich alle Wilden Menschen gefressen. Später haben einige von ihnen neue Einsichten gewonnen und damit aufgehört, und da sie sich von ganzem Herzen zu vervollkommnen suchten, wurden sie zu Menschen, zu wahren Menschen.« Das Tagebuch endet mit dem berühmt gewordenen Aufruf: »Rettet die Kinder!« Doch wenn der fiktive Herausgeber betont, der Wahnsinnige sei inzwischen geheilt und habe »ein Amt übernommen«, macht er eben die Hoffnung auf Heilung fragwürdig.

Zwischen individueller Erfahrung und Allegorie Chinas

In ihrer Erzählung gibt Chen Hengzhe eine typische Erfahrung wieder, die auch psychologisch ausgearbeitet, aber ganz veräußerlicht ist. Lu Xun dagegen skizziert eine breit angelegte Allegorie, die sicher nicht »realistisch« ist, wie viele marxistische Kritiker meinten. Während sich *Ein Tag* auf den vieldiskutierten Bereich der (schulischen) Bildung beschränkt und optimistisch mit dem Bild einer Studentin endet, die mathematische Aufgaben löst, ist das *Tagebuch* vom Pathos der Erlösung Chinas getragen. Der Kannibalismus ist zwar mit den konfuzianischen Kardinaltugenden Humanität und Rechtlichkeit verknüpft, aber die Heilung des Wahnsinnigen relativiert seine Einsicht: Nur im Wahn hatte er den Konfuzianismus als letztlich kannibalistische Weltanschauung erkannt.

Eine mit dem wahnsinnigen Tagebuchschreiber verwandte Figur, die sprichwörtlich geworden ist, hat Lu Xun in seiner *Offiziellen Biographie des A Q* (*A Q zhengzhuan*, 1921) geschaffen. Die Titelfigur des gesellschaftlichen Außenseiters A Q kann als Allegorie aller negativen Eigenschaften gelesen werden, die Lu Xun in zahlreichen feuilletonistischen Texten seinen Landsleuten zugesprochen hat: A Q lebt in seiner subjektiven Innenwelt und deutet alle Niederlagen seines Lebens durch psychologischen Selbstbetrug in »geistige Siege« um, bis er sich zuletzt frohgemut zum Richtplatz führen läßt.

Lyrik aus dem Laboratorium: Hu Shi, Versuche

Auch der bereits erwähnte Hu Shi (1891–1962) sollte sich in Privatschulen seiner Heimat Jixi (Provinz Anhui) zunächst auf eine Beamtenlaufbahn vorbereiten. Bereits der Mittelschüler war in der Schulzeitung publizistisch tätig, veröffentlichte Gedichte und Aufsätze sowie einen Erzähltext im traditionellen episodischen Stil. 1910 erhielt er ein Stipendium in die USA und gab sich selbst bei dieser Gelegenheit den bedeutungsvollen Vornamen Shi, der vom Darwinschen *survival of the fittest* abgeleitet ist und ein breites Bedeutungsspektrum aufweist: »passen«, »entsprechen«, »anpassen«, aber auch »die Führung übernehmen«. Er gehörte zu den Mitbegründern des in New York redigierten *Chinese Students' Quarterly* (*Liu Mei xuesheng jikan*), wo Chen Hengzhe ihre Erzählung *Ein Tag* veröffentlichte. Hier ließ er ebenso wie in der Zeitschrift *Neue Jugend* 1917 seine im Rückblick epochalen *Bescheidenen Vorschläge zur Reform der Literatur* (*Wenxue gailiang chuyi*) erscheinen, deren Kern auch als Acht Verbote bekannt geworden ist:

»Acht Verbote« als Aktionsprogramm

1. Benutze Worte mit einer konkreten Bedeutung!
2. Ahme nicht die Alten nach!
3. Befolge die grammatischen Regeln!
4. Stöhne nicht, wenn du nicht krank bist!
5. Befreie dich von abgegriffenen Redewendungen!
6. Benutze keine Zitate aus kanonischen Schriften!
7. Sprich nicht in Parallelismen!
8. Meide nicht die gewöhnlichen Ausdrücke!

Die hier erhobene Forderung nach der Umgangssprache als Schriftmedium war zwar keineswegs neu, wurde aber doch erstmals in einem Rundumschlag gegen die als leblos deklarierte schriftsprachliche Literaturtradition zum umfassenden Programm formuliert, das zudem die traditionelle Erzählliteratur zum möglichen Anknüpfungspunkt erklärte. Kurz darauf schloß Hu Shi sein Philosophiestudium und seinen USA-Aufenthalt ab, der ihn nach Cornell und Columbia geführt hatte, und wurde an die Peking-Universität berufen. Zeitlebens blieb Hu Shi auf vielen Gebieten des kulturellen und politischen Lebens einflußreich: Er gründete und redigierte Zeitschriften, war 1928 an der Gründung der Akademie der Wissenschaften beteiligt und wurde Rektor seiner zur Chinese National University ausgebauten *alma mater.* Kurz nach dem japanischen Überfall auf China 1937 war er ein halbes Jahrzehnt lang Chinas Botschafter in Washington, wurde nach 1945 Rektor der Peking-Universität, zog es aber 1949 vor, sich in den USA niederzulassen, statt der im Bürgerkrieg unterlegenen Partei nach Taiwan zu folgen. Erst wenige Jahre vor seinem Tod übernahm er das Amt des Präsidenten der Akademie der Wissenschaften in Taibei.

Seit 1917 propagierte Hu Shi eine »neue Kultur«, als deren Voraussetzung er eine Verwestlichung Chinas im Verfahren von *trial and error* ansah, und zwar im Medium einer lebendigen nationalen Schriftsprache. Sein Programm brachte er auf die Formel »Literatur in der Nationalsprache und eine literarische Nationalsprache«. Daneben beschäftigte er sich mit der älteren Erzählliteratur und der philosophischen Überlieferung. Zu seinen Publikationen gehört ein Sammelband mit Gedichten, der kurz nach den Demonstrationen des 4. Mai 1919 zusammengestellt wurde. Sein Titel *Versuche* (*Changshi ji*, 1920) verweist auf das Paradigma des Experiments, das sein akademischer Lehrer John Dewey (1859–1952) in den Mittelpunkt seines Pragmatismus gestellt hatte.

Lyrik als archimedischer Punkt

Die Lyrik hatte auf ihrem Weg in die Umgangssprache viel höhere Hürden zu überwinden als die Erzählliteratur. Die *Versuche* von Hu Shi sind insofern experimentell, als in ihnen überaus heterogene Übungen versammelt sind – Zyklen von Regelgedichten mit fünfsilbigen Versen im »neuen Stil« ebenso wie freie Verse und Lieder (*ci*) nach traditionellen Melodien, aus schriftsprachlichen Vorlagen von Freunden in Umgangssprache gebrachte Gedichte genauso wie umgangssprachliche Verse in volksliedhaftem Ton oder Übersetzungen der englischen Romantikerin Anne Lindsay (1750–1825) und der amerikanischen Zeitgenossin Sara Teasdale (1884–1933); sogar eine vom Linguisten Zhao Yuanren (Chao Yuen Ren, 1892–1981) vertonte Schulhymne ist Teil der *Versuche*. Die Sammlung ist chronologisch gegliedert: auf drei Abteilungen folgen als Anhang Gedichte aus der Frühzeit des USA-Aufenthalts. Der Band ging 1935 in die 15. Auflage; im Jahre 1952 ließ Hu Shi einen weiteren Gedichtband als *Nachlese zu den Versuchen* (*Changshi houji*) erscheinen.

Bei den *Versuchen* handelt es sich erkennbar um Gelegenheitsgedichte, denen oft eine Erklärung zum jeweiligen Anlaß ihrer Entstehung beigegeben ist. Das gilt auch für den als *Kurzes Gedicht* (*Xiaoshi*) betitelten Text, der nach einer Diskussion von Hu Shi mit seinem damaligen Freund Chen Duxiu entstand. Hu Shi hatte zunächst die Position vertreten, Leiden sei ein zu hoher Preis für Liebe, doch er wurde von der Gegenposition Chen Duxius überzeugt:

> Auch ich gedachte, niemals Sehnsucht zu empfinden,
> um das Leid wechselseitiger Sehnsucht zu meiden.
> Oft habe ich es gründlich erwogen,
> und wünsche mir nun sehnlichst Liebesleid.

Der Reiz dieses kurzen Gedichts beruht weitgehend auf der Homophonie von »nachdenken« und »wechselseitiger Sehnsucht« im hier bereits prätentiös gewordenen Ausdruck für »Liebe«; er hat zur Folge, daß acht der insgesamt 20 Silben des Gedichts entweder *xiang* oder *si* lauten. Es handelt sich also weitgehend um eine Spielerei innerhalb eines über Jahrhunderte häufig benutzten Versschemas. Sie gewinnt erst an Interesse, wenn der Anlaß näher erläutert wird – in diesem Fall durch einen Selbstkommentar, der beinahe den zehnfachen Umfang des Gedichttextes hat.

Von der Agronomie zur Literaturpolitik

Ein interessanteres Beispiel aus Hu Shis *Versuchen* ist das ebenfalls in fünfsilbigen Versen gehaltene *Gedicht über Literatur* (*Wenxue pian*, 1917). Es entstand am Vorabend von Hu Shis Abreise aus den USA und ist seine Antwort auf ein Gedicht, das ihm ein Freund gewidmet hatte, bevor er seinerseits Amerika verließ. Das von nationalem Pathos und Sendungsbewußtsein getragene *Gedicht über Literatur* reflektiert den für diese Generation typischen Übergang von einer Beschäftigung mit den Naturwissenschaften, die als Modernisierungsschlüssel schlechthin betrachtet wurden, zu einer Tätigkeit, die dem traditionellen Beamten-Literaten wieder viel näher steht:

> Als ich in dieses Land kam,
> war mein Sinn auf den Landbau gerichtet.
> Literatur war wahrlich nur ein Zweiglein,
> denn sie diente nicht der Rettung meines Landes.
> Ich nahm tausend Bücher mit,
> verschenkte sie aber eins nach dem andern.
> Doch Gemüse zu ziehen und Wälder zu pflanzen
> schwand allmählich aus meinen Träumen.

Rasch sind die Jahre verflogen
plötzlich wurde mir die Freude zum Schmerz.
Millionen von Aufgaben in der Heimat:
Welche verdient es, nicht erfüllt zu werden?
Doch wozu sich mein Charakter eignet [*shi* wie im Vornamen des Dichters],
Führte nur zu mäßigen Erfolgen [in der Landwirtschaft].
[...]

Nun wechsle ich meine Tätigkeit,
um wieder zu lehren und über Politik zu diskutieren.
Das Heimatland neu aufzubauen
ist ein langwieriger Kampf und längst nicht gewonnen.
Mit Wissen seiner Zeit zu dienen ist schwierig,
aber es ist nötig, auf sie zu reagieren.

[...]
Tee brauen und Verse schmieden:
Da ist die Entfernung förderlich, denn sie braucht Einklang.
Die Asche im Gedichte-Ofen war lange kalt,
nun wird frisches Feuer angefacht.

Wenn ich auf die vier Jahre zurückblicke,
mögen an die hundert gute Gedichte entstanden sein.
Gedichte schreiben ist doch nur deshalb von Reiz,
weil es mehr als zur Hälfte auf Freunde angewiesen ist:
Einen guten Vers gemeinsam würdigen
und im Gespräch über die Mühen seine Verbundenheit vertiefen.
[...]

Selbsternennung eines Pioniers

Seine emphatisch vorgetragenen Acht Verbote respektiert Hu Shi selbst in den zitierten Gedichten keineswegs: Das erste ist reich an Parallelismen, das zweite an Stereotypen der Dichter-Freundschaft. Im Unterschied zu Huang Zunxian verwendet Hu Shi allerdings nur wenige Zitate und Anspielungen. Das ausführliche Vorwort zur ersten Auflage seiner *Versuche* macht deutlich, daß Hu Shi mit der Publikation seiner Gedichte auch strategische Absichten und persönliche Eitelkeiten verfolgte. Obwohl die Lyrik neben seinen sonstigen publizistischen und wissenschaftlichen Aktivitäten einen geringen Stellenwert einnimmt, benutzte Hu Shi die Sammlung seiner Gelegenheitsgedichte, um seine Pionierrolle zu unterstreichen und die Bedeutung der reformerisch gesinnten Älteren herunterzuspielen. »In Umgangssprache habe ich schon sechs Jahre vor der Republik [d.i. 1906] geschrieben«, rühmt sich Hu Shi zu Beginn seines Vorworts, und er prahlt, schon 1915 »ein Gedicht von 420 Zeichen Umfang mit elf Zeichen phonetischer Umschrift von ausländischen Ausdrücken« verfaßt zu haben.

Eine etablierte Schriftnorm, die aus der propagierten *baihua* eine als landesweite Verkehrssprache geeignete Gemeinsprache machen würde, bestand noch nicht. Es ist daher kein Zufall, daß zum Kreis der Intellektuellen, die sich das sprach- und kulturpolitische Programm der Erneuerungsbewegung zueigen machten und die außen- und sozialpolitischen Forderungen nach den Demonstrationen des 4. Mai 1919 unterstützten, zahlreiche Linguisten gehörten – unter ihnen Liu Bannong (auch Liu Fu, 1891–1934) sowie Qian Xuantong (1887–1939).

Sprachpolitik, Linguistik und literarische Praxis: Liu Bannong und Qian Xuantong

Sprachpolitik mit Variationen

Ohne das Medium Zeitschrift wäre der durchschlagende Erfolg der kulturellen Erneuerungsbewegung Ende der 1910er Jahre nicht denkbar. Ihre Dynamik verdankte sich auch der Tatsache, daß sich eher sprachplanerisch-ästhetische Anliegen plötzlich mit außen- und sozialpolitischen Forderungen verbinden konnten. Innerhalb von zwei Jahrzehnten hatten sich Zeitschriften dank entsprechender Drucktechnik, eines immer besser funktionierenden Postvertriebs und wegen der steigenden Nachfrage nach Erzählliteratur zu einem Forum entwickelt, in dem Probleme über die Tagesaktualität hinaus diskutiert werden konnten. Memoiren von Zeitgenossen bezeugen, wie begierig die neuesten Ausgaben der Zeitschriften aus Peking und Shanghai in der Provinz erwartet wurden.

Obwohl Hu Shis *Bescheidene Vorschläge zur Reform der Literatur* schon im nächsten Heft der *Neuen Jugend* durch den Herausgeber Chen Duxiu selbst in seinem ikonoklastischen Aufsatz *Über die literarische Revolution* (*Wenxue geming lun*) nachdrückliche Unterstützung erfuhren, blieb das Echo auf Hu Shi zunächst eher gering. Nicht anders erging es einem Beitrag, den Liu Bannong im Mai 1917 als *Meine Ansichten zur Reform der Literatur* (*Wo zhi wenxue gailiang guan*) publizierte. Freilich wußte sich der frustrierte Autor zu helfen, indem er zusammen mit Qian Xuantong einen Gegner literarischer Reformen erfand: Unter einem Pseudonym mit dem Allerweltsnamen Wang und einem Vornamen mit der hochtrabenden Bedeutung »Ehrfurcht vor dem Erhabenen« (Jingxuan) formulierte Qian Xuantong in gestelzter klassischer Schriftsprache einen Angriff auf Liu Bannongs *Ansichten*, was diesem wiederum die Gelegenheit zu einer harschen Erwiderung gab.

Arbeit an der sprachlichen Empirie

Qian Xuantong gehörte zusammen mit Lu Xun in Japan zu den privaten Schülern eines angesehenen chinesischen Linguisten und Philosophen, und in der Vorrede zur bereits erwähnten Sammlung *Schlachtruf* gibt Lu Xun ihm sogar die Ehre, ihn zum Abfassen umgangssprachlicher Erzählungen ermuntert zu haben. Zurück in China unterrichtete Qian Xuantong ab 1910 zuerst an Mittelschulen seiner Heimat Zhejiang, bevor er drei Jahre später an Pekinger Universitäten zu lehren begann, ab 1917 in ausführlichen Briefen an die *Neue Jugend* linguistische Fragen popularisierte und 1919 zum Sekretär eines amtlichen Ausschusses für die Vereinheitlichung der Landessprache bestellt wurde. Als Spezialist für die historische Phonologie des Chinesischen war er im gleichen Jahr verantwortlich für das *Zeichenlexikon mit der nationalen Aussprache* (*Guoyin zidian*), das später die Grundlage für die Sprachpolitik der Bürgerpartei auf Taiwan abgeben sollte. Wollte Qian Xuantong zu Beginn seiner Tätigkeit die chinesische Sprache noch vollständig abschaffen und durch das Esperanto ersetzen, gelangte er später zur Überzeugung, eine Lateinumschrift und die Vereinfachung der Schriftzeichen müßten die Säulen jeder Sprachreform sein. Viele Publikationen von Qian Xuantong erschienen unter seinem programmatischen Pseudonym Zweifler am Altertum (Yigu).

Anders als der ausgeprägt historisch orientierte Qian Xuantong war Liu Bannong eher an der experimentellen Verifizierung sprachplanerischer Maßnahmen interessiert. Nach einer kurzen Laufbahn als Übersetzer und Autor von Erzählungen und Theaterstücken in Shanghai trat er ab 1916 mit umgangssprachlichen Gedichten in der *Neuen Jugend* hervor. Ab 1920 studierte er in London, dann in Paris, wo er 1925 seine *Etude expéri-*

mentale sur les tons du chinois als Dissertation einreichte und *Les mouvements de la langue nationale en Chine* verfaßte, beides Werke, die im gleichen Jahr auch auf Chinesisch erschienen. Seinem empirischen Ansatz getreu schrieb er schon vor 1920 Volkslieder nieder, die er als wichtige Quelle einer Standardsprache ansah.

Thesen zu Sprache, Verschriftung und Text

In *Meine Ansichten zur Reform der Literatur* versucht Liu Bannong zuerst, den Begriff Literatur zu klären, und unterscheidet dabei zwischen literarischen und wissenschaftlichen Texten, die er Gebrauchstexte nennt. Von diesen verlangt er Logik und buchhalterische Abbildung materieller Wirklichkeit, von jenen die Vermittlung von »Bewußtsein, Gefühlen und Ideen eines Autors«. Die zu seiner Zeit verbreitete Mode, aus chinesischen Zeichen gebildete Wörter aus dem Japanischen zu entlehnen, bezeichnet er als meistens überflüssig. Liu Bannong formuliert dann einige wichtige Postulate an literarische Texte in ungebundener und in gebundener Sprache. Bei der Prosa schließt er den parallelen Gebrauch von schrift- und umgangssprachlichen Elementen keineswegs aus, sondern betont sogar, die klassische Schriftsprache sei in ihrer Kürze und Präzision der Umgangssprache zuweilen überlegen. Bei der gebundenen Sprache – gereimte Texte, aber auch Theatertexte – plädiert er dafür, die durch aktuelle Aussprache überholten historischen Reimgruppen aufzugeben. Vor allem aber plädiert er für eine Aufwertung der Bühnenliteratur und sieht es als Aufgabe von Normierungsbemühungen, die dialektalen Aussprachen zu vereinheitlichen. Zu seinen Vorschlägen, die sich rasch durchsetzten, gehört der an Lateinschriften angelehnte Gebrauch von Satzabschlußpunkten, Beistrichen und Aufzählungsstrichen, von Anführungszeichen und Auslassungspunkten.

Sein Kollege Qian Xuantong war Autor des Leserbriefes, in dem sich der fiktive Wang Jingxuan als Anhänger des Daoismus vorstellt, der früher zwei Jahre in Japan studiert habe, und Gegenpositionen zu Liu Bannongs *Ansichten* formuliert. Der etwa ein Jahr nach den *Ansichten* in der *Neuen Jugend* publizierte Brief ist übersät mit neben den Schriftzeichen stehenden Kreisen, die herkömmlicherweise der Hervorhebung dienten. In einem prätentiösen klassischen Stil findet er enthusiastisches Lob für die Übersetzungen von Yan Fu und dessen »geniale« Übertragungen westlicher Terminologie durch Schlüsselbegriffe der chinesischen philosophischen Tradition. Weil er einigen der umgangssprachlichen Gedichte in der *Neuen Jugend* gewisse literarische Qualitäten zugestehen muß, demonstriert der Autor des Briefes anhand eines Beispiels ferner, wie ein umgangssprachliches Gedicht in ein siebensilbiges Regelgedicht klassischen Musters umgeschrieben werden könne. Mit großer Geste beschuldigt der Leserbriefschreiber die Autoren der *Neuen Jugend* insgesamt, »vor den Ausländern zu buckeln und den Mächtigen nachzugeben«, und er bekennt sich zu dem apologetischen Stereotyp, die fünftausend Jahre alte chinesische Kultur sei der westlichen Kultur und materiellen Zivilisation überlegen und solle nur von deren Technik zu lernen. Schließlich weist er jeden Versuch zurück, die chinesische Sprache und ihre Schrift analytisch beschreiben zu wollen: »Zuerst entsteht der Text und dann die Regeln. […] Schreiben folgt keinen festen Regeln«, insistiert er, und bekennt sich zu nachgerade mythischen Etymologien chinesischer Zeichen, wie sie bis in die Gegenwart beliebt und verbreitet sind.

Spiegelfechterei als publizistische Taktik

Liu Bannong weist in seiner Duplik dem fiktiven Leserbriefschreiber zahlreiche sachliche Fehler nach, eine Fehllesung im Namen des angeblichen japanischen Lehrers, vor allem aber Lücken in den Kenntnissen über das traditionelle chinesische Schrifttum. Zweifellos hat es Qian Xuantong Genugtuung bereitet, einen satirisch überhöhten, in traditioneller Bildung schwelgenden Gegner literarischer Erneuerung zu erfinden. Entscheidend an diesem inszenierten Schlagabtausch ist aber, daß er auf das Medium Zeitschrift sowohl dem Umfang als auch der Erscheinungsweise nach angewiesen war. Ebenso kennzeichnend ist, daß »die Redaktion« mit den zahlreichen Leserbriefschreibern in einem grundsätzlichen Einvernehmen stand. Die Verbreitung dieser und anderer Zeitschriften war also begrenzt auf eine Kommunikationsgemeinschaft, die mit anderen kaum in Verbindung stand und sich daher tatsächliche oder vermeintliche Gegner als Fiktion erschaffen mußte.

Literaten als Ideologen

Neue Fronten in Politik und Literatur

Mit den militärischen und politischen Auseinandersetzungen verschärften sich in den 1920er Jahren die ideologischen Fronten unter den Propagandisten einer umfassenden kulturellen und gesellschaftspolitischen Erneuerung. Zu Beginn der Bewegung für eine Neue Kultur standen anarchistische, sozialistische, kommunistische und liberale Modelle politischer und staatlicher Organisation noch in einem fairen Wettstreit, waren sie doch durch ihr gemeinsames Anliegen verbunden, traditionelle und kulturkonservative Werte zu überwinden. Die Protagonisten dieser Bewegung schickten sich an, den traditionellen Beamten-Literaten durch den modernen Intellektuellen abzulösen. Grob vereinfacht präferierten die in Japan ausgebildeten Intellektuellen radikale sozialpolitische Vorstellungen, während die oft jüngeren, aus den USA oder Europa zurückgekehrten chinesischen Gebildeten eher pragmatischen Lösungen das Wort redeten. Die einen forderten, Literatur müsse Medium individueller Subjektivität sein, von der grundlegende Umwälzungen ausgingen, die anderen wollten gesellschaftliche Probleme literarisch umfassend und nach gleichsam soziologischen Kriterien artikulieren.

Literarische Vereinigungen als Stoßtrupps

Eine wichtige organisatorische Weichenstellung für die sogenannte Neue Literatur, die sich zum Gebrauch der Umgangssprache bekannte, stellte die anfangs 1920 erfolgte Gründung der Literarischen Studiengesellschaft (*Wenxue yanjiuhui*) dar, in der zeitweise über 200 Autoren organisiert sein sollten, die wenigsten unter ihnen professionelle Schriftsteller. Die Gesellschaft gab sich ein breit gefächertes kreatives, wissenschaftliches und publizistisches Programm, das auch die Vermittlung ausländischer Literaturen in Übersetzung und sogar in Originalsprachen fördern wollte; und natürlich unterhielt die Literarische Studiengesellschaft auch ein eigenes Organ: *Xiaoshuo yuebao* (Monatszeitschrift für Erzählliteratur), mit dem Untertitel *Short Story Monthly.* Mao Dun (1896–1981) machte diese Zeitschrift bald zu einem Zentralorgan des Establishments der Bewegung vom 4. Mai. Kommerziell ähnlich erfolgreich war die 1921 aus einer Gruppe literarisch interessierter chinesischer Studenten in Japan hervorgegangene, viel kleinere Schöpfungsgesellschaft (*Chuangzaoshe*), die sich ebenfalls beim Verlag Commercial Press in Shanghai einrichten konnte und mehrere Zeitschriften herausgab. Im Unterschied zur Literarischen Studiengesellschaft, deren Konsens eher im Postulat einer *littérature engagée* bestand, vertrat die Schöpfungsgesellschaft zunächst ein romantisches, prometheisch geprägtes

Künstlerideal, das bald von radikalen politischen Ideen abgelöst und verdrängt wurde.

Binnenchinesische Migration

Es gab eine massive Zuwanderung der um die Jahrhundertwende Geborenen, die in den städtischen Zentren ihre Ausbildung vervollständigen oder durch literarische Tätigkeit ihren Unterhalt bestreiten wollten. Weitere ähnliche literarische Interessengruppen entstanden, doch die meisten waren kurzlebig und erfolglos. Um sich in diesem Umfeld überhaupt bemerkbar zu machen, war Provokation erforderlich. Ein Beispiel, in dem dieses Verfahren sogar formalisiert ist, sind die literaturkritischen und anderen Feuilletons in *Die Kunst der Beschimpfung* (*Maren de yishu*, 1927) von Liang Shiqiu (1903–1987), der in den USA studiert hatte und später durch seine monumentale Gesamtausgabe Shakespeares (40 Bde., abgeschlossen 1986) bekannt wurde. Im titelgebenden Text *Die Kunst der Beschimpfung* werden zehn rhetorische Regeln zur Vernichtung des Gegners aufgestellt. Sie stehen offenkundig in der Tradition antiker chinesischer Kriegslehren, wie sie paradigmatisch in den 36 Strategemen (*sanshiliu ji*) formuliert sind; wie diese sind sie mit historischen Beispielen illustriert.

Aufgeklärter homme de lettres: *Zhou Zuoren*

Kampf der Dioskuren

Ebenso wie sein älterer Bruder Lu Xun genoß Zhou Zuoren (1885–1967) zunächst eine traditionelle Ausbildung an einer Privatschule, bevor er mit seinem Bruder an die Marineakademie nach Nanjing und anschließend zum Studium nach Japan ging. Dort begannen die gemeinsamen literarischen Aktivitäten der Brüder, aus denen bis 1923 hauptsächlich Übersetzungen hervorgingen. Nach seiner Rückkehr aus Japan im Jahre 1911 nahm Zhou Zuoren verschiedene Ämter in der Bildungsadministration seiner Heimatprovinz Zhejiang wahr, bevor er – ebenso wie Chen Duxiu, Hu Shi und andere – auf Initiative von Cai Yuanpei als Professor für chinesische Literatur an die Peking-Universität ging. Er entfaltete eine rege publizistische Tätigkeit zugunsten der Bewegung für Neue Kultur und wurde Leiter der Abteilung Neue Literatur an der Yanjing-Universität, die 1922 ein solches akademisches Fach erstmals etablierte. Gleichzeitig leitete er ab 1928 die Chinesisch- und Japanisch-Abteilung der Peking-Universität. Als zwischen 1937 und 1945 weite Teile Chinas besetzt waren, hatte er zuletzt faktisch die Funktion eines Erziehungsministers der Besatzungsbehörde, wofür er später als Landesverräter inhaftiert wurde. Nach seiner 1949 erfolgten vorzeitigen Entlassung kehrte Zhou Zuoren nach Peking zurück, hielt aber Distanz zu den neuen Machthabern und blieb wohl nur wegen seines zum literarischen Idol erhobenen Bruders Lu Xun einigermaßen unbehelligt. Entsprechend publizierte er in den 1950er Jahren zahlreiche Reminiszenzen an Lu Xun und übersetzte hauptsächlich aus der antiken griechischen Literatur. Im Sturm der beginnenden Kulturrevolution wurde er von den Roten Garden in den Tod getrieben.

Komparatistik für China

Zhou Zuoren wird wegen seiner ausgedehnten Studien ausländischer Literatur und seiner übersetzerischen Leistungen gerne der Begründer der vergleichenden Literaturwissenschaft Chinas genannt. Er war auch der erste Chinese, der sich aus literarischem Interesse systematisch die antiken europäischen Sprachen aneignete. Erste Bekanntheit schaffte ihm sein Programm einer »menschlichen Literatur« (oder »Literatur für Menschen«), das er in einem Aufsatz für die *Neue Jugend* 1918 formulierte, welcher die literarische Tradition als großenteils »unmenschlich« zurückwies. Früher als andere rückte er jedoch von diesen radikalen Positionen wieder ab, auch wenn sie sich noch im Gründungsprogramm der Literarischen Studiengesellschaft finden, das wesentlich Zhou Zuorens Handschrift trägt. Sicher nicht zuletzt aufgrund seiner weit über die chinesische, japanische und europäische Literaturen hinausgreifenden Interessen, zu denen auch Sexualkunde, Linguistik und Ethnologie gehörten, versuchte er bis in die 1950er Jahre hinein in Hunderten von Zeitungs- und Zeitschriftenbeiträgen, aktuelle wie beiläufige Fragen ausgewogen zu beurteilen, wobei er gelegentlich auch wider den Stachel löckte: Wenn andere den großen Bruch mit der Vergangenheit forderten, wies er auf die Kontinuitäten hin.

Scharfblick in kleinen Formen

Diese Texte, die er selbst als *xiaowen* (kleine Texte, Petitessen) bezeichnete, was sie ihrem Umfang nach oft auch sind, werden in der chinesischen Literaturwissenschaft uneinheitlich klassifiziert, bald der Gattungsgruppe essayistischer Prosa (*sanwen*, im Gegensatz zur erzählenden Prosa), bald dem Feuilleton (*zawen*, eig. »Vermischtes«) zugeordnet. Tatsächlich decken sie inhaltlich und formal ein breites Spektrum ab, das vom theoretischen Entwurf bis zu Beschreibungen der Trinkgewohnheiten in seiner Heimatstadt Shaoxing reicht. Typisch für die bis 1945 regelmäßig in Buchform gesammelten »Kleinigkeiten« Zhou Zuorens sind seine Bände *Von Drachen sprechen* (*Tan long ji*, 1927) und *Von Tigern sprechen* (*Tan hu ji*, 2 Teile, 1928). Sie stellen eine Nachlese zu drei früheren Bänden dar, in denen Zhou Zuoren seine seit 1918 entstandenen Publikationen kompilierte – namentlich in *Der eigene Garten* (*Ziji de yuandi*, 1923). Darin besteht er auf der Autonomie der Literatur und nimmt ihre individuellen und subjektiven Quellen gegenüber jeder Vereinnahmung in Schutz. »Mir aber ist klar, daß ich im Grunde über erfundene Drachen rede. [...] Ich kann nur leere Worte machen und rede jetzt eben über nicht existierende und eingebildete Drachen«, schreibt er im Vorwort.

Autor als betroffener Leser

Hier klingen bereits drei charakteristische Elemente an, die auch in den meisten Texten der beiden Sammlungen zu finden sind: (1) Aussagen sind durch überlieferte oder erfundene oder persönliche Anekdoten illustriert. (2) Künstlerische Produktion stellt eine autonome Realität dar, die der Konfrontation mit der Lebenswelt nicht immer standhält und dies auch nicht muß. (3) Diese Feststellung bietet einen Anknüpfungspunkt für ein Selbstbild, das sich zwar als Bescheidenheitsformel lesen läßt, aber auch im Gegensatz zur oft fanatisch formulierten Überzeugung von Zeitgenossen steht, Literatur müsse und könne die Welt verändern. Diese Erklärung ist freilich unvollständig, denn die Verbindung von Drache und Tiger geht auf einen Kommentar zum *Buch der Wandlungen* zurück, wo der Drache dem kosmischen Prinzip Himmel zugeordnet ist, im weiteren Sinne dem Herrscher, der Tiger dagegen der Erde, im weiteren Sinne den Untertanen. Der Anspruch, der sich in den beiden kurz nacheinander erschienenen Titeln manifestiert, ist also umfassend.

Das Spektrum der Sammlung *Von Drachen sprechen* ist äußerst heterogen, wie im folgenden gezeigt werden soll: Da beschäftigt sich Zhou Zuoren beispielsweise mit dem englischen Ausdruck *chapbook*, der Bezeichnung für besonders preiswerte Bücher, die von ambulanten Händlern vertrieben wurden; er identifiziert ein vergleichbares Phänomen in China und verteidigt anhand von Listen einzelner englischer und chinesischer Titel das *chapbook* als Möglichkeit, literarisches Wissen zu popularisieren.

Mehr als ein Beitrag der Sammlung *Von Drachen sprechen* thematisiert das Mitte der 1920er Jahre heftig diskutierte Verhältnis zur literarischen Überlieferung, wobei Zhou Zuoren eine abwägende Haltung einnimmt: »Ich bin entschieden der Meinung, daß alte Bücher gelesen werden sollten;

allerdings müssen die Leser verständig sein. Ich bin entschieden der Meinung, daß alte Bücher nicht gelesen werden sollten, wenn es unter Zwang geschieht.« Andernorts verrät er, gegen welche radikale Rhetorik sich diese Position richtete, nämlich gegen die Enthusiasten der Erneuerung mit ihrer engstirnigen Ideologie: »Sie wagen nicht, traditionelle Literatur zu lesen, weil sie fürchten, es sei dekadent, fast so, wie sich die alten Heiligen gegenüber Frauen verhielten. Wer ein antikes Gedicht [in moderne Umgangssprache] übersetzt, steht geradezu unter konterrevolutionärem Verdacht. [...] Meiner Meinung nach waren die Autoren der traditionellen Literatur im Vergleich zu den modernen Literaten manchmal weit intelligenter und mutiger, weit revolutionärer.«

Vielfalt des Besonderen

Zu den längeren Texten des Sammelbandes *Von Drachen sprechen* gehört eine Abhandlung über den Zusammenhang zwischen dem geographischen Ort oder der Region und der literarisch-künstlerischen Produktion. Zhou Zuoren wendet sich gegen die präskriptive Vorstellung, die geographische Situierung sei lediglich das akzidentielle Material für eine Typisierung, und insistiert darauf, daß individuelle Erfahrung nur an einem konkreten Ort möglich ist, und er plädiert für eine die regionalen Unterschiede Chinas reflektierende Vielfalt. Damit lieferte er einen Schlüsseltext, der später immer wieder herangezogen wurde, wenn es galt, die kulturelle Heterogenität gegen eine homogenisierende Kontrolle zu verteidigen oder die Peripherie gegen das Zentrum aufzuwerten, sei dies in der Heimatliteratur (*xiangtu wenxue*) der 1930er Jahre oder in der sogenannten Literatur der Suche nach den Wurzeln (*xungen wenxue*).

Wie kritisch Zhou Zuoren dem sich rasch etablierenden Betrieb der Neuen Literatur gegenüberstand, verrät er auch in einer Abhandlung über die Aufgaben der Literaturkritik: »Die Kritiker glauben, Kritik sei ein Urteil, das bestimmten Gesetzen folgt, gerade so, als ob sie Justizbeamte wären; das Schicksal des Werkes sei dann besiegelt. [...] Diese Mängel der Kritik beruhen auf dem Glauben, es gäbe absolute und objektive Wahrheiten.«

Noch ausgeprägter sind Merkmale des Feuilletons und der Glosse. Zu diesen gehört die systematische Digression ebenso wie die Schilderung eines persönlichen Erlebnisses als Motivation, über ein bestimmtes Thema zu schreiben. Paradebeispiel dafür ist ein Brief an den Herausgeber einer Zeitschrift anstelle eines Beitrags, der »teils weil ich zu beschäftigt, teils weil ich zu faul war« nicht zustande gekommen sei. Zuweilen begegnet einem Zhou Zuoren als Flaneur, der seiner Kurzbesprechung vorausschickt, wie er mit einem Buchhändler gefeilscht hat, oder die Beobachtung einer Straßenszene mit Reflexionen über den Tod verknüpft. Solche Szenen verdichten sich mitunter zu satirischen Kurzerzählungen, so in den in Anlehnung an Shakespeare so genannten *Sommernachtsträumen* (*Xiayemeng*, 1922).

Tagebuch eines Wahnsinnigen *als Parodie*

Eines der bemerkenswertesten Stücke in *Über Tiger reden* von Zhou Zuoren ist *Tagebuch eines wirklich Verrückten* (*Zhen de fengren riji*, 1922). Es fällt schwer, es anders denn als Parodie des vier Jahre zuvor verfaßten *Tagebuchs eines Wahnsinnigen* seines Bruders Lu Xun zu lesen. Dies zeigt bereits die *Kurze Einleitung des Herausgebers*: »In letzter Zeit scheinen Geisteskrankheiten sehr verbreitet zu sein. Schon sieben oder acht ›Tagebücher von Verrückten‹ habe ich an allen möglichen Orten in der neuen Welt [d.i. der Neuen Literatur] zusammengetragen.« Ebenso wie im *Tagebuch eines Wahnsinnigen* erscheint in Zhou Zuorens *Zhen de fengren riji* ein fiktiver Herausgeber. Dieser kopierte angeblich aus einer Vorlage vier jeweils mit Titeln versehene Abschnitte aus einer Niederschrift, die er als

»Reisebericht aus dem Land der bürgerlichen Edlen« betitelte. Bis hin zum Detail der herausgeberischen Bemerkungen zur Handschrift finden sich Parallelen zur Erzählung seines Bruders. Besonders aufschlußreich sind die Abschnitte des Tagebuchs über die literarische Welt: Die »reich entwickelte Literatur im Land der bürgerlichen Edlen« sei nach der botanischen Klassifikation von Linné organisiert und unterscheide zwischen hoher und niederer, klassizistischer und dekadenter Literatur. In einer parodistischen Abwandlung des Merkspruchs von Huang Zunxian wird die klassizistische Literatur auch als »gefälliges Schreiben und volkstümliches Sprechen« bezeichnet, das dem Schutz des gewöhnlichen Volkes und der Nation diene und ins »Verzeichnis des Pavillons der Acht Existenzen« aufgenommen werde. In diesem Land gebe es sogar ein literarisches Prüfungssystem: Die Prüflinge der ersten Stufe müßten »fünfsilbige westliche Gedichte im alten Stil« schreiben, die Kandidaten der zweiten Stufe die Frage beantworten, welche nationale Erkrankungsstufe eine Blinddarmentzündung darstelle. Im Unterschied zum *Tagebuch eines Wahnsinnigen* von Lu Xun fügt Zhou Zuoren ein *Nachwort des Herausgebers* an: Der Freund, der hier den Herausgeber unterbricht, bestreitet schlichtweg, daß es sich um das Tagebuch eines Verrückten handle, »weil er kein ärztliches Zeugnis hat«. Der fiktive Herausgeber unterbricht seine Tätigkeit und räumt ein, der edierte Text enthalte Scherze ebenso wie verläßliche Informationen, »aber weil ich ihn schlecht unter einem anderen Titel herausgeben konnte, blieb mir nichts anderes übrig, als ihn mit *Tagebuch eines wirklich Verrückten* zu bezeichnen«.

Fallstricke des Skeptizismus

Seine eigene skeptische Zurückhaltung, die zu allen fertigen Urteilen und politischen Ideologien gleichermaßen Distanz zu wahren versucht, beschreibt Zhou Zuoren wiederholt mit einem der philosophischen Tradition entlehnten Begriff als »Prinzip von Maß und Mitte«, das er bildungsbeflissen mit der neutestamentarischen *sophrosyne* gleichsetzt. Dies hindert ihn jedoch nicht, die Auflösung einer Studentendemonstration durch bewaffnete Polizei zu verurteilen oder »die Herren Hu (Shi) und Cai (Yuanpei)« zu verhöhnen, weil sie sich mit der politischen Macht gemein gemacht hätten. Das Prinzip, »nicht von Angelegenheiten des Landes« zu sprechen, das er bei der Gründung einer eigenen Zeitschrift 1930 formulierte, führte jedoch direkt in die politische Naivität, die ihn letztlich zum Kollaborateur machte. Seine enorme Belesenheit ließ Zhou Zuoren zu fast allen Aspekten der Literatur und des literarischen Lebens völlig unprätentiös originelle und geistreiche Ansichten formulieren und Fragen aufwerfen, die in China bis heute aktuell sind.

Zwischen Florett und Zweihänder: Chen Yuan und Lu Xun

Lange nicht alle feuilletonistisch-literarisch tätigen Intellektuellen bemühten sich in den politischen und literaturkritischen Kontroversen ihrer Zeit so fair und intensiv wie Zhou Zuoren um ausgewogene Positionen. Einige schafften es im Gegenteil sogar, sich über Jahre hinweg förmlich ineinander zu verbeißen. Hierzu gehören der mit seinem *Tagebuch eines Wahnsinnigen* bekannt gewordene Lu Xun und der Anglist und Literaturkritiker Chen Yuan, deren Auseinandersetzungen im folgenden präsentiert werden sollen. Während Lu Xun einige prägende Jahre in Japan verbrachte, lebte und arbeitete Chen Yuan (1896–1970) lange Zeit in Großbritannien. Schon kurz nach Gründung der Republik ging er nach Edinburgh, wo er seine Mittelschulbildung erhielt; daran schloß sich ein Studium in London an, das er 1922 abschloß. Zurück in China lehrte er an der Peking-Universität und gehörte zusammen mit einem Kreis angelsächsisch geprägter Intellektueller um Hu Shi zu den Mitbegründern und regelmäßigen Beiträgern der 1924 gegründeten Zeitschrift *Moderne Kritik* (*Xiandai pinglun*). Seit 1929 lehrte Chen Yuan an der Universität Wuhan englische Literatur, 1943 übersiedelte er nach London und arbeitete für die chinesisch-britische Vereinigung, drei Jahre darauf übernahm er dann für zwei Jahrzehnte als Vertreter der Bürgerpartei, die sich nach dem Bürgerkrieg auf die Insel Taiwan zurückzog, das Amt eines Delegierten bei der UNESCO in Paris. Seinen Lebensabend verbrachte er erneut in London. Seine beiden wichtigsten Buchveröffentlichungen, *Xiying xianhua* (Müßige Reden von Xiying, 1928) und *Xiying houhua* (Weitere Reden von Xiying, 1931), versammeln Feuilletons, die Chen Yuan erstmals in der Zeitschrift *Moderne Kritik* publiziert hatte; daneben fertigte er Übersetzungen neuerer französischer, englischer und russischer Literatur an.

Sollen Studenten demonstrieren?

Zu den zwischen Chen Yuan und Lu Xun strittigen Themen gehörte zunächst die Frage, wie die Demonstrationen vom 30. Mai 1925 zu interpretieren seien – Proteste, die sich an die gewaltsame Niederschlagung einer Streikbewegung in Shanghai durch vorwiegend britische Polizeiorgane anschlossen. Während Chen Yuan bei allem Protest in seinen Schlußfolgerungen hinsichtlich der politischen Parteien innerhalb Chinas skeptisch war, erklärte sich Lu Xun vorbehaltlos solidarisch mit der gegen alle fremden Mächte in China gerichteten Politisierungswelle. Es ist hier unumgänglich, auch persönliche biographische Erfahrungen der Protagonisten heranzuziehen, die sich in ihren feuilletonistischen Texten niederschlagen. Vor allem aber spielte die Bewegung gegen eine autoritäre Rektorin an der Pädagogischen Hochschule für Frauen in Peking eine Schlüsselrolle. Als die Hochschule vom zuständigen Erziehungsminister geschlossen wurde und Lu Xun öffentlich seine Unterstützung für die protestierenden Studentinnen erklärte, unter denen sich pikanterweise seine spätere Lebensgefährtin befand, wurde er aus seiner parallel bekleideten Stellung als Ministerialbeamter entlassen. Es folgten mehrere öffentlich ausgetragene Kontroversen mit einer Vielzahl von Stellungnahmen. Psychologisch plausibel hat Lu Xun seinen Entschluß, erst nach Xiamen (Provinz Fujian) und dann nach Shanghai zu ziehen, auf die zahlreichen Angriffe von Chen Yuan zurückgeführt. Zuletzt ging es 1930 um die Technik der Übersetzung, wo Lu Xun den pragmatischen Standpunkt vertrat, die Vermittlung ausländischer Werke aus Literatur und Kritik sei wichtiger, als die Regeln der modernen chinesischen Syntax und Wortbildung zu beachten und nach Originalfassungen zu übersetzen. Gegner warfen ihm Unverständlichkeit seiner Übersetzungen vor, unter ihnen vor allem Liang Shiqiu, der Autor der *Kunst der Beschimpfung*.

Literatur vom Schlachtfeld

Die Auseinandersetzungen zwischen Chen Yuan und Lu Xun spielten sich zunächst im Feuilleton von Zeitungen und in Zeitschriften ab, doch beide veröffentlichten nachträglich ihre Texte noch einmal in Buchform. Dabei verfolgten die Kontrahenten unterschiedliche Strategien. Chen Yuan nahm in seine *Müßigen Reden* Texte auf, die ein breites thematisches Spektrum von der Urbanistik bis zur Literaturgeschichte abdeckten und auch Rezensionen einschlossen. In jedem Falle sind sie monothematisch, variieren wenig im Umfang, verdanken ihren Aufbau und ihre unprätentiöse Sprache der angelsächsischen Literaturtradition und lassen sich auch als Essays kennzeichnen. Sie stellen eine endgültige Auswahl aus den bis 1928 entstandenen Texten dar. Anders Lu Xun: Aus den im gleichen

Zeitraum entstandenen Texten hat er dreimal eine Auswahl getroffen, zuletzt 1932. Schon ihre Titel sind ironische Abwandlungen von Formulierungen, mit denen er angegriffen worden ist. Das gilt auch für den Band *Und das war's* (*Eryi ji*, 1928): »Ein Gelehrter in Guangzhou sagt: ›Lu Xun hat schon ausgeredet, die Zeitschrift *Wortspinnerei* muß man nicht mehr lesen.‹ Das ist wahr, ich habe ausgeredet. Was ich letztes Jahr gesagt habe, gilt auch dieses Jahr, und ich fürchte, es wird auch noch nächstes Jahr gelten. [...] Die Prinzipien und die Gerechtigkeit sind schon von den ›Rechtschaffenen und Edlen‹ in Beschlag genommen, so daß ich nichts mehr davon besitze.«

Zu den rhetorischen Techniken, die Lu Xun für seine persönlichen Angriffe verwendet, gehörte auch, den Gegner scheinbar zu anonymisieren und nur mit Anspielungen und ironischen Epitheta auf ihn zu verweisen. So hatte Lu Xun, wenn er von »Rechtschaffenen und Edlen« spricht, ausnahmslos das Umfeld der *Modernen Kritik* im Visier. Im Unterschied zu Chen Yuan, der einmal polemisch von »einigen Leuten aus einer bestimmten Gegend [...], die im Erziehungswesen hohe Positionen bekleiden« sprach und damit unter anderem Cai Yuanpei und Lu Xun meinte, nahm Lu Xun die »Rechtschaffenen und Edlen«, also Chen Yuan und seine Gesinnungsfreunde, in fast allen Texten ins Visier.

Die in *Und das war's* vereinigten 30 Texte sind ebenso wie die Beiträge in Zhou Zuorens Sammelbänden überaus heterogen: Ein Vorwort, offene Briefe und eine Reihe Aphorismen, die sich an Nietzsche anlehnen, finden sich ebenso wie ein Bericht über das offensichtlich ungeliebte Hong Kong sowie Mitschriften von Vorträgen, die teils unbearbeitet aus Zeitungen übernommen, teils redigiert wurden. In *Und das war's* ist eine Haltung dokumentiert, die entlang traditioneller Linien aus der Verbindung von Amt und literarischer Tätigkeit moralische Autorität ableitet. Im umgangssprachlichen Gedicht, das er seinem Band voranstellt, läßt sich auch eine Krise dieser Position erkennen: »In diesen Monaten sah ich wieder viel Blut und auch viele Tränen, / aber ich hatte nur gemischte Gefühle, und das war's. [...] // Wenn Feuilletons den Platz bekommen, der ihnen gebührt, / dann war's das eben, und das war's.«

Symbolisches Kapital und der Buchmarkt

Es ist kein Zufall, daß Lu Xuns Polemiken in ökonomischen Kategorien formuliert sind, die an den von Bourdieu geprägten Begriff »symbolisches Kapital« erinnern: »Früher glaubte ich, ein Gläubiger müsse zwingend über Geld verfügen, aber seit kurzem weiß ich, daß das nicht unbedingt nötig ist. In der neuen Zeit gibt es geistige Kapitalisten.« Ungeachtet solch kräftiger Worte läßt Lu Xun jedes tiefere Verständnis für die sozioökonomischen Veränderungen vermissen, die sich Mitte der 1920er Jahre auf die Literatur auswirkten: Er hatte nur Verachtung für die professionellen Autoren übrig, die (zuerst in Shanghai) ab Ende des 19. Jh.s vermehrt als Protagonisten einer sozialen Differenzierung auftraten, und er machte sich stets über diese »Textbettler« lustig. Chen Yuan dagegen plädierte genau für diese Textbettelei, weil er in ihr die Gewähr für eine gewisse Unabhängigkeit des Literaten sah. Obwohl er durch Investitionen in Zeitschriften, verlegerische Unternehmungen und durch individuelle finanzielle Förderung jüngerer Autoren unmittelbar an diesem Prozeß der professionellen, mitunter sogar lukrativen Textbettelei beteiligt war, zeigte sich Lu Xun ihr gegenüber zeitlebens analytisch verschlossen und war nur konventionellen Kategorien von Ruhm zugänglich: »In meinen Feuilletons läßt sich häufig nicht vermeiden, daß ich jemanden beschimpfe. Aber dieses Jahr habe ich entdeckt, daß meine Beschimpfungen letztendlich den Beschimpften nützen.«

Daß Lu Xun mit dieser Einschätzung bis in die jüngste Vergangenheit Recht behalten sollte, ist eine Ironie der Literaturgeschichte: Der Kult um seine Person führte dazu, daß einige von ihm angegriffene Literaten erst über den Umweg von Anmerkungen in kommentierten Werkausgaben, später über Anthologien wie *Der geschmähte Lu Xun* (1994) Aufnahme ins literarische Gedächtnis der Volksrepublik fanden. Zu ihnen gehörten in den 1950er Jahren Hu Shi, später auch Chen Yuan und Liang Shiqiu.

Proletariat im Kopf: Lu Yin

Missionsschulen als Kaderschmieden der Neuen Literatur

Viele Studenten wurden durch die Aufbruchstimmung, die von der Bewegung für eine Neue Kultur und ihrer zunehmend gesellschaftspolitischen Ausrichtung ausging, dazu ermuntert, sich selbst in der Neuen Literatur zu versuchen – und das hieß vor allem: im Genre der zum Vorreiter sozialer Erneuerung erkorenen Erzählliteratur. Die damals rund 20jährigen jungen Intellektuellen waren in ihren Leseerfahrungen sowohl durch die Übersetzungen von Lin Shu als durch die hauptsächlich in Shanghai entstandene erzählende Unterhaltungsliteratur geprägt. Beide wurden von den älteren, also gegen 40jährigen Herren an der Peking-Universität verachtet, weil sie auf plakative politische Aussagen verzichteten. Zur Bildungserfahrung dieser Studenten gehörte häufig der Besuch von Missionsschulen. Das gilt vor allem für Frauen, für die traditionelle Bildungsstätten ohnehin nicht vorgesehen waren, sowie für Kinder weniger wohlhabender Schichten, für die ein Hauslehrer keine Selbstverständlichkeit war. Für diese Gruppen geriet, trotz nur zögerlich umgestellter Curricula, der traditionelle Bildungskanon allmählich in den Hintergrund, und sie waren deshalb besonders empfänglich für den postulierten radikalen Neubeginn in der Literatur. Zu ihnen gehört die sentimentale Lyrikerin Bing Xin (1900–1999) ebenso wie der etwas ältere Schriftsteller Xu Dishan (1893–1941), die beide an der amerikanischen Yanjing-Universität studierten und biographisch der Küstenprovinz Fujian verbunden sind. Sie wurden später hauptsächlich durch Erzählungen bekannt.

Literatur als gesellschaftspolitisches Programm

Wie ihre Altersgenossin Bing Xin stammt Lu Yin (1898–1934) aus Fuzhou (Provinz Fujian) und war wie diese Tochter eines hohen kaiserlichen Beamten. Nach dem Tode ihres Vaters zog die Familie nach Peking, wo Lu Yin 1909 in ein von amerikanischen Missionaren geführtes Mädcheninternat eintrat. Anders als Bing Xin versuchte sie sich jedoch bald dem christlichen Einfluß zu entziehen und absolvierte 1917 das staatliche Lehrerinnenseminar. Anschließend unterrichtete sie in Peking sowie an verschiedenen Schulen der Provinzen Henan und Anhui, bevor sie in die Pädagogische Hochschule für Frauen eintrat. Ihre ersten Publikationen aus den frühen 1920er Jahren behandeln gesellschaftspolitische Fragen, darunter vorwiegend Emanzipation der Frauen. Bald folgten erzählende Texte. Ihre erste Erzählung erschien 1921 in der soeben von Mao Dun im Sinne der Neuen Literatur reorganisierten Zeitschrift *Short Story Monthly* (*Xiaoshuo yuebao*, d.i. Monatszeitschrift für Erzählliteratur), und sie wurde als die neben Bing Xin bekannteste Frau in die Literarische Studiengesellschaft aufgenommen. Nach ihrem Studienabschluß 1923 unterrichtete sie an Mittelschulen und Universitäten und verfaßte Erzählungen, feuilletonistische und essayistische Arbeiten sowie Theaterstücke. Sie verbrachte 1930 ein Jahr in Tôkyô und war danach an einer staatlichen Mittelschule in Shanghai Chinesischlehrerin, bevor sie im Kindbett starb, im gleichen Jahr, als ihre Autobiographie erschien.

Die Erzählung *Ist die Seele verkäuflich?* (*Linghun keyi mai me*, 1921) gehört zu ihren früheren Texten, sie erschien zuerst in der *Monatszeitschrift für Erzählliteratur*, später auch in *Mit alten Bekannten am Strand* (*Haibin guren*, 1925), dem ersten Sammelband von Lu Yin. Diese in formaler Hinsicht unspektakuläre Erzählung ist wohl der erste erzählende Text in der Neuen Literatur, der Industriearbeiter in den Mittelpunkt stellt und im besonderen das Verhältnis der Intellektuellen zu den Arbeitern thematisiert. Damit schnitt Lu Yin ein insofern aktuelles Thema an, als schon seit mehreren Jahren »das Proletariat« in zahlreichen Diskussionen präsent war, die *Neue Jugend* sogar ihre Mai-Nummer 1920 dem Tag der Arbeit gewidmet hatte. Dennoch waren bisher allenfalls Rikscha-Kulis, nie jedoch das Industrieproletariat literarisch verarbeitet worden.

Egoismus und Altruismus

In *Ist die Seele verkäuflich?* sieht die Ich-Erzählerin seit vier Jahren jeden Morgen vom Schreibtisch aus, wie die 19jährige Tochter des Nachbarn, Zhang He, zur nahen Baumwollspinnerei eilt, und beginnt allmählich, freundliche Grüße mit ihr zu tauschen. Eines Morgens deutet Zhang He an, Hilfe zu benötigen, eilt dann aber ohne weitere Erklärung in die Fabrik. Die Ich-Erzählerin überläßt sich daraufhin ihren eigenen Überlegungen. Sie ist überzeugt, das Mädchen wolle sie um finanzielle Unterstützung bitten, und sie beschließt im Gestus gesteigerten Selbstwertgefühls, sich großzügig und mildtätig zu zeigen: »Aber jemanden unterstützen zu können, geschieht aus dem Geiste der gegenseitigen Hilfe und ist eine schätzenswerte Tugend! Ich war von Stolz erfüllt, weil ich kein selbstsüchtiges und eigennütziges Wesen sein wollte.«

Es fällt auf, daß hier der aus dem philosophischen Anarchismus Kropotkins (1842–1921) übernommene Begriff »gegenseitige Hilfe« in Anspruch genommen wird. Bereits die Gründergeneration der späteren Bürgerpartei hatte ihn seit Anfang des 20. Jh.s rezipiert, während Lu Yin in einem SR (*Social Reform*) genannten Studentenzirkel mit ihm in Berührung kam. Zur Verwunderung der Ich-Erzählerin weist jedoch Zhang He ihr Geldgeschenk zurück: »Es muß auf der Welt außer Geld noch andere Dinge geben, die weit wichtiger sind«, antwortet sie der karitativ gestimmten Ich-Erzählerin, um ihr dann ihre Lebensgeschichte darzulegen: Wegen einer chronischen Erkrankung ihres Vaters habe sie die Mittelschule kurz vor dem Abschluß abbrechen und zur Fabrik gehen müssen, um für den Unterhalt der Familie aufzukommen. Doch auch in der Fabrik habe ihre Wißbegier nicht nachgelassen, und sie müsse sich dafür von ihrem Vorarbeiter zurechtweisen lassen.

Identität und Entfremdung

In der zweiten Sequenz ihres Lebensberichts erzählt Zhang He sodann vom Ausflug mit einer Arbeitskollegin am arbeitsfreien Gründungstag der Fabrik. Die stille Landschaft mit Bäumen, einem Gewässer und Vögeln wird mit dem Lärm der Stadt und der Fabrik kontrastriert. Ein Herbstwind bringt den Duft verwelkender Lotosblüten heran und erinnert Zhang He (deren Vorname »Lotos« bedeutet) an einen Schulausflug, den sie als glücklichstes Ereignis ihres Lebens empfand. Hier gibt Zhang He die entscheidende Frage einer Arbeitskollegin wieder, die auch der Erzählung den Titel liefert: »Seit ich in die Fabrik gekommen bin, bin ich nicht mehr ich selbst! Ach! Ist denn unsere Seele verkäuflich?«

Die Erfahrung verlorener Identität ist durch den traditionellen Gebrauch des Lotos unterstrichen, der wegen der Lautgleichheit der Wörter ein Symbol für Harmonie ist und dessen Blüten hier verfaulen. Erst der Identitätsverlust in Folge der Entfremdung durch Arbeit führt zu der an sich ökonomischen Kategorie der Käuflichkeit der Seele, der eigenen Identität.

In der dritten und letzten Sequenz der Schilderung ihres Lebens arbeitet Zhang He die Themen aus und variiert die Titelfrage. Dabei steht die Fremdbestimmung im Mittelpunkt, für welche in der ganzen Erzählung symbolisch die Fabrikglocke und im weiteren Sinne Lärm überhaupt steht. Obwohl sich Zhang He zunächst sozioökonomischer Kategorien bedient, wenn sie der Ich-Erzählerin gegenüber die psychologischen Auswirkungen der Entfremdung beschreibt, nimmt ihre Schilderung zuletzt eine idealistische Wendung. Die Seele, gleichgesetzt mit Identität und Sitz unveräußerlicher Rechte, nimmt eine absolute Vorrangstellung ein. So begründet Zhang He, warum sie das Angebot der Ich-Erzählerin zurückweist: »Geld kann zwar für arme Leute eine unsägliche Hilfe bedeuten. Aber seine Seele zu verlieren bedeutet hundertmal schwereres Leid als kein Geld zu haben! Die meisten glauben, mit Geld könne einem Menschen geholfen werden, aber sie können ihm nicht die Seele zurückkaufen, die er viel dringender braucht als Geld!«

Selbstkritik einer Intellektuellen

Mit ihrer Erzählung artikuliert Lu Yin eine selbstkritische Sicht der Intellektuellen. Ihre Ich-Erzählerin ist als Angehörige dieser Gruppe gekennzeichnet: Sie lebt von monatlichen Wechseln ihrer Mutter, hat keine äußeren Verpflichtungen und verfügt über ein Studierzimmer. Bei aller Empathie für Zhang He trägt sie ein ausgesprochenes Statusbewußtsein zur Schau, das sich ebenso in der unerschütterlichen Gewißheit, dem Mädchen könne mit Geld geholfen werden, wie im Überlegenheitsgefühl, das sie aus der geplanten guten Tat bezieht, niederschlägt. Angesichts der existentiell formulierten Frage des Mädchens ist die Ich-Erzählerin allerdings hilflos und muß sich von Zhang He gleichsam die Welt erklären lassen – die Welt der Industriearbeiter, von der sie nichts weiß. Daß Zhang He auf dem Wege war, durch ihre Ausbildung selber zur Intellektuellen zu werden, verschärft den Kontrast, läßt sie aber auch eine Sprache sprechen, die von der Ich-Erzählerin verstanden wird. Kennzeichnend für die Erzählung ist, daß die durch Zhang He vermittelte Erkenntnis von der Ich-Erzählerin nicht weiter reflektiert wird. Die am Anfang schlagwortartig gefaßten Ideale versagen vor der Realität einer Zhang He. Voraussetzung für diese Erkenntnis ist die individuelle zwischenmenschliche Begegnung. Unterschiedliche individuelle Erfahrung und die Notwendigkeit, mittels künstlerischer Gestaltung Mitleid zu wecken, spielen im Credo von Lu Yin, das sie kurz vor *Ist die Seele verkäuflich?* veröffentlichte, eine wichtige Rolle:

> Daß es ihm nicht an Individualität fehlt, an individuellen Empfindungen, ist die einzige Bedingung, die erfüllt sein muß, damit ein Werk als schöpferisch bezeichnet werden darf – das künstlerische Ergebnis ist also subjektiv. [...] Nur solche Literatur ist in der Lage, Mitleid zu wecken und das Gemüt zu bewegen. Das ist echte Kreativität.

Objekte gesellschaftlicher Veränderung beginnen zu sprechen

Da sich Lu Yins Erzählungen häufig der Brief- oder Tagebuchform bedienen, wurde ihre Literatur gerne als autobiographisch gedeutet, mitunter auch diffamiert. Solche durch verschiedene fiktive Urheber untereinander oder vom Erzähler unterscheidbare Textregister können aber auch als Versuch gewertet werden, individuelle Erfahrung als individuell zu markieren. Das geschieht auch in *Ist die Seele verkäuflich?*, selbst wenn sich die sprachlichen Register der Ich-Erzählerin und ihres Gegenübers Zhang He allenfalls thematisch, kaum stilistisch voneinander unterscheiden. Die Erzählungen von Lu Yin kreisen oft um die Beziehungen zwischen Frauen, die einander in Sympathie und Freundschaft verbunden sind und ihre eigenen emotionalen und intellektuellen Bedürfnisse unterschiedlich verarbeiten.

Dies trug dazu bei, daß Lu Yin noch vor Bing Xin zur Repräsentantin einer Frauenliteratur ihrer Generation wurde. Während ein Yu Dafu in sentimental überhöhten Erzählungen nur schemenhafte Darstellungen von Proletariern oder Bauern gibt und sie ausschließlich als subjektive Projektionen seiner Protagonisten formuliert, gestaltet Lu Yin in *Ist die Seele verkäuflich?* eine Fabrikarbeiterin, der eine eigene Innenwelt zugestanden wird.

Umwertung der älteren und jüngsten Tradition

Während der ersten eineinhalb Jahrzehnte der Republik-Zeit (1912–1949) existierten zwar eine formale Regierung und ein Parlament in Peking, doch darf damit ansonsten weder politische noch soziale Stabilität assoziiert werden. Allenfalls gelang es dem ersten Präsidenten Yuan Shikai, mit einer starken Armee als Hausmacht im Rücken für kurze Jahre relative Ruhe zu schaffen, doch zerfiel nach seinem Tod (1916) der Staat vollständig, und die folgenden Jahre erlebten das Nebeneinander einer handlungsunfähigen Regierung und einer Reihe untereinander verfehdeter Militärmachthaber, die besonders in Nordchina zu Blutsaugern der einfachen Bevölkerung wurden, während imperialistische Interessen und rassistisches Gebaren von Ausländern die küstennahen Städte plagten. Widerstand gegen dieses soziale und politische Chaos kam einerseits von jungen städtischen Intellektuellen (artikuliert im besonderen in der schon angesprochenen Bewegung des 4. Mai 1919), andererseits von der Bürgerpartei Guomindang und der 1921 gegründeten Kommunistischen Partei (KP). Die aus geheimen antimonarchistischen Gruppierungen hervorgegangene mächtige Bürgerpartei, die sich als Staatspartei der Republik verstand, und die kleine KP waren seit 1923 durch ein Abkommen miteinander verbunden, das die sogenannte Erste Einheitsfront begründete und z. B. Doppelmitgliedschaft erlaubte.

Nordfeldzug und Kommunistenjagd

Im Jahr 1923 gründete der als Vater der Republik in die Geschichte eingegangene Sun Yixian (Sun Yat-sen) in Guangzhou eine revolutionäre Gegenregierung. In der Whampoa-Militärakademie (Huangpu junxiao) übernahm Jiang Jieshi (besser bekannt als Chiang Kai-shek, 1887–1975) die Leitung und brach 1926 zum sogenannten Nordfeldzug auf, in dessen Gefolge die Epoche der Militärmachthaber ihr Ende fand und im Oktober 1928 der Regierungssitz nach Nanjing verlegt wurde. Insbesondere die KP hatte einen hohen Preis für die prekäre politische und militärische Stabilität nach der nominellen Einigung des Landes durch den Nordfeldzug zu zahlen. Ihre Strategie, durch die Bündnispolitik mit der Bürgerpartei ihre eigene Politik einer revolutionären Umwälzung der gesellschaftlichen Verhältnisse vorantreiben zu können, scheiterte. Das deutlichste Zeichen dafür war, daß Jiang Jieshi am 12. April 1927 ein Massaker unter KP-Anhängern anrichten ließ, die ihm doch erst die Eroberung von Shanghai ermöglicht hatten. Die Allianz der ungleichen Partner war damit zerbrochen, die KP zunächst gescheitert. Sie verfügte über keine ausreichende Basis in der Bevölkerung, auch nicht in dem ohnehin nur rudimentären Industrieproletariat; sie erhielt im Gegensatz zur Bürgerpartei keine Unterstützung aus Moskau und war auch nicht in der Lage, ihre bedeutend größere Partnerin zu unterwandern.

Während ihrer Herrschaft ab 1927 konnte die Bürgerpartei einen massiven Ausbau des Bahn- und Straßennetzes für sich verbuchen, ebenso eine

Erfolgreiche »Nanjing-Dekade«

Vervielfachung der Ausgaben für Erziehung. Binnen eines Jahrzehnts verfünffachte sich die Zahl der Mittelschulen in China, und die zahlreichen neu gegründeten privaten Hochschulen erhielten bedeutende staatliche Zuwendungen. Dennoch praktizierte die Bürgerpartei keine eigentlich bürgerliche Politik, sondern handelte gegen die Interessen privater Unternehmer und Händler, indem sie opportunistische Koalitionen mit der Unterwelt und Militärmachthabern einging. Zu Recht wurde ihre Herrschaft als »modern nach außen und reaktionär nach innen« (J.K. Fairbank) bezeichnet.

Ein ständiger Stachel im Fleisch blieben für die Bürgerpartei nicht nur die kurzfristige Gegenregierung des linken Parteiflügels in Guangzhou (1931) und verschiedene Militäraufstände illoyaler Generäle, sondern vor allem die militärischen Aktivitäten ihres innenpolitischen Hauptgegners KP. Nach katastrophal gescheiterten Aufständen im Jahre 1927 vermochten versprengte KP-Truppen in ihrem Rückzugsgebiet in den Bergen nördlich von Guangzhou ein erstes Sowjetgebiet zu errichten, wo sie zunächst Landreformen durchführten und ab 1931 die Kontrolle ausübten, bevor es der Bürgerpartei mit Hilfe deutscher Militärberater gelang, sie zu umzingeln. Als schließlich die KP im Jahre 1934 mit der rund 100.000 Mann starken Roten Armee aus dem Belagerungsring ausbrechen konnte, begann der legendäre und verlustreiche Lange Marsch, der zwei Jahre später in einem Gebiet um Yan'an (Provinz Shaanxi) endete, wo aber nur 4000 Kämpfer überhaupt ankamen – ein Kraftakt der Guerilla-Kriegsführung, der zum zentralen Gründungsmythos der Volksrepublik China avancierte und dessen überlebende Teilnehmer bis in die jüngste Zeit eine Parteielite konstituierten. Parallel dazu hatte sich die Regierung der Bürgerpartei weitere Sympathien verscherzt, weil sie der japanischen Besetzung der nordöstlichen Provinzen 1931 weder militärisch noch politisch entgegentrat und auch noch der Appeasement-Politik den Vorzug gab, als die Japaner auf chinesischem Territorium einen Manchukuo (Mandschurei) genannten Marionettenstaat etablierten.

Japanischer Marionettenstaat und Langer Marsch

Als 1936 ein lokaler Militärmachthaber mit Wissen der KP den Bürgerpartei-General Jiang Jieshi als Geisel nahm, um ihn zu einem entschlossenen politischen und militärischen Widerstand gegen die japanische Kolonisierungspolitik zu zwingen, änderten sich kurzfristig die politischen Konstellationen. Ergebnis war im April 1937 die Zweite Einheitsfront zwischen Bürgerpartei und KP. Nach dem »Zwischenfall an der Marco Polo-Brücke« bei Peking am 7. Juli 1937 besetzte die japanische Armee in einem Blitzkrieg weite Teile des chinesischen Kernlandes. Die Regierung floh aus Nanjing westwärts, zuerst nach Wuhan, kurz darauf nach Chongqing, und mit ihr nicht zuletzt die drei größten Universitäten des Landes und die beiden wichtigsten Verlagshäuser aus Shanghai. Damit ging die nach dem Regierungssitz benannte Nanjing-Dekade zu Ende. Zwischen den beiden ungleichen politischen Bündnispartnern herrschte eine Art Burgfrieden, bis die gegensätzlichen Interessen spätestens nach dem japanischen Angriff auf Pearl Harbour deutlich wurden und das Bündnis faktisch auseinanderbrach.

Trotz der 1927 blutig unterstrichenen klaren Absage der Bürgerpartei gegenüber weitergehenden gesellschaftspolitischen Anliegen, wie sie die KP vertrat, und trotz der Einführung einer staatlichen Vorzensur, die alles ins Visier nahm, was sich auch nur entfernt zu kommunistischen Überzeugungen bekannte, herrschten relativ stabile und berechenbare Bedingungen für literarische Erzeugnisse. Die großen verlagseigenen Druckereien vor allem in Shanghai verfügten über modernste Maschinen, und die Commercial Press entwickelte eine Anordnung der chinesischen Schriftzeichen, die den Satz bedeutend beschleunigte und als Viereckensystem bis heute der Anordnung und Verschlüsselung der Schriftzeichen dient.

Junge Literaten

Damit fand die Generation, die ihre literarische Bildung nicht mehr aus einem unbestrittenen literarischen Kanon bezog und die zugleich noch nicht institutionell hinreichend abgesicherte, an westlichen Vorbildern orientierte Bildungseinrichtungen vorfand, günstige Bedingungen für Experimente. Zugleich war diese Generation nicht mehr genötigt, sich polemisch gegen eine übermächtige Tradition abzugrenzen, genauso wenig, wie das westliche literarische Erbe eine absolute Neuentdeckung darstellen konnte. Zu den Autoren, die vor diesem fragmentierten Bildungshintergrund die literarische Szene betraten, gehört Ding Ling (1904–1986), die in ihrem *Tagebuch der Sophia* (*Shafei nüshi de riji*, 1928) erotische und ideologische Selbsterfahrungen einer jungen Frau gestaltet, die aus ihrer konventionellen Geschlechterrolle auszubrechen versucht. Ein weiterer bedeutender Autor ist Shen Congwen (1902–1988), dessen häufig in seiner ländlichen Heimat angesiedelten Erzählungen existentielle und mythische Dimensionen eines Lebens im Einklang mit der Natur dem großstädtischen Leben entgegensetzen und eine chinesische Heimatliteratur begründeten; ein dritter ist Hu Yepin, der in romantisch überhöhten Sozialutopien die Lebenswelt seiner Generation lyrisch und erzählerisch verarbeitete. Diese drei, Ding Ling, Shen Congwen und Hu Yepin, gaben eine kurzlebige literarische Zeitschrift heraus und nutzten damit eine Möglichkeit der schriftstellerischen Selbsterkundung, die früheren Generationen weder finanziell noch materiell zu Gebote stand. Durchaus experimentelle Aspekte hatte auch das unter anderem vom Lyriker Wen Yiduo (1899–1946) formulierte Postulat, die dominierenden freien oder volkstümlichen Verse im noch neuen Schriftmedium der Umgangssprache abzulösen durch einen strengeren Versbau, wie er etwa in der nach einer Gedichtsammlung des indischen Bengali-Lyrikers Rabîndranâth Tagore (1861–1941) benannten Zeitschrift *Neumond* (*Xinyue*, 1928–1933) gepflegt wurde. Auf der gleichen Linie experimentierte die Zeitschrift *Xiandai* mit dem französischen Untertitel *Les contemporains* (1932–1935), die den Blick auf die romanischen Literaturen lenkte.

Linguist und englischer Romancier: Lin Yutang

Während sich alle diese Experimente innerhalb des sprachlichen und ästhetischen Paradigmas der Neuen Literatur bewegten, ging Lin Yutang (1895–1976), den seine in Englisch geschriebenen und in zahlreiche europäische Sprachen übersetzten Romane (beginnend mit *My Country and My People*, 1935) bekannt machten, einen anderen Weg. In viel gelesenen Zeitschriften wie *Lunyu* (Gespräche, 1932–1937 und 1946–1949) und *Renjian shi* (Aus der Menschenwelt, 1934–1935) versuchte er, der traditionellen Schriftsprache einen neuen Status zu verschaffen. Er fand sie ökonomischer als die inzwischen in fast allen Bereichen außer dem Recht und der Administration durchgesetzte Gemeinsprache *baihua*, genauer und konziser als diese und ebenso geeignet für technisch-naturwissenschaftliche Termini.

Nach 1927 war die KP weitgehend in den Untergrund verbannt, wo sie verschiedene Organisationen bildete, die ihre Funktionäre zu dirigieren versuchten. Literarisch wichtig wurde die im März 1930 gebildete Liga Linker Schriftsteller. Von Anfang an war der als Literat hochangesehene Lu Xun ihr Aushängeschild. Vor allem aber zog sie jüngere, also nach 1900 geborene Literaten aus der Provinz an, die häufig aus eigener Erfahrung zu sozialrevolutionären Positionen gelangt waren und damit im Widerspruch zur Bürgerpartei standen. Bis 1934 stand die Liga Linker Schriftsteller unter der Führung des marxistischen Literaturtheoretikers Qu Qiubai (1899–1935), der bis 1927 Parteichef gewesen war, bevor er aus dem Politbüro ausgeschlossen wurde. In ihren ersten Jahren konnte die Liga Linker Schriftsteller durch ihre Mitglieder und durch Zeitschriften die Literaturszene dominieren. Außerdem genoß sie ein hohes moralisches Ansehen, das wesentlich dadurch befördert wurde, daß fünf ihrer Mitglieder 1931 erschossen wurden. Nach 1934 verstrickte sich die Liga Linker Schriftsteller zunehmend in Flügelkämpfen und literaturpolitischen Kontroversen. Außerdem zogen viele ihrer jüngeren Mitglieder in die kommunistisch kontrollierten Gebiete im Landesinneren, besonders nach Ende des Langen Marsches 1935. Als leninistisch strukturierte Organisation weit erfolgreicher war die 1938 im noch nicht von Japan besetzten Hinterland gegründete Nationale Vereinigung der Künstler im Widerstand gegen den Feind, weil sie in die Einheitsfront zwischen KP und Bürgerpartei eingebettet war.

Selbstzerfleischung linker Literaten

Wenn Lin Yutang als Linguist an der Universität Leipzig eine Dissertation mit dem Titel *Das Lautsystem des Altchinesischen* (1924) einreichte, handelt es sich um einen exemplarischen Akt kultureller Selbstreflexion. Was Lin Yutang individuell vollzog, läßt sich als Merkmal fast aller literarischen Diskurse der 1930er Jahre festhalten: Schon während der Bewegung für eine Neue Kultur wurde eine »Neuordnung des kulturellen Erbes« gefordert. Doch erst die erwähnte prekäre Stabilität nach 1927 schuf die Voraussetzungen, um dieses Anliegen im größeren Maßstab umzusetzen: Nachdem die großen Verlagshäuser durch Schulbücher erkleckliche Gewinne erzielt und ihre Infrastruktur ausgebaut hatten, zog der weitere Ausbau des Bildungswesens neuen Bedarf nach sich. Für viele Werke der traditionellen Literatur entstanden nun eigens neue kritische Ausgaben, die oft bis in die Gegenwart verbindlich geblieben sind. In den eigens für Schulbibliotheken geschaffenen Reihen standen neben Texten zu allen wichtigen Wissensgebieten auch bedeutende Werke der Weltliteratur in chinesischer Übersetzung zur Verfügung. Ebenfalls in dieser Zeit entstand das erste große enzyklopädische Wörterbuch des modernen Chinesischen, das *Meer der Wörter* (*Cihai*, 1936), das bis heute wiederholt neu bearbeitet wurde. Aus der Vielzahl neuer Publikationen sollen drei markante Beispiele herausgegriffen und näher besprochen werden: Die *Geschichte der Literatur in Umgangssprache* (*Baihua wenxue shi*, 1928) von Hu Shi, die den Versuch unternimmt, die literarische Tradition Chinas unter eine neue Perspektive zu zwingen; das von Zhao Jiabi (1908–1997) initiierte zehnbändige *Kompendium der Neuen Literatur Chinas* (1935); schließlich der Roman *Die Familie* (*Jia*, 1933) von Ba Jin (geb. 1904), der Erfahrungen seiner Generation paradigmatisch formuliert.

Verlegerische Großunternehmungen

Literatur als Linienkampf: Hu Shi, Geschichte der Literatur in Umgangssprache

Bewältigung der literarischen Vergangenheit

Als angesehenster Protagonist und Propagandist einer Neuen Literatur wurde Hu Shi 1921 eingeladen, eine Serie literaturgeschichtlicher Vorträge im Erziehungsministerium zu halten, wo die sprachplanerischen Bemühungen koordiniert wurden. Hu Shi gab seinen Vorlesungen den Titel *Geschichte der Literatur in der Nationalsprache* und zeigte damit, daß die sprachlich-literarische Erneuerungsbewegung, die er vertrat, einen umfassenden Anspruch erhob: Einerseits sollten seine Vorlesungen die Literatur Chinas seit ihren Anfängen Revue passieren lassen, andererseits verriet ihr

Titel einen breiten Umfang des Begriffs Nationalsprache, der sowohl die erst noch zu schaffende, für den mündlichen wie den schriftlichen Austausch geeignete Verkehrssprache bezeichnen sollte, als auch ein Idiom der Literaturgeschichte, das in einem tatsächlichen oder vermuteten Zusammenhang mit der Umgangssprache der jeweiligen Epoche stand. In seiner Vorrede zur späteren offiziellen Buchfassung formuliert Hu Shi diesen Akt der Aneignung so: »Der Titel dieses Buches lautet zwar *Geschichte der Literatur in Umgangssprache*, aber in Wahrheit ist es eine Geschichte der chinesischen Literatur.« Als er das erste Mal seine Vorträge hielt, setzte Hu Shi den entscheidenden Einschnitt im frühen 12. Jh. an, als die halbnomadischen Dschurdschen mongolischer Herkunft nach Süden vordrangen und im Song-Reich wirtschaftliche Blüte mit steigender Lese- und Schreibfertigkeit sowie die bedeutende Verbesserung des Holzblock-Buchdrucks dazu beitrugen, daß das Gefüge literarischer Gattungen und Themen für volkstümliche Elemente aufnahmefähiger wurde.

Nur ein Jahr später, als er im Sommer 1922 an der Nankai-Universität in Tianjin erneut Vorlesungen gab, bekannte sich Hu Shi jedoch zu einer Gliederung der chinesischen Literaturgeschichte in drei Perioden: Zwischen der sogenannten Volksliteratur der Han-Dynastie und der umgangssprachlichen Erzählliteratur der Song-Zeit setzte er in der Tang-Dynastie als Schlüsselperiode eine »Anreicherung mit umgangssprachlichen Elementen« (*baihuahua*) an – eine Perspektive, die sich vor allem der Beschäftigung mit den um 1900 entdeckten Manuskripten aus Dunhuang verdankte.

Neue Literatur im Altertum?

Ein weiterer Entwurf von 1922 postulierte »Umgangssprache« in den *Guofeng* des *Klassikers der Oden* und kulminierte in einem Schlußkapitel über die »Bewegung für eine Literatur in Nationalsprache« – keine andere als die Bewegung, die Hu Shi selbst entscheidend mitgeprägt hatte. Erst 1928 erschien schließlich eine Buchausgabe, die mit der Tang-Dynastie abbricht und ein Torso geblieben ist.

Schon die Vorrede des Buches verrät, daß das Werk dem Verfasser auch dazu dienen sollte, sich in der jüngsten Literaturgeschichte und Literaturgeschichtsschreibung strategisch zu positionieren. Ähnlich wie das Vorwort zu seinem Gedichtband *Versuche* ist sie reich an ausführlichen Selbstzitaten. Insbesondere nimmt Hu Shi die Urheberschaft für einige in seiner Zeit produktive Thesen zur Literaturgeschichte in Anspruch, beispielsweise für den biographistischen Ansatz, der es ihm erlaubt habe, den Verfasser des *Traums der Roten Kammer* zu identifizieren. Zu den nicht zuletzt außerhalb des chinesischen Sprachraumes erfolgreichen literaturhistorisch-strategischen Unternehmungen Hu Shis gehören seine 1933 als Haskell Lectures an der Universität Chicago gehaltenen Vorlesungen, die unter dem Titel *The Chinese Renaissance* publiziert wurden. Damit baute er seine Deutungsposition beinahe zu einem Monopol aus, das auch durch die propagandistisch konzertierten Angriffe in der Volksrepublik der 1950er Jahre zunächst nicht erschüttert wurde.

»Schriftstil« und »Sprechstil«

Es war das grundsätzliche Anliegen von Hu Shi, zwei große antagonistische Traditionslinien in der chinesischen Literaturgeschichte zu postulieren. Er nennt die beiden Linien »Schriftstil« (*wenti*) und »Sprechstil« (*yuti*) und sieht bereits während der Zeit des Konfuzius Anzeichen für eine Scheidung zwischen den beiden Stilen. Der Sprechstil sei schließlich in der Literatur so weit verdrängt worden, daß er nur noch als Chiffre für eine verpaßte Chance stehe, zu einer einheitlichen Nationalsprache zu gelangen, d.h. auch zu einer Einheit von Sprechen und Schreiben. Wenngleich der Sprechstil schleichend verdrängt worden sei, müsse doch der eigentliche

Sündenfall in die Han-Dynastie datiert werden, als der Kaiserhof begann, die Beamten auf Grundlage literarischer Fertigkeiten zu rekrutieren. Es ist daher folgerichtig, daß Hu Shi die Yuan-Dynastie, während der das mongolische Herrscherhaus die Beamtenprüfungen für 80 Jahre aussetzte, als wichtigsten Einschnitt in der Entwicklung der chinesischen Literatur betrachtet.

Hu Shis literaturgeschichtliche Abhandlung ist keineswegs frei von einseitigen Werturteilen. Dem Schriftstil, der seit der Zeitenwende tot sei, stellt er eine positiv besetzte Tradition gegenüber, die unmittelbar in die Bemühungen seiner eigenen Zeit, ja in sein eigenes Schaffen mündet. Weil naturgemäß aus der Epoche des Sündenfalls selbst keine mündlichen Zeugnisse überliefert sind, sondern Spuren der Mündlichkeit lediglich aus schriftlichen Zeugnissen abgeleitet werden mußten, bläht Hu Shi den Begriff Mündlichkeit gelegentlich so weit auf, daß er nicht nur Theatertexte als Zeugnisse des Sprechstils nimmt, sondern jeden Text dazu zählt, der auf Ausschmückungen verzichtet oder in die überaus volatile Kategorie »unmittelbarer Verständlichkeit« fällt.

Buddhistische Schriften als Katalysatoren

Hu Shi hatte sicherlich recht, dem Buddhismus der frühen Tang-Dynastie eine zentrale Rolle bei der Verbreitung des Sprechstils zuzusprechen: »Wenn eine Religion weite Verbreitung erfahren will, muß ihre Lehre verständlich und deutlich formuliert sein und kann daher nicht umhin, auf die Umgangssprache zurückzugreifen.« In den durch buddhistische Mönche niedergeschriebenen religiösen Texten fand er damit wichtige Quellen für seine gleichsam alternative Literaturgeschichte. Für die gleiche Periode gewährt er aber auch der erzählenden Prosa von Yuan Zhen und dem lyrischen Werk von Bo Juyi breiten Raum. Für die Lyrik führt er eine interessante psychologische und zugleich innerliterarische Kategorie ein, um den Umfang des Sprechstils zu bestimmen. Er zieht die einem legendären Zhang Dayou (»Zhang Butterstampfer«) aus dem 8. Jh. zugeschriebene Gedichtform der »Butterstampfgedichte« (*dayoushi*) heran, die sich zwar strenger Silben- und Reimschemata bedienen, diese aber mit einem schlichten Wortschatz und simplen Reimen ausfüllen. Als Medium ironischer Kommunikation waren sie immer weit verbreitet, auch bei Hu Shi selbst, und werden bis in die Gegenwart genutzt. Damit identifiziert Hu Shi den Sprechstil als eine umfassende Gegentradition. Er unterstreicht das psychologische Moment, indem er Spott als »spontan, völlig natürlich und am wenigsten ausgearbeitet« kennzeichnet. Die persönliche Identifikation ist überdeutlich:

Projektionen in die Vergangenheit

> Bo Juyi und Yuan Zhen beabsichtigten, eine literarische Erneuerungsbewegung ins Leben zu rufen. Ihr Grundsatz war es, in moderne Terminologie übertragen, Literatur fürs Leben zu schreiben! Literatur sei ein wirksames Instrument, um die Gesellschaft zu unterstützen und das Leben zu verbessern. Im besten Fall könne sie »die aktuelle Politik abwägen und überprüfen«, zumindest aber sollte sie »die menschlichen Emotionen sublimieren«. Wenn sie dazu nicht in der Lage ist, ist sie nichts weiter als »Loblied über Wind und Schnee, bloße Pflege von Blumen und Gräsern«.

In einem fiktiven Dialog, den Hu Shi seiner literaturhistorischen Umwertung voranstellt, sind die Mechanismen der Tradition als »Kampf zweier Linien« ausformuliert. Ausgehend vom allgemeinen Problem der Repräsentativität literarischer Texte wird ein Entwicklungsbegriff eingeführt, der nicht zufällig zunächst als Dichotomie von chinesischer und westlicher Literaturgeschichte erscheint. Diese Dichtomie wird mit dem Postulat einer Gegentradition aufgelöst. Ihr gehört der oben ausführlich behandelte erzählerische Text von Wu Woyao an, während der ebenfalls schon vorgestellte Lin Shu der toten Nachahmung zugeordnet ist.

In seiner Darstellung einer »Gegentradition« für die Dynastien Tang und Song mußte Hu Shi weitgehend auf Spekulationen und Interpolationen zurückgreifen, um bei einzelnen Autoren oder Gattungen umgangssprachliche oder volkstümliche Elemente nachzuweisen. Dagegen proklamierte er für die ausgehende Kaiserzeit klar voneinander geschiedene, nicht miteinander kommunizierende Traditionslinien. Dieser Befund ist in ein sozialdarwinistisches Geschichtsbild eingebettet und gleichzeitig mit einer kräftigen Dosis Voluntarismus angereichert, wie er für die Generation von Hu Shi typisch war: »Es gibt zwei Arten geschichtlicher Entwicklung: Die eine entspricht vollständig dem natürlichen Wandel, die andere folgt zwar den Tendenzen, fügt aber noch menschliche Anstrengung hinzu. Die eine läßt sich als evolutionär bezeichnen, die andere als revolutionär«, konstatierte Hu Shi, und es unterliegt keinem Zweifel, daß er mit seiner Literaturgeschichte der revolutionären Linie zum Durchbruch verhelfen wollte.

Umwertung als Bauruine

Seinen ursprünglichen Plan, der »Gegentradition« eine umfassenden Darstellung zu widmen, hat Hu Shi nicht umsetzen können. Immerhin verfaßte er eine etwa hundertseitige Übersicht zur literaturgeschichtlichen Entwicklung der späten Kaiserzeit, die er unter dem Titel *Die chinesische Literatur der letzten fünfzig Jahre* (*Wushi nian lai Zhongguo zhi wenxue*, 1922) anläßlich des fünfzigjährigen Jubiläums der *Shenbao* (*Zeitung für Shanghai*) publizierte. Diese 1872 vom britischen Geschäftsmann Ernest Major (um 1830–1908) mitbegründete Zeitung war bis zur Machtübernahme durch die KP das einflußreichste *quality paper* in Shanghai, und sie war stil- und formbildend für die moderne Tagespresse in China. Wie schon andere Gelegenheiten, so nutzte Hu Shi auch seine Schrift *Die chinesische Literatur der letzten fünfzig Jahre*, die etlichen Nachdrucken seines Torso *Geschichte der Literatur in Umgangssprache* angehängt wurde, um sich selbst ausführlich zu zitieren und seine Rolle beim vorgeblich revolutionären Bruch mit mehr als zwei Jahrtausenden Literaturgeschichte hervorzukehren. Hierin blieb er sich auch treu, als er ein Dutzend Jahre später die Gelegenheit erhielt, an der unter Federführung von Zhao Jiabi erstellten, zehn Bände umfassenden Anthologie *Kompendium der Neuen Literatur Chinas* mitzuarbeiten – an einem Werk, das eine Bilanz der Bewegung für eine Neue Literatur versucht und eine ganz herausragende Wirkungsgeschichte zeitigen sollte, indem es das Bild der Neuen Literatur und den Kanon ihrer Texte bis in die 1980er Jahre hinein bestimmte.

Historisierung der Neuen Literatur: das Kompendium *von Zhao Jiabi*

Als das *Kompendium der Neuen Literatur Chinas* (*Zhongguo xin wenxue daxi*) 1935 erschien, lag die Gründung der Zeitschrift *Jugend* (später *Neue Jugend*) gerade 20 Jahre zurück. Die zeitliche Distanz war groß genug, um eine Bestandsaufnahme der bisherigen Errungenschaften der Neuen Literatur zu veranstalten, an deren Beginn der programmatische Aufsatz *Bescheidene Vorschläge zur Reform der Literatur* von Hu Shi stand. Auch andere Beweggründe für die Kompilation lassen sich ausmachen, etwa apologetische Anliegen. Als das *Kompendium* zusammengestellt wurde, stand die unter dem vagen Sammelbegriff propagierte Bewegung für eine Neue Kultur mit dem Rücken zur Wand. Einerseits war ein Teil ihrer Forderungen erfüllt, namentlich was den Gebrauch der Umgangssprache in

Gefährdete neue Tradition?

der schriftlichen Kommunikation betrifft. Auf der anderen Seite sahen sich die literarisch-ästhetischen Anliegen der Bewegung in Frage gestellt und hatten in der kulturkonservativen Politik der Bürgerpartei keinen Nährboden: Die oft akademisch tätigen Kritiker und Literaten, die sich bereits ab 1922 um die Zeitschrift *Xueheng* (Gelehrte Erwägung) formierten, gewannen an Boden, und mit ihnen, denen mangelnde Kenntnis westlicher Konzepte keineswegs zum Vorwurf gemacht werden konnte und die auch nicht als ewiggestrige Schreckgespenster geeignet waren, wuchsen die Zweifel, ob die Ablösung der Schriftsprache als literarisches Medium wirklich mehr Vor- als Nachteile habe. Andererseits blühte hauptsächlich im dynamischen Shanghai eine massenhaft verbreitete Unterhaltungsliteratur, die sich nicht um die dogmatisch-aufklärerischen Vorgaben der Neuen Kulturbewegung kümmerte, sondern eher an erzähltechnische Vorbilder der ausgehenden Kaiserzeit anknüpfte, wie sie etwa Wu Woyao zu einem Höhepunkt gebracht hatte. *Diese* Literatur schien das Postulat der Popularisierung viel besser zu erfüllen als die Neue Literatur, die sich doch auf die Fahnen geschrieben hatte, für die Massen zu schreiben. Sie verstand es außerdem, flexibel und virtuos die neuesten technischen Möglichkeiten, bis hin zur Interaktion mit dem Medium Film, zu nutzen. Die Vertreter der Neuen Literatur hatten sich also nach zwei Fronten zu verteidigen, die sie mit den Kürzeln »Peking- und Shanghai-Schule« bzw. »Hauptstadt- und Übersee-Fraktion« (*jingpai, haipai*) bezeichneten und diffamierten. Ihre Vorwürfe lauteten im wesentlichen, die konservativen Kritiker führten sich wie traditionelle Beamte auf, während die Schreiberlinge in Shanghai sich den Marktbedürfnissen zu willig anpaßten, beide Gruppen verrieten die sozialpolitischen und pädagogischen Ideale der Neuen Literatur und dienten der politischen Macht und dem Markt.

Archäologie der Neuen Literatur versus Massenerfolge

Nur wenige programmatische Texte aus dem ersten Jahrzehnt der Neuen Literatur waren vor der Zusammenstellung des *Kompendiums der Neuen Literatur Chinas* in literaturkritischen Sammelbänden nachgedruckt, nur wenige erfolgreiche Erzählungen und Gedichte als Buchausgaben mehrfach aufgelegt worden. Die weitaus meisten Texte der Neuen Literatur waren nur in Büchern mit geringen Auflagen erschienen, die noch dazu häufig aus Verlagen stammten, die nicht mehr existierten oder über kein effizientes Vertriebsnetz verfügten; andere Texte waren nur in kurzlebigen kleinen Zeitschriften publiziert worden. Bereits Mitte der 1930er Jahre waren also viele frühe Zeugnisse der Neuen Literatur kaum greifbar, so daß die Texte für das *Kompendium der Neuen Literatur Chinas* aus verschiedenen Sammlungen zusammengetragen werden mußten. Nimmt man die Tatsache hinzu, daß Texte der Neuen Literatur in den 1930er Jahren keineswegs zu den etablierten Sammelgebieten der Universitätsbibliotheken gehörten, so läßt sich behaupten, daß das *Kompendium* auch eine Bestandssicherung im konservatorischen Sinne leistete.

Verlagslektoren als neue Intellektuelle

Zhao Jiabi, der Herausgeber des zehnbändigen *Kompendiums*, gehörte zu der bereits mehrfach angesprochenen Generation der Neuankömmlinge. Seine Ausbildung hatte er vollständig in den neuen Einrichtungen der Republik-Zeit erworben. Er gehörte zu den ersten professionellen Lektoren, die ihr publizistisches Profil nicht mehr in gelehrten und literarischen Aktivitäten schärften, sondern sich auf journalistische und redaktionelle Aktivitäten beschränkten, womit er das moderne Paradigma eines spezialisierten Intellektuellen repräsentiert. Nach Abschluß eines Englischstudiums trat er 1932 in einen Verlag ein, wo er die Leitung der Literaturabteilung übernahm und auch an der Redaktion der Illustrierten *Liangyou* (*The*

Young Companion, 1926–1945) mitwirkte, die literarische Texte mit künstlerisch anspruchvoller Photographie und Berichten über Entwicklungen im Kino verband. Zu seinen Leistungen gehören neben dem *Kompendium der Neuen Literatur Chinas* mehrere Anthologien und Reihen englischsprachiger und zeitgenössischer chinesischer Literatur. Nach 1949 hatte er leitende Funktionen im Verlagswesen inne, ab 1960 stand er an der Spitze des Verlags für Literatur und Kunst in Shanghai.

Neue Literatur und europäische Renaissance

In einem kurzen Geleitwort zu seiner großen Anthologie präsentierte Zhao Jiabi die Neue Literatur mit ähnlicher Emphase wie Hu Shi. Er räumt ein, daß die »knapp zwanzig Jahre seit 1917« sich im Vergleich zu den »viertausend Jahren literarischer Vergangenheit« nur unbedeutend ausnähmen, gibt sich aber gleichzeitig überzeugt, daß die zwei Jahrzehnte für China so bedeutend seien wie die Renaissance für Europa. Seine Anthologie wolle »ordnen, bewahren, werten«, bekennt er. »Auch halten wir es für unsere unerläßliche Pflicht, den Historikern, die in zehn und in hundert Jahren die Anfänge der Bewegung für Neue Literatur untersuchen wollen, systematisch geordnetes Material an die Hand zu geben.«

Ganz in Übereinstimmung mit seinem professionellen Selbstverständnis beschränkte Zhao Jiabi seine herausgeberische Tätigkeit auf die Organisation und Koordination des Unternehmens, während er die inhaltliche Verantwortung für die nach Gattungen gegliederten einzelnen Bände ausnahmslos Akteuren der Neuen Literatur selbst überließ, die er als »die Helden der ersten zehn Jahre« bezeichnete. Diese benutzten sowohl in der Textauswahl als auch in ihren Einleitungen die Gelegenheit, ihre persönlichen Beiträge hervorzuheben. Die einzige Ausnahme ist der von A Ying (1900–1977) besorgte Materialienband (*Shiliao, suoyin*), der neben Programmen literarischer Vereinigungen und Biographien der 142 anthologisierten Autoren Übersetzungen ins Chinesische und anderes verzeichnet. Die neun Textbände der Anthologie selbst verteilen sich wie folgt: Auf den von Hu Shi besorgten Band *Grundlegende theoretische Texte* (*Jianshe lilun ji*) folgt ein vom Literaturhistoriker Zheng Zhenduo (1898–1950) herausgegebener Band zu literarischen Kontroversen (*Wenxue lunzheng ji*); die folgenden drei Bände sind der erzählenden Literatur gewidmet, die nächsten zwei der literarischen Essayistik, darauf jeweils einer der Lyrik und dem Theater. Der Eröffnungsband der Anthologie ist von einem Aufsatz Cai Yuanpeis begleitet, der eine literaturgeschichtliche Einordnung der Neuen Literatur vornimmt, die dieser selbst als Rektor der Peking-Universität nach Kräften gefördert hatte. Cai Yuanpei zeigt darin Parallelen zwischen dem chinesischen Altertum und der griechisch-römischen Antike, er bezeichnet die Verschriftung von Dialekten als Neue Literatur aller Völker und greift den schon von Zhao Jiabi bemühten Begriff Renaissance auf, um die Errungenschaften der Neuen Literatur zu charakterisieren. Als wichtiges Merkmal der Renaissance streicht er die Verwissenschaftlichung aller Lebensbereiche heraus.

Erfolgreiche Konstruktion von Literaturgeschichte

Die Tatsache, daß Hu Shi unter den Band-Herausgebern des *Kompendiums der Neuen Literatur Chinas* eine herausragende Rolle erhielt, bezeugt unter anderem, daß seine wiederholten Bemühungen, sich zur Gallionsfigur der Neuen Literatur zu stilisieren, erfolgreich waren. In der Einleitung zu dem von ihm verantworteten Band der Anthologie, wo er bald in erster, bald in dritter Person von sich selbst spricht, räumt er ein, daß eine abschließende Darstellung der Neuen Literatur wegen der zu geringen historischen Distanz noch nicht möglich sei. Er unterscheidet zwischen einer sprachlich-materialen und einer inhaltlichen Bestimmung der Neuen Literatur. Die Bemühungen um eine Ablösung der chinesischen Schrift durch ein phonetisches Transkriptionssystem könnten erst dann erfolgreich sein, wenn die »tote« Literatur der Gelehrten durch eine »lebendige« des Volkes abgelöst werde. Auch wenn sie sich sprachlich an ältere Vorbilder anlehne, müsse sie sich im Sinne der von Zhou Zuoren postulierten »Literatur für Menschen« inhaltlich von ihr abgrenzen. Der Textauswahl schickt Hu Shi einen autobiographischen Text von 1931 als »historische Einführung« voraus.

Nicht alle an der Anthologie Beteiligten zeigten sich so selbstverliebt wie Hu Shi. Der Literaturhistoriker Zheng Zhenduo, Gründungsmitglied der Literarischen Studienvereinigung und Herausgeber des Bandes zu Kontroversen und Debatten, zeichnet die Neue Literatur nicht als eine ungetrübte Geschichte der Erfolge. Besonders aufschlußreich ist das Verfahren der Textauswahl in den Bänden der Anthologie, die von verschiedenen Bearbeitern betreut wurden. So wurden die drei Bände zur Erzählliteratur von drei ganz unterschiedlichen Literaten zusammengestellt: vom Schriftsteller und Kritiker Mao Dun, der durch seine Redaktion der *Monatszeitschrift für Erzählliteratur* das Jahrzehnt seit 1920 entscheidend mitgeprägt hatte, von Lu Xun, dem Autor des *Tagebuchs eines Wahnsinnigen* (1918), und von Zheng Boqi (1895–1979), der schon in ihrer Frühzeit in Japan Mitglied der literarischen Schöpfungsgesellschaft war. Bereits die Einleitungen zu den drei Bänden tragen individuelle Handschriften – einen hohen Reflexionsgrad erreichend, zeichnet sich Mao Duns Einleitung dadurch aus, daß sie eine systematische Bestandsaufnahme literarischer Vereinigungen versucht und diese Organisationsform zum Ordnungskriterium überhaupt macht. In seiner Textauswahl bevorzugt Mao Dun jedoch Mitglieder der von ihm mitbegründeten Literarischen Studienvereinigung, während Zheng Boqi vor allem Mitglieder der neuromantischen und ab Ende der 1920er Jahre radikalmarxistischen Schöpfungsgesellschaft aufnimmt. Lu Xun schließlich zeigt in dem von ihm edierten Band eine Vorliebe für eigene Texte sowie für solche jüngerer Autoren, die er als Mentor gefördert hatte und die keiner der großen literarischen Vereinigungen angehörten. So geriet die an sich sinnvolle literatursoziologische Perspektive zur ideologischen und inhaltlichen Fixierung, die im polemischen Tagesgeschäft vorgeprägte Lagerbildung wurde perpetuiert und Gemeinsamkeiten zwischen Autoren der verschiedenen Lager gerieten aus dem Blickfeld.

Pluralismus der Erzählliteratur

Anders verfährt Zhu Ziqing im Anthologie-Band zur Lyrik, anders auch Hong Shen im Band zum Theater. Der Lyriker und Literaturhistoriker Zhu Ziqing (1898–1948) gibt in seiner Einführung einen konzisen Überblick, der Hu Shi einen prominenten Platz zuweist, aber auch auf Vorläufer im Umkreis der »Revolution in der Lyrik« des ausgehenden 19. Jh.s hinweist, vor allem auf Huang Zunxian. Noch mehr betont er die katalysatorische Funktion ausländischer Literatur: Die »Befreiung der Lyrik« aus traditionellen Versformen und ihre Annäherung an die gesprochene Sprache sei ein Prozeß der Europäisierung. Zustimmend zitiert Zhu Ziqing die ästhetischen Anforderungen an die Lyrik, die Wen Yiduo formuliert hat: »Schönheit aus der Musik, aus der Malerei und aus der Architektur«, womit Prosodie und Reim, Wortschatz sowie Versbau wieder in den Blick gerückt werden. Weit weniger systematisch geht Hong Shen (1894–1955) in seiner Einführung zum Theater vor. Nach einer langen sozioökonomischen Analyse der Neuen Kulturbewegung entlang marxistischer Kategorien skizziert seine Einführung den historischen Hintergrund, in dem kurz nach der Wende vom 19.

Romanübersetzungen als Quelle des Sprechtheaters

zum 20. Jh. chinesische Studenten in Japan damit begannen, die durch Lin Shu besorgten Übersetzungen für reines Sprechtheater zu bearbeiten, wie es auf der traditionellen Bühne nicht existiert hatte. Hong Shen sieht das Theater der Propaganda, nicht dem Vergnügen verpflichtet, und er bezieht sich dabei einerseits auf G.B. Shaw (1856–1950), andererseits auf Liu Bannongs Vorschläge zur Erneuerung traditioneller Lokalopern, vor allem aber auf Hu Shis Aufsatz *Ibsenismus* (*Yibushengzhuyi*, 1918, als Buch 1921), der soziale Probleme als einzig legitime Themen für die Bühne bezeichnet. Hong Shen beklagt, daß die Aktivisten der literarischen Erneuerung allesamt Theoretiker des Theaters gewesen seien. Ihm schwebt das Ideal vor, der Theaterautor solle Schriftsteller, Ausstatter und Regisseur in einer Person sein – ein Ideal, das er selbst zeitweilig verwirklicht hat.

Letzte Einheitsfront Neuer Literaten

Es ist ein besonderes Verdienst von Zhao Jiabi, für die kompilatorische Arbeit seiner Anthologie noch einmal Akteure zusammengebracht zu haben, die wegen ideologischer Differenzen teilweise seit Jahren keine persönlichen Kontakte mehr hatten. Die politischen Verhältnisse seit 1937 waren so, daß ein knappes halbes Jahrhundert lang kein vergleichbares Unternehmen mehr die Überlieferung der jüngsten Texttradition ähnlich nachhaltig kanalisiert hätte. Schon 1936 gingen alle Bände der Anthologie in weitere Auflagen und 1946 wurde eine vollständige japanische Übersetzung begonnen. Die Ordnungsprinzipien des *Kompendiums* wurden zum Vorbild zahlreicher Anthologien, für den Zeitraum von 1927 bis 1937 ebenso wie für die chinesische Literatur seit den Opiumkriegen, für die Literatur aus Singapore ebenso wie für literarische Werke der »neuen Epoche« nach 1976 in der Volksrepublik.

Individuelle Zeitläufte im Roman: Ba Jin, Die Familie

Kurzgeschichte – Erzählung – Roman

Trotz seines enormen Umfangs enthält das *Kompendium der Neuen Literatur Chinas* keine längeren erzählenden Texte als Beispiele für die Gattung Roman. Das hatte keineswegs nur technische Gründe. Tatsächlich entwickelte sich innerhalb der Neuen Literatur die Produktion der verschiedenen Gattungen sehr ungleichmäßig und konzentrierte sich zunächst auf Lyrik und Kurzgeschichten, da diese beiden Gattungen nach Form und Inhalt am geeignetsten waren, die Abgrenzung zur alten und toten Tradition zu vollziehen: die eine, weil in ihr traditionelle Formvorgaben besonders rigoros waren, die andere, weil sie zuvor in der chinesischen Literatur kaum existierte. Längere erzählende Texte in episodischer Technik bedienten sich ohnehin eines Registers, das der Umgangssprache näher stand. Sie entstanden nach wie vor in großer Zahl, waren aber wenig geeignet, plakative Erneuerungsbestrebungen zu vermitteln, und wurden dementsprechend von Vertretern der Neuen Literatur als bloße Unterhaltungsliteratur diffamiert, mit dem bereits in den 1930ern mehrfach verfilmten Zhang Henshui (1895–1967) als bedeutendstem Autor. Im Umfeld der Neuen Literatur entwickelte sich die Großform Roman (*changpian xiaoshuo*) zunächst kaum. Die Dominanz pragamtischer und auch didaktischer Perspektiven ebenso wie die Dominanz von Zeitschriften begünstigte Kurzgeschichten angelsächsischer Prägung, also *short stories* (*duanpian xiaoshuo*). Sie sind eher geeignet, ein Problem schlaglichtartig zu beleuchten, ohne daß ein gesellschaftliches Ganzes anhand eines Protagonisten analytisch durchdrungen werden müßte. Damit hängt zusammen, daß sich bis heute keine Terminologie durchgesetzt hat, die neuere erzählende Texte anders denn nach ihrer relativen Länge klassifiziert, nämlich als kurz (*duanpian xiaoshuo*), mittellang (*zhongpian xiaoshuo*) oder lang (*changpian xiaoshuo*).

Ausgenommen davon ist der bis in die Gegenwart praktizierte traditionelle Episodenroman (*zhanghui xiaoshuo*).

In der Neuen Literatur stammt der früheste Versuch in der »großen Form« von Ye Shengtao (1894–1988), der in seinem Roman *Ni Huanzhi* (1929) einen enthusiastischen jungen Grundschullehrer schildert, dessen gesellschaftspolitischen Ideale zwischen romantischen Liebesvorstellungen und politischem Aktivismus aufgerieben werden. Bedeutend breiter angelegt ist *Die Familie* (*Jia*, 1931) von Ba Jin, dessen Schriftstellername vermutlich ein Akronym der beiden anarchistischen Theoretiker *Ba*kunin und Kropot*kin* ist. Ba Jin gehört zur Generation, die sich nicht mehr auf die Beamtenprüfungen vorbereitete, er stammt aus einer Familie von Grundbesitzern und Beamten und wuchs in Chengdu, der Hauptstadt von Sichuan, auf. Nach einer standestypischen Ausbildung durch Hauslehrer lernte er an der Fremdsprachenschule von Chengdu Englisch, später setzte er seine Studien in Nanjing fort, in den Jahren 1927–1928 hielt er sich in Frankreich auf. Schon früh veröffentlichte er in Shanghai in einer Tageszeitung umgangssprachliche Gedichte und trat für anarchistische Ideen ein. Die in Frankreich entstandene Erzählung *Untergang* (*Miewang*, 1929) thematisiert erstmals den von Ba Jin später immer wieder aufgegriffenen Konflikt zwischen Pflicht und Neigung, politischem Aktivismus und romantischer Liebe; ihr Protagonist löst diesen Konflikt, indem er seine Liebe aufgibt, zum Attentäter wird und zuletzt stirbt. Im Anschluß an den *Untergang* legte Ba Jin rasch weitere Romane sowie Erzählungen und literarische Essays vor. Seit 1934 redigierte er zudem Zeitschriften und war Cheflektor eines literarischen Verlags. Nach Gründung der Volksrepublik trat er als Übersetzer von Erzählern des 19. Jh.s und als Autor von Reportagen und Kinderliteratur hervor. Während der Kulturrevolution wurde Ba Jin wegen seiner alten anarchistischen Sympathien kritisiert, ab 1978 veröffentlichte er in Hong Kong feuilletonistisch gestaltete Memoiren und Reflexionen, die später als *Gedanken unter der Zeit* (*Suixiang lu*, 5 Bde., 1981–1986) gesammelt in Buchform erschienen. Seit einer 1979 unternommenen Reise nach Frankreich folgten zahlreiche ausländische Ehrungen, und er stand sogar als Kandidat für den Nobelpreis zur Diskussion. Inzwischen Vorsitzender des chinesischen Schriftstellerverbandes, gründete er 1985 das Archiv für moderne chinesische Literatur. Zu Beginn des 21. Jh.s ist Ba Jin der letzte Überlebende jener Generation, deren intellektuelle Entwicklung unmittelbar mit der Bewegung des 4. Mai verknüpft ist.

Alter Anarchist?

Roman einer Generation

Der Roman *Die Familie* wurde unter dem Titel *Reißende Strömung* (*Jiliu*) ab April 1931 in 246 Folgen in der Tageszeitung *Shibao* (englischer Untertitel *Eastern Times*) in Shanghai veröffentlicht, wobei sich der Autor so strengen Vorgaben zu fügen hatte, daß viele Folgen mitten im Satz abbrechen. Im Zentrum des Romans stehen die drei Brüder Juexin, Juemin und Juehui – Mitglieder der Großfamilie Gao, die durch die typische Verbindung von Grundbesitz und Beamtenposten zu Wohlstand gekommen ist und zur lokalen Elite gehört. Die neben den Brüdern rund drei Dutzend Tanten, Onkel und Cousinen und deren Bedienstete umfassende Großfamilie steht unter dem Diktat des Alter Herr genannten Großvaters der Geschwister. Da der Vater und die leibliche Mutter der drei Brüder bereits verstorben sind, lasten alle Erwartungen auf Juexin, dem Ältesten. Die Romanhandlung setzt ein, als die beiden jüngeren Brüder an einem verschneiten Tag von der Theaterprobe zu einer dramatisierten Fassung der *Schatzinsel* von Stevenson in das Anwesen zurückkehren und damit plötzlich Ideen der Bewegung für eine Neue Kultur in ihrem bislang behüteten

Mikrokosmos Einzug halten. In der anscheinend geordneten Welt der Großfamilie zeigen sich nun bald Konflikte zwischen alten und neuen Ideen und zwischen den Generationen. Nirgends wird dies deutlicher als in den Liebesbeziehungen der drei Brüder, die sich alle zwischen Pflicht und Neigung bewegen und drei ganz unterschiedliche Lösungen wählen: Der Älteste entsagt der Liebe zu seiner Cousine und geht, um den Erwartungen des Alten Herrn gerecht zu werden, eine vermittelte Ehe ein, muß aber seine junge Frau bald im Kindbett sterben sehen. Der Jüngste ist kämpferisch, während der zweite der drei Brüder als mittlerer Charakter dargestellt wird. Die Aktivitäten der beiden jüngeren Brüder zeigen, welche existentielle Verunsicherung und jugendliche Begeisterungsfähigkeit die »neuen« Ideen vorfanden:

> Juemin und Juehui gaben gemeinsam mit Schulfreunden eine Wochenzeitschrift heraus, die »Morgendämmerung«. Sie brachten Nachrichten über die Bewegung für eine Neue Kultur, stellten neue Ideen vor und wandten sich gegen die irrationalen alten Vorstellungen. Juehui war begeistert bei der Sache. Er veröffentlichte viele Artikel, deren Material aus den neuen Zeitschriften in Peking und Shanghai stammte. Mit ideologischen und gesellschaftlichen Fragen hatte er sich noch nicht tiefergehend beschäftigt. Was er besaß, war ein wenig Erfahrung, etwas Buchwissen und jugendliche Begeisterung. An das Problem der Familie traute er sich noch nicht heran, obwohl viel zu diesem Thema zu sagen gewesen wäre. [...] Am liebsten hätte er seine ganze schulfreie Zeit auf die Zeitschrift verwandt, aber er mußte seine Arbeit vor dem Großvater geheimhalten. (Kap. 25, nach Übers. F. Reissinger)

Die berühmteste Szene des Romans zeigt den Konflikt zwischen romantischer Liebe und gesellschaftlichem Engagement, die beide als »neu« gekennzeichnet werden können und ihrerseits jeweils im Widerspruch zu traditionellen Vorstellungen stehen. Zwischen der Zofe Mingfeng und dem jüngsten Bruder Juehui hat sich eine zarte Bindung angebahnt, die konventionelle Grenzen überschreitet und auch die Pläne des Alten Herrn durchkreuzt, der die Zofe als Konkubine an den alternden Vorsitzenden der lokalen Konfuziusgesellschaft verkaufte. Vergeblich bittet die verzweifelte Zofe Juehui um Hilfe, und schließlich sieht sie nur noch den Ausweg, sich zu ertränken, um nicht die erniedrigte Konkubine abgeben zu müssen. Das Gespräch zwischen der Zofe und Juehui zeigt, daß diesem die Pflichten seiner sozialpolitischen Aktivitäten wichtiger sind als seine Emotionen:

Neue Kultur versus romantische Liebe

> »Dritter Herr«, sagte Mingfeng ängstlich.
> »Mingfeng, du bist's?« fragte er erstaunt und blickte auf.
> »Ich muß mit Euch sprechen, ich –« Ihre wehmütigen Augen verschlangen sein lächelndes Gesicht. Er ließ sie den Satz nicht beenden. [...] »Schau, ich habe in letzter Zeit viel zu tun, ich muß lesen, schreiben, und vieles mehr.« Er deutete auf einen Haufen Manuskripte, Zeitschriften und Papier. [...]
> »Dritter Herr, habt ihr wirklich keine Zeit? Überhaupt keine Zeit?« Mit allen Kräften hielt sie ihre Tränen zurück. Sie wollte ihre Stimme nicht allzu herzzerreißend werden lassen. »Siehst du denn nicht, daß ich zu tun habe?« entgegnete er barsch, als nehme er ihr die Fragerei übel. (Kap. 26)

Erst als der Alte Herr stirbt, ist der Weg für Juehui frei, aus seiner Familie auszubrechen und sich in Shanghai als freier Schriftsteller zu versuchen. Im letzten Kapitel verabschieden sich seine Brüder am Schiffssteg von ihm, während er dem »Strom der Zeiten« folgt: »Vor seinen Augen wälzte sich das nicht enden wollende grüne Wasser. Es floß unaufhörlich vorwärts und würde ihn bald in eine unbekannte große Stadt tragen.«

Die Familie ist durch eine Reihe von Merkmalen mit der traditionellen episodischen Erzähltechnik verbunden. Das Verhalten der Figuren ist vorhersehbar, denn meist stehen sie eindeutig für ideologisch-weltanschauliche Positionen. Auch durch die Konzentration auf das Anwesen der Großfamilie und die Tatsache, daß die vielen Nebenfiguren fast ausschließlich aus dem gleichen Clan stammen, stellt sich *Die Familie* in die Tradition des *Traums der Roten Kammer*, des bekanntesten literarischen Familienporträts Chinas. Die Außenwelt dringt nur vermittelt ein und die Konflikte erfahren ihre Zuspitzung durch Intrigen und Interventionen der weitverzweigten Familie. Das offene Ende bringt es mit sich, daß die Handlung am neuen oder alten Schauplatz grundsätzlich auch weitererzählt werden kann.

Tatsächlich hat Ba Jin der *Familie* zwei Fortsetzungen folgen lassen: In *Frühling* (*Chun*, 1938) erlebt der mittlere Bruder Juemin eine glückliche Liebe mit seiner Cousine Qin, die schon in der *Familie* als moderne und aufgeklärte junge Frau aufgetreten war, während sich der verwitwete Juexin unglücklich in eine weitere Cousine verliebt, die vor einer arrangierten Heirat zu Juehui nach Shanghai flieht. In *Herbst* (*Qiu*, 1940) bricht die Großfamilie endgültig zusammen, als die verschiedenen Zweige getrennte Wohnsitze nehmen. Auch in der älteren Generation finden sich nun positive Charaktere und die Konflikte sind nicht mehr ausschließlich ideologisch, sondern auch moralisch. Diese drei Romane faßte Ba Jin als Trilogie *Reißende Strömung* zusammen, versah sie also mit dem gleichen Titel wie früher den Zeitungsvorabdruck der *Familie*. Er selbst verstehe seine Trilogie als Mittel gegen die Verzweiflung, gegen die »reißende Strömung« der Leidenschaften Liebe und Haß, Freude und Leid, gesteht er in den Vorbemerkungen, wo er auch verrät, er habe seine durch Tolstois *Auferstehung* gewonnene Auffassung, das Leben sei eine Tragödie, verworfen und sei zu der in Anlehnung an Romain Rolland formulierten Überzeugung gelangt, »das Leben muß bewältigt werden«.

Das Problem des Biographismus

Der ersten Ausgabe der *Familie* (1933) ließ Ba Jin ein Geleitwort vorangehen, das als Brief an seinen eigenen älteren Bruder formuliert ist, der Selbstmord begangen hatte, während er selbst an seinem Roman schrieb: »Wenn du wieder lebendig werden und meinen Roman lesen, oder sehen könntest, was den Menschen, die du liebst, nach deinem Tod zugestoßen ist, würdest du vielleicht erweckt und dich entschließen, einen neuen Weg zu gehen. Doch dafür ist es zu spät, denn deine Gebeine sind schon vermodert.« Diese Verknüpfung mit der eigenen Lebensgeschichte sowie andere tatsächliche oder vermeintliche Kongruenzen zwischen Ba Jin selbst und seinen literarischen Figuren haben den Verdacht genährt, Ba Jins Trilogie sei ein autobiographischer Bericht. Der Autor selbst ist diesen Spekulationen schon früh und wiederholt entgegengetreten, erstmals im Nachwort zur Buchausgabe: »Einige glauben, es handle sich um meine Autobiographie. Das ist aber falsch. [...] Die Ereignisse in diesem Roman sind größtenteils erfunden, auch wenn ich in der Tat aus einer ähnlichen Familie stamme und sogar ein paar Personen, die ich kenne, als Modelle für Figuren verwendet habe.«

Die auf jedes Experiment verzichtende Erzähltechnik hat zweifellos dazu beigetragen, daß *Die Familie* besonders für die aus der ländlichen Provinz stammenden jüngeren Intellektuellen ideale Identifikationsmöglichkeiten bot und generationstypische Erfahrungen verarbeitete. Der Roman erfuhr bis 1949 mindestens zwei Bearbeitungen für die Bühne, darunter 1942 durch Cao Yu (1910–1996); auch in der Volksrepublik China hielt der Erfolg an, mindestens zweimal wurde der Roman auch verfilmt.

Äußere und innere Bedrohungen

China viergeteilt

Die japanische Invasion des chinesischen Kernlandes kam Ende 1938 auf einer Linie vorläufig zum Stillstand, die im Norden westlich von Taiyuan, im Süden westlich von Kanton verläuft. Japan kontrollierte die wichtigsten Eisenbahnverbindungen und Industriestandorte. Die Nanjing-Regierung der Bürgerpartei und große Teile ihrer Administration flohen über Changsha und Wuhan nach Chongqing am Oberlauf des Yangzi, wo im »großen Hinterland« eine provisorische Hauptstadt entstand. Dazwischen existierte seit 1936 das durch die KP kontrollierte, vorwiegend ländliche Partisanengebiet um Yan'an. Gemeinsam mit dem seit 1932 von Japan abhängigen Marionettenstaat Manchukuo im Nordosten teilte sich das Gebiet Chinas also bis zum Kriegsende 1945 in vier Territorien auf.

Die bald nach dem japanischen Überfall etablierte Zweite Einheitsfront erlaubte es der KP, in Chongqing ein Verbindungsbüro zu unterhalten und eine Zeitung herauszubringen, und sie gab ihr eine Basis, um Organisationen wie die Nationale Vereinigung der Künstler im Widerstand gegen den Feind zu kontrollieren, der zahlreiche etablierte Schriftsteller angehörten. Indes scheiterte die Einheitsfront schon bald, als die Bürgerpartei militärisch gegen Teile der Roten Armee vorging und überdies die von ihr kontrollierten Gebiete mit extremen Steuern belegte. Die Bürgerpartei ließ in ihren Gebieten die sozialen Strukturen – hier Großgrundbesitzer, dort mehr und mehr verarmende Pachtbauern – unangetastet, während die KP in ihrem Einflußbereich Umverteilungen von Land vornahm und sich so die Sympathie der Bauern sicherte. Im Jahre 1945 hatte die KP bereits 1,2 Millionen Mitglieder.

Bürgerkrieg: Guerilla und Stellungskampf

Ungeachtet amerikanischer Vermittlungsversuche nahm nach der japanischen Kapitulation der Kampf zwischen den innerchinesischen Gegnern zu. Die Bürgerpartei konnte die KP zur Aufgabe ihres Stützpunkts Yan'an zwingen, aber dann beging deren Oberbefehlshaber Jiang Jieshi (Chiang Kai-shek) ähnliche taktische Fehler wie vor ihm die Japaner, indem er hauptsächlich Städte besetzte, die dann durch KP-Partisanen abgeschnitten wurden. Überdies scheuten die Truppen der Bürgerpartei bei ihrem Einzug in vormals japanisch besetzte Gebiete nicht vor Beschlagnahmungen und Steuerwucher zurück, und sie rekrutierten sogar abziehende Japaner für ihre Armeen. Die letzten Sympathien verscherzte sich die Bürgerpartei, als sie den Krieg über die Notenpresse zu finanzieren versuchte und eine gewaltige Inflation auslöste.

Trotz militärischer Erfolge der Regierungstruppen gegen die KP im Jahre 1947 ergab sich Ende 1948 der Kommandeur von Peking der Roten Armee. Immer mehr Waffen und Ausrüstungen fielen der KP in die Hände. In einer letzten entscheidenden Schlacht bei Nanjing anfangs 1949 konnte die KP dem moralischen Sieg ihres entschiedeneren Widerstands gegen die Japaner und ihrer Agrarpolitik einen militärischen Erfolg hinzufügen: Jiang Jieshi wurde im Januar 1949 zum Rücktritt gezwungen und floh Ende des Jahres nach Taiwan.

Die meisten etablierten Autoren, die der Regierung – und den großen Verlagen – nach Chongqing gefolgt waren, sympathisierten mit der KP und ließen sich in ihre patriotisch legitimierten Organisationen einspannen. Einer von ihnen war der Romancier Lao She (1899–1966), der mit seinem sozialkritischen Roman *Rikscha-Kuli* (*Luotuo xiangzi,* 1939) und weiteren in Peking angesiedelten Werken berühmt wurde, zuletzt dem in verschiedenen Perioden des 20. Jh.s spielenden Theaterstück *Das Teehaus* (*Chaguan*, 1955).

Pilgerzug nach Yan'an und literarische Direktiven

Vor allem aus den Bildungseinrichtungen der frühen Republik-Zeit stammten die Autoren, die sich schon früh der KP angeschlossen hatten und nach dem japanischen Angriff nach Yan'an strömten, um die Partisanen zu unterstützen. Zu ihnen gehörte neben Ding Ling und vielen anderen auch der hier behandelte Wang Shiwei. Manche hatten ihr Profil durch Kritik an sozialer Ungerechtigkeit geschärft, stammten aus dem Umfeld der Liga Linker Schriftsteller und hatten selbst Repressionen durch die Bürgerpartei erlitten. Auf sie vor allem waren die *Ansprachen zu Literatur und Kunst* (*Zai Yan'an wenyi zuotanhui shang de jianghua*) gemünzt, in denen Mao Zedong im Mai 1942 die Linie der KP in Sachen Literatur skizzierte und die für die folgenden fünf Jahrzehnte als absolute Richtschnur der Literaturpolitik galten: Schriftsteller sollten sich ihre vormals erwünschte kritische Haltung abgewöhnen und den von der KP monopolisierten »Standpunkt der Massen« einnehmen, die in Yan'an aus »Arbeitern, Bauern und Soldaten« bestünden; sie sollten, um diesem Publikum verständlich zu sein und zugleich sein politisches Bewußtsein zu heben, sich zur kreativen Verwendung populärer Formen, namentlich zu Volksliedern und lokalen Bühnenformen verstehen. In den gleichen Reden, bei denen etwa hundert Autoren zugegen waren, scheute sich Mao Zedong nicht, den dominierenden urbanen Hintergrund seines Publikums mit Häme zu überziehen: »Zahlreiche Genossen sind direkt aus den Hintertreppenkammern von Shanghai zu uns gekommen; damit wechselten sie nicht nur aus einer Gegend in eine andere, sondern aus einer historischen Epoche in eine andere.« – Es überrascht nicht, daß Mao Zedongs Forderung nach absoluter Unterordnung der Schriftsteller, ja der Kulturschaffenden überhaupt, zu Spannungen führte. Ein Wang Shiwei, der Funktionärsprivilegien zu kritisieren wagte, mußte dafür sogar mit seinem Leben bezahlen. Die *Ansprachen über Literatur und Kunst* gaben aber auch die ideologische Grundlage ab, um Autoren »an die Basis« zu schicken. Zugleich führte ihr Weisungscharakter dazu, daß die KP systematisch populäre Theaterformen für propagandistische Zwecke zu nutzen begann.

»Einsame Insel« Shanghai

Im japanisch besetzten Shanghai unterschied sich die Situation erheblich. Dort war die Zensur nachsichtig, solange nur die Presse das Lob japanischer Errungenschaften zu singen wußte. Im übrigen stand den Autoren in Shanghai die fortgeschrittenste Infrastruktur zur Verfügung. Eine der psychologisch scharf beobachteten und jenseits politischer Freund-Feind-Schemata sorgfältig komponierten Erzählungen von Zhang Ailing, die sich dieses Umfeld zunutze machte, wird hier vorgestellt.

Patriotismus als Bühnenprojektion: Guo Moruo, Qu Yuan

Ebenso wie der jüngere Ba Jin stammt Guo Moruo (1892–1978) aus einer wohlhabenden Grundbesitzerfamilie Sichuans und erhielt als Kind die standesübliche Ausbildung. Kurz vor dem Zusammenbruch der letzten Dynastie verließ er seinen Heimatort, um eine Mittelschule zu besuchen und 1914 in Japan das Studium der Medizin aufzunehmen, das er 1923 abschloß, ohne freilich jemals zu praktizieren. Damit hatte Guo Moruo zunächst die gleiche berufliche Option gewählt wie Lu Xun und viele andere seiner späteren Schriftstellerkollegen – die Medizin als praktische Anwendung naturwissenschaftlich-technischen Wissens im Dienste gesellschaftlichen Fortschritts.

Zu Beginn seiner Japan-Zeit erhielt er entscheidende literarische Anregungen, aus denen er seine eigene Weltanschauung formte, die daoistisch-naturreligiöse, ikonoklastische, neuromantische, pantheistische und andere Elemente enthielt. Nach den Demonstrationen des 4. Mai 1919 bildete er mit Kommilitonen eine patriotische Vereinigung und publizierte bald erste Gedichte, die unter dem Eindruck von Tagore, Goethe, Whitman und anderen westlichen Autoren entstanden waren.

Noch in Japan gehörte er zusammen mit dem Bühnenautor Tian Han (1898–1968) und dem später als Erzähler bedeutenden Yu Dafu (1896–1945) zu den Begründern der bereits erwähnten literarischen Vereinigung Schöpfungsgesellschaft, die zunächst neuromantisch orientiert war. Die im Band *Göttinnen* (*Nüshen*, 1921) gesammelten, ab 1918 entstandenen Gedichte greifen auf chinesische Mythologeme zurück und verbinden diese mit einem romantisch-prometheischen Dichterideal. Dieser Sammlung sollten, mit einer Unterbrechung während der Kulturrevolution, in fast jährlichem Abstand weitere Gedichtbände folgen. Schon seine frühen Verse bedienen sich häufig volksliedhafter Elemente. Überdies präsentierte er 1923 in seinem *Juan'er ji* Übertragungen aus den kanonischen *Oden* in das moderne Chinesisch, womit er die literarische Tradition aktualisierte. Er übersetzte außerdem erfolgreich Goethes *Werther* und den *Faust*.

»Übersetzung« zwischen sprachlichen Registern

Kurz nach seiner Rückkehr nach China begann sich Guo Moruo mit dem Marxismus zu beschäftigen und wurde beim Nordfeldzug der Bürgerpartei 1926–1927 Politkommissar in der Armee. Damit hatte er sich in eine Konstellation begeben, die seinen gesamten weiteren Lebensweg kennzeichnen sollte: der Dichter-Intellektuelle im Dienste eines Staates, der Loyalität einfordert und manchmal erhält, manchmal nicht. Der Republik von Nanjing gewährte er sie nicht, sondern ging zurück nach Japan, wo er mit seiner *Studie zur antiken chinesischen Gesellschaft* (*Zhongguo gudai shehui yanjiu*, 1930/1954) die erste breit angelegte und quellennahe soziologische Analyse der chinesischen Antike aus marxistischer Sicht erarbeitete, die später zur verbindlichen Orthodoxie avancieren sollte. Damit war er als Autor Neuer Literatur und als Gelehrter mit traditioneller philologischer Bildung etabliert.

Unterwegs zum Staatsdichter

So war Guo Moruo prädestiniert für die Rolle eines führenden KP-Funktionärs in der nach dem japanischen Überfall gebildeten sogenannten Zweiten Einheitsfront mit der Bürgerpartei. Die rege publizistische, literarische, propagandistische und wissenschaftliche Tätigkeit von Guo Moruo stand auch während des Bürgerkriegs nach 1945 im Dienste der KP und schlug sich unter anderem in enthusiastischen Reiseberichten über die Sowjetunion 1948 nieder. Bei Gründung der Volksrepublik wurde er Präsident der Akademie der Wissenschaften. Dieses Amt bekleidete er bis zu seinem Tode und war daneben auch eine Art Staatsdichter, der die KP, die Armee und die Volksrepublik, auch Mao Zedong persönlich besang. Wenn er darüber hinaus bei ideologischen Angriffen auf unliebsame Literaten eine nicht immer ehrenhafte Rolle spielte, wird es verständlich, daß Guo Moruo ungeachtet seiner literarischen und sonstigen Verdienste heute als politischer Opportunist gilt. Seit dem Widerstandskrieg gegen Japan bestand ein enges persönliches Verhältnis zwischen Mao Zedong und Guo Moruo, und in den 1960er Jahren führten die beiden einen lyrischen Dialog, der prominent veröffentlicht wurde. Das hat den Verdacht genährt, einige der propagandistisch hochgerühmten Gedichte von Mao Zedong stammten in Wirklichkeit von Guo Moruo.

Guo Moruo schrieb insgesamt 18 historische Dramen, *Qu Yuan* als das bekannteste unter ihnen entstand schon 1942. Es thematisiert den ältesten namentlich bekannten chinesischen Dichter, den bedeutendsten unter den Autoren der *Gesänge aus Chu* (*Chu ci*), der schon vor Guo Moruo Gegenstand grundsätzlicher Betrachtungen gewesen war. Denn der aus dem Hofadel des Staates Chu (etwa die heutigen Provinzen Hunan, Hubei, Jiangxi und Anhui) stammende Qu Yuan verlor die Gunst seines Herrschers, als er sich gegen das von ihm favorisierte Bündnis mit dem expansionistischen Staat Qin wandte und sich stattdessen für einen Bund mit dem Nachbarstaat Qi einsetzte. Er sah sich daraufhin zur Flucht ins Exil gezwungen, wo er sich aus Kummer und Heimweh in einem Seitenarm des Gelben Flusses ertränkte, nicht jedoch ohne in düsteren Gedichten seine Vornehmheit zu besingen und Kritik an seine Feinde auszuteilen. Dies hat Qu Yuan zum Modell des treuen Beamten gemacht, dem das Wohl des Staates wichtiger als die Loyalität zum Herrscher ist – Guo Moruo machte ihn überdies zum Inbegriff des patriotischen Dichters.

Geschichte im Dienste des Patriotismus

Guo Moruo schöpfte in seinem Drama, dessen Handlung auf einen Tag komprimiert ist, ebenso aus den wenigen und unsicheren historiographischen Überlieferungen über Qu Yuan wie aus der Dichtung, die ihm zugeschrieben wird: Im ersten Akt präsentiert Qu Yuan frühmorgens seinem Schüler Song Yu (dem ebenfalls Teile der *Gesänge aus Chu* zugeschrieben werden) die diesem gewidmete *Ode auf den Orangenbaum* (*Ju song*) und deutet sie in einem Lehrgespräch als Symbol für den unbestechlichen Beamten. Der fußlahme Prinz, dem Qu Yuan als Lehrer zugewiesen ist, versucht, die Gunst der Dienerin des Qu Yuan zu gewinnen. Im zweiten Akt werden bei Hof Vorbereitungen für eine szenische Darbietung der *Neun Gesänge* aus den *Gesängen aus Chu* zu Ehren des Kanzlers von Qin getroffen, der zum Staatsbesuch in Chu weilt. Qu Yuan ist im Gespräch mit der Königin, die seine Dichtung lobt, während er ihr schmeichelt, sie sei für ihn ein Quell der Inspiration. Die Königin gibt eine Ohnmacht vor, damit Qu Yuan sie in seinen Armen auffängt und sich vor dem eben eintretenden König kompromittiert. Damit gelingt es der Königin, Qu Yuan auszuschalten, der ihren politischen Interessen im Wege steht, weil er für eine Stärkung der Allianz mit dem Staate Qi eintritt. Er wird vom Hof verjagt. Im dritten Akt streicht der ehrgeizige Song Yu dem Prinzen gegenüber seine privilegierte Stellung bei Qu Yuan heraus und nimmt ihm das Versprechen ab, mit einem Amt belohnt zu werden. Qu Yuan kehrt wütend über die Intrige zurück. Ihm folgt ein Minister des Königs von Chu, der die am Tor drängende Menge über den unerhörten angeblichen Zwischenfall zwischen Qu Yuan und der Königin aufklärt und den Dichter für verrückt erklärt. In einem mit magischen Elementen angereicherten Ritual trägt ein Schamane im Wechselgesang mit der Menge den *Rückruf der Seele (Zhao hun)* vor, um Qu Yuan aus seiner Verwirrung zu bringen. Im vierten Akt erfährt Qu Yuans Dienerin von den Bauern, die für die Darbietung bei Hofe engagiert waren, was sich beim Zwischenfall tatsächlich zutrug. Als König und Königin, die zusammen mit dem Kanzler von Qin unterwegs sind, Qu Yuan begegnen, machen sie sich über ihn als Wahnsinnigen lustig. Qu Yuan und seine Dienerin kommen in Haft. Der letzte Akt ist in zwei Szenen gegliedert. In der ersten versuchen Song Yu und der Prinz, die Dienerin zu überreden, den König um Verzeihung zu bitten, um damit ihr eigenes Leben und das von Qu Yuan zu retten. Ein Wärter verhilft ihr zur Flucht. Der alte Wahrsager, der Vater der Königin, wird damit beauftragt, den gefangenen Qu Yuan zu vergiften und dann den Tempel niederzubrennen. Doch Qu Yuan ist in einen ekstatischen Monolog an Wind, Donner und Blitz vertieft.

Erfindung einer antiken Identifikationsfigur

Als ihn seine entflohene Dienerin endlich findet, trinkt sie aus dem für Qu Yuan bestimmten Giftbecher und stirbt. Er selbst flieht mit der Wache nach Norden und rezitiert, sich zum unbestechlichen Beamten stilisierend, aus der *Ode auf den Orangenbaum*, dessen Abschrift die Dienerin ihm gebracht hatte.

Der »loyale Beamte« als romantischer Dichter

Guo Moruos *Qu Yuan* lebt davon, daß in jedem seiner fünf Akte mindestens ein Text verwendet wird, der Qu Yuan zugeschrieben wird. Die *Ode auf den Orangenbaum* nimmt dabei eine Sonderstellung ein, indem sie am Anfang von ihrem Autor selbst gedeutet und im letzten Akt noch einmal prominent zitiert wird. Sie markiert das zentrale Motiv der Loyalität zum Staat, sie symbolisiert auch die Rolle sozial niedrig Gestellter bei der Überlieferung: Die Niederschrift des Gedichts gelangt zunächst aus der Hand von Qu Yuan an seinen Schüler Song Yu, der sie seinerseits an die Dienerin Qu Yuans weitergibt, als die Seele ihres für wahnsinnig erklärten Herrn beschworen wird. Als die Dienerin stirbt, nimmt die Wache das Manuskript von der Toten und liest daraus vor.

Insgesamt läßt sich die dramatische Entwicklung um die jeweils entscheidenden Loyalitätsbeziehungen herum darstellen, die der tragenden Loyalität Qu Yuans gegenüber seinem Land nachgeordnet sind. Zunächst ist diejenige des Schülers Song Yu zu seinem Meister zu nennen, dann der Verrat der Königin an der Loyalität von Qu Yuan zu seinem Herrscher. Für Qu Yuan steht die Loyalität zu seinem Land höher. Entsprechend wirft er dem ursprünglich aus Wei stammenden Kanzler von Qin Verrat an seiner alten Heimat vor. Auch die ambivalente Rolle des Wahrsagers in der Schlußszene läßt sich unter dieser Perspektive betrachten: Zwar scheint er der Einschätzung von Qu Yuan zuzustimmen, dennoch ist die Loyalität des Vaters zu seiner Tochter, der Königin, stärker. So eröffnet sich ein Geflecht von Loyalitäten unterschiedlichen Grades, die sich im Verlauf der Handlung als legitim oder illegitim erweisen. Die Figur Qu Yuan erscheint als Verkörperung der Kräfte, die ihrem Land gegenüber loyal sind, sich mit dem Volk verbünden und dessen Bedürfnissen Stimme verleihen. Im Lehrgespräch des ersten Aktes formuliert Qu Yuan seinem Schüler Song Yu gegenüber ein Credo, das die Überzeugungen der Bewegung für eine Neue Kultur der 1920er Jahre in Chinas hohe Vergangenheit projiziert und auch von einem Hu Shi stammen könnte:

Altphilologie und Propaganda

> So bin ich keineswegs besorgt, wenn viele behaupten, meine Gedichte seien zu gewöhnlich und zu formlos und hätten den echten Ton der *Preislieder* [aus dem *Klassiker der Oden*] verloren. Ich bemühe mich mit allen Kräften, vom gemeinen Volk und von den Kindern zu lernen, und gelte daher als gewöhnlich. Ich bemühe mich, die Regeln der *Preislieder* aufzubrechen, und gelte daher als formlos. In den *Preisliedern* ist die Aussprache mechanisch vorgeschrieben und veraltet. Dadurch glauben die gewöhnlichen Leute und Kinder, es handle sich um eine fremde, unverständliche Sprache, wenn sie rezitiert werden. Verliert damit Dichtung nicht jedes menschliche Gefühl? Hinzu kommt, daß ich etwas älter bin als du und in meiner Jugend durch die Schule aller literarischen Konventionen gegangen bin. Deshalb fällt es mir schwer, beim Schreiben diese Regeln aufzugeben. Es ist wie ein Brandmal, das auf die Stirn von Sklaven aufgedrückt wird. Selbst wenn sie freigelassen sind, werden sie das Mal nicht los. Wenn du jedoch Gedichte schreibst, bist du innerlich und äußerlich frei und ganz Herr deiner selbst. Darum beneide ich deine Generation.

Es kann keinem Zweifel unterliegen, daß sich Guo Moruo selbst mit Qu Yuan identifizierte, sein Drama also zugleich Selbstporträt und Zeugnis einer Projektion ist. Besonders deutlich wird das in den Passagen, wo sich

Qu Yuan mit den Naturgewalten in gleicher Weise identifiziert, wie es das lyrische Ich in zahlreichen Gedichten Guo Moruos tut. Im Schlußmonolog steigert sich Qu Yuans Rhetorik zu einer Weltzerstörungsphantasie:

> Oh, großartiges Gedicht des Weltalls! Ihr Wind, Donner und Blitz, ihr, die im Dunkeln wütet. Ihr erleuchtet alles, alles, und seid ganz Dichtung, ganz Musik, ganz Tanz. Ihr großen Künstler des Alls, ihr schleudert eure ganze Kraft hinaus. Ihr verschafft eurer grenzenlosen lodernden Wut Luft, um das düstere, grausame Weltall zu zerschlagen! Ja, zu zerschlagen! [...] Zerspringe, mein Körper, zerspringe! Zerspringe, Weltall, zerspringe! Laß die feuerroten Flammen züngeln wie den rasenden Wind und das stürmische Meer, daß alles in Flammen aufgehe, was gestaltet wurde und verdorben ist. Zu verbrennen! Die Finsternis mit allen ihren Übeln verbrennen!

Dichtung als Allmacht

Dichtung wird hier mit den Naturgewalten gleichgesetzt. Sie sind, vermittels ihrer Beherrschung durch den Künstler, die einzige Gewalt, die eine korrumpierte Welt zerstören kann. In seiner aufklärerischen Metaphorik ist das Licht dazu bestimmt, die Finsternis gleichermaßen abzulösen und zu zerstören.

Die Verarbeitung historischer Stoffe erlebte besonders während des Widerstandskrieges gegen Japan eine Blüte und belebte damit die verbreitete Technik, politische Aussagen, die in direkter Form gefährlich waren, anhand von Beispielen aus der Geschichte zu machen. Den zeitgenössischen Lesern und Zuschauern war auf Anhieb klar, daß das Drama *Qu Yuan* eine Parabel der damaligen politischen Situation darstellte: Der verräterische Herrscher stand für Jiang Jieshi, die intrigante Königin für dessen Gattin, die Bankierstochter Song Meiling, der Hegemonialstaat Qin, dem sich König und Königin anbiederten, symbolisierte das expansionistische Japan, die Treue des Dichters zu seinem Staat versinnbildlichte die Treue zu China, und die Flucht Qu Yuans repräsentierte den Langen Marsch der Kommunisten.

Die Person des antiken Dichters stand auch im Mittelpunkt von Guo Moruos *Studien zu Qu Yuan* (*Qu Yuan yanjiu*, 1948), die nachzuweisen versuchen, daß der historische Qu Yuan in seiner Dichtung zahlreiche volkstümliche Elemente verarbeitete, also Umgangssprache in die Literatur einführte. Wenn *Qu Yuan* als eines der zahlreichen Propagandastücke gegen Japan so erfolgreich wurde, verdankt sich das nicht nur der Tatsache, daß dem hohen Funktionär Guo Moruo publizistisch, schauspielerisch und bühnentechnisch eine weit bessere Infrastruktur zur Verfügung stand als den schätzungsweise 2500 propagandistisch engagierten Theatertrupps, die während des Krieges existierten. Es hängt sicherlich auch zusammen mit der geschickten Verknüpfung der lebendigen Mythen über Qu Yuan mit einer straffen Dramaturgie und einer moralisch und ideologisch eindeutigen Zeichnung der Figuren. Deshalb gehört *Qu Yuan* bis heute zu den meistgespielten Stücken des 20. Jh.s

Grenzen der solidarischen Kritik: Wang Shiwei, Wilde Lilien

Lebenslauf, Hintergrund, Bildungsgang, literarisches Werk und auch Alter von Wang Shiwei (1906–1947) kontrastieren scharf mit dem Funktionärsliteraten Guo Moruo. Wang Shiwei stammt aus der Provinz Henan, wo sein Vater einen bescheidenen Beamtenposten bekleidete, sich nach dem Zusammenbruch des Kaiserreichs mit einer privaten Schule durchschlug und seinem Sohn keine gediegene Ausbildung finanzieren konnte. Immerhin bestand er 1923 die Aufnahmeprüfung zu einer Schule, die zum Studium in den USA vorbereiten sollte, aber ein Jahr später ihren Betrieb einstellte. Nun mußte er sich als Postbeamter durchbringen, bis er 1925 an die Peking-Universität gelangte, wo er sich der im Untergrund agierenden KP anschloß. Das währte allerdings nur kurz, denn Wang Shiwei verliebte sich in eine verwitwete KP-Aktivistin, die sich über den aufdringlichen Studenten beschwerte, der darauf mit seinem Parteiausschluß sanktioniert wurde. Bald mußte er überdies aus finanziellen Gründen sein Studium abbrechen. Als später seine Angebetete in ihrer Heimatprovinz Hunan hingerichtet wurde, bat er um Wiederaufnahme in die KP, heiratete ihre beste Freundin und ließ sich in Shanghai nieder, wo er sich mit Übersetzungen über Wasser hielt und hoffte, in die Liga Linker Schriftsteller aufgenommen zu werden. Er übersetzte Hauptmann, O'Neill, Galsworthy, Thomas Hardy, Alphonse Daudet, und auch zwei Kapitel aus der Autobiographie von Trotzki, was später gegen ihn verwendet werden sollte.

Zwischen Idealismus und Parteidisziplin

Den wieder in die KP aufgenommenen Wang Shiwei zog es nach Yan'an, wo er marxistisch-leninistische Klassiker übersetzte und bald mit einigen kritischen Miszellen unter dem Titel *Wilde Lilien* (*Ye baihehua*, 1942) sein Unheil heraufbeschwor: Nach Monaten wiederholter Kritikversammlungen und einem vordem beispiellosen publizistischen Trommelfeuer wurde Wang Shiwei unter dem Vorwurf des Trotzkismus, der Spionage für die gegnerische Bürgerpartei und der Zugehörigkeit zu einer parteifeindlichen Clique verhaftet und drei Jahre später erschossen. Wang Shiweis inkriminiertes Werk *Wilde Lilien* besteht aus einer Vorbemerkung und vier ungefähr gleich langen Stücken. Die Vorbemerkung ist eine Totenklage auf Li Fen, deretwegen Wang Shiwei einst aus der Partei ausgeschlossen wurde, die Haupttexte widmen sich Problemen des Alltagslebens in Yan'an, der Hauptstadt des KP-Gebietes. Schon in der Vorbemerkung werden die Texte ausdrücklich als Feuilletons (*zawen*) bezeichnet.

Zu den Gattungsmerkmalen des Feuilletons gehört, daß sie oft an ein persönliches Erlebnis anknüpfen und eigene Meinungen in polemischer Überspitzung auch mit fiktiver direkter Rede unterstreichen. Auch die *Wilden Lilien* leben davon: Der erste Text thematisiert zunächst den unter den jungen Männern von Yan'an verbreiteten Wunsch, es möchten mehr Frauen den Weg nach Yan'an finden, und überhaupt sollte das dortige Leben kurzweiliger sein. Der Autor erkennt zwar die Legitimität dieses Wunsches an, skizziert aber gleichzeitig größere Aufgaben: »Wer wollte bestreiten, daß die Jugend, erfüllt von Opferbereitschaft, nach Yan'an gekommen ist, um sich ganz der Revolution zu widmen, und bestimmt nicht, um kulinarischen und sexuellen Gelüsten nachzujagen und das Leben zu genießen?« Dann nimmt der erste Text der *Wilden Lilien* ein anderes Thema auf und zitiert ein Gespräch zwischen zwei Frauen, die sich über die Anmaßungen, die Gefühlskälte und die Gleichgültigkeit kommunistischer Funktionäre beklagen, sowie darüber, daß diese von Egalitarismus sprechen, während sie gleichzeitig auf ihren Privilegien beharren. Hier erlaubt sich Wang Shiwei eine Interpretation der geschilderten Episode, die ahnen läßt, weshalb er zum Dorn im Fleisch der kommunistischen Funktionäre wurde: »Dieses Gespräch ist vielleicht einseitig und übertrieben und die Erscheinungen, die darin vorkommen, lassen sich nicht verallgemeinern. Dennoch läßt sich nicht bestreiten, daß sie als Spiegel dienen können. – Was brauchen wir also letztendlich im Leben? Einen Blick in den Spiegel!«

Kritik an Funktionärsprivilegien

Vielfach wurde bemerkt, die *Wilden Lilien* lehnten sich an den in Yan'an bereits glorifizierten Lu Xun an und seien insbesondere dessen Aphorismen

Blütenlose Rosen (*Wuhua de qiangwei,* 1926) verpflichtet. Schließlich ist Wang Shiwei auch durch seinen moralischen Rigorismus, der auf keinerlei Gruppeninteressen Rücksicht nimmt, sowie seine pessimistische Grundhaltung, die keine Rezepte zur Behebung der beobachteten Mißstände bietet, mit Lu Xun verbunden. Ebenso wie Lu Xun sieht Wang Shiwei den Schriftsteller als moralische Instanz, die auf sich allein gestellt bleibt. In einem Essay über Politiker und Künstler, der im Februar 1942 entstanden ist, beruft sich Wang Shiwei ausdrücklich auf ihn: »Lu Xun hat sein ganzes Leben lang gekämpft. [...] Er fühlte sich einsam, weil er erkannte, daß die Seelen seiner Kampfgefährten mit Schmutz und Finsternis beladen waren. Ihm drängte sich die Einsicht auf: Nur die Kinder des alten China können die Aufgabe erfüllen, das alte China zu verändern – die gleichen, die mit Schmutz und Finsternis beladen sind.«

Tabus in der Guerilla-Elite

In den *Wilden Lilien* wurden auch Anspielungen auf die persönliche Situation des frisch mit der Schauspielerin Jiang Qing (1913–1991) verheirateten Mao Zedong gesucht. Auch wurde die zuweilen derbe Ausdrucksweise als Parodie auf Mao Zedong gelesen, überdies spielte Wang Shiweis Bemerkung, er wolle nicht umständlich über Unterschiede zwischen Kommunismus und Egalitarismus daherreden, wahrscheinlich auf eine Rede des Parteivorsitzenden an. Und schließlich konnte es Mao Zedong kaum dulden, wenn Wang Shiwei zu schriftlichen Vorwürfen der Parteiführung nicht Stellung nahm. Neben alledem hat Wang Shiwei durch seine kompromißlose und rechthaberische Art sicherlich ebenfalls das Seine dazu beigetragen, daß die KP ihn geradezu als Verkörperung mangelnder innerparteilicher Disziplin betrachtete und eine Hetzkampagne gegen ihn lostrat, die unter dem Nenner stand, die Partei diene den Massen, Wang Shiwei hingegen sei abstrakten Vorstellungen verpflichtet.

Nach seiner Hinrichtung blieb Wang Shiwei in der Volksrepublik China fast ein halbes Jahrhundert lang offiziell tabu, während außerhalb des Landes seine Person zum verzerrten Helden verkam, hinter dem sein rhetorisch interessantes, aber ästhetisch sicher nicht überragendes Werk verschwand. Erst die mutige Journalistin Dai Qing (geb. 1941) hat 1988 seinen Fall zusammen mit Reportagen über weitere Opfer der KP-Kulturpolitik aufgearbeitet. Dieses Engagement hat Dai Qing mit Haft bezahlt, sie hat aber für Wang Shiwei und manche andere die Lanze gebrochen und einen wesentlichen Beitrag zur Vergangenheitsbewältigung geleistet, die schließlich 1991 in die Rehabilitierung von Wang Shiwei mündete.

Neurosen und ihre ästhetische Sublimierung: Zhang Ailing, Aufzeichnung von der Goldenen Halskrause

Anders als Guo Moruo und Wang Shiwei ist die vielseitige Schriftstellerin Zhang Ailing das Kind eines urbanen und kosmopolitischen Umfelds. Ihr Großvater, der sich durch klassische Studien einen Namen gemacht hatte, war ein Schützling von Li Hongzhang, des wichtigsten Diplomaten der ausgehenden Kaiserzeit. Angeblich machten die Gedichte einer Tante, die damit die traditionelle Vorstellung der literarisch begabten jungen Schönheit verkörperte, einen so tiefen Eindruck auf Li Hongzhang, daß der alte Herr um ihre Hand anhielt – und die folgende Heirat erregte die Öffentlichkeit so sehr, daß sie sogar im Roman *Niehai hua* (Blumen im Meer der Sünde, 1908) von Zeng Pu verarbeitet wurde.

Kaiserliche Elite – kosmopolitische Republikaner

Kurz nach der Geburt Zhang Ailings in der ausländischen Konzession in Shanghai zog die Familie nach Tianjin um, dann nach Peking, wo der Vater einen hohen Posten in der Eisenbahnverwaltung bekleidete; Zhang Ailing selbst wurde standesgemäß durch Hauslehrer unterrichtet, während ihre Mutter, eine professionelle Musikerin, auf einer ihrer mehrjährigen Reisen in Europa war. Ende der 1920er Jahre kehrte der Vater mit seiner Tochter nach Shanghai zurück, wo ihm der Wohlstand seiner Familie ein müßiges Leben erlaubte, das ihn aber in die Opiumsucht trieb. Gleichwohl wurde Zhang Ailing durch ihren Vater in die traditionelle Lyrik eingeführt, während sie von ihrer Mutter das Klavierspiel erlernte. In den Jahren 1931 bis 1937 besuchte Zhang Ailing das St. Mary's Women's College in Shanghai. Es entstand ein unveröffentlicht gebliebener Roman *Moderner Traum der Roten Kammer* (*Modeng Honglou meng*, 1934), der die berühmteste Dreiecksgeschichte der chinesischen Literatur adaptierte und in die Metropole Shanghai verlegte. Ebenfalls in ihre Schulzeit fallen erste Publikationen literarischer Essays und kurzer Erzählungen.

Virtuosin vieler Medien

Im Anschluß an ihre Zeit im College sollte Zhang Ailing, die als beste Kandidatin ganz Asiens ein Stipendium gewann, an der London University studieren. Doch der Krieg verhinderte diese Pläne und ließ sie stattdessen an die Hong Kong University gehen, bis sie nach der Besetzung Hong Kongs durch die Japaner im Jahre 1941 nach Shanghai zurückkehrte. Dort hatte sie schon früher publizistisch gewirkt, hatte Film-, Musik-, Opern- und Modekritiken sowie einige Feuilletons verfaßt, die sich an ein breites Publikum richteten. In den folgenden Jahren sollte sich Zhang Ailing dadurch auszeichnen, daß ihre Texte meistens in einer chinesischen und einer englischen Version erschienen. Es handelt sich dabei nicht um Übersetzungen im engeren Sinne, sondern um verschiedene Fassungen von Reflexionen über den gleichen Gegenstand, die sich an verschiedene Zielgruppen richten und deren Vorkenntnisse berücksichtigen. Die englischen Versionen ihrer Texte richteten sich an die vorwiegend ausländischen Leser von *Evening Post*, von *XXth Century* und anderen Publikationen. Damit wurde sie mehr noch als Lin Yutang zu einer kosmopolitischen Praktikerin. Immerhin lebten damals weit über 100.000 Ausländer in Shanghai, deren Konzessionen Inseln im japanisch besetzten Umland waren.

Daneben veröffentliche Zhang Ailing nach ihrer Rückkehr aus Hong Kong rasch zahlreiche Erzählungen, die vorwiegend Modelle der traditionellen Erzählliteratur variieren, im gehobenenen Milieu der Herkunft ihrer Autorin spielen und durch elaborierte Dialoge und psychologische Figurenzeichnung glänzen. Zhang Ailing illustrierte auch viele ihre Feuilletons selbst, kümmerte sich um Details der Beleuchtung und Retusche ihrer eigenen Autorenporträts und gestaltete Umschläge der Zeitschriften, in denen sie publizierte, schrieb Theaterstücke und 1946 ihre ersten Filmdrehbücher.

Nach dem Krieg kam sie unter Kollaborationsverdacht, weil sie mit einem Beamten der japanischen Marionettenregierung verheiratet war. Gleichwohl publizierte sie auch danach noch Feuilletons in Tageszeitungen, bevor sie 1952 zur Fortführung ihres unterbrochenen Studiums nach Hong Kong ging, wo sie gleichzeitig als Übersetzerin für die U.S. Information Agency arbeitete und auch die beiden Romane *The Rice-Sprout Song* (chin. *Yangge,* 1952, engl. 1955) und *The Rouge of the North* (chin. *Chidi zhi lian*, beide 1954) verfaßte. Drei Jahre später siedelte sie in die USA über. Dort kam sie in den Ruf einer glühenden Antikommunistin, schrieb weitere Filmdrehbücher, unter anderem zum *Traum der Roten Kammer* (1961), übersetzte englische Literatur und unternahm philologische Forschungen zur traditionellen Erzählliteratur. Trotz zahlreicher Ehrungen verbrachte sie ihre letzten Jahre in der Anonymität eines Appartments in Los Angeles. Eine Gesamtausgabe ihrer Werke in sechzehn Bänden (1991–1995) wurde kurz vor ihrem Tod abgeschlossen.

Geschlossene Welten

Zu den bekanntesten Werken von Zhang Ailing gehört die Erzählung *Jinsuo ji* (Aufzeichnung von der Goldenen Halskrause, auch: Das Goldene Joch), die 1943 in der Zeitschrift *Zazhi* erschien und Jahrzehnte später von der Autorin selbst in einer englischen Fassung vorgelegt wurde (*The Golden Cangue*, 1981). In ihrem Mittelpunkt steht die Lebensgeschichte der Cao Qiqiao, die, beginnend mit dem Sturz der letzten Dynastie, über drei Jahrzehnte verfolgt wird. Die als frivol charakterisierte Cao Qiqiao, Tochter eines Händlers aus Peking, die zunächst als Konkubine verkauft werden sollte, hat durch eine Eheschließung mit dem schwindsüchtigen älteren Sohn der Familie Jiang in eine wohlhabende Großfamilie Shanghais eingeheiratet, die von einer älteren Witwe geführt wird. Weitere Mitglieder der Familie sind die noch unverheiratete älteste Tochter der Witwe und ihr jüngster Sohn Jize sowie dessen eben getraute Gattin Lanxing. Überdies haben Cao Qiqiao und ihr Gatte zwei Kinder, ein Mädchen Zhang'an und einen jüngeren Sohn Zhangbai. Bei der täglichen Reverenz an die Alte Herrin ergehen sich ihre Tochter und die beiden Schwiegertöchter in Sticheleien, die sich gerne daran entzünden, daß Cao Qiqiao heimlich Opium raucht. Auch flirtet Cao Qiqiao mit ihrem Schwager Jize und macht sarkastische Bemerkungen über ihren bewegungsunfähigen Mann. – Der folgende Dialog zeigt Cao Qiqiaos Dilemma zwischen Lebensgier und dem Überdruß an ihrem kranken Gatten:

> Jizes Stimme wurde streng. »Mein Bruder ist nicht wie ich, er ist nun einmal so, er kann nichts dafür. Er ist ein bedauernswerter Mensch, und wir verlassen uns ganz auf deine Pflege!«
> Qiqiao sprang auf, stützte sich auf den Tisch und schloß die Augen. Ihr Unterkiefer zitterte, als hätte sie heißes Kerzenwachs im Mund, und mit schneidender Stimme zischte sie: »Geh doch zu deinem Bruder! Geh zu ihm!«
> Sie versuchte, sich neben ihn zu setzen, erwischte aber nur eine Ecke seines Stuhl und legte eine Hand auf seinen Oberschenkel.
> »Hast du ihn jemals angefaßt? Sein Fleisch ist weich und schwer, wie eingeschlafene Füße, ein Gefühl ist das ...«
> Auch Jizes Gesicht wechselte die Farbe, dennoch ließ er sein anzügliches Lachen hören, beugte sich nach vorne und kniff sie in den Fuß.
> »Na, ist dein Fuß auch eingeschlafen?«
> »Himmel! Du hast ihn noch nie angefaßt, du weißt gar nicht, wie schön es ist, einen gesunden Körper zu haben ... wie schön es ist ...«
> (nach Übers. W. Begrich)

Gescheiterte Ausbrüche

Kurz nach dem Einsetzen der Erzählung stirbt der Ehemann Cao Qiqiaos an Knochenkrebs, bald darauf auch die Herrin der Familie. Zehn Jahre später kommt Jize, der als mittlerweile passionierter Spieler sein Erbe durchbringt, überraschend zu einem Besuch zu Cao Qiqiao, die ihrerseits den Kontakt zur alten Großfamilie abgebrochen hat und mit ihren Kindern allein lebt. Bei seinem Besuch macht Jize der einst Zurückgewiesenen ein Liebesgeständnis, hinter dem Cao Qiqiao jedoch nur die Gier auf ihren Anteil am Erbe vermutet. Sie schlägt mit ihrem Fächer auf ihn ein und vertreibt ihn, nicht ohne es gleich danach zu bereuen. »Aber selbst wenn er ihr etwas vormachte, wäre es nicht besser, wenn sie es später herausfindet? Auch wenn sie wußte, daß er ein Lügner war, konnte er nicht so schauspielern, daß es fast echt aussah?«

Die inzwischen halbwüchsigen Kinder von Cao Qiqiao spielen zusammen um Geld. Als ihre Tochter Zhang'an in die Pubertät kommt, versucht ihr die Mutter, die immer noch an Jize gebunden ist, Lebensweisheiten über Männer zu vermitteln, und will ihr in einer traditionalistischen Anwandlung die Füße einbinden: »Männer... nimm dich vor ihnen in acht! Sie haben es alle nur auf dein Geld abgesehen!... / Qiqiao beugte sich vor, um ihre schmerzenden Füße zu massieren. Einen Augenblick flammte in ihren Augen eine warme, zärtliche Erinnerung auf. Sie dachte an den Mann, der nur ihr Geld wollte. Sie betrachtete ihre bereits vor langer Zeit aufgebundenen Füße, die nun schon fast ihre normale Größe erreicht hatten, und sagte kalt lächelnd, einer inneren Eingebung folgend: »Auch wenn du ›ja‹ gesagt hast, woher soll ich wissen, daß du es wirklich begriffen hast? [...] Du bist jetzt fast dreizehn, ich fürchte, es ist zu spät, dir noch die Füße zu binden; mein Fehler, ich habe zu lange damit gewartet. Aber wenn wir jetzt sofort damit anfangen, schaffen wir es vielleicht doch noch.‹« Obwohl Cao Qiqiao unter dem Druck der Verwandtschaft ihrer Tochter bald wieder die Füße aufbindet und Zhang'an auf eine moderne Schule schickt, ist Zhang-an schon so an den Luxus gewöhnt, daß sie ihre anstrengende Ausbildung bald abbricht. Als Zhangbai immer häufiger gemeinsam mit seinem Onkel Jize Bordelle aufsucht, wird er durch seine Mutter verheiratet, die aber gleichzeitig möchte, daß er ihr Gesellschaft leistet, wenn sie ihre Nächte mit Opiumrauchen verbringt:

Mütter schlagen zurück

> Sie betrachtete ihn mit halb geschlossenen Augen. In den letzten Jahren war er der einzige Mann in ihrem Leben gewesen. [...] Aber er war ihr Sohn und damit kein vollwertiger Ersatz... Jetzt hatte sie noch nicht einmal diesen halben Mann halten können – er war verheiratet. [...]
> »Du undankbarer Flegel, dir werde ich helfen! Wann hätte ich dich jemals geschlagen, daß du mir jetzt den Gehorsam verweigerst!« [...]
> Zhangbai lachte nur. Qiqiao schielte zu ihm hinüber, sah ihn unverwandt an und lächelte. »Wenn du noch immer mein kleiner Zhangbai bist, mußt du die ganze Nacht hierbleiben und meine Pfeife stopfen!«
> Zhangbai grinste. »Kein Problem.«
> »Und wenn du einschläfst, prügele ich dich wach!«

Sie unterstellt ihrer Schwiegertochter Lüsternheit und vergiftet aus Eifersucht das Verhältnis zu ihr nachhaltig, indem sie Zhangbai intime Details entlockt und ihm schließlich eine Konkubine kauft. Nachdem diese ihm einen Sohn geboren hat, stirbt die rechtmäßige Ehefrau und die Konkubine begeht ein Jahr später Selbstmord. Auch das Glück ihrer Tochter Zhang'an hintertreibt Cao Qiqiao perfide: Zunächst gelingt es der Mutter, die Tochter in die Opiumsucht zu treiben, was ihre Chancen auf eine Eheschließung natürlich mindert. Als dennoch eine Cousine die Verlobung mit einem eben aus Deutschland zurückgekehrten Studenten arrangiert, scheut die Mutter in ihrem letztlich erfolgreichen Versuch, die Verbindung zu zerstören, nicht einmal davor zurück, ihre Tochter als Süchtige zu diffamieren. In der folgenden Szene treffen Zhang'ans Verlobter Shifang sowie ihr Bruder Zhangbai mit Cao Qiqiao zusammen:

> Das fahle Sonnenlicht fiel auf die hellgrünen, blumengemusterten Linoleumplatten der Treppe, Stufe um Stufe führte hinauf in den undurchdringlichen Schatten. Shifang hielt sie zunächst für eine Verrückte – kalte Schauer liefen ihm über den Rücken.
> »Meine Mutter«, stellte Zhangbai vor. [...]
> Qiqiao entschuldigte ihre Tochter. »Sie raucht noch schnell ein paar Pfeifchen und kommt dann herunter. [...] Das Kind ist leider von Natur aus ziemlich schwächlich, schon seit ihrer Geburt mußte man ihr immer wieder Opiumrauch zublasen.

> [...] Natürlich hat sie zwischendurch immer wieder kurz aufgehört, aber ihre Gesundheit ist so angeschlagen, und jetzt ist sie eben süchtig. Da ist nichts zu machen, leider! ...«
> Shifang wurde blaß. Qiqiao besaß die Umsicht und die Geistesgegenwart einer Verrückten.

Psychogramme des Fatalismus

Qiqiao wird als ebenso zynische und boshafte wie eifersüchtige Frau und Mutter skizziert, die es nur aufs Geld abgesehen hat. Dennoch erlebt sie ihre Existenz als eine Reihe von Zwängen, denen sie unterworfen ist. Im Mittelpunkt steht dabei das titelgebende Symbol der goldenen Halskrause. Ihre Bilanz ist vernichtend: »In all diesen Jahren hatte sie in der goldenen Halskrause gesteckt, aber auch wenn sie von Gold umgeben gewesen war, hatte sie nichts davon gehabt. [...] Dreißig Jahre hatte sie das goldene Joch getragen, mit seinen Ecken hatte sie Menschen erschlagen, und die es überlebt hatten, waren halb tot. Ihr Sohn, ihre Tochter und ihre gesamte Verwandtschaft haßten sie bis aufs Blut, das wußte sie.«

Es sind keineswegs nur technische Einzelheiten wie die Dialogführung, oder die in der *Aufzeichnung von der Goldenen Halskrause* noch erkennbare episodische Technik, die Zhang Ailing mit der traditionellen Erzählliteratur verbinden. In den schwelgerischen Beschreibungen von Details der Kleidung und der Inneneinrichtung zeigt sich auch die Kennerin des als Quelle der Alltagskultur im 18. Jh. reichen *Traums der Roten Kammer* sowie die versierte Modeexpertin.

Daß Zhang Ailing in jüngster Zeit als Galionsfigur der *cultural studies* in Anspruch genommen wurde, hängt sicher nicht nur mit ihren Beschreibungstechniken zusammen, sondern liegt vor allem an ihrer Person, die sowohl mit unterschiedlichen Medien als auch mit verschiedenen Traditionen vertraut war und somit ein breites Spektrum »kultureller Produktion« virtuos zu handhaben wußte. Als 1984 in der Volksrepublik China die *Aufzeichnung von der Goldenen Halskrause* erstmals wieder nachgedruckt wurde, setzte behutsam eine ernsthafte Beschäftigung mit dem Werk von Zhang Ailing ein, die nach ihrem Tod in einer Flut von Buchpublikationen einen Höhepunkt fand.

Euphorien des Aufbaus und ihre Schwierigkeiten

Wenige Monate bevor Mao Zedong am 1. Oktober 1949 in Peking die Volksrepublik ausrief, fand eine von über 800 Teilnehmern besuchte Versammlung des Verbands der Literatur- und Kunstschaffenden statt, die an die Einheitsfrontpolitik der KP während des Krieges anknüpfen sollte. Die Teilnehmer gehörten meist nicht der KP an, doch sollte daraus die zentralistisch organisierte Dachorganisation hervorgehen, welcher der Schriftstellerverband, der Verband der Bühnenschaffenden, der Filmschaffenden und alle übrigen monopolistischen Berufsverbände angehörten und die die Kontrolle über die gesamte künstlerische Produktion gewährleistete. In diesem System wurden Schriftsteller und andere Künstler zu Angestellten des Staates mit festgelegten Einkommen.

Demokratischer Zentralismus und Literaturorganisation

Die Flagge des neuen Staates symbolisierte das Konzept der Einheitsfront: Der große gelbe Stern steht für die führende Rolle der Partei, die kleineren Sterne repräsentieren die Arbeiter, Bauern, Kleinbürger und das

»nationale Bürgertum«. Die von diesen gesellschaftlichen Gruppen getragene »neue Demokratie« oder »demokratische Diktatur« sollte die Vorstufe zum Sozialismus darstellen. Im Unterschied zum Sowjetsystem gehörten dazu auch weitere politische Parteien, nicht zuletzt jene Anhänger der Bürgerpartei, die nicht nach Taiwan geflohen waren.

Nach der Gründung der Volksrepublik wurde zunächst die schon in früheren Jahren erfolgreiche Umverteilung des Landes fortgesetzt, bei der alle, die den Boden selber bewirtschafteten, gleichmäßig bedacht wurden. Doch wenngleich bei diesen Umwälzungen mehr auf Überzeugung als auf Gewalt gesetzt werden sollte, kamen ungefähr eine Million Großgrundbesitzer zu Tode. Es gelang der neuen Regierung, die Inflation zu bekämpfen und die wirtschaftliche Produktion schon 1952 auf das Niveau von 1937 zu bringen. Ab 1953 wurde eine Kollektivierung der Landwirtschaft durchgeführt, die die gemeinsame Nutzung von Geräten und bewirtschaftetem Land und die Abschaffung des privaten Eigentums an Grund und Boden vorsah. Als 1957 die Vorgaben des ersten Fünfjahresplans in Landwirtschaft und Schwerindustrie um mehr als 10 Prozent übertroffen wurden, sah sich Mao Zedong gegen jeden Expertenrat ermutigt, im Februar 1958 den Großen Sprung nach Vorn zu verkünden, der kapitalistische Länder innerhalb von 15 Jahren überholen sollte. Dieses Experiment endete freilich in einem Desaster, das noch durch Naturkatastrophen verschärft wurde, so daß schätzungsweise 20 Millionen Menschen verhungerten.

Großer Sprung nach vorn in den Abgrund

Ohne parteipolitisch gebunden zu sein, stellten sich zahlreiche Schriftsteller in den Dienst des Neuen China, weil ihnen die KP als Garant eines unabhängigen und prosperierenden China erschien. Einige kehrten aus dem Ausland in ihre Heimat zurück. Die totalitäre ideologische Kontrolle in den leninistisch organisierten Verbänden forderte jedoch bald ihren Preis. Unter Führung des einflußreichsten Literaturfunktionärs Zhou Yang (1908–1989), der schon in der Liga Linker Schriftsteller eine unrühmliche Rolle gespielt hatte, wurde ab 1954 der Kritiker Hu Feng (1902–1985) als Konterrevolutionär angegriffen, weil er bestritt, marxistische Analyse sei das einzig mögliche Kriterium, um ästhetische Gebilde zu beurteilen. Nicht genug damit: weitere rund 8000 Autoren wurden als Anhänger von Hu Feng denunziert, während dieser selbst erst über 20 Jahre später als psychisches Wrack aus dem Gefängnis entlassen wurde. Eine vergleichbare Kampagne wurde gegen Hu Shi gestartet, der sich jedoch außer Landes aufhielt. Den verheerendsten Kahlschlag erlebte die Literatur im Rahmen der Kampagne gegen Rechts. Nachdem klar geworden war, daß die Zurückhaltung der Intellektuellen gegenüber der KP dem Staat langfristig schaden könnte, erging unter dem Motto »Laßt hundert Blumen blühen« 1956 der Aufruf zu einem pluralistischen Meinungswettbewerb und freimütiger Kritik. Kaum ein Jahr später setzte indes der Gegenschlag ein, und etwa eine Million Kritiker verschwanden für Jahrzehnte in Gefängnissen, Lagern und in der Verbannung. Unter den prominenten Opfern dieser Kampagne gegen Rechts befand sich Wang Meng, dem weiter unten ein Abschnitt gewidmet ist.

Kampagnen und Säuberungen

Schreiben für den Krieg: Wer sind die Liebenswertesten?

Lyrik für die kommunistische Guerilla

Der aus kleinbürgerlichen Verhältnissen in Zhengzhou (Provinz Henan) stammende Wei Wei gehört zu den bekanntesten Autoren aus der Gründerzeit der Volksrepublik. Bereits mit 17 Jahren engagierte er sich in der Einheitsfront gegen Japan; 1938 trat er in die KP ein, wurde an der Militärakademie der Roten Armee in Yan'an ausgebildet und im Jahr darauf zur Propaganda in kommunistisch kontrollierte Gebiete Nordchinas geschickt. Damals begann Wei Wei, in den hektographierten Lyrikzeitschriften *Shi jianshe* (Lyrischer Aufbau), *Shi zhanxian* (Lyrische Front) und anderen KP-Organen schlichte, der Propaganda verpflichtete Gedichte zu publizieren.

Schon vor Ausrufung der Volksrepublik wirkte Wei Wei im »Büro für kreatives Schreiben bei der Politabteilung der Volksbefreiungsarmee«, das nach dem Vorbild der sowjetischen Reportageform *očerki* (eigentlich »Skizzen«) der technischen und ideologischen Schulung von Autoren verpflichtet war. Die als Berichterstatter oder Kundschafter (*tongxunyuan*) bezeichneten Autoren und ihre Berichte (*tongxun*) genannten Reportagen waren fest in die Propaganda integriert. Ihre Kennzeichen sind neben einem ausdrücklich subjektiven Autoren-Ich fiktionale Elemente, satirische Überhöhungen und der explizit gemachte Wunsch, auf das beschriebene Geschehen oder auf die Leser Einfluß zu nehmen. Wei Wei selbst ging im Dezember 1950 als »Berichterstatter« nach Korea, um über die chinesische Armee zu berichten, die auf Seiten des kommunistischen Nordens am Versuch einer Invasion Südkoreas beteiligt war, der als »Widerstand gegen die USA und Unterstützung für Korea« verbrämt wurde. Einige seiner Reportagen wurden im Band *Wer sind die Liebenswertesten?* (*Shei shi zui ke'ai de ren?*, 1951) gesammelt, der eine Auflage von über einer Million erreichte. Es folgten weitere literarische Essays und Reportagen, die im Armeemilieu spielen und an den chinesischen Widerstand gegen Japan erinnern. Daneben verfaßte Wei Wei mit wechselnden anderen Autoren zusammen längere Erzählungen, und er publizierte Gedichtbände, die unter anderem auf Reisen in die Sowjetunion, nach Kuba, Griechenland und Vietnam entstanden. Der Koreakrieg blieb jedoch sein dominantes Thema, das er in verschiedenen Gattungen verarbeitete: seine Kindergeschichte *Der Onkel von der Freiwilligenarmee und das koreanische Mädchen* (*Zhiyuanjun shushu he Chaoxian guniang*, 1952) zählt ebenso dazu wie ein mit einem Kollegen gemeinsam verfaßtes Theaterstück; Filmdrehbücher sind dabei, aber auch der Roman *Osten* (*Dongfang*, 1978), an dem Wei Wei zwanzig Jahre lang arbeitete. In den 1980er Jahren legte Wei Wei einen weiteren Roman sowie mehrere Sammlungen mit Essays und Gedichten vor, die ihre ideologische Mission nicht verhehlen und ihn zum Paradigma eines Autors machen, der in Kulturbürokratie und Armee-Propaganda verankert und für die Gründungszeit der Volksrepublik typisch ist.

Sowjetische očerki *und chinesische* tongxun

Literatur als Propaganda in der Volkszeitung

Die Reportage *Wer sind die Liebenswertesten?* aus der gleichnamigen Sammlung erschien erstmals im April 1951 im parteiamtlichen Organ, der Pekinger *Volkszeitung*. Das bedeutete, daß die Publikation den Rückhalt der Parteispitze hatte, und es sicherte dem Text maximale Verbreitung. Zur eigentlichen Berühmtheit gelangte er indes, weil Mao Zedong ihn lobte und Zhou Enlai (1898–1976) seine vorbildliche Darstellung idealisierter Arbeiter, Bauern und Soldaten pries. Tatsächlich lassen sich anhand dieses lediglich fünf Seiten umfassenden Texts die Merkmale der Gattung *tongxun* näher bestimmen: Er setzt ein mit der betont subjektiven Schilderung einer emotionalen Erschütterung beim Reportage-Ich durch die Erlebnisse in Korea. Die rhetorische Frage des Titels wird zunächst in abstrakten Kategorien moralischer Überlegenheit beantwortet. Darauf folgt eine konkrete Antwort in drei Episoden, zwischen die jeweils die Titelfrage eingeschoben ist. Im letzten und fünften Teil wird die rhetorische Titelfrage in die Kontrastierung glücklichen Alltagslebens der Leser in China und des heldenhaften Kampfes in Korea eingebettet: »Seid euch bitte bewußt, daß ihr von

Glück sprechen könnt, denn nur wenn ihr euch darüber bewußt werdet, seid ihr auch in der Lage zu begreifen, warum unsere Soldaten in Korea so heftig kämpfen, ohne ihr Leben zu schonen. Freunde! Ihr liebt so sehr unser Vaterland, ihr liebt so sehr unsere Führung, so werdet ihr gewiß auch unsere Soldaten umso inniger lieben. Sie sind in der Tat die Liebenswertesten!«

Reporter zum Anfassen

Auch in den drei Episoden artikuliert das Reporter-Ich den didaktischen Zweck der Erzählung – nämlich eine Antwort auf die rhetorische Titelfrage. Die zweite Episode schlägt ein Motiv an, das in mehreren Berichten wiederkehrt: die Kriegswaise, die Mutter und Vater, Hab und Gut verliert. Am deutlichsten ausformuliert ist dieses Motiv in Wei Weis Reportage *Soldaten und ihr Vaterland* (*Zhanshi ne zuguo*), wo ein Soldat eine Waise aufnimmt und seine neue Rolle als Ziehvater mit der bekannten Analogie von Familie und Staat begründet, die historisch verwurzelt ist und hier durch Mao Zedong personifiziert wird: »Ich dachte auch über mein eigenes Leben nach, die japanischen Teufel hatten meinen Vater umgebracht, Jiang Jieshi hatte meinen älteren Bruder entführt, und mir ist nur die eine Mutter geblieben. Zum Glück war die Führung durch den Vorsitzenden Mao ausgezeichnet und hat zum Sieg geführt. Das Leben von uns Chinesen hat sich verwandelt und ein neues China ist entstanden.«

Reportagen nach dem Handbuch

Der Berichterstatter macht indes keinen Hehl daraus, daß er, dem *embedded journalist* des frühen 21. Jh.s vergleichbar, einen doppelten Auftrag hat: Einerseits hat er die Heimat über die heldenhaften Taten der chinesischen Soldaten zu informieren, andererseits soll er zur moralischen und ideologischen Unterstützung der Soldaten beitragen. Im Unterschied zu zeitgenössischen Formen der Kriegspropaganda hatte allerdings ein totalitärer Apparat auch die Möglichkeit, Autoren einem weitergehenden literarischen Training zu unterziehen. Inzwischen ist bekannt, daß solche Ausbildungsgänge mit Katalogen von Geboten und Verboten sowie mit modularisierten Textelementen operierten. Ein prominentes Modell war Konstantin Simonovs (1915–1979) Stalingrad-Roman *Tage und Nächte* (*Dni i noči*, 1943/1944, chin. 1946).

Zu den Mitteln von Wei Weis Reportagen gehören häufige Iterationen, wie sie in der leitmotivisch verwendeten rhetorischen Frage »wer sind die Liebenswertesten?« exemplarisch vorgeführt wird. Es gehört dazu auch eine betont wortschatzarme Sprache, in der besonders in direkter Rede nicht selten defektive Sätze vorkommen. Als Motiv seines Schreibens gibt Wei Wei subjektive Glücksempfindungen wegen seiner Bindung mit der Armee an und nennt als Ziel, in eine emotionale Kommunikation mit seinen Lesern zu treten. Wenn seine Reportagen aus den in allen Gattungen entstandenen literarischen Produktionen hervorragen, die seit 1950 durch einen totalitären Apparat zur Propaganda für »Widerstand gegen die USA und Unterstützung von Korea« gezwungen waren, verdankt sich das den literarischen Techniken, die sich teils aus sowjetischer Erfahrung, teils aus einer Biographie speisen, die mit der militärischen Propaganda eng verknüpft war. Doch selbst die vorbildlichen Soldaten des Wei Wei gerieten während der Kulturrevolution in die Schußlinie: Die emotionalen Identifikationen seiner Reportagen wurden als subjektivistisch verworfen, ihre detaillierten Schilderungen grausamer Kriegshandlungen als Entlarvungsliteratur abgelehnt.

Der noch heute bestehende kulturelle Apparat der Armee hat inzwischen vorwiegend Unterhaltungsaufgaben, seine literarischen Erzeugnisse sind vor allem für den internen Gebrauch bestimmt. Die Gattungsbezeichnung *tongxun* ist weitgehend verschwunden, und ihre wichtigsten Beispiele, die einem eindeutigen historischen und ideologischen Kontext entstammen, werden der Reportageliteratur (*baogao wenxue*) zugeordnet.

Von Idealisten und Pragmatikern: Wang Meng, Der Neuling in der Organisationsabteilung

Zwei Jahrzehnte Verbannung für einen Text

Als Sohn eines Philosophielehrers wurde Wang Meng (geb. 1934), dessen Familie aus der nordchinesischen Provinz Hebei stammt, in Peking geboren. Bereits der Halbwüchsige trat in die im Untergrund aktive KP ein, besuchte die Parteischule und wurde danach Funktionär in der Jugendliga verschiedener Pekinger Stadtbezirke. Seit 1953 schrieb Wang Meng Geschichten für Kinder, schon 1956 schloß er den Roman *Qingchun wansui* (Hoch lebe die Jugend) ab, der jedoch erst 1979 erscheinen konnte. Im gleichen Jahr legte der 22jährige Autor die Erzählung *Der Neuling in der Organisationsabteilung* (*Zuzhibu xin lai de nianqingren*, 1956) vor, die seinen Lebenslauf maßgeblich beeinflussen sollte. Ganz im Sinne der damals offiziellen Politik, die mit dem Slogan »Laßt hundert Blumen blühen« zur Kritik einlud, wies *Der Neuling in der Organisationsabteilung* auf bürokratische Mißstände und Auswüchse hin – doch statt dafür belobigt zu werden, wurde Wang Meng in der 1957 propagierten Kampagne gegen Rechts verleumdet. Als Folge davon mußte der junge Autor, wie viele andere intellektuelle Zeitgenossen, zunächst in der ländlichen Umgebung von Peking körperliche Arbeit verrichten, bevor er 1961 rehabilitiert wurde und kurzzeitig an einer der Pekinger Universitäten lehren durfte, um schon zwei Jahre später in die zentralasiatische Grenzregion Xinjiang geschickt zu werden. Dort übersetzte er uighurische Texte ins Chinesische, redigierte eine Literaturzeitschrift und arbeitete zuletzt für das Kulturamt.

Hoher Funktionär und produktiver Schriftsteller

Erst nach der Kulturrevolution bekam Wang Meng 1978 wieder die Möglichkeit zu publizieren, wurde rehabilitiert und erneut in die Partei aufgenommen. Es folgte eine literarisch produktive Zeit mit Essays, Kritiken und vor allem Erzählungen, für die Wang Meng mit hohen nationalen und internationalen Auszeichnungen bedacht wurde und die über China hinaus Beachtung fanden. Gleichzeitig stieg Wang Meng in höchste Partei-, Staats- und Verbandsämter auf, wurde sogar Kulturminister, war Vizepräsident des Schriftstellerverbands und des PEN-Zentrums sowie Chefredakteur der führenden Literaturzeitschrift *Volksliteratur* (*Renmin wenxue*), und er unternahm Auslandsreisen, die ihn unter anderem mehrmals nach Deutschland und in die USA führten. Daneben fand er in den 1980er Jahren noch die Zeit für publizistische Aktivitäten sowie den Roman *Huodong bian renxing* (Verwandlungen der Gestalt des Menschen, dt. als *Rare Gabe Torheit*, 1987), in dem Wang Meng anhand einer Legefigur mit austauschbaren Köpfen, Rümpfen und Gliedmaßen aus verschiedenen Weltgegenden seine Erfahrungen mit unterschiedlichen gesellschaftlichen Rollen sowie Fragen der subjektiven und kollektiven Identität reflektiert.

Nach dem Massaker vom 4. Juni 1989 trat er von seinem Amt als Minister zurück, und dieser Protest blieb vielleicht nicht ganz folgenlos. Zwar wurde Wang Meng nicht deutlich sanktioniert, doch wurde seine im gleichen Jahr vorgelegte Erzählung *Die Sache mit dem Reisbrei* (*Jianying de xizhou*, 1989) heftig kritisiert. Sie verdeutlicht anhand der Eßgewohnheiten einer chinesischen Familie, in der drei Generationen zusammenleben, die Umbrüche der Volksrepublik China seit 1979. Der 16jährige Sohn hält ein Plädoyer gegen die traditionelle Ernährung:

Reisbrei als kulturelle Chiffre

> Hätte unsere Führung 1949 beizeiten den Entschluß gefaßt, diesem Reisbrei den Garaus zu machen und das ganze Land Brot und Butter essen zu lassen, dazu Schinken, Speck, Eier und Wurst, Käse und Joghurt, sowie Honig, Marmelade und Schokolade, dann hätten wir, was nationale Stärke, Wissenschaft und Technik,

> Kunst, Sport, Wohnungen, Bildungsstand und Zahl der Autos pro Einwohner anbelangt, schon längst Weltniveau erreicht! Mit anderen Worten, der Reisbrei ist die Wurzel allen Unglücks dieser Nation! [...] Erst wenn der Reisbrei vernichtet sein wird, gibt es Hoffnung für China! (nach Übers. S. Roelcke)

In einer Groteske werden um das Essen herum alle Schlagworte der politischen Diskussion durchgespielt, wird über Reform und Öffnung, Feudalismus und Demokratie schwadroniert, bis die Familie zu ihren alten Gewohnheiten zurückkehrt und ein Ausländer die einfache chinesische Küche lobt. Die chinesische Kritik hat das als boshafte Parabel interpretiert, die eine niederschmetternde Bilanz der KP-Herrschaft zieht.

Seit seinem Rückzug aus der Politik hat sich der überaus produktive Wang Meng experimentellen Erzähltechniken zugewandt, die mit dem *stream of consciousness* in Verbindung gebracht worden sind. Er hat sich literarisch mit biblischen Stoffen auseinandergesetzt und sich, wie schon Jahrzehnte zuvor in seinem ersten Roman, in einem vierbändigen autobiographischen Werk (1993–2000) erneut der Anfänge der Volksrepublik China mit ihren individuellen psychologischen Bedingungen und Folgen angenommen. Sein Erzählton ist zunehmend von ebenso ironischer wie empathischer Distanz geprägt.

Aktivismus versus Bürokratismus

Die Erzählung *Der Neuling in der Organisationsabteilung* von 1956, die für das Leben von Wang Meng so folgenreich werden sollte, schildert in elf Abschnitten, wie der junge Funktionär Lin Zhen, der früher als Lehrer arbeitete, eine Tätigkeit in einer Parteiorganisation aufnimmt und mit seinem Enthusiasmus den Widerstand etablierter Mitarbeiter der Abteilung provoziert. Schon bei seiner Ankunft wird er von der frisch verheirateten Schreibkraft Zhao Huiwen mit einer Andeutung empfangen, seine lange Zeit unentschiedene Versetzung sei mit Kompetenzstreitigkeiten zwischen Parteiorganen und Behörden verbunden gewesen. Dann lernt Lin Zhen seine beiden Gegenspieler kennen, den Abteilungsleiter Liu Shiwu, dessen Büro »heiß, stickig und voller Akten« ist, und seinen unmittelbaren Vorgesetzten Han Changxin, der den Politjargon perfekt beherrscht. Lin Zhen selbst wird mit Schriftstücken konfrontiert, die so monströse Titel tragen wie »Anfrage der Parteiorganisation des Bezirksvolkskomitees über die Berichtigung der Verteilungs-, Verwaltungs- und Betriebsführungsmethoden in gemischt staatlich-privaten Betrieben und über die Ausführungsbestimmungen des Stadtkomitees zum Problem der Entlohnung von Arbeitern in gemischt staatlich-privaten Betrieben«. Als Lin Zhen herausfindet, daß der Direktor der Hanfsackfabrik seine Aufgaben vernachlässigt und ständig Schach spielt, erwidert Han Changxin lakonisch, das Problem sei schon längst bekannt, und er bemäntelt seine Untätigkeit mit der Floskel, man müsse sich »erst einen Überblick über die Situation verschaffen«. Als Lin Zhen gleichwohl eine Versammlung der Fabrikarbeiter einberuft, um sie ihre Kritik am Direktor artikulieren zu lassen, und er damit seiner Aufgabe, neue Parteimitglieder zu rekrutieren, nachkommt, wird er von seinem Vorgesetzten Liu Shiwu behindert. Auf einer Parteiversammlung, die just in der Mitte der Erzählung beschrieben wird, kritisiert dieser Lin Zhen mit Worten, die das Dilemma leninistischer Organisation auf den Punkt bringen: »Wenn die Basis die Spitze kritisiert, muß dies durch die Leitung initiiert werden.« Erst der Leserbrief der Arbeiter an eine Tageszeitung führt schließlich zur Absetzung des Fabrikdirektors. Bald nach seinem Rückschlag in der Auseinandersetzung mit seinen Vorgesetzten finden Lin Zhen und die Schreibkraft Zhao Huiwen Gelegenheit zu einem Gespräch in privater Umgebung. Dabei berichtet Lin Zhen von seinen Problemen mit

Berufskrankheiten von Funktionären

Han Changxin und Liu Shiwu, während Zhao Huiwen ihrerseits Han Changxin als Opportunisten und Liu Shiwu als Zyniker charakterisiert, der seinen enttäuschten Idealismus in den berühmt gewordenen Satz kleidet: »Es heißt, Appetitlosigkeit sei eine Berufskrankheit von Köchen. Sie kochen und haben den ganzen Tag mit Essen zu tun. Wir Parteiarbeiter haben ein neues Leben geschaffen, aber letztendlich kann uns dieses Leben nicht in Begeisterung versetzen« (Übers. G. Will).

Bei einem weiteren vertrauten Gespräch stellt Lin Zhen die entscheidende Frage an Zhao Huiwen: »Bist du glücklich?« Ausweichend gesteht sie, daß das Glück »manchmal in Vergessenheit gerät«, erweist sich aber als gewissenhaftes Parteimitglied, das bereits einen Bericht über die Mißstände in der Organisationsabteilung in der Schublade hat. Als Lin Zhen bemerkt, daß er in Zhao Huiwen verliebt ist, verbietet er sich seine Gefühle, läßt sich aber von seiner Freundin ermutigen, sich mit seinen Problemen an die nächsthöhere Instanz zu wenden. Die Erzählung endet, ohne daß wir erfahren, wie das Gespräch mit dem höchstrangigen Funktionär ausgeht, der im Text überhaupt auftritt.

»Lernen von Nastas'ja«

Der Neuling in der Organisationsabteilung reflektiert auch die in der Sowjetunion nach dem Tod Stalins einsetzende Tauwetter-Politik. Ein Schlüsseltext der sowjetischen Literatur jener Zeit spielt eine zentrale Rolle, nämlich der Roman *Der Leiter der Traktorenstation und die Chefagronomin* (1954) von Galina Nikolaeva (1911–1963). Nastas'ja, die junge Protagonistin des Romans, geht mutig und energisch gegen bürokratische Mißstände vor und wurde in China gar in einer Kampagne »Lernen von Nastas'ja« als Vorbild propagiert. Auch der Held der Erzählung *Der Neuling in der Organisationsabteilung* trägt ein Exemplar dieses Romans in der Tasche, als er seine Arbeit antritt. Er leiht es sogar seinem Vorgesetzten Han Changxin, der es allerdings mit ernüchternden Worten retourniert: »Sehr interessant, aber recht irreal. Als Schriftsteller hat man es gut, da kann man das Blaue vom Himmel zusammenschreiben. Sollte ich mal Gelenkrheumatismus haben oder für eine Verfehlung eine Disziplinarstrafe bekommen, werde ich auch einen Roman schreiben.«

Der Neuling in der Organisationsabteilung provozierte zahlreiche und heftige Reaktionen, so daß Wang Meng eine ausführliche Stellungnahme schrieb, die rituelle Formulierungen der Selbstkritik enthält: »Jüngst hat die von mir verfaßte Erzählung *Der Neuling in der Organisationsabteilung* Kontroversen ausgelöst und einige Kritik erfahren. Die meisten dieser Kritiken haben angemessene und nützliche Ansichten vorgetragen, die dem Autor als Lektion dienten. Ich bin zutiefst davon überzeugt, daß Kritik und Selbstkritik wichtig sind: Ein Werk braucht Kritik, genauso wie Pflanzen auf Sonne und Regen angewiesen sind« (*Guanyu »Zuzhibu xin lai de qingnianren«*, 1957). An gleicher Stelle geht Wang Meng auch ausführlich auf die Figurenzeichnung ein. Im Gegensatz zur herrschenden literarischen Doktrin einer Verbindung des sozialistischen Realismus und der revolutionären Romantik betrieb er bewußt keine Schwarz-Weiß-Malerei. Weder ist Lin Zhen ein absolut positiver Charakter, noch sind die Funktionäre absolut negativ, alle Romanfiguren haben Mängel. »Wenn eine Figur vom Autor auf dem Papier gestaltet ist, entwickelt sie eine objektive Existenz, die nicht vom subjektiven Willen des Autors abhängt. Wäre es anders, würde die Figur nicht zum Leben kommen«, bekennt Wang Meng. Auch lehnt er den verbreiteten Didaktismus in der Literatur ab und betont, eine Erzählung sei kein politischer Leitartikel. Stattdessen postuliert er eine Art Arbeitsteilung zwischen den Figuren, die jeweils positive und negative Züge

Vom Eigenleben literarischer Figuren

vereinigen. Auch nach seiner Rehabilitierung in den späten 1970er Jahren, also über zwei Jahrzehnte nach der Publikation der Erzählung, nahm Wang Meng noch einmal Stellung zu seinem spektakulären Frühwerk und forderte autonome Rechte künstlerischer Gestaltung: »Erzählliteratur kommt aus dem Leben. Sie hat Spuren des Lebens und Atmosphäre des Lebens, aber sie ist keine Kopie des Lebens. Brot kommt aus dem Weizen, Weizen kommt aus dem Ackerboden, aber die drei unterscheiden sich in ihrer Qualität« (*»Zuzhibu lai le ge nianqingren suotan«*, 1979).

Epos der Revolution: Yang Mo, Das Lied der Jugend

Idealbiographie einer Schriftstellerin

Die Schriftstellerin und Funktionärin Yang Mo (1914–1995) hat eine für ihre Zeit gleichsam idealtypische Biographie. Sie wurde zu Beginn der Republik-Zeit in eine aus der Provinz Hunan stammenden Familie von kleineren Beamten und Grundbesitzern in Peking geboren und mußte 1930 ihre Mittelschulausbildung aus finanziellen Gründen abbrechen. Danach unterrichtete sie in Grundschulen, bevor sie als Hauslehrerin und Angestellte in einer Buchhandlung nach Peking zurückkehrte, mit marxistischen Intellektuellen in Berührung kam und 1936 der KP beitrat. Nach dem japanischen Überfall auf das chinesische Kernland arbeitete sie im »Frauenverband zur Rettung des Landes«, ab 1942 wirkte sie als Redakteurin verschiedener Zeitungen, später bei der parteiamtlichen *Volkszeitung.*

Ein erster, 1934 in einer Pekinger Untergrundzeitschrift publizierter Essay von Yang Mo beschreibt das entbehrungsreiche Landleben im japanisch besetzten Nordosten Chinas, und auch ihr erstes längeres erzählerisches Werk, *Tatsachenbericht über Wei Tang* (*Wei Tang jishi*, 1950), handelt in der Zeit des Widerstands gegen Japan. Damit hatte Yang Mo ihr Thema gefunden, dem sich künftig alle ihre umfangreicheren Werke widmen sollten – angefangen von ihrem Erfolgsroman *Das Lied der Jugend* (*Qingchun zhi ge*, 1958) bis zum ersten Teil der nach der Kulturrevolution begonnenen und erst 1989 vollendeten monumentalen *Morgendämmerung im Osten* (*Dongfang yu xiao*). Die Schriftstellerin Yang Mo war seit 1952 auch Drehbuchautorin und trat 1957 in dieser Funktion in die Pekinger Filmstudios ein. Für ihre Arbeit wurde sie 1960 vom Frauenverband ausgezeichnet und arbeitete ab 1963 als vollamtliche Autorin in der Pekinger Sektion des chinesischen Schriftstellerverbands. Seit 1964 wurde sie wiederholt zur Abgeordneten der Volkskongresse auf nationaler und lokaler Ebene ernannt. Die Kulturrevolution überstand sie unbeschadet und ist somit ein typisches Beispiel jener Autoren, die vor 1937 der KP beitraten, mit deren Linie nie in grundlegende Konflikte gerieten, sich der vorgegebenen Disziplin unterwarfen und ihre Laufbahn fast ausschließlich der Partei verdanken.

Von der Romantikerin zur Revolutionärin

Yang Mos früher Roman *Das Lied der Jugend* wurde binnen eines halben Jahrzehnts in mehr als zwei Millionen Exemplaren aufgelegt, die Autorin selbst arbeitete ihn zu einem Drehbuch um, das zum 10. Jahrestag der Staatsgründung realisiert wurde. Auch nach der Kulturrevolution erfreute sich *Das Lied der Jugend* großer Beliebtheit und ist vermutlich der erfolgreichste Roman der Volksrepublik. In seinem Mittelpunkt steht Lin Daojing, die sich während der 1930er Jahre von einer politisch naiven, romantisch veranlagten Schülerin zu einer Aktivistin der KP entwickelt. Der Roman ist in zwei Teile von 29 und 45 Kapiteln gegliedert. Die Handlung setzt ein, als die junge Protagonistin die Aufnahmeprüfung an die Peking-Universität bestanden hat und von ihrer Stiefmutter an einen wohlhabenden höheren Beamten verheiratet werden soll. Sie flieht zu einem Cousin, der in der Nähe des Badeorts Beidaihe als Lehrer arbeitet, trifft ihn jedoch nicht an, sondern gerät in die Fänge des Schuldirektors, der sie als Konkubine verschachern will. In ihrer Verzweiflung will sie sich ins Meer stürzen, wird aber vom Studenten Ye Yongze gerettet, der ihr eine Stellung als Lehrerin verschafft. Nach einer Begegnung mit dem Kommunisten Lu Jiachuan beginnt sie, ihre Schüler zu politisieren, bis sie, von den lokalen Behörden vertrieben, nach Peking flieht, wo sie bei ihrer Schulfreundin Wang Xiaoyan unterkommt. Sie sucht vergeblich nach Arbeit und geht schließlich eine Ehe mit ihrem vormaligen Retter Yu Yongze ein. Politisiert durch Lu Jiachuan, der sie auf der Flucht vor dem Geheimdienst Dokumente zu verstecken bittet, gerät sie in Haft und wird von einem früheren Verehrer freigekauft. Darauf beschließt sie, ihren Mann zu verlassen und aufs Land zu fliehen.

Zwischen Universität und Gefängnis

Zu Beginn des zweiten Teils organisiert die Protagonisten zusammen mit Jiang Hua, einem im Untergrund agierenden KP-Mitglied, Schülerproteste und muß erneut fliehen. Dann schleicht sie sich im Auftrag der KP als Hauslehrerin in die Familie eines Großgrundbesitzers ein, um die gegen ihn protestierenden Bauern mit Informationen zu versorgen. Sie wird nun steckbrieflich gesucht und flieht erneut nach Peking, wo sie wieder bei ihrer Freundin Wang Xiaoyan unterkommt, bald darauf aber verhaftet wird. Von der Folter, unter der sie standhaft bleibt, erholt sie sich nur dank der Pflege der Mitgefangenen Lin Hong, einem weiteren KP-Mitglied. Als sie aus der Haft freikommt, wird sie ehrenvoll in die Partei aufgenommen. Danach arbeitet Lin Daojing zunächst im Untergrund für die KP, bevor sie den Auftrag erhält, unter den Studenten der Peking-Universität zu agitieren. Auch ihr privates Leben gerät durch zwei Anlässe in Turbulenzen: Sie muß ihrer besten Freundin Wang Xiaoyan klarmachen, daß deren Verlobter, ein ehemaliges KP-Mitglied, zum antikommunistischen Agenten geworden ist. Dann verliebt sie sich in Jiang Hua, der parteiintern ihr gegenüber weisungsbefugt ist. Der Roman endet mit der Beschreibung einer großen Demonstration, bei der die KP mehr als zehntausend Studenten und Schüler, aber auch Händler und Arbeiter für die »Rettung des Landes« und »gegen den japanischen Imperialismus« mobilisiert. Vom Dach eines Straßenbahnwagens aus hält Jiang Hua eine flammende Rede und »verschwindet«, als Schüsse fallen.

Verteilung der Geschlechterrollen wie gehabt

Die wichtigsten emotionalen Bezugspersonen der Protagonistin im Roman *Das Lied der Jugend* sind Frauen: Als Lin Daojing vor einer ungeliebten Ehe flieht, ist es die Haushälterin ihrer Familie, die ihr das notwendige Geld zusteckt; als sie in Gefahr gerät und erneut die Stadt verlassen muß, vermittelt ihr die beste Freundin auf dem Land eine Stelle an einer Schule. In der Grundbesitzerfamilie, in der sie eine Zeitlang agiert, ist es wiederum eine Hausangestellte, die Lin Daojing vor der Polizei warnt. Auf ihrer erneuten Flucht begegnet sie der als Bäuerin getarnten Parteigenossin Wang, die ihr später die Nachricht von ihrer Aufnahme in die Partei übermitteln und im Pekinger Untergrund zu ihrer Vorgesetzten werden sollte. Ganz anders sind die männlichen Figuren gezeichnet, die die Protagonistin regelmäßig aus Situationen der Hilflosigkeit befreien: Ihr späterer Ehemann Yu Yongze hält sie vom Selbstmord ab, ein alter Verehrer kauft sie frei, Lu Jiachuan bewegt sie zum politischen Engagement, und Jiang Hua belehrt sie in marxistischer Klassenanalyse.

Schwarz-Weiß-Techniken

Anders als in Wang Mengs Erzählung *Der Neuling in der Organisationsabteilung* sind die Figuren im *Lied der Jugend* eindeutig negativ oder positiv gezeichnet. Abstufungen dienen lediglich dazu, die Entwicklung zu einer ideologisch korrekten Einstellung zu ermöglichen. Negative Charaktere werden außer durch ihre soziale Herkunft gerne durch körperliche Attribute oder ihre Lebensweise beschrieben – der Verräter Dai Yu hat beispielsweise hervorquellende Augen und ist nikotinsüchtig. Die Entwicklung der im Fokus des Romans stehenden Lin Daojing ist ein Lernprozeß, der durch ideologische Anstöße von außen in Gang gesetzt wird, die ausnahmslos von der KP ausgehen, verkörpert in den heldenhaft gezeichneten männlichen Figuren Lu Jiachuan und Jiang Hua. Die positiven Frauenfiguren werden hier zum Korrektiv, wenn auch der ideologische Kommentar entweder von der Erzählinstanz oder von positiven männlichen Figuren stammt. Die Entwicklungsfähigkeit einer Reihe mittlerer Charaktere sowie der Protagonistin selbst ist somit ein genaues erzähltechnisches Äquivalent zur diskursiv propagierten Politik einer Einheitsfront. Darüber hinaus bot sie auch Identifikationsmöglichkeiten, die politisch ungefährlich erscheinen konnten, weil sie nicht auf absolute Bösewichte verzichteten und keinen Zweifel über die erzählerischen Sympathien ließen.

Erfüllung des erzählerischen Plansolls

Trotzdem war *Das Lied der Jugend*, das 1958 auf dem Höhepunkt der Kampagne gegen Rechts erschien, ebenso wie *Der Neuling in der Organisationsabteilung* von Wang Meng literaturkritischen Angriffen ausgesetzt, zumal das politische Klima innerhalb der zwei Jahre, durch welche die beiden Werke getrennt sind, rauher geworden war. Anders als Wang Meng entschloß sich Yang Mo, ihren Roman umzuarbeiten, namentlich fügte sie die sieben Kapitel ein, in denen Lin Daojing als Hauslehrerin beim Großgrundbesitzer unterrichtet, sowie drei Kapitel, die ihre politischen Aktivitäten an der Peking-Universität beschreiben. Ihren eigenen Worten nach wollte Yang Mo damit »die Entwicklung der Protagonistin von der kleinbürgerlichen Intellektuellen zur proletarischen Kämpferin glaubwürdiger machen«. Immerhin hatte man ihr vorgeworfen, ihre Hauptfigur sei zu emotional, habe zu wenig Verbindungen zu Arbeitern und Bauern und verhalte sich nach ihrer Aufnahme in die Partei nicht wesentlich anders als zuvor. Neben der Verflechtung eines übersichtlichen Romanpersonals hat die Tatsache, daß Yang Mo ihre Protagonistin nicht von allen Emotionen befreite, sicherlich zum anhaltenden Erfolg ihres Romans beigetragen.

Der Weg zur literarischen Monokultur

Die als »zehn Jahre der Unruhe« euphemisierte »große proletarische Kulturrevolution« war ein Machtkampf, der mit allen Mitteln eines totalitären Apparats ausgefochten wurde. Zu seinen Ingredienzien gehört eine gute Portion persönlicher Eitelkeiten Mao Zedongs, der bereits mehr als zwei Jahrzehnte innerhalb der KP unangefochten autokratisch geherrscht hatte, als ihm nach dem desaströsen Großen Sprung nach vorn der Rücktritt als Staatspräsident nahegelegt wurde und der Verteidigungsminister Peng Dehuai der wirtschaftlichen Vernunft den Vorrang vor der Loyalität gegenüber Mao gab. Der neue Verteidigungsminister Lin Biao wurde für Mao Zedong zum machtpolitischen Brückenkopf in der Armee. Er war es, der das berühmte *Rote Büchlein* (*Mao zhuxi yulu*, eigentlich Gesammelte Aussprüche des Vorsitzenden Mao, 1961) zusammenstellte, mit dem das Guerilla-Ideal des entbehrungsreichen Lebens wiederbelebt werden sollte. Die

Vorspiele eines Machtkampfs

Volksbefreiungsarmee lancierte 1963 eine Kampagne zur Nachahmung des Mustersoldaten Lei Feng, die kaum Wirkung zeitigte, aber sie begann gleichzeitig mit dem Aufbau von parallelen Strukturen nach dem Vorbild der zivilen Organe von Staat und Partei. Zu Beginn des Jahres 1965 verfaßte Mao Zedong selbst ein Programm, das die ideologischen Leitlinien der künftigen Ereignisse formulierte, den Klassenkampf propagierte und zu Angriffen auf den Parteiapparat aufforderte. Ab November desselben Jahres wurde Wu Han in einer Armee-Zeitung in Shanghai für sein damals bereits vier Jahre altes Theaterstück *Die Entlassung von Hai Rui*, von dem unten näher zu reden sein wird, kritisiert. Jahrs darauf gewährleistete die unter fadenscheinigem Vorwand erfolgte Verhaftung des Generalstabschefs die militärische Kontrolle Pekings durch Lin Biao und bereitete den Weg für einen veritablen Putsch, bei dem der Parteiapparat zerschlagen und Mao Zedong mithilfe der Armee wieder in seine absolute Machtfülle eingesetzt werden sollte. Die damals ergangene Aufforderung: »Bombardiert die Hauptquartiere!« und andere antiautoritäre Parolen gaben alsbald das Signal für die Bildung Roter Garden an Schulen und Universitäten. Sie besetzten Zeitungsredaktionen und Parteikomitees, Fabriken und Schulen, sie wurden von der Armee mit Waffen versorgt, verstanden sich als Rebellen gegen verkrustete Strukturen, plünderten Privatwohnungen, organisierten gigantische öffentliche Kritikversammlungen, auf denen Funktionäre gedemütigt und oft genug totgeschlagen wurden, sie reisten im Land umher, um »revolutionäre Erfahrungen auszutauschen«, und sie verstrickten sich alsbald in Fraktionskämpfe. Ihre immer unkontrollierbarer gewordenen Ausschreitungen ließen schließlich 1967 die Armee einschreiten und mit ihren aus Armee, Partei und Rebellen zusammengesetzten Revolutionären Komitees das Machtvakuum füllen, das durch die Zerschlagung der früheren Partei- und Verwaltungsorgane entstanden war. Der Parteitag von 1969 machte deutlich, daß die Armee die Macht übernommen hatte. Doch als der als »engster Waffengefährte des Vorsitzenden Mao« titulierte Verteidigungsminister Lin Biao vergebens auf das Amt des Staatspräsidenten spekulierte, kam es zu Verwerfungen zwischen ihm und Mao Zedong, schließlich zu einem vergeblichen Putschversuch Lin Biaos, dessen Flugzeug im September 1971 über der Mongolei abstürzte, als er sich angeblich in die Sowjetunion absetzen wollte. Die Anhänger Mao Zedongs, die häufig ihren eigenen Aufstieg Maos erfolgreichem Putsch verdankten, allen voran seine Ehefrau Jiang Qing, hielten ihre Positionen bis kurz nach Maos Tod und sorgten nicht zuletzt in der Literatur für eine Gleichförmigkeit, die das 20. Jh. vordem nicht gekannt hatte.

»Kulturrevolution« als Militärputsch

Es ist auffallend, wie sehr die Literaturpolitik als Einfallstor für machtpolitische Zwecke genutzt wurde. So bezeichnete es Mao Zedong schon 1963 als eine »bemerkenswerte Erfindung, wenn Romane für parteifeindliche Aktivitäten eingesetzt werden«, und 1964 fragte er: »Ist es nicht absurd, daß Kommunisten begeistert feudalistische und kapitalistische, aber nicht sozialistische Kunst fordern?« Als 1967 seine *Ansprachen über Literatur und Kunst in Yan'an* (1942) den Höhepunkt ihrer Autorität erlangten, wurden einzelne Äußerungen in dogmatische Merksätze umgeformt.

Zündschnur Literaturpolitik

Quantitativ nahm die literarische Produktion während der Kulturrevolution kaum ab, doch bediente sie sich der gleichen Techniken wie die unten näher vorzustellenden Modellopern und war gleichmäßig auf die Milieus der Arbeiter, Bauern und Soldaten verteilt. Daneben gedieh, gefördert durch die erzwungene Mobilität der ab 1971 zur Arbeit auf dem Land verschickten Jugend und großer Teile der Intelligenz, eine inoffizielle Literatur, die in handschriftlichen Kopien zirkulierte (*shouchaoben*) oder gedruckt und zur Tarnung gelegentlich mit irreführenden Titeln versehen wurde. Ebenfalls bisher ungeahnte Verbreitung fanden die für einen engen Funktionärskreis bestimmten »internen« Publikationen mit Übersetzungen neuerer westlicher Literatur. Ebenfalls zum größten Teil während der Kulturrevolution, wenn auch ganz im Verborgenen, entstand das monumentale Werk *Mit Bambusrohr und Ahle* (*Guanzhui bian*, 4 Bde., 1979) des seit 1949 nur noch als Literaturwissenschaftler tätigen Romanciers Qian Zhongshu (1910–1998). In klassischer Schriftsprache und in der Form von Kommentaren eröffnet es ein komparatistisches Panorama auf die griechische, lateinische, englische, französische, italienische, spanische und deutsche Literatur und bringt damit die traditionelle Gelehrsamkeit um stupende Kenntnisse auswärtiger Überlieferungen erweitert auf einen Höhepunkt mit neuen Horizonten.

Wenn auch die Kulturrevolution weniger Todesopfer als die Hungersnöte nach dem Großen Sprung nach Vorn gefordert haben mag, lasten doch die psychologischen Auswirkungen dieser Heimsuchung auf der Generation derer, die heute in den »besten Jahren« stehen. Mit Sicherheit wird sich die KP nie mehr des Ansehens erfreuen können, das sie bis weit in die 1950er Jahre genoß.

Gefährliche historische Parabeln: Wu Han, Die Entlassung von Hai Rui

Der Historiker und Politiker Wu Han (1909–1969) ist insofern eine Ausnahme unter den hier behandelten Autoren des 20. Jh.s, als er zu keiner Zeit die schöne Literatur als Schwerpunkt seines Schreibens betrachtet hat. Wenn er sich publizistisch oder literarisch artikulierte, tat er es vielmehr als Experte, im besonderen als Historiker, der auf die Geschichte der Ming-Dynastie spezialisiert war. Er stammt aus Yiwu in der wohlhabenden Provinz Zhejiang, wo sein Vater Lehrer war und über bescheidenen Grundbesitz verfügte. Nach einer Mittelschulausbildung in der Provinzhauptstadt Hangzhou begann Wu Han 1928 in Shanghai Geschichte zu studieren. Seine erste Publikation, eine Studie zur Wirtschaftsgeschichte der Westlichen Han-Dynastie, entstand auf Anregung seines Lehrers Hu Shi, der ihm 1931 eine Anstellung an der Qinghua-Universität in Peking vermittelte und ihm zu einer Beschäftigung mit der Ming-Dynastie riet. Aus dieser Zeit stammt ein Brief von Wu Han, der neben der Verachtung gegenüber der Politik seiner Zeit den Wunsch verrät, als Akademiker öffentlich zu wirken: »In der jetzigen Zeit ist es so, daß Partei und Staat das Land verraten, die Regierung verrät das Land, die hohen Beamten verraten das Land, und jeden Tag, wenn ich die Zeitung lese, sehe ich als erstes ›Ruhe bewahren! Ruhe bewahren!‹ [...] Wer die Geschichte eines beliebigen Landes oder einer beliebigen Dynastie durchblättert, wird niemals eine so schändliche Regierung [...] und kaum ein so abgestumpftes Volk finden.«

Sich der Vergangenheit bedienen, um die Gegenwart zu beanstanden

Hier findet sich bereits angedeutet, wie Wu Han später seine historischen Studien publizistisch fruchtbar machen würde, um Lehren für die Gegenwart zu ziehen. Zunächst aber erregte Wu Han Aufsehen, indem er einige Fälschungen aus der Ming-Zeit identifizierte. Er floh nach der japanischen Invasion 1937 mit seiner Universität nach Kunming, wo er bis 1946 Geschichte lehrte und seinen Ruf als Historiker festigte. Schon seit 1937 übte er öffentlich Kritik an der Politik der Bürgerpartei, schloß sich der liberalen Demokratischen Liga an und wurde Chefredakteur ihrer Wochenschrift. Als diese Partei verboten wurde und seine Sympathien für die KP wuchsen, zog er 1948 zum kommunistischen Stützpunkt Yan'an. Trotz seiner Skepsis gegenüber dem marxistischen Determinismus ließ er sich von Mao Zedong persönlich zur Unterstützung der KP überreden, deren außen- und gesellschaftspolitische Positionen er würdigte. Schon Anfang 1949 kehrte Wu Han nach Peking zurück, wurde Leiter der Abteilung für Geschichte an der Qinghua-Universität und versah daneben noch weitere Ämter: Er war Stellvertretender Bürgermeister von Peking und Mitglied der Akademie der Wissenschaften, war Generalsekretär des Jugendverbands und Mitglied im Nationalen Volkskongreß, bevor er schließlich 1957 der KP beitrat.

Bereits in seinem frühen geschichtswissenschaftlichen Werk *Spiegel der Geschichte* (*Lishi jing*, 1944) war es ein zentrales Anliegen Wu Hans, Lehren aus der Vergangenheit zu ziehen und diese breit zu vermitteln – eine Haltung, die ihn seit der Kampagne gegen Rechts von 1957 in zunehmenden Widerspruch zur offiziellen Parteidoktrin brachte. Von da an intensivierte er seine publizistischen Aktivitäten: Seit 1959 schrieb er unter wechselnden Pseudonymen in Pekinger Tageszeitungen kritische Miszellen, und er fand sich mit den ebenfalls hochgestellten Funktionären Deng Tuo und Liao Mosha zusammen, um unter einem kollektiven Pseudonym zu schreiben. Wu Han kritisierte im besonderen die katastrophalen Auswirkungen einer verfehlten Landwirtschaftspolitik, wobei er immer wieder historische Analogien bemühte, sich also »der Vergangenheit bediente, um die Gegenwart zu beanstanden«.

Im Jahre 1959 thematisierte Wu Han in einem Zeitungsartikel erstmals einen hohen Beamten der Ming-Dynastie namens Hai Rui (1515–1587), der unter dem Druck von Großgrundbesitzern und Hofbeamten zum Rücktritt gezwungen wurde, weil er verarmten Bauern Land zurückgab, das unrechtmäßig beschlagnahmt worden war. Später verarbeitete Wu Han diesen Stoff in der Peking-Oper *Die Entlassung von Hai Rui* (*Hai Rui baguan*), die anfangs 1961 uraufgeführt, aber bald wieder abgesetzt wurde, weil viele Zuschauer den einer Intrige zum Opfer gefallenen Hai Rui mit Peng Dehuai gleichsetzten, der 1959 gezwungen wurde, als Verteidigungsminister zurückzutreten, nachdem er Mao Zedong offen kritisiert hatte. Trotz der politischen Wellen, die sein Theaterstück schlug, blieb Wu Han selbst vorläufig unbehelligt. Er konnte auch seine Ämter behalten und weiterhin seinen wissenschaftlichen, journalistischen und publizistischen Aktivitäten nachgehen. Doch schon bald geriet neben dem Stück *Die Entlassung von Hai Rui* auch dessen Autor ins Visier: Als sich die kulturrevolutionäre Fraktion zu formieren begann, verfaßten Mao Zedong, seine Frau Jiang Qing und weitere enge Getreue einen massiven Angriff auf *Die Entlassung von Hai Rui*, die im November 1965 unter dem Namen ihres literaturkritischen Faktotums Yao Wenyuan in Shanghai publiziert wurden. Wenig später verriet Mao Zedong, daß auch er im Hai Rui des Theaterstücks das *alter ego* seines eigenen Feindes sah, wenn er bekannte: »Hai Rui ist Peng Dehuai.« Damit war Wu Hans Los besiegelt. Vergebens bemühte sich der Pekinger Bürgermeister Peng Zhen, seine Hand über ihn zu halten, nur wenige Monate nach der von Mao Zedong initiierten Kampagne wurden Wu Han und dessen Beschützer ihrer Ämter enthoben und durch Rote Garden gedemütigt. Wu Han überlebte die Kulturrevolution nicht und starb in Haft, knapp vier Jahre nach der Publikation des von Yao Wenyuan gezeichneten, von Mao Zedong zu verantwortenden Artikels gegen ihn und sein Stück.

Die Entlassung von Hai Rui

Die Peking-Oper *Die Entlassung von Hai Rui* behandelt in neun Akten eine historisch verbürgte Episode aus dem Leben von Hai Rui, der als Gouverneur in Suzhou die Hoheit über weite Teile der heutigen Provinzen

Jiangsu und Zhejiang ausübte. Die Handlung setzt am Totengedenktag des Jahres 1569 ein, als Xu Ying, ein Sohn des pensionierten Kanzlers Xu Jie, auf ein Gräberfeld stürmt, wo Hong Alan zusammen mit ihrem betagten Schwiegervater Zhao Yushan und ihrer Tochter Andacht am Grab ihres Gatten hält, der aus Kummer darüber, daß ihm Xu Ying sein Land wegnahm, verstarb. Xu Ying entführt die 16jährige Tochter, auf die er ein Auge geworfen hat, und verprügelt ihren Großvater, der sie verteidigen wollte. Die nächste Szene führt zum Amtssitz des Kreismagistraten, wo neben Hong Alan eine Reihe von Bauern, denen ebenfalls Land geraubt worden ist, Klagen gegen Xu Ying vorbringen. Im zweiten Akt führt der Magistrat eine Befragung der Beteiligten durch, läßt sich aber von Xu Ying bestechen, weist infolgedessen die Klagen zurück und läßt die Kläger verprügeln, wobei der alte Zhao Yushan zu Tode kommt. Doch dann trifft, zum Schrecken des Magistraten, die Nachricht ein, der im Ruf der Unbestechlichkeit stehende Hai Rui sei zum neuen Gouverneur bestellt worden. Tatsächlich ist Hai Rui zu diesem Zeitpunkt bereits inkognito unterwegs zu seinem neuen Posten, als er Hong Alan und den Bauern begegnet, die im Begriff sind, ihre abgewiesene Klage bei der nächsthöheren Instanz vorzutragen. Wenig später stattet Hai Rui seinem alten Freund Xu Jie einen Höflichkeitsbesuch ab, wobei der Zuschauer darüber ins Bild gesetzt wird, daß Xu Jie sich früher für Hai Rui eingesetzt hatte, als dieser wegen seiner offenen Kritik am Kaiser in Haft war und hingerichtet werden sollte. Als Xu Jie von den Taten seines Sohnes erfährt, stellt er diesen zur Rede. Im fünften Akt sucht Hai Rui, der bereits ahnt, in einen Zwiespalt zwischen Pflichterfüllung und Wiedergutmachung gegenüber einem Freund zu geraten, den Rat seiner Mutter und schildert das Problem in einem Rezitativ. Hai Ruis Mutter empfiehlt, einem Konflikt mit den Grundbesitzern und den nachgeordneten Beamten aus dem Weg zu gehen, doch Hai Rui stellt sich auf den Standpunkt, das Recht müsse für alle in gleicher Weise gelten. Der sechste Akt berichtet von der Ankunft Hai Ruis an seinem neuen Amtssitz und seiner ersten Amtshandlung, in der er das Verfahren gegen den Sohn des pensionierten Kanzlers neu aufnimmt.

Die ewige Landfrage

Das wiederaufgenommene Verfahren endet mit einer Verurteilung des Xu Ying und des korrupten Magistraten sowie der Verfügung, das gewaltsam entzogene Land an die Bauern zurückzugeben. Umsonst versucht der ehemalige Kanzler, Hai Rui zur Rücknahme des Urteils zu bewegen; vergebens erwartet er, daß dieser die Gunst, die er ihm früher erwiesen hat, vergelte. Stattdessen insistiert Hai Rui, daß die Kritik am Kaiser, für die er einst verurteilt worden war, sich nicht mit Landraub und Totschlag vergleichen lasse, den sich der Sohn des Kanzlers zuschulden kommen ließ. Der achte Akt führt in die Residenz des ehemaligen Kanzlers Xu Jie, wo einige Grundbesitzer überlegen, wie das Urteil von Hai Rui hintertrieben werden könnte. Man verwirft die Idee eines Amtsenthebungsverfahrens als zu langwierig, einen Mordanschlag auf Hai Rui als zu gefährlich und will stattdessen versuchen, den Leiter der Aufsichtsbehörde, also eine Art Kontrolleur des Hai Rui, zu bestechen. Tatsächlich scheinen die Verschwörer Grund zum Triumph zu haben, denn alsbald wird ein Nachfolger für Hai Rui bestimmt. Im letzten Akt zieht der vorgesehene Nachfolger ein, Xu Jie und die Verschwörer triumphieren, doch der durch Bestechung erwirkte kaiserliche Befehl, der das Leben der beiden Verurteilten schonen könnte, steht noch aus. In dieser Situation läßt Hai Rui die Todesurteile vollstrecken und übergibt erst danach seinem Nachfolger die Amtssiegel. Zum Abschluß singt ein Chor:

Himmel und Erde gefrieren und es bläst strenger Wind,
der Gedanke an seinen Abschied läßt vieltausend Herzenssaiten klingen.
Meister Hai kehrt nach Süden zurück und läßt sich nicht halten.
In allen Häusern wird er zum Gott, vor dessen Bildnis Räucherstäbchen brennen.

Arie und Rezitativ in der Oper

Wie in der Gattung Oper vorgegeben, sind die einzelnen Figuren stark typisiert. Auf der Bühne steht dafür zusätzlich zum Text ein reichhaltiges Inventar von Masken und Kostümen zur Verfügung, die durch typisierte Bewegungen und stimmliche Artikulation der Figuren unterstrichen werden. Lokale Opernformen wurden während des Widerstands gegen Japan technisch und inhaltlich modifiziert, vor allem wurde die seit dem späten 18. Jh. etablierte Peking-Oper den Bedürfnissen der Propaganda angepaßt. Ein wichtiges Instrument der Typisierung ist der Wechsel zwischen Rezitativen und Arien, der auch mit einem Wechsel der sprachlichen Register einhergeht. Während die Rezitative weitgehend in Umgangssprache gehalten sind und die sozialen Unterschiede zwischen den Bauern und den Beamten durch historisierende Elemente nur schwach verwischt sind, erhalten die Figuren umso schärfere Konturen in den Arien. Deren Texte sind teils in fünf- oder siebensilbigen Versen des traditionellen Regelgedichts gehalten, teils folgen sie den in der neueren Peking-Oper verbreiteten Versen mit gerader Silbenzahl. Die Arien geben überdies Einblicke in die Innenwelt der Figuren, etwa die Geldgier des korrupten Beamten und den Gerechtigkeitssinn von Hai Rui, und sie erschließen durch Rückblenden den Hintergrund der Handlung, am ausführlichsten im fünften Akt durch die Mutter und die Ehefrau von Hai Rui.

Totalitäre Normierung: die »revolutionären Modellopern«

Nicht nur auf der Bühne, in allen literarischen Gattungen und in allen Bereichen öffentlicher Diskurse sind Typisierungen während der Kulturrevolution auf die Spitze getrieben worden. Etwa während der Jahre 1968 bis 1971 beherrschten die inzwischen legendären Modellopern (*yangbanxi*) die Bühnen und standen im Mittelpunkt der zugelassenen kulturellen Äußerungen überhaupt. Ihre Entstehung ist aufs engste mit den Machtkämpfen der Kulturrevolution verbunden, denn die um Mao Zedong zentrierte minoritäre Fraktion in der Parteiführung versuchte, über die Kulturpolitik den Apparat zu gewinnen. Die von Mao Zedong im März 1958 formulierte Forderung, revolutionären Realismus und revolutionäre Romantik zu verbinden, deutete diese Strategie bereits an und leitete den Abschied von der Doktrin des sozialistischen Realismus ein, die schließlich bis 1960 vollständig aus dem literaturpolitischen Vokabular verschwand. Damit verabschiedete sich China auch von sowjetischen Vorbildern in der Literatur und der theoretischen Diskussion. Das Programm »Revolutionärer Realismus mit revolutionärer Romantik« war grundsätzlich nicht an Tatsachentreue interessiert. Vielmehr forderte es, literarische Darstellungen sollten idealistisch sein, sollten sich marxistischer Kategorien der gesellschaftlichen Analyse bedienen und dabei streng parteiisch vorgehen. Das schuf idealisierte Helden, denen jede Wirklichkeit Hohn spottet.

Opernbühne als machtpolitisches Einfallstor

Bei der Förderung der Modellopern kam der erwähnten Jiang Qing eine entscheidende Rolle zu, der Gattin Mao Zedongs, einer im Shanghai der 1930er Jahre gescheiterten Filmschauspielerin. Im Sommer 1964 veranstaltete sie ein Treffen von Theaterleuten in Peking, bei dem verschiedene Peking-Opern mit zeitgenössischen Themen zur Aufführung kamen, die an die Armee-Tradition der Kriegszeit anknüpften und vorhandene Bühnentexte überarbeiteten. Jiang Qing schätzte, daß von den damals rund 3000 chinesischen Theatertrupps nur etwa 80 auf das Sprechtheater spezialisiert waren und die meisten ausschließlich Opern aufführten. Und sie bekannte, die vorwiegend auf historische Themen spezialisierte Peking-Oper so umarbeiten zu wollen, daß sie zur Propaganda verwendet werden könne, wie es die KP während des Widerstands gegen Japan bereits erfolgreich unternommen hatte: »Die Peking-Oper bedient sich der künstlerischen Übertreibung. Gleichzeitig schildert sie die alten Zeiten und ihre Menschen. Deshalb ist es in der Peking-Oper relativ einfach, negative Figuren darzustellen; das ist es auch, was das Publikum an ihr so mag. Es ist zwar sehr schwierig, positive Figuren zu schaffen, aber wir müssen unbedingt fortschrittliche revolutionäre Helden für die Bühne schaffen.«

Aus den 1964 aufgeführten Bühnenstücken hat Jiang Qing einige ausgesucht, die zu den Modellopern ausgearbeitet wurden. Knappe zwei Jahre nach dem Pekinger Treffen gab Jiang Qing auf dem dreiwöchigen »Forum der Volksbefreiungsarmee über Literatur und Kunst« erneut ihre Vorstellungen zum besten. Ihre Ausführungen wurden zu den Drei Hervorhebungen kondensiert: »Positive Figuren gegenüber negativen Figuren hervorheben, heroische gegenüber positiven, und schließlich die heroische Hauptfigur gegenüber den übrigen heroischen Figuren.« Diese Hierarchie der positiven Charaktere wurde alsbald für acht Bühnenstücke umgesetzt, bei denen negative Charaktere auf die dramaturgisch unumgängliche Bühnenpräsenz reduziert wurden und die positiven Charaktere keinerlei Konflikte untereinander hatten. Das Ergebnis kam im Mai 1967 erstmals auf die Bühne. Von diesen acht Modellopern entsprachen nur fünf Bühnenstücke den musikalischen und technischen Vorgaben der Peking-Oper, ein Stück war eine Art symphonischer Dichtung, die beiden übrigen waren Ballette. Inhaltlich waren die Modellopern, anders als ihr Beiname »moderne revolutionäre Peking-Opern« suggerieren mag, keineswegs auf aktuelle Begebenheiten beschränkt und konnten ebenso wie *Die Entlassung von Hai Rui* historische Sujets behandeln, zudem waren einige Libretti zuvor bereits anderweitig literarisch bearbeitet worden: Den vielfältigsten Hintergrund unter den Modellopern hat *Das weißhaarige Mädchen* (*Baimao nü*): In einem durch die KP »befreiten« Dorf verschwinden regelmäßig des Nachts Opfergaben; die Bewohner erzählen sich, ein »hungriger Geist« hole sich die Speisen, doch die Funktionäre der Roten Armee halten das für Aberglauben. Am Ende stellt sich heraus, daß eine junge Frau die Opfergaben wegnimmt, um sich und ihr Kind am Leben zu erhalten, und ein lokaler Skandal von Gewalt und Mord kommt an den Tag: Die junge Frau mußte fliehen, nachdem sie durch einen Großgrundbesitzer gewaltsam geschwängert worden war und dann mitsamt ihrem Kind durch dessen Hand sterben sollte. Diese Geschichte gab vor 1944 die Vorlage für verschiedene Theaterstücke ab, bevor der Lyriker und Kinderbuchautor He Jingzhi sie zu einem Singspiel verarbeitete und sie 1954 in Prosa erzählte. Die Modelloper *Das weißhaarige Mädchen* bereichert die Handlung der Geschichte, indem sie den Vater des Mädchens in einem Kampf mit dem Großgrundbesitzer fallen läßt und das Mädchen selbst sich nach Jahren geisterhafter Existenz der Roten Armee anschließt.

Alte Treue zu neuen historischen Stoffen

Die wahrscheinlich beliebteste Modelloper trägt den Titel *Rote Lampe* (*Hongdeng ji*). In ihrem Mittelpunkt steht ein Bahnwärter, der während des Widerstandskriegs gegen Japan Nachrichten zwischen KP-Mitgliedern und

Die Rote Lampe *und die »rote Sonne«*

Partisanen übermittelt. Als er auch unter Folter den geheimen Code nicht preisgibt und erschossen wird, überbringt seine Tochter die Nachrichten. Schon 1946 wurde dieser Stoff von Chen Shan (geb. 1917) zu einer Oper verarbeitet und pseudonym als Buch veröffentlicht. Später bearbeiteten zwei Yan'an-Veteranen unter Aufsicht von Jiang Qing den Stoff zu einer Modelloper, von der mindestens drei Fassungen veröffentlicht wurden (1964, 1968, 1970). Die Fassung von 1968 wurde durch eine frisch komponierte Klavierbegleitung zu den Arien bereichert, die in der zunehmend xenophoben Atmosphäre so sehr aus dem Rahmen fiel, daß sie das Ihre zur Beliebtheit der *Roten Lampe* beigetragen haben mag.

Der erste Akt beginnt mit einer Arie des Bahnwärters Li Yuhe, der als heroische Hauptfigur herausgehoben wird und gleichzeitig das Motiv der roten Lampe einführt: »In alle Richtungen schau' ich mit der roten Lampe [...]. / Von höherer Stelle wurde jemand nach Longtan geschickt. / Die Zeit ist gesetzt auf halb acht, / der Zug, der jetzt kommt, müßt' es sein.« Der Bote mit einer geheimen Nachricht für die KP-Rebellen stirbt, von japanischer Militärpolizei angeschossen. Li Yuhe wird als Verbindungsmann verraten und im Hauptquartier festgehalten. Oma Li wartet mit dem Mädchen Tiemei auf seine Rückkehr und erklärt ihr dabei die Bedeutung des »kostbarsten Familienerbstücks«, der roten Signallampe, die »den armen Leuten schon seit vielen Jahren den Weg leuchtet«. Dabei offenbart Oma Li den wahren Familienhintergrund: Sie ist die Witwe eines Bahnarbeiters, der ebenso wie die leiblichen Eltern von Li Tiemei 1923 bei einer KP-Demonstration streikender Arbeiter ums Leben gekommen ist. Durch List und Drohungen versucht der japanische Polizeichef, Li Yuhe die Nachricht zu entlocken. Er wird zusammen mit Oma Li erschossen und übergibt Tiemei vor seinem Tod die Signallampe. Mit der Hilfe von Nachbarn entkommt sie der Polizei, geht ins Partisanengebiet und übergibt die verschlüsselte Nachricht. »Sie hält die rote Lampe hoch. Die Bühne ist von purpurrotem Licht erfüllt und der Vorhang fällt langsam«, heißt es in der abschließenden Szenenanweisung des 11. Akts.

Partei als Familienersatz

Der 6. Akt, wo die heroische Hauptfigur mit der negativen Figur des Polizeichefs zusammentrifft und standhaft bleibt, bildet die Symmetrieachse des Stücks. Da aber die beiden letzten Akte vergleichsweise kurz sind, steht der umfangreichste 5. Akt mit dem Titel »Schmerzhafte revolutionäre Familiengeschichte« im Mittelpunkt. Die Witwe erzählt der Waisen die Geschichte der ideologisch geformten Familie. Die Zerstörung der biologischen Familie erscheint geradezu als Voraussetzung, damit sich die Loyalität zur Partei entfalten kann.

Die Drei Hervorhebungen sind in der *Roten Lampe* sorgfältig ausgearbeitet. Li Yuhe überragt die beiden heroischen Frauen alleine dadurch, daß er selbst über seinen Tod hinaus die Initiative behält. Die übrigen heroischen Charaktere beweisen ihren Status entweder durch ihren Opfertod oder durch die Rolle, die sie dramaturgisch in der Handlung spielen, indem sie zur erfolgreichen Übergabe der verschlüsselten Mitteilung beitragen. Die übrigen positiven Charaktere sind in erster Linie durch ihre Klassenzugehörigkeit gekennzeichnet.

»Modell« als Vorschrift

Der Begriff Modell für die acht Bühnenstücke muß auch im engeren Sinne verstanden werden: Die zahlreichen Buchausgaben waren nicht nur mit Partituren für die musikalische Begleitung versehen, sondern auch mit Bühnengrundrissen, in denen die Positionen der einzelnen Figuren Auftritt für Auftritt eingezeichnet sind, samt ausführlichen Anweisungen zur Choreographie und Ausstattung in Bild und Wort. Sogar die Filmfassungen gaben nichts weiter als eine Aufführung der jeweils geltenden Standardfassung wieder. Außer dem »Roten Büchlein« gab es bis dahin kaum ein kulturelles Erzeugnis, das dermaßen flächendeckend im ganzen Land verbreitet wurde wie die Aufführungen der Modellopern, deren Besuch von Parteifunktionären in vielen ländlichen Gebieten für obligatorisch erklärt wurde. Nach dem Sturz der »Viererbande« galten die Modellopern und ihre unübersehbaren Spuren der neuen Parteiführung eher als Peinlichkeit. Sie verschwanden rasch aus dem Repertoire und wurden wieder durch traditionelle Opern ersetzt, in denen die alten kaiserzeitlichen Themen und Techniken dominierten. Inzwischen sind die Modellopern ähnlich wie die Exzesse des Mao-Kults zum Gegenstand nostalgischen Devotionalienhandels geworden. Auch wenn der erwünschte propagandistische Effekt ausgeblieben sein mag, handelt es sich bei dieser radikalen Überspitzung einzelner kulturpolitischer Leitlinien vermutlich um das erste massenkulturelle Phänomen in China überhaupt.

Eine chinesische Trümmerliteratur

Die erneuten Machtkämpfe nach dem Tode von Mao Zedong im September 1976 mündeten bald in die staatsstreichartige Verhaftung der wichtigsten Exponenten der Shanghai-Fraktion innerhalb der KP, die durch literaturpropagandistische Aktivitäten und andere Maßnahmen ein Jahrzehnt zuvor der Kulturrevolution den Weg geebnet hatten. Die Verhaftung der vier bedeutendsten Vertreter der Shanghai-Fraktion, zu denen auch Mao Zedongs Witwe Jiang Qing gehörte, wurde als die »Zerschlagung der Viererbande« bekannt. Der Umbruch hatte schon seine Vorzeichen: Am 5. April, dem traditionellen Totengedenktag, fanden spontane Trauerdemonstrationen für den im Januar verstorbenen Ministerpräsidenten Zhou Enlai statt, der während der Kulturrevolution mäßigend und vermittelnd zwischen den Fraktionen der Partei gewirkt hatte. Die stille Kundgebung artikulierte sich in zahlreichen Gedenkgedichten, die um das Monument für die Helden der Revolution auf dem zentralen Platz vor dem Tor des Himmlischen Friedens in Peking an Trauergebinde geheftet, kopiert und in dieser Form weiterverbreitet wurden. Ihre Sammlung in zahlreichen Anthologien und deren massenhafte Verbreitung gehörten zu den frühesten legitimatorischen Akten der neuen KP-Führung, in der ab Sommer 1977 Deng Xiaoping (1904–1997) die Schlüsselpositionen übernahm. Er war es, der die Vier Modernisierungen (Landwirtschaft, Industrie, Wissenschaft und Technik, Landesverteidigung) zum politischen Programm deklarierte.

Schritte zum chinesischen Wirtschaftswunder

Im Dezember 1978 wurden endgültig die Weichen für den ökonomischen Aufschwung der Volksrepublik China gestellt, der dem Motto »Reform und Öffnung« folgen sollte: Die Reform zielte in erster Linie auf das Wirtschaftssystem, das vom maoistischen Tabu materieller Anreize befreit werden sollte, die »Öffnung« sollte für Zufluß ausländischen Kapitals sorgen. In einem großen Schauprozeß gegen die »Viererbande« rechnete die neue Führung mit der Kulturrevolution ab, die nun zur »größten Katastrophe für Partei und Staat« deklariert wurde. Indirekt stand damit auch die Verantwortung von Mao Zedong im Visier. Die Wirtschaftspolitik zielte jedenfalls zunächst darauf, die Folgen seiner katastrophalen Wirtschaftspolitik seit der Staatsgründung zu mildern und die seither verdoppelte Bevölkerung zu ernähren. Der außerhalb staatlicher Monopole geschaffene Mehrwert wurde auf einem allmählich entstehenden privaten Markt realisiert, auf dem Mitte der 1980er Jahre bereits mehr als ein Zehntel des Einzelhandelsumsatzes erzielt wurde. Ab 1986 wurde auch für industrielle Erzeugnisse die Preisbildung teilweise den Marktkräften überlassen. Seither stabilisierte sich das Wirtschaftswachstum, mit ihm aber auch die Korruption, zudem wuchsen Inflation, Arbeitslosigkeit und Binnenmigration. Viele der zunächst privilegierten Bauern, später die Industriearbeiter unrentabel gewordener staatlicher Betriebe wurden als Arbeitskräfte überflüssig und strömten als neues Proletariat in die Städte und Regionen mit hohen Investitionen. Damit ging eine umfassende Verunsicherung einher, denn faktisch stellte dieser »Sozialismus mit chinesischen Besonderheiten«, der unverhohlen zur privaten Bereicherung aufforderte, die Grundlagen der Staatsdoktrin zur Disposition, insbesondere das Gemeineigentum an den Produktionsmitteln und das Egalitätsprinzip. Die Legitimationskrise der KP verschärfte sich, als sie die friedlichen Proteste für mehr Demokratie und weniger Funktionärswillkür im Massaker vom 3./4. Juni 1989 auf dem Platz vor dem Tor zum Himmlischen Frieden blutig beendete.

Intellektuelle werden zu »Proletariern«

Um die während der Kulturrevolution als »stinkende neunte«, nämlich unterste Klasse verachteten und durch zahlreiche ideologische Kampagnen verunsicherten Intellektuellen für die erwähnten Vier Modernisierungen zu gewinnen, erklärte Deng Xiaoping die Intellektuellen kurzerhand zu Proletariern. Als jedoch einige unter ihnen als »fünfte Modernisierung« Demokratie forderten und an der berühmt gewordenen »Mauer der Demokratie« in Peking in Wandzeitungen öffentlich ihre Meinungen kundtaten, sah die KP ihr Machtmonopol bedroht. Aus diesem Umkreis ging eine Reihe bedeutender Lyriker hervor. Sie waren alle nach Gründung der Volksrepublik China geboren und teilten die biographische Erfahrung einer durch die Kulturrevolution abgebrochenen Schulbildung. Hier entstand die mit dem Untertitel *Today* versehene literarische Untergrundzeitschrift *Jintian*, die nach 1989 im Exil wiederbelebt wurde und bis heute erscheint.

Der Bambusvorhang fällt

Die rapiden Umbrüche in der chinesischen Lebenswelt wurden außer durch die bewußten politischen Entscheidungen sicherlich auch dadurch maßgeblich beeinflußt, daß während weniger Jahre vor dem Massaker von 1989 etwa 60.000 Studenten und Wissenschaftler längere Zeit im Ausland verbrachten – etwa fünfmal so viel wie im ausgehenden Kaiserreich ihr Land zur Ausbildung verlassen hatten. Gleichwohl darf man sich die im Rückblick so schnelle Öffnung der drei Jahrzehnte nahezu abgeschlossenen Volksrepublik China nicht als einen Prozeß ohne Rückschläge und Gegner vorstellen. Selbst als in wirtschaftspolitischer Hinsicht die Dämme bereits gebrochen waren, versuchte ein orthodoxer Flügel der KP im Jahre 1983 über eine Kampagne gegen »geistige Verschmutzung« puritanische Ideale der volksrepublikanischen Gründungszeit zu revitalisieren und die ideologische Kontrolle aller Lebensbereiche zurückzugewinnen. Drei Jahre später forderte der Astrophysiker Fang Lizhi (geb. 1936), der etwas irreführend als Sacharov Chinas bekannt wurde, diesen Anspruch heraus und beanspruchte Freiheit der Rede, Versammlungsfreiheit und Pressefreiheit sowie ein Mehrparteiensystem und freie Wahlen. Als Ende 1986 die Forderungen Fang Lizhis von immer mehr Studenten übernommen wurden und in Demonstrationen Nachdruck erhielten, reagierte die KP zunehmend mit Repressionen und der bis heute letzten groß angelegten propagandistischen Kampagne, die unter das Motto »gegen den bürgerlichen Liberalismus«

gestellt wurde. Im Zuge dieser Kampagne wurde unter anderem der Parteichef entmachtet, dem mangelnde Härte vorgeworfen wurde. Das gleiche Muster sollte sich 1989 in ungleich größerem Maßstab wiederholen, allerdings ohne daß die KP ideologisch noch irgend etwas hätte in die Waagschale werfen können, das über den schieren Machterhalt hinausging.

Frühlingserwachen der Literatur

Nach dem Sturz der »Viererbande« nahmen einzelne literarische Zeitschriften ihr Erscheinen wieder auf, bis 1979 eine Blütezeit von Neugründungen einsetzte, wenngleich das staatliche Monopol im gesamten Verlagswesen zunächst erhalten blieb. Als Träger der neuen Verlage und Zeitschriften in den Provinzen und in größeren Städten etablierten sich oft die lokalen Zweige der beiden Zwangskörperschaften Schriftstellerverband und Vereinigung der Literatur- und Kunstschaffenden sowie die Kulturämter der Provinzen, Kreise und Städte. Manche Druckereien und Verlage öffneten ihre Kapazitäten auch für literarisch unambitionierte Massenlektüre unterhaltenden, pornographischen, urheberrechtlich illegalen oder politisch delikaten Inhalts. Als Reaktion darauf wurde 1987 das Amt für Presse und Verlagswesen errichtet, das jede Buchpublikation lizenzieren muß. Dieses grundsätzlich mit einer Zensurbehörde gleichzusetzende Amt, das in früheren Jahren gar nicht notwendig war, weil die Partei ihr Organisationsmonopol ohnehin uneingeschränkt durchsetzte, blieb aber genauso wenig wie andere Bereiche von Korruption verschont. In der Praxis wurden Lizenzen für den Druck rasch selber zur Handelsware. Eigentliche Zensureingriffe selbst blieben punktuell und beschränkten sich in der Regel auf Presseimporte. Eine vor allem in den 1990er Jahren immer gewichtigere Folge der schleichenden Merkantilisierung im Verlagswesen war, daß die völlig verschwundene Figur des freien Autors wieder möglich wurde, der weder als Angehöriger der Kulturbürokratie in seiner Freizeit schreibt noch als Mitglied des Schriftstellerverbandes professionell und damit praktisch als staatlich besoldeter Schriftsteller arbeitet.

Vergangenheitsbewältigung

In der zwischen 1976 und dem Massaker von 1989 entstandenen Literatur lassen sich drei wichtige Tendenzen ausmachen, die zwar zeitlich aufeinander folgen, doch nicht im Sinne einer Periodisierung zu verstehen sind: Die erzählende Literatur widmete sich zunächst der Bewältigung der unmittelbaren Vergangenheit der Kulturrevolution und äußerte sich vorwiegend als Auseinandersetzung mit individuellen traumatischen Erfahrungen, oft grob kontrastiert mit einer glänzenden Gegenwart und mit einem Bekenntnis zur neuen Politik verbunden. Das Schlagwort hierfür ist die Bezeichnung Narbenliteratur, die auf eine gleichnamige Erzählung von 1978 zurückgeht und manche Gemeinsamkeit mit der Trümmerliteratur der deutschen Nachkriegszeit hat. Dafür repräsentativ ist die Erzählung *Die Arche* (*Fangzhou*, 1983) von Zhang Jie, deren Blick in die Gegenwart stets von den psychologischen Auswirkungen der »Narben« geprägt ist.

»Suche nach den Wurzeln«

Eine ganz andere Richtung nahm die »Literatur der Suche nach den Wurzeln« (*xungen wenxue*). Wie der Name andeutet, artikuliert sich in ihr die Suche nach kultureller Identität. Ihre wichtigsten Träger sind Literaten, die in den 1950er Jahren geboren und durch die Wirren der Politik als Kinder, Jugendliche und junge Erwachsene um eine formalisierte Ausbildung betrogen wurden, weil sie statt zur Schule öfter zu politischen Veranstaltungen delegiert oder zur Landarbeit in oft abgelegene Gegenden verschickt wurden. Ihre Werke bringen die Peripherie wieder ins Blickfeld, die Minoritäten und die unterdrückten regionalen Kulturen ebenso wie individuelle religiöse Erfahrungen, die von der offiziellen Ideologie als Aberglaube verfemt sind. Die Reise an die Ränder Chinas steht somit auch für die existentielle Grenzerfahrung jenseits einer städtischen Zivilisation, die immer mehr unverwechselbare Merkmale verliert. Als Beispiel soll weiter unten die Erzählung *Papapa* (1985) von Han Shaogong (geb. 1953) behandelt werden.

Einige Exponenten des bereits erwähnten »Pekinger Frühlings« von 1979 haben in Gedichten versucht, für diese existentielle Erfahrung eine von der Propaganda unberührte, gleichsam unschuldige Sprache zu finden, die sich der empirischen Wirklichkeit so weit verweigert, daß das Ergebnis als »obskure Lyrik« (*menglongshi*) auf scharfe Kritik stieß. Nicht nur die »Suche nach den Wurzeln« hat mit ihren Versuchen, Lokalkulturen literarisch zu verarbeiten, experimentelle Verfahren begünstigt, sondern ebenso die radikalen Zweifel an überkommenen Ordnungsvorstellungen, wie sie die »obskure Lyrik« formuliert. Zu ihren wichtigsten Vertreten gehören neben Bei Dao (geb. 1949), der im Jahre 2000 zu den Kandidaten für den Nobelpreis zählte, auch Yang Lian (geb. 1955), Duo Duo (geb. 1951) und Gu Cheng (1956–1993), der die Radikalität vielleicht am weitesten getrieben hat.

Frauen unter sich: Zhang Jie

Späte Berufung

Zhang Jie (geb. 1937) ist lange vor Gründung der Volksrepublik geboren. Dennoch hat sie erst 1976 begonnen, schriftstellerisch tätig zu werden. Nur wenig jünger als zum Beispiel Wang Meng, wurde sie noch vor dem japanischen Überfall auf China in Peking geboren und wuchs in kleinbürgerlichen Verhältnissen in einer ursprünglich aus der nordöstlichen Provinz Liaoning stammenden Familie auf, die wegen der Kriegsereignisse bald aufs Land ging, wo Zhang Jie Schulen besuchte, die sie 1956 in ihrer Heimatprovinz Liaoning abschloß. An der Pekinger Universität des Chinesischen Volkes studierte sie Ökonomie und wurde 1960 der Planungskommission in Zhengzhou (Provinz Henan) zugewiesen, 1964 dem Ministerium für Maschinenbau.

Wie viele Intellektuelle in vergleichbarer Position wurde sie während der Kulturrevolution zur Landarbeit verschickt, bevor sie wieder ins Ministerium zurückkehrte und 1978 ihre erste Erzählung veröffentlichte. Dieser Text, *Das Kind, das aus den Wäldern kam* (*Cong senlin li lai de haizi*), der mit dem Nationalen Literaturpreis ausgezeichnet wurde, entspricht ganz dem Muster der Narbenliteratur. In seinem Mittelpunkt steht ein Musiker, der aufs Land verschickt wird und nur noch in der Freizeit seine Flöte spielen kann. Bevor er an Krebs stirbt, gibt er sein Können einem Jungen weiter, der nach der Kulturrevolution die Aufnahmeprüfung an das Zentrale Konservatorium besteht, weil die früheren Kollegen des verstorbenen Musikers dessen musikalischen Duktus wiedererkennen. Damit wird die neue historische Epoche allegorisch als erfolgreiche Fortsetzung der Tradition gekennzeichnet und die Kulturrevolution als kulturloses Intermezzo diffamiert. Mit der ebenfalls konventionell und sentimental erzählten Geschichte *Die Liebe darf nicht vergessen werden* (*Ai, shi bu neng wangji de*, 1979) wurde Zhang Jie schlagartig bekannt. Mit dieser Erzählung läßt sich der Beginn einer eigentlichen Frauenliteratur in der Volksrepublik China festmachen, auch wenn Zhang Jie die Etikettierung als Feministin stets zurückweist. In der Erzählung erfährt eine Tochter aus den Tagebüchern ihrer Mutter, daß diese einen Mann geheiratet hat, den sie gar nicht liebt, daß sie aber auch dann ihre wahre Liebe nicht realisiert, als sie Witwe wird. Liebe erscheint als ein abstrakter höchster Wert, der jeden Verzicht rechtfer-

Verzichten wozu?

tigt, auch den Verzicht auf ihre Verwirklichung. Damit grenzt sich *Die Liebe darf nicht vergessen werden* grundlegend von der Verzichtsideologie ab, die in der Literatur seit 1949 dominant gewesen war: der Verzicht auf eine Liebe zugunsten der Partei oder zugunsten der Revolution.

Ebenfalls im Jahre 1979 begann Zhang Jie, Filmdrehbücher zu schreiben, und sie wurde in den Schriftstellerverband aufgenommen. Ab 1980 arbeitete sie im Filmstudio Peking und trat in die KP ein, zwei Jahre später verlegte sie sich ganz auf das Schreiben. Unter ihren auch im Ausland bekannt gewordenen Werken ragt der mehrfach übersetzte Roman *Schwere Flügel* (*Chenzhong de chibang*, 1981) hervor, der allerdings ganz im Bann des politisch vorgegebenen Themas der industriellen Modernisierung steht, die einerseits auf bürokratische Hindernisse stößt, andererseits vor allem von Frauen mit hohen materiellen und psychologischen Opfern bezahlt wird. Seit 1982 unternahm Zhang Jie zahlreiche Auslandsreisen, zuerst in die USA, später nach Deutschland und Österreich.

Drei Frauen

In der längeren Erzählung *Die Arche* (*Fangzhou*, 1983) sind die Themen, Motive und Verfahren, die Zhang Jie verwendet und die ihre Reputation begründet haben, am deutlichsten ausgeprägt. Die Erzählung handelt von drei Frauen, die sich von ihren Männern getrennt haben und in einer Wohngemeinschaft zusammenleben. Sie spielt weitgehend in der geschlossenen Welt dieser Wohngemeinschaft, die auch zum Ort der Reflexion und Verarbeitung von Konflikten und Problemen wird, mit denen sich alle drei Frauen in der Welt außerhalb ihrer Gemeinschaft auseinandersetzen. In Passagen, die außerhalb der Wohnung spielen, treten meistens zwei der drei Frauen miteinander auf.

Obwohl Zhang Jies Erzähltechnik Konzeptionslosigkeit vorgeworfen worden ist, sind die sieben Kapitel der Erzählung *Fangzhou* konsequent gegliedert. Unter den Frauen der Erzählung *Fangzhou* wird Cao Jinghua, mit der die Kapitel eins und vier beginnen, besonders hervorgehoben: Cao Jinghua wurde während der Kulturrevolution in den klimatisch rauhen Nordosten geschickt, wo sie eine lieblose Ehe mit einem Waldarbeiter einging, der sie mißhandelt und dessen Kind sie kurz vor 1976 abtrieb. Sie ist Parteimitglied und wurde erst unlängst wegen eines Artikels angegriffen, der eine »neue Interpretation des Marxismus« lieferte. Die zweite der drei Frauen in der Erzählung ist Liu Quan (Kap. 3 und 5), eine leicht zu verunsichernde Frau, die Englisch studiert hat und von ihrem langweiligen Posten in einem Außenhandelsunternehmen in das Büro für auswärtige Beziehungen, wo sie dolmetschen könnte, zu wechseln versucht; Liu Quan hat einen Sohn und steht in Scheidung. Die dritte Frau der Erzählung ist die Filmregisseurin Liang Qian (Kap. 2 und 6): Auch sie hat einen Sohn, und ist von ihrem Mann, einem windigen Musiker, verlassen worden. Erstmals erhält sie nach der Kulturrevolution die Gelegenheit, einen Film zu drehen, doch als sie sich anschickt, ihr Werk durch das komplizierte Genehmigungsverfahren zu schicken, wird ihr die Aufführung mit der Begründung verweigert, der zu große Busen der Protagonistin mache den Film pornographisch. Im Schlußkapitel der Erzählung veranstalten die drei Frauen in ihrer Wohnung ein Festessen und beschließen, endlich den immer wieder verschobenen gemeinsamen Ausflug zur Großen Mauer zu unternehmen. Damit erscheinen die drei Frauen in ihrer geschlossenen Welt als autonom, ohne daß die aufgezeigten Konflikte aufgehoben wären.

Zu den Nebenfiguren der Erzählung gehören zwei wenig differenziert skizzierte Parteifunktionäre, die als aufrechte oder schlechte Beamte auftreten: Da ist auf der einen Seite der als proletarisches Aushängeschild stilisierte Arbeiter, der zwar während der Vorführung von Liang Qians Film schläft, gleichwohl über dessen Ablehnung mitentscheidet; da ist auch der Vorgesetzte von Liu Quan, der zwar versprochen hat, ihre Versetzung zu unterstützen, sie dann aber stundenlang warten läßt, sich beschäftigt gibt und dabei doch nur Augen für seine kokette Mitarbeiterin hat. Auf der anderen Seite steht ein älterer Parteisekretär, der die wegen ihres Artikels unter Beschuß geratene und zur Selbstkritik angehaltene Cao Jinghua in Schutz nimmt und darauf verweist, sie sei lediglich der von Deng Xiaoping propagierten Devise »die Wahrheit in den Tatsachen suchen« gefolgt, sie habe ein Theoriedefizit im »sozialistischen Aufbau« festgestellt und für eine »geistige Selbstbefreiung des Proletariats« plädiert, sei aber nicht für schrankenlosen Liberalismus eingetreten. Die Worte, die der Parteisekretär zur Verteidigung von Cao Jinghua findet, werfen ein bezeichnendes Licht auf die Terminologie politischer Diskussionen der 1980er Jahre: »Ich unterstütze Genossin Cao Jinghua. [...] Warum? Ganz einfach, weil sie die Wahrheit gesagt hat. Was bedeutet ›Liberalismus‹? Die Abschaffung der führenden Rolle der Kommunistischen Partei. Nichts dergleichen findet sich in Jinghuas Aufsatz. Er stellt lediglich einige akademische Überlegungen zur Debatte.«

Erneut: gute und schlechte Beamte

Als Liu Quan mit ihrem Versetzungsgesuch wiederholt vertröstet und außerdem mit der Anschuldigung konfrontiert wird, sich mit einem Mitglied einer ausländischen Delegation eingelassen zu haben, überwindet sie sich, den nächsthöheren Funktionär in seiner Wohnung aufzusuchen. Seine Gelassenheit erscheint genauso übermenschlich wie seine Ehe mit einer Frau, deren Gesicht »rund und immer noch jugendfrisch« aussieht. Auf das Anliegen von Liu Quan geht er mit keinem Wort ein, sondern hat nur einen paternalistischen Kommentar: »Machen Sie sich keine Sorgen, ich werde Ihnen helfen.« Allenthalben wird die zunehmende Bedeutung von Auslandskontakten deutlich. Wenn aber Liu Quan, deren Vater während der Kulturrevolution wegen seines Englisch-Studiums als Spion verdächtigt wurde, darüber reflektiert, geht sie nicht über die bereits im 19. Jh. formulierte Kluft zwischen materieller und geistiger Zivilisation hinaus: »Wir mögen alles aus dem Westen mit nach Hause schleppen, Elektronik und Coca-Cola, Trident-Flugzeuge und Miniröcke, einzig in punkto Moral bleiben wir uns ewig und unverrückbar treu, hier herrscht Konfuzius bis heute unangefochten.« Die als willensstarke Powerfrau gezeichnete Liang Qian nimmt im Hinblick auf ihre Probleme am wenigsten ein Blatt vor den Mund. Nachdem ihr Film abgelehnt worden ist, formuliert sie zwar eine Tirade, die jedoch Autoritäten nicht grundsätzlich in Frage stellt, sondern im Gegenteil die Legitimität der hierarchisch organisierten Kontrolleure bestätigt:

Alter Glaube, neue Probleme

> Diese Leute kümmern sich einen Dreck um die Entwicklung von Kunst und Literatur oder um den Fortschritt des Sozialismus! Hauptsache, ihr eigener Stuhl gerät nicht ins Wackeln! [...]
> Es ist doch im Grunde anormal, daß alle ungelösten Probleme von Instanz zu Instanz weitergereicht werden und offenbar nur noch auf höchster Ebene gelöst werden können. Das beweist lediglich, daß manche Kader der unteren Ebene unfähig sind und sich vor der Verantwortung drücken. [...] es bleibt einem gar nichts anderes übrig, als zur Spitze zu gehen. (Übers. N. Ma)

Die Vertreter von Autoritäten, mit denen sich alle drei Frauen herumschlagen, sind ausnahmslos Männer. Es ist nur konsequent, wenn die geschlossene Welt der gemeinsamen Wohnung in erlebter Rede bei allen drei Frauen auf das Verhältnis der Geschlechter insgesamt übertragen wird. »Vielleicht existiert eine Kluft ewigen Nichtverstehens zwischen Männern und Frauen, ähnlich der Kluft zwischen den Generationen? Eine Geschlechterkluft? Haben sich Männer und Frauen im gegenwärtigen Stadium der Menschheitsgeschichte unterschiedlich weiterentwickelt, so daß beide Seiten unfähig sind, auf derselben Ebene miteinander zu kommunizieren?«

Ohne Zweifel läßt sich *Die Arche* als »erstes feministisches Manifest in der VR China« (W. Kubin) bezeichnen, zumal Zhang Jie die ökonomische Basis einer Autonomie von Frauen wiederholt anspricht und programmatisch formuliert, auf Ehemänner sei kein Verlaß. Dennoch beruht die enthusiastische Rezeption von *Schwere Flügel* vor allem im deutschen Sprachraum wohl auf einem Mißverständnis, das immer noch geneigt war, Geschlechterrollen als »Nebenwiderspruch« zu behandeln. Der Aufbruch zur Großen Mauer, der am Ende der *Arche* steht und damit über den Text hinausweist, deutet jedenfalls an, daß der nächste Schritt zur Selbstfindung eher in die fernere Vergangenheit führen könnte, wie es die Literatur der »Suche nach den Wurzeln« exemplarisch versucht hat.

Heilssuche an einer mythischen Peripherie: Han Shaogong

Anders als Zhang Jie ist Han Shaogong durch seinen Lebenslauf ein typischer Vertreter der gelegentlich als verlorene Generation bezeichneten Altersgruppe, die ihre formelle Ausbildung vorzeitig abbrechen mußte, weil während der Kulturrevolution die meisten Schulen erst hochgradig politisiert und dann geschlossen wurden. Er war ein begeisterter Rotgardist, als er 1968 in seiner Geburtsstadt Changsha, der Hauptstadt der südwestchinesischen Provinz Hunan, die Mittelschule abschloß und danach als sogenannter gebildeter Jugendlicher zur Arbeit in eine ländliche Gegend geschickt wurde. Wohl ganz zufällig verschlug es ihn in den Kreis Miluo, also genau in die Gegend, wo der Überlieferung nach mehr als zwei Jahrtausende zuvor der verstoßene Dichter Qu Yuan aus Loyalität zu seiner Heimat Selbstmord beging.

Die Verlorene Generation

Schon 1974 wurde Han Shaogong ins Kreis-Kulturamt von Miluo versetzt und publizierte erste Erzählungen, die heute nur noch inoffiziell verfügbar sind, aber zweifellos den klassenkämpferischen Rotgardisten verraten und im ländlichen Milieu angesiedelt sind. 1978 wurde er zum Studium der Chinesischen Sprache und Literatur an der Pädagogischen Hochschule von Changsha zugelassen, die auch Mao Zedong besucht hatte. Während seines Studiums und davor entstanden Erzählungen, die den aktuellen politischen Parolen verbunden waren und im Stil der »Narbenliteratur« die traumatischen Erfahrungen der Kulturrevolution mit den glänzenden Zukunftsaussichten nach dem Sturz der »Viererbande« kontrastierten. Bemerkenswert ist ein vor 1978 entstandener Roman über den revolutionären Aktivisten Ren Bishi (1904–1950), der in den 1920er Jahren in Moskau studierte, früh der KP beitrat und am Langen Marsch teilnahm, bevor er als ZK-Mitglied kurz vor seinem Tod 1949 mit dem Ehrenvorsitz des Jugendverbands bedacht wurde. Indem Han Shaogong sich mit Ren Bishi einer Person annahm, die aus eben dem Kreise Miluo stammte, wohin es den Autor nach seiner Mittelschulzeit verschlug, wählte er eine künstlerische Strategie, der er auch später verbunden bleiben sollte: Er beschäftigt sich mit lokalen Traditionen einer ländlichen Lebenswelt und versucht, ihnen eine über den begrenzten Raum hinausreichende Bedeutung zu geben. Nach Abschluß seines Studiums 1982 ließ sich Han Shaogong zusätzlich in der englischen Sprache ausbilden und war daneben drei Jahre lang Redakteur einer Kulturzeitschrift des Gewerkschaftsbundes, bevor er als professioneller Autor in den Provinzzweig des Schriftstellerverbandes aufgenommen wurde.

Außenseitertum als Programm

Aufsehen erregte seine 1985 erschienene Erzählung *Papapa* (*Bababa*), in deren Mittelpunkt ein Behinderter steht, der sein Leben lang nur zwei Silben aussprechen kann. Er überlebt als einziger in einem Bergdorf, wo die Bevölkerung eine Hungersnot mit schamanistischen Ritualen zu bekämpfen versucht und schließlich alle umgebracht werden, die nicht auswandern können. Die Konzentration auf physische Elementarfunktionen sowie die Verarbeitung lokaler kultureller Praktiken hat Han Shaogong im gleichen Jahr in einem Text über *Die Wurzeln der Literatur* (*Wenxue de gen*) programmatisch zu untermauern versucht und damit der »Literatur der Suche nach den Wurzeln« ein Etikett verliehen. Sie ist gekennzeichnet durch einen umfassenden thematischen und später auch ästhetischen Drang nach der Peripherie: im Raum von den städtischen Zentren zu den ländlichen Randgebieten, in der Zeit vom chinesischen Einheitsstaat zu seinen kulturell verdrängten regionalen Vorläufern. Dem entspricht die Darstellung des versehrten und unvollkommenen Menschen, im Kontrast zur ästhetischen Obsession durch ein gesellschaftliches Ganzes. Es fällt nicht schwer, dies als radikale Abkehr von den totalitären Idealen der Kulturrevolution zu sehen.

Experimente vom Rand her

Im Jahre 1988 zog der bereits mit mehreren essayistischen und erzählerischen Sammelbänden erfolgreiche Han Shaogong von der kontinentalen an die maritime Peripherie Chinas um und ließ sich auf der Insel Hainan nieder, wo er eine Literaturzeitschrift herausgibt. Seither schrieb er neben viel gelesenen Übersetzungen etwa der *Unerträglichen Leichtigkeit des Seins* von Milan Kundera und des *Buches der Unruhe* von Fernando Pessoa (jeweils aus dem Englischen) auch sein bisher wichtigstes Werk *Wörterbuch von Pferdbrücken* (*Maqiao cidian*, 1995), wo er anhand von 115 Schlüsselbegriffen, die teilweise aus dem lokalen Dialekt stammen, einen dörflichen Mikrokosmos in der Provinz Hunan entwirft. Bei den einzelnen Wörterbucheinträgen handelt es sich um kunstreich mit historischen und ethnographischen Exkursen verflochtene Erzählstränge, in denen vor allem Aufstände aus der Kaiserzeit sowie die Spätphase der japanischen Besetzung und die Kulturrevolution verarbeitet werden. Wie schon in vielen anderen Texten von Han Shaogong erscheint Sprache als Emblem für das Verhältnis des Menschen zur Welt, unterstrichen durch die Strukturierung des Werks. Das *Wörterbuch von Pferdbrücken* macht Han Shaogong zu einem der experimentierfreudigsten Prosa-Autoren der Gegenwart. Unter dem Schlagwort »Suche nach den Wurzeln« hat er den radikalsten Versuch unternommen, das bisherige Paradigma literarischer Produktion in China einschließlich aller an westliche Vorbilder angelehnten Modernisierungsversuche in Frage zu stellen. Hier soll die Erzählung *Papapa* näher betrachtet werden, die zeitgleich mit seinem literarischen Credo entstanden ist.

Bilder der physischen Beschädigung

Papapa erschien erstmals im Juni 1985 in der prominentesten Literaturzeitschrift des Landes, der *Volksliteratur* (*Renmin wenxue*). Die Erzählung ist in acht Abschnitte gegliedert und stellt zunächst den Protagonisten vor, den Jungen Bingzai (dessen Name »krankes Schwein« bedeutet), der nur die beiden Worte »Papa« und »X Mama« aussprechen kann – wobei X für ein Verb steht, das den Ausdruck zu einem obszönen Schimpfwort für eine Frau macht. Er hat einen Wasserkopf und hörte irgendwann auf zu wachsen, weshalb er auch Kindgreis genannt wird. Seine Mutter ist Hebamme im Dorf Hühnerkopf, sein Vater hat die Familie längst verlassen, um Opiumhandel zu treiben. Dann wird das abgelegene Bergdorf beschrieben, das phantastische Züge erhält, obwohl es präzise im Grenzgebiet zwischen den Provinzen Hunan und Guizhou lokalisiert werden kann:

> Das Dorf liegt im Hochgebirge über den Wolken. Gehst du aus dem Haus, so versinken deine Füße in der weißen Watte. Sie weicht vor dir und folgt dir zugleich nach, ein unendliches weißes Wolkenmeer umschließt dich, und deine Füße scheinen auf einer winzigen einsamen Insel zu gehen, deren Ufer sie doch nie erreichen werden. Doch die Insel ist nicht völlig ausgestorben, zuweilen siehst du Krähen mit eisernem Panzer [...]. Es müssen uralte Vögel sein, die den Wandel der Zeiten überstanden haben. (Übers. K. Hasselblatt)

Archaische Rituale

Seine Bewohner zitieren bei festlichen Anlässen eine mythische Ahnenreihe, die auf den Gelben Kaiser zurückgeht und ihre Zuwanderung aus dem Osten und Süden einschließt. Bingzai hat vor allem Interesse an Fremden, die er alle mit »Papa« begrüßt, seinem häufigen Ausdruck von Lust, während er auf die Ansprachen seiner Mutter mit »X Mama« als Ausdruck von Unlust reagiert und sich von der Dorfjugend quälen und prügeln lassen muß. Als Hagel und eine Insektenplage die Ernte zerstören, setzt seine Mutter das Gerücht in die Welt, nur ein Menschenopfer könne Abhilfe schaffen. Die Wahl fällt auf Bingzai, doch als er geopfert werden soll, erschüttert ein heftiger Donnerschlag das Dorf. Der konsultierte Schamane befindet darauf, der Hühnerkopf-Berg müsse gesprengt werden, weil dort die Hühnergeister ihr Unwesen treiben. Weil aber auf dem Berg die Felder des Nachbardorfs Hühnerschwanz liegen, flammt eine alte Fehde zwischen den Dörfern Hühnerkopf und Hühnerschwanz wieder auf. Und da seine beiden Worte plötzlich als archaischer Ausdruck der Prinzipien von *yang* und *yin* interpretiert werden, wird Bingzai als Orakel befragt, und es beginnt ein blutiges Morden, bei dem sich die Hunde an den Leichen sattfressen. Bingzai wird von seiner Mutter ausgeschickt, um seinen Vater zu suchen und zu ermorden. Seine Reaktion ist anarchisch und wird als umfassender Zerstörungsakt geschildert, in dem jede Ordnung verlorengeht: »Er [Bingzai] wollte sich rächen. Er stürzte den Stuhl um, kippte das Teewasser ins Bett und die Asche aus dem Ofen in den Teekrug. Ein Stein sprang entzwei, und ein eiserner Topf bekam einen Sprung. / Er zerschmetterte eine Welt.«

Kurz darauf verschwindet seine Mutter und Bingzai macht sich auf die Suche nach ihr. Schließlich braut ein Nachbar für alle Alten und Gebrechlichen, die nicht mehr in der Lage sind zu fliehen, einen Gifttrunk. Als das Dorf bereits entvölkert und verwüstet ist, kehrt Bingzai als Überlebender zurück und findet die Bewohner des Dorfes Hühnerschwanz, die in den Trümmern nach Brauchbarem suchen.

Der Mensch als unvollkommenes Tier

Die Menschen in *Papapa* erscheinen auf ihre physische Existenz und ihre elementaren Bedürfnisse Ernährung, Verdauung und Sexualität reduziert. Sie leben Seite an Seite mit Tieren, sind ihnen im Überlebenskampf aber meist unterlegen. So sagt seine Mutter zu Bingzai: »Du gehorchst nicht, du ißt nur viel und wächst doch nicht heran. Nutzloser als ein Tier bist du – ein Hund wacht wenigstens und ein Schwein kann man schlachten.« Körperliche Mängel und Gebrechen, am ausgeprägtesten natürlich bei Bingzai, sind oft grotesk überzeichnet und geradezu sichtbares Merkmal dafür, daß der Mensch anderen Lebewesen unterlegen ist. Geburt und Tod sind allgegenwärtig und weder faßbar noch sinnvoll. Wenn die Menschen untereinander in Beziehung treten, geschieht es gewalttätig, beruht auf Mißverständnissen oder ist nur vorübergehend. Gegen diese Lebenswelt aus Gefahren und Unsicherheiten richten die Menschen in *Papapa* zum Beispiel den Mythos ihrer gemeinsamen Herkunft auf. Mit archaischen Ritualen und Gebräuchen versuchen sie, sich gegen die existentielle Bedrohung zu schützen, in deren Mittelpunkt plötzlich Bingzai steht. Die Welt des Dorfes Hühnerkopf scheint viel stärker von einer diffusen fernen Vergangenheit als von der Gegenwart geprägt. So ist die Erzählung nur durch Andeutungen historisch verankert.

Subversion durch Sprache

In der Erzählung wird wiederholt die Rolle der Sprache reflektiert. Die Bevölkerung von Hühnerkopfdorf spricht einen archaischen Dialekt, in dem »augen« für »sehen« steht, »waagrechten« für »liegen«. Sogar das Wort »Papapa«, das der Erzählung den Titel gibt, stammt von auswärts, weil im Dorf Hühnerkopf selbst der Vater als »Onkel« angesprochen wird. Der Sohn des Nachbarn bringt aus der Stadt das neue Wort »konservativ« mit, das niemand versteht, ihm aber Macht verleiht. Der verschwundene Vater hatte die Mutter von Bingzai verführt, weil er so gut »unanständige Lieder singen kann«. Von ihm wird eine Ahnenreihe rezitiert, in der als Antithese zur orthodoxen Überlieferung ein »Geschichtsschreiber« erscheint. Er stellt dörfliche Traditionen in Frage und bezeichnet einen Gegner des Gelben Kaisers als seinen Urahnen.

Han Shaogong mußte sich ebenso wie andere Autoren, die sich der Literatur der »Suche nach den Wurzeln« zurechnen lassen, die Kritik gefallen lassen, obszöne Ausdrücke zu benutzen und die literarische Sprache durch dialektale Elemente zu korrumpieren. Ein anderer Vorwurf lautete, die Texte würden sich zugunsten verschiedener Kulturen jeder politischen und gesellschaftlichen Stellungnahme entziehen. Genau dieses Vorgehen enthält jedoch eine eminent politische Aussage, die sich als eine ästhetische Verarbeitung der Kulturrevolution lesen läßt: Die großen Zentren sind ebenso wie jede explizit politische Redeweise diskreditiert. An der Peripherie sind allenfalls authentische Erfahrungen möglich, die wiederum im offiziellen Diskurs tabuisiert sind.

Für die »Literatur der Suche nach den Wurzeln« ist der südamerikanische magische Realismus als literarische Inspirationsquelle genannt worden. Anders als im magischen Realismus sind jedoch in der »Literatur der Suche nach den Wurzeln« die Plätze der Handlungen keine utopischen Orte, sondern ländliche Schauplätze mit identifizierbaren Traditionen. Ein herausragendes Motiv in *Papapa* scheint aus der *Blechtrommel* von Günter Grass zu stammen: Außer durch das Wort »Papapa« und das Unwort »X Mama« verschafft Bingzai seinen Emotionen dadurch Ausdruck, daß er eine blecherne Trommel schlägt und laute Schreie ausstößt. Ebenso wie Oskar Matzerath ist er verkrüppelt und in seinen Artikulationsmöglichkeiten behindert, überlebt aber alle Katastrophen. Die Schilderung »erstaunlicher Begebenheiten« und »übernatürlicher Ereignisse« dagegen, wie sie Han Shaogong mit religiösen und magischen Praktiken verflicht, hat bereits in der älteren Erzählliteratur eine reiche Tradition.

Lyrische Fundamentalopposition: Gu Cheng

Kind der Kulturrevolution

Wie der drei Jahre ältere Han Shaogong gehört der 1956 in Peking geborene Gu Cheng zur verlorenen Generation der Kulturrevolution. Schon der Sechsjährige soll seiner Schwester ein Gedicht diktiert haben. In seinen ersten Schuljahren las er die in China seit den 1920er Jahren berühmten *Souvenirs entomologiques* (1879–1907) von Jean Henri Fabre (1823–1915) mit ihren verhaltenspsychologischen Beobachtungen aus der Insektenwelt, das einzige Buch, das Rote Garden zurückließen, als sie 1966 das Elternhaus von Gu Cheng plünderten.

Während der Kulturrevolution mußte Gu Cheng fünf Jahre lang gemeinsam mit seinem Vater in einer Volkskommune Schweine hüten. Nach seiner Rückkehr nach Peking 1974 lernte er systematisch zu zeichnen und zu malen, und er arbeitete wechselweise als Anstreicher, Zimmermann, Werbezeichner fürs Kino, Verkäufer und Aushilfs-Redakteur. Im April 1976 war er unter den Teilnehmern der Gedenkdemonstrationen für den verstorbenen Ministerpräsidenten, im gleichen Jahr stellte er einen eigenen Gedichtband zusammen. Erst 1979 erschien als erste Publikation Gu Chengs das Titelgedicht dieses Konvoluts, *Namenlose Blumen* (*Wuming de xiao hua,* geschrieben 1971). In der Zwischenzeit hatte sich Gu Cheng der Gruppe um die Untergrundzeitschrift *Jintian* angeschlossen, die im Umfeld des »Pekinger Frühlings« 1978/1979 entstanden war und viele seiner Gedichte erstmals bekannt machte. Gu Cheng nahm auch an legalen Lyrik-Treffen teil, die seinen Namen bekannt machten. Im Januar 1980 erschien eine offiziöse Kritik, in der die Gedichte von Gu Cheng und anderen als *menglong* (»unverständlich«, »obskur«, »wirr«, »von magischer Verführungskraft«) angegriffen und verworfen wurden. Fortan diente der Ausdruck *menglong* als Etikett für das formal überaus heterogene lyrische Schaffen verschiedener Autoren. Allerdings ist es bezeichnend für die »obskure« Lyrik, daß ihre oft halblegal operierenden Aktivisten in der zweiten Hälfte der 1980er Jahre zunehmend mit Unterstützung des offiziellen Kulturbetriebs der Provinzen rechnen konnten, während sie in Chinas Hauptstadt im Visier der Zensoren standen.

»Obskure Lyrik« aus dem Untergrund

Anfangs 1982 erschien ein erster Sammelband, der Gedichte von Gu Cheng und Shu Ting (geb. 1953) vereinigte; ihm folgte der Band *Schwarze Augen* (*Hei yanjing*, 1986), dessen Titel auf das in China wohl berühmteste Gedicht von Gu Cheng anspielt. Nach zahlreichen Auszeichnungen trat Gu Cheng 1987 eine Europa-Reise an, die ihn zu Lyrik-Treffen und an manche Universität im Ausland führte, bevor er im Jahr darauf einer Einladung nach Neuseeland folgte, um an der Universität von Auckland Chinesisch zu unterrichten. Obwohl er seine Stelle als Lektor bald aufgab und sich zusammen mit seiner Frau Xie Ye auf eine ländliche Insel zurückzog, wurde Neuseeland fortan zum Bezugspunkt seines sonst unruhigen Exils mit Stationen in Deutschland, Holland und den USA.

Exil mit blutigem Ende und dessen Überhöhung

Mehr öffentliche Aufmerksamkeit als seinem literarischen Werk selbst ist jedoch der Art und Weise zuteil geworden, durch die sich Gu Cheng im Oktober 1993 in eine Reihe von Lyrikern seiner Generation brachte, die freiwillig aus dem Leben schieden: Kurz nach der Rückkehr von einer längeren Reise, die ihn und seine Frau nach sechs Jahren des Lebens in der Fremde erstmals wieder nach Peking geführt hatte, erschlug Gu Cheng in seiner Wahlheimat Neuseeland seine Frau Xie Ye mit einer Axt und erhängte sich anschließend selbst. Er hat damit blutig den Preis verschiedener Spannungen dokumentiert: zwischen lyrischer Sensibilität und totalitärer Kontrolle, zwischen dem Exil und dem Verlust vertrauter Sprache und Leserschaft. Dies alles ist sicher durch persönliche Hintergründe verstärkt worden, zu denen auch eine unglückliche Dreiecksgeschichte gehört, die in *Ying'er* (1993) verarbeitet ist. Ein Computerausdruck dieses Werks, bei dem Xie Ye unter Pseudonym als Mitautorin erscheint, erzielte auf dem Autographenmarkt in Hong Kong nach Verbreitung der Todesnachricht einen Höchstpreis und erschien nur Wochen später in zwei unterschiedlichen Fassungen in der Volksrepublik China, wo zuvor über Jahre hinweg Texte von Gu Cheng nicht offiziell gedruckt werden durften. Gleichzeitig setzte, verbunden mit einer Flut von biographischen Werken, eine romantische

Überhöhung seiner Tat als Doppelselbstmord ein. Sein Vater Gu Gong (geb. 1928), selbst Lyriker aus dem Umfeld der Armee, veranstaltete 1995 eine nicht über jeden Zweifel erhabene Ausgabe sämtlicher Gedichte und trug damit ebenfalls zu einem biographistischen Bild von Gu Cheng bei, das wohl noch lange prägend bleiben wird.

Das vermutlich früheste erhaltene Gedicht von Gu Cheng gehört zu den zahlreichen kurzen Texten, die im Stil von Epigrammen fast ausschließlich durch ihre Bilder wirken, weniger durch rhythmische oder klangliche Elemente. Möglicherweise handelt es sich um das schon erwähnte von der Schwester niedergeschriebene Gedicht, doch ist den Datierungen der posthumen Werkausgabe insgesamt mit Vorsicht zu begegnen. Unabhängig davon schlägt das Gedicht *Pappel* (*Yangshu*, 1964) bereits zentrale Themen an, die sich durch das gesamte lyrische Werk verfolgen lassen. Dazu gehört die Obsession mit der visuellen Wahrnehmung, die später zur umfassenden Metapher der individuellen, subjektiven und poetischen Sicht auf die Welt ausgearbeitet werden sollte: »Ich verliere eben einen Arm [...] / Und so / öffne ich mir ein neues Auge.« Dieses Kindheitsgedicht – wenn es denn ein solches ist – konzentriert sich auf den Körper: Um ein neues, also ein zusätzliches Auge zu öffnen, wird der Körper verletzt. Man mag dies nicht nur mit einer kindlichen Vorstellungswelt erklären, sondern auch mit dem Motiv körperlicher Schädigung in der »Literatur der Suche nach den Wurzeln« in Verbindung bringen: Der verlorene Arm ist der Preis für eine neue Sicht. Es ist wohl nicht zu weit gegriffen, darin das Urbild einer Dichotomie von Handeln und Erkennen zu lesen. Darüber hinaus erschließt sich eine zusätzliche Bedeutung aus der Verbindung von Gedichttext und Gedichttitel: Das im Text entfaltete Bild des menschlichen Körpers offenbart im Titel die Quelle der Analogie.

Versehrter Körper als Organ der Erkenntnis

Ein vergleichbares Verfahren verwendet Gu Cheng in seinem berühmtesten Gedicht *Eine Generation* (*Yidai ren,* 1979). Die paradoxe Fügung der »schwarzen Augen«, die möglicherweise auf einen dialektalen Ausdruck zurückgeht und wilde Entschlossenheit bei gleichzeitiger Einsicht in eigene Machtlosigkeit bezeichnet, ist Ergebnis der »schwarzen Nacht«, die zum Zeitpunkt der Entstehung als Metapher für die Kulturrevolution zu erkennen war. Da die vermutlich durch das Christentum nach China gelangte Lichtmetaphorik im kulturrevolutionären Mao-Kult eine dominante Rolle spielte, erfährt sie zugleich eine Umdeutung. Erst durch den abstrakten Ausdruck des Titels entfaltet das Gedicht jedoch seine letztlich politische Dimension, die aus der Aussage des lyrischen Ich die Schilderung einer kollektiven Erfahrung macht:

> Die schwarze Nacht gab mir schwarze Augen,
> Doch ich suche mit ihnen das Licht.
> (Übers. P. Hoffmann)

Explizite zeitgeschichtliche Bezüge finden sich in der letzten Werkgruppe Gu Chengs, dem 1992/1993 entstandenen Zyklus *Cheng* (wörtlich »Stadtmauer«), dessen einzelne Titel meist Lokalitäten in Peking bezeichnen. Weil *Cheng*, der Name des Gedichtzyklus, darüber hinaus aber auch der Vorname des Autors ist und die Gedichte nicht nur von Erinnerungen, sondern zweifellos auch von Eindrücken des letzten Besuchs in der Stadt geprägt sind, kann der Titel zweifach als *Peking, Ich* wiedergegeben werden. Das folgende Gedicht entstammt diesem Zyklus. Seine Überschrift *Xidan* ist nach dem Namen einer Straßenkreuzung westlich des Tors vom Himmlischen Frieden gewählt, eine weitere Kreuzung, Liubukou, ist im Gedicht

Schauplatz des Massakers

selbst erwähnt. Zwischen beiden Kreuzungen fielen in der Nacht vom 3. auf den 4. Juni 1989 vermutlich mehr Menschen den anrückenden Armeetruppen zum Opfer als an anderen Orten der Stadt. Die schon in früheren Gedichten Gu Chengs verknappte Sprache wird weiter aufgelöst. Der Verzicht auf Satzzeichen und häufige Enjambements stellen bewußt verschiedene syntaktische Deutungsmöglichkeiten her:

Wie ich es sehe, hier war wohl
der Protest gegen Japan
die Aufforderung zur Hygiene

die Frauen tragen Lampen
die Nacht ist ein Schemen du kannst herauskommen

den Wochenkommentar lesen unter der Uhr von Liubukou
in einem kleinen Laden die vertrauten
Stufen schauen so viele Seiten mit den Kommentaren
dem Preis der Armee für Geschriebenes

sie alle tragen ihre Lampen
in die Wohnblocks
anscheinend, um dich glücklich zu machen
halten sie an werfen Flaschen und nichts wie weg

vor den Toren der eigenen Fabrik halten sie sich
meist zurück

die Kerle kennt jeder
fast alle haben schon mal was von Orangensaft gehört
(Übers. W. Kubin)

Der im Gedicht genannte geographische Ort in Peking wird als eine Stätte gekennzeichnet, die in der jüngeren Geschichte Chinas schon zahlreiche öffentliche Demonstrationen sah: In den Jahren 1919 und 1935 wurde hier gegen Japan demonstriert, später fanden offiziöse Massenaufmärsche statt und es wurden Schaukästen mit hygienischen Verhaltensvorschriften montiert. Auch die im Gedicht angesprochenen Flaschen enthalten einen politischen Hinweis. Sie verweisen auf den stillen Protest nach dem Massaker von 1989, als in Peking viele »kleine Flaschen« (*xiao ping*) zerschlagen wurden, um auszudrücken, daß der greise Deng *Xiaoping* als Hauptverantwortlicher des Massakers zu betrachten sei.

Faszinosum Zeichenschrift

Ein wichtiger Aspekt des Schaffens von Gu Cheng, das ihn auf überraschende Weise etwa mit Zhang Ailing verbindet, kann hier nur angedeutet werden: Gu Cheng hat leidenschaftlich gezeichnet und zahlreiche Abschriften seiner Gedichte mit Federzeichnungen versehen, und er hat viele Kalligraphien hinterlassen, die mit antikisierenden Schreibformen experimentieren. Die Verarbeitung gestalterischer Elemente der chinesischen Zeichen verbindet ihn mit dem ebenfalls der »obskuren Lyrik« zugerechneten Yang Lian. Im Gegensatz zu diesem und auch zu Bei Dao bedient sich Gu Cheng einer eng an den Alltagsgebrauch angelehnten Sprache. Alle drei Lyriker verbindet das Pathos der »Suche« und oft auch die unbestechliche Bestandsaufnahme ihres Scheiterns. Durch ihre Exilerfahrung repräsentieren sie eine Phase, in der die Verbreitung und Rezeption der chinesischen Literatur der Volksrepublik China nicht mehr vornehmlich auf das staatliche Hoheitsgebiet beschränkt bleibt. Diese Entwicklung setzte in den beiden letzten Jahrzehnten des 20. Jh.s ein und dauert bis heute an. Zu ihren Ursachen zählt eine dramatisch zunehmende Mobilität ebenso wie die Verbreitung neuer Medien, aber auch die abnehmende Effizienz der Kontrolle über die Druckerzeugnisse, wodurch sich der Austausch zwischen den chinesischsprachigen Gemeinschaften in Ostasien und darüber hinaus bedeutend intensiviert hat.

Neue Märkte und ein Nobelpreis auf Chinesisch

Nach der Niederschlagung der Proteste im Juni 1989 unterzogen die universitären Organe der KP die Studierenden in den knapp 30 Städten, wo es zu Großdemonstrationen gekommen war, einer rigorosen Rechenschaftspflicht, während sich die zentrale Propaganda darauf verlassen konnte, daß ihre Lüge, der große Protest sei ein vom Ausland finanzierter parteifeindlicher und konterrevolutionärer Aufstand gewesen, außerhalb der Großstädte und damit bei den allermeisten Chinesen Glauben fand. Bis Juli 1989 wurden rund 5000 Aktivisten verhaftet und 29 angebliche Rädelsführer hingerichtet. Vielen anderen gelang die Flucht ins Ausland, in die USA und nach Europa, auch nach Hong Kong. Die Studentenproteste und deren Niederschlagung gaben den konservativ-orthodoxen Kräften innerhalb der Partei- und Staatsführung Auftrieb und bestätigten ihre Skepsis gegen die Öffnungspolitik und den bürgerlichen Liberalismus, den sie zurecht als Ergebnis eines befreiten Warenverkehrs sahen.

Bleierne Zeit

Anders als die Kulturrevolution, die sich über einen langen Zeitraum in einem für Ausländer kaum zugänglichen Land abspielte, ereignete sich das Massaker von 1989 vor den Fernsehkameras der Welt. So wurden denn auch unter dem Eindruck der ersten Empörung Sanktionen gegen die Volksrepublik China verhängt. Sie wichen jedoch bald dem Druck der Wirtschaft, die ihre Investitionen in China und den Zugang zum weltgrößten Markt gefährdet sah. Im Januar 1992 setzte der bald 90jährige Deng Xiaoping als graue Eminenz Chinas in einer publizistisch breit aufgemachten Reise nach Südchina ein klares Signal an die Wirtschaft und die Partei, daß der Staat sich um Wirtschaftswachstum und Stabilität kümmern müsse. Ende des gleichen Jahres erhob die KP die »sozialistische Marktwirtschaft« zum Programm, erteilte aber gleichzeitig einem parlamentarischen Mehrparteiensystem eine Absage. Der Kollaps der kommunistischen Herrschaft in den Staaten des Warschauer Pakts und die enormen ökonomischen Probleme nach dem Zusammenbruch der Sowjetunion schienen diesen Weg zu bestätigen.

Ideologische Kosmetik

Die sozialen Spannungen, die nach 1992 durch mehrere Inflationswellen und frühkapitalistische Arbeitsbedingungen verstärkt wurden, entluden sich wiederholt in lokal begrenzten Streiks. Sie wurden regelmäßig unterdrückt und führten zu oft brutaler Repression, wenn das leninistische Organisationsmonopol von Partei und Staat in Frage gestellt schien, wie es besonders bei Demonstrationen der Falungong-Massenbewegung 1998 deutlich wurde. Allen Drohungen zum Trotz nahm das Ausland nach 1989 das aktuelle oder für die Zukunft erhoffte wirtschaftliche Potential Chinas für wichtiger als sein politisches Verhalten oder gar sein Verhalten in Fragen der Menschenrechte. China durfte es als Erfolg verzeichnen, im Jahre 2001 in die Welthandelsorganisation WTO aufgenommen zu werden und den Zuschlag zu erhalten, die Olympischen Spiele 2008 auszurichten. Die Wie-

Repression und Patriotismus

dergewinnung der Souveränität über die beiden Kolonien Hong Kong (1997) und Macao (1999) taten das Ihre zur Stärkung des chinesischen Selbstwertgefühls. Insgesamt hat die Entwicklung in der chinesischen Lebenswelt solche Umwälzungen bewirkt, daß mitunter von der weißen Revolution gesprochen wird, die langfristig alle Turbulenzen des 20. Jh.s in den Schatten stelle.

Seit 1989 war die kulturpolitische Linie der Partei durch Zuckerbrot und Peitsche gekennzeichnet, wobei im Sog der Merkantilisierung ihr Handlungsspielraum bis zur Jahrtausendwende bedeutend abgenommen hat. Unmittelbar im Anschluß an das Massaker sah sich die kulturkritische Fernsehserie *Heshang* (Flußelegie, 1987/1988) heftiger Kritik ausgesetzt. Sie hatte zwei Traditionslinien in der chinesischen Geschichte postuliert, eine »kontinentale«, »gelbe«, auf sich selbst und die Vergangenheit bezogene und damit »konservative« einerseits, und eine »maritime«, »blaue«, an der Außenwelt interessierte, zukunftsorientierte und damit »progressive« andererseits. Ihr wurde vorgeworfen, sie lehne nationale Traditionen ab, verzerre die chinesische Revolution, propagiere eine vollständige Verwestlichung und habe zur »Verwirrung im Denken der ganzen Nation« beigetragen. Im gleichen Jahr 1989 deklarierte die KP die *Aussprachen über Literatur und Kunst* (1942) von Mao Zedong erneut zur verbindlichen Norm, während eine Kampagne gegen Pornographie andeutete, wo künftig die Linien literarischer Auseinandersetzung verlaufen: weniger zwischen Orthodoxie und Heterodoxie als zwischen elitärer Minderheit und populärer Mehrheit.

»Gelbe Kultur« und »blaue« Kultur

Ein wichtiges Faustpfand der Produzenten war, daß ebenso wie für andere Konsumgüter auch für literarische und sonstige künstlerische Erzeugnisse in den Schlüsselregionen Volksrepublik China, Hong Kong und Taiwan ein *Greater China* entstanden war. Symbolfigur war die Übersetzerin und Schriftstellerin Yang Jiang, deren Kurzroman *Das Bad* (*Xizao*) unter anderem deswegen gefeiert wurde, weil er 1988/1989 in allen drei Regionen erschien.

Gleichzeitig erhielten chinesische Gemeinden in der ganzen Welt durch die Emigration von Intellektuellen gewaltigen Zustrom. Vor allem in den USA und Frankreich, aber auch in Deutschland und Skandinavien entstanden neue Exil-Zeitschriften, die Emigranten selbst ebenso wie in der Volksrepublik lebenden Autoren offenstehen und manche unter ihnen zu Einnahmen kommen lassen, die sie von der herkömmlichen staatlichen Alimentierung unabhängig machen. Das vordem eher abstrakte *Commonwealth* der chinesischen Literaturen wurde nun konkret und besonders in den USA als *cultural China* propagiert.

Die Hand des Markts und eiserne Tabus

Innerhalb der Volksrepublik vollzog sich eine Entwicklung, die sich ideologisch bereits in der Literatur der »Suche nach den Wurzeln« abgezeichnet hatte: Der Markt höhlte die zentralistischen Kontrollmechanismen so weit aus, daß die in der Provinz erscheinenden Literaturzeitschriften kaum zu zensieren waren. So konnte der Schriftsteller Wang Shuo (geb. 1958) in einer Zeitschrift in Nanjing 1989 unbehelligt einen Roman veröffentlichen, der nicht nur das Pekinger Massaker, sondern auch die nationalistischen Exzesse der KP-Propaganda als Groteske thematisiert: Armeepanzer schießen mit Blumen und Wasser auf eine Demonstration und der Protagonist stellt die Ehre Chinas wieder her, indem er in Japan den Weltrekord in der Leidensfähigkeit aufstellt.

Auch wenn wiederholt Zeitschriften geschlossen oder Autoren sanktioniert wurden, handelte es sich meist um exemplarische Maßnahmen, die man nicht verallgemeinern sollte. Tatsächlich gibt es außer den eisernen vier Grundprinzipien – Sozialismus, Diktatur des Proletariats, Führung durch die KP, Marxismus-Leninismus – für die Literatur kaum noch Tabus. Die 1998 erfolgte Zusammenführung des Kulturministeriums und des Fernmeldeministeriums in ein »Ministerium für Informationsindustrie« verrät das derzeit vorwiegend technokratische Selbstverständnis der staatlichen Organe.

Erlösungssehnsucht in Identitätsspielen: Gao Xingjian

Obwohl sie in blutigen Bürgerkriegsjahren aufwuchsen, scheinen der 1940 geborene Gao Xingjian und sein zwei Jahre jüngerer Bruder, der heute als Komponist in Nanjing lebt, eine glückliche Jugend verbracht zu haben. Die Mutter, eine engagierte Laienschauspielerin, führte ihre beiden Söhne an wichtige Werke chinesischer und ausländischer Literatur heran und ließ sie kleine Sketche einüben, die dem Vater vorgeführt wurden. Sein Lieblingsberuf Schauspieler blieb Gao Xingjian allerdings wegen seiner geringen Körpergröße verwehrt, stattdessen studierte er französische Sprache und Literatur am Pekinger Fremdspracheninstitut. Danach wurde ihm eine Stelle bei der Propagandazeitschrift *La Chine en construction* zugewiesen, wo er bis 1969 als Übersetzer arbeitete und ab 1966 aus nächster Nähe die blutigen Kämpfe zwischen Roten Garden miterlebte. Wie den meisten Intellektuellen seiner Generation blieben auch ihm Jahre der Landverschickung nicht erspart: Ab 1970 arbeitete er in der Provinz Jiangxi, bald konnte er eine Versetzung als Dorfschullehrer erwirken, bevor er sich 1975 wieder in Peking niederlassen durfte, wo er als Übersetzer und Dolmetscher in den Schriftstellerverband aufgenommen wurde. Die Kulturrevolution ließ es Gao Xingjian ratsam erscheinen, alles während seiner Kindheit und Jugend und auch im Studium Geschriebene zu verbrennen – »zusammen über 30 Kilogramm Papier«, wie er selbst sagte.

Verhinderter Schauspieler

Nach seiner Rückkehr nach Peking begleitete Gao Xingjian den Romancier Ba Jin 1979 auf einer Reise nach Paris, im Jahr darauf war er zusammen mit dem Lyriker Ai Qing (1910–1996) in Frankreich und Italien. Daraus entstanden die literarisch-essayistischen Veröffentlichungen *Ba Jin in Paris* (*Ba Jin zai Bali,* 1980) und *Italienisches Capriccio* (*Yidali suixiangqu,* 1980). Noch bevor seine ersten eigenen Werke erschienen, veröffentlichte Gao Xingjian überdies literarische Übersetzungen, die bisher kaum Beachtung fanden. Dazu zählen *La Cantatrice chauve* (1950), Eugène Ionescos (1912–1994) Programmstück des absurden Theaters, ebenso wie Gedichte von Jacques Prévert (1900–1977), Francis Ponge (1899–1988) und Georges Perec (1936–1982), in deren Lyrik man etwa experimentelle Textcollagen findet, die politische Phrasen lächerlich machen.

Dolmetscher – Übersetzer – Literat

Seiner ursprünglichen Neigung entsprechend wurde Gao Xingjian 1981 Dramaturg und Autor beim Theater der Kunst des Volkes. Mit einer im gleichen Jahr publizierten Artikelserie über Erzähltechniken der Moderne entfachte er eine Debatte über den Wert der geltenden literarischen Doktrin des sozialistischen Realismus und die sogenannten nationalen Formen. Dabei mußte sich Gao Xingjian heftige Angriffe gefallen lassen, aber es dauerte noch weitere zwei Jahre, bis ihn sein Theaterstück *Busstation* (*Chezhan*, Uraufführung 1983) berühmt machte. Das Stück, in dem stark typisierte Personen vergebens auf einen Bus warten, und das als Allegorie für einen gescheiterten Aufbruch nach der Kulturrevolution gelesen werden kann, brach so radikal mit allen Konventionen, daß es nach nur drei

Chinesische Hoffnungen als absurdes Theater

Aufführungen abgesetzt und danach nur noch gespielt wurde, um Journalisten für die »Kampagne gegen geistige Verschmutzung« einzunehmen. *Die Busstation* stieß bei westlichen wie bei chinesischen Kritikern gleichermaßen auf Skepsis, und man betrachtete das Stück als ein bloßes Remake von Samuel Becketts *Warten auf Godot* (1950). Im Westen geschah dies, um dem Autor mangelnde Originalität zu bescheinigen; in China, um ihn als Nihilisten zu diffamieren. An der *Busstation* lassen sich eine Reihe von Techniken identifizieren, die als Grundlage für alle weiteren schriftstellerischen Experimente von Gao Xingjian gelten können.

Heterodoxie und Intertextualität

In der *Busstation* läßt Gao Xingjian eine szenische Skizze aus *Wilde Gräser* (1927) von Lu Xun aufführen. Daß sie vom gleichen Schauspieler dargestellt wird wie »der Schweigsame« in der *Busstation*, kam einem Sakrileg gleich: Nach orthodoxer Lesart symbolisierte »der Vorübergehende« in der Skizze von Lu Xun den Kämpfer für eine bessere Zukunft, der die elende Gegenwart hinter sich läßt. In der *Busstation* verläßt der Schweigsame die Gruppe der wartenden Fahrgäste, denen sich weitere Figuren zugesellen: die Mutter, der Brillenträger, der Hitzkopf, der Handwerker, Bürovorsteher Ma. Als die Gruppe schließlich das Warten aufgibt und zu Fuß aufbricht, bittet Bürovorsteher Ma zu warten, weil er noch seine Schuhe schnüren muß – und das Stück bricht ab.

Anders als bei Godot erscheint das Warten der Figuren in der *Busstation* nicht von vornherein sinnlos. Sie warten vielmehr, weil sie den falschen Versprechungen der Busgesellschaft glauben. Darin ist unschwer eine Allegorie auf die Rolle der KP zu erkennen: »zehn Jahre Warten« spielen unmißverständlich auf die Kulturrevolution an. Die Regieanweisungen in der *Busstation* lassen mehrere Figuren jeweils gleichzeitig sprechen, womit Sprache ihrer konkreten Bedeutungen beraubt wird. Solche formalen Experimente kollidieren bewußt mit der offiziösen Forderung, klare Aussagen zu machen.

Zwei Jahre nach der *Busstation* brachte Gao Xingjian *Die Wilden* (*Yeren*, 1985) zur Aufführung, das letzte Theaterstück, das er in China schrieb – ein Stück, das zwar in zeitgenössischem chinesischen Umfeld spielt, doch ganz unterschiedliche Figuren auftreten läßt, die zum Teil der chinesischen Mythologie entsprungen sind, zum Teil parodistisch überhöhte Zeitgenossen, etwa einen Umweltschützer, darstellen. Im Jahre 1985 war es auch, daß Gao Xingjian einer Einladung nach Berlin folgte, wo er allerdings weniger als Theaterautor denn als Maler hervortrat. In seinem nächsten Stück, *Das andere Ufer* (*Bi'an*, 1986), verließ er radikal jeden konkreten sozialen Bezug und gestaltete abstrahierte Figuren, die nur noch im Bühnenraum agieren, ohne daß ihre Aktionen lebensweltlich nachvollziehbar wären.

Von der Bühne zur Malerei

Als Gao Xingjian 1987 erneut als Maler nach Deutschland eingeladen wurde, reiste er nach Paris weiter, um sich dort endgültig niederzulassen und sich zunächst vor allem der Malerei zu widmen. Kurz nach dem Massaker auf dem Platz des Himmlischen Friedens trug ihm das Theaterstück *Flucht* (*Taowang*, 1990) wegen seiner betont antipolitischen Sicht auf die Pekinger Ereignisse den Zorn chinesischer Exilanten ein.

Seit den frühen 1990er Jahren schrieb Gao Xingjian mehrere Stücke, in denen er die im *Anderen Ufer* erstmals eingesetzten Abstraktionen weitertrieb, zwei davon zunächst in französischer Sprache, *Le somnambule* (1993) und *Quatre quatuors pour un week-end* (1992–1995). Er nahm Anteil an Inszenierungen seiner Stücke in aller Welt, gleichzeitig vollendete er *Die Bibel eines Einzigen* (*Yi ge ren de shengjing*, 1999), einen umfangreichen Prosatext, von dem noch die Rede sein wird.

Im Jahre 1990 legte Gao Xingjian sein großes Prosawerk *Der Berg der Seele* (*Lingshan*) vor, das er bereits in den frühen 80er Jahren geplant hatte. Das 81 Kapitel starke Werk enthält Elemente verschiedener Textsorten: Reportage und philosophischer Traktat, ethnologischer Bericht und historische Abhandlung, innerer Monolog und langes Zwiegespräch. Der Protagonist ist ein Schriftsteller, der als Ich-Erzähler über eine Reise berichtet. Sein Gesprächspartner, sein zweites Ich, befindet sich auf der Suche nach »Wahrhaftigkeit«, und so wird *Der Berg der Seele* zu einer religiös überhöhten Suche nach authentischer Erfahrung und dem »wahren Leben«, deren Mittel das Schreiben und die Literatur sind:

> Du weißt ja, daß ich nur zu mir selber spreche, um mich weniger einsam zu fühlen. Du weißt ja, daß es nichts gibt, was dieses Gefühl der Einsamkeit auflösen könnte, niemand kann mich davon befreien. So bleibt mir nichts anderes übrig, als mich selbst als Gesprächspartner zu wählen.
> In diesem langen Monolog bist du der Gegenstand meines Gesprächs. Du hörst mir zu und bist nichts als mein Schatten.
> Wenn ich dir zuhöre, der du ich selbst bist, lasse ich dich eine Sie erschaffen, denn genauso wie mir ist dir die Einsamkeit unerträglich, und du brauchst ein Gegenüber. (Kap. 52)

Ich – du – er

Sinnbild der Wahrheitssuche der zweiten Person ist deren eigentliches Reiseziel, der imaginäre Berg der Seele, der dem Werk den Titel gibt. Der chinesische Ausdruck *lingshan* hat viele unterschiedliche Bedeutungen, die im Text alle mitschwingen: Er ist eine Bezeichnung für das Paradies des religiösen Daoismus, die mythische Insel mit dem Berg Penglai, auch bezeichnet er das Kunlun-Gebirge im Westen Chinas, das in der volkstümlichen Überlieferung der Sitz der Unsterblichen ist. Aber »Berg der Seele« verweist auch auf Gṛdhrakûṭa, eine heilige Stätte des Buddhismus, und der Name steht seit dem 5. Jh. für eine harmonische Landschaft, wo der Mensch mit der Welt und sich selbst eins ist. Eine wichtige Rolle im Werk spielen die dritten Personen, denen der Protagonist auf seiner Reise vom 5. Kapitel an begegnet: Sexuelle Begegnungen mit Frauen sind Element der Selbstfindung der zweiten Person. Oft sind diese Frauen gesellschaftliche Außenseiterinnen oder gehören ethnischen Minoritäten Chinas an. Die existentiellen Dimensionen von Sexualität und Religiosität werden so zu Chiffren der Selbstfindung, die das entfremdete Leben in der Stadt überwinden soll und nur an der Peripherie möglich scheint. Die städtischen Zentren repräsentieren die – mal konfuzianische mal kommunistische – Orthodoxie, während die Peripherie religiöse Traditionen bewahrt und unmittelbare Erfahrung zugänglich macht. Am Schluß des *Berges der Seele* werden die erste, zweite und dritte Person zu einer Synthese zusammengeführt. Daß Individualität, ja Personalität und Persönlichkeit überhaupt als schiere Projektionen erscheinen, erinnert an den buddhistischen Gedanken, alle Erscheinungen seien illusionär. Jede Erkenntnis eines anderen scheint ausgeschlossen.

Solipsistische Erkenntnisfiguren

In den 61 Kapiteln der schon im Titel mit religiösem Anspruch auftretenden *Bibel eines Einzigen* wird die gleiche Technik verschiedener Personalpronomina erneut verwendet. Der Protagonist, ein Stückeschreiber, tritt zunächst in zweiter Person in der Gegenwart auf. Am Anfang fühlt er sich in einem Hotelzimmer in Hong Kong, wo er eine leidenschaftliche Affäre mit einer Deutschen erlebt, plötzlich im Liebespiel beobachtet. Dadurch wird er an seine Vergangenheit während der Kulturrevolution erinnert, die von permanenter Angst geprägt war, beobachtet zu werden. Seine durch ihre jüdische Herkunft als Außenseiterin gekennzeichnete Gefährtin ermutigt ihn, diese Erinnerungen niederzuschreiben. Das geschieht in der dritten Person. Dadurch erhält der Protagonist zwei Identitäten, eine zweite Person, die durch das Exil getrennt ist von der dritten Person, die in großer Distanz zum Erzähler alle Schrecken und Ängste der Kulturrevolution durchlebt, von den Fraktionskämpfen zwischen Roten Garden bis zur Landverschikkung. In diesem Falle sind es aber auch Lüste, denn erneut sind die sexuellen Erfahrungen des Protagonisten prominent. Die dritte Person erlebt ihre sexuelle Initiation durch die Ehefrau eines hohen Parteikaders, entzieht sich aber immer wieder durch Flucht der Gefahr, zwischen die Fronten zu geraten. Durch die offensichtlichen Parallelen zur Biographie Gao Xingjians entbehren die zahlreichen Details über erotische Vorlieben des Protagonisten, des ehemaligen Rotgardisten und des in verschiedenen Weltstädten auftretenden Bühnenautors nicht einer gewissen Peinlichkeit. Die beiden großen Prosawerke Gao Xingjians sind dadurch verbunden, daß die Identität ihres jeweiligen Protagonisten auf verschiedene Rollen aufgesplittert ist und damit fragwürdig erscheint. Gefahren entgehen die Protagonisten ebenso wie Festlegungen auf eine Identität immer wieder durch Flucht. Gao Xingjian formuliert dazu programmatisch:

Flucht als Rettung

> Einsiedler zu werden oder Wahnsinn vorzutäuschen, waren in alten Zeiten [in China] Fluchtmöglichkeiten, Mittel des Selbstschutzes, wenn keine andere Wahl blieb. Die Gesellschaft der Gegenwart ist nicht unbedingt zivilisierter und bringt nach wie vor Menschen um, ja sogar mit noch vielfältigeren Mitteln, zum Beispiel der »Selbstkritik«: Wer nicht bereit ist, ein Geständnis abzulegen und sich auch sonst anzupassen, dem bleibt nichts anderes übrig, als zu schweigen. Schweigen ist jedoch Selbstmord, eine Art geistiger Selbstmord. Wer also nicht umgebracht werden und auch nicht Selbstmord begehen will, der kann nur die Flucht ergreifen. Flucht ist die einzige Möglichkeit, sich selbst zu retten. Das galt früher und gilt auch noch heute.

Als im Oktober 2000 der im Pariser Exil lebende Gao Xingjian mit dem Nobelpreis für Literatur ausgezeichnet wurde, reagierte die Öffentlichkeit zunächst ratlos, während Spezialisten bald harsche Kommentare abgaben. Die Wahl wurde als nicht nachvollziehbarer Fehlgriff bezeichnet, und es wurde moniert, der Autor sei in China vollkommen unbekannt und ohnehin eher ein französischer als ein chinesischer Schriftsteller. Während die auslandschinesische Presse die Wahl feierte, bewahrte das offizielle Peking zunächst Stillschweigen, und der chinesische Schriftstellerverband brauchte mehr als 24 Stunden, um dann von einer »kalten Dusche für die literarische Szene in China, die im Laufe der Jahre so viele Talente hervorgebracht hat«, zu sprechen. Zu den ganz wenigen beifälligen Stimmen aus China gehörte der Schriftsteller Mo Yan (geb. 1956), dessen Werke außerhalb Chinas vor allem dank mehrerer Verfilmungen durch Zhang Yimou (geb. 1955) bekannt geworden sind.

Zwischen Stockholm und Peking

Das Lob der schwedischen Akademie, der *Berg der Seele* sei ein »Werk von universaler Gültigkeit, bitterer Einsicht und sprachlichem Sinnreichtum« deutete schon an, daß die eminent politischen Aspekte der Preisvergabe tabuisiert werden sollten. Indes konnte das Kompliment, der *Berg der Seele* habe »die chinesische Erzählliteratur inspiriert und erneuert«, nur Hohn hervorrufen, war doch eben dieses Werk in der Volksrepublik China offiziell gar nicht erhältlich und hatte auch sonst nur sehr wenige Leser erreicht. – Es kann keine Rede davon sein, daß die Verleihung des Nobelpreises an Gao Xingjian der chinesischen Literatur insgesamt höhere Aufmerksamkeit gesichert hätte. Eher läßt sich das für die provokativen erzählerischen Texte von Zhou Weihui behaupten, die das Gegenteil der bei

Gao Xingjian programmatischen Flucht anstreben und sich ganz in die neue Konsumwelt chinesischer Städte stürzen.

Sex sells *und* net sells: *Zhou Weihui*

Die unter ihrem Vornamen bekannt gewordene Zhou Weihui wurde gegen Ende der Kulturrevolution 1973 nahe der Hafenstadt Ningbo geboren, verbrachte ihre Jugendjahre in Shanghai, wo sie später an der renommierten Fudan-Universität Chinesisch studieren sollte. Die anfangs angeblich engagierte und gewissenhafte Studentin, die einen Parteieintritt anstrebte und auf ein Stipendium für weiterführende Studien hoffte, versuchte sich nach ihrem Abschluß 1995 als Journalistin, als Redakteurin einer Literaturzeitschrift, als Ansagerin beim Fernsehen, als Kellnerin, selbst als Schlagzeugerin und Werbetexterin.

Literaturstudentin mit tadelloser Klassenherkunft

Gerade als Gao Xingjian der Nobelpreis zugesprochen wurde, erregte die eine Generation jüngere Zhou Weihui literarisches Aufsehen: Zwar fanden ihre Erzählungen aus *Schmetterlingsschreie* (*Hudie de jianjiao*, 1999) und ihr Roman *Shanghai-Baby* (*Shanghai baobei*, 1999) zunächst nur geringes Echo, doch dann begab sich die Autorin auf eine Werbereise und machte sich mit literarischen und nichtliterarischen Mitteln bekannt. Bei einer Lesung kleidete sie den Raum mit einzeln herausgerissenen Seiten ihres Werks aus, trat grell geschminkt und in traditionell bestickten Schuhen auf, trug freizügige Oberteile, ließ sich in provokativen Posen für ein Hochglanzmagazin ablichten, kurz: Sie weckte die Aufmerksamkeit der Medien und rief die Kulturwächter auf den Plan. Deren Verdikt, alle noch unverkauften Exemplare von *Shanghai-Baby* wegen unsittlichen und pornographischen Inhalts zu beschlagnahmen, und die Anweisung, der Verlag müsse für einen Monat schließen, verfehlten nun ihrerseits ihre Wirkung nicht und bewirkten, natürlich, genau das Gegenteil: Die Nachfrage nach dem Buch stieg rapide, durch Raubdrucke sollen allein im April 2000 über hunderttausend Exemplare von *Shanghai-Baby* abgesetzt worden sein. Das offizielle Verbot weckte auch das Interesse der ausländischen Presse, die Zhou Weihui zur Untergrundautorin stilisierte. Sie verkaufte alsbald Übersetzungslizenzen in die ganze Welt, so daß *Shanghai-Baby* heute in über 20 Sprachen übersetzt ist, meist aus dem Englischen.

Zensur als Verkaufswerbung

Nicht genug damit, die Bekanntheit von Zhou Weihui stieg noch dadurch, daß ihr die ungefähr gleichaltrige Autorin Wang Mianmian (geb. 1971) den Vorwurf des Plagiats machte und beanspruchte, ihr ähnlich gestricktes Skandalstück *Lalala* (Hong Kong, 1997) habe die Vorlage für *Shanghai-Baby* abgegeben. Der Streit wurde über die Boulevardpresse ebenso ausgetragen wie über die Homepages der beiden Autorinnen, die neben Wortbeiträgen und Kommentaren unterschiedlichster Güte auch mit freizügigem Bildmaterial aufwarten. So erst ist die sogenannte »schriftstellernde Schönheit« zu einem marktrelevanten Massenphänomen geworden.

Literatur als Schönheitswettbewerb

Shanghai-Baby hat eine schlichte Struktur: Die Ich-Erzählerin Ni Ke oder Nic, die sich in Anlehnung an die französische Modemacherin Coco nennen läßt, ist Schriftstellerin, bewegt sich in der großstädtischen Schickeria, arbeitet in einem Café und lernt dort den feinsinnigen Maler Tiantian kennen, mit dem sie bald zusammenzieht. Als sie bei einer Ausstellungseröffnung den verheirateten deutschen Geschäftsmann Mark trifft, läßt sie sich mit ihm in leidenschaftlicher Haßliebe auf eine Affäre ein, weil ihr Freund Tiantian impotent ist. Tiantian ist drogenabhängig, verbringt den Winter auf der Insel Hainan und macht vergebens eine Entziehungskur.

Mark kehrt zuletzt nach Berlin zurück, Tiantian stirbt an einer Überdosis Heroin, während die Ich-Erzählerin ihren Roman fertigschreibt. In thematischer Hinsicht ist der Text von *sex and drugs and rock'n'roll* bestimmt, wenngleich er im Unterschied zur amerikanischen Literatur der 1960er Jahre in einer Konsumwelt angesiedelt ist. Seine 32 Kapitel sind jeweils mit einem oder mehreren Motti versehen, die den Bezugsrahmen verdeutlichen sollen. Viele stammen von amerikanischen und englischen Sängern, einige von Allen Ginsberg (1926–1997) und Jack Kerouac (1922–1969), während Marguerite Duras (1914–1996) mit ihrem dank seiner Verfilmung von 1991 auch in China populären Roman *L'amant* (1984) sowie der Variation *L'amant de la Chine du Nord* (1991) ausführlich zitiert wird. Diese Anrufung literarischer Autoritäten des Westens durchzieht auch den gesamten Text, und sie geht einher mit dem exzessiven Gebrauch von Markennamen, der zu Beginn des Werks charakteristisch mit der schriftstellerischen Tätigkeit der Protagonistin verknüpft ist. Ihre Texte sind als Ware gekennzeichnet, die dem Markt gehorcht und vom Image bekannter Marken profitieren will:

Konsum, Konsum, Konsum

> Meine Schriftstellerei ist inzwischen zum Mittelpunkt meines Lebens geworden. [...] Zu Hause breite ich schneeweißes Konzeptpapier vor mir aus und blicke von Zeit zu Zeit in einen kleinen Spiegel, um zu überprüfen, ob mein Gesicht so weise und so besonders aussieht, wie es sich für eine Schriftstellerin gehört. Tiantian bewegt sich auf Zehenspitzen durchs Zimmer, und um meine Inspiration zu fördern, schenkt er mir Mineralwasser der Marke Sandeli ein, macht Obstsalat mit dem Dressing »Mamas erste Wahl« und gibt mir Dove-Schokolade. [...]
> Ich habe mir schon eine ganze Reihe von Titeln überlegt. Idealerweise sollte das Werk möglichst tiefgründig sein und das verführerische Cover eines Bestsellers haben.
> Mein Instinkt sagt mir, daß ich über das Shanghai dieses ausgehenden Jahrhunderts schreiben muß, über diese vergnügungssüchtige Stadt, über den Schaum aus Freude, den sie schlägt, den neuen Menschen in ihr, und schließlich über jede gewöhnliche, wehmütige und geheimnisvolle Stimmung in Shanghais Straßen und Gassen. (Kap. 3, Übers. K. Hasselblatt)

Multimediales Literaturmanagement

Weil der Schauplatz Shanghai eine überragende Rolle spielt und das übrige China nur schattenhaft vorkommt, ist *Shanghai-Baby* mit den Erzählungen von Zhang Ailing verglichen worden. Sicherlich sind die Autorinnen Zhou Weihui und Zhang Ailing dadurch verbunden, daß sie sich beide auf den virtuosen Umgang mit den jeweils neuesten Medien verstehen, um ihr öffentliches Erscheinungsbild zu gestalten. Der Renaissance von Zhang Ailing in den frühen 1990er Jahren verdankt Zhou Weihui auch die Wiederbelebung eines mythischen Shanghai, an das sie ausdrücklich anknüpft, auch wenn die »gewöhnliche, wehmütige und geheimnisvolle Stimmung in Shanghais Straßen und Gassen«, der sie Worte geben wollte, in *Shanghai-Baby* gerade nicht zu finden ist. Anders als Zhang Ailing kann Zhou Weihui ferner ihren Figuren auch nicht die geringste psychologische Tiefe geben. Die Selbstbezogenheit der stets auf ihre Wirkung bedachten Ich-Erzählerin wird sinnfällig im Bekenntnis, sich noch am Schreibtisch in Pose zu setzen und dies durch Blicke in den Spiegel zu überprüfen. Wenn sie sich vorrangig um die Umschlaggestaltung ihrer noch nicht geschriebenen Bücher sorgt, verrät sie symptomatisch ihr Spiel mit der Oberfläche.

»Schreiben mit dem Körper«

Unter den zahlreichen Etikettierungen, die innerhalb von Wochen für die Literatur von Zhou Weihui in Umlauf gebracht wurden, scheint einzig die Bezeichnung »körperliches Schreiben« oder »Schreiben mit dem Körper« zutreffend. Während der Körper, besonders der Körper einer Frau, als

Medium des Schreibens metaphorisch besonders in der Lyrik seit den späten 1980er Jahren immer häufiger erschien, wird für die Protagonistin von *Shanghai-Baby* die physische Selbsterfahrung eine konkrete Bedingung des Schreibens: »Ich bin wie im Rausch. / Ich lasse alle Schnörkel und Lügen beiseite. Schließlich möchte ich in der Öffentlichkeit ein hundertprozentig authentisches Bild meines Lebens präsentieren. Dazu bedarf es keines besonderen Mutes. [...] / Mein eigener Roman hypnotisiert mich. Um eine wilde Szene besonders lebensecht zu formulieren, versuche ich nackt zu schreiben, denn man sagt, daß es eine Verbindung zwischen dem Kopf und dem Körper gebe.« (Kap. 21)

Die Sexualität ist jedoch in keinem Falle positiv besetzt. Häufig sind sexuelle Erlebnisse integraler Bestandteil einer ansonsten über bestimmte Musik und Markenartikel definierten Lebensform, oder sie spiegeln bloße Machtverhältnisse, wie die Beziehung zwischen der Protagonistin und dem deutschen Geschäftsmann, in die sich sadomasochistische Phantasien mischen:

> Das Gefühl kalten Alkohols und seiner warmen Zunge auf meiner Haut raubt mir fast die Besinnung, ich spüre, wie feucht ich bin, und dann dringt er in mich ein. Sein riesiges Organ bereitet mir Schmerzen. »Nein!« schreie ich, »es geht nicht!« Aber er macht gnadenlos weiter. Plötzlich weicht der Schmerz, und ich gebe mich ihm hin, reiße die Augen auf, funkele ihn voll Liebe und Haß an, sein nackter, sonnengebräunter Körper erregt mich. Ich stelle ihn mir in Nazi-Uniform vor, mit langen Stiefeln und Ledermantel, welche Brutalität und Grausamkeit müßte dann in diesen germanischen blauen Augen liegen, die Vorstellung allein erregt mich. »Jede Frau verehrt einen Faschisten / Stiefel im Gesicht, dem brutalen / Brutales Herz einer brutalen Frau wie du.« Zeilen von Sylvia Plath – einer Dichterin, die Selbstmord beging, indem sie den Kopf in den Gasherd steckte. (Kap. 10)

Chinesische Impotenz und ausländische Potenz

Daß der chinesische Freund der Ich-Erzählerin »ohne Macht«, nämlich impotent ist, verdeutlicht Machtbeziehungen. Überdies ist sein Körper durch die Rauschgiftsucht zerstört, die schließlich seinen Tod bringt. Die Kontrastierung des potenten Ausländers und des impotenten Chinesen könnte Lehrbüchern der *postcolonial studies* entnommen sein, die Körperlichkeit und Sexualität als Allegorie politischer Macht lesen. Solche Ansätze waren der Autorin sicher bekannt, da sie genau während ihrer Studienzeit auch in China heftig diskutiert wurden. Der Selbstbespiegelung im Text entsprechen zahlreiche masturbatorische Szenen, die von der Ich-Erzählerin gelegentlich direkt mit ihrer schriftstellerischen Tätigkeit verknüpft werden. Wenn die Vermarktung des Werks erst dann richtig in Gang kam, als sich Zhou Weihui anschickte, die Grenzen zwischen der Fiktion ihrer Erzählerin und der Realität der Autorin zu verwischen und damit die halbautobiographische Form systematisch zu reduzieren, so war das bereits im Text angelegt. Das geschah wiederum vermittels der physischen Erscheinung von Zhou Weihui, die ihre eigenen Medienauftritte der Protagonistin Coco angleicht. Der Text konnte erst dann seine Wirkung voll entfalten, als sich ein hinreichend großes Publikum zum voyeuristischen Blick auf Coco-Weihui verführen ließ. Daß Zhou Weihui dafür auch kurze Zeit nach *Shanghai-Baby* Bildbände mit ihren Porträts publizierte und im Mai 2000 einen Kurzfilm *Öffentliche Rose* (*Gonggong de meigui*) über sich selbst drehte, unterstreicht diese Vermarktungsstrategie.

Im Kabinett der Selbstbespiegelung

Chinesische Literatur außerhalb der Grenzen von 1911

Mit wenigen Ausnahmen wie dem Diplomaten Huang Zunxian und den Exilanten Gao Xingjian und Gu Cheng schrieben und publizierten die hier behandelten Autoren größtenteils in China selbst. Darüber darf nicht vergessen werden, daß es – bedingt durch die Armut der ländlichen Bevölkerung in den Küstenprovinzen und die Verwüstungen des Taiping-Aufstandes, aber auch durch die Rekrutierung billiger chinesischer Arbeitskräfte im Westen – nach den Opiumkriegen eine starke Auswanderung aus China gab. So entstanden in zahlreichen Regionen fast aller Kontinente die Voraussetzungen für eine chinesische Literatur außerhalb Chinas. Ende des Zweiten Weltkriegs lebten rund 10 Millionen Menschen chinesischer Herkunft außerhalb Chinas. Diese Zahl hat sich inzwischen mehr als verdreifacht. Nimmt man die Bevölkerung von Taiwan und Hong Kong hinzu, kommen rund 60 Millionen Menschen außerhalb der Volksrepublik als Leser chinesischer Literatur in Frage. Diese Personen werden mit dem Terminus *Huaren* (»Menschen aus China«) bezeichnet, der die Frage nach der Staatsangehörigkeit ausklammert und die ungenauen Begriffe »Überseechinesen« (*Huaqiao*) und »Nachkommen von Überseechinesen« (*Huayi*) umfaßt. Seit mit den frühen 1980er Jahren die Kommunikation zwischen der Literatur der Volksrepublik und den außerhalb des Landes geschriebenen chinesischen Literaturen erheblich zugenommen hat, rückt damit ein Phänomen ins Blickfeld, das in Anlehnung an vergleichbare Entwicklungen im ehemaligen britischen Kolonialreich als *Commonwealth of Chinese Literatures* bezeichnet worden ist.

Was ist ein Chinese?

Commonwealth of Chinese Literatures

Hong Kong, Macao und Taiwan

Nach dem Ersten Opiumkrieg bestimmte der Vertrag von Nanjing 1842, daß die Insel Hong Kong »für alle Zeiten« Großbritannien zu überlassen sei, 20 Jahre später wurde die Bestimmung auf die Halbinsel Kowloon ausgedehnt, und schließlich wurde 1898 das Kaiserreich gezwungen, das New Territories genannte Hinterland Hong Kongs 99 Jahre lang den Briten zur Pacht zu geben. Die frühesten regelmäßigen chinesischen Publikationen Hong Kongs wurden von Missionaren betrieben und bildeten die Vorform einer chinesischen Tagespresse, die 1858 mit der *Zhong-wai xinbao* (Neue chinesisch-ausländische Zeitung) begann. Aber erst die verschiedenen Fluchtbewegungen nach Hong Kong formten den Keim für eine lokale Literatur: Als Wang Tao im Jahre 1873 die Tageszeitung *Umlaufbahn* (*Xunhuan ribao*) gründete, war er auf der Flucht vor den Taiping-Rebellen. Als Sun Yixian (Sun Yat-sen) in Hong Kong Publikationen seiner antimonarchischen revolutionären Liga erscheinen ließ, war er auf der Flucht vor den kaiserlichen Behörden. Als sich ab 1927 linke Autoren in Hong Kong niederließen, waren sie auf der Flucht vor antikommunistischen Exzessen der Bürgerpartei von Jiang Jieshi (Chiang Kai-shek). Aber erst als Japan 1931 den Nordosten Chinas besetzte und sieben Jahre später auch das nahe Guangzhou einnahm, strömten neben Autoren eine große Anzahl potentieller Leser chinesischer Publikationen nach Hong Kong, dessen Bildungssprache bislang das Englische war. Denn wenngleich der Anteil der chinesischen Bevölkerung Hong Kongs bei über 90 Prozent lag (1941: 1,6

Exilwellen in der Kronkolonie

Millionen), waren die dortigen Chinesen entweder unterprivilegierte, bildungsferne Arbeitskräfte, oder sie hatten geschäftliche Interessen, die sie eher kulturellen Anschluß an die Kolonialmacht suchen ließen.

In die späten 1930er Jahre fällt die erste Blüte literarischer Zeitungsbeilagen. Sie verdankt sich hauptsächlich Flüchtlingen. Bis heute ist die Literatur in Hong Kong eng mit dem Tagesjournalismus verflochten. Das gilt auch für deren Leitfigur Liu Yichang (geb. 1918), der nach einer journalistischen Laufbahn 1951 einen ersten Sammelband mit Erzählungen veröffentlichte. Im zunächst in Zeitungs-Fortsetzungen erschienenen Roman *Saufkumpane* (*Jiutu*, 1962/1963) muß das Roman-Ich erotische Geschichten nach traditionellen Mustern umarbeiten und für den Massengeschmack tauglich machen. Es verfällt dem Alkohol und verarbeitet seine Konflikte in Techniken, die sich dem *stream of consciousness* anlehnen. Wichtigster Markstein in den weit gefächerten essayistischen und publizistischen Aktivitäten von Liu Yichang ist 1985 die Gründung der Zeitschrift *Hong Kong-Literatur* (*Xianggang wenxue*), die wesentlich zu einem literarischen Selbstbewußtsein in der ehemaligen Kronkolonie beitrug. Einen ähnlichen Hintergrund hat der Erfolgsautor Jin Yong (Louis Cha, geb. 1924), der 1948 nach Hong Kong kam und zunächst als Übersetzer arbeitete, bevor er viel gelesene Kolumnen und dann Fortsetzungsromane zu schreiben begann. Seine Themen und Techniken, die sich an die traditionellen Ritter- und Heldenromane (*wuxia xiaoshuo*) anlehnen, kamen in den Jahren des wirtschaftlichen Aufschwungs Hong Kongs dem Bedürfnis nach einer sentimental verklärten Vergangenheit so sehr entgegen, daß Jin Yong ab 1959 ein Medienimperium aufbauen konnte. In Hong Kong, Taiwan und der Volksrepublik sind rund 140 Millionen Exemplare seiner Werke verbreitet, die vor 1984 in der Volksrepublik wegen ihres sichtlichen Eskapismus offiziell verboten waren.

Geburt der Hong Kong-Identität aus dem Geist der Massenkultur

Experimentelle und populistische ästhetische Ansätze versuchte in der folgenden Generation Liang Bingjun (Leung Ping-kwan, geb. 1948) miteinander zu verbinden. Unter dem Pseudonym Ye Si wurde er in den 1970er Jahren als Kolumnist und Essayist bekannt, später auch durch Erzählungen, in denen die urbane Lebenswelt reflektiert wird. In englischer und chinesischer Sprache vertritt er eine kulturwissenschaftliche Perspektive auf Phänomene der Massenunterhaltung, was ihn zu einer der wichtigsten Stimmen des Hong Kong-Bewußtseins machte. Zu Liang Bingjuns lyrischen Verarbeitungen der Spannung zwischen geographischem Ort, lokaler Tradition und globaler Einebnung gehören die zweisprachigen Werke *Foodscape* (1997) und *Dong Xi* (*East West Matters*, 2000), die mit verschiedenen Medien (Photographie und Collage in *Foodscape*) und traditionellen literarischen Techniken sowie dialektalen Elementen experimentieren. Seit 1949 spielte Hong Kong auch eine herausragende Rolle als kultureller Umschlagsplatz. Hier wurden die Druckerzeugnisse aus allen chinesischsprachigen Ländern verbreitet und in einer vielfältigen Presse (1997: rund 60 Zeitungen und Zeitschriften) lebhaft diskutiert.

Lusitanischer Außenposten

Das im Vergleich zu Hong Kong bedeutend kleinere Macao wurde 1557 als portugiesische Kolonie gegründet, stand aber von Anfang an im Schatten anderer Kolonialstützpunkte in Ostasien und erreichte nie die Bedeutung Hong Kongs. Weil Portugal wenig koloniale Interessen in der Region hatte, nahm die Verwaltung kaum Einfluß auf das Leben der chinesischen Bevölkerung (mehr als 98 Prozent von knapp 400.000 Einwohner im Jahre 1990). Autoren waren stärker auf die benachbarte Provinz Guangdong orientiert und begannen erst im Zuge der Identitätspolitik in Hong Kong, über eine chinesische Macao-Literatur nachzudenken. So entstand 1983 mit der Beilage *Jinghai* (Spiegelmeer) zur einzigen chinesischsprachigen Tageszeitung ein lokales Forum für literarische Publikationen. Im Bemühen, eine bereits Jahrhunderte alte lokale Literaturtradition nachzuweisen, wurde 1990 eine Lyrik-Anthologie zusammengestellt, in der neben modernen Werken umstandslos Gedichte von nach Macao reisenden kaiserlichen Beamten aus der Ming-Dynastie stehen.

Die schöne Insel und ihre Herrscher

Auch die Insel Taiwan blickt auf eine lange koloniale Tradition zurück, die allerdings von viel markanteren Ausschlägen gekennzeichnet ist. Mehr als jedes andere Territorium ist Taiwan mit der politischen Geschichte Ostasiens im 20. Jh. verflochten. Das kaiserliche China betrachtete Taiwan als peripheres Grenzland und unterstellte erst im 14. Jh. die kleine, Taiwan vorgelagerte Inselgruppe der Pescadores (chin. Penghu) seiner Verwaltung. Portugiesische Seefahrer prägten im 16. Jh. die Bezeichnung Formosa, »schöne (Insel)«. Die Holländer bemächtigten sich 1624 der Insel, mußten sich jedoch gegen spanische Konkurrenz zur Wehr setzen und wurden schon 1661 von Zheng Chenggong (auch Koxinga, 1624–1662) vertrieben. Als Anhänger der untergegangenen Ming-Dynastie hatte er Zuflucht auf Taiwan gefunden. Erst zwanzig Jahre später gelang es den neuen mandschurischen Herrschern Chinas, Taiwan administrativ zu integrieren. Die Insel wurde 1895 zum ersten Opfer japanischer Expansionspolitik. Die Kolonialverwaltung löste einen Modernisierungsschub in Infrastruktur und Bildungswesen aus, so daß der Lebensstandard Taiwans bereits in den 1920er Jahren höher war als auf dem Festland. Allerdings gingen die Maßnahmen mit einer rigorosen Japanisierung einher, die unter anderem das Japanische zur Schulsprache machte und 1937 den Gebrauch des Chinesischen in der Öffentlichkeit verbot. In der Folge davon verließen viele einheimische Autoren die Insel, um auf dem chinesischen Festland günstigere Arbeitsbedingungen zu finden.

Provinz, Land oder Kolonie?

Nach der japanischen Kapitulation 1945 wurde Taiwan an China zurückgegeben. In der »Provinz Taiwan« setzte die Bürgerpartei die Mißachtung der eingesessenen Bevölkerung fort. Die Folge davon waren zunehmende Spannungen zwischen den verschiedenen Bevölkerungsgruppen, die einen traurigen Tiefpunkt fanden, als der Gouverneur Taiwans auf eine protestierende Menge schießen ließ und am 28. Februar 1947 mehrere tausend Menschen starben. Als sich schließlich Jiang Jieshi nach der Niederlage im Bürgerkrieg mit Teilen der Militär- und Verwaltungselite und zahlreichen Anhängern nach Taiwan zurückzog, standen auf einen Schlag 1,5 Millionen Neuimmigranten einer weniger als sechs Millionen zählenden einheimischen Bevölkerung gegenüber. Die neuen Immigranten beherrschten das gesamte öffentliche Leben. Der Anspruch der Republik, der einzige legitime chinesische Staat zu sein, konnte mit amerikanischer Hilfe zunächst auch diplomatisch durchgesetzt werden. In einem autoritären Umfeld hielt die Staatspartei an der Doktrin der Rückeroberung des Festlandes fest.

Taiwanesisches Wirtschaftswunder mit Tücken

Kommunistische und separatistische Aktivitäten wurden strafrechtlich verfolgt, während eine exportorientierte Wirtschaft gedieh, die Taiwan Mitte der 1980er Jahre die weltweit größten Devisenreserven einbrachte. Der Ausschluß aus der UNO zugunsten der Volksrepublik 1971 und der Abbruch der offiziellen diplomatischen Beziehungen durch die USA 1979 zeigte, daß die legitimatorische Doktrin der Bürgerpartei gescheitert war. Die Forderung verschiedener Gruppen nach stärkerer politischer Partizipation machte den Weg frei für die Aufhebung des Ausnahmezustandes 1987. Schrittweise fiel auch die Kontrolle des Presse- und Publikationswesens und es etablierte sich eine parlamentarische Demokratie, in der die Volkswahl des 1951 auf Taiwan geborenen Präsidenten Chen Shuibian 2000 zunächst ein autonomistisches Zeichen zu setzen schien.

Zu Beginn des 20. Jh.s hatte Taiwan alle sozioökonomischen Merkmale einer agrarisch geprägten Randregion. Viele Zeitungen hatten nur eine chinesischsprachige Rubrik, die naturgemäß mit Argusaugen beobachtet wurde. Sie waren hauptsächlich das Forum für Freizeit-Verseschmiede, die Gedichte im traditionellen Stil schrieben, der damals auch von Japanern gepflegt wurde. Solche Autoren waren in Klubs zusammengeschlossen, die in ganz Taiwan Rezitationsabende veranstalteten.

Neue Literatur mit taiwanesischen Merkmalen

Die Protagonisten einer eigenständigen literarischen Entwicklung auf Taiwan hatten ihre Anregungen fast immer entweder auf dem Kontinent oder in Japan im Kontakt mit chinesischen Intellektuellen bezogen. Das gilt auch für Lai He (1894–1943), der als Leitfigur gelten kann und mit dem Epitheton »Vater« oder gar »Amme der taiwanesischen Literatur« geehrt worden ist. Nach einem Medizinstudium in Taibei und einigen Jahren ärztlicher Praxis arbeitete er in Xiamen (Fujian) und kehrte 1919 nach Taiwan zurück, wo er sich neben seiner Tätigkeit als Arzt auch gesellschaftspolitisch zu engagieren begann, was ihm eine erste Haftstrafe eintrug. Der damals bezeichnenderweise in Peking studierende Zhang Wojun (1902–1955) machte sich 1924 über die weit von jeder gesellschaftlichen Realität entfernte traditionelle Lyrik lustig, die »zu einem Spielzeug vor dem Tee und nach dem Schnaps verkommen ist«, und forderte im Sinne der Neuen Literatur mehr Lebensnähe. Der in erster Person geschriebene Text *Ohne Titel* (*Wuti*, 1925) über die Gefühle eines jungen Mannes, der mit ansehen muß, wie seine Geliebte an einen anderen verheiratet wird, gilt als Gründungsstück der Neuen Literatur auf Taiwan. Das Engagement für eine Literatur als gesellschaftspolitisches Instrument brachte Lai He 1941 ins Gefängnis und kostete ihn zuletzt das Leben. Inzwischen hatte die japanische Kolonialverwaltung eine offiziöse literarische Vereinigung ins Leben gerufen, die mithilfe japanischer Autoren und in japanischer Sprache eine »großkaiserliche Literatur« propagierte und dazu aufrief, mit literarischen Werken zur Kriegsteilnahme zu ermutigen.

Chinesischer Patriotismus auf Japanisch

Die erste literarische Zeitschrift, die 1924 von Taiwanesen herausgegeben wurde und über die Sammlung traditioneller Lyrik oder Parallelprosa hinausging, bediente sich ausschließlich der japanischen Sprache. Autoren ähnlicher Orientierung wie Lai He schrieben ihre Erzählungen auf Japanisch – das dann gelegentlich auf dem Kontinent ins Chinesische übersetzt wurde. Die Forderung »weiter Verbreitung« war nicht so leicht zu erfüllen, denn die »Gemeinsprache« *baihua*, von der Neuen Kulturbewegung als Medium auf den Schild gehoben, unterschied sich erheblich von jeder chinesischen Varietät, die auf Taiwan gesprochen wurde. Alltagssprache waren für etwa 60 Prozent der Bevölkerung Dialekte aus der Provinz Fujian, für weitere 30 Prozent der Hakka-Dialekt, während das Japanische Verkehrs- und an allen Bildungseinrichtungen Unterrichtssprache war. Dieses Problem historischer Sedimente von unterschiedlichen Registern sowie von Sprachen, Soziolekten und Dialekten ist bis heute nicht gelöst und führte schon in den 1930er Jahren dazu, daß missionarische Ansätze zur Dialekt-Latinisierung wieder aufgegriffen und mit Verschriftungsverfahren experimentiert wurde.

Die gesellschaftspolitische Einsicht, daß die »Volksmassen« unter den Pachtbauern und Landarbeitern zu finden sind, die zunehmende Rezeption vergleichbarer Ansätze auf dem Festland, eine zahlenmäßig starke Genera-

Auf der Suche nach Heimat und Sprache

tion, die in den Genuß allgemeiner Bildung gelangt war, sowie gelockerte Bedingungen für chinesischsprachige Publikationen führten anfangs der 1930er Jahre zu einer Blüte erzählender Literatur über das ländliche Taiwan. 1932 schlossen sich rund 80 professionelle Autoren, von denen die meisten auch in chinesischer Sprache publizierten, zur Literarischen Liga von Taiwan zusammen, die sich einer »Literatur für das Volk« verschrieb und Werke produzierte, die thematisch und ideologisch der Heimatliteratur (*xiangtu wenxue*) zugehören. Kennzeichnend für sie ist die enge Verknüpfung zwischen dem geographischen Ort der Handlung und dem literarischen Gegenstand, was realistische Techniken favorisiert. So schreibt ein Kritiker im Jahre 1930:

> Du hast taiwanesische Erfahrungen durchgemacht, und wenn du sprichst, benutzt du auch die Sprache von Taiwan. Deshalb sollte dein mächtig aufragender und prächtig gedeihender Pinsel auch taiwanesische Literatur schreiben.

Sinisierung einer Insel

Das Verbot von Publikationen in chinesischer Sprache ab 1937 überlebte nur die chinesische Rubrik in einer einzigen Literaturzeitschrift. Als nach der japanischen Kapitulation die Bürgerpartei Taiwan übernahm, brachte sie eine weitere Verkehrssprache mit und begann, die erst jüngst standardisierte Hochsprache *guoyu* im öffentlichen Leben und in den Bildungseinrichtungen durchzusetzen. Die ideologisch geforderten, episch angelegten antikommunistischen Romane waren spiegelbildliche Gegenstücke zur Literatur aus der Volksrepublik, doch verband sie mit ihnen oft die historische Zeit der Handlung. So spielt auch der psychologisch anspruchsvolle Roman *Wirbelwind* (*Xuanfeng*, 1955/1959) des seit 1929 literarisch tätigen Jiang Gui (1908–1980) zwischen der Aufbruchszeit der 20er Jahre und dem japanischen Überfall auf China.

Diese relativ geschlossene Welt wurde wie schon zuvor in den 1910er Jahren auch von der Lyrik her aufgebrochen. Ji Xian und die Zeitschrift *Xiandai shi* (Moderne Lyrik, 1953–1964, erneut seit 1982) versuchten, ästhetisch an moderne chinesische Traditionen anzuknüpfen. Ungleich gewichtiger war jedoch die Lehrtätigkeit eines Anglisten an der Taiwan-Universität. Es ging auf seine Initiative zurück, daß die *Zeitschrift für Literatur* (*Wenxue zazhi*, 1956–1960) gegründet wurde, mit dem Ziel, den Blick von der Vergangenheit weg und über die Grenzen Chinas hinaus zu wenden. Studenten unternahmen in *Xiandai wenxue* (Moderne Literatur, 1960–1973, erneut ab 1977) ihre ersten literarischen Versuche und erprobten die Umsetzung erzähltechnischer Verfahren der klassischen Moderne. Fast alle Autoren aus diesem Umfeld hatten biographische Wurzeln, die aufs Festland zurückreichten, versuchten aber, in ihrem Anspruch einer »reinen Literatur« mit existentiellen Dimensionen aus der starren ideologischen Frontstellung auszubrechen. Bai Xianyong (geb. 1937) hat mit seinen Erzählungen in *Menschen aus Taibei* (*Taibeiren,* 1971, begonnen 1959) ein Panorama aller Schichten gezeichnet, in dem die nostalgische Sehnsucht nach der verlorenen Heimat in ihrer Distanz vom Alltag *ad absurdum* und zugleich zu einem künstlerischen Höhepunkt und Abschluß geführt wird.

Viele Autoren aus diesem Umkreis verließen Taiwan in den 1960er Jahren, um sich in Hong Kong oder Amerika niederzulassen. Ihrer oft parallelen Tätigkeit als Sinologen und chinesisch- und englischsprachige Autoren ist zu verdanken, wenn heute so etwas wie ein *Commonwealth of Chinese Literatures* praktiziert wird. Eine Schlüsselrolle spielt hier das International Writers' Program an der Iowa State University, 1967 von der Schriftstellerin Nie Hualing (geb. 1925) eingerichtet und seither ein Forum der persönlichen Begegnung zwischen chinesischsprachigen Autoren verschiedener Länder.

Von Autoren aus der eingesessenen Bevölkerung wurden die modernistischen formalen und thematischen Experimente der »College-Literatur« als »sklavische Nachahmung ausländischer Vorbilder« angegriffen. Stattdessen sollten das zunehmende Gefälle zwischen Stadt und Land und die paternalistischen Sozialstrukturen unter dem Schlagwort *huigui xiangtu*, »zurück zur Heimat«, ins Blickfeld gerückt werden. Wichtigster Vertreter dieser Literatur ist mit betont unprätentiösen und auf formale Experimente verzichtenden Erzählungen Huang Chunming (geb. 1939). In ihrem Organ *Wenxue jikan* (Quartalszeitschrift für Literatur, 1966–1971) forderten die oft polemischen Herausgeber eine *littérature engagée* und kultivierten eine Gesinnungskritik.

Ohne daß marxistische Ideen ausdrücklich erschienen, war der Bezug zur offiziell für die Bürgerkriegs-Niederlage verantwortlich gemachten »linken« Diskussion der 1930er Jahre offensichtlich. Der Akzent auf der taiwanesischen Heimat drohte, den Alleinvertretungsanspruch der Bürgerpartei zu unterminieren. Eine bis in die großen Tageszeitungen geführte Debatte zwischen »Modernisten« und »Heimatliteraten« wurde erst nach dem Tode von Jiang Jieshi 1975 möglich. Sie endete zwar mit einem »Sieg der realistischen Heimatliteratur« (so ein Literaturhistoriker der Volksrepublik China), ging aber dennoch mit dem Verbot einzelner besonders radikaler Autoren einher. Damit war ein erster Schritt getan, um die »Heimatliteratur« der 1930er Jahre aufzuarbeiten. Auf dieser sozialpolitischen Linie begann die Literatur, in der Politik aufzugehen. Ein Markstein ist der Roman *Gattenmord* (*Sha fu*, 1982/1983) der bereits der nächsten Generation angehörenden Autorin Li Ang (geb. 1952). Aufsehen erregte der Roman weniger wegen seiner freizügigen Schilderungen, sondern weil der letzte Schritt der verzweifelten Protagonistin, die ihren patriarchalischen Ehemann mit seinem eigenen Fleischermesser umbringt, legitim erscheint. Sie ist Opfer gesellschaftlicher Verhältnisse – eine Position, die in vielgelesenen Essays der gleichaltrigen Long Yingtai (in *Yehuo ji*, 1985) mit literaturtheoretischen, feministischen und sozialpolitischen Ansätzen unterstützt wurde. Als mit der Gründung der oppositionellen und zunächst autonomistischen Demokratischen Fortschrittspartei (Minjindang) 1986 und erst recht mit der Aufhebung des Kriegsrechts 1987 das Tabu einer taiwanesischen Unabhängigkeit fiel, wurden die zwischenzeitlich verwischten literaturkritischen Fronten der 1970er Jahre wieder sichtbar.

Sozialkritik und politische Emanzipation

Nun wurde die gesamte Literaturgeschichte umgeschrieben, ebenso die Geschichte von Taiwan als eine ununterbrochene Abfolge von wechselnden Kolonialherrschaften. Aus literarischer Gesinnungskritik wurde die zuweilen unverhüllt rassistische Frage nach der Herkunft des Autors: Nur wer über eine taiwanesische Abstammung verfügt, sei in der Lage, literarische Werke zu produzieren, die taiwanesische Probleme authentisch widerspiegeln, also »Literatur vom eigenen Boden« (*bentu wenxue*). An zahlreichen Universitäten entstanden seit den 1990er Jahren Abteilungen für taiwanesische Literatur. Die erneut aufgegriffenen Bemühungen einer angemessenen linguistischen Beschreibung der Alltagssprache und der Versuch, sie als *Taiyu* (Taiwanesisch) zu normieren, wurden ebenfalls in solche Identitätspolitik hineingerissen.

Blut und Boden?

Auch diese Diskussionen werden aber vorwiegend in moderner hochchinesischer Schriftsprache geführt. Daß orthodoxe autonomistische Positionen überhaupt breiter diskutiert werden, verdankt sich einer kosmopoli-

Spuren einer globalisierten Literatur

tischen und mehrsprachigen, oft akademisch ausgebildeten Gruppe, für die der Herkunftsort eine untergeordnete Rolle spielt und die sich ungeachtet seiner Varietäten des Chinesischen als *lingua franca* bedient. Inzwischen ist ebenso wie in Hong Kong eine Generation herangewachsen, die nicht nur bedeutend mobiler ist, sondern auch mit affirmativer Geste die Neuen Medien nutzt. Sie bezieht ihre Muster aus der Unterhaltungsliteratur, und sie experimentiert zugleich mit literarischen Techniken und Darstellungsformen. Ihr sind die politisch gesättigten Auseinandersetzungen der Älteren gleichgültig. Kennzeichnend dafür ist die Textsammlung *@ de nüzi gongyu* (Das Frauen-Mietshaus von @, 2001) einer anonymen Autorin (geb. um 1980), die tagebuchartige Notizen, Feuilletons und Gedichte zusammenträgt.

Chinesische Minderheiten in Asien und Migranten außerhalb Asiens

In allen Ländern Süd- und Südostasiens leben heute Minderheiten chinesischer Herkunft, was zu lokalen Entwicklungen chinesischsprachiger Literatur führte, die je nach historischen Bedingungen und aktuellen Entwicklungen verschieden sind. In vielen und teilweise über Jahrhunderte dem chinesischen Kaiserreich tributpflichtigen Ländern war das Chinesische unbestrittene Bildungssprache (so in Việt Nam und Korea) oder Grundlage einer Verschriftung (so in Japan), was einer starken kulturellen Assimilation Vorschub leistete, deren Nachwirkungen bis in die Gegenwart zu spüren sind. So schickte etwa Südkorea seit den 1950er Jahren Tausende von chinesischstämmigen Koreanern zum Studium nach Taiwan, und Japan war nach dem Ende der chinesischen Kaiserzeit für mehr als ein Jahrzehnt der wichtigste Verlagsort für chinesische Publikationen außerhalb Chinas.

Tributpflichtige, Händler, Kulis, Flüchtlinge

Anders waren die Bedingungen in den Ländern, wo sich chinesische Händler seit der Ming-Zeit niederließen und im 19. Jh. zahlreiche chinesische Immigranten hinzukamen: Auf dem indonesischen Archipel verständigte sich die Oberschicht auf Malai und in der Sprache der holländischen Kolonialmacht, und der chinesische Einwanderer Lie Kimhok übersetzte Ende des 19. Jh.s eine Reihe von Werken aus der traditionellen Erzählliteratur in die entstehende Nationalsprache, deren Wortschatz reich ist an Dialektausdrücken aus der Provinz Fujian. Damit hat er chinesische Leser der chinesischen Sprache entzogen, so daß die seit 1900 entstandenen chinesischsprachigen Zeitungen in der nationalen Bewegung ab 1908 einen doppelt schweren Stand hatten. Die chinesische Kultur und die chinesische Sprache hatten es vollends schwer, als Präsident Suharto nach den Massenverhaftungen von Kommunisten 1967 sämtliche chinesischen Verbände, Publikationen sowie den Import chinesischer Druckerzeugnisse verbot. Selbst als nach dem Ende der Diktatur chinesische Publikationen wieder möglich wurden, blieb die Position der chinesischsprachigen Minderheit von etwa sechs Millionen Menschen prekär.

Ohne Zeitungen und Schulen keine Literatur

Die Geschichte der Chinesen in Malaysia und Singapore ist im wesentlichen eine Folge der 1865 zwischen dem Kaiserreich sowie englischen und französischen Unternehmen geschlossenen Verträge, durch die über sechs Millionen Chinesen als billige Arbeitskräfte in die damaligen britischen Besitzungen Malaysia und Singapore verbracht wurden, wenngleich schon 1829 Kaufleute aus Guangdong in Singapore eine chinesische Privatschule errichtet hatten. Aus diesem Milieu, wo 1901 die erste Tageszeitung gegründet wurde, erhielt Sun Yat-sen bedeutende finanzielle Zuwendungen für die Revolution. Die Halbinsel Malakka war seit Mitte der 1920er Jahre

Ziel zahlreicher Flüchtlinge aus Guangdong, und sie blieb mit China verflochten, wie die Laufbahn eines Journalisten zeigt, der zunächst auf den Philippinen arbeitete, dann 1926–1927 in Shanghai, bevor er 1928 in Kuala Lumpur eine Zeitung mit Literaturbeilage gründete. Einen sehr hohen chinesischen Anteil von etwa 80 Prozent der Bevölkerung weist der Stadtstaat Singapore auf, der ehemals britische Kronkolonie war und aus der 1965 zerbrochenen Föderation Malaysia hervorging. Seine mit Hong Kong vergleichbare Kolonialtradition und eine vielfältige Presselandschaft boten optimale Voraussetzungen für eine eigenständige Entwicklung, die im *Kompendium der Neuen malaysischen Literatur in chinesischer Sprache* (*Ma-Hua xin wenxue daxi,* 10 Bde., Hg. Fang Xiu, 1970–1972) belegt ist. Die chinesischen Handelsvereinigungen fördern literarische Aktivitäten, und doch ist die Bedeutung der chinesischen Sprache insgesamt zurückgegangen, weil Singapore sich heute ausschließlich des Englischen als Unterrichtssprache an Schulen bedient.

Chinesisch: Latein Ostasiens

Im französischen Kolonialgebiet Indochina, zu dem das Territorium der modernen Staaten Việt Nam, Kambodscha und Laos gehörte, bewirkte die Latinisierung seit dem ausgehenden 19. Jh. langfristig einen tiefen Einschnitt in die literarische Überlieferung und das Curriculum der Schulen, zu dem der konfuzianische Kanon unabdingbar gehört hatte. Noch der Revolutionär Hồ Chí Minh (1890–1962) stand mit dieser Tradition in so engem Kontakt, daß er sein in der Haft in Hong Kong (1931–1936) verfaßtes *Gefängnistagebuch* (*Yu Zhong riji*) auf Chinesisch schrieb, und noch im Saigon der Zwischenkriegszeit gab es zahlreiche chinesische Mittelschulen und über zehn Tageszeitungen. Während des Vietnamkriegs flohen viele Chinesen nach Kambodscha, was dort bis zum Regime von Pol Pot ab 1967 zu einer Blüte der chinesischen Presse führte. Nach der Wiedervereinigung wurden 1975 in Việt Nam alle chinesischen Publikationen verboten. Seit sich die zwischenstaatlichen Beziehungen nach dem chinesisch-vietnamesischen Grenzkrieg von 1979 entspannen, erscheint wieder eine chinesischsprachige Tageszeitung.

Die heute rund fünf Millionen Chinesen, die in Thailand leben und zu 90 Prozent aus Guangdong stammen, stellten schon im frühen 20. Jh. eine gewichtige Minderheit im damaligen Siam dar, und bevor sich der Staat 1938 seinen jetzigen Namen gab und »Monoethnizität« propagierte, wurden nicht weniger als 39 literarische Zeitschriften und Zeitungsbeilagen gezählt. Obwohl es kaum professionelle Autoren gibt, gehört heute die chinesischsprachige Literaturszene in Thailand zu den eigenständigsten in Asien. Das hängt gewiß auch damit zusammen, daß Thailand keine koloniale Vergangenheit hat und die Immigranten nicht in innerstaatlichen Konflikten aufgerieben wurden.

Nationalsstaat – Multiethnizität – Sinizität

Das Gegenteil gilt für die Philippinen. Dort leben heute etwa eine Million Chinesen neben rund 40 weiteren ethnischen Gruppen. Seit der Song-Dynastie tauschten Chinesen auf der Inselgruppe Fertigprodukte gegen Rohstoffe, so daß in Manila noch im 19. Jh. hauptsächlich chinesische Waren umgeschlagen wurden; 1888 wurde die erste chinesische Tageszeitung gegründet. Seit der Zeit der Republik bestanden enge literarische Beziehungen zum Mutterland, so daß philippinische Autoren in China publizierten und die Werke moderner Schriftsteller auf den Philippinen nachgedruckt wurden. Später beschnitt, ähnlich wie in Indonesien, die Marcos-Diktatur bis 1985 literarische Aktivitäten weitgehend, und noch heute erscheinen Publikationen philippinischer Chinesen größtenteils in der Volksrepublik China.

Von den Philippinen aus wurden schon im 16. Jh. die ersten Chinesen als Arbeitskräfte nach Kalifornien verschleppt. Als dort 1848 die ersten Goldadern entdeckt wurden, versuchten viele verarmte Bauern aus Guangdong in Kalifornien ihr Glück, bevor für den Bau der transkontinentalen Bahnverbindung ab 1864 über 40.000 Chinesen als billige Arbeitskräfte ins Land kamen; zwölf Jahre später wurde in Sacramento die erste chinesischsprachige Zeitung gedruckt. Die chinesische Gemeinde wuchs rasch, ebenso ihr Bildungsstand und ihre Lesebedürfnisse, so daß 1882, als die amerikanische Regierung die Zuwanderung aus China zu reglementieren begann, eine bunte Vielfalt chinesischsprachiger Presseerzeugnisse bestand, die hauptsächlich Gedichte publizierten. Lyrik war auch der Schwerpunkt der ersten chinesischen Literaturzeitschrift in den USA, den *Gesammelten Liedern vom Goldberg* (*Jinshan geji*, 1911–1916).

»Goldberg« im Gelobten Land

Im Gegensatz zu anderen chinesischen Migrationszielen hat Amerika schon früh die literarische Phantasie beschäftigt. Der Beamten-Literat Zhang Weiping ließ sich 1847 zu einem Zyklus über den »Goldberg« – also über San Francisco – inspirieren, und Huang Zunxian formulierte als Konsul in San Francisco seine Empörung gegen das 1882 verabschiedete und bis 1943 in Kraft gebliebene *China Immigration Act* in einem Gedicht. Zwischen 1905 und 1940 wurden über 180.000 Chinesen durch die Einwanderungsbehörden auf Angel Island in der Golden Bay festgehalten. Als die Gebäude 1970 abgerissen werden sollten, kamen zahlreiche in die Wände geritzte Gedichte zum Vorschein, die ein einzigartiges Monument der chinesischsprachigen Literatur im Ausland darstellen und als solches erhalten geblieben sind.

Als das ohnehin über Jahrzehnte geplagte China 1945 in einen Bürgerkrieg abglitt, begannen sich genügend literarisch interessierte Chinesen auf einen längeren Aufenthalt einzurichten und gründeten in New York die erste literarische Vereinigung in den USA. An dieses Publikum richteten sich in der Zeitungsbeilage *Lüzhou* (Grüner Kontinent, d.i. Amerika) prominente Literaten 1946 mit dem Aufruf, die KP zu unterstützen. Die häufig akademische Migration aus Taiwan seit den 1950er Jahren und aus der Volksrepublik seit den 1980ern hat zusammen mit der nach wie vor wichtigen Drehscheibe Hong Kong einen Prozeß in Gang gebracht, der nicht nur eine über Staatsgrenzen hinweg funktionierende literarische Gemeinschaft konstituiert, sondern langfristig der chinesischen Literatur gewichtige Anregungen sichern wird. Beispielhaft dafür sind die zweisprachige Lyrik-Zeitschrift *Yihang / First Line* (New York, seit 1987) und *Xin dalu* (Neuer Kontinent, Los Angeles, seit 1990).

Neue Welten für die chinesische Literatur

Anders als in Amerika waren die frühesten chinesischen Migranten in Europa hauptsächlich auf der Suche nach Bildung. Das gilt für England, wo 1903 die erste chinesische Schule gegründet wurde, die enge Bindungen zur Kronkolonie Hong Kong unterhielt. Es gilt auch für Frankreich, wo schon 1907 chinesische Konstitutionalisten eine Zeitschrift gründeten, zu denen aber noch vor dem Ersten Weltkrieg 150.000 Arbeitsimmigranten hinzukamen, die den Weg bereiteten für bilaterale Vereinbarungen, die es nach dem Krieg chinesischen Studierenden erlaubten, ihre Ausbildung durch Erwerbstätigkeit im Lande selbst zu finanzieren. In Frankreich befanden sich daher in der Zwischenkriegszeit die aktivsten Auslandssektionen der innenpolitisch verfeindeten Bürgerpartei und der KP. Die privilegierten Beziehungen des britischen Mutterlandes zu Hong Kong und die französische Asyltradition führten dazu, daß nach dem Krieg in den beiden Ländern die stabilsten und publizistisch aktivsten chinesischen Gemeinschaften entstanden. Dennoch ist die nationalstaatliche und damit sprachliche Gravitationskraft in Europa im Gegensatz zu den USA so stark, daß Immigranten selbst mit einer chinesischen Bildungsbiographie eher in der Sprache ihres Gastlandes literarisch tätig werden als auf Chinesisch. Daran wird auch die Tatsache vorläufig nichts ändern, daß inzwischen in Paris, London, Budapest, Amsterdam und Moskau chinesische Zeitungen erscheinen und in fast jedem europäischen Land eine Zeitschrift verlegt wird, die auch der chinesischen Literatur Raum gewährt. Dennoch werden die schiere Größe der Sprachgemeinschaft in Nordamerika, ihr stärkeres Wachstum und damit höhere Verflechtung mit China ihr künftig wohl eine dominante Rolle in der auslandschinesischen Literatur sichern.

BIBLIOGRAPHIE

Allgemeines

Debon, Günther u. a. (Hg.). *Ostasiatische Literaturen*. Wiesbaden 1984

Debon, Günther. *Chinesische Dichtung. Geschichte, Struktur, Theorie*. Leiden, New York 1989

Feifel, Eugen. *Geschichte der chinesischen Literatur, mit Berücksichtigung ihres geistesgeschichtlichen Hintergrundes; dargestellt nach Nagasawa Kikuya: Shina gakujutsu bungeishi*. Zweite, neubearbeitete und erweiterte Aufl., Hildesheim 1959 ([1]1945 Beiping)

Hightower, James Robert. *Topics in Chinese Literature: Outlines and Bibliographies*. Cambridge 1962 ([1]1953)

Idema, Wilt / Lloyd Haft. *A Guide to Chinese Literature*. Ann Arbor 1997

Kubin, Wolfgang (Hg.). *Geschichte der chinesischen Literatur*. München 2002ff. (10 Bde., bisher Bd. 1 bis Bd. 4 erschienen)

Mair, Victor H. (Hg.). *The Columbia Anthology of Traditional Chinese Literature*. New York 1994

Mair, Victor H. (Hg.). *The Columbia History of Chinese Literature*. New York 2001

McDougall, Bonnie / Kam Louie. *The Literature of China in the Twentieth Century*. London 1997

Nienhauser, William H., Jr. u. a. (Hg.). *The Indiana Companion to Traditional Chinese Literature*. Bloomington 1986

Nienhauser, William H., Jr. u. a. (Hg.). *The Indiana Companion to Traditional Chinese Literature* (Volume 2). Bloomington 1998

Owen, Stephen. *An Anthology of Chinese Literature: Beginnings to 1911*. New York 1996

Schmidt-Glintzer, Helwig. *Geschichte der chinesischen Literatur. Die 3000jährige Entwicklung der poetischen, erzählenden und philosophisch-religiösen Literatur Chinas von den Anfängen bis zur Gegenwart*. München 1990

Anfänge

Boltz, William G. *The Origin and Early Development of the Chinese Writing System*. New Haven 1994

Chavannes, Edouard. *Les Mémoires historiques de Se-ma Ts'ien*. 5 Bde., Paris 1895–1905; Bd. 6: Paris 1969

Durrant, Stephen W. *The Cloudy Mirror: Tension and Conflict in the Writings of Sima Qian*. Albany 1995

Egan, Ronald C. »Narratives in Tso chuan«, in: *Harvard Journal of Asiatic Studies* 37.1977, S. 323–352

Falkenhausen, Lothar von. »Issues in Western Zhou Studies: A Review Article«, in: *Early China* 18.1993, S. 139–226

Gentz, Joachim. *Das Gongyang zhuan. Auslegung und Kanonisierung der Frühlings- und Herbstannalen (Chunqiu)*. Wiesbaden 2001

Gong Kechang. *Studies on the Han Fu*. New Haven 1997

Graham, A. C. *Disputers of the Tao: Philosophical Argument in Ancient China*. La Salle 1989

Hawkes, David. »The Quest of the Goddess«, in: *Asia Major* n. s. 13.1967, S. 71–94

Hawkes, David. *The Songs of the South: An Ancient Chinese Anthology of Poems by Qu Yuan and Other Poets*. Harmondsworth 1985

Hightower, James Robert. »The Han-shih wai-chuan and the San chia shih«, in: *Harvard Journal of Asiatic Studies* 11.1948, S. 241–310

Hightower, James Robert. *Han Shih Wai Chuan: Han Ying's Illustrations of the Didactic Application of the Classic of Songs*. Cambridge 1952

Karlgren, Bernhard. *The Book of Odes*. Stockholm 1950
Karlgren, Bernhard. *Glosses on the Book of Odes*. Stockholm 1964
Keightley, David. *The Ancestral Landscape: Time, Space, and Community in Late Shang China, ca. 1200–1045 B.C.* Berkeley 2000
Kern, Martin. *Die Hymnen der chinesischen Staatsopfer: Literatur und Ritual in der politischen Repräsentation von der Han-Zeit bis zu den Sechs Dynastien*. Stuttgart 1997
Kern, Martin. *The Stele Inscriptions of Ch'in Shih-huang: Text and Ritual in Early Chinese Imperial Representation*. New Haven 2000
Kern, Martin. »Ritual, Text, and the Formation of the Canon: Historical Transitions of Wen in Early China«, in: *T'oung Pao* 87.2001, S. 43–91
Kern, Martin. »Shi jing Songs as Performance Texts: A Case Study of »Chu ci« (Thorny Caltrop)«, in: *Early China* 25.2000, S. 49–111
Knechtges, David R. *The Han Rhapsody: A Study of the Fu of Yang Hsiung (53 B.C. – A.D. 18)*. Cambridge 1976
Knechtges, David R. *Wen xuan, or Selections of Refined Literature*. Bislang 3 Bde., Princeton 1982–1996
Knechtges, David R. *Court Culture and Literature in Early China*. Aldershot 2002
Legge, James. *The Chinese Classics*. 5 Bde., Hong Kong 1960 (zuerst 1861–1872)
Lewis, Mark Edward. *Writing and Authority in Early China*. Albany 1999
Loewe, Michael (Hg.). *Early Chinese Texts: A Bibliographical Guide*. Berkeley 1993
Nylan, Michael. »The Ku Wen Documents in Han Times«, in: *T'oung Pao* 81.1995, S. 25–50
Nylan, Michael. *The Five »Confucian« Classics*. New Haven 2001
Nylan, Michael. »A Problematic Model: The Han ›Orthodox Synthesis‹, Then and Now«, in: Kai-wing Chow, On-cho Ng, und John B. Henderson (Hg.), *Imagining Boundaries: Changing Confucian Doctrines, Texts, and Hermeneutics*. Albany 1999, S. 17–56
Owen, Stephen. *Readings in Chinese Literary Thought*. Cambridge 1992
Qiu Xigui. *Chinese Writing*, übersetzt von Gilbert L. Mattos und Jerry Norman. Berkeley 2000
Riegel, Jeffrey. »Eros, Introversion, and the Beginnings of Shijing Commentary«, in: *Harvard Journal of Asiatic Studies* 57.1997, S. 143–177
Schaberg, David. *A Patterned Past: Form and Thought in Early Chinese Historiography*. Cambridge 2001
Shaughnessy, Edward L. *Before Confucius: Studies in the Creation of the Chinese Classics*. Albany 1997
Van Zoeren, Steven. *Poetry and Personality: Reading, Exegesis, and Hermeneutics in Traditional China*. Stanford 1991
Waley, Arthur. *The Book of Songs: The Ancient Chinese Classic of Poetry*. Hg. von Joseph R. Allen. New York 1996
Wang, C.H. *From Ritual to Allegory: Seven Essays in Early Chinese Poetry*. Hong Kong 1988
Watson, Burton. *Records of the Grand Historian*. 3 Bde. Hong Kong 1993
Wilhelm, Hellmut. *Heaven, Earth, and Man in The Book of Changes: Seven Eranos Lectures*. Seattle 1977

Östliche Han bis Tang

Allen, Joseph R. *In the Voice of Others. Chinese Music Bureau Poetry*. Ann Arbor 1992
Balazs, Etienne. *Chinese Civilization and Bureaucracy, Variations on a Theme*. Translated by H.M. Wright, ed. by Arthur F. Wright. New Haven 1964
Bauer, Wolfgang und Herbert Franke (Übers.). *Die goldene Truhe. Chinesische Novellen aus zwei Jahrtausenden*. München 1959
Birrell, Anne (Übers.). *New Songs from a Jade Terrace. An Anthology of Early Chinese Love Poetry*. London, Boston 1982
Birrell, Anne (Übers.). *Popular Songs and Ballads of Han China*. London 1988

Bischoff, Friedrich A. *Interpreting the Fu. A Study in Chinese Literary Rhetoric.* Wiesbaden 1976

Chang, Kang-i Sun. *Six Dynasties Poetry.* Princeton 1986

Debon, Günther (Übers.). *Chinesische Dichter der Tang-Zeit.* Stuttgart 1975

Debon, Günther (Übers.). *Herbstlich helles Leuchten überm See. Chinesische Gedichte aus der Tang-Zeit.* München 1989

DeWoskin, Kenneth J. »The Six Dynasties Chih-kuai and the Birth of Fiction«, in: Andrew H. Plaks (Hg.), *Chinese Narrative: Critical and Theoretical Essays.* Princeton 1977, S. 21–52

Dudbridge, Glen. *The Tale of Li Wa. Study and Critical Edition of a Chinese Story from the Ninth Century.* London 1983

Frankel, Hans H. *The Flowering Plum and the Palace Lady. Interpretations of Chinese Poetry.* New Haven 1976

Frankel, Hans H. »The Development of Han and Wei Yüeh-fu as a High Literary Genre«, in: Shuen-fu Lin und Stephen Owen (Hg.), *The Vitality of the Lyric Voice. Shih-Poetry from the Late Han to the T'ang.* Princeton 1986, S. 255–286

Frankel, Hans H. »Yüeh-fu Poetry«, in: Cyril Birch (Hg.), *Studies in Chinese Literary Genres.* Berkeley, Los Angeles, London 1974, S. 69–107

Frodsham, J.D. »The Origins of Chinese Nature Poetry«, in: *Asia Major* n.s. 8.1960/1961, S. 68–104

Führer, Bernhard. *Chinas erste Poetik: Das Shipin (Kriterion Poietikon) des Zhong Hong (467?-518).* Dortmund 1995

Fusek, Lois (Übers.). *Among the Flowers. The Hua-chien chi.* New York 1982

Gong Kechang. *Studies on the Han Fu.* Translated and edited by David R. Knechtges, with Stuart Aque, Mark Asselin, Carrie Reed, and Su Jui-lung. New Haven 1997

Graham, Angus C. (Übers.). *Poems of the Late T'ang.* Middlesex 1965

Graham, William T. *The Lament for the South: Yü Hsin's Ai Chiang-nan fu.* Cambridge 1980

Greatrex, Roger, *The Bowu Zhi: An Annotated Translation.* Stockholm 1987

Hightower, James R. »T'ao Ch'ien's ›Drinking Wine‹ Poems«, in: *Wen-lin: Studies in the Chinese Humanities*, ed. by Chow Tse-tsung. Madison 1968, S. 3–44

Hightower, James R. »Yüan Chen and ›The Story of Yingying‹«, in: *Harvard Journal of Asiatic Studies* 33.1975, S. 90–123

Hoffmann, Alfred. *Die Lieder des Li Yü 937–978, Herrschers der Südlichen T'ang-Dynastie.* Köln 1950

Holzman, D. »Literary Criticism in China in the Early Third Century A.D.«, in: *Asiatische Studien* 28.1974, S. 113–149

Holzman, Donald. *Poetry and Politics: The Life and Works of Juan Chi, A.D. 210–263.* Cambridge 1976

Hsieh, Daniel. *The Evolution of Jueju Verse.* New York 1996

Jansen, Thomas. *Höfische Öffentlichkeit im frühmittelalterlichen China: Debatten im Salon des Prinzen Xiao Ziliang.* Freiburg 2000

Knechtges, David R. *Wen xuan, or Selections of Refined Literature.* Bislang 3 Bde., Princeton 1982–1996

Kroll, Paul W., »The Significance of the *fu* in the History of T'ang Poetry«, in: *T'ang Studies* 18–19.2000–2001, S. 87–110

Lyrik des Ostens. Hg. von Wilhelm Gundert, Annemarie Schimmel und Walther Schubring. München 1958

Mair, Victor. *T'ang Transformation Texts: A Study of the Buddhist Contribution to the Rise of Vernacular Fiction and Drama in China.* Cambridge, Mass. 1989

Owen, Stephen. *Readings in Chinese Literary Thought.* Cambridge, Mass. 1992

Owen, Stephen. *The Great Age of Chinese Poetry: The High T'ang.* New Haven 1981

Owen, Stephen. *The Poetry of the Early T'ang.* New Haven 1977

Robert Ford Campany. *Strange Writing. Anomaly Accounts in Early Medieval China.* Albany 1996

Thilo, Thomas (Hg., Übers.). *Der Fremde mit dem Lockenbart. Erzählungen aus dem China der Tang-Zeit.* Berlin DDR 1989

Unger, Ulrich. »Grundsätzliches zur formalen Struktur von Gedichten der T'ang-

Zeit«, in: Roderich Ptak und Siegfried Englert (Hg.), *Ganz allmählich. Aufsätze zur ostasiatischen Literatur, insbesondere zur chinesischen Lyrik.* Heidelberg 1986, S. 270–280

von Zach, Erwin. *Die chinesische Anthologie. Übersetzungen aus dem Wen hsüan.* Ed. by Ilse Martin Fang with an introd. by James Robert Hightower. Cambridge, Mass. 1958, 2 Bde.

Die Literatur der Dynastien Song und Yuan

Bieg, Lutz. *Huang T'ing-chien (1045–1105). Leben und Dichtung.* Darmstadt 1975

Bischoff, Friedrich A. *Interpreting the Fu. A Study in Chinese Literary Rhetoric.* Wiesbaden 1976

Chan Wing-tsit (Übers.). *Reflections on Things at Hand. The Neo-Confucian Anthology, Compiled by Chu Hsi and Lü Tsu-ch'ien.* New York 1967

Chang Kang-i Sun. *The Evolution of Chinese Tz'u Poetry. From Late T'ang to Northern Sung.* Princeton 1980

Chaves, Jonathan. *Mei Yao-ch'en and the Development of Early Sung Poetry.* New York 1976

Chaves, Jonathan. *Heaven my Blanket, Earth my Pillow.* New York, Tôkyô 1975

Crump, James Irving. *Chinese Theater in the Days of Kublai Khan.* Tucson 1980

Dolby, William. *A History of Chinese Drama.* London 1976

Egan, Ronald C. »Su Shi and Huang T'ing-chien«, in: *Harvard Journal of Asiatic Studies* 43.1983, S. 413–452

Egan, Ronald C. *The Literary Works of Ou-yang Hsiu (1007–72).* Cambridge 1984

Forke, Alfred. *Chinesische Dramen der Yüan-Dynastie. Zehn nachgelassene Übersetzungen.* Hg. und eingeleitet von Martin Gimm. Wiesbaden 1978

Gimm, Martin. *Cui Lingqin und sein Traktat zu den höfischen Theater- und Unterhaltungskünsten im China des 8. Jahrhunderts.* Bd. 1: *Der Autor des Jiaofang ji.* Stuttgart 1998

Hargett, James M. *On the Road in Twelfth Century China. The Travel Diaries of Fan Chengda (1126–1193).* Stuttgart 1989

Hundhausen, Vincenz (Übers.). *Das Westzimmer. Ein chinesisches Singspiel in deutscher Sprache.* Peking 1926

Ho Peng-Yoke u. a. *Lu Yu. The Poet Alchimist.* Canberra 1972

Idema, Wilt. »Satire and Allegory in all Keys and Modes«, in: Hoyt Cleveland Tillmann und Stephen H. West (Hg.), *China under Jurchen Rule. Essays on Chin Intellectual and Cultural History.* New York 1995, S. 238–280

Idema, Wilt / Stephen H. West. *Chinese Theater 1100–1450. A Source Book.* Wiesbaden 1982

Idema, Wilt. »Performance and Construction of the Chu-kung-tiao«, in: *Journal of Oriental Studies* 16.1978, S. 63–78

Josephs, H. K. »The Chanda. A Sung Dynasty Entertainment«, in: *T'oung Pao* 62.1976, S. 167–198

Leimbigler, Peter. *Mei Yao-ch'en (1002–1060). Versuch einer literarischen und politischen Deutung.* Wiesbaden 1970

Lévy, André. »Un document unique sur un genre disparu de la littérature populaire: Le rendez-vous d'amour où les cous sont coupés.«, in: ders. (Hg.), *Études sur le conte et le roman chinois.* Paris 1971, S. 187–210

Lin Yutang. *The Gay Genius. The Life and Times of Su Tung-p'o.* New York 1947

Liu, James J. Y. *Major Lyricists of the Northern Sung, A. D. 960–1126.* Princeton 1974

Liu, James J. Y. *Chinese Theories of Literature.* Chicago 1975

Mackerras, Colin. *The Performing Arts in Contemporary China.* London 1981

Owen, Stephen. *Readings in Chinese Literary Thought.* Cambridge 1992

Rickett, Adele Austin (Hg.). *Chinese Approaches to Literature from Confucius to Liang Ch'i- chao.* Princeton 1978

Stumpfeldt, Hans. »Endstation Sehnsucht. Über die Ziele altchinesischer Reiseberichte«, in: *Mitteilungen der Hamburger Sinologischen Gesellschaft* 3.1997

Tillman, Hoyt Cleveland / Stephen H. West (Hg.). *China under Jurchen Rule. Essays on Chin Intellectual and Cultural History.* New York 1995
Wang Shifu. *The Moon and the Zither. The Story of the Western Wing.* Berkeley, Los Angeles, Oxford 1991
Watson, Burton. *The Old Man Who Does as He Pleases. Selections from the Poetry and Prose of Lu Yu.* New York 1973
West, Stephen H. *Vaudeville and Narrative. Aspects of Chin Theater.* Wiesbaden 1977
Wixted, John Timothy. *Poems on Poetry. Literary Criticism by Yuan Hao-Wen (1190–1257).* Wiesbaden 1982
Yoshikawa Kôjirô. *An Introduction to Sung Poetry. Translated by Burton Watson.* Cambridge 1967
Yoshikawa Kôjirô. *Five Hundred Years of Chinese Poetry, 1150–1650. The Chin, Yuan, and Ming Dynasties. Translated with a Preface by John Timothy Wixted, Including an Afterword by William S. Atwell.* Princeton 1989

Die Literatur der Ming- und Qing-Zeit

Andres, Mark F. »Ch'an Symbolism in Hsi-yu Pu: The Enlightenment of Monkey«, in: *Tamkang Review* 20.1989, S. 23–44
Blader, Susan. »San-hsia wu-yi and its Link to Oral Literature«, in: *Chinoperl Papers* 8.1978, S. 9–38
Brandauer, Frederick P. *Tung Yüeh*, Boston 1978
Chan, Leo Tak-Hung. *Discourse on Foxes and Ghosts*, Hong Kong 1997
Chaves, Jonathan. »Moral Action in the Poetry of Wu Chia-chi (1618–84)«, in: *Harvard Journal of Asian Studies* 46.1986, S. 387–470
Che, K.L. »Not Words But Feelings: Ch'ien Ch'ien-i (1582–1164) on Poetry«, in: *Tamkang Review* 6.1975, S. 55–75
Eggert, Marion. *Nur wir Dichter.* Bochum 1989
Eggert, Marion. *Rede vom Traum. Traumauffassungen in der Literatenschicht im späten kaiserlichen China.* Stuttgart 1993
Franke, Herbert. »Eine Novellensammlung der frühen Ming-Zeit: Das Chien-teng hsin-hua des Ch'ü Yu«, in: *Zeitschrift der Deutschen Morgenländischen Gesellschaft* 108.1958, S. 338–383
Guy, R. Kent. *The Emperor's Four Treasuries: Scholars and the State in the Late Ch'ien-lung Era.* Cambridge 1987
Hanan, Patrick. *The Chinese Vernacular Story.* Cambridge 1981
Hanan, Patrick. *The Invention of Li Yu.* Cambridge 1988
Hegel, Robert E. *The Novel in Seventeenth-Century China.* New York 1981
Hegel, Robert E. *Reading Illustrated Fiction in Late Imperial China.* Stanford 1998
Hsia, C.T. *Der klassische chinesische Roman. Eine Einführung*, übersetzt von Eike Schönfeld. Frankfurt a.M. 1989
Huang, Martin W. *Literati and Self-representation. Autobiographical Sensibility in the Eighteenth Century Chinese Novel.* Stanford 1995
Idema, Wilt L. *Chinese Vernacular Fiction. The Formative Period.* Leiden 1974
Ma, Y.W. »*Kung-an* Fiction«, in: *T'oung Pao* 65.1979, S. 200–259
Martin, Helmut. *Li Li-Weng über das Theater. Eine Dramaturgie des siebzehnten Jahrhunderts.* Dissertation Heidelberg 1966
Mackerras, Collin P. *The Rise of the Peking Opera.* Oxford 1972
McMahon, Keith. *Misers, Shrews and Polygamists. Sexuality and Male-Female Relations in Eighteenth-Century Chinese Fiction.* Durham 1995
Mote, F.W. *The Poet Kao Ch'i.* Princeton 1962
Pimpaneau, Jacques. *Chanteurs, conteurs, bateleurs. Littérature orale et spectacles populaires en Chine.* Paris 1978
Plaks, Andrew (Hg.). *Chinese Narrative. Critical and Theoretical Essays.* Princeton 1977
Plaks, Andrew. *The Four Masterworks of the Ming Novel. Ssu ta ch'i shu.* Princeton 1987
Pohl, Karl-Heinz. *Cheng Pan-ch'iao. Poet, Painter, and Calligrapher.* Nettetal 1990

Ptak, Roderich, *Cheng Hos Abenteuer im Drama und Roman der Ming-Zeit*. Wiesbaden 1986
Rolston, David L. (Hg.). *How to Read the Chinese Novel*. Princeton 1990
Rolston, David L. *Traditional Chinese Fiction and Fiction Commentary. Reading and Writing between the Lines*. Stanford 1997
Shen, Guangren Grant. *Theatre Performance During the Ming Dynasty*, PhD Hawaii 1994
Slupski, Zbigniew. »Three Levels of Composition in *Rulin Waishi*«, in: *Harvard Journal of Asian Studies* 49.1989, S. 5–53
Strassberg, Richard E. *The World of K'ung Shan-jen: A Man of Letters in Early Ch'ing China*. New York 1983
Sung, Marina H. »T'an-tz'u and T'an-tz'u Narratives«, in: *T'oung Pao* 79.1993, S. 1–22
Töpelmann, Cornelia. *Shan-ko von Feng Meng-lung. Eine Volksliedsammlung aus der Ming-Zeit*. Wiesbaden 1973
Wang Jing. *The Story of Stone. Intertextuality, Ancient Chinese Stone Lore, and the Stone Symbolism in Dream of the Red Chamber, Water Margin, and The Journey to the West*. Durham 1992
Wu, Yenna. *Marriage Destinies to Awaken the World. A Literary Study of Xingshi Yinyuan Zhuan*. PhD Harvard 1986
Yang Shuhui. *Appropriation and Representation. Feng Menglong and the Chinese Vernacular Story*. Ann Arbor 1998
Yoshikawa Kôjirô. *Five Hundred Years of Chinese Poetry, 1150–1650. The Chin, Yuan, and Ming Dynasties. Translated with a Preface by John Timothy Wixted, Including an Afterword by William S. Atwell*. Princeton 1989
Yu, Anthony C. *Rereading the Stone. Desire and the Making of Fiction in Dream of the Red Chamber*. Princeton 1997
Zeitlin, Judith T. *Historian of the Strange. Pu Songling and the Chinese Classical Tale*. Stanford 1993
Zhou Zhiping. *Yüan Hung-tao and the Kung-an School*. Cambridge 1988

Literatur im 20. Jahrhundert

Anderson, Marston. *The Limits of Realism. Chinese Fiction in the Revolutionary Period*. Berkeley 1990
Barmé, Geremie R. *In the Red. On Contemporary Chinese Culture*. New York 1999
Denton, Kirk A. (Hg.). *Modern Chinese Literary Thought. Writings on Literature, 1893–1945*. Stanford 1996
Dooling, Amy D. / Kristina M. Torgeson (Hg.). *Writing Women in Modern China: An Anthology of Women's Literature from the Early Twentieth Century*. New York 1998
Eberstein, Bernd (Hg.). *Moderne Stücke aus China*. Frankfurt a.M. 1980
Eberstein, Bernd. *Das chinesische Theater im 20. Jahrhundert*. Wiesbaden 1983
Feifel, Eugen. *Moderne chinesische Poesie von 1919 bis 1982*. Hildesheim 1988
Gálik, Marián. *The Genesis of Modern Chinese Literary Criticism*. Bratislava/London 1980
Gálik, Marián. *Milestones in Sino-Western Literary Confrontation*. Wiesbaden 1986
Goldman, Merle (Hg.). *Modern Chinese Literature in the May Fourth Era*. Cambridge 1977
Gunn, Edward. *Rewriting Chinese. Style and Innovation in Twentieth-Century Chinese Prose*. Stanford 1986
Hsia, C. T. [Xia Zhiqing]. *A History of Modern Chinese Fiction*. New Haven 1961, 3. Aufl. 1999
Hsia Tsi-an [Xia Ji'an]. *The Gate of Darkness*. Seattle 1968
Hockx, Michel. *Questions of Style. Literary Societies and Literary Journals in Modern China, 1911–1937*. Leiden 2003
Huters, Theodore (Hg.). *Reading the Modern Chinese Short Story*. Armond/NY 1990

Klöpsch, Volker / Roderich Ptak (Hg.). *Hoffnung auf Frühling. Moderne chinesische Erzählungen* (Bd. 1). Frankfurt a.M. 1980

Kubin, Wolfgang (Hg.). *Hundert Blumen. Moderne chinesische Erzählungen* (Bd. 2). Frankfurt a.M. 1980

Kubin, Wolfgang (Hg.). *Moderne chinesische Literatur.* Frankfurt a.M. 1985

Kubin, Wolfgang u.a. (Hg.). *Women and Literature in China.* Bochum 1985

Larson, Wendy. *Literary Authority and the Modern Chinese Writer. Ambivalence and Autobiography.* Durham 1991

Larson, Wendy. *Women and Writing in Modern China.* Stanford 1998

Lau, Joseph S.M. / Howard Goldblatt (Hg.). *The Columbia Anthology of Modern Chinese Literature.* New York 1995

Lee, Leo Ou-fan [Li Oufan]. *The Romantic Generation of Modern Chinese Writers.* Cambridge/MA 1973

Lin, Julia. *Modern Chinese Poetry. An Introduction.* London 1972

Link, Perry. *The Uses of Literature. Life in the Socialist Chinese Literary System.* Princeton 2000

Loi, Michelle. *Roseaux sur le mur. Les Poètes occidentalistes chinois 1919–1949.* Paris 1971

Malmqvist, N.G.D. u.a. (Hg.). *A Selective Guide to Chinese Literature, 1900–1949,* 4 Bde. Leiden 1988–1990

Martin, Helmut u.a. (Hg.). *Blick übers Meer. Chinesische Erzählungen aus Taiwan.* Frankfurt a.M. 1982

McDougall, Bonnie. *The Introduction of Western Literary Theories into Modern China (1917–1930).* Tôkyô 1971, 2. Aufl. 1979

Průšek, Jaroslav. *Studien zur modernen chinesischen Literatur.* Berlin DDR 1964

Průšek, Jaroslav. *The Lyrical and the Epic: Studies of Modern Chinese Literature,* Hg. L. Lee Ou-fan. Bloomington 1980

Schyns, Joseph (Hg.). *1500 Chinese Novels and Plays.* Peiping 1948

Wagner, Rudolf G. *Literatur und Politik in der Volksrepublik China.* Frankfurt a.M. 1983

Wang, David Der-wei [Wang Dewei]. *Fictional Realism in 20th Century China.* New York 1992

Wang, David Der-wei [Wang Dewei]. *Fin-de-Siècle Splendor. Repressed Modernities of Late Qing Fiction, 1849–1911.* Stanford 1997

Yang Lan. *Chinese Fiction of the Cultural Revolution.* Hong Kong 1998

PERSONEN- UND WERKREGISTER

mit einem Index für Fachbegriffe

C

D

E

F

G

I

J

K

L

M

R

S

T

X

Y

Z